D1724003

Jahresbibliographie
Bibliothek für Zeitgeschichte

WELTKRIEGSBÜCHEREI

Stuttgart

Jahrgang 59 · 1987

Neue Folge der Bücherschau der Weltkriegsbücherei

Bernard & Graefe Verlag Koblenz

Diese Jahresbibliographie erschien bis zum Jahrgang 31, 1959 unter dem Titel „Bücherschau der Weltkriegsbücherei" bei der Bibliothek für Zeitgeschichte, Stuttgart

Umfang XX, 469 Seiten

© Bernard & Graefe Verlag, Koblenz 1989

Satzherstellung CB-Fotosatz, Leinfelden
Druck: Omnitypie, Stuttgart
Bindung: IDUPA GmbH, Owen

Printed in West-Germany
ISBN 3-7637-0127-3

INHALT

I. Neuerwerbungen der Bibliothek

II. Forschungs- und Literaturberichte

VORWORT

Der Jahrgang 59, 1987 der Jahresbibliographie erscheint leider mit einer Verzögerung. Sie hat ihre Ursachen einerseits im Anbruch des EDV-Zeitalters für die Bibliothek für Zeitgeschichte, andererseits in einer erneuten personellen Veränderung in der redaktionellen Betreuung der Jahresbibliographie, nachdem Dr. Hildegard Müller nach einer kurzen Pause von Dr. Joachim Fesefeldt die Stelle der stellvertretenden Leiterin der BfZ übernommen hat.

Im Oktober 1987 wurde in der BfZ ein EDV-System für die vielfältigen Aufgaben der "Dokumentationsstelle für unkonventionelle Literatur" und zugleich für die Vorbereitung der Druckvorlagen für die bibliographischen Veröffentlichungen installiert. Es ist das Verdienst von Barbara Malburg und insbesondere Jochen Rohwer, daß neben den umfangreichen Programmierungs- und Eingabearbeiten für die Dokumentationsstelle auch die komplizierten Programmierungsprobleme für die Jahresbibliographie gelöst werden konnten, sodaß Anna Schreiner die für sie neue Form der EDV-Eingabe bewältigen konnte.

Zusätzlich belastet wurde die Arbeit an der Titelaufnahme für die Jahresbibliographie noch durch die Tatsache, daß unsere Bibliothekarinnen Birgit Dietrich, Helene Holm, Eva Läpple, Walburga Mück, Monika Müller, Angelika Treiber und Andrea Weiss im Jahr 1988 durch die Vorbereitung der BfZ auf den Einstieg in die EDV-gestaltete Titelaufnahme für den Südwestdeutschen Bibliotheksverbund und den dadurch für 1989 bedingten Übergang vom Regelwerk "Preußische Instruktionen" (PI) auf die "Regeln für die Alphabetische Katalogisierung" (RAK) stark belastet waren. Zur Entlastung beteiligten sich auch unsere Sekretärinnen Hildegard Baisch und Marlise Scheibig an der Aufnahme der Zeitschriftentitel.

Für den nächsten Jahrgang hoffen wir, mit den jetzt gewonnenen Erfahrungen die Schwierigkeiten des Überganges von der konventionellen zur EDV-gesteuerten Herstellung so weit überwunden zu haben, daß der Band wieder zur gewohnten Zeit erscheinen kann.

Im Teil "Forschungs- und Literaturberichte" setzen wir mit dem Beitrag des Mitarbeiters des „National Institute for Defense Studies", Tokyo, Ichirō Tsuchiya, über sein Institut und insbesondere sein „Military History Department" unsere Berichtreihe über internationale Forschungseinrichtungen und Archive auf dem Sammelgebiet der BfZ fort. Besonders hinweisen möchten wir unsere Leser auf die beigefügte Bibliographie der 102 Bände des offiziösen japanischen Werkes "Senshi Sosho" über den Krieg in Ostasien und im Pazifik, das erstmalig vollständig mit den transliterierten japanischen Originaltiteln, die ins Deutsche übersetzt sind, veröffentlicht wird.

Ein zweiter Beitrag von Ilse Valery Cohnen stellt die internationale Literatur zu den bei uns bisher weniger beachteten bürgerkriegsartigen Auseinandersetzungen in Kolumbien vor.

Wilfried Mönch gibt eine Übersicht über die fotografischen Kriegs-Erinnerungs-Bildbände deutscher Einheiten aus dem Ersten Weltkrieg.

Über die 1981 von der BfZ erworbenen und dank einer finanziellen Hilfe der DFG von Angelika Treiber aufgenommene Bibliothek des verstorbenen italienischen Anwalts und bekannten Schiffsfotosammlers Arrigo Barilli gibt der letzte Bericht Auskunft.

Wir hoffen, daß sich die Benutzer schnell an das neue Erscheingungsbild der Jahres-bibliographie gewöhnen können und den Band wie seine Vorgänger – wenn auch etwas später – als willkommenes Hilfsmittel der Forschung aufnehmen werden.

Stuttgart, im Dezember 1988
Bibliothek für Zeitgeschichte

Der Direktor
Prof. Dr. Jürgen Rohwer

Hinweise zur Benutzung

Die Jahresbibliographie der Bibliothek für Zeitgeschichte verzeichnet die im Berichtsjahr katalogisierten Neuerwerbungen der Bibliothek in systematischer Gliederung. Dabei werden durchschnittlich circa 4000 selbständige und etwa ebenso viele unselbständig erschienene Veröffentlichungen, die größtenteils den 270 laufend ausgewerteten Zeitschriften entstammen, berücksichtigt.

Die systematische Verzeichnung der Titel erfolgt entsprechend der für den Sachkatalog der Bibliothek für Zeitgeschichte verwendeten Klassifikation[1], die sich in drei Hauptteile gliedert:

einen allgemeinen Sachteil (Gruppen A-J) zur Verzeichnung der primär weder räumlich noch zeitlich gebundenen Literatur

einen chronologischen Teil (Gruppe K, Geschichte) zur Verzeichnung der primär zeitlich gebundenen Literatur

einen geographischen Teil (Gruppe L, Länder) zur Verzeichnung der primär räumlich gebundenen Literatur

Die systematischen Gruppen A-L dienen darüber hinaus bei den unter L aufgeführten Staaten zur weiteren Gliederung der dort verzeichneten Titel. Während das Problem der Verzeichnung der sowohl zeitlich und räumlich als auch sachlich gebundenen Titel im Katalog der Bibliothek für Zeitgeschichte gegebenenfalls durch Mehrfacheinlegungen gelöst wird, kann in der vorliegenden Jahresbibliographie aus Raumgründen jeweils nur eine Eintragung erfolgen. Bei der Titelsuche sollten dabei im Zweifelsfall mehrere Sucheinstiege in den drei Teilen der Klassifikation gewählt werden. So sind z.B. bei einer Recherche nach Literatur zum Themenkomplex „Palästinenser/PLO/Palästina" die Sucheinstiege „Nah-Ost-Kriege" (Chronologischer Teil, K f 20) „Palästinenser" (Länderteil, L 020 d10), und Israel/Besetzte Gebiete (Länderteil, L 235 110) zu berücksichtigen. Die Wahl der verschiedenen Sucheinstiege wird durch die jedem Band vorangestellte Inhaltsübersicht erleichtert. Zur formalen Suche steht am Schluß des Bandes jeweils ein Verfasserregister zur Verfügung.

---

[1] Eine ausführliche Übersicht der Klassifikation des systematischen Katalogs findet sich in der Jahresbibliographie 1969, Jahrgang 41, Seite IX-LXXX

Inhaltsübersicht

Die systematischen Gruppen A-J (Allgemeiner Teil) und K (Geschichtsteil) werden bei den unter L (Länderteil) aufgeführten Staaten jeweils in gleicher Reihenfolge zur Gliederung der dort verzeichneten Titel wiederholt. Auf die Aufführung dieser Gruppen bei den einzelnen Staaten wird daher verzichtet.

XIII

XIV

I
NEUERWERBUNGEN

Allgemeiner Teil

Länderteil

A Hilfsmittel

A 000 Bibliographien

Agi, M.: 5000 Titres sur les libertés.
Paris: Librairie des libertés 1984.
XXII,270 S.
B 57738

Backes, U.; Jesse, E.: Totalitarismus,
Extremismus, Terrorismus. Ein Litera-
turführer und Wegweiser im Lichte
deutscher Erfahrung. Opladen: Leske
+ Budrich 1984. 351 S.
B 53903

Capel, R.M.; Iglesias de Ussel, J.: Mujer
española y sociedad. Bibliografía
(1900-1984). Madrid: Institut de Mujer
1984. 391 S.
B 58788

The democratic and republican parties
in America. A historical bibliography.
Kinnell, S.u.a.. Santa Barbara, Calif.:
ABC-Clio Information Services 1984.
XII,219 S.
B 51394

Edelheit, A.J.; Edelheit, H.: Bibliography
on Holocaust literature. Boulder,
Colo.: Westview Press 1986.
XXXVI,842 S.
B 62086

Elfvengren, E.: Literature dealing with
security policy in the period of Finland's independence: a selective bibliography. In: Revue internationale
d'histoire militaire. 1985. No.62.
S.309-326.
BZ 4454:1985

Etchepareborda, R.: La Bibliografía
sobre la cuestión Malvinas. P.1-2.

Washington, DC.: General Secretariat
of the OAS 1984.
B 56827

Fritsche, K.: Blockfreiheit und Block-
freienbewegung. Eine Bibliographie. -
Non-alignment and non-alignment
movement. A bibliography. Hamburg:
Deutsches Übersee-Inst. 1984.
IX,244 S.
B 57295

Funk,A.L.: The Second World War. A
select bibliography of books in English
publ.since 1975. Claremont, Cal.:
Regina Books 1985. XII,210 S.
B 56758

Göhlert, R.U.; Martin, F.S.: The Presidency. A research guide. Santa Barbara, Cal.: Clio Pr. 1985. XXV,341 S.
B 57025

The great depression. A historical
bibliography. Ed.by L.Klass u.a.. Santa
Barbara, Calif.: ABC-Clio Inf.Services
1984. XII,260 S.
B 51739

Johnson, T.V.: Malcolm X.. A com-
prehensive annotated bibliography.
New York: Garland 1986. IX,192 S.
B 60610

Kuhn, G.G.: A bibliography of Latin-
American aviation. In: Aerospace
historian. Vol.34, 1987. No.1. S.47-51.
BZ 05500:34

Kuniholm, B.R.: The Persian Gulf and
United States policy: a guide to issues
and references. Claremont, Calif.:
Regina Books 1984. VII,220 S.
B 55807

1

Leonard, T.M.: Central America and
United States policies, 1820s-1980s. A
guide to issues and references. Claremont, Calif.: Regina Books 1985.
133 S.
B 56676

Liebe, P.I.; Borgstroem, E.: De danske
borgervæbningers Historie. Litteratur-
fortegnelse. 2.udg.. København: Det
Kongelige Garnisonsbibliotek 1986.
28 S.
Bc 5986

NATO. A bibliography and resource
guide. New York: Garland 1985.
XIII,252 S.
B 55784

Pyatt, S.E.: Martin Luther King, jr..
An annotated bibliography. New York:
Greenwood Press 1986. XII,154 S.
B 61030

Salewski, M.: Literaturbericht Europäische Geschichte zwischen den Weltkriegen. In: Geschichte in Wissenschaft
und Unterricht. Jg.37, 1986. H.12.
S.771-792.
BZ 4475:37

The Sino-Soviet Conflict. A historical
bibliography. Ed.J.S.Brown, [u.a.].
Santa Barbara, Calif.: ABC-Clio Information Services 1985. XII, 190 S.
B 56908

Smith, M.J.: Battleships and battle-
cruisers, 1884-1984. A bibliography and
chronology. New York: Garland 1985.
XXXI,691 S.
B 57243

Steinbaugh, E.: Winston Churchill. A
reference guide. Boston, Mass.: Hall
1985. XXIII, 151 S.
B 57029

Steinert, J.-D.: Flüchtlinge, Vertriebene
und Aussiedler in Niedersachsen: eine
Bibliographie. Osnabrück: Wenner
1986. 85 S.
Bc 6202

Those who were there: eyewitness
accounts to the war in Southeast Asia,
1956-1975, and aftermath. Annotated

bibliography of books, articles & topic-
related magazines, covering writings
both factual & imaginative. Ed.M.Clif-
ton u.a.. Paradise, Calif.: Dustbooks
1984. XI,297 S.
B 55782

Verzeichnis der Alternativ-Presse.
Hrsg.von Diederich, A.. Berlin: dreiex
im Basis Verlag 1986. 152 S.
B 60918

The Weimar Republic. A historical
bibliography. Santa Barbara, Calif.:
ABC-Clio Inf.Service 1984. XII,285 S.
B 54008

Werning, R.: Agrarreform und Kriegs-
recht auf den Philippinen. Eine Bibliographie. Münster: WURF-Verl. 1984.
162 S.
Bc 6449

A 100 Kataloge,
Bestandsübersichten

Kirchner, K.: Flugblätter aus England,
1914-1918. Bibliographie. Katalog.
Erlangen: D+C Verlag 1985.
XLVIII,567 S.
09913

A 200 Nachschlagewerke,
Wörterbücher

Africa since 1914. A historical bibliography. Santa Barbara, Calif.: ABC-
Clio Information Services 1985.
IX,402 S.
010034

L'Année stratégique. Forces armées
dans le monde (effectifs, armements).
Analyses géopolitiques. Les nouvelles
données strategiques. Sous la direction
de P.Boniface. o.O.: Editions maritimes et d'outre-mer 1985. 378 S.
B 57818

Bille Larsen, S.; Weitemeyer, M.: Modstandsbevøgelsen: en bibliografi. Literatur om modstandsbevøgelsens historie i Danmark udkommet 1945-1984. København: Det Kongelige Bibliotek 1985. 65 S.
Bc 5848

Biographical dictionary of the American Left. Ed.by B.K.Johnpoll and H.Klehr. New York: Greenwood Press 1986. XIII,493 S.
B 61507

Buchbender, O.; Bühl, H.; Quaden, H.: Sicherheit und Frieden. 2.Aufl.. Herford: Mittler 1985. 431 S.
B 57389

Busch, F.: Gesamtregister. Personen-u.Sachreg.m.biogr.Erg.z.d.i.Text genannten Namen u.m.Erl.z.wichtigen Begriffen. Essen: Akademie-Verlag Ges.Athenaion 1985. 483 S.
09956

Cooke, O.A.: The Canadian military Experience 1867-1983. A bibliography. Bibliographie de la vie militaire au Canada. 2.ed.. Ottawa: Department of National Defence 1984. XIX,329 S.
B 54793

Coppa, F.J.: Dictionary of modern Italian history. Westport, Conn.: Greenwood Press 1985. XXVI,496 S.
B 57222

DDR-Handbuch. Hrsg.H.Zimmermann u.a.. Bd 1.2.. 3.Aufl.. Köln: Verlag Wissenschaft und Politik 1985. 1660 S.
B 56336

Dictionary of American military biography. Ed.R.J.Spiller u.a.. Vol.1-3. Westport, Conn.: Greenwood Press 1984. 419,422-894,896-1368 S.
B 56242

Diplomatičeskij Slovar!. Red.A.A.-Gromyko. Tom.1-3. 4.izd. Moskva: Nauka 1984-86. 420,498,749 S.
B 55068

The encyclopaedia of Indian National Congress. Ed. by M.Zaidi u.a.. Vol.1-25. New Delhi: Chand 1976.
B 57256

Fink, G.M.: Biographical Dictionary of American Labor. Westport, Conn.: Greenwood Press 1984. XVII,767 S.
B 56104

Halmosy, D.: Nemzetközi Szerzödések 1945-1982. Budapest: Közgazdasági és Jogi Könyvkiadó 1985. 674 S.
B 59466

Hundert, G.D.; Bacon, G.C.: The Jews in Poland and Russia. Bibliographical essays. Bloomington, Ind.: Indiana University Press 1984. VIII,476 S.
B 55130

International Defence-Directory 85. Ed.C.E.Howard [u.a.]. Cointrin: Interavia 1984. 701 S.
09759

The Library of the Hoover Institution on war, revolution and peace. Ed.by P.Duignan. Stanford, Cal.: Hoover Institut 1985. VIII,163 S.
010025

Liebe, P.I.; Borgstrøem, E.: Hærens Garnisoner, indkvartering, kaserner og arealer samt særlige militære bygninger. Literaturfortegnelse. 2.udg. København: Det Kongelige Garnisonsbibliotek 1986. 93 S.
Bc 5985

Lyndon B[aines] Johnson. A bibliography. Comp.by the staff of the Lyndon Baines Johnson Library. Austin, Texas: Universitat of Texas Press 1984. XIV,257 S.
B 56079

Marxismus. Quellenlexikon. Hrsg.v.K.Löw. Köln: Kölner Universitätsverlag 1985. 352 S.
B 57386

Nuclear America. A historical bibliogr.. Ed.L.Klass u.a.. Santa Barbara, Calif.: ABC-Clio Information Services 1984. XIII,183 S.
B 51390

Osmańczyk, E.J.: The Encyclopedia of the United Nations and international agreements. Philadelphia, Pa.: Taylor u.Francis 1985. XV,1059 S.
010110

Parliaments of the world. A comparative reference compendium. Vol.1.2.. 2nd ed.. Aldershot: Gower 1986. XIII,1422 S.
B 60816

Pauling, L.; Laszlo, E.; Yoo, J.Y.: World encyclopedia of peace. Vol.1-4. Oxford: Pergamon Press 1986. 639,596,363, 294 S.
010174

Stephenson, M.; Weal, J.: Nuclear Dictionary. London: Longman 1985. 188 S.
B 55738

The Third Reich, 1933-1939. A historical bibliography. Ed.L.Klass u.a.. Santa Barbara, Calif.: ABC-Clio Information Services 1984. XII,239 S.
B 56091

Walmer, M.: An illustrated Guide to modern elite forces. London: Salamander Books 1984. 159 S.
B 56060

World war II from an American perspective. An annot.bibliogr.. Ed.L.Klass u.a.. Santa Barbara, Calif.: ABC-Clio Information Services 1983. VI,277 S.
B 50963

Wörterbuch zur deutschen Militärgeschichte. Bd 1.2. Berlin: Militärverlag der DDR 1985. 526,531-1120 S.
B 57365

B Buch- und Bibliothekswesen

B 300 Archiv- und Museumswesen

Gabriel, E.: "Kriegsrelikte aus dem Toplitzsee". Österreichs Heerestaucher feiern ein Jubiläum. Katalog zur Sonderausstellung. Wien: Heeresgeschichtliches Museum 1985. 35 S.
Bc 6437

Gabriel, E.: Panzer im Heeresgeschichtlichen Museum. Wien: Heeresgeschichtliches Museum 1984. 16 S.
Bc 6436

B 500 Institute und Gesellschaften

Belloni, L.di: Sulla Genesi del CERN. In: Storia contemporanea. A.17, 1986. Aug.. S.615-662.
BZ 4590:17

Für ein Leben in Freiheit. 25 Jahre Schweizerisches Ost-Institut. P.Sager u.a.. Bern: Verl.SOI 1984. 197 S.
B 54303

Kress, R.: Die politischen Stiftungen in der Entwicklungspolitik. Eine Analyse d.Kooperation v.Fr.-Ebert-Stiftung u.K.-Adenauer-Stiftung m.polit.Partnern in Entwicklungsländern. Bochum: Brockmeyer 1985. IV,224 S.
B 57761

Das militärgeschichtliche Forschungsamt. Freiburg: Selbstverlag 1986. 103 S.
Bc 6414

Nipperdey, T.: Wozu Geschichte gut ist. Festvortrag. 30 Jahre Militärgeschichtliches Forschungsamt, 1957-1987. Freiburg/Br.: Militärgeschichtliches Forschungsamt 1987. 14 S.
Bc 6415

C Biographien und Memoiren

Sammel- bzw. Einzelbiographien eines Landes siehe bei dem betreffendem Land unter "L. Länderteil".

Baumann, W.R.; Fochler-Hauke, G.: Biographien zur Zeitgeschichte seit 1945. Akt.u.erw.Neuausg.d.Jubiläumsbandes z.25.Ausg.d."Fischer Weltalmanachs". 1945-1983. Frankfurt: Fischer 1985. 694 S.
B 57379

Frey, G.: Prominente ohne Maske. München: FZ-Verlag 1984. 495 S.
B 55121

5

D Land und Volk

D 000 Länderkunde, Geographie, Geopolitik

Korkisch, F.: Geopolitik - Geostrategie - Geoökonomie. In: Österreichische militärische Zeitschrift. Jg.25, 1987. H.1. S.18-27.
BZ 05214:25

Kratochwil, F.: Of systems, boundaries, and territoriality: An inquiry into the formation of the State System. In: World politics. Vol.39, 1986/87. No.1. S.27-52.
BZ 4464:39

D 100 Völkerkunde, Volkstum, Minoritäten

Michaelsen, R.: Der europäische Nationalitätenkongreß 1925-1928. Aufbau, Krise und Konsolidierung. Frankfurt: Lang 1984. V,573 S.
B 55520

D 200 Einzelne Völker und Volksgruppen

D 220 Asiatische Völker

Hofmann, T.: Exil ohne Perspektive?. Zur Lage der Auslandsarmenier 1985. In: Orient. Jg.27, 1986. H.2. S.285-306.
BZ 4663:27

Hottinger, A.: Die Kurden im inneren und äußeren Kampf. In: Europa-Archiv. Jg.42, 1987. Nr.6. S.161-170.
BZ 4452:42

Khalil, F.: Kurden heute. Wien: Europaverlag 1985. 216 S.
B 57770

D 280 Juden

Antisemitismus. Von der Judenfeindschaft zum Holocaust. H.A.Strauss [u.a.].. Frankfurt: Campus Verl. 1985. 288 S.
B 54762

Antisemitismus nach dem Holocaust. Bestandsaufnahme und Erscheinungsformen in deutschsprachigen Ländern. A.Silbermann [u.a.].. Köln: Verlag Wissenschaft und Politik 1986. 194 S.
B 58302

Avishai, B.: The Tragedy of zionism. Revolution and democracy in the land of Israel. New York: Farrar, Straus & Giroux 1985. 389 S.
B 57286

Biss, A.: Wir hielten die Vernichtung an. Der Kampf gegen die "Endlösung" 1944. Herbstein: März Verlag 1985. 403 S.
B 55787

Galnoor, I.: The failure of religious Zionism. In: The Jerusalem quarterly. 1986. No.40. S.65-72.
BZ 05114:1986

Gutman, Y.; Schatzker, C.: The Holocaust and its significance. Rev.engl.version. Jerusalem: Zalman Shazar Center 1984. 248 S.
B 56635

Madajczyk, C.: Deportacje i eksterminacja Żydów w Europie skrodkowowschodniej. In: Dzieje najnowsze. R.18, 1986. No.1. S.17-40.
BZ 4685:18

Mahrad, A.: Das Schicksal jüdischer Iraner in den vom nationalsozialistischen Deutschen Reich eroberten europäischen Gebieten. In: Orient. Jg.26, 1985. H.3. S.407-425.
BZ 4663:26

Norman, T.: An outstretched Arm. A history of the Jewish Colonization Association. London: Routledge & Kegan Paul 1985. XVI,326 S.
B 55774

Shapiro, D.H.: Decision at Biltmore. In: The Jerusalem quarterly. 1987. No.41. S.112-122.
BZ 05114:1987

Silvain, G.: La Question juive en Europe 1933-1945. Paris: Lattès 1985. 419 S.
010074

Stockton, R.R.: Christian Zionism: Prophecy and public opinion. In: The Middle East journal. Vol.41, 1987. No.2. S.234-253.
BZ 4463:41

Strauber, I.L.: The rhetoric of an ordinary political argument: Liberalism and zionism. In: The Western political quarterly. Vol.39, 1986. No.4. S.603-622.
BZ 4612:39

Strauss, H.A.: Antisemitismus und Holocaust als Epochenproblem. In: Aus Politik und Zeitgeschichte. Jg.38, 1987. B.11.. S.15-23. BZ 05159:38

Toward the Understanding and prevention of genocide. Proceedings of the International Conf.on the Holocaust and Genocide. Ed.:I.W.Charny. Boulder, Colo.: Westview Press 1984. XIX,396 S.
B 55028

E Staat und Politik

E 005 Politikwissenschaft

Jann, W.: Vier Kulturtypen, die alles erklären. Kulturelle und institutionelle Ansätze der neueren amerikanischen Politikwissenschaft. In: Politische Vierteljahresschrift. Jg.27, 1986. Nr.4. S.361-377.
BZ 4501:27

E 010 Politische Theorie

Beam, G.; Simpson, D.: Political Action. Athens, Ohio: Swallow Press 1984. XIII,253 S.
B 56268

Cox, A.; Furlong, P.; Page, E.: Power in capitalist societies. Theories, explanations and cases. Brighton: Wheatsheaf Books 1985. VII,235 S.
B 57545

DeNardo, J.: Power in numbers. The political strategy of protest and rebellion. Princeton, N.J.: Princeton Univ.-Press 1985. XVI,267 S.
B 56996

Flechtheim, O.K.: Ist die Zukunft noch zu retten?. Hamburg: Hoffmann und Campe 1987. 254 S.
B 60895

Hughes, B.B.: World Futures. A critical analysis of alternatives. Baltimore, Ma.: The Johns Hopkins Univ. 1985. XII,242 S.
B 56771

Perticone, G.: Scritti sul regime di massa. Roma: Giuffrè 1984. 262 S.
B 56182

Rejai, M.: Revolutions and oppositions. In: Conflict. Vol.7, 1987. No.1. S.65-78.
BZ 4687:7

E 011 Politische Ideen und Philosophie

Goss-Mayr, H.: Gewaltfreiheit - Kraft zum Widerstand. Zusammenfassung eines Referates, geh.am 10.März 1986 in Pratteln. Kaiseraugst: Gewaltfreie Aktion 1986. 20 S.
B 6533

Grafstein, R.: Political freedom and political action. In: The Western political quarterly. Vol.39, 1986. No.3. S.464-479.
BZ 4612:39

Language and power. Ed.by C.Kramarae. Beverly Hills, Cal.: Sage Publ. 1984. 320 S.
B 55088

Parker, G.: Western geopolitical Thought in the twentieth century. London: Croom Helm 1985. 199 S.
B 57135

Political ideologies. An introduction. R.Eccleshall u.a.. London:: Hutchinson. 1984. 255 S.
B 56455

Vought, D.B.; Perez, J.M.: Violence: the alternate political institution. In: Military review. Vol.66, 1986. No.8. S.42-55.
BZ 4468:66

E 012 Theorie politischer Systeme

Bowler, S.: Corporatism and the "privileged position" of business. In: West European politics. Vol.10, 1987. No.2. S.157-175.
BZ 4668:10

Burnheim, J.: Is democracy possible?. The alternative to electoral politics. Cambridge: Polity Pr. 1985. VII,205 S.
B 57538

Dehnhard, A.: Spott, Angst und Vertrauen. In: Aus Politik und Zeitgeschichte. 1987. B.15. S.3-14.
BZ 05159:1987

Frenkel, M.: Föderalismus und Bundesstaat. Bd.1.. Bern: Lang 1984. 278 S.
B 55523

Kammler, H.: Versagen der Demokraten?. Sicherheit und andere öffentliche Güter. In: Zeitschrift für Politik. Jg.33, 1986. H.3. S.235-253.
BZ 4473:33

Paris, D.D.: Fact, theory, and democratic theory. In: The Western political quarterly. Vol.40, 1987. No.2. S.215-236.
BZ 4612:40

Staat und Verbände. Zur Theorie der Interessenverbände in der Industriegesellschaft. R.Steinberg. Darmstadt: Wissenschaftliche Buchgesellschaft 1985. VI,398 S.
B 55794

Williamson, P.J.: Varieties of corporatism. Cambridge: Cambridge Univ.Pr. 1985. X,244 S.
B 57663

E 013 Theorie der internationalen Beziehungen

Boulding, K.E.: The role of conflict in the dynamics of society. In: Current research on peace and violence. Vol.9, 1986. No.3. S.98-102.
BZ 05123:9

Burton, J.: The theory of conflict resolution. In: Current research on peace and violence. Vol.9, 1986. No.3. S.125-130.
BZ 05123:9

Dror, Y.: High-intensity aggressive ideologies as an international threat. In: The Jerusalem journal of international relations. Vol.9, 1987. No.1. S.153-172.
BZ 4756:9

Fawcett, J.: Law and power in international relations. London: Faber and Faber 1982. 140 S.
B 56425

Forndran, E.: Die Reichweite der Modelle der Friedensforschung in der politischen Praxis: das Beispiel des griechisch-türkischen Konfliktes. In: Orient. Jg.27, 1986. H.3. S.409-422.
BZ 4663:27

George, A.L.: Ideology in international relations: a conceptual analysis. In: The Jerusalem journal of international relations. Vol.9, 1987. No.1. S.1-21.
BZ 4756:9

Holbraad, C.: Middle powers in international politics. London: Macmillan 1984. X,234 S.
B 56450

Images and reality in international politics. Ed.by N.Oren. New York: St.Martin's Press 1984. 247 S.
B 56041

International Law. A contemporary perspective. Ed.by R.Falk [u.a.]. Boulder, Colo.: Westview Press 1985. XIII,702 S.
B 57253

International relations. A handbook of current theory. Ed.by M.Light and A.J.R.Groom. London: Pinter 1985. 245 S.
B 56428

Käkönen, J.: Scarcity and violence. In: Current research on peace and violence. Vol.9, 1986. No.3. S.110-118.
BZ 05123:9

Krönert, O.: Die Stellung nationaler Befreiungsbewegungen im Völkerrecht. Frankfurt: Lang 1984. 362 S.
B 57855

Krummenacher, H.: Internationale Normen und Krisen. Die normative Dimension internationaler Politik. Grüsch: Rüegger 1985. VI,235 S.
B 58683

Levy, M.: Mediation of prisoners' dilemma. Conflicts and the importance of the cooperation threshold. The case of Namibia. In: The Journal of conflict resolution. Vol.29, 1985. No.2. S.581-603.
BZ 4394:29

Niou, E.M.S.; Ordeshook, P.C.: A theory of the balance of power in international systems. In: The Journal of conflict resolution. Vol.30, 1986. No.4. S.685-715.
BZ 4394:30

Ross, M.H.: Internal and External Conflict and Violence. Cross-culture evidence and a new analysis. In: The Journal of conflict resolution. Vol.29, 1985. No.2. S.547-579.
BZ 4394:29

Sandole, D.J.D.: Traditional approaches to conflict management: shortterm gains vs. long-term costs. In: Current research on peace and violence. Vol.9, 1986. No.3. S.119-124.
BZ 05123:9

Sherman, A.K.: The nature and forms of conflict. In: Current research on peace and violence. Vol.9, 1986. No.3. S.103-109.
BZ 05123:9

Thomas, C.: New States, sovereignty and intervention. Aldershort: Gower 1985. X,177 S.
B 56300

Weltpolitik. Strukturen - Akteure - Perspektiven. Hrsg.K.Kaiser und H.-P.Schwarz. Stuttgart: Klett-Cotta 1985. 742 S.
B 56907

Wober, J.M.: Rings of fire and the quenching of conflict. In: Conflict. Vol.6, 1986. No.4. S.263-286.
BZ 4687:6

E 100 Innenpolitik

E 110 Verfassung und Recht

E 113 Staatsrecht/Öffentliches Recht

Darsow, T.: Zum Wandel des Staatsbegriffs. Unter besonderer Berücksichtigung der Lehre und Praxis internationaler Organisationen, der Mikrostaaten u.d.PLO. Frankfurt: Lang 1984. 288 S.
B 57854

Einigkeit und Recht und Freiheit. Bd 1.2.. Festschrift für Karl Carstens zum 70.Geburtstag am 14.Dezember 1984. B.Börner u.a.. Köln: Heymanns 1984. 505 S.
B 54231

E 114 Internationales Recht

E 114.00 Allgemeines

Binnendijk, H.: Authoritarian regimes in transition. In: The Washington quarterly. Vol.10, 1987. No.2. S.153-164.
BZ 05351:10

Bierzanek, R.: "Miękkie" prawo międzynarodowe. In: Sprawy Międzynarodowe. R.40, 1987. No.1. S.91-106.
BZ 4497:40

E 114.10 Kriegsrecht

Bierzanek, R.: Stan i perspektywy rozwoju międzynarodowego prawa konfliktów zbrojnych. In: Sprawy Międzynarodowe. R.39, 1986. No.4. S.77-90.
BZ4497:39

Bunn, G.: International Law and the Use of Force in Peacetime: Do U.S. Ships Have to Take the First Hit?. In: Naval War College review. Vol.39, 1986. No.3. S.69-80.
BZ 4634:39

Green, L.C.: Essays on the modern law of war. Dobbs Ferry, N.Y.: Transnational Publ. o.J.. XXII,281 S.
B 56764

Hess, M.: Die Anwendbarkeit des humanitären Völkerrechts, insbesondere in gemischten Konflikten. Zürich: Schulthess 1985. XXV,286 S.
B 59279

Ronzitti, N.: Il diritto marittimo di guerra e i suoi recenti sviluppi. In: Rivista marittima. A.119, 1986. No.12. S.85-96.
BZ 4453:119

E 114.20 Seerecht

Libertino, M.: Aspetti di diritto marittimo internazionale. In: Rivista marittima. A.120, 1987. No.2. S.97-104.
BZ 4453:120

Ogley, R.: Internationalizing the seabed. Aldershot: Gower 1984. VII,256 S.
B 57455

Symonides, J.: The Third United Nations Conference on the Law of the Sea (origins, concepts, assessment). In: International relations. Vol.1, 1984. Nr.2. S.41-64.
BZ 4852:1

Weidmann, K.: Die Neue Weltmeeresordnung. In: Zeitschrift für Politik. Jg.33, 1986. H.2. S.174-187.
BZ 4473:33

E 114.30 Luftrecht

Korkisch, F.: Luftfahrt-, Weltraum- und Luftkriegsrecht. In: Österreichische militärische Zeitschrift. Jg.25, 1987. Nr.3. S.229-238.
BZ 05214:25

E 114.40 Menschenrechte

Banks, D.L.: The Analyses of human rights data over time. In: Human rights quarterly. Vol.8, 1986. No.4. S.654-679.
BZ 4753:8

Bollen, K.A.: Political rights and political liberties in nations: An evaluation of human rights measures, 1950 to 1984. In: Human rights quarterly. Vol.8, 1986. No.4. S.567-591.
BZ 4753:8

Brandt, W.: Menschenrechte mißhandelt und mißbraucht. Reinbek: Rowohlt 1987. 125 S.
Bc 6581

Dijk, P.van; Hoof, G.J.H.van: Theory and practice of the European convention on Human Rights. Deventer: Kluwer 1984. XIII,512 S.
B 59577

Eide, A.: Human rights and development cooperation. In: Current research on peace and violence. Vol.9, 1986. No.4. S.189-195.
BZ 05123:9

Eide, A.: Human rights: The universal platform and Third World action. In: Bulletin of peace proposals. Vol.18, 1987. No.2. S.147-152.
BZ 4873:18

Goldstein, R.J.: The limitations of using quantitative data in studying human rights abuses. In: Human rights quarterly. Vol.8, 1986. No.4. S.607-627.
BZ 4753:8

Hannum, H.; Lillich, R.B.: Materials on international human rights and U.S. constitutional law. Charlottesville, Va.: Intern.Law Inst. 1985. III,116 S.
Bc 6349

Macfarlane, L.J.: The Theory and practice of human rights. London: Temple Smith 1985. 193 S.
B 57440

Maclister-Smith, P.: Humanitarian action by non-governmental organizations. National and international law perspectives. In: Bulletin of peace proposals.

Vol.18, 1987. No.2. S.119-131.
BZ 4873:18

Neufille, J.I.de: Human rights reporting
as a policy tool: An examination of the
state department country reports. In:
Human rights quarterly. Vol.8, 1986.
No.4. S.681-700.
BZ 4753:8

Renteln, A.D.: The Unanswered
Challenge of Relativism and the Conse-
quences for Human Rights. In: Human
rights quarterly. Vol.7, 1985. No.4.
S.514-540.
BZ 4753:7

State violation of human rights: Issues
and problems of measurement. In:
Human rights quarterly. Vol.8, 1986.
No.4. S.592-606.
BZ 4753:8

Veuthey, M.: The humanitarian network.
Implementing humanitarian law
through international cooperation. In:
Bulletin of peace proposals. Vol.18,
1987. No.2. S.133-146.
BZ 4873:18

E 116 Strafrecht

E.Bericht über d.Anwendung d.Folter
i.d.80er Jahren. Amnesty International. Frankfurt: Fischer 1984. 335 S.
B 55406

Jacobs, P.: Spuren ins Dunkle. Atten-
tate und Attentäter zwischen Dallas
und Rom. Berlin: Verlag Neues Leben
1986. 161 S.
Bc 6306

Torture in the eighties. An Amnesty
International report. Oxford: Robert-
son 1984. 263 S.
B 56440

Vergessene Gefangene. Amnesty Inter-
national, Sektion d.Bundesrepublik
Deutschland. Bonn: o.V. 1986. 47 S.
D 3474

Werner, E.: Le Système de trahison.
Lausanne: Ed.l'Age d'Homme 1986.
87 S.
Bc 6369

E 120 Regierung und Verwaltung

Regimenes políticos actuales. J.F.Badía
(Coord.). Madrid: Tecnos 1985. 638 S.
B 57869

E 130 Parlaments- und Wahlwesen

Electoral Change in advanced industrial democracies. Realignment or
dealignment?. Ed.R.J.Dalton [u.a.].
Princeton, N.J.: Princeton Univ.Press
1984. XVI,513 S.
B 56521

Electoral change in Western democracies. Patterns and sources of electoral
volatility. Ed.by I.Crewe and D.Den-
ver. London: Croom Helm 1985. 438 S.
B 56699

*Enelow, J.M.; Hinich, M.J.; Mendell,
N.R.:* An empirical evaluation of alter-
native spatial models of elections. In:
Journal of politics. Vol.48, 1986. No.3.
S.675-693.
BZ 4441:48

Knutsen, O.: Political cleavages and
political realignment in Norway: The
new politics thesis reexamined. In:
Scandinavian political studies. Vol.9,
1986. No.3. S.235-263.
BZ 4659:9

Laufer, H.: Der überregelte Staat. In:
Aus Politik und Zeitgeschichte. 1987.
B.14. S.25-38.
BZ 05159:1987

Voelzkow, H.; Hilbert, J.; Heinze, R.G.:
"Regierung durch Verbände" - am Beispiel der umweltschutzbezogenen Tech-
niksteuerung. In: Politische Vierteljahresschrift. Jg.28, 1987. H.1. S.80-100.
BZ 4501:28

Zariski, R.: The legitimacy of opposition parties in democratic political systems: a new use for an old concept. In: The Western political quarterly. Vol.39, 1986. No.1. S.29-47.
BZ 4612:39

E 140 Parteiwesen

E 141 Theorie der Partei

Beyme, K.von: Parteien in westlichen Demokratien. 2.Aufl.. München: Piper 1984. 540 S.
B 54905

Huckshorn, R.J.; Gibson, J.L.; Cotter, C.P.: Party integration and party organizational strength. In: Journal of politics. Vol.48, 1986. No.4. S.976-1005.
BZ 4441:48

Poguntke, T.: New politics and party systems: the emergence of a new type of party?. In: West European politics. Vol.10, 1987. No.1. S.76-88.
BZ 4668:10

E 142 Allgemeine politische Richtungen

E 142.1 Konservatismus

Neokonservatismus. Ein neuer Zeitgeist?. Wien: Verl.d.SPÖ 1985. 52 S.
Bc 6420

E 142.2 Liberalismus

Bobbio, N.: Liberalismo e democrazia. Seconda ed.. Milano: Angeli 1986. 72 S.
Bc 6320

Körner, K.F.: Liberalism and its critics. London: Croom Helm 1985. 396 S.
B 56307

Müller, K.: Mehr Vertrauen in die Zukunft. Liberalismus als politische Chance. Zürich: Neue Zürcher Zeitung 1986. 159 S.
Bc 6356

Noack, P.: Die dritte Kraft?. Streitschrift für einen zeitnahen Liberalismus. München: List 1986. 159 S.
B 59698

E 142.3 Nationalismus

Miszlivetz, F.; Kaldor, M.: Der Aufstieg des Neuen Nationalismus. In: Kommune. Jg.4, 1986. Nr.11. S.44-50.
BZ 05452:4

E 142.4 Faschismus

E 142.6 Sozialismus/Sozialdemokratie

Gould, B.: Socialism and freedom. London: Macmillan 1985. VII,109 S.
Bc 6338

Natoli, C.: L'Internazionale Operaia e Socialista tra la due guerre. In: Storia contemporanea. A.18, 1987. No.1. S.145-169.
BZ 4590:18

Petersen, G.: Verden er ung endnu. København: Vindrose 1984. 160 S.
B 55382

Socialism on the threshold of the twenty-first century. Ed.by M.Nicolić. London: Verso 1985. IX,311 S.
B 57544

Socialisme et fascisme: une même famille?. Hrsg.: Y.Blot u.a.. Paris: Michel 1984. 175 S.
B 55944

Svejcer, V.Ja.: Sozial-demokratija i antivoennoe dviženie v Zapadnoj Evrope. In: Voprosy istorii. 1986. No.7. S.3-16.
BZ 05317:1986

Terjesen, E.A.: 1.maj - kampdag eller symbol?. In: Tidsskrift for arbeiderbevegelsens historie. Arg.11, 1986. Nr.2. S.7-24.
BZ 4660:11

Tobia, B.: Communità dei partiti e sistema degli Stati nell'Internazionale Operaia e Socialista (1923-1931). In: Storia contemporanea. A.18, 1987. No.2. S.353-386.
BZ 4590:18

Williams, F.: La International Socialista y América Latina. Una visión crítica. México: Univ.Aut.Metropolitana 1984. 337 S.
B 58445

E 142.7 Marxismus

Arndt, A.: Karl Marx.. Versuch über den Zusammenhang seiner Theorie. Bochum: Germinal Verl. 1985. 284 S.
B 57613

Bebler, A.: On the Mutations of Marxists' Positions on Peace and Disarmament. In: Arms control. Vol.6, 1985. No.3. S.282-298.
BZ 4716:6

Bloch, M.: Marxism and anthropology. The history of a relationship. Repr.. Oxford: Oxford Univ.Pr. 1985. 180 S.
B 57710

Burkitt, B.: Radical political Economy. An introduction to the alternative economics. New York: New York Univ.Pr. 1984. X,197 S.
B 56224

Connor, W.: The national Question in Marxist-Leninist theory and strategy. Princeton, N.J.: Princeton Univ.Press 1984. XVII,614 S.
B 55129

Developing contemporary marxism. Ed.by Z.G.Barański and J.R.Short. London: Macmillan 1985. VIII,308 S.
B 57664

Dieckmann, G.: Die sozialistische Revolution. Theoriegeschichtlicher Abriß. Berlin: Dietz 1985. 559 S.
B 56887

The faltering economy. The problem of accumulation under monopoly capitalism. Ed.J.B.Foster and H.Szlajfer. New York: Monthly Review Pr. 1984. 357 S.
B 56116

Gordon, D.: Critics of Marxism. New Brunswick: Transaction Books 1986. 57 S.
Bc 6511

Hansen, F.R.: The Breakdown of capitalism. A history of the idea in Western marxism, 1883-1983. London: Routledge & Kegan Paul 1985. VI,174 S.
B 56424

Kallscheuer, O.: Marxismus und Erkenntnistheorie in Westeuropa. Eine politische Philosophiegeschichte. Frankfurt: Campus Verlag 1986. 453 S.
B 58126

Late Marx and the Russian road. Marx and 'the peripheries of capitalism'. Ed.T.Shanin. London: Routledge & Kegan Paul 1984. X,286 S.
B 57454

Lohmann, G.: Marx's Capital and the question of normative standards. In: Praxis international. Vol.6, 1986. No.3. S.353-372.
BZ 4783:6

Marcuse, H.: Soviet Marxism. A critical analysis. 4th pr.. New York: Columbia Univ.Pr. 1985. XVIII,271 S.
B 60034

Marx en perspective. Actes du colloque organisé par l'École des Hautes Études en Sciences Sociales, Paris, décembre 1983. Textes réunis par B.Chavance. Paris: École des Hautes Études en Sciences Sociales 1985. 721 S.
B 56845

Meznarić, S.: A neo-marxist approach to the sociology of nationalism. Doomed nations and doomed schemes. In: Praxis international. Vol.7, 1987. No.1. S.79-89.
BZ 4783:7

Oakley, A.: Marx's Critique of political economy. Intellectual sources and evolution. Vol.1. London: Routledge & Kegan Paul 1984. XIV,266 S.
B 56421

Onimode, B.: An Introduction to Marxist political economy. London: Zed 1985. 253 S.
B 56303

Riegel, K.-G.: Konfessionsrituale im Marxismus-Leninismus. Graz, Köln: Styria 1985. 248 S.
B 57810

Ripepe, E.: Dalla critica del socialismo reale alla crisi del marxismo. Milano: Angeli 1984. 157 S.
B 56210

Slaughter, C.: Marx and Marxism. Harlow: Longman 1985. VIII,119 S.
Bc 6343

Stojanović, S.: Marx and the Bolshevization of Marxism. In: Praxis international. Vol.6, 1987. No.4. S.450-461.
BZ 4783:6

Vranicki, P.: Marxismus und Sozialismus. Frankfurt: Suhrkamp 1985. 456 S.
B 57292

Wolff, R.P.: Understanding Marx. A reconstruction and critique of Capital. Princeton, N.J.: Princeton Univ.Press 1984. X,235 S.
B 56525

Wright, E.O.: Class, crisis and the state. 3rd impr.. London: Verso 1985. 266 S.
B 56703

E 142.8 Kommunismus/Bolschewismus

Anderson, S.; Anderson, J.L.: Inside the League. The shocking exposé of how terrorists, Nazis and Latin American death squads have infiltrated the World Anti-communist League. New York: Dodd, Mead & Co. 1986. XX,322 S.
B 60986

Hao, Chih-wei: Can communists coexist with religion?. o.O.: o.V. 1986. II,69 S.
Bc 6263

Inventaire des documents du Parti Communiste Internationaliste (section française de la IVe Internationale) 1950-1951. Paris: C.E.R.M.T.R.I. 1986. 39 S.
Bc 01813

Inventaire des documents du Parti communiste internationaliste (section française de la IVe Internationale) 1949. Paris: C.E.R.M.T.R.I. 1985. 18 S.
09960

Kellmann, K.: Ideologische Neuerungen und historisch-politische Verflechtungen des Eurokommunismus. In: Geschichte in Wissenschaft und Unterricht. Jg.38, 1987. H.3. S.129-144.
BZ 4475:38

Pryor, F.L.: Some economics of Utopia: the case of full Communism. In: Survey. Vol.29, 1985. No.2. S.70-101.
BZ 4515:29

Sacristàn Luzón, M.: Intervenciones políticas. Panfletos y materiales. 3. Barcelona: Icaria 1985. 286 S.
B 59180

Sorkin, G.Z.: Komintern protiv militarizma i vojny. Moskva: Mysl' 1986. 170 S.
B 59594

Wagner, H.: Stages of communist rule: the withering away of party dictatorship. In: Asian perspective. Vol.11, 1987. No.1. S.152-170.
BZ 4889:11

E 142.9 Terrorismus/Anarchismus

Beckman, R.L.: International Terrorism: The Nuclear Dimension. In: Terrorism. Vol.8, 1986. No.4. S.351-378.
BZ 4688:8

Benchley, F.: Living with Terrorism: the problem of air piracy. London: Institut for the study of conflict 1986. 17 S.
Bc 6161

Bonanate, L.: Il terrorismo internazionale come arma anti-sistema. In: Politica internazionale. A.15, 1987. No.5. S.51-59.
BZ 4828:15

Bush, G.: Prelude to retaliation: building a governmental consensus on terrorism. In: SAIS review. Vol.7, 1987. No.1. S.1-9.
BZ 05503:7

Cline, R.S.; Alexander, Y.: Terrorism: the Soviet connection. New York: Crane Russak 1984. XI,162 S.
B 56092

Crenshaw, M.: An Organizational Approach to the Analysis of Political Terrorism.. In: Orbis. Vol.29, 1985. No.3. S.465-489.
BZ 4440:29

Denton, J.: International terrorism - the nuclear dimension. In: Terrorism. Vol.9, 1987. No.2. S.113-123.
BZ 4688:9

Dobson, C.; Payne, R.: War without end.. The terrorists: an intelligence dossier. London: Harrap 1986. 279 S.
B 59483

Furet, F.; Liniers, A.; Raynaud, P.: Terrorisme et démocratie. Paris:: Fayard. 1985. 226 S.
B 57065

Gal-Or, N.: International Cooperation to suppress terrorism. London: Croom Helm 1985. IX,390 S.
B 56675

Hewitt, C.: The Effectiveness of anti-terrorist policies. Lanham: Univ.Press of America 1984. XV,122 S.
B 56701

Jenkins, B.M.: Der internationale Terrorismus. In: Aus Politik und Zeitgeschichte. Jg.38, 1987. B.5. S.17-27.
BZ 05159:38

Jenkins, B.M.: Will Terrorists go Nuclear? In: Orbis. Vol.29, 1985. No.3. S.507-515.
BZ 4440:29

Lakos, A.: International Terrorism: a bibliography. Boulder, Colo.: Westview Press 1986. XII,481 S.
B 61279

Law and anarchism. Ed.by T.Holterman. Montréal: Black Rose Books 1984. 215 S.
B 56927

Lynch, E.A.: International Terrorism: The Search for a Policy. In: Terrorism. Vol.9, 1987. No.1. S.1-85.
BZ 4688:9

Makinsky, M.: L'insertion du terrorisme dans la stratégue soviétique (Part 2). In: Défense nationale. Vol.43, 1987. No.7. S.23-38.
BZ 4460:43

McFarlane, R.C.: Terrorism and the Future of Free Society. In: Terrorism. Vol.8, 1986. No.4. S.315-326.
BZ 4688:8

Miller, D.: Anarchism. London: Dent 1984. 216 S.
B 56003

Nettlau, M.: Eugenik der Anarchie. Wetzlar: Büchse der Pandora 1985. 207 S.
B 56351

Oakley, R.: International terrorism. In: Foreign affairs. Vol.65, 1987. No.3. S.611-629.
BZ 05149:65

Ontiveros, S.R.: Global Terrorism. A historical bibliography. Santa Barbara, Calif.: ABC-Clio Information Services 1986. XIII,168 S.
B 61038

Patrnogic, J.di; Mériboute, Z.: La definizione di una normativa contro l'uso della violenza. In: Politica internazionale. A.15, 1987. No.5. S.72-84.
BZ 4828:15

Pyle, C.H.: Defining Terrorism. In: Foreign policy. 1986. No.64. S.63-78.
BZ 05131:1986

Reagan, R.: The new network of terrorist states. In: Terrorism. Vol.9, 1987. No.2. S.101-112.
BZ 4688:9

Rosenne, M.: Terrorism: Who is responsible? What can be done?. In: World affairs. Vol.148, 1985/86. No.3. S.169-172.
BZ 05509:148

Selth, A.: International terrorism: a new kind of warfare. In: RUSI. Vol.132, 1987. No.1. S.65-71.
BZ 05161:132

Selth, A.: The Terrorist threat to diplomacy: an Australian perspective. Canberra: Australian National Univ. 1986. XVII,215 S.
Bc 6245

Sick, G.G.: Terrorism: its political uses and abuses. In: SAIS review. Vol.7, 1987. No.1. S.11-26.
BZ 05503:7

Sofaer, A.D.: Terrorism and the Law. In: Foreign affairs. Vol.64, 1986. No.5. S.901-922.
BZ 05149:64

Sofaer, A.D.: The U.S.-U.K.Supplementary. Extradition Treaty. In: Terrorism. Vol.8, 1986. No.4. S.327-343.
BZ 4688:8

Stephens, H.W.: Not merely the Achille Lauro: the threat of maritime terrorism and piracy. In: Terrorism. Vol.9, 1987. No.3. S.285-296.
BZ 4688:9

Strauber, I.L.: The rhetoric of an ordinary political argument: Liberalism and zionism. In: The Western political quarterly. Vol.39, 1986. No.4. S.603-622.
BZ 4612:39

Terrorism, political violence and world order.. Ed.by H.Hyunwook Han. Lanham: Univ.Press of America 1984. XXII,767 S.
B 56314

Terrorists or freedom fighters. Ed.by E.Tavin and Y.Alexander. Fairfax, Va.: Hero Books 1986. XII,164 S.
Bc 6543

Terry, J.P.: An Appraisal of Lawful Military Response to State-Sponsored Terrorism. In: Naval War College review. Vol.39, 1986. No.3. S.59-68.
BZ 4634:39

Vought, D.B.; Fraser, J.H.: Terrorism: The Search for Working Definitions. In: Military review. Vol.66, 1986. No.7. S.70-76.
BZ 4468:66

Vought, D.B.; Perez, J.M.: Violence: The Alternate Political Institution. In: Military review. Vol.66, 1986. No.8. S.42-55.
BZ 4468:66

E 200 Außenpolitik

Hocking, B.: Regional governments and international affairs: foreign policy problem or deviant behaviour. In: International journal. Vol.41, 1986. No.3. S.477-506.
BZ 4458:41

Iriye, A.: Ideology and foreign policy: a comparative perspective. In: The Jerusalem journal of international relations. Vol.9, 1987. No.1. S.135-152.
BZ 4756:9

Moreau, P.D.: Imagination et politique étrangère. In: Défense nationale. A.43, 1987. No.2. S.141-148.
BZ 4460:43

E 210 Diplomatie

Carnevale, P.J.D.; Lawler, E.J.: Time pressure and the development of integrative agreements in bilateral negotiations. In: The Journal of conflict resolution. Vol.30, 1986. No.4. S.636-659.
BZ 4394:30

Lubbers, H.: New horizons in postwar diplomacy. In: The Washington quarterly. Vol.10, 1987. No.1. S.13-22.
053351:10

230 Sicherheitspolitik

Bercovitch, J.: International mediation: A study of the incidence, strategies and conditions of successful outcomes. In: Cooperation and conflict. Nordic journal of international politics. Vol.21, 1986. No.3. S.155-168.
BZ 4605:21

Berent, Z.: Modele bezpieczeństwa międzynarodowego. In: Sprawy Międzynarodowe. R.40, 1987. No.3. S.53-66.
BZ 4497:40

Colard, D.: Réflexions sur le deri de la paix à l'âge nucléaire. In: Défense nationale. Vol.43, 1987. No.2. S.53-67.
BZ 4460:43

Damodaran, A.K.: Common security. A third world approach. In: IDSA. Vol.16, 1983/84. Nr.4. S.287-299.
BZ 4841:16

Den trueda freden. Krig og fred under forskernes lupe. Red.Ø.Østerud. Oslo: Universitetsforlag 1984. 136 S.
B 55276

Diehl, P.F.: When peacekeeping does not lead to peace.. Some notes on conflict resolution. In: Bulletin of peace proposals. Vol.18, 1987. No.1. S.47-53.
BZ 4873:18

Dobrosielski, M.: Pozamilitarne aspekty wspólnego bezpieczeństwa. In: Sprawy Międzynarodowe. R.39, 1986. No.2. S.19-34.
BZ 4497:39

Kothari, R.: Concept of common security and the reality of common insecurity. In: IDSA. Vol.16, 1983/84. Nr.4. S.300-309.
BZ 4841:16

Kriegsgefahren und Friedenschancen im 20.Jahrhundert. Hrsg.v.F.Klein. Berlin: Akademie-Verlag 1985. 93 S.
Bc 6080

Lawler, P.: Peace research and international relations: from divergence to convergence. In: Millenium. Journal of international studies. Vol.15, 1986. No.3. S.367-390.
BZ 4779:15

Melko, M.; Hord, J.: Peace in the Western world. Jefferson, N.C.: McFarland 1984. IX,206 S.
B 55777

Mutz, R.: Gemeinsame Sicherheit. Grundzüge einer Alternative zum Abschreckungsfrieden. Baden-Baden: Nomos-Verlagsges. 1986. 85 S.
Bc 01831

National Security Crisis. Forecasting and management. Ed.by G.W.Hopple [u.a]. Boulder, Colo.: Westview Press 1984. IX,208 S.
B 54740

National security policy. The decision making process. Ed.by R.L.Pfaltzgraff, U.Ra'anan. Hamden, Conn.: Archon Books 1984. XIII,311 S.
B 56119

Niezing, J.: Nuclear war as (high) risk. Notes on the persuasiveness of risk assessments. In: Bulletin of peace proposals. Vol.18, 1987. No.1. S.19-26.
BZ 4873:18

Notwendigkeit und Erfordernisse umfassender internationaler Sicherheit. In: IPW-Berichte. Jg.16, 1987. H.7. S.1-12.
BZ 05326:16

Policies for common security. Ed.by R.Väyrynen. Stockholm: SIPRI 1985. XIII,250 S.
B 57508

Subrahmanyam, K.: Common security: a new approach. In: IDSA. Vol.16, 1983/84. Nr.4. S.310-328.
BZ 4841:16

Thompson, W.R.: Polarity, the long cycle, and global power warfare. In: The Journal of conflict resolution. Vol.30, 1986. No.4. S.587-615.
BZ 4394:30

E 235 Friedensbewegungen

Beale, A.: Against all war. Fifty years of Peace News, 1936-1986. Nottingham: Peace News 1986. 61 S.
Bc 6078

Bernazza, D.: Il Problema della pace. Milano: Mondadori 1985. 230 S.
B 57893

Beyer, W.: War Resisters' International. 60 years the War Resisters' International (WRI). The political insight of the WRI with special reference to the period 1921-1939. War is a crime against humanity. Berlin: o.V. 1985. 81 S.
D 03387

Böge, V.; Wilke, P.: Peace movements and unilateral disarmament: old concepts in a new light. In: Arms control. Vol.7, 1986. No.2. S.156-170.
BZ4716:7

Bruhn, J.: "...dann, sage ich, brich das Gesetz". Ziviler Ungehorsam: Von Gandhis Salzmarsch bis zum Generalstreik. Frankfurt: Röderberg 1985. 213 S.
B 57077

Curi, U.: Pensare la guerra. Per una cultura della pace. Bari: Ed.Dedalo 1985. 117 S.
Bc 6367

Czempiel, E.-O.: Friedensstrategien. Systemwandel durch internationale Organisationen, Demokratisierung und Wirtschaft. Paderborn: Schöningh 1986. 261 S.
Bc 6528

Ferrari, A.: Il pacifismo contemporaneo fra idea nazionale e idea planetaria. In: Storia contemporanea. A.17, 1986. Nu.5. S.889-90.
BZ 4590:17

Der Frieden ist unteilbar. Für ein Europa jenseits der Blöcke.. Hrsg.von der Initiative Ost-West-Dialog, Berlin und d.schweizerischen Friedensrat. Berlin: Oberbaum Verlag 1985. 157 S.
B 56030

Galtung, J.: There are alternatives!. Four Roads to peace and security. Nottingham: Spokesman 1984. 221 S.
B 57902

Galtung, J.: Es gibt Alternativen. Vier Wege zu Frieden und Sicherheit. Opladen: Westdeutscher Verlag 1984. 275 S.
B 51507

Gremetz, M.: Le 3e Grand. Une chance pour la paix. Paris: Messidor/éd.sociales 1984. 204 S.
B 55675

Jungk, R; Moosbrugger, B.: Sternenhimmel statt Giftwolke oder den Frieden erfinden. Zürich: pendo-Verlag 1987. 139 S.
Bc 6598

Kultur und Krieg. Friedensforum 2, CVJM Hamburg. Red.P.Südhoff. Berlin: Argument Verlag 1986. 118 S.
Bc 6455

Longford, F.: The Search for peace. A personal view of contributions to peace since 1945. London: Harrap 1985. 174 S.
B 57452

Luetolf, T.K.: Echter Friede ist machbar. Frankfurt: Lang 1985. VI,350 S.
B 55913

Pacifism and war. Ed.by O.R.Barclay. Leicester: Inter-Varsity Press 1984. 256 S.
B 54632

The peace movements in Europe and the United States. Ed.by W.Kaltefleiter and R.L.Pfaltzgraff. London: Croom Helm 1985. 211 S.
B 57208

Philosophen im Friedenskampf. Berlin: Dietz 1986. 206 S.
Bc 6443

Ranke-Heinemann, U.: Widerworte. Friedensreden und Streitschriften. Essen: Torso Verlag 1985. 248 S.
B 55786

Sabet, H.: Der Weg aus der Ausweg-
losigkeit. Ein Plädoyer für den Frieden.
Stuttgart: Seewald 1985. 204 S.
B 55669

Smith, P.D.: Peace offerings. To Rebe-
kah a.Jonathan, trusting that their
generation may be more effective than
mine.. London: Stainer and Bell 1986.
80 S.
Bc 01937

Stimme und Aktion der Völker gegen
das Wettrüsten. Dokumente 1979-1984.
Eingel.v.H.Schirmeister. Berlin: Staatsverlag der DDR 1985. 421 S.
B 57107

Das Wagnis engagierter Friedensarbeit.
Internat.christl.Friedensorg.im Spannungsfeld zwischen christl.Glauben
u.polit.Wirklichkeit. Von E.Lorenz
u.T.Strohm. Waldkirch: Waldkircher
Verlag 1985. 221 S.
B 55361

E 250 Internationale Organi-
sationen

Almond, H.H.: World Court Rulings on
the Use of Force in the Context of a
Global Power Struggle. In: World
affairs. Vol.148, 1986. No.1. S.19-25.
BZ 05509:148

International organization and integra-
tion. Annotated basic documents and
descriptive directory of international
organizations and arrangements. Ed.by
P.J.G. Kapteyn u.a. 2nd,comp.rev.ed..
Vol.1-2. Hague: Nijhoff 1981-84.
Getr.Pag..
B 56642

McDougal, M.: Presentation before the
International Court of Justice: Nicara-
gua v.United States. In: World affairs.
Vol.148, 1986. No.1. S.35-46.
BZ 05509:148

Morrison, F.L.: Reconsidering United
States Acceptance of the Compulsory
Jurisdiction of the International Court
of Justice. In: World affairs. Vol.148,
1986. No.1. S.63-70.
BZ 05509:148

Reflections of the State Department on
the U.S. and the World Court. In:
World affairs. Vol.148, 1986. No.1.
S.53-60.
BZ 05509:148

E 253 Vereinte Nationen

Aynor, H.S.: Israel Versus Apartheid at
the United Nations. In: The Jerusalem
journal of international relations.
Vol.8, 1986. No.1. S.34-41.
BZ4756:8

Bailey, S.D.: The Making of resolution
242. Dordrecht: Nijhoff 1985.
XII,225 S.
B 56848

Corneli, A.: L'Onu e i suoi problemi. In:
Rivista marittima. A.120, 1987. No.4.
S.9-17.
BZ 4453:120

Diplomacy at the UN.
Ed.by G.R.Berridge and A.Jennings.
London: Macmillan 1985. XVII,227 S.
B 57284

Epstein, W.: The Prevention of nuclear
war. A United Nations perspective.
Cambridge, Mass.: Oelgeschlager,
Gunn & Hain 1984. VI,114 S.
B 56549

Garba, M.A.: Le Commissioni regionali
nella politica dell'Onu. In: Politica
internazionale. A.15, 1987. No.5.
S.11-24.
BZ 4828:15

Ghebali, V.-Y.: L'évolution de la crise de
l'UNESCO. In: Défense nationale.
Vol.42, 1986. No.Août-Se. S.87-101.
BZ 4460:42

Goldblat, J.: The role of the United Nations in Arms Control: an assessment. In: Arms control. Vol.7, 1986. No.2. S.115-132.
BZ 4716:7

Gomez del Prado, J.L.: United Nations Conventions on Human Rights: The Practice of the Human Rights Committee and the Committee on the Elimination of Racial Discrimination in Dealing with Reporting Obligations of States Parties. In: Human rights quarterly. Vol.7, 1985. No.4. S.492-513.
BZ 4753:7

Joyner, C.C.; Lawson, S.A.: The United States and UNESCO: rethinking the decision to withdraw. In: International journal. Vol.41, 1985-86. No.1. S.37-71.
BZ 4458:41

Mahalic, D.; Mahalic, J.G.: The limitation provisions of the international convention on the elimination of all forms of racial discrimination. In: Human rights quarterly. Vol.9, 1987. No.1. S.74-101.
BZ 4753:9

Martin, M.: The Group of Seventy-Seven (G77) and a Third World Secretariat. In: The Round table. 1986. No.299. S.220-232.
BZ 4796:1986

Roethlisberger, E.: Dialogue de suisses sur l'adhésion à l'ONU. Le contre et le pour en dix-huit points. Neuchâtel: Ed.de la Baconniére 1986. 79 S.
Bc 6363

Skjelsbaek, K.: Peaceful settlement of disputes by the United Nations and other intergovernmental bodies. In: Cooperation and conflict. Nordic journal of international politics. Vol.21, 1986. No.3. S.139-154.
BZ 4605:21

Tomuschat, C.: Die Krise der Vereinten Nationen. In: Rivista marittima. A.120, 1987. No.2. S.97-106.
BZ 4453:120

The United Nations and disarmament: 1945-1985. New York: United Nations 1985. X,166 S.
Bc 6666

Urquhart, B.: 1986 Alastair Buchan Memorial Lecture. In: Survival. Vol.28, 1986. No.5. S.387-398.
BZ 4495:28

A World without a U.N. What would happen if the U.N.shut down?. Ed.by B.Y.Pines. Washington: The Heritage Found 1984. XIX,176 S.
B 56248

Zanetti, B.: L'ONU e la Svizzera. Considerazioni varie attorno al problema dell'adesione della Svizzera all'Organizzazione delle Nazioni Unite (ONU). Berna: Selbstverlag 1986. 40 S.
Bc 6287

F Wehrwesen

F 000 Wehr- und Rüstungspolitik

F 005 Allgemeines

The arms race at a time of decision. Ed.by J.Rotblat and A.Pascolini. London: Macmillan 1984. XXIV,291 S.
B 54659

Brie, A.: Militärisches Gleichgewicht. Entspannung, Abrüstung. Berlin: Staatsverlag der DDR 1986. 111 S.
Bc 6580

Chan, S.: The impact of defense spending on economic performance: a survey of evidence and problems. In: Orbis. Vol.29, 1985. No.2. S.403-434.
BZ 4440:29

Dixon, W.J.; Moon, B.E.: The military burden and basic human needs. In: The Journal of conflict resolution. Vol.30, 1986. No.4. S.660-684.
BZ 4394:30

Evangelista, M.: Case studies and theories of the arms race. In: Bulletin of peace proposals. Vol.17, 1986. No.2. S.197-206.
BZ 4873:17

Frederiksen, P.C.; Looney, R.E.: Another look at the defense spending and development hypothesis. In: Defense analysis. Vol.2, 986. No.3. S.205-210.
BZ 4888:2

Goertz, G.; Diehl, P.F.: Measuring military allocations. A comparison of different approaches. In: The Journal of conflict resolution. Vol.30, 1986. No.3. S.353-581.
BZ 4394:30

Gray, C.S.: Defense planning and the duration of War. In: Defense analysis. Vol.1, 1985. No.1. S.21-36.
BZ 4888:1

Intriligator, M.D.; Brito, D.L.: Arms races and instability. In: The Journal of strategic studies. Vol.9, 1986. No.4. S.113-131.
BZ 4669:9

Kaldor, M.: The weapons succession process. In: World politics. Vol.38, 1985/86. No.4. S.577-595.
BZ 4464:38

Konventionelle Rüstung im Ost-West-Vergleich. E.Forndran [u.a.]. Baden-Baden: Nomos Verlagsges. 1986. 731 S.
B 60216

Levine, H.M.; Carlton, D.: The nuclear arms race debated. New York: McGraw-Hill 1986. XXIV,398 S.
B 61099

Lewis,K.N.: Balance and counterbalance: technology and the arms race. In: Orbis. Vol.29, 1985. No.2. S.259-268.
BZ 4440:29

Mayer, T.F.: Arms Races and war initiation. Some alternatives to the intriligator-brito model. In: The Journal of conflict resolution. Vol.30, 1986. No.1. S.3-32.
BZ 4394:30

Richardson III, R.C.: Long range defense planning. In: The Journal of social, political and economic studies. Vol.11, 1986. No.4. S.349-365.
BZ 4670:11

Risse-Kappen, T.: Applying arms race theory to NATO's nuclear weapons deployments. A reply to Matthew Evangelista. In: Bulletin of peace proposals. Vol.17, 1986. No.2. S.207-213.
BZ 4873:17

Schulze-Marmeling, D.: Dokumentationsstelle Friedens- und Sicherheitspolitik. Nach Reykjavik: Aufrüstung oder Abrüstung? 30 Jahre Rüstungskontroll- und Abrüstungsverhandlungen 1957-1987. Münster: o.V. 1987. 42 S.
D 03724

Soppelsa, J.: Des Tensions et des armes. Paris: Publications de la Sorbonne 1984. 156 S.
B 55680

Wissenschaft und Rüstung. H.Bähren [u.a.]. Braunschweig: Steinweg 1985. 342 S. B 57070

F 010 Abrüstung und Rüstungskontrolle

F 011 Abrüstung

Abrüsten - das Programm für die Zukunft. Positionen zur Bundestagswahl 1987. Impr.: Die Friedensliste. Bonn: o.V. 1987. 56 S.
D 3506

Beker, A.: Disarmament without order. The politics of disarmament at the United Nations. Westport, Conn.: Greenwood Press 1985. XII,212 S.
B 56519

Deigmann, K.: Die Genfer Verhandlungen. Die Standpunkte, der Verlauf und der Gipfel. Kassel: Terracotta Verlag 1986. 98 S.
Bc 6325

Disarmament and development. A global perspective. Ed.: P.K.Ghosch. Westport, Conn.: Greenwood Press 1984. XXIV,444 S.
B 56513

Gasteyger, C.: Searching for world security. Understanding global armament and disarmament. London: Pinter 1985. XII,216 S.
B 57548

Klaus, M.: Vernunft und Realismus im Nuklearzeitalter. Für eine weltweite Koalition der Vernunft und des Realismus. Berlin: Dietz 1986. 80 S.
Bc 6304

The Nuclear Freeze Controversy. Ed.by K.B.Payne. Lanham, Md.: Univ.of America 1984. 179 S.
B 56266

Risse-Kappen, T.: Eine historische Chance für die Abrüstung. Hrsg.: Hessische Stiftung Friedens- und Konfliktforschung. Frankfurt: o.V. 1987. 11 S.
D 03711

Scheer, H.: Die Befreiung von der Bombe. Weltfrieden, europäischer Weg und die Zukunft der Deutschen. Köln: Bund-Verl. 1986. 320 S.
B 58509

Thorsson, I.: In Pursuit of disarmament. Conversion from military to civil production in Sweden. Vol.1A.B.. Stockholm: Liber/Allmänna Förl. 1984. 347,66 S.
B 56739

Toward nuclear Disarmament and global security. A search for alternatives. Ed.by B.H.Weston. Boulder, Colo.: Westview Press 1984. XIX,746 S.
B 57093

F 012 Rüstungskontrolle

Arms control. Myth versus reality. Ed.by R.F.Staar. Stanford: Hoover Inst.Press 1984. XXII,211 S.
B 56110

Bahr, E.: Macht und Ohnmacht Europas in den Perspektiven der Allianz. In: Die neue Gesellschaft/Frankfurter Hefte. Jg.34, 1987. Nr.3. S.221-227.
BZ 4572:34

Brzezinski, Z.: National strategy and arms control. In: The Washington quarterly. Vol.10, 1987. No.1. S.5-11.
BZ 05351:10

Garfinkle, A.M.: The Politics of nuclear freeze. Philadelphia, Pa.: Foreign Policy Research Inst. 1984. XVIII,258 S.
B 57835

Hall, C.: Britain, America and arms control, 1921-37. Basingstoke: Macmillan 1987. VII,295 S.
B 61171

Johnson, P.G.: Arms Control and Managing Linkage. In: Survival. Vol.28, 1986. No.5. S.431-444.
BZ 4499:28

Mann, P.: Harvard study gives mixed reviews to post world war 2 arms control. In: Aviation week and space technology. Vol.125, 1986. No.22. S.93-97.
BZ 05182:125

Murray, M.: A Procedural Alternative for Arms Control. In: Arms control. Vol.6, 1985. No.3. S.213-242.
BZ 4716:6

Neild, R.: The case against arms negotiations and for a reconsideration of strategy. In: Arms control. Vol.7, 1986. No.2. S.133-155.
BZ 4716:7

Nuclear arms control. Background and issues. Washington: National Academy Press 1985. X,378 S.
B 58046

Reassessing arms control. Ed.by D.Carlton and C.Schaerf. London: Macmillan 1985. XIX,211 S.
B 56219

Robinson, J.P.: Chemical Warfare arms control: a framework for considering policy alternatives. London: Taylor a.Francis 1985. 116 S.
Bc 01716

Robinson, P.J.P.: Disarmament and other options for Western policymaking on chemical warfare. In: International affairs. Vol.63, 1987. No.1. S.65-80.
BZ 4447:63

Rühl, L.: Perspektiven der Rüstungskontrollpolitik. In: Truppenpraxis. 1986. Nr.6. S.518-522.
BZ 05172:1986

Scheffran, J.: Rüstungskontrolle bei Antisatellitenwaffen. Risiken u.Verifikationsmöglichkeiten. Frankfurt: HSFK 1986. 66 S.
Bc 01894

Schmidt, R.: Weltraumgestützte Raketenabwehrsysteme und Antisatellitenwaffen: Rüstungskontrollpolitische Konzepte und Verhandlungen. In: Europa-Archiv. Jg.42, 1987. Nr.3. S.85-94.
BZ 4452:42

Todenhöfer, J.: Plädoyer für eine Welt ohne chemische Waffen. In: Außenpolitik. Jg.37, 1986. Nr.3. S.273-282.
BZ 4457:37

Windsor, P.: Towards a Hierarchy for Arms Control. In: Millenium. Journal of international studies. Vol.15, 1986. No.2. S.169-177.
BZ 4779:15

F 012.1 Allgemeines

F 012.2 Nonproliferation

Beckmann, R.L.: Nuclear Non-proliferation. Congress and the control of peaceful nuclear activities. Boulder, Colo.: Westview Press 1985. XII,446 S.
B 57948

Debray, R.: L'Armée de la Paix. A propos de la prolifération nucléaire. In: Stratégique. 1986. No.1. S.21-34.
BZ 4694:1986

Fischer, D.; Szasz, P.: Safeguarding the atom: a critical appraisal. London: Taylor u.Francis 1985. XX,243 S.
B 57707

Goldblat, J.: The Third Review Conference of the Nuclear Non-Proliferation Threaty. In: Bulletin of peace proposals. Vol.17, 1986. No.1. S.13-27.
BZ 4873:17

Majorow, S.: Zu einigen Problemen der Nichtweiterverbreitung von Kernwaffen. In: Militärwesen. 1987. Nr.4. S.49-60.
BZ 4485:1987

Mollard, Y.La Bruyère: Les implications stratégiques de la prolifération nucléaire. In: Défense nationale. Vol.43, 1987. No.3. S.91-105.
BZ 4460:43

The Nonproliferation predicament. Ed.by J.F.Pilat. New Brunswick: Transaction Books 1985. IX,137 S.
B 57481

Patterson, W.C.: The Plutonium business and the spread of the bomb. London: Paladin Books 1984. XVI,272 S.
B 57528

Power, P.E.: The mixed state of non-proliferation: the NPT Review Conference and beyond. In: International affairs. Vol.62, 1986. No.3. S.477-491.
BZ 4447:62

Spector, L.S.: Nuclear Proliferation today. New York: Vintage Books 1984. XV,478 S.
B 55808

F 012.3 ABC-waffenfreie Zone

Fry, G.: The South Pacific nuclear-free zone: Significance and implications. In: Bulletin of concerned Asian scholars. Vol.18, 1986. No.2. S.61-72.
BZ 05386:18

Mahmoud, M.K.: The Establishment of a nuclear weapon free zone in the Middle East: policy, problems and prospects. Ann Arbor, Mich.: UMI 1986. V,261 S.
B 58171

Norden atomvåbenfri zone. Red.B.Méller. Edtved: Fredsbevægelsens Forl. 1985. 94 S.
Bc 5782

Seidelmann, R.: SPD und SED zur Schaffung eines atomwaffenfreien Korridors. Eine politische Bewertung. In: Deutschland-Archiv. Jg.20, 1987. Nr.2. S.134-142.
BZ 4567:20

Voigt, K.D.: Der Vorschlag für einen nuklearwaffenfreien Korridor. Ein deutsch-deutsches Pilotprojekt für eine Sicherheitspartnerschaft im Ost-West-Konflikt. In: Deutschland-Archiv. Jg.20, 1987. Nr.2. S.142-148.
BZ 4567:20

F 012.4 Einzelne Rüstungs-Kontrollverhandlungen

– ABM-Vertrag –

Nitze, P.H.: ABM treaty-permitted acitivities. In: National defense. Vol.71, 1987. No.427. S.33-39.
BZ 05186:71

Sherr, A.B.: Sound legal reasoning or policy expedient?. In: International security. Vol.11, 1986-87. No.3. S.71-93.
BZ 4433:11

– INF-Verhandlungen –

"Deutsche Interessen" contra Abrüstung? Stellungnahmen zur Auseinandersetzung um die "doppelte Null-Lösung". In: Blätter für deutsche und internationale Politik. Jg.32, 1987. H.6. S.717-755.
BZ 4551:32

Brunner, D.: Ist die Abschaffung der Mittelstreckenraketen in Europa in Sicht?. In: Canadian defence quarterly. Vol.16, 1987. No.3. S.292-296.
BZ 05001:16

Fauth, H.: Die Tücken des Nullsummen-Spiels. In: Europäische Wehrkunde. Jg.36, 1987. Nr.5. S.254-256.
BZ 05144:36

Garfinkle, A.M.: The "INF" arena after Reykjavik: a broader U.S. approach?. In: Strategic review. Vol.14, 1986. No.4. S.27-36.
BZ 05071:14

Greiner, B.; Obermeyer, U.: Kleine Geschichte der Null-Lösung. In: Blätter für deutsche und internationale Politik. H.130, 1986. H.12. S.1441-1451.
BZ 4551:130

Guillerez, B.: Option zéro: Les palinodies eurostratégiques. In: Défense nationale. A.43, 1987. Mai. S.157-164.
BZ 4460:43

James, J.: Controversy at short range. In: Arms Control Today. Vol.17, 1987. No.5. S.11-15.
BZ 05521:17

Kaltefleiter, W.: Die Täuschung mit der scheinbaren Nullösung. In: Europäische Wehrkunde. Jg.36, 1987. Nr.5. S.248-252.
BZ 05144:36

Raven, W.von: Atomare Abrüstung - konventionelle Aufrüstung. Suche nach dem Surrogat. In: Europäische Wehrkunde. Jg.35, 1986. Nr.12. S.696-702.
BZ 05144:35

Rostow, E.V.: Intermediate-range nuclear force negotiations-success or failure. In: Atlantic community quarterly. Vol.22, 1985-86. No.4. S.309-320.
BZ 05136:22

Tillman, J.: Was bleibt nach der Nullösung?. In: Interavia. Jg.42, 1987. Nr.9. S.913-918.
BZ 05184:42

Voigt, K.D.: Europäische Interessen nach Reykjavik und vor einer Null-Lösung. In: Die neue Gesellschaft/ Frankfurter Hefte. Jg.34, 1987. Nr.4. S.321-329.
BZ 4572:34

Witt, G.: "Null-Lösung" - Chance zur Abrüstung?. In: Blätter für deutsche und internationale Politik. Jg.32, 1987. H.5. S.606-610.
BZ 4551:32

Zellner, W.: Die Null-Lösung - Öffnung zu einer zweiten Phase der Entspannungspolitik. In: Blätter für deutsche und internationale Politik. Jg.32, 1987. H.7. S.876-892.
BZ 4551:32

– MBFR –

Zandee, D.: MBFR:na deriten jaar het einde in zicht?. In: Internationale spectator. Jg.40, 1986. Nr.11. S.674-683.
BZ 05223:40

– SALT/START –

Earle, R.: America is cheating itself. In: Foreign policy. 1986. No.64. S.3-16.
BZ 05131:1986

Kruzel, J.: From Rush-Bagot to Start: The Lessons of Arms Control. In: Orbis. Vol.30, 1986. No.1. S.193-216.
BZ 4440:30

Quayle, D.: Beyond salt: arms control built upon defenses. In: Strategic review. Vol.14, 1986. No.3. S.9-16.
BZ 05071:14

Rose, W.M.: Beware of 'Counterfeit' unilateral initiatives. In: Arms control. Vol.7, 1986. No.1. S.47-58.
BZ 4716:7

F 012.5 Verifikation

Arms control verification. The technologies that make it possible. Ed.by K.Tsipis u.a.. Washington: Pergamon Press 1986. XVI,419 S.
B 61165:3

Pieragostini, K.: Arms control verification. Cooperating to reduce uncertainty. In: The Journal of conflict resolution. Vol.30, 1986. No.3. S.420-444.
BZ 4394:30

Schear, J.A.: National methods of treaty verification and the role of Third Countries: compatibility or conflict?. In: Arms control. Vol.7, 1986. No.1. S.4-16.
BZ 4716:7

Scribner, R.A.; Ralston, T.J.; Metz, W.D.: The Verification challenge. Problems and promise of strategic nuclear arms control verification. Boston, Stuttgart: Birkhäuser 1985. XIV,249 S.
B 59687

Tornetta, V.: Le verifiche sugli Armamenti. In: Affari esteri. A.19, 1987. No.74. S.220-234.
BZ 4373:19

F 012.6 Vertrauensbildende Maßnahmen

Borawski, J.: Risk reduction at Sea: naval confidence-building measures. In: Naval forces. Vol.8, 1987. No.1. S.18-28.
BZ 05382:8

Rotfeld, A.D.: Poszukiwanie środków budowy zaufania w Europie. In: Sprawy Międzynarodowe. R.39, 1986. No.7-8. S.7-28.
BZ 4497:39

Zielinski, M.: Vertrauen und vertrauensbildende Maßnahmen. Ein sicherheitspolitisches Instrument und seine Anwendung in Europa. Frankfurt: Campus Verlag 1985. 203 S.
B 54763

F 020 Militärbündnisse

F 021 NATO

F 021.1 Allgemeines

Aaron, D.: Neubewertung der Atlantischen Allianz. In: Europa-Archiv. Jg.41, 1986. Nr.16. S.481-487.
BZ 4452:41

Acharya, A.: Rolle der NATO außerhalb des Bündnisbereichs. Der Golfkrieg. In: Internationale Wehrrevue. Jg.20, 1987. Nr.5. S.569-576.
BZ 05263:20

Alliances divided. Ed.by K.Coates. Nottingham: Spokesman 1986. 104 S.
Bc 6317

Coker, C.: NATO, the Warsaw Pact and Africa. Basingstoke: Macmillan 1985. XI,302 S.
B 56435

Dean, J.: Kann die NATO einen (relativen) Erfolg überleben?. In: NATO-Brief. Jg.34, 1986. Nr.6. S.16-23.
BZ 05187:34

Foster, G.D.: Public opinion and the alliance: A strategy framework. In: Strategic review. Vol.15, 1987. No.1. S.52-66.
BZ 05071:15

The Future of NATO. A transatlantic conference.... Cambridge: Inst.for foreign policy analysis 1987. IX,40 S.
Bc 6504

Guillen, P.: La France et la question de la défense de l'Europe occidentale, du pacte de Bruxelles (Mars 1948) au plan Pleven (Octobre 1950). In: Revue d'histoire de la deuxième guerre mondiale et des conflicts contemporains. A.36, 1986. No.144. S.79-98.
BZ 4455:36

Hacke, C.: After NATO's dual track decision of 1979: where do we go from here?. In: The Journal of strategic studies. Vol.9, 1986. No.4. S.84-100.
BZ 4669:9

Heisbourg, F.: Alliance and sovereignty - aims and limitations in common endeavours. In: NATO's sixteen nations. Vol.31, 1986. No.7. S.18-25.
BZ 05457:31

Heisbourg, F.: Die NATO vor der entscheidenden Bewährungsprobe. In: Europa-Archiv. Jg.42, 1987. Nr.8. S.225-236.
BZ 4452:42

Hoffmann, H.: Die Atompartner Washington - Bonn und die Modernisierung der taktischen Kernwaffen. Vorgeschichte und Management der Neutronenwaffe u.d.Doppelbeschlusses d.NATO. Koblenz: Bernard und Graefe 1986. 549 S.
B 58550

Kaplan, L.S.: The United States and NATO. The formative years. Lexington, Ky.: Univ.Pr.of Kentucky 1984. XI,276 S.
B 56050

Knorr, K.: Burden-Sharing in NATO: Aspects of U.S.Policy. Washington: Univ.Press of America In: Orbis. Vol.29, 1985. No.3. S.517-538.
BZ 4440:29

Mack, H.J.: Die Zukunft der NATO. Weichenstellung ins nächste Jahrtausend. In: Europäische Wehrkunde. Jg.36, 1987. Nr.1. S.19-28.
BZ 05144:36

Martin, L.W.: NATO and the defense of the West. An analysis of America's first line of defense. New York: Holt, Rinehart and Winston 1985. 159 S.
010007

Matthée, V.: Die Neutronenwaffe zwischen Bündnis- und Innenpolitik. Eine Studie über die Verknüpfung nationaler und allianzinterner Willensbildungsprozesse. Herford: Mittler 1985. 235 S.
B 55650

NATO. The next generation. Ed.by R.E.Hunter. Boulder, Colo.: Westview Press 1984. X,272 S.
B 56804

NATO- Herbsttagungen 1986: Neue Dämme gegen Abrüstung. In: IPW-Berichte. Jg.16, 1987. H.3. S.41-45.
BZ 05326:16

Nelson, D.N.; Lepgold, J.: Alliances and burden-sharing: a NATO-Warsaw pact comparison. In: Defense analysis. Vol.2, 1986. No.2. S.205-233.
BZ 4888:2

Power and policy: doctrine, the alliance and arms control. Pt.1-3. London: International Inst.for Strategic Studies 1986. 72,78,76 S.
Bc 5931

Ravenal, E.C.: NATO:the tides of discontent. Berkeley, Cal.: University of California 1985. 94 S.
Bc 6116

Rose, C.: Campaigns against Western defence. NATO's adversaries and critics. Basingstoke: Macmillan 1985. IX,318 S.
B 55592

Sanguinetti, A.: Le Vertige de la force. Paris: Éditions la Découverte 1984. 250 S.
B 55943

Steinberg, J.B.: Rethinking the debate on burden-sharing. In: Survival. Vol.29, 1987. No.1. S.56-78.
BZ 4499:29

Thies, W.J.: What future for the Atlantic alliance?. In: Parameters. Jg.16, 1986. No.2. S.26-35.
BZ 05120:16

Western Security. The formative years. Ed.by O.Riste. Oslo: Universitetsforlaget 1985. 333 S.
B 57062

F 021.2 NATO-Streitkräfte

Abshire, D.M.: NATO's conventional defense improvement effort: An ongoing imperative. In: The Washington quarterly. Vol.10, 1987. No.2. S.49-60.
BZ 05351:10

Adler, D.J.: Det europæiske Teater. Bogen om raketterne og den nye atomvabendebat. København: Eirene 1984. 451 S.
B 55385

Beard, R.: New NATO approaches to improved armaments cooperation. In: NATO's sixteen nations. Vol.31, 1986. No.7. S.26-32.
BZ 05457:31

Bentinck, M.: NATO's Out-of-Area Problem. London: The International Inst.for Strategic Studies 1986. 84 S.
Bc 6213

Cable, J.: NATO-naval operations out-of-area. In: Naval forces. Vol.8, 1987. No.1. S.30-39.
BZ 05382:8

Carr, B.: NATO naval escorts-year 2000. In: NATO's sixteen nations. Vol.31, 1986. No.7. S.38-42.
BZ 05457:31

Crutchley, M.J.: La modernizzazione delle artiglierie della NATO. In: Rivista italiana difesa. A.6, 1987. No.4. S.33-41.
BZ 05505:6

Downing, W.A.: Light Infantry Integration in Central Europe. In: Military review. Vol.66, 1986. No.9. S.18-29.
BZ 4468:66

Fechner, W.: BALTAP. Der Riegel zwischen zwei Meeren. In: Europäische Wehrkunde. Jg.36, 1987. Nr.7. S.376-380.
BZ 05144:36

Hamm, M.R.; Holmes, K.R.: A European antitactical ballistic missile system, deterrence, and the conventional defense of NATO. In: The Washington quarterly. Vol.10, 1987. No.2. S.61-78.
BZ 05351:10

Isby, D.C.; Kamps, C.: Armies of NATO's Central Front. London: Jane 1985. 479 S. 2.
09968

Kamp, K.-H.: Die Aussichten für eine Verstärkung der konventionellen Streitkräfte des westlichen Bündnisses. In: Europa-Archiv. Jg.41, 1986. Nr.24. S.709-716.
BZ 4452:41

Matz, P.C.: Zusammenarbeit der Marine mit der integrierten NATO Luftverteidigung. In: Marine-Forum. Jg.62, 1987. Nr.6. S.189-193.
BZ 05170:62

Military science. The air-mobile divisions: operational reserves for the NATO.. The air-mobile divisions: operational reserves for NATO. In: RUSI. Vol.132, 1987. No.1. S.23-30.
BZ 05161:132

Millard, J.: Night vision for NATO. In: NATO's sixteen nations. Vol.31, 1986. No.6. S.101-109.
BZ 05457:31

Méller, B.: The need for an alternative NATO strategy. In: Journal of peace research. Vol.24, 1987. No.1. S.61-74.
BZ 4372:24

Randel, P.: Entwicklungstendenzen der Raketenabwehr in den NATO-Flotten. In: Militärwesen. 1986. Nr.9. S.65-70.
BZ 4485:1986

Schulte, L.: Die konventionelle Waffentechnik ändert das Kalkül der NATO. In: Europäische Wehrkunde. Jg.35, 1986. Nr.12. S.714-718.
BZ 05144:35

Schulze-Marmeling, D.: Ist die NATO strukturell abrüstungsfähig?. In: Blätter für deutsche und internationale Politik. Jg.32, 1987. H.5. S.591-599.
BZ 4551:32

Sigal, L.V.: Nuclear Forces in Europe. Enduring dilemmas, present prospects. Washington: The Brookings Inst. 1984. X,181 S.
B 55764

Truntschka, H.: Möglichkeiten der taktischen Fliegerkräfte der NATO zur Panzerbekämpfung. In: Militärwesen. 1986. Nr.9. S.59-64.
BZ 4485:1986

Walinsky, H.: NATO's armoured shield in Central Europe: A survey of British, German and American armoured combat vehicles. In: Naval forces. Vol.7, 1986. No.5. S.19-22.
BZ 05382:7

Wörner, M.: Flugkörperabwehr der NATO - eine Notwendigkeit. In: Truppenpraxis. 1986. Nr.6. S.505-511.
BZ 05172:1986

Zaalberg, G.S.D.: Analyse van de West-Westrelaties. In: Militaire spectator. Jg.155, 1986. No.6. S.294-302.
BZ 05134:155

F 021.3 NATO-Regionen

Baggett, L.: NATO's maritime strategy in the North Atlantic. In: Tidsskrift for søvæsen. Arg.157, 1986. No.5. S.221-236.
BZ 4546:157

Bridge, T.D.: Missiles over the Mediterranean: NAMFI in Crete. In: The army quarterly and defence journal. Vol.116, 1986. No.3. S.279-284.
BZ 4770:116

Coufoudakis, V.: The Eastern Mediterranean in the defense of the West. The Case of Greece. In: NATO's sixteen nations. Vol.31, 1986. No.6. S.34-39.
BZ 05457:31

Farstad, S.A.: Norge og Norskehavet - et maritimt perspektiv. In: Norsk militært tidsskrift. Arg.156, 1986. No.11. S.13-23.
BZ 05232:156

Galvin, J.R.: Challenge and Response on the Southern Flank: Three Decades Later. In: Military review. Vol.66, 1986. No.8. S.4-15.
BZ 4468:66

Haass, R.N.: Managing NATO's weakest flank: the United States, Greece and Turkey. In: Orbis. Vol.30, 1986. No.3. S.457-473.
BZ 4440:30

Huitfeldt, T.: The threat from the North-Defence of Scandinavia. In: NATO's sixteen nations. Vol.31, 1986. No.6. S.26-32.
BZ 05457:31

Moreau, A.S.: The Southern region - a buttress for NATO. In: NATO's sixteen nations. Vol.31, 19861. No.6. S.16-21.
BZ 05457:31

NATO and the Mediterranean. Ed.by L.S.Kaplan u.a.. Wilmington, Del.: SR 1985. XXIII,263 S.
B 57235

Nordeuropa. Ausfalltor der Sowjetunion zu den Weltmeeren. Herford: Mittler 1986. 162 S.
B 59055

Rudney, R.S.: On the Southern Flank: A reassessment of NATO's Mediterranean Strategy. In: SAIS review. Vol.6, 1986. No.2. S.163-175.
BZ 05503:6

Schopfel, W.H.: The MAB in Norway. In: United States Naval Institute Proceedings. Jg.112, 1986. No.1005. S.33-39.
BZ 05163:112

F 022 Warschauer Pakt

Atkeson, E.B.: The "Fault Line" in the Warsaw Pact: Implications for NATO Strategy. In: Orbis. Vol.30, 1986. No.1. S.111-131.
BZ 4440:30

Aufklärungskräfte und -mittel der WP Landstreitkräfte. In: Soldat und Technik. Jg.30, 1987. Nr.1. S.42-46.
BZ 05175:30

Groot, R.; Oversloot, J.; Singelsma, S.: Het operationele optreden bij het Warschau-Pact. In: Militaire spectator. Jg.155, 1986. No.6. S.286-293.
BZ 05134:155

Kugler, R.L.: Warsaw pact forces and the conventional military balance in Central Europe: trends, prospects, and choices for NATO. In: The Jerusalem journal of international relations. Vol.8, 1986. No.2-3. S.15-48.
BZ 4756:8

Lauterbach, A.: Bedeutung und Führung der Aufklärung in den WP-Landstreitkräften. In: Soldat und Technik. Jg.30, 1987. Nr.1. S.36-40.
BZ 05175:30

Nelson, D.N.: Alliance behavior in the Warsaw Pact. Boulder, Colo.: Westview Press 1986. XVII,134 S.
Bc 6515

Oldberg, I.: Military integration in the Warsaw Pact. In: Kungl. Krigsvetenskapsakademiens tidskrift. Arg.190, 1986. H.4. S.153-169.
BZ 4718:190

Die Organisation des Warschauer Vertrages. 3.,erw.Aufl.. Dokumente und Materialien, 1955-1980.. Berlin: Staatsverlag der DDR 1985. 336 S.
B 57484

Organizacija Varšavskogo Dogovora 1955-1985. Dokumenty i materialy. Moskva: Politizdat 1986. 421 S.
B 59765

F 023 Sonstige Militärbündnisse

Brand, R.A.: Australia, New Zealand, and ANZUS. In: Atlantic community quarterly. Vol.22, 1985-86. No.4. S.345-359.
BZ 05136:22

Coutau-Begarie, H.: L'Australie, la Nouvelle-Zélande et la crise de l'ANZUS. In: Politique étrangère. A.50, 1985. No.4. S.911-923S.
BZ 4449:50

Mack, A.: Crisis in the other alliance: Anzus in the 1980s. In: World policy journal. Vol.3, 1986. No.3. S.447-472.
BZ 4822:3

Matthews, T.; Ravenhill, J.: Anzus, the American alliance and external threats: Australian elite attitudes. In: Australian outlook. Vol.41, 1987. No.1. S.10-21.
BZ 05446:41

Pugh, M.: Wellington against Washington: steps to unilateral arms control. In: Arms control. Vol.7, 1986. No.1. S.63-73.
BZ 4716:7

F 030 Internationale Streitkräfte

Grey, J.: The formation of the Commonwealth Division, 1950-1953. In: Military affairs. Vol.51, 1987. No.1. S.12-16.
BZ 05148:51

Heiberg, M.; Holst, J.J.: Peacekeeping in Lebanon. Comparing UNIFIL and the MNF. In: Survival. Vol.28, 1986. No.5. S.399-421.
BZ 4495:28

Kuosa, T.: Finland's participation in United Nations peacekeeping activity. In: Revue internationale d'histoire militaire. 1985. No.62. S.297-307.
BZ 4454:1985

Levran, A.: UN Forces and Israel's Security. In: The Jerusalem quarterly. 1986. Nos.37. S.57-76.
BZ 05114:1986

F 040 Waffenhandel

Battistelli, F.di: Tendenze e contraddizioni del mercato delle armi. In: Politica internazionale. A.15, 1987. No.5. S.113-120.
BZ 4828:15

Friedman, T.: Defense sales offsets. In: National defense. Vol.71, 1987. No.426. S.28-33.
BZ 05186:71

Karp, A.: Controlling the spread of ballistic missiles to the Third World. In: Arms control. Vol.7, 1986. No.1. S.31-46.
BZ 4716:7

Mintz, A.: Arms Exports as an Action-Reaction Process. In: The Jerusalem journal of international relations. Vol.8, 1986. Nos.1. S.102-113.
BZ 4756:8

Wiles, P.: Whatever happend to the merchants of death? Normal supply versus catastrophic demand. In: Millenium. Journal of international studies. Vol.15, 1986. No.3. S.295-309.
BZ 4779:15

F 050 Krieg und Kriegführung

F 051 Allgemeines

Allen, R.L.: Piercing the veil of operational art. In: Parameters. Vol.16, 1986. No.4. S.23-29.
BZ 05120:16

Blackaby, F.: The causes of war, science and peace. In: Bulletin of peace proposals. Vol.18, 1987. No.1. S.13-18.
BZ 4873:18

Bobbio, N.: Il Problema della guerra e le vie della pace. 2.ed.. Bologna: Il Mulino 1984. 167 S.
B 56009

Central Organizations of defense. Ed.by M.Edmonds. Boulder, Colo.: Westview Press 1985. XIV,237 S.
B 57275

Faivre, M.: Population et Défense. In: Stratégique. 1986. No.1. S.135-179.
BZ 4694:1986

The geography of peace and war. Ed.by D.Pepper and A.Jenkins. Oxford: Blackwell 1985. VI,222 S.
B 57008

Guest, T.: Ammunition resupply. The New Era. In: Military technology. Vol.11, 1987. No.6. S.110-119.
BZ 05107:11

Handel, M.I.: Technological surprise in War. In: Intelligence and national security. Vol.2, 1987. No.1. S.1-53.
BZ 4849:2

Haneke, B.: Kriegsbegriff und Friedensdiskussion. In: Zeitschrift für Politik. Jg.33, 1986. H.2. S.164-173.
BZ 4473:33

Houweling, H.W.; Siccama, J.G.: The Epidemiology of War, 1916-1980. In: The Journal of conflict resolution. Vol.29, 1985. No.2. S.641-663.
BZ 4394:29

Howard, M.: The Causes of wars and other essays. 2nd ed. Cambridge, Mass.: Harvard Univ.Pr. 1984. 286 S.
B 56131

Johnson, J.T.: Can modern war be just?. New Haven: Yale Univ.Pr. 1984. XI,215 S.
B 56269

Karsten, P.; Howell, P.D.; Allen, A.F.: Military Threats. A systematic historical analysis of the determinants of success. Westport, Conn.: Greenwood Press 1984. XIII,166 S.
B 56215

Katz, P.: The additional principle of war. In: Military review. Vol.67, 1987. No.6. S.36-45.
BZ 4468:67

Krippendorff, E.: Staat und Krieg. Die historische Logik politischer Unvernunft. Frankfurt: Suhrkamp 1985. 435 S.
B 58820

Maginnis, R.L.: The warrior spirit. In: Military review. Vol.47, 1987. No.4. S.68-79.
BZ 4468:47

McMahon, L.: Decision Making in Modern War. In: Military review. Vol.66, 1986. No.10. S.33-37.
BZ 4468:66

Millett, A.R.; Murray, W.; Watman, K.H.: The Effectiveness of Military Organizations. In: International security. Vol.11, 1986. No.1. S.37-71.
BZ 4433:11

Mueller, E.: Logistik für jedermann. Wirtschaft, Verwaltung, Armee. Stuttgart: Huber 1984. 211 S.
B 55862

Peters, R.: Kinds of War. In: Military review. Vol.66, 1986. No.10. S.14-32.
BZ 4468:66

Phillips, R.L.: War and justice. Norman, Oklh.: Univ.of Oklahoma Pr. 1984. XV,159 S.
B 56115

Salewski, M.: Technologie, Strategie und Politik oder: Kann man aus der Geschichte lernen?. In: Militärgeschichtliches Beiheft zur Europäischen Wehrkunde. Jg.2, 1987. H.2. S.1-11.
BZ 4895:2

Vasquez, J.A.: Capability, Types of War, Peace. In: The Western political quarterly. Vol.39, 1986. No.2. S.311-327.
BZ 4612:39

Windass, S.: The Rite of war. London: Brassey's Defence Publ. 1986. VIII,132 S.
Bc 6432

F 052 Arten des Krieges

– Atomkrieg –

Allison, G.; Carnesale, A.; Nye, J.S.: The Owls' agenda for avoiding nuclear war. In: The Washington quarterly. Vol.9, 1986. No.3. S.45-58.
BZ 05351:9

Altmann, J.: Laserwaffen. Gefahren für die strategische Stabilität und Möglichkeiten der vorbeugenden Rüstungsbegrenzung. Frankfurt: HSFK 1986. X,93 S.
Bc 01833

Arkin, W.M.; Fieldhouse, R.W.: "Nuclear Battlefields". Der Atomwaffenreport. Frankfurt: Athenäum 1986. 412 S.
B 59010

Bulkeley, R.; Spinardi, G.: Space weapons. Deterrence or delusion?. Cambridge: Polity Press 1986. XV,378 S.
B 60369

Chaliand, G.: Terrorismes et guerillas. Techniques actuelles de la violence. Paris: Flammarion 1985. 185 S.
B 56913

Crisis stability and nuclear war. D.Ball [u.a.]. Ithaca, N.Y.: Cornell Univ. 1987. VIII,105 S.
Bc 6609

The environmental Effects of nuclear war. Ed.by J.London u.a.. Boulder, Colo.: Westview Press 1985. XII,203 S.
B 57245

Joenniemi, P.: Decoding nuclear winter; has war lost its name?. In: Current research on peace and violence. Vol.10, 1987. No.1. S.20-31.
BZ 05123:10

Lackey, D.P.: Moral Principles and nuclear weapons. Totowa, N.J.: Rowman & Allanheld 1984. XV,265 S.
B 56555

McNamara, R.S.; Bethe, H.A.: Reducing the risk of nuclear war. In: Bulletin of peace proposals. Vol.17, 1986. No.2. S.121-130.
BZ 4873:17

National interests and the military. Ed.by W.J.Durch. Cambridge, Mass.: Ballinger 1984. XIV,286 S.
B 56118

The Nuclear arms debate: ethical and political implications. Ed.by R.C.Johansen. Princeton, N.J.: Princeton Univ.Press 1984. 126 S.
Bc 01737

Riordan, M.: Der Tag nach Mitternacht. Der atomare Krieg. München: Delphin Verl. 1984. 160 S.
B 54910

Shenfield, S.: Nuclear Winter and the USSR. In: Millenium. Journal of international studies. Vol.15, 1986. No.2. S.197-208.
BZ 4779:15

Slemrod, J.: Saving and the Fear of Nuclear War. In: The Journal of conflict resolution. Vol.30, 1986. No.3. S.403-419.
BZ 4394:30

Space Weapons - the arms control dilemma. Ed.by B.Jasani. London: Taylor u.Francis 1984. XIV,255 S.
B 55101

Thinking about nuclear weapons. Analyses and prescriptions. Ed.by F.Holroyd. London: Croom Helm 1985. 409 S.
B 57687

Thompson, S.L.; Schneider, S.H.: Nuclear Winter Reappraised. In: Foreign affairs. Vol.64, 1986. No.5. S.981-1005.
BZ 05149:64

Ürhadviselés ürfegyverkezés 1985. [Krieg im Weltraum. Weltraumrüstung 1985.]. Szerk. T.László. Budapest: TIT 1985. 69 S.
Bc 6224

Wellington, J.J.: The nuclear Issue. Oxford: Blackwell 1986. 144 S.
Bc 01948

– **Begrenzter Krieg** –

Cohen, E.A.di: La risposta alla conflittualità diffusa nella strategia globale degli Stati Uniti. In: Politica internazionale. A.15, 1987. No.5. S.93-105.
BZ 4828:15

Peruci, E.: Der subkonventionelle Konflikt. In: Österreichische militärische Zeitschrift. Jg.25, 1987. Nr.2. S.145-150.
BZ 05214:25

Zais, M.M.: LIC: Matching Missions and Forces. In: Military review. Vol.66, 1986. No.8. S.79; 89-99.
BZ 4468:66

– **Bewegungskrieg** –

Bernhardt, G.: Alte Frage aus neuer Sicht: Feuer oder Bewegung. In: Europäische Wehrkunde. Jg.35, 1986. Nr.11. S.662-667.
BZ 05144:35

Hamilton, M.R.: Maneuver warfare and all that. In: Military review. Vol.67, 1987. No.1. S.3-13.
BZ 4468:67

Privratsky, K.L.: Mobility versus sustainability. In: Military review. Vol.67, 1987. No.1. S.48-55.
BZ 4468:67

– **Bürgerkrieg** –

Dunér, B.: Military Intervention in civil wars: the 1970s. Aldershot: Gower 1985. XIII,197 S.
B 56066

– **Chemisch-biologischer Krieg** –

Brüchen, R.: Krieg mit chemischen Waffen- ein längst gebrochenes Tabu. In: Europäische Wehrkunde. Jg.35, 1986. Nr.12. S.724-726.
BZ 05144:35

Douglass, J.D.: The expanding threat of chemical-biological warfare: a case of U.S.tunnel-vision. In: Strategic review. Vol.14, 1986. No.4. S.37-46.
BZ 05071:14

Environmental warfare. A technical, legal and policy appraisal. Ed.by A.H.Westing. London: Taylor u.Francis 1984. XIII,107 S.
B 55604

Finder, J.: Biological Warfare, Genetic Engineering, and the Treaty That Failed. In: The Washington quarterly. Vol.9, 1986. No.2. S.5-14.
BZ 05351:9

Robinson, J.P.P.: Chemical and biological Warfare developments: 1985. Oxford: Oxford Univ.Pr. 1986. V,110 S.
Bc 01818

Romero, J.: Aspectos del estudio de la guerra biologica. In: Ejército. A.48, 1987. No.566. S.41-45.
BZ 05173:48

– Guerillakrieg/Counterinsurgency –

Gruber, K.: Die theoretische Einbettung des Guerillakrieges. In: Truppendienst. Jg.26, 1987. Nr.1. S.32-36.
BZ 05209:26

Guerrilla Warfare. Ed.J.Pimlott [u.a.]. Twickenham: Hamlyn Publ. 1985. 192 S.
09954

Mazrui, A.A.: Rivoluzione tecnologica e nuove forme die guerriglia. In: Politica internazionale. A.15, 1987. No.5. S.61-71.
BZ 4828:15

Paschall, R.: Marxist counterinsurgencies. In: Parameters. Jg.16, 1986. No.2. S.2-15.
BZ 05120:16

Wasliewski, P.G.: Sea power and counterinsurgency. In: United States Naval Institute Proceedings. Jg.112, 1986. No.12. S.62-66.
BZ 05163:112

– Konventioneller Krieg –

Alexejew, W.: Konventionelle Kriege und Formen ihrer Führung. In: Militärwesen. 1987. Nr.2. S.35-40.
BZ 4485:1987

Tritten, J.J.: (Non) nuclear warfare. In: United States Naval Institute Proceedings. Jg.113, 1987. No.2. S.64-70.
BZ 05163:113

– Krieg im Weltraum –

Bodansky, Y.: Soviet warfare in space. In: Jane's defence weekly. Vol.6, 1986. No.10. S.561-567.
BZ 05465:6

Bruce-Briggs, B.: The Army in space: new high ground of hot-air balloon?. In: Military review. Vol.66, 1986. No.12. S.44-49.
BZ 4468:66

The Fallacy of star wars. Based on studies conducted by the Union of Concerned Scientists.... Ed.by J.Tirman. New York: Vintage Books 1984. XXI,293 S.
B 56099

Jasani, B.: Outer Space Being Turned into a Battlefield. In: Bulletin of peace proposals. Vol.17, 1986. No.1. S.29-39.
BZ 4873:17

Schreiber, W.: Die Bedeutung der Erforschung und Nutzung des Weltraums für die militärische Sicherheit. In: Europa-Archiv. Jg.41, 1986. Nr.21. S.629-638.
BZ 4452:41

Schwegler-Rohmeis, W.: Der Griff nach den Sternen. Notwendige Anmerkungen zum "Star-Wars"-Konzept. Tübingen: Verein f.Friedenspädagogik 1985. 32 S.
Bc 5512

– Psychologischer Krieg –

Hammett, T.R.: The Soviet psychological threat. In: Military review. Vol.66, 1986. No.11. S.65-71.
BZ 4468:66

F 053 Strategie

F 053.1 Allgemeines

Agrell, W.: Offensive versus defensive: military strategy and alternative defence. In: Journal of peace research. Vol.24, 1987. No.1. S.75-85.
BZ 4372:24

Borkenhagen, F.H.U.: Kriterien für einen militärischen Strategie- und Strukturwandel. In: Aus Politik und Zeitgeschichte. 1986. B.43. S.15-24.
BZ 05159:1986

The defense of the West. Strategic and European security issues reappraised. Ed.by R.Kennedy and J.M.Weinstein. Boulder, Colo.: Westview Press 1984. XII,451 S.
B 55438

Elting, J.R.: The Super-strategists. Great captains, theorists, and fighting men who have shaped the history of warfare. New York: Scribner's 1985. XIII,368 S.
B 61926

Halle, L.J.: The Elements of international strategy. Lanham: Univ.Press of America 1984. 121 S.
B 56244

Makers of modern strategy from Machiavelli to the nuclear age. Ed.by P.Paret u.a. Rev.and enlarged ed.. Princeton, N.J.: Princeton Univ.Press 1986. VII,941 S.
B 59773

Staveley, W.: Strategies, Concepts and their Maritime Implications. In: RUSI. Vol.131, 1986. No.2. S.11-14.
BZ 05161:131

F 053.2 Nuklearstrategie

Arkin, W.M.; Fieldhouse, R.W.: Nuclear Battlefields. Global links in the arms race. Cambridge, Mass.: Ballinger 1985. XVII,328 S.
010049

Baer, A.: Action et dissuasion. In: Défense nationale. Vol.42, 1986. S.19-25.
BZ 4460:42

Bajusz, W.: Deterrence, technology and strategic arms control. London: International Inst.for Strategic Studies 1987. 56 S.
Bc 6378

Betts, R.K.: A nuclear golden Age?. The balance before parity. In: International security. Vol.11, 1986. No.3. S.3-32.
BZ 4433:11

Bolton, D.: Rethinking Deterrence. In: RUSI. Vol.132, 1987. No.1. S.7-12.
BZ 05161:132

The choice: nuclear weapons versus security. Ed.by G.Prins. London: Chatto & Windus 1984. XVII,251 S.
B 55591

Clark, I.: Nuclear Past, nuclear present. Hiroshima, Nagasaki and contemporary strategy. Boulder, Colo.: Westview Press 1985. IX,146 S.
Bc 6620

Crawford, D.: The operational level of deterrence. In: Military review. Vol.67, 1987. No.1. S.15-22.
BZ 4468:67

Deterrence in the 1980s. Crisis and dilemma. Ed.by R.B.Byers. London: Croom Helm 1985. 235 S.
B 56306

Dyson, F.J.: Weapons and hope. New York: Harper & Row 1984. VIII,340 S.
B 54703

Elliot, D.C.: Project Vista and Nuclear Weapons in Europe. In: International security. Vol.11, 1986. No.1. S.163-183.
BZ 4433:11

Fisher, D.: Morality and the bomb: an ethical assessment of nuclear deterrence. London: Croom Helm 1985. 136 S.
B 57668

Glasser, R.D.: Nuclear Pre-emption and crisis stability, 1985-1990. Canberra: Strategic defence studies centre 1986. 102 S.
Bc 6246

Herken, G.: The Not-Quite-Absolute weapon: deterrence and the legacy of Bernard Brodie. In: The Journal of strategic studies. Vol.9, 1986. No.4. S.15-24.
BZ 4669:9

Heuring, T.; Stein, P.; Yam, P.: Assured destruction, nuclear winter and the changing strategic arsenal. In: Arms control. Vol.7, 1986. No.2. S.171-176.
BZ 4716:7

Howard, M.: The Future of Deterrence. In: RUSI. Vol.131, 1986. No.2. S.3-10.
BZ 05161:131

Iklé, F.C.: Nuclear strategy: can there be a happy ending?. In: The Journal of strategic studies. Vol.9, 1986. No.4. S.43-55.
BZ 4669:9

Jervis, R.: Strategic theory: what's new and what's true. In: The Journal of strategic studies. Vol.9, 1986. No.4. S.135-162.
BZ 4669:9

Kollkowicz, R.: The rise and decline of deterrence doctrine. In: The Journal of strategic studies. Vol.9, 1986. No.4. S.4-12.
BZ 4669:9

Lellouche, P.: Nuclear deterrence and European security: towards a not so 'Happy Ending'?. In: The Journal of strategic studies. Vol.9, 1986. No.4. S.59-69.
BZ 4669:9

Liberman, P.J.; Thomason, N.R.: No-first-use unknowables. In: Foreign policy. 1986. No.64. S.17-36.
BZ 05131:1986

McNamara, R.: Blindlings ins Verderben. Der Bankrott der Atomstrategie. Reinbek: Rowohlt 1986. 157 S.
Bc 6582

Malcolmson, R.W.: Nuclear Fallacies. How we have been misguided since Hiroshima. Kingston: McGill-Queen's Univ.Pr. 1985. XI,152 S.
B 56990

MccGwire, M.: Deterrence: The problem - not the solution. In: The Journal of strategic studies. Vol.9, 1986. No.4. S.25-42.
BZ 4669:9

Nacht, M.: The Age of vulnerability. Threats to the nuclear stalemate. Washington: The Brookings Inst. 1985. XII,209 S.
B 58190

No-first-use. Ed.by F.Blackaby. London: Taylor u.Francis 1984. IX,151 S.
B 55753

Nuclear strategy and world security. Ed.by J.Rotblat and S.Hellman. London: Macmillan 1985. XXIV,392 S.
B 56452

Rathjens, G.W.: Deterrence and arms control. In: The Journal of strategic studies. Vol.9, 1986. No.4. S.103-112.
BZ 4669:9

Russett, B.: Deterrence in theory and practice. In: The Jerusalem journal of international relations. Vol.8, 1986. Nos.2-3. S.215-234.
BZ 4756:8

Strategic nuclear targeting. 2nd pr.. Ed.by D.Ball and J.Richelson. Ithaca, N.Y.: Cornell Univ. 1987. 367 S.
B 62924

Tucker, R.W.: The nuclear Debate. Deterrence and the lapse of faith. New York: Holmes & Meier 1985. VII,132 S.
B 60748

Vandercook, W.F.: Making the Very Best of the Very Worst: The 'Human Effects of Nuclear Weapons'. Report of 1956. In: International security. Vol.11, 1986. S.184-195.
BZ 4433:11

Weede, E.: Nutzentheoretische Überlegungen zur (westlichen) Abschreckungspolitik. In: Zeitschrift für Politik. Jg.33, 1986. H.3. S.254-274.
BZ 4473:33

Wilkening, D.; Watman, K.; Kennedy, M.: Strategic defences and first-strike stability. In: Survival. Vol.29, 1987. No.2. S.137-165.
BZ 4499:29

Winters, F.X.: Ethics and deterrence. In: Survival. Vol.29, 1987. No.1. S.338-349.
BZ 4499:29

Zur Psychoanalyse der nuklearen Drohung. Vorträge einer Tagung d.Dt.Ges.f.Psychotherapie.... Hrsg.v.C.Nedelmann. Göttingen: Vandenhoeck u.Ruprecht 1985. 210 S.
B 57037

F 053.3 Einzelne Strategische Konzepte

– NATO-Strategie/Flexible Response –

Blum, E.: Konventionelle Verteidigung: Ein Element der Abschreckung. In: Europäische Wehrkunde. Jg.36, 1987. Nr.5. S.258-260.
BZ 05144:36

Brinkley, W.A.: Across the FLOT. In: Military review. Vol.66, 1986. No.9. S.30-41.
BZ 4468:66

Cayaux, F.L.: Ontwikkelingen op militair-operationeel gebied bij de NATO. In: Militaire spectator. Jg.155, 1986. No.6. S.279-285.
BZ 05134:155

Courter, J.: Can NATO strategy work?. In: Military review. Vol.67, 1987. No.6. S.2-13.
BZ 4468:67

Dobias, T.; Jackisch, M.; Roschlau, W.: Die Vorwärtsstrategie der NATO als konzeptionelle Grundlage für die Entwicklung der Bundeswehr. In: Militärgeschichte. Jg.26, 1987. Nr.1. S.3-10.
BZ 4527:26

Dobias, T.; Jackisch, M.; Roschlau, W.: Die Vorwärtsstrategie der NATO in den achtziger Jahren. Neue Aspekte. Konsequenzen für die Bundeswehr. In: Militärgeschichte. Jg.26, 1987. Nr.4. S.312-319.
BZ 4527:26

Etzold, T.H.: The end of the beginning... NATO's adoption of nuclear strategy. In: Atlantic community quarterly. Vol.22, 1985-86. No.4. S.321-332.
BZ 05136:22

Faivre, M.: Débat sur les défenses alternatives. In: Défense nationale. Vol.43, 1987. No.1. S.41-54.
BZ 4460:43

Flanagan, S.: Die Kontroverse um die konventionelle Verteidigungsfähigkeit der NATO. In: Internationale Wehrrevue. Jg.20, 1987. Nr.1. S.31-39.
BZ 05263:20

Fricaud-Chagnaud, G.: Active deterrence, active solidarity. In: Defense analysis. Vol.2, 1986. No.1. S.3-10.
BZ 4888:2

Hampson, F.O.: NATO's conventional doctrine: the limits of technological improvement. In: International journal. Vol.41, 1985-86. No.1. S.159-188.
BZ 4458:41

Jager, C.de: Die Strategie der NATO. In: NATO-Brief. Jg.34, 1986. Nr.5. S.11-16.
BZ 05187:34

Kaiser, K.: Die Diskussion über die NATO-Strategie nach dem Gipfeltreffen von Reykjavik. In: NATO-Brief. Jg.34, 1986. Nr.6. S.8-15.
BZ 05187:34

Kaltefleiter, W.: Welche Strategie für die NATO? Warten auf den deus ex machina! In: Europäische Wehrkunde. Jg.36, 1987. Nr.8. S.431-438.
BZ 05144:36

Kleine, J.: Tendenzen im militärstrategischen Denken der USA und der NATO(1). In: Militärwesen. 1987. Nr.3. S.54-60.
BZ 4485:1987

Krell, G.: The controversy about 'Flexible response'.. In: Bulletin of peace proposals. Vol.17, 1986. No.2. S.131-140.
BZ 4873:17

Mahncke, C.: Alternativen zur nuklearen Abschreckung als Grundlage europäischer Sicherheit. In: Aus Politik und Zeitgeschichte. 1986. B.43. S.3-13.
BZ 05159:1986

Petrignani, R.: Difesa a Sud e Controllo del Mediterraneo. In: Rivista marittima. A.119, 1986. S.13-22.
BZ 4453:119

Rasiulis, A.P.: The conventional leg of NATO's deterrent triad: Where do we go from here?. In: Canadian defence quarterly. Vol.16, 1986/87. No.2. S.17-24.
BZ 05001:16

Thomson, J.A.: Reshaping NATO's future: the state of deterrence. In: Atlantic community quarterly. Vol.22, 1985-86. No.4. S.301-308.
BZ 05136:22

Weck, H.de: Le renseignement l'homme et la machine. In: Revue militaire suisse. A.132, 1987. No.4. S.197-203.
BZ 4528:132

Wilson, P.: A missile defense for NATO: We must respond to the challenge. In: Strategic review. Vol.14, 1986. No.2. S.9-15.
BZ 05071:14

– SDI/BMD –

Altfeld, M.F.: Strategic defense and the "cost-exchange ratio". In: Strategic review. Vol.14, 1986. No.4. S.21-26.
BZ 05071:14

Andrejew, W.; Skorochodow, S.: Kernwaffen der dritten Generation in den Sternenkriegsplänen der USA. In: Militärwesen. 1987. Nr.6. S.60-72.
BZ 4485:1987

Bewaffnung des Weltraums. Ursachen - Gefahren - Folgen. Hrsg.: G.Lindström. Hamburg: Reimer 1986. 190 S.
Bc 6191

Blechman, B.M.; Utgoff, V.A.: The macroeconomics of strategic defenses. In: International security. Vol.11, 1986. No.3. S.33-70.
BZ 4433:11

Brooks, H.: The strategic defense initiative as science policy. In: International security. Vol.11, 1986. No.2. S.177-184.
BZ 4433:11

Chalfont, A.: Stars wars. Suicide or survival?. London: Weidenfeld and Nicolson 1985. 169 S.
B 57539

Charles, D.: Nuclear Planning in NATO. Pitfalls of first use. Cambridge, Mass.: Ballinger 1987. XV,177 S.
B 61531

Cordesman, A.H.: SDI und die Verteidigung Europas. In: Internationale Wehrrevue. Jg.20, 1987. Nr.4. S.409-414.
BZ 05263:20

Crawford, R.: SDI und der amerikanische Kongreß. In: Europa-Archiv. Jg.42, 1987. Nr.8. S.237-246.
BZ 4452:42

Deigmann, K.: Die Raumfahrtstrategie der USA. "SDI" und die Folgen. Kassel: Terracotta Verl. 1986. 159 S..
Bc 6171

Dürr, H.-P.: Defensivwaffen und Stabilität. In: Blätter für deutsche und internationale Politik. Jg.30, 1985. H.12. S.1430-1440.
BZ 4551:30

EVI, Eureka, SDI. Analyse u.Kritik. Hrsg.: Friedensliste u.Institut f.Marxist.Studien u.Forschungen (IMSF). Bonn: o.V. 1986. 91 S.
D 3517

Feigl, H.: Gegenmaßnahmen als Herausforderung für SDI. In: Europa-Archiv. Jg.42, 1987. Nr.1. S.11-22.
BZ 4452:42

Felden, M.: La Guerre dans l'espace. Armes et technologies nouvelle. Paris: Berger-Levrault 1984. 327 S.
B 55349

Gentles, R.G.: Keeping an open mind on the implications of strategic defence. In: Canadian defence quarterly. Vol.16, 1986/87. No.2. S.8-16.
BZ 05001:16

Genty, R.: IDS: Révolution ou évolution dans l'art militaire?. In: Défense nationale. Vol.43, 1987. No.4. S.119-131.
BZ 4460:43

Gießmann, H.-J.: Auseinandersetzungen um SDI in den USA. In: IPW-Berichte. Jg.16, 1987. H.2. S.9-16.
BZ 05326:16

Gießmann, H.-J.: SDI. Weg zu höherer Sicherheit oder zur Katastrophe?. In: IPW-Berichte. Jg.16, 1987. H.5. S.16-21.
BZ 05326:16

Gliksman, A.: The Reagan initiative and the Pacific allies:. In: Asian perspective. Vol.10, 1986. No.2. S.209-222.
BZ 4889:10

Gliksman, A.: SDI and the Pacific Allies. In: National defense. Vol.71, 1987. No.424. S.40-43.
BZ 05186:71

Gore, A.: SDI: will we be more secure in 2010?. In: Atlantic community quarterly. Vol.24, 1986. No.3. S.179-218.
BZ 05136:24

Hambraeus, G.: Högteknologi för det strategiska initiativet (SDI). In: Kungl. Krigsvetenskapsakademiens handlingar. Arg.190, 1986. H.3. S.143-154.
BZ 4384:190

Hamm, M.R.; Weinrod, B.W.: The Transatlantic Politics of Strategic Defense. In: Orbis. Vol.29, 1985. No.4. S.709-734.
BZ 4440:29

Heisenberg, W.: Die strategische Verteidigungsinitiative der Vereinigten Staaten. In: Aus Politik und Zeitgeschichte. 1986. B.43. S.36-46.
BZ 05159:1986

Hoeber, F.: SDI and naval operations. In: Naval forces. Vol.7, 1986. No.6. S.56-59.
BZ 05382:7

Holmes, K.R.: The impact of strategic defense on the U.S.-USSR-PRC strategic triangle: Strategic and military dimensions. In: Asian perspective. Vol.10, 1986. No.2. S.223-243.
BZ 4889:10

Hulett, L.S.: From cold wars to star wars: debate over defense. In: Defense analysis. Vol.2, 1986. No.2. S.69-84.
BZ 4888:2

Huston, J.A.: One for all. NATO strategy and logistics through the formative period, (1949-1969). Newark, Del.: Univ.of Delaware Pr. 1984. 332 S.
B 55762

Jacewicz, A.: Inicjatywa obrony strategicznej w swietle prawa miedzynarodowego. In: Sprawy Międzynarodowe. 1986. No.10. S.31-50.
BZ 4497:1986

Kaiser, K.: SDI und deutsche Politik. In: Europa-Archiv. Jg.41, 1986. Nr.19. S.569-576.
BZ 4452:41

Kaltefleiter, W.; Schumacher, U.: - Deutsche Interessen im Konzept der strategischen Verteidigung. In: Aus Politik und Zeitgeschichte. 1986. B.43. S.25-35.
BZ 05159:1986

Kober, S.: Strategic defense, deterrence, and arms control. In: The Washington quarterly. Vol.10, 1987. No.1. S.123-135.
BZ 05351:10

Kujat, H.: Europa bewahren. Anmerkungen zur NATO-Strategie. Herford: Mittler 1985. 168 S.
B 56678

Lucas, M.: Militarization or Common Security? SDI and Europe. In: World policy journal. Vol.3, 1986. No.2. S.219-249.
BZ 4822:3

Margeride, J.-B.: L'initiative de défense stratégique par le bon bout de la raison. In: Stratégique. 1986. No.1. S.181-189.
BZ 4694:1986

McNamara, R.S.: Reducing the Risk of Nuclear War: Is Star Wars the Answer?. In: Millenium. Journal of international studies. Vol.15, 1986. No.2. S.133-141.
BZ 4779:15

Monson, R.A.: Star wars and air-land-battle: technology, strategy, and politics in German-American relations. In: German studies review. Vol.9, 1986. No.3. S.599-624.
BZ 4816:9

O'Keefe, B.J.: The SDI and American R & D. In: International security. Vol.11, 1986. No.2. S.190-192.
BZ 4433:11

Pignon, D.: L'Initiative de Défense Spatiale et l'Europe. In: Stratégique. 1986. No.2. S.47-72.
BZ 4694:1986

Polycarpe, G.: De la guerre des étoiles. In: Défense nationale. Vol.42, 1986. No.12. S.43-56.
BZ 4460:42

Rauschenbach, B.: SDI: Die programmierte Katastrophe. In: Marxistische Blätter. 1987. H.2. S.64-69.
BZ 4548:1987

Richardson, R.C.: Missile defense: a blueprint for early deployment of SDI. In: The Journal of social, political and economic studies. Vol.11, 1986. No.3. S.259-271.
BZ 4670:11

Schneider, F.-T.: L'IDS, vue par le président Reagan et par l'Europe de l'Alliance. In: Revue militaire suisse. A.132, 1987. No.2. S.91-96.
BZ4528:132

Schulze, F.-J.: Die Militärstrategie der NATO und ihre Verwirklichung heute. Kiel: Inst.f.Sicherheitspolitik, Chr.-Albr.-Univ. 1985. I,18 S.
Bc 6177

Schulze, F.J.: SDI und die Strategie des Bündnisses. In: Truppenpraxis. 1986. Nr.6. S.523-526.
BZ 05172:1986

SDI. Informationen und Analysen zur strategischen Verteidigungsinitiative der USA. Zürich: Schweizerische Arbeitsgemeinschaft f.Demokratie 1986. 113 S.
Bc 6331:16

SDI and emerging trends. In: Military technology. Vol.10, 1986. No.12. S.48-51.
BZ 05107:10

SDI and European security: enhancing conventional defense. A transatlantic conference.... Cambridge: Inst.for foreign policy analysis 1987. IX,29 S.
Bc 6503

Spillmann, K.R.: Fällt SDI vom Tisch? Zum Stand der SDI-Debatte im Herbst 1986. In: Allgemeine Schweizerische Militärzeitschrift. Jg.152, 1986. Nr.11. S.689-694.
BZ 05139:152

Sternenkriege. Illusionen und Gefahren. Moskau: Militärverlag 1985. 55 S.
Bc 5346

The strategic Defense initiative. New perspectives on deterrence. Ed.by D.G.Dallmeyer. Boulder, Colo.: Westview Press 1986. XI,112 S.
Bc 6608

Strategic Defense: industrial applications and political implications. A transatlantic conference.... Cambridge: Inst.for foreign policy analysis 1987. IX,35 S.
Bc 6505

White, A.: European Perspectives on the Strategic Defense Initiative. In: Millenium. Journal of international studies. Vol.15, 1986. No.2. S.211-222.
BZ 4779:15

Windmiller, D.E.: SDI: a strategy for peace and stability or the end to deterrence?. In: Parameters. Jg.16, 1986. No.2. S.16-25.
BZ 05120:16

Yonas, G.: Research and the strategic defense initiative. In: International security. Vol.11, 1986. No.2. S.185-189.
BZ 4433:11

Zimmerman, P.D.: Pork bellies and SDI. In: Foreign policy. 1986. No.63. S.76-87.
BZ 05131:1986

F 053.4 Operative Konzepte

Auszüge aus der US-amerikanischen Heeresdienstvorschrift. Field Manual 100-5 v.20.Aug.1984. Forschungsinst.f.Friedenspolitik. Starnberg: o.V. 1984. 80 S.
Bc 01898

Jablonsky, D.: Strategy and the operational level of war: Part I. In: Parameters. Jg.17, 1987. No.1. S.65-76.
BZ 05120:17

Kamp, K.-H.: Die Diskussion um "Fofa". In: Österreichische militärische Zeitschrift. Jg.25, 1987. Nr.3. S.220-224.
BZ 05214:25

Runals, S.E.: A difference in style. In: Military review. Vol.47, 1987. No.4. S.46-50.
BZ 4468:47

Turlington, J.E.: Truly learning the operational art. In: Parameters. Jg.17, 1987. No.1. S.51-64.
BZ 05120:17

– Air-Land-Battle –

Belmonte, V.H.: "Airland battle 2000". In: Defensa. A.9, 1987. No.105. S.20-26.
BZ 05344:9

Ulsamer, E.: New roadmap for AirLand Battle. In: Air force magazine. Vol.70, 1987. No.3. S.108-113.
BZ 05349:70

Weinraub, Y.: The Israel Air Force and the AirLand Battle. In: Israel Defence Forces Journal. Vol.3, 1986. No.3. S.22-30.
BZ 05504:3

– Raumverteidigung –

Deygout, J.: La version francaise du Rita. In: Défense nationale. Vol.42, 1986. No.Aout-Se. S.47-56.
BZ 4460:42

Gates, D.: Area defence concepts: The West German debate. In: Survival. Vol.29, 1987. No.4. S.301-317.
BZ 4499:29

Grange, M.F.; Heisbourg, M.F.: Rita aux Etats-Unis: stratégie commerciale. In: Défense nationale. Vol.42, 1986. No.Aout-Se. S.73-79.
BZ 4460:42

Pirotte, M.; Boisseau, M.: Rita aux États-Unis: choix techniques et industriels?. In: Défense nationale. Vol.42, 1986. No.Aout-Se. S.65-72.
BZ 4460:42

Vitry, P.: Genèse de la Conception du Rita. In: Défense nationale. Vol.42, 1986. No.Aout-Se. S.57-63.
BZ 4460:42

– Rogers Plan-/FOFA –

Belde, H.-J.: Aufklärung für FOFA fordert Weitsicht und Geschwindigkeit. In: Europäische Wehrkunde. Jg.35, 1986. Nr.12. S.718-723.
BZ 05144:35

Eimler, E.: FOFA und Verteidigung gegen taktische Flugkörper. In: Wehrtechnik. Jg.19, 1987. Nr.5. S.22-28.
BZ 05258:19

Glotz, P.: Mehr Sicherheit durch FOFA?. In: Europäische Wehrkunde. Jg.36, 1987. Nr.4. S.195-199.
BZ 05144:36

Sandrart, H.H.von: Der Kampf in der Tiefe bedingt ein operatives Konzept. In: Europäische Wehrkunde. Jg.36, 1987. Nr.2. S.71-76.
BZ 05144:36

Schreiber, W.: Das FOFA-Konzept und die Luftwaffenrüstung der BRD. In: Militärwesen. 1987. Nr.1. S.52-59.
BZ 4485:1987

Stoecker, S.: FOFA - die Sowjets reagieren. In: Internationale Wehrrevue. Jg.19, 1986. Nr.11. S.1607-1608.
BZ 05263:19

Timmerling, W.: FOFA-Aufgaben der Luftwaffe: heftige Hiebe ins Hinterland. In: Europäische Wehrkunde. Jg.36, 1987. Nr.2. S.77-82.
BZ 05144:36

F 054 Taktik/Truppenführung/Manöver

Bardet, R.: "Bold Guard". Demonstration der Gemeinsamkeit von fünf Nationen der NATO. In: Europäische Wehrkunde. Jg.35, 1986. Nr.11. S.658-662.
BZ 05144:35

Bernhardt, G.: Führung und Aufklärung in modernen Landstreitkräften. In: Wehrtechnik. Jg.19, 1987. Nr.4. S.22-34.
BZ 05258:19

Echevarria, A.: Auftragstatik: In its Proper Perspective. In: Military review. Vol.66, 1986. No.10. S.50-56.
BZ 4468:66

Flor, R.: Major exercices of NATO and Warsaw Pact Land forces in Europe, 1984. A comparative analysis. In: Defense analysis. Vol.2, 1986. No.2. S.191-204.
BZ 4888:2

Fursdon, E.: The United Kingdom mobile force and exercise "Bold Guard '86". In: The Army quarterly and defence journal. Vol.116, 1986. No.4. S.433-438.
BZ 4770:116

Gissin, R.: C3I - Force multiplier or force degrader?. In: Israel Defence Forces Journal. Vol.3, 1986. No.3. S.39-44.
BZ 05504:3

Hallerbach, R.: Die NATO-Manöver im Norden: Übung und zugleich Abschreckung. In: Europäische Wehrkunde. Jg.35, 1986. Nr.11. S.654-657.
BZ 05144:35

Macksey, K.: First Clash. Combat close-up in World War Three. London: Arms and Armour Pr. 1985. 248 S.
B 57688

Militärischer Nahkampf. Düsseldorf: Dissberger 1985. 105 S.
Bc 6461

Ozolek, D.: Winning the meeting engagement. In: Armor. Vol.96, 1987. No.1. S.10-15.
BZ 05168:96

Raven, W.von: Frankreichs Truppe trainiert die Vorneverteidigung Deutschlands. In: Europäische Wehrkunde. Jg.35, 1986. Nr.11. S.647-653.
BZ 05144:35

Schäfer, H.; Drews, E.: Heeresübung 1986. Führung, Ausbildung, Erziehung. In: Truppenpraxis. 1987. Nr.1. S.30-40.
BZ 05172:1987

Sutten, C.G.: Command and control at the operational level. In: Parameters. Jg.16, 1986. No.4. S.15-22.
BZ 05120:16

Wintex Cimex. VS - nur für den Dienstgebrauch. Die geheimen Kriegsspiele der Nato. Kontaktstelle für gewaltfreie Aktion, Föderation Gewaltfreier Aktionsgruppen. Stuttgart: o.V. 1986. 59 S.
D 03589

F 055 Geheimer Nachrichtendienst/ Spionage/Abwehr

Aart, D.van der: Aerial Espionage. Secret intelligence flights by East and West. Übers. a.d.Holl.. Shrewsbury: Airlife Publ. 1984. 166 S.
09966

Andrew, C.; Neilson, K.: Tsarist Codebreakers and British Codes. In: Intelligence and national security. Vol.1, 1986. No.1. S.6-12.
BZ 4849:1

Benzoni, A.di: La logica del sommerso nell'attività dei servizi segreti. In: Politica internazionale. A.15, 1987. No.5. S.85-92.
BZ 4828:15

Berkowitz, B.D.: Intelligence in the Organizational Context: Coordination and Error in National Estimates. In: Orbis. Vol.29, 1985. No.3. S.571-596.
BZ 4440:29

Binder, G.: Spione, Verräter, Patrioten. Herford: Busse Seewald 1986. 448 S.
B 59925

Dammert, H.; Kurowski, F.: Adler ruft Führerhauptquartier. Führungsfunk an allen Fronten, 1939-1945. Leoni am Starnberger See: Druffel 1985. 298 S.
B 57383

German military intelligence, 1939-1945. Ed.: Military Intelligence Division, U.S.War Department. Frederick, Md.: Univ.Publ.of America 1984. VII,321 S.
B 56129

Hastedt, G.P.: The Constitutional Control of Intelligence. In: Intelligence and national security. Vol.1, 1986. No.2. S.255-271.
BZ 4849:1

Hulnick, A.S.: The Intelligence Producer - Policy Consumer Linkage: A Theoretical Approach. In: Intelligence and national security. Vol.1, 1986. No.2. S.212-233.
BZ 4849:1

James, Sir W.: Intelligence and cryptanalytic activities of the British Navy in World War I. The codebreakers of room 40. Laguna Hills, Calif.: Aegean Park Pr. 1985. XXV,212 S.
09927

Jeffery, K.: Intelligence and counterinsurgency. Operations: some reflections on the British experience. In: Intelligence and national security. Vol.2, 1987. No.1. S.118-149.
BZ 4849:2

Jervis, R.: Intelligence and foreign policy. In: International security. Vol.11, 1986. No.3. S.141-161.
BZ 4433:11

Laqueur, W.: World of secrets. The uses and limits of intelligence. London: Weidenfeld and Nicolson 1985. XII,404 S.
B 57518

Die lautlose Macht. Bd 1.2.. Geheimdienste nach dem Zweiten Weltkrieg. Stuttgart: Das Beste 1985. 352,352 S.
B 56200

Mache, W.: Geheimschreiber. In: Cryptologia. Vol.10, 1986. Nr.4. S.230-247.
BZ 05403:10

Nelson, H.: Intelligence and the next war: a retrospective view. In: Intelligence and national security. Vol.2, 1987. No.1. S.97-117.
BZ 4849:2

Paine, L.: German military Intelligence in World War II. The Abwehr. New York: Stein and Day 1984. VII,199 S.
B 56139

Thomas, D.: Foreign armies East and German military Intelligence in Russia 1941-45. In: Journal of contemporary history. Vol.22, 1987. No.2. S.261-301.
BZ 4552:22

Tuck, J.: Die Computer-Spione. Der heimliche Handel mit NATO-Technologie. München: Heyne 1984. 269 S.
B 55399

F 055.9 Einzelne Spione/Fälle

Armour, I.D.: Colonel Redl: fact and fantasy. In: Intelligence and national security. Vol.2, 1987. No.1. S.170-183.
BZ 4849:2

Bloch, G.: Enigma avant Ultra. (1930-1940). Texte révisé. Paris: Selbstverlag 1985. Getr.Pag.
010103

Boyd, C.: Significance of MAGIC and the Japanese ambassador to Berlin: The formative months before Pearl Harbor. In: Intelligence and national security. Vol.2, 1987. No.1. S.150-169.
BZ 4849:2

Chapman, J.W.M.: A dance on eggs: Intelligence and the "Anti-Comintern". In: Journal of contemporary history. Vol.22, 1987. No.2. S.333-372.
BZ 4552:22

Ferris, J.: Whitehall's black chamber: British cryptology and the government code and cypher school, 1919-29. In: Intelligence and national security. Vol.2, 1987. No.1. S.54-91.
BZ 4849:2

Morris, C.: Ultra' s Poor Relations. In: Intelligence and national security. Vol.1, 1986. No.1. S.111-122.
BZ 4849:1

Rosiejka, G.: Die "Rote Kapelle". Landesverrat als antifaschistischer Widerstand. Hamburg: Ergebnisse Verl. 1986. 157 S.
BZ 4700:1986

Stafford, D.: "Intrepid": Myth and reality. In: Journal of contemporary history. Vol.22, 1987. No.2. S.303-331.
BZ 4552:22

F 100 Landmacht/Heer/ Landstreitkräfte

Armies of occupation. Ed.by R.A.Prete and A.Hamish Ion. Waterloo, Ont.: Wilfrid Laurier Univ. 1984. XX,184 S.
B 57000

Chilton, P.: Metaphor, Euphemism and the militarization of language. In: Current research on peace and violence. Vol.10, 1987. No.1. S.7-19.
BZ 05123:10

Flechter, R.: Reduzierung der Kampfpanzerbesatzung. Konstruktive und taktische Aspekte. In: Internationale Wehrrevue. Jg.20, 1987. Nr.1. S.69-75.
BZ 05263:20

Héegh, H.; Hagman, G.: The Red Cross and Red Crescent. Turning to self-reliant development. In: Bulletin of peace proposals. Vol.18, 1987. No.2. S.155-171.
BZ 4873:18

Hoffman, B.: Commando warfare and small raiding parties as part of a counterterrorist military policy. In: Conflict. Vol.7, 1987. No.1. S.15-43.
BZ 4687:7

König, U.: Der Panzerjäger: langer Spiess der Infanterie im Kampf der verbundenen Waffen. In: Allgemeine Schweizerische Militärzeitschrift. Jg.153, 1987. Nr.3. S.142-147.
BZ 05139:153

Mary, J.-Y.: Quelque Part sur la Ligne Maginot. L' ouvrage de Fermont, 1930-1980. Paris: Sercap Ed. 1985. 357 S.
010142

Schmitt, M.: L'armée de terre, aujourd'hui et demain. In: Défense nationale. Vol.43, 1987. No.6. S.7-14.
BZ 4460:43

Schröder, G.: Heeresflugabwehr. Schutz des Heeres gegen die Bedrohung aus der Luft. In: Kampftruppen. Jg.29, 1987. Nr.2. S.24-29.
BZ 05194:29

Taulbee, J.L.: Raiders of the leased art. A note on mercenary coup strike forces. In: Conflict. Vol.7, 1987. No.2. S.197-210.
BZ 4687:7

Taulbee, J.L.: Soldiers of fortune: a legal leash for the dogs of war?. In: Defense analysis. Vol.2, 1986. No.3. S.187-203.
BZ 4888:2

Thompson, L.: Uniforms of the soldiers of fortune. Poole: Blandford Pr. 1985. 159 S.
B 55841

Vogel, D.: Militarismus - unzeitgemäßes oder modernes historisches Hilfsmittel?. In: Militärgeschichtliche Mitteilungen. 1986. Nr.39. S.9-35.
BZ 05241:1986

Walker, R.B.J.: Culture, discourse, insecurity. In: Current research on peace and violence. Vol.10, 1987. No.1. S.50-64.
BZ 05123:10

F 200 Seemacht/Marine/ Seestreitkräfte

Alekseev, V.: Charakternye certy sovremennogo morskogo boja. In: Morskoj sbornik. 1986. No.10. S.17-22.
BZ 05252:1986

Aleksejew, W.: Charakteristische Merkmale des modernen Seegefechts. In: Militärwesen. 1987. Nr.6. S.33-43.
BZ 4485:1987

Annati, M.: L'elicottero nella lotta antinave. In: Rivista marittima. A.120, 1987. No.2. S.83-94.
BZ 4453:120

Annati, M.: Lotta Antisom. L'eliminazione dell'obiettivo. In: Rivista marittima. A.120, 1987. No.6. S.43-54.
BZ 4453:120

Becher, P.; Loleit, M.: Seelandungen - neue Ansichten zu alten Problemen. In: Militärwesen. 1987. Nr.2. S.41-45.
BZ 4485:1987

Benker, H.: ABC-Abwehr an Bord- Ein ABC-Abwehrkonzept. In: Marine-Rundschau. Jg.83, 1986. Nr.5. S.283-290.
BZ 05138:83

Brauzzi, A.: La lotta antisommergibili oggi. In: Rivista marittima. A.120, 1987. No.5. S.45-64.
BZ 4453:120

Cable, J.: Out of area but under control. In: Defense analysis. Vol.1, 1985. No.1. S.3-19.
BZ 4888:1

Cable, J.: Showing the flag: past and present. In: Naval forces. Vol.8, 1987. No.3. S.38-49.
BZ 05382:8

Clifford, K.J.: Amphibious warfare development in Britain and America from 1920-1940. Laurens, N.Y.: Edgewood 1983. X,302 S.
B 56540

Coutau-Begarie, H.: Le rôle de la marine dans la politique extérieure. In: Nouvelle revue maritime. 1987. No.403. S.10-21.
BZ 4479:1987

Eberle, J.: The maritime role in strategic deterrence and crisis control. In: Naval forces. Vol.7, 1986. No.5. S.34-45.
BZ 05382:7

Eberle, J.Sir: Maritime Strategy. In: Naval forces. Vol.7, 1986. No.2. S.38-47.
BZ 05382:7

Eckert, D.: U-Boot-Jagd aus der Luft- heute und morgen. In: Marine-Rundschau. Jg.84, 1987. Nr.6. S.337-343.
BZ 05138:84

Fawson, S.E.: Mine warfare - NATO versus the Warsaw pact. In: Naval forces. Vol.7, 1986. No.5. S.82-88.
BZ 05382:7

Finke, S.: Der Einsatz von Marinehubschraubern in Handlungen der Seestreitkräfte. In: Militärwesen. 1987. Nr.3. S.35-40.
BZ 4485:1987

Harboe-Hansen, H.: Coastal Defence. In: Maritime defence. Vol.12, 1987. No.3. S.67-88.
BZ 05094:12

Harboe-Hansen, H.: A sea of troubles. In: Maritime defence. Vol.12, 1987. No.4. S.99-121.
BZ 05094:12

Hess, S.: Der lautlose Krieg - Elektronische Kampfführung zur See. In: Marine-Rundschau. Jg.84, 1987. Nr.1. S.8-14.
BZ 05138:84

Hill, J.R.: ASW among the also-rans. In: Naval forces. Vol.7, 1986. No.6. S.60-65.
BZ 05382:7

International symposium on the air threat at sea. Vol.1-3. June 11-14 1985, London. London: The Royal Institution of Naval Architects 1985.
010006

Lautenschläger, K.: The submarine in naval warfare, 1901-2001. In: International security. Vol.11, 1986. No.3. S.94-140.
BZ 4433:11

Lecointre, C.V.: La guerre sous-marine et les sous-marins d'attaque. In: Afrique défense. 1986. No.103. S.103-109.
BZ 05338:1986

Ljungdahl, U.: Submarines and ASW in coastal waters. In: Naval forces. Vol.8, 1987. No.1. S.82-88.
BZ 05382:8

Louzeau, B.: Réflexions pour la marine de 2007. In: Défense nationale. Vol.43, 1987. No.7. S.7-21.
BZ 4460:43

Maritime strategy and the nuclear age. 2.,rev.ed.. By G.Till u.a.. London: Macmillan 1984. X,295 S.
B 56482

Mine Warfare. In: Navy international. Vol.91, 1986. No.12. S.709-713.
BZ 05105:91

Moineville, H.: Naval Strategy in the Nuclear Age. In: Naval forces. Vol.7, 1986. No.3. S.19-28.
BZ 05382:7

Nailor, P.: The utility of maritime power: Today and tomorrow. In: RUSI. Vol.131, 1986. No.3. S.15-21.
BZ 05161:131

Nawoizew, P.: Gesetzmäßigkeiten, Inhalt und charakteristische Merkmale moderner Seeoperationen. In: Militärwesen. 1986. Nr.1. S.33-38.
BZ 4485:1986

Preston, A.: SSKs: The Future. The World Market. In: Jane's defence weekly. Vol.6, 1986. No.7. S.281-295.
BZ 05465:6

Pugh, P.G.: Economics and naval power. In: Naval forces. Vol.8, 1987. No.3. S.50-61.
BZ 05382:8

Stenner, K.-H.: U-Jagd mit Hubschraubern. In: Marine-Rundschau. Jg.84, 1987. Nr.1. S.15-19.
BZ 05138:84

Tani, A.: Nuovi scenari marittimi. In: Rivista marittima. A.120, 1987. No.2. S.17-20.
BZ 4453:120

Taylor, P.A.: Technologies and strategies: trends in naval strategies and tactics. In: Naval forces. Vol.7, 1987. No.6. S.44-55.
BZ 05382:7

Tritten, J.J.; Barnett, R.W.: Are naval operations unique?. In: Naval forces. Vol.7, 1986. No.5. S.21-30.
BZ 05382:7

Tschernawin, W.: Einige Kategorien der Seekriegskunst unter modernen Bedingungen. In: Militärwesen. 1987. Nr.4. S.40-48.
BZ 4485:1987

Turrini, A.: Sommergibili del Futuro. Linee die possibile evoluzione dei concetti costruttivi. In: Rivista marittima. A.119, 1986. No.Juli. S.17-24.
BZ 4453:119

Ullman, H.K.: Politics and maritime power. In: Naval forces. Vol.7, 1986. No.2. S.30-37.
BZ 05382:7

F 300 Luftmacht/Luftwaffe/ Luftstreitkräfte

Armitage, M.J.; Mason, R.A.: Air power in the nuclear age, 1945-84. 2nd ed.. Theory and practice. Basingstoke: Macmillan 1985. XV,318 S.
B 57006

Dobedin, W.: Probleme der Luftunterstützung der Truppen. In: Militärwesen. 1987. Nr.1. S.39-51.
BZ 4485:1987

Fessenko, M.: Zur Bekämpfung boden-
gebundener Luftverteidigungsmittel
durch Feuer in lokalen Kriegen. In:
Militärgeschichte. Jg.26, 1987. Nr.2.
S.165-170.
BZ 4527:26

Lowe, J.T.: A Philosophy of air power.
Lanham: Univ.Press of America 1984.
463 S.
B 56245

Manca, V.: Aviazione antisom: 30 anni
di concreto spirito interforze. In: Revista aeronautica. A.63, 1987. No.3.
S.34-41.
BZ 05154:63

Marco, B.di: La difesa aerea del territo-
rio: un settore che è costretto ad evol-
vere. In: Rivista italiana difesa. A.6,
1987. No.4. S.69-79.
BZ 05505:6

Neupokojew, P.: Das moderne Luftver-
teidigungsgefecht - Besonderheiten
und Methoden seiner Führung. In:
Militärwesen. 1987. Nr.3. S.28-34.
BZ 4485:1987

Nordeen, L.O.: Defense against air
attack. In: National defense. Vol.71,
1987. No.420. S.39-46.
BZ 05186:71

Rees, J.: Precision bombing - fact or
fiction. In: Military technology. Vol.11,
1987. No.4. S.54-64.
BZ 05107:11

Salvy, R.: Die Überwachung der 200-
Meilen-Zone aus der Luft. In: Inter-
nationale Wehrrevue. Jg.19, 1986.
Nr.12. S.1765-1771.
BZ 05265:19

Shaw, R.L.: Fighter Combat. Tactics
and maneuvering. Wellingborough:
Stephens 1986. XVIII,428 S.
010005

Sweetman, B.: Der Luftkampf in den
90er Jahren. In: Internationale Wehrrevue. Jg.19, 1986. Nr.8. S.1055-1063.
BZ 05263:19

Sweetman, B.: Luftkampf der 90er
Jahre. In: Internationale Wehrrevue.
Jg.20, 1987. Nr.5. S.581-588.
BZ 05263:20

Walker, J.R.: Air Power: Present and
Future. In: RUSI. Vol.131, 1986. No.2.
S.15-20.
BZ 05161:131

Welzer, W.: Luftbilder im Militärwesen.
Berlin: Militärverlag der DDR 1985.
232 S.
B 55797

F 400 Zivilverteidigung/ Zivilschutz/Sanitätswesen

Bergfeldt, L.: Civilian Defence as a
complement. In: Cooperation and conflict. Nordic journal of international
politics. Vol.20, 1985. No.4. S.279-296.
BZ 4605:20

Weizsaecker, K.F.von; Baudissin, W.S.Graf
von; Obermann, E.: Ist Zivilschutz sinn-
voll?. Bonn: Osang Verl. 1985. 48 S.
Bc 6151

F 500 Wehrtechnik/Kriegs-technik

F 501 Allgemeines

The Defence Communication Study
1984-1985. Daytona Beach, Flo.: Cor-
porate Comm.Stud. 1984. XIV,338 S.
B 52591

Neild, R.: The implications of the incre-
asing accuracy of non-nuclear weapons.
In: Arms control. Vol.7, 1986. No.1.
S.17-30.
BZ 4716:7

Thee, M.: Military technology, arms control and human development. Reforging swords into ploughshares. In: Bulletin of peace proposals. Vol.18, 1987. No.1. S.1-11.
BZ 4873:18

Viesti, A.: Le nuove tecnologie all'orizzonte degli anni 2000. In: Rivista militare. 1987. No.3. S.13-21.
BZ 05151:1987

F 510 Waffentechnik

Explosive remnants of war. Mitigating the environmental effects.
A.H.Westing. London: Taylor u.Francis 1985. XVI,141 S.
B 57677

F 511 Heereswaffen

Alder, K.: Moderne Munitionstechnologien für Artillerie und Minenwerfer. In: Allgemeine Schweizerische Militärzeitschrift. Jg.153, 1987. Nr.4. S.222-225.
BZ 05139:153

Boger, J.: Combat-Digest. Das Handbuch für den Combat-Schützen. Waffen und Munition: Trainings- u.Sicherheits-Zubehör; Übungsläufe. Stuttgart: Motorbuch Verl. 1984. 199 S.
09962

Bolton, D.: Armour/Anti-Armour: the Future. In: RUSI. Vol.132, 1987. No.1. S.17-22.
BZ 05161:132

Ezell, E.C.: The great Rifle controversy. Search for the ultimate infantry weapon from World War II through Vietnam and beyond. Harrisburg, Pa.: Stackpole Books 1984. XXIV,344 S.
B 56698

Frost, R.: Neues über Handfeuerwaffen. In: Internationale Wehrrevue. Jg.20, 1987. Nr.7. S.915-922.
BZ 05263:20

Fuller, R.; Gregory, R.: Military Swords of Japan, 1868-1945. London: Arms and Armour Pr. 1986. 127 S.
010124

Hahn, F.: Waffen und Geheimwaffen des deutschen Heeres 1933-1945. Bd 1. Koblenz: Bernard und Graefe 1986. 239 S.
B 60024

Hewish, M.; Lopez, R.; Turbé, G.: Landminen - Sperren von Gelände: billig und wirksam. In: Internationale Wehrrevue. Jg.19, 1986. Nr.8. S.1085-1091.
BZ 05263:19

Hornemann, U.; Schröder, G.A.; Weimann, K.: Explosively-formed projectile warheads. In: Military technology. Vol.11, 1987. No.4. S.36-51.
BZ 05107:11

Hospach, B.: Die Technik der Landminen verlangt eine dynamische Taktik. In: Europäische Wehrkunde. Jg.36, 1987. Nr.3. S.165-168.
BZ 05144:36

Koenig, K.-P.: Gewehre, Flinten und automatische Waffen im Detail. Das große Buch der Waffentechnik. Stuttgart: Motorbuch Verl. 1984. 326 S.
09961

Konstankiewicz, A.: Broń strzelecka Wojska Polskiego 1918-1939. [Schußwaffe der poln.Armee.]. Warszawa: Wydawn.Min.Obrony 1986. 192 S.
B 59473

Lee, R.G.: Introduction to battlefield weapons systems and technology. 2nd, upd.ed.. London: Brassey's 1985. XVI,259 S.
B 56717

Lenaerts, J.: L'evoluzione delle armi portatili: Est e Ovest a confronto. In: Rivista italiana difesa. A.6, 1987. No.2. S.40-54.
BZ 05505:6

Leoprechting, R.von: Die neue Rohrwaffen-Artillerie-Munition im Lichte des 1.Genfer Zusatzprotokolles v.12.Dez.1977. Frankfurt: Lang 1984. XXX,151 S.
B 57789

Müller, W.: Das Artillerie-Führungs-Informations- und Feuerleitsystem. In: Wehrtechnik. Jg.19, 1987. Nr.4. S.34-47.
BZ 05258:19

Neuzeitliche Artilleriesysteme. Forum d.Dt.Gesellschaft f.Wehrtechnik a.d.Artillerieschule in Idar-Oberstein am 6.u.7.Okt.1983. Koblenz: Bernard und Graefe 1985. 106 S.
B 57308

Nieradko, A.: Pistolety maszynowe PPSz i PPS. Warszawa: Wydawn.MON 1985. 15 S.
Bc 6057

Po, E.: L'artiglieria semovente verso gli anni 90. In: Rivista italiana difesa. A.6, 1987. No.6. S.18-40.
BZ 05505:6

Po, E.: Self-propelled Artillery for the 90s. In: Military technology. Vol.10, 1986. No.12. S.18-39.
BZ 05107:10

Schmidt-Tapken, D.: Handgranatenatlas. Düsseldorf: Dissberger 1984. 214 S.
Bc 01958

Sloan, C.E.E.: Mine warfare on land. London: Brassey's Defence Publ. 1986. 153 S.
010199

Thomas, R.K.: Problems and tactical use of low signature weapons. In: Military technology. Vol.11, 1987. No.4. S.95-109.
BZ 05107:11

Torecki, J.: Broń i amunicja strzelecka LWP. Warszawa: Wydawn.Min.Obrony 1985. 316 S.
B 58229

Wanstall, B.: Neue Waffen für die Mud Mover. In: Interavia. 1987. Nr.2. S.125-129.
BZ 05184:1987

Williams, P.: The role of artillery - the impact of autonomous precision munitions. In: NATO's sixteen nations. Vol.31, 1986. No.7. S.50-57.
BZ 05457:31

Wojciechowski, I.J.: Karabin powtarzalny Berthier wz.1907/15 M 16. Warszawa: Wydawn.MON 1985. 15 S.
Bc 5865

Wojciechowski, I.J.: Pistolet maszynowy wz.1939 Mors. Warszawa: Wydawn.-MON 1985. 15 S.
Bc 5622

F 512 Marinewaffen/Seekriegswaffen

Anti-submarine warfare - The torpedo. In: Navy international. Vol.92, 1987. No.5. S.274-283.
BZ 05105:92

Froggett, J.: The maritime strategy. Tomahawk's role. In: United States Naval Institute Proceedings. Jg.113, 1987. No.2. S.51-54.
BZ 05163:113

Harvey, D.L.: Precision guidance for naval munitions. In: Naval forces. Vol.7, 1986. No.5. S.120-127.
BZ 05382:7

Hewish, M.; Sweetman, B.; Turbé, G.: Kampfmittel für die U-Abwehr. PPV In: Internationale Wehrrevue. Jg.20, 1987. Nr.3. S.307-315.
BZ 05263:20

Jopp, H.-D.: Der weitreichende see-gestützte Marschflugkörper. Neue Dimensionen künftiger Seekriegs-operationen?. In: Marine-Forum. Jg.61, 1986. Nr.12. S.428-431.
BZ 05170:61

Kleinert, G.: Die Geschichte der Minen-entwicklung in den USA von 1777 bis heute. In: Marine-Forum. Jg.62, 1987. Nr.4. S.116-119.
BZ 05170:62

Noeske, R.: Drohnen für den Minen-
kampf. In: Marine-Forum. Jg.62, 1987.
Nr.5. S.149-152.
BZ 05170:62

Polmar, N.; Kerr, D.M.: Nuclear Torpe-
does. In: United States Naval Institute
Proceedings. Jg.112, 1986. No.1002.
S.62-68.
BZ 05163:112

Preston, A.: Seek and destroy. In:
Defence. Vol.18, 1987. No.6.
S.339-343.
BZ 05381:18

Rössler, E.: Die deutsche Torpedoferti-
gung 1939-1943. In: Marine-Rundschau. Jg.83, 1986. Nr.1. S.31-33.
BZ 05138:83

Schiffner, M.; Dohmen, K.-H.: Entwicklungstendenzen der Torpedowaffe in
den NATO-Staaten. In: Militärwesen.
1986. H.8. S.67-72.
BZ 4485:1986

Sonars in ASW. In: Navy international.
Vol.92, 1987. No.5. S.264-272.
BZ 05105:92

Stolz, K.: Minenjagddrohnen im Szena-
rium der Minenabwehr. In: Wehrtechnik. Jg.19, 1987. Nr.5. S.42-49.
BZ 05258:19

Thomer, E.: Instrumente der Verteidigung in der Nordsee und in der Ostsee.
In: Europäische Wehrkunde. Jg.36,
1987. Nr.3. S.169-172.
BZ 05144:36

Wanstall, B.: Abwehr künftiger Seeziel-
flugkörper. In: Interavia. Jg.42, 1987.
Nr.5. S.445-449.
BZ 05184:42

Witt, M.: Suonobuoys. In: Navy international. Vol.92, 1987. No.5. S.284-290.
BZ 05105:92

F 513 Luftkriegswaffen

The AAM-Story. In: Air international.
Vol.32, 1987. No.4. S.180-186.
BZ 05091:32

Airborne Anti Ship Missiles. In: Navy
international. Vol.91, 1986. No.9.
S.552-560.
BZ 05105:91

Mets, D.R.: What if it works? Air arma-
ment technology for deep attack. In:
Military review. Vol.66, 1986. No.12.
S.13-25.
BZ 4468:66

Müller, W.: Die 8,8cm Flak. 18 - 36 - 37 -
41. Friedberg: Podzun-Pallas-Verl.
1986. 48 S.
Bc 01837

Nordeen, L.O.: Aircraft self-protection.
In: National defense. Vol.71, 1987.
No.426. S.64-68.
BZ 05186:71

Pigasow, R.; Rak, S.: Unbemannte Luft-
angriffsmittel und ihre Bekämpfung.
In: Militärwesen. 1987. H.2. S.46-59.
BZ 4485:1987

Wanstall, B.: Luft-Luft-Flugkörper für
das kommende Jahrzent. In: Interavia. Jg.42, 1987. Nr.3. S.239-245.
BZ 05184:42

F 515 ABC-Waffen

Adelman, K.: Chemical weapons: resto-
ring the taboo. In: Orbis. Vol.30, 1986.
No.3. S.443-455.
BZ 4440:30

The American Atom. 2nd print. A
documentary history of nuclear policies
from the descovery of fission to the present, 1939-1984. Ed.:R.C.Williams and
P.L.Cantelon. Philadelphia: Univ.of
Pennsylvania Pr. 1985. XV,333 S.
B 57076

Angerer, J.: Chemische Waffen in
Deutschland. Mißbrauch einer Wissenschaft. Darmstadt: Luchterhand 1985.
299 S.
B 56919

Biological and toxin Weapons today.
Ed.:E.Geissler. Oxford: Oxford
Univ.Pr. 1986. XII,207 S.
B 62502

Bracken, P.: The political command and control of nuclear forces. In: Defense analysis. Vol.2, 1986. No.1. S.11-20.
BZ 4888:2

Braunegg, G.: Schutz gegen bakteriologische Waffen. In: Österreichische militärische Zeitschrift. Jg.24, 1986. Nr.6. S.547-552.
BZ 05214:24

Caldwell, D.: Permission active links. In: Survival. Vol.29, 1987. No.3. S.224-238.
BZ 4499:29

Chesneaux, J.: France in the Pacific: Global approach or respect for regional agendas?. In: Bulletin of concerned Asian scholars. Vol.18, 1986. No.2. S.73-80.
BZ 05386:18

Doty, P.: A nuclear test ban. In: Foreign affairs. Vol.65, 1987. No.4. S.750-769.
BZ 05149:65

Ehrlich, R.: Waging nuclear peace: the technology and politics of nuclear weapons. Albany, N.Y.: State Univ.of New York Pr. 1985. XII,397 S.
B 56708

La Gorce, P.-M.de: La Guerre et l'atome. Paris: Plon 1985. 243 S.
B 55938

Hirschfeld, T.J.: Tactical nuclear weapons in Europe. In: The Washington quarterly. Vol.10, 1987. No.1. S.101-121.
BZ 05351:10

How nuclear weapons decisions are made. Ed.: S.McLean. London: Macmillan 1986. XV,264 S.
B 58701

Humphrey, J.H.: Biological weapons - Banned, but gone forever?. In: Medicine and war. Vol.3, 1987. No.1. S.23-32.
BZ 4904:3

Johnson, G.: Collision course at Kwajalein. In: Bulletin of concerned Asian scholars. Vol.19, 1987. No.2. S.28-41.
BZ 05386:19

Jones, R.W.: Small nuclear Forces. New York: Praeger 1984. XVI,128 S.
B 56163

Karwat, C.A.: Zur Problematik eines vollständigen Atomwaffentestverbots. In: Österreichische Osthefte. Jg.28, 1986. H.4. S.395-412.
BZ 4492:28

Levinson, M.: Die manipulierbare Waffe. Biologische Kampfstoffe. In: Internationale Wehrrevue. Jg.19, 1986. Nr.11. S.1611-1615.
BZ 05263:19

Lowitz, D.S.: Das Verbot chemischer Waffen: Ein Bericht aus Genf. In: NATO-Brief. Jg.34, 1986. Nr.5. S.20-26.
BZ 05187:34

Mazuzan, G.T.; Walker, J.S.: Controlling the atom. The beginning of the nuclear regulation 1946-1962. Berkeley, Cal.: University of California 1984. X,530 S.
B 55570

Moreau Defarges, P.: Le mystère économico-monetaire international. In: Défense nationale. Vol.43, 1987. No.6. S.153-158.
BZ 4460:43

Murphy, S.; Hay, A.; Rose, S.: No Fire, no thunder. The threat of chemical and biological weapons. New York: Monthly Review Pr. 1984. 145 S.
B 56125

Nuclear weapons and law. Ed.: A.Selwyn Miller and M.Feinrider. Westport, Conn.: Greenwood Press 1984. XIII,415 S.
B 56105

Ooms, A.J.: Chemical Weapons: Is Revulsion a Safeguard?. In: Atlantic community quarterly. Vol.24, 1986. No.2. S.157-168.
BZ 05136:24

Robinson, J.P.: Chemical and biological Warfare. Oxford: Oxford Univ.Pr. 1986. V,110 S.
Bc 01818

52

Sawyer, S.: Rainbow Warrior: nuclear war in the Pacific. In: Third world quarterly. Vol.8, 1986. No.4. S.1325-1336.
BZ 4843:8

Schmidt, G.: Die Modernisierung chemischer Waffen. In: Truppenpraxis. 1986. Nr.6. S.511-516.
BZ 05172:1986

Sebesta, L.: "Two scorpions in a bottle". Genesi di una scelta difficile: La Bomba H. Fra strategia e politica. In: Storia delle relazioni internazionali. A.2, 1986. No.2. S.330-365.
BZ 4850:2

Sims, N.A.: Chemical Weapons - control or chaos?. London: Council for arms control 1984. 18 S.
Bc 6375

Symonides, J.: Mocarstwa nuklearne wobec problemu zakazu doświadczeń jadrowych. In: Sprawy Międzynarodowe. R.39, 1986. No.6. S.7-18.
BZ 4497:39

Thun-Hohenstein, R.: Der Atomteststoppvertrag von 1963. In: Österreichische militärische Zeitschrift. Jg.25, 1987. Nr.1. S.46-51.
BZ 05214:25

F 518 Raketen/Raketenabwehr/ Lenkwaffen

ATBMs and the European theatre. In: Military technology. Vol.11, 1987. No.4. S.18-41.
BZ 05107:11

Baer, A.: "ATBM", Défense aérienne élargie et concept de dissuasion globale. In: Défense nationale. A.42, 1986. Aout-Sept. S.7-20.
BZ 4460:42

Beaver, P.; Gander, T.: Modern British military Missiles. All types currently used, including Exocet, Sidewinder and Polaris. Wellingborough: Stephens 1986. 104 S.
Bc 6364

Cross, N.H.: Unmanned airborne systems. In: Defence. Vol.16, 1985. No.11. S.572-576.
BZ 05381:16

Gilson, C.: Bekämpfung gepanzerter Ziele aus der Luft. Eine neue Generation von Waffen. In: Interavia. 1986. Nr.6. S.627-630.
BZ 05184:1986

Graf, K.: Aufklärungs-, Zielortungs- und Feuerbeobachtungsmittel. In: Allgemeine Schweizerische Militärzeitschrift. Jg.153, 1987. Nr.4. S.229-232.
BZ 05139:153

Harboe-Hansen, H.: An update on Western surface-to-air missiles. In: Maritime defence. Vol.12, 1987. No.5. S.152-162.
BZ 05094:12

Holland, L.H.; Hoover, R.A.: The MX decision. A new direction in U.S. weapons procurement policy?. Boulder, Colo.: Westview Press 1985. XIV,289 S.
B 56534

Hura, M.; Miller, D.: Cruise Missiles: Future Options. In: United States Naval Institute. Proceedings. Jg.112, 1986. No.1002. S.49-53.
BZ 05163:112

Kroulik, J.; Ružička, B.: Vojenské Rakety. [Milit.Raketen.]. Praha: Naše Vojsko 1985. 586 S.
B 59767

Levinson, M.: Midgetmann: eine kleine ICBM wird größer. In: Internationale Wehrrevue. Jg.19, 1986. Nr.8. S.1075-1080.
BZ 05263:19

Longmate, N.: Hitler's Rockets. The story of the V-2s. London: Hutchinson 1985. 422 S.
B 56429

Major improvements to Moscow's ABM network. In: Jane's defence weekly. Vol.7, 1987. No.5. S.182-183.
BZ 05465:7

Manfredi, A.F.: Third World ballistic missiles: The threat grows. In: National defense. Vol.71, 1987. No.426. S.51-63.
BZ 05186:71

MLRS/TGW-Gefechtskopf: Phase 3 des MARS/MLRS-Programms. In: Soldat und Technik. Jg.30, 1987. Nr.2. S.102-105.
BZ 05175:30

Nowarra, H.J.: Deutsche Flugkörper. Friedberg: Podzun-Pallas-Verl. 1987. 46 S.
Bc 01932

Nutter, D.M.; Rutan, A.H.: What role for limited BMD?. In: Survival. Vol.29, 1987. No.2. S.118-136.
BZ 4499:29

Richardson, K.: Tecnologie per i missili degli anni 90. In: Rivista italiana difesa. A.6, 1987. No.1. S.17-26.
BZ 05505:6

Wanstall, B.: Luft-Luft-Flugkörper für das kommende Jahrzehnt. In: Interavia. 1987. Nr.3. S.239-245.
BZ 05184:1987

Zaloga, S.J.: Soviet strategic missile development and production. In: Jane's defence weekly. Vol.7, 1987. No.21. S.1061-1064.
BZ 05465:7

Zaloga, S.: Soviet Intelligence. The SS-20 Saber IRBM. In: Jane's defence weekly. Vol.7, 1987. No.11. S.496-498.
BZ 05465:7

F 520 Fahrzeugtechnik

F 521 Landfahrzeuge/gepanzerte Fahrzeuge

Leclerc getting closer. In: Military technology. Vol.11, 1987. No.2. S.16-17.
BZ 05107:11

Bahle, H.: Der US-Kampfpanzer M 1 Abrams in der Version M 1 A1. Deutliche Optimierung der Basisversion. In: Soldat und Technik. Jg.30, 1987. Nr.2. S.106-109.
BZ 05175:30

Bedoura, J.: The Leclerc: the MBT of the year. In: NATO's sixteen nations. Vol.32, 1987. No.2. S.101-102.
BZ 05457:32

Berge, S.: Planning for Sweden's next MBT. In: Internationale Wehrrevue. Jg.20, 1987. S.39-41.
BZ 05263:20

Bonsignore, E.: Französische Kampfpanzer Leclerc. In: Wehrtechnik. Jg.19, 1987. Nr.3. S.38-42.
BZ 05258:19

Bonsignore, E.: Il Leclerc si presenta. In: Rivista italiana difesa. A.6, 1987. No.4. S.28-32.
BZ 05505:6

Development of Soviet AFV armament Part 2. In: Jane's defence weekly. Vol.6, 1986. No.23. S.1415.
BZ 05465:6

Dobinsky, W.: Waffenträger Wiesel 1. In: Wehrtechnik. Jg.19, 1987. Nr.1. S.50-52.
BZ 05258:19

Fiume, W.: Upgrading the mobility of main battle tanks. In: Military technology. Vol.10, 1986. No.12. S.56-67.
BZ 05107:10

Flechter, R.: Creating the turretless tank. In: Military technology. Vol.11, 1987. No.6. S.140-146.
BZ 05107:11

Gander, T.: Modern British armoured fighting vehicles. Wellingborough: Stephens 1986. 136 S.
Bc 6371

Graff, H.: Kampfpanzer-Hauptbewaffnung, heute und morgen. In: Wehrtechnik. Jg.19, 1987. Nr.1. S.24-29.
BZ 05258:19

Hewish, M.: Combat Vehicle 90. Sweden's new AFV family. In: Internationale Wehrrevue. Suppl.Armor, 1987. S.43-46.
BZ 05263:1987

Hilmes, R.: Perspectives of MBT development. In: NATO's sixteen nations. Vol.32, 1987. No.2. S.56-63.
BZ 05457:32

Kosar, F.: Moderne leichte Kampfpanzer (II). In: Truppendienst. Jg.27, 1988. Nr.4. S.359-363.
BZ 05209:27

Krapke, P.-W.: Kampfwertsteigerung für den Flugabwehrpanzer Gepard. In: Kampftruppen. Jg.29, 1987. Nr.2. S.33-34.
BZ 05194:29

Leclerc getting closer. In: Military technology. Vol.11, 1987. No.2. S.16-17.
BZ 05107:11

Lett, P.W.: Tailoring future tanks. In: Internationale Wehrrevue. Suppl.Armor, 1987. S.7-11.
BZ 05263:1987

Messenger, C.: Anti-amour warfare. London: Allan 1985. 108 S.
B 56464

Ogorkiewicz, R.M.: Warrior family begins to grow. In: Internationale Wehrrevue. Suppl.Armor, 1987. S.49-51.
BZ 05263:1987

Pengelley, R.: Defensive weapons for armoured vehicles. In: Internationale Wehrrevue. Suppl.Armor, 1987. S.19-26.
BZ 05263:1987

Pengelley, R.: Panzerfeuerleitsysteme aus den U.S.A.. In: Internationale Wehrrevue. Jg. 19, 1986. Nr.12. S.1823-1829.
BZ 05265:19

Po, E.: Armament and FCS retrofitting for MBTs. In: Military technology. Vol.10, 1986. No.11. S.46-48.
BZ 05107:10

Riley, J.P.: MCV-80 and beyond - implications for the infantry. In: RUSI. Vol.131, 1986. No.3. S.23-28.
BZ 05161:131

Sawodny, W.: Deutsche Panzerzüge im Zweiten Weltkrieg. Friedberg: Podzun-Pallas-Verl. 1986. 52 S.
Bc 01947

Schneider, W.: Aus der Reihe verjüngter Veteranen. Der M41 G.T.I.. In: Internationale Wehrrevue. Jg.20, 1987. Nr.1. S.77-78.
BZ 05263:20

Schneider, W.: Der sowjetische Kampfpanzer T-72. Nachfolger des T54-55. In: Internationale Wehrrevue. Jg.20, 1987. Nr.7. S.891-903.
BZ 05263:20

Schneider, W.: Die sowjetischen Kampfpanzer T-64, T-72 und T-80. In: Soldat und Technik. Jg.29, 1986. Nr.12. S.688-695.
BZ 05175:29

Shaker, S.M.: The tank with the externally mounted gun. In: National defense. Vol.71, 1987. No.420. S.34-38.
BZ 05186:71

Soviet Intelligence. Defence against anti-tank helicopters (Part 2). In: Jane's defence weekly. Vol.7, 1987. No.2. S.112-113.
BZ 05465:7

Spelten, H.; Mülhöfer, D.: Pionierpanzer 2. In: Wehrtechnik. Jg.19, 1987. Nr.1. S.40-47.
BZ 05258:19

Der Transportpanzer Condor. Vielseitiges 4x4-Panzerfahrzeug auf Unimog-Basis. In: Soldat und Technik. Jg.30, 1987. Nr.2. S.9110-9111.
BZ 05175:30

Turbé, G.: Leclerc. Ein Kampfpanzer der dritten Generation. In: Internationale Wehrrevue. Jg.20, 1987. Nr.6. S.755-760.
BZ 05263:20

Vehicles and bridging. I.F.B.Tytler
[u.a.]. London: Brassey's Defence
Publ. 1985. XVI,239 S.
B 56745

Warford, J.W.: T-80: The Soviet solution.
The tank's missile system is aimed at
NATO's ATGM vehicles, not tanks. In:
Armor. 1987. No.1. S.31-35.
BZ 05168:1987

Weihrauch, G.: Armour vs. KE Rounds.
In: Military technology. Vol.11, 1987.
No.1. S.23-36.
BZ 05107:11

White, B.T.: Tanks and other tracked
vehicles in service. Poole: Blandford
1978. 155 S.
B 55772

Zaloga, S.J.; Grandsen, J.; Scheibert, H.:
Die Ostfront. Friedberg: Podzun-
Pallas-Verl. 1985. 96 S.
09959

F 522 Seefahrzeuge/Schiffstechnik

Alcofar, L.N.: Los submarinos nucleares
y sus accidentes (1957-1986). In:
Defensa. A.10, 1988. No.107. S.52-61.
BZ 05344:10

Allied Landing Craft of World War
Two. London: Arms and Armour Pr.
1985. 77 S.
B 56466

Burnett, R.: Smaller naval vessels and
para-military craft. In: Maritime
defence. Vol.11, 1986. No.12.
S.467-479.
BZ 05094:11

Burt, R.A.: British Battleships of World
War One. London: Arms and Armour
Pr. 1986. 320 S.
010108

Campanera, A. y Rovira; Busquets, C.V.:
El renacimento del acorazado desde el
"Dreadnought" a los "Iowa". In:
Defensa. A.9, 1987. No.104. S.52-61.
BZ 05344:9

Cosentino, M.: Veicoli per la ricerca ed il
soccorso alle unita' subacquee sini-
strate. In: Rivista marittima. A.120,
1987. No.4. S.43-56.
BZ 4453:120

Dawson, C.: Survival of the small war-
ship. In: Internationale Wehrrevue.
Jg.20, 1987. Nr.5. S.27-35.
BZ 05263:20

Dawson, C.: Unconventional hull forms
for small warships. In: Internationale
Wehrrevue. Jg.20, 1987. Nr.5. S.19-25.
BZ 05263:20

Friedman, N.: Beneath the surface.
In: Defence. Vol.18, 1987. No.6.
S.334-338.
BZ 05381:18

Friedman, N.: Gli sviluppi nel settore
dei sottomarini convenzionali.
In: Rivista italiana difesa. A.6, 1987.
No.3. S.36-46.
BZ 05505:6

Friedman, N.: U.S.battleships. An ill.-
design history. London: Arms and
Armour Pr. 1985. IX,463 S.
010117

Galuppini, G.: Lo Schnorchel italiano.
Roma: Ufficio storico della marina
militare 1986. 129 S.
Bc 6130

Geburzi, H.-U.: Raketenschnellboote.
Geschichte, Gegenwart, Perspektive.
Berlin: Militärverlag der DDR 1986.
32 S.
Bc 6575

Gibbons, T.: Submarines. London:
Dragon Books 1985. 47 S.
B 60692

Hewish, M.: Konventionelle U-Boote
und ihre Kampfsysteme. In: Internationale Wehrrevue. Jg.20, 1987. Nr.7.
S.927-934.
BZ 05263:20

Humble, R.: Aircraft Carriers. The ill.-
history. Haley Woods: Winchmore
1982. 192 S.
010163

International symposium on mine war-
fare-vessels and systems. London
12,13,14,15 June 1984. Vol.1-3. London:
Royal Inst.of Naval Architects 1984.
Getr.Pag.
010018

Kehoe, J.W.; Brower, K.S.: Small comba-
tants - the operators' choices. In: Internationale Wehrrevue. Jg.20, 1987. Nr.5.
S.9-15.
BZ 05263:20

Kirschke, D.: Entwicklungstendenzen
konventioneller U-Boote kapitalisti-
scher Staaten. In: Militärwesen. 1986.
H.12. S.71-77.
BZ 4485:1986

Minesweeping Systems. In: Navy inter-
national. Vol.91, 1986. No.12.
S.751-754.
BZ 05105:91

Roessler, E.: Geschichte des deutschen
U-bootbaus.. Bd 1. 2.Aufl.. Koblenz:
Bernard und Graefe 1986. 278 S.
010151

Sabathé, P.; Demeer, B.: Is there a future
for large ASW ships?. In: Internationale Wehrrevue. Jg.20, 1987. Nr.5.
S.37-41.
BZ 05263:20

Scala, D.: Le Portaeromobili Leggere.
Diverse soluzioni di un problema. In:
Rivista marittima. A.119, 1986. Nov..
S.25-36.
BZ 4453:119

Scala, D.: La sicurezza delle navi a pro-
pulsione nucleare. In: Rivista marittima. A.120, 1987. No.7. S.55-70.
BZ 4453:120

Schweikart, L.; Dalgleish, D.D.: Trident
technology revolutionizes sub building.
In: National defense. Vol.71, 1987.
No.421. S.43-48.
BZ 05186:71

Submarines - countering the menace.
In: Defence Materiel. No.5. S.151-156.
BZ 05095

Terzibaschitsch, S.: Flugzeugträger der
U.S.Navy. Bd 1. 2.Aufl.. Koblenz:
Bernard und Graefe 1986. 382 S.
010150

Thomer, E.: Ein neuer Weg - Das
MEKO-System. Kriegsschiffe - oben
offen. In: Europäische Wehrkunde.
Jg.36, 1987. Nr.2. S.88-91.
BZ 05144:36

US-naval-vessels ,1943. London: Arms
and Armour Pr. 1986. O.Pag.
010116

Wilbur, C.: Immersed propulsion - the
problems of submarine drive systems.
In: Defence. Vol.18, 1987. No.6.
S.344-348.
BZ 05381:18

Wright, I.: The NATO frigate project.
In: Naval forces. Vol.8, 1987. No.1.
S.40-49.
BZ 05382:8

F 523 Luftfahrzeuge/Luftfahrttechnik

*Molyns Ventry, A.F.D.O.E.de; Koleśnik,
E.M.:* Airship saga. The history of air-
ships seen through the eyes of the men
who designed, built and flew them.
Poole: Blandford 1982. 190 S.
010062

Wood, R.L.: Return of the naval air-
ships. In: United States Naval Institute.
Proceedings. Jg.113, 1987. No.2.
S.48-50.
BZ 05163:113

F 523.1 Flugzeuge

Beldi, R.C.: Die Mirage 2000 zwischen
technischer Hochleistung und finanziellen Tatsachen. In: Allgemeine Schweizerische Militärzeitschrift. Jg.152, 1986.
Nr.11. S.708-709.
BZ 05139:152

Canan, J.W.: Era of the Starfighter. In:
Air force magazine. Vol.70, 1987. No.1.
S.42-51.
BZ 05349:70

Chant, C.: Modern Combat aircraft. London: Windward 1984. 192 S.
010019

Contin, R.: MiG-29: ultimo atto della politica dello specchio. In: Rivista italiana difesa. A.6, 1987. No.4. S.42-50.
BZ 05505:6

The great book of World War II airplanes. By J.L.Ethell. New York: Bonanza Books 1984. VIII,632 S.
010307

Gunston, B.: American Warplanes. London: Salamander Books 1986. 208 S.
010111

Gunston, B.: An illustrated Guide to future fighters and combat aircraft. London: Salamander Books 1984. 160 S.
B 55747

Jackson, P.: Pénétration augmentation. In: Air international. Vol.32, 1987. No.4. S.163-171.
BZ 05091:32

Jackson, R.: Combat Aircraft Prototypes since 1945. Shrewsbury: Airlife Publ. 1985. 169 S.
09965

Kopenhagen, W.: Jagdflugzeuge. Berlin: Militärverlag der DDR 1984. 32 S.
Bc 6204

O'Leary, M.: US sky spies since World War 1. Poole: Blandford 1986. 230 S.
010021

Return of the dogfighter - air - combat fighters today. In: Defence. Vol.18, 1987. No.7. S.415-421.
BZ 05381:18

Rühle, M.: Stealth-Technologie. Bessere Eindringfähigkeit für Flugzeuge der nächsten Generation. In: Soldat und Technik. Jg.30, 1987. Nr.2. S.91-93.
BZ 05175:30

Schlaug, G.: Die deutschen Lastensegler-Verbände, 1937-45. Eine Chronik aus Berichten, Tagebüchern, Dokumenten. Stuttgart: Motorbuch Verl. 1985. 296 S.
B 57316

Schmitt, G.; Hofmann, A.; Hofmann, T.: Hugo Junkers und seine Flugzeuge. Stuttgart: Motorbuch Verl. 1986. 224 S.
010175

Schulze-Lauen, J.: Die Kampfwertsteigerung der Breguet Atlantic. In: Wehrtechnik. Jg.19, 1987. Nr.5. S.38-41.
BZ 05258:19

Strategischer US-Bomber B-1B im Zwielicht: zu teuer, zu langsam, zu schwer. In: Flugrevue. 1987. Nr.2. S.8-18.
BZ 05199:1987

Sweetman, B.: Mi G-29. Letztes Glied der neuen sowjetischen Kampffflugzeuggeneration?. In: Interavia. 1986. Nr.10. S.1119-1122.
BZ 05184:1986

Sweetman, B.: Ein neues Konzept für das künftige taktische Kampfflugzeug der USAF. In: Interavia. 1987. Nr.1. S.49-51.
BZ 05184:1987

Sweetman, B.: Stealth im Einsatz. In: Interavia. 1987. Nr.1. S.39-40.
BZ 05184:1987

Sweetman, B.: Stealth ist tot - es lebe das Radar. In: Interavia. 1987. Nr.4. S.331-333.
BZ 05184:1987

Sweetmann, B.: F-15E. Ein schwergewichtiger Adler. In: Interavia. 1987. Nr.3. S.262-263.
BZ 05184:1987

Topolev Bear. In: Air international. Vol.32, 1987. No.4. S.172-179,208.
BZ 05091:32

Wanstall, B.; Lambert, M.: Militärische Transportflugzeuge. Mehr als nur zivile Muster mit Tarnanstrich. In: Interavia. Jg.42, 1987. Nr.7. S.731-735.
BZ 05184:42

Weal, E.C.; Weal, J.A.; Barker, R.: Das große Buch der Militärflugzeuge. Weltkrieg II. Stuttgart: Motorbuch Verl. 1984. 237 S.
09963

Wheeler, B.C.: An illustrated Guide to modern American fighters and attack aircraft. London: Salamander Books 1985. 151 S.
B 56322

Wilshere, K.B.: Fighters for the 90's. In: Military technology. Vol.11, 1987. No.6. S.24-35.
BZ 05107:11

– Einzelne Typen –

Bączkowski, W.: Samolot bombowy Halifax. Warszawa: Wydawn.MON 1985. 16 S.
Bc 5864

Birdsall, S.: The B-24 Liberator. Reprint. Fallbrook: Aero Publ. 1985. 63 S.
Bc 01789

Bonsignore, E.: Sea Harrier o AV-8B: quale aereo per la Marina?. In: Rivista italiana difesa. A.6, 1987. No.2. S.28-37.
BZ 05505:6

Ethell, J.: B-17. Flying Fortress. London: Arms and Armour Pr. 1986. 72 S.
Bc 01961

Gawrych, W.J.; Litynski, A.: Samolot myśliwski "Zero". Warszawa: Wydawn.-MON 1985. 15 S.
Bc 5863

Gething, M.J.: Tornado. London: Arms and Armour Pr. 1987. 72 S.
Bc 02014

Griehl, M.: Junkers Bombers. Vol.1. London: Arms and Armour Pr. 1987. 64 S.
Bc 02013

Kinzey, B.: F-101 Voodoo. 2.ed.. London: Arms and Armour Pr. 1986. 72 S.
Bc 01788

Lloyd, A.T.: B-47 Stratojet. Fallbrook: Aero Publ. 1986. 72 S.
Bc 01814

Musiałkowski, L.: Samolot bombowy B-25 Mitchell. Warszawa: Wydawn.-MON 1985. 15 S.
Bc 5791

Musiałkowski, P.K.: Nocny Samolot mysliwski Northrop P-61 Black Widow. Warszawa: Wydawn.MON 1985. 15 S. Bc 5623

Noguellou, J.-C.: En Equipage sur "Noratlas". La grise des transporteurs. Paris: Ed.France-Empire o.J.. 261 S.
B 55986

Richardson, D.: Modern fighting aircraft Tornado. London: Salamander Books 1986. 64 S.
02432

Spick, M.: Modern fighting aircraft B-1B. London: Salamander Books 1986. 64 S.
02435

Tariel, Y.: L'Histoire du Douglas DC-3. Paris: Lavauzelle 1985. 143 S.
010118

F 523.2 Hubschrauber

Berger, F.: Die Hubschrauber der Bundeswehr, 1956-1986. Friedberg: Podzun-Pallas-Verl. 1986. 48 S.
Bc 01806

Bonsignore, E.: The Agusta A-129 Mangusta attack helicopter. In: NATO's sixteen nations. Vol.31, 1986. No.7. S.77-83.
BZ 05457:31

Cannet, M.: Einige Überlegungen zum LHX-Programm. In: Internationale Wehrrevue. Jg.20, 1987. Nr.1. S.41-46.
BZ 05263:20

Curami, A.; Garello, G.: La Marina e l'elicòttero tra le due Guerre. Un interesse mai sopito. In: Rivista marittima. A.119, 1986. No.7. S.61-80.
BZ 4453:119

Heckmann, E.: APACHE - eine PAH-2-Alternative?. In: Wehrtechnik. Jg.19, 1987. Nr.5. S.58.
BZ 05258:19

Hewish, M.; Salvy, R.; Sweetman, B.: Marinehubschrauber. In: Internationale Wehrrevue. Jg.20, 1987. Nr.3. S.289-302.
BZ 05263:20

Jordon, R.: US Navy and Marine Corps helicopters - the future. In: Naval forces. Vol.7, 1986. No.6. S.98-101.
BZ 05382:7

Kampfhubschrauber und ihre Bewaffnung. In: Internationale Wehrrevue. Jg.20, 1987. Nr.5. S.603–613.
BZ 05263:20

Loes, G.: L'elicòttero armato, un'arma versatile e pericolosa. In: Rivista militare della Svizzera italiana. A.58, 1986. No.6. S.372-382.
BZ 4502:58

Military Helicopters. P.G.Harrison [u.a.]. London: Brassey's Defence Publ. 1985. 155 S.
B 56072

Nigge, W.: I combattimenti tra elicòtteri: considerazioni sulla sempre maggior impartanza dei velivoli ad ala rotante. In: Rivista italiana difesa. A.6, 1987. No.5. S.33-47.
BZ 05505:6

Siuru, W.D.; Busick, J.D.: LHX. In: Military review. Vol.66, 1986. No.12. S.26-31.
BZ 4468:66

Zeilinger, H.-J.; Schirop, H.-J.: Wenn das Heer in die Luft geht: Hubschrauber im Kampf der verbundenen Waffen. In: Europäische Wehrkunde. Jg.36, 1987. Nr.7. S.391-394.
BZ 05144:36

F 550 Nachrichtentechnik/ Elektronik

Albrecht, J.: Zur Geschichte der Rechentechnik und ihrer Anwendung im Militärwesen. In: Militärgeschichte. Jg.26, 1987. Nr.1. S.22-27.
BZ 4527:26

Albrecht, J.: Zur Geschichte der Rechentechnik und ihrer Anwendung im Militärwesen. (Teil 2). In: Militärgeschichte. Jg.25, 1986. Nr.5. S.400-407.
BZ 4527:25

Brookner, E.: Radarentwicklung bis zum Jahr 2000. In: Interavia. Jg.42, 1987. Nr.5. S.481-486.
BZ 05184:42

Campagna, L.: Sistemi automatizaati della SFERA C3I. Responsabilità e competenze. In: Rivista militare. 1987. No.3. S.22-29.
BZ 05151:1987

Fergusson, G.: Weapon Locating Radars - The Future. In: Defence attaché. 1987. No.1. S.17-24.
BZ 05534:1987

Fritz, F.: Sowjetische Führungsinformationssysteme. Theorien, Konzepte, Bewertungen. In: Österreichische militärische Zeitschrift. Jg.24, 1986. Nr.5. S.433-438.
BZ 05214:24

Gilson, C.: Bordradar für taktische Kampfflugzeuge. In: Interavia. 1987. Nr.2. S.131-135.
BZ 05184:1987

Klass, P.J.: Neutral particle beams show potential for decoy discrimination. In: Aviation week and space technology. Vol.125, 1986. No.23. S.45-52.
BZ 05182:125

Madsen, E.M.: Defending against battlefield laser weapons. In: Military review. Vol.67, 1987. No.5. S.28-33.
BZ 4468:67

Martino, B.di: Radar di bordo. Problemi e prospettive. In: Rivista aeronautica. A.63, 1987. No.2. S.60-66.
BZ 05154:63

Richardson, D.: An illustrated Guide to techniques and equipment of electronic warfare. London: Salamander Books 1985. 151 S.
B 57203

Thomer, E.: Heftige Ost-West-Gefechte auf dem Schlachtfeld der Eloka. In: Europäische Wehrkunde. Jg.36, 1987. Nr.5. S.271-272.
BZ 05144:36

Trenkle, F.: Bordfunkgeräte - Vom Bordfunksender zum Bordradar. Koblenz: Bernard und Graefe 1986. 263 S.
09957

F 560 Raumfahrttechnik

Heiss, K.P.: Space: The new economic frontier. In: The Journal of social, political and economic studies. Vol.11, 1986. No.4. S.367-377.
BZ 4670:11

Lüst, R.: Wozu europäische Raumfahrt?. In: Europa-Archiv. Jg.42, 1987. Nr.12. S.333-342.
BZ 4452:42

Meschini, A.: I Satelliti Meteorologici. Utlizzione operativa nella Marina Militare. In: Rivista marittima. A.119, 1986. Juli. S.75-90.
BZ 4453:119

People in space. Ed.by J.E.Katz. New Brunswick: Transaction Books 1985. IX,222 S.
B 57285

G Wirtschaft

G 000 Grundfragen der Wirtschaft/Weltwirtschaft

Bergsten, F.C.: Economic imbalances and world politics. In: Foreign affairs. Vol.65, 1987. No.4. S.770-794.
BZ 05149:65

Putnam, R.D.; Bayne, N.: Weltwirtschaftsgipfel im Wandel. Bonn: Europa Union Verl. 1985. XII,331 S.
B 55851

Thiel, E.: Der Weltwirtschaftsgipfel in Tokio. In: Außenpolitik. Jg.37, 1986. Nr.3. S.211-221.
BZ 4457:37

G 100 Volkswirtschaft

Armstrong, P.; Glyn, A.; Harrison, J.: Capitalism since World War II. The making and breakup of the great boom. London: Fontana 1984. 507 S.
B 57502

Gromyko, A.: Aussenexpansion des Kapitals. Geschichte und Gegenwart. Berlin: Dietz 1984. 403 S.
B 51754

Die neue Genossenschaftsbewegung. Initiativen in der BRD und in Westeuropa. Hrsg.: H.Bierbaum, M.Riege. Hamburg: VSA-Verl. 1985. 165 S.
B 57804

G 200 Landwirtschaft

Florian, W.: Die internationale Agrarkrise. In: Europa-Archiv. Jg.41, 1986. Nr.23. S.667-678.
BZ 4452:41

Wong, L.-F.: Agricultural Productivity in the socialist countries. Boulder, Colo.: Westview Press 1986. XVII,195 S.
Bc 6513

G 300 Industrie

Meir, S.: Strategic Implications of the new oil reality. Boulder, Colo.: Westview Press 1986. 107 S.
Bc 6459

Riddell-Dixon, E.: Deep seabed mining: a hotbed for governmental politics?. In: International journal. Vol.41, 1985-86. No.1. S.72-94.
BZ 4458:41

Weston, R.: Strategic Materials. A world survey. London: Croom Helm 1984. 189 S.
B 56467

G 380 Rüstungsindustrie

Mintz, A.: The Military-Industrial Complex. American concepts and Israeli realities. In: The Journal of conflict resolution. Vol.29, 1985. No.2. S.623-639.
BZ4394:29

G 390 Energiewirtschaft

Glicenstein, G.: Points de repère sur les accidents nucléaires. In: Politique étrangère. A.51, 1986. No.3. S.740-746.
BZ 4449:51

Müller, H.: Aus Schaden klug?. Internationale Zusammenarbeit nach Tschernobyl. In: Aus Politik und Zeitgeschichte. 1987. B.29. S.3-14.
BZ 05159:1987

Ölkrise: 10 Jahre danach. Hrsg.: F.Lücke. Köln: Verl.TÜV Rheinland 1984. 347 S.
B 55514

Vérine, S.: Repères chronologiques des incidents et accidents survenus dans les centrales et centres d'expérimentation nucléaires. In: Politique étrangère. A.51, 1986. No.3. S.736-739.
BZ 4449:51

G 400 Handel

Dell, E.: The Common Fund. In: International affairs. Vol.63, 1987. No.1. S.21-38.
BZ 4447:63

Economic Warfare or Détente. An assessment of east-west relations in the 1980s. Ed.by R.Rode [u.a.]. Boulder, Colo.: Westview Press 1985. XI,301 S.
B 57915

Freiberg, P.; Nitz, J.; Zapf, H.-U.: Ost-West-Wirtschaftsbeziehungen in Europa. In: IPW-Berichte. Jg.16, 1987. H.3. S.25-30.
BZ 05326:16

Kivikari, U.: A game-theoretic approach to political characteristics of East-West Trade. In: Cooperation and conflict. Nordic journal of international politics. Vol.21, 1986. No.2. S.65-78.
BZ 4605:21

Labbe, M.-H.: L'embargo céréalier de 1980 ou les limites de "l'arme verte". In: Politique étrangère. A.51, 1986. No.3. S.771-783.
BZ 4449:51

Lupsha, P.A.: La funzione destabilizzante del traffico mondiale di stupefacenti. In: Politica internazionale. A.15, 1987. No.5. S.121-128.
BZ 4828:15

McIntyre, J.R.: East-West technology transfer policy: competing paradigms in resolving trade and strategic interest conflicts. In: Defense analysis. Vol.2, 1986. No.1. S.21-34.
BZ 4888:2

Michalowski, S.: Gospodarcze przesłanki budowy systemu bezpieczeństwa ekonomicznego Wschód-Zachód. In: Sprawy Międzynarodowe. R.39, 1986. No.12. S.45-58.
BZ 4497:39

Régnard, H.: Transferts de technologie au profit de l'URSS: Les pays frères. In: Défense nationale. A.43, 1987. No.4. S.21-31.
BZ 4460:43

Ruhfus, J.: Die politische Dimension der Wirtschaftsbeziehungen zwischen Ost und West. In: Europa-Archiv. Jg.42, 1987. Nr.1. S.1-10.
BZ 4452:42

Schröder, K.; Inotai, A.; Nötzold, J.: Der Ost-West-Handel steht am Scheideweg. In: Außenpolitik. Jg.37, 1986. Nr.4. S.395-407.
BZ 4457:37

Strategic dimensions of economic behavior. Ed.by G.H.MmcCormick and R.E.Bissell. New York: Praeger 1984. VIII,280 S.
B 56705

Technology transfer and East-West relations. Ed.by M.E.Schaffer. London: Croom Helm 1985. 273 S.
B 57282

G 500 Verkehr

Hersh, S.M.: "The Target is destroyed". What really happened to Flight 007 and what America knew about it. New York: Random House 1986. XII,282 S.
B 61287

Müller, R.: Die Internationale Zivilluftfahrtorganisation. Berlin: Staatsverlag der DDR 1985. 269 S.
B 55695

Rohmer, R.: Massacre 007. The story of the Korean Air Lines flight 007. London: Hodder and Stoughton 1984. 213 S.
B 55355

G 600 Finanzen/Geld- und Bankwesen

Attore, P.P.de: Ricostruzione e aree depresse. Il piano Marshall in Sicilia. In: Italia contemporanea. 1986. No.164. S.5-36.
BZ 4489:1986

Hayter, T.; Watson, C.: Aid. Rhetoric and reality. London: Pluto Pr. 1985. XV,303 S.
B 56321

G 700 Technik/Technologie

Averch, H.A.: A strategic Analysis of science [and]+ technology policy. Baltimore, Ma.: The Johns Hopkins Univ. 1985. XIV,216 S.
B 56767

Hermann, R.: Europäisches Technologiekooperation mit Japan. In: Außenpolitik. Jg.37, 1986. Nr.3. S.265-272.
BZ 4457:37

Louscher, D.J.; Salomone, M.D.: Technology transfer and U.S. security assistance. The impact of licensed production. Boulder, Colo.: Westview Press 1987. XVI,201 S.
Bc 6618

Lynch, R.; Mc Gee, M.R.: Military applications of artificial intelligence and robotics. In: Military review. Vol.66, 1986. No.12. S.50-56.
BZ 4468:66

Schaff, A.: Wohin führt der Weg?. Die gesellschaftlichen Folgen der zweiten industriellen Revolution. Wien: Europaverlag 1985. 182 S.
B 55654

H Gesellschaft

H 100 Bevölkerung und Familie

Industrielle Demokratie in Frankreich. Hrsg.: L.Kißler. Frankfurt: Campus Verlag 1985. 250 S.
B 56687

H 130 Frauenfrage/Frauenbewegung

Gellott, L.; Phayer, M.: Dissenting voices: catholic women in opposition to Fascism. In: Journal of contemporary history. Vol.8, 1986. No.4. S.91-114.
BZ 4552:8

Hagemann-White, C.: Können Frauen die Politik verändern?. In: Aus Politik und Zeitgeschichte. 1987. B.9-10. S.29-36.
BZ 05159:1987

Höcker, B.: Politik: Noch immer kein Beruf für Frauen?. In: Aus Politik und Zeitgeschichte. 1987. B.9-10. S.3-14.
BZ 05159:1987

Meyer, B.: Frauen an die Macht?. In: Aus Politik und Zeitgeschichte. 1987. B.9-10. S.15-28.
BZ 05159:1987

Politik. Auf der Spur - gegen den Strich. Mitarb.V.Bennholdt-Thomsen [u.a.]. Köln: Selbstverlag 1986. 144 S.
Bc 6215

Reassessments of 'first wave' feminism. Ed.by E.Sarah. Oxford: Pergamon Press 1983. VI,709 S.
B 55736

Sweeping Statements. Writings from the Women's Liberation Movement, 1981-83. Ed.H.Kanter. London: The Women's Pr. 1984. 307 S.
B 55587

H 200 Stand und Arbeit

Etzioni-Halevy, E.: Radicals in the establishment: Towards an exploration of the political role of intellectuals in Western societies. In: Journal of political and military sociology. Vol.14, 1986. No.1. S.29-40.
BZ 4724:14

Field, L.G.; Higley, J.: After the halcyon years: Elites and mass publics at the level of full development. In: Journal of political and military sociology. Vol.14, 1986. No.1. S.5-27.
BZ 4724:14

Hanneman, A.R.: Military elites and political executives. In: Journal of political and military sociology. Vol.14, 1986. No.1. S.75-90.
BZ 4724:14

H 214 Arbeiterbewegung/ Gewerkschaften

Gewerkschaftsbewegung im 20.Jahrhundert im Vergleich. Forschungskolloquium Wintersemester 1984/85. Bochum: Inst.zur Geschichte d.Arbeiterbewegung 1985. 173 S.
B 58531

Labor in the capitalist world-economy.
Ed.by C.Bergquist. Beverly Hills,
Calif.: Sage 1984. 312 S.
B 56112

The World of women's trade unionism.
Comparative historical essays. Ed.by
N.C.Soldon. Westport, Conn.: Green-
wood Press 1985. 256 S.
B 57489

H 220 Arbeit und Arbeitsprobleme

Dantico, M.; Jurik, N.: Where have all
the good jobs gone?. In: Contemporary
crises. Vol.10, 1986. No.4. S.421-439.
BZ 4429:10

Hyman, R.: Strikes. 3.ed.. Douglas:
Fontana 1984. 254 S.
B 59355

H 300 Wohlfahrt und Fürsorge

Opitz, P.J.: Das Weltflüchtlingsproblem
im 20.Jahrhundert. In: Aus Politik und
Zeitgeschichte. 1987. B.26. S.25-39.
BZ 05159:1987

Rupesinghe, K.: The quest for a disaster
early warning system giving a voice to
the vulnerable. In: Bulletin of peace
proposals. Vol.18, 1987. No.2.
S.217-227.
BZ 4873:18

H 500 Gesundheitswesen

H 510 Umweltschutz

Hartl, H.: Umweltschutz und Klassenkampf. In: Südost-Europa-Mitteilungen. Jg.26, 1986. Nr.2. S.35-64.
BZ 4725:26

Krusewitz, K.: Ökologie, Militär und
Planung. Landschaftsplanung zwischen
Krieg und Frieden. Berlin: UB TU
Abt.Publ. 1984. 186 S.
B 54980

Leben mit der Katastrophe?. Mitarb.:
H.Bäbler [u.a.]. Zürich: Schweizeri-
scher Friedensrat 1986. 34 S.
Bc 6309

Streich, J.: Betrifft: Greenpeace.
Gewaltfrei gegen die Zerstörung.
München: Beck 1986. 117 S.
Bc 6144

Umweltpolitik am Scheideweg. Die
Industriegesellschaft zwischen Selbst-
zerstörung und Aussteigermentalität.
Hrsg.: V.Hauff [u.a.]. München: Beck
1985. 186 S.
B 56906

H 600 Sport und Spiel

Naumann, G.: Die III.Weltfestspiele
der Jugend und Studenten 1951 in
Berlin. In: Zeitschrift für Geschichts-
wissenschaft. Jg.35, 1987. Nr.35.
S.208-217.
BZ 4510:35

J Geistesleben

J 100 Wissenschaft

"Kein Recht auf Leben". Beitr.u.Dok.
zur Entrechtung u.Vernichtung
"lebensunwerten Lebens" im Nationalsozialismus. Waldkirch: Waldkircher
Verlag 1984. 122 S.
Bc 6298

Ebert, H.: Zwischen Aeskulap und
Hakenkreuz. Ein Rückblick. Frank-
furt: Haag u.Herchen 1986. 157 S.
Bc 6467

Ferland, P.: Kritik af magten. Om
T.W.Adorno og Frankfurterskolen: en
idéhistorisk analyse. Aalborg: Aalborg
Universitetsforlag 1984. 136 S.
Bc 5773

Fetscher, I.: "Feindbilder". In: Politik
und Kultur. Jg.13, 1986. Nr.6. S.3-24.
BZ 4638:13

Science and politics. Ed.by V.Bogda-
nor. Oxford: Clarendon Press 1984.
VII,120 S.
B 54945

J 400 Presse/Publizistik/ Massenmedien

Desmond, R.W.: Tides of war. World
news reporting 1931-1945. Iowa City:
Univ.of Iowa Pr. 1984. XI,544 S.
B 56136

Herzog, R.J.; Wildgen, J.K.: Tactics in
military propaganda documents: a con-
tent analysis of illustrations. In:
Defense analysis. Vol.2, 1986. No.1.
S.35-46.
BZ 4888:2

Hoffmann-Riem, W.: Law, politics and
the new media: Trends in broadcasting
regulation. In: West European politics.
Vol.9, 1986. No.4. S.125-146.
BZ 4668:9

Mast, C.: Innovationen im Medien-
system. In: Aus Politik und Zeitgeschichte. 1987. B.27. S.3-15.
BZ 05159:1987

Medienmacht im Nord-Süd-Konflikt.
Die Neue Internationale Informations-
ordnung. Red.: R.Steinweg. Frankfurt:
Suhrkamp 1984. 441 S.
B 54092

Oberreuter, H.: Wirklichkeitskonstruk-
tion und Wertwandel. In: Aus Politik
und Zeitgeschichte. 1987. B.27.
S.17-29.
BZ 05159:1987

Roberts, W.R.; Engle, H.E.: The Global
Information Revolution and the Communist World. In: The Washington
quarterly. Vol.9, 1986. No.2. S.141-155.
BZ 05351:9

Summers, H.G.: Western Media and
recent wars. In: Military review. Vol.66,
1986. No.5. S.4-17.
BZ 4468:66

J 500 Schule und Erziehung

Grammes, T.: Gibt es einen verborgenen Konsens in der Politikdidaktik?. In: Aus Politik und Zeitgeschichte. 1986. B.51-52. S.15-26.
BZ 05159:1986

Günther, K.: "Spielregel-Demokratie" im Widerstreit. In: Aus Politik und Zeitgeschichte. 1986. B.51-52. S.3-13.
BZ 05159:1986

Sauermann, E.: Revolutionäre Erziehung und revolutionäre Bewegung. Marx, Engels, Lenin über die Erziehung der Arbeiterklasse. Berlin: Dietz 1985. 399 S.
B 56378

Vom Krieg der Erwachsenen gegen die Kinder. Möglichkeiten d.Friedenserziehung. Hrsg.: R.Steinweg. Frankfurt: Suhrkamp 1984. 371 S.
B 55922

J 600 Kirche und Religion

J 610 Christentum

Kovel, J.: The theocracy of John Paul II.. In: The Socialist register. Vol.23, 1987. S.428-477.
BZ 4824:23

Novak, M.: What do they mean by socialism. In: Orbis. Vol.30, 1986. No.3. S.405-425.
BZ 4440:30

Römische Dokumente zum Frieden. Bd 1. Bonn: Kath.Militärbischofsamt 1984. 330 S.
B 56405

Roulette, C.: Jean-Paul II - Antonov - Agca. La filière. Paris: Ed.du Sorbier 1984. 319 S.
B 57091

Schall, J.V.: Counter-Liberation. In: Orbis. Vol.30, 1986. No.3. S.426-432.
BZ 4440:30

Trajkov, B.: Das Attentat auf Papst Johannes Paul II. Die Wahrheit über den Fall Antonow. Berlin: Ed.Neue Wege 1985. 135 S.
Bc 6093

J 620 Islam

Duran, K.: Islam und politischer Extremismus. Einführung u.Dokumentation. Hamburg: Dt.Orient Inst. 1985. VI,146 S.
010064

Islam in the political process. Ed.by J.P.Piscatori. Repr.. Cambridge: Cambridge Univ.Pr. 1984. IX,239 S.
B 55750

Ismael, T.Y.; Ismael, J.S.: Government and politics in Islam. London: Pinter 1985. 177 S.
B 56067

Means, G.: Women's rights and public policy in Islam. Report of a conference. In: Asian survey. Vol.27, 1987. No.3. S.340-354.
BZ 4437:27

Pipes, D.: Fundamentalist Muslims between America and Russia. In: Foreign affairs. Vol.64, 1986. No.5. S.939-960.
BZ 05149:64

Steinbach, U.: "Re-Islamisierung" und die Zukunft des Nahen Ostens. In: Aus Politik und Zeitgeschichte. 1987. B.4. S.23-37.
BZ 05159:1987

K Geschichte

K 0 Allgemeine Geschichte/ Geschichtswissenschaft

Berghahn, V.: Geschichtswissenschaft und Große Politik. In: Aus Politik und Zeitgeschichte. 1987. B.11. S.25-37.
BZ 05159:1987

Bracher, K.D.: Zeitgeschichtliche Erfahrungen als aktuelles Problem. In: Aus Politik und Zeitgeschichte. 1987. B.11. S.3-14.
BZ 05159:1987

Engelbert, O.; Möller, H.: Es kann nicht sein, was nicht sein darf. In: Beiträge zur Konfliktforschung. Jg.16, 1986. Nr.4. S.146-151.
BZ 4594:16

Haack, H.: Atlas zur Zeitgeschichte. Gotha: H.Haack Geogr.-kartogr. Anst. 1985. 72 S.
010037

Heuß, A.: "Geschichtliche Gegenwart", ihr Erwerb und ihr Verlust. In: Geschichte in Wissenschaft und Unterricht. Jg.38, 1987. H.7. S.389-401.
BZ 4475:38

Hillgruber, A.: Jürgen Habermas, Karl Heinz Janßen und die Aufklärung Anno 1986. In: Geschichte in Wissenschaft und Unterricht. Jg.37, 1986. H.12. S.725-738.
BZ 4475:37

Hirst, P.Q.: Marxism and historical writing. London: Routledge & Kegan Paul 1985. X,184 S.
B 54946

Hofer, W.: Mächte und Kräfte im 20.Jahrhundert. Gesammelte Aufsätze und Reden zum 65. Geburtstag. Hrsg.v.P.Maurer. Düsseldorf: Droste 1985. 264 S.
B 56911

Hughes, D.J.: Abuses of German military history. In: Military review. Vol.66, 1986. No.12. S.66-76.
BZ 4468:66

Lozek, G.: Der Epochebegriff bei Ranke. In: Zeitschrift für Geschichtswissenschaft. Jg.35, 1987. Nr.4. S.291-297.
BZ 4510:35

Mould, D.H.: Composing visual images for the oral history interview. In: International journal of oral history. Vol.7, 1985/86. No.3. S.198-210.
BZ 4764:7

Mulroy, K.: Preserving oral history interviews on tape: curatorial techniques and management procedures. In: International journal of oral history. Vol.7, 1985/86. No.3. S.189-197.
BZ 4764:7

Newman, D.L.: Oral interviewing in Liberia: problems in cross-cultural communication. In: International journal of oral history. Vol.7, 1985/86. No.2. S.116-124.
BZ 4764:7

Old Battles and new defences. Can we learn from military history?. C.Barnett [u.a.]. London: Brassey 1986. VI,143 S.
B 59363

Parker, J.K.: From tape to type: explaining provenance in oral history transcripts. In: International journal of oral history. Vol.7, 1985/86. No.3. S.181-188.
BZ 4764:7

Rapports. XVI congrès international des sciences historiques. Stuttgart du 25 août au 1er septembre 1985. T.1.2.. Stuttgart: CISH 1985. 380 S.
B 59501

Sevost'janov, G.N.; Čubar'jan, A.O.: Problemy novoj i novejšej istorii na XVI Meždunarodnom kongressse istoričeskich nauk v Štuttgarte. In: Novaja i novejšaja istorija. 1986. No.2. S.3-16.
BZ 05334:1986

Sharpless, R.: The Numbers Game: oral history compared with quantitative methodology. In: International journal of oral history. Vol.7, 1985/86. No.2. S.93-108.
BZ 4764:7

The twentieth century. An almanac. Ed.: R.H.Ferrell u.a.. New York: World Almanac Publ. 1984. 512 S.
B 56106

K 2 Geschichte 1815 - 1914

K 2 f Kriegsgeschichte

Aepli, P.: La guerre des Boers. In: Revue militaire suisse. A.132, 1987. No.2. S.78-86.
BZ 4528:132

Aepli, P.: La guerre des Boers (suite et fin). In: Revue militaire suisse. A.132, 1987. No.3. S.139-155.
BZ 4528:132

Bruti Liberati, L.: La Santa Sede e le origini dell'impero americano: la guerra del 1898. Milano: Ed.Unicopli 1984. 128 S.
Bc 6388

Kieser, E.: Als China erwachte. Der Boxeraufstand. Esslingen: Bechtle 1984. 349 S.
B 56921

Nish, I.: The Origins of the Russo-Japanese war. London: Longman 1985. XIII,274 S.
B 55749

Towle, P.: Battleship sales during the Russo-Japanese war. In: Warship international. Vol.23, 1986. No.4. S.402-409.
BZ 05521:23

K 3 Geschichte 1914 - 1918 (Weltkrieg I)

K 3 a Gesamtdarstellungen

Griffiths, W.R.: The Great War. Wayne, N.J.: Avery Publ.Group 1986. XV,224 S.
010053

Miquel, P.: La grande Guerre. Paris: Fayard 1984. 663 S..
B 55977

K 3 c Biographien/Kriegserlebnisse

Masefield, J.: Briefe. John Masefield's Letters from the front, 1915-17. London: Constable 1984. 307 S.
B 55246

Mihaly, J.: ...Da gibt's ein Wiedersehen!. Kriegstagebuch eines Mädchens 1914-1918. München: Dtv 1986. 378 S.
B 57426

Wild von Hohenborn, A.: Briefe und Tagebuchaufzeichnungen des preußischen Generals als Kriegsminister u.Truppenführer im Ersten Weltkrieg. Boppard: Boldt 1986. XXI,287 S.
B 60047

K 3 e Politische Geschichte

Becker, J.-J.: Les "trois ans" et les débuts de la Premiére Guerre Mondiale. In: Guerres Mondiales et conflits contemporains. A.37, 1987. No.145. S.7-26.
BZ 4455:37

Jaffe, L.S.: The Decision to disarm Germany. British policy towards postwar German disarmament, 1914-1919. Boston, Mass.: Allen & Unwin 1985. XIII,286 S.
B 56470

Keithly, D.M.: War planning and the outbreak of War in 1914. In: Armed forces and society. Vol.12, 1986. No.4. S.553-579.
BZ 4418:12

Kovac, D.: Otázka rakúsko-Uhorska a jeho vnútorného usporiadania vo vojnových cieloch inperialistického nemmecka. In: Československý časopis historický. R.35, 1987. No.2. S.214-240.
BZ 4466:35

Military strategy and the origins of the First World War. Ed.by S.E.Miller. Princeton, N.J.: Princeton Univ.Press 1985. 186 S.
B 57092

Mühleisen, H.: Das Kabinett Bauer, die Nationalversammlung und die bedingungslose Annahme des Vertrages von Versailles im Juni 1919. In: Geschichte in Wissenschaft und Unterricht. Jg.38, 1987. H.2. S.65-90.
BZ 4475:38

Ratz, U.: Sozialdemokratische Arbeiterbewegung, bürgerliche Sozialreformer und Militärbehörden im Ersten Weltkrieg. In: Militärgeschichtliche Mitteilungen. 1985. Nr.1(37). S.9-33.
BZ 05241:1985

Sagan, S.C.: 1914 revisisted. Allies, Offense, and Instability. In: International security. Vol.11, 1986. No.2. S.151-175.
BZ 4433:11

Schulte, B.F.: Die Verfälschung der Riezler Tagebücher. Ein Beitr.z.Wissenschaftsgeschichte d.50iger u.60iger Jahre. Frankfurt: Lang 1985. 244 S.
B 56666

Solov'ev, O.F.: Obrečennyj Al'jans. Zagovor imperialistov protiv narodov Rossii 1914-1917 gg. Moskva: Mysl' 1986. 254 S.
B 59453

Solov'ev, O.F.: Za liniej frontov (1914-1917 gg.). In: Novaja i novejšaja istorija. 1986. No.2. S.127-144.
BZ 05334:1986

Wagemann, C.: Das Scheitern des großen Friedens. Eine Fallstudie zum praktischen Scheitern d.Weltfriedenskonzeption Wilsons: Die Südtirol-Frage. München: Hieronymus-Verl. 1985. VI,612 S.
B 57896

K 3 f Militärische Geschichte

Bonhardt, A.: A magyar hadifoglyok hazaszállitása Kelet-Szibériából 1919-1921. In: Hadtörténelmi közlemények. Evf.32, 1985. No.3. S.578-615.
BZ 4513:32

Kéri, K.: Az Osztrák-Magyar Monarchia vasuthálózata 1914-ben és felhasználása az elsö világháborúban. In: Hadtörténelmi közlemények. Evf.32, 1985. No.2. S.225-293.
BZ 4513:32

Pedroncini, G.: Trois maréchaux, trois stratégies?. In: Guerres Mondiales et conflits contemporains. A.37, 1987. No.145. S.45-62.
BZ 4455:37

White, R.: The soldier as tourist: the Australien experience of the Great War. In: War and society. Vol.5, 1987. No.1. S.63-77.
BZ 4802:5

K 3 f 10 Allgemeines und Landkrieg

Les Fronts invisibles. Nourrir - fournir - soigner. Actes du colloque international... Comité national du souvenir de Verdun. Nancy: Presses Universitaires de Nancy 1984. 383 S.
B 56664

Karau, K.: Das Kriegsgefangenenlagergeld des 1.Weltkrieges. Württemberg. Neckargröningen-Remseck: Selbstverlag 1986. o.Pag..
Bc 6031

K 3 f 20 Seekrieg

K 3 f 20.0 Allgemeines

Csonkaréti, K.: Az Osztrák-Magyar Monarchia haditengerészetének hadmüveletei az elsö világháborúban. In: Hadtörténelmi közlemények. Evf.32, 1985. No.2. S.295-343.
BZ 4513:32

Greger, R.: The mystery of the Austro-Hungarian submarine U-30: Some facts, observations, and speculation. In: Warship international. 1987. No.1. S.81-89.
BZ 05221:1987

Petneházy, Z.: A Vörös Dunai Hajóhad 1918-1919-ben. In: Hadtörténelmi közlemények. Evf.32, 1985. No.1. S.97-128.
BZ 4513:32

K 3 f 30 Luftkrieg

Cartier, C.: L'aéronautique militaire française dans la Première Guerre Mondiale. In: Guerres Mondiales et conflits contemporains. A.37, 1987. No.145. S.63-80.
BZ 4455:37

Liddle, P.H.: Aspects of the employment of the British air arm, 1914-1918. In: RUSI. Vol.131, 1986. No.4. S.65-73.
BZ 05161:131

Valguarnera, G.: La prima battaglia d'Inghilterra. In: Rivista aeronautica. A.63, 1987. No.2. S.8-12.
BZ 05154:63

K 3 i Geistesgeschichte

Besier, G.: Die protestantischen Kirchen Europas im Ersten Weltkrieg. Ein Quellen- u.Arbeitsbuch. Göttingen: Vandenhoeck u.Ruprecht 1984. 232 S.
B 55360

Holl, B.: Plakate: Kriegsanleihen 1915-1918. Hrsg.: F.Kaindl. Wien: Heeresgeschichtliches Museum 1984. 15 S.
Bc 6438

Wieland, L.: Belgien 1914. Die Frage des belgischen "Franktireurkrieges" und die deutsche öffentliche Meinung von 1914 bis 1936. Frankfurt: Lang 1984. XIII, 545 S.
B 55536

K 3 k Kriegsschauplätze

Afanasyan, S.: La Victoire de Sardarabad. Arménie (mai 1918). Paris: Ed.l'Harmattan 1985. 111 S.
B 56837

Alpenfront. Organisation d.Ausstellung und Schriftleitung des Kataloges: Elmar Vonbank [u.a.]. Bregenz: Vorarlberger Landesmuseum 1986. 155 S.
Bc 01946

Breguet, E.; Breguet, C.: La reconnaissance aérienne et la bataille de la Marne (30 août-3 septembre 1914). In: Revue historique des armées. 1987. No.166. S.92-100.
BZ 05443:1987

Brown, M.; Seaton, S.: Christmas truce. London: Cooper 1984. XII,228 S.
B 56443

Canini, G.: Verdun: Les commémorations de la bataille (1920-1986). In: Revue historique des armées. 1986. No.3. S.97-107.
BZ 05443:1986

Croft, J.: The Somme: 14 July 1916 -
A great opportunity missed?. In: The
army quarterly and defence journal.
Vol.116, 1986. No.3. S.312-320.
BZ 4770:116

French, D.: The Dardanelles, Mecca
and Kut: prestige as a factor in British
Eastern strategy, 1914-1916. In: War
and society. Vol.5, 1987. No.1. S.45-61.
BZ 4802:5

Kordić, M.; Asanin, M.: Komitski Pokret
u Crnoj Gori 1916-1918. Beograd: Nova
kńiga 1985. 373 S.
B 58230

MacWilliams, J.L.; Steel, J.R.: Gas!. The
battle for Ypres, 1915. St.Catharines,
Ont.: Vanwell 1985. 247 S.
B 57470

Mielke, F.: 1916. The crisis of World War
I. In: Military review. Vol.67, 1987.
No.5. S.70-79.
BZ 4468:67

Otto, H.: Die Schlacht um Verdun
(Februar-Dezember 1916). In: Militär-
geschichte. Jg.25, 1987. Nr.5.
S.408-415.
BZ 4527:25

Rehkopf, W.: "Mein" Langemarck.
Göttingen: Selbstverlag 1985. X,20 S.
09951

Terraine, J.: 1916: the year of the
Somme. In: The army quarterly and
defence journal. Vol.116, 1986. No.4.
S.441-460.
BZ 4770:116

Unruh, K.: Langemarck. Legende und
Wirklichkeit. Koblenz: Bernard und
Graefe 1986. 216 S.
B 59996

Uys, I.: Longueval. Germiston: Uys
1986. X,62 S.
Bc 01816

K 4 Geschichte 1919-1939

K 4 e Politische Geschichte

Kárný, M.: Logika Mnichova. In:
Československý časopis historický.
R.35, 1987. No.2. S.189-213.
BZ 4466:35

Landau, Z.; Tomaszewski, J.: Mona-
chium 1938. Polskie dokumenty dyplo-
matyczne. Warszawa: Państwowe Wyd.-
Naukowe 1985. 585 S.
B 57052

Lönne, K.-E.: Politische Romantik und
die Krise der Zwischenkriegszeit. In:
Zeitgeschichte. Jg.14, 1986. Nr.4.
S.135-145.
BZ 4617:14

Die wilden Zwanziger. Weimar und die
Welt 1919-33. Red.G.Dietz u.a..
Berlin: Elefanten Pr. 1986. 192 S.
010145

Yearwood, P.J.: "Consistently with
honour"; Great Britain, the League of
Nations and the Corfu crisis of 1923. In:
Journal of contemporary history.
Vol.21, 1986. No.4. S.559-579.
BZ 4552:21

K 4 f Kriegsgeschichte

K 4 f 465 Chaco-Krieg

Ayala, J.B.: Las Batallas del Chaco a la
luz de los principios de guerra.
Asunción: El Lector 1984. 156 S.
Bc 6229

Seiferheld, A.M.: Album grafico. Cincu-
entenario de la Guerra del Chaco.
1932-35. Asunción: El Lector 1985.
270 S.
010159

K 4 f 473 Spanischer Bürgerkrieg

Albonetti, P.: Attualità della guerra di Spagna nella cultura inglese. In: Italia contemporanea. 1987. No.166. S.85-93.
BZ 4489:1987

Bargoni, F.: L'intervento navale Italiano nella guerra civile spagnola (III). In: Rivista italiana difesa. A.6, 1987. No.3. S.84-92.
BZ 05505:6

Bernecker, W.L.; Hallerbach, J.: - Anarchismus als Alternative?. Die Rolle der Anarchisten im Spanischen Bürgerkrieg. Eine Diskussion. Berlin: Karin Kramer Verl. 1986. 158 S.
B 58882

Botin, M.P.: Za Svobodu Ispanii. Moskva: Sov.Ross. 1986. 208 S.
Bc 6073

Botti, A.: Chiesa e religione nella guerra civile spagnola. Orientamenti della storiografia. In: Italia contemporanea. 1987. No.166. S.73-83.
BZ 4489:1987

Brandt, W.: Ein Jahr Krieg und Revolution in Spanien. In: Die neue Gesellschaft/Frankfurter Hefte. Jg.34, 1987. Nr.1. S.38-53.
BZ 4572:34

Casali, L.: La memoria ambigua. Guerra e rivoluzione in Catalogna negli scritti degli italiani. In: Italia contemporanea. 1987. No.166. S.27-43.
BZ 4489:1987

A city in war: American views on Barcelona and the Spanish Civil War, 1936-39.. Ed.by J.W.Cortada. Wilmington: Scholarly Resources 1985. XXI,224 S.
B 56987

Collotti, E.: L'Internazionale operaia e socialista e la guerra civile in Spagna. In: Italia contemporanea. 1987. No.166. S.5-25.
BZ 4489:1987

Dogliani, P.: I volontari nordamericani della guerra di Spagna tra storiografia e memorialistica. In: Italia contemporanea. 1987. No.166. S.95-110.
BZ 4489:1987

García Durán, J.: La Guerra Civil Española. Fuentes. Barcelona: Ed.Crítica 1985. 443 S.
B 57872

García-Nieto, C.: Guerra Civil Española, 1936-1939. 2.reimp.. Barcelona: Salvat Ed. 1985. 64 S.
Bc 01810

Gaum, W.: Anarchistische Mythen. Notizen zum spanischen Bürgerkrieg. In: Kommune. Jg.4, 1986. Nr.11. S.29-32.
BZ 05452:4

Geschichten aus der Geschichte des Spanischen Bürgerkriegs. Erzählungen und Berichte deutschsprachiger Autoren. Hrsg.u.eingel.v.E.Hackl [u.a.]. Darmstadt: Luchterhand 1986. 295 S.
B 57773

Gli Abruzzesi e la guerra di Spagna. R.Cerulli. L'Aquila: Ist.abruzzese per la storia d'Italia dal fascismo alla resistenza 1984. 149 S.
Bc 6220

La Guerra Civil Española. 50 años después. M.Tuñón de Lara. 2.ed.. Barcelona: Ed.Labor 1986. 476 S.
B 59641

La Guerra Civil Española. Una reflexión moral 50 años después. Dir.: R.de Tamames. Barcelona: Ed.Planeta 1986. 219 S.
B 59643

Hiszpańska Wojna narodoworewolucyjna 1936-1939 i udzial w niej Polaków. Red.M.Tarczyński. Warszawa: Wojskowy Inst.Hist. 1986. 79 S.
Bc 6138

Images of the Spanish civil war. Introd.by R.Carr. London: Allen & Unwin 1986. 192 S.
010109

Jiménez, J.R.: Guerra en España. 1936-1953. 2.ed.. Barcelona: Ed.Seix Barral 1985. 330 S.
B 58440

Kaminski, H.-E.: Barcelona. Ein Tag und seine Folgen. Berlin: Ed.Tranvia 1986. 207 S.
Bc 6335

Kappe-Hardenberg, S.: Ein Mythos wird zerstört. Berg a.See: Vowinckel 1987. 230 S.
B 61952

Knoll, V.: Zur Vorgeschichte des Abkommens über Nichteinmischung in Spanien 1936. In: Zeitschrift für Geschichtswissenschaft. Jg.35, 1987. Nr.1. S.15-27.
BZ 4510:35

Kühne, H.: Vor 50 Jahren: Die Schlacht bei Guadalajara. In: Militärgeschichte. Jg.26, 1987. Nr.2. S.177-179.
BZ 4527:26

López Accotto, A.: Orwell y España. Madrid: Akal Ed. 1985. 159 S.
Bc 5971

Massot i Muntaner, J.: La Guerra Civil a Montserrat. Montserrat: Publ.de l'Abadia de Montserrat 1984. 202 S.
B 57873

Monteath, P.: Guernica reconsidered: fifty years of evidence. In: War and society. Vol.5, 1987. No.1. S.79-104.
BZ 4802:5

Moreno Gómez, F.: La Guerra Civil en Córdoba. Madrid: Ed.Alpuerto 1985. 759 S.
B 58889

Namuth, H.; Reisner, G.: Spanisches Tagebuch 1936. Berlin: Nishen 1986. 117 S.
010058

Romersa, L.: La Batalia de Cataluna. Un punto de vista italiano. In: Defensa. A.10, 1988. No.106. S.56-64.
BZ 05344:10

Rovida, G.: La recente storiografia sulla guerra civile spagnola. In: Italia contemporanea. 1987. No.166. S.59-72.
BZ 4489:1987

Salaün, S.: La Poesía de la Guerra de España. Madrid: Ed.Castalia 1985. 413 S.
B 57350

Senger und Etterlin, F.M.von: Sevilla, 6.November 1936. Die Panzergruppe Thoma der "Legion Condor", der General de Pablo, der spanische Bürgerkrieg und die Folgen. In: Soldat und Technik. Jg.29, 1986. Nr.10. S.584-588.
BZ 05175:29

Stauffer, E.: Spanienkämpfer. Erinnerungen eines Freiwilligen aus dem spanischen Bürgerkrieg 1936-1938. Biel: Spanienkämpfer Eigenverl. 1986. 144 S.
Bc 6289

Talon, V.: El factor "Prisa" y el bombardeo de Guernica. In: Defensa. A.10, 1988. No.108. S.58-64.
BZ 05344:10

Tarín-Iglesias, M.: Los Años rojos. Un testimonio capital sobre la Quinta Columna en zona republicana durante la guerra civil. Barcelona: Ed.Planeta 1985. 251 S.
B 58893

Tassis, V.de: Convegno su guerra e rivoluzione in Catalogna. In: Italia contemporanea. 1987. No.166. S.111-113.
BZ 4489:1987

Willemse, H.: De onvoltooide Revolutie. Burgeroorlog in een Spaans dorp. Amsterdam: Uitgeverij SUA 1986. 135 S.
Bc 6599

K 4 f 490 Sonstige Kriege

L'Agression japonaise et la société des nations. Bd 1-5. Genève: Bureau de presse de la délégation chinoise 1937-38. 37,93,64,56,130 S.
Bc 6090

Bolger, D.P.: Cruel Russian winter.
In: Military review. Vol.67, 1987. No.6.
S.63-77.
BZ 4468:67

Bournizeau, J.: Les tirailleurs tunisiens
dans la Guerre du RIF. In: Revue historique des armées. 1987. No.166.
S.33-41.
BZ 05443:1987

Jordan, D.A.: The place of Chinese
disunity in Japanese army strategy
during 1931. In: China quarterly. 1987.
No.109. S.42-63.
BZ 4436:1987

Karmann, R.: Der Freiheitskampf der
Kosaken. Die weiße Armee in der
russischen Revolution 1917-1920. Puch-
heim: IDEA 1985. 709 S.
B 59479

Millet, J.: L'aviation militaire française
dans la Guerre du Rif. In: Revue historique des armées. 1987. No.166.
S.46-58.
BZ 05443:1987

Pelliccia, A.: La Regia aeronautica nella
guerra d'Etiopia. In: Revista aeronautica. A.63, 1987. No.2. S.106-113.
BZ 05154:63

Petersdorf, J.; Rosenfeld, G.: Imperialisti-
sche Intervention und Bürgerkrieg in
Sowjetrußland und die bürgerliche
Historiographie. In: Militärgeschichte.
Jg.26, 1987. Nr.2. S.99-115.
BZ 4527:26

Procacci, G.: Dalla Parte dell'Etiopia.
L'aggressione italiana vista dai movi-
menti anticolonialisti d'Asia, d'Africa,
d'America. Milano: Feltrinelli 1984.
283 S.
B 55889

K 5 Geschichte 1939-1945 (Weltkrieg II)

K 5 a Allgemeine Werke

Hastings, M.; Stevens, G.: Victory in
Europe. D-day to V-E day. Boston,
Mass.: Little, Brown and Comp. 1985.
192 S.
010010

Rodina budet slavit' vas večno. Kali-
ningrad: Kaliningradskoe knižnoe
izdvo 1986. 52 S.
010165

Terkel, S.: "The good War". New York,
N.Y.:: Pantheon Books 1984.
XV,589 S.
B 56249

Der Zweite Weltkrieg. 1939-1945.
Kurze Geschichte. Hrsg.: P.A.Zhilin
[u.a.]. Köln: Pahl-Rugenstein 1985.
765 S.
B 55541

K 5 c Biographien/Kriegs-erlebnisse

K 5 c 10 Biographien militärischer Führer

Bradley, D.: Walther Wenck. General
der Panzertruppe. 3.Aufl.. Osnabrück:
Biblio-Verl. 1985. IX,485 S.
B 57760

Derevjanko, K.I.: Na trudnych Doro-
gach vojny. Leningrad: Lenizdat 1985.
303 S.
B 58220

Koller, K.: Der letzte Monat. 14.April
bis 27.Mai 1945. Tagebuchaufzeichnungen des ehemaligen Chefs des General-
stabes der dt.Luftwaffe. Neuauflage.
Esslingen: Bechtle 1985. 204 S.
B 57411

Konev, I.S.: Notatki dowódcy frontu
1943-1945. Warszawa: MON 1986.
628 S.
B 60294

K 5 c 20 Kriegserlebnisse

Aicher, O.: Innenseiten des Krieges.
Frankfurt: Fischer 1985. 220 S.
B 57072

Burcev, M.I.: Einsichten. Berlin: Staatsverlag der DDR 1985. 298 S.
B 56656

Edwards, G.: Norwegian Patrol.
Shrewsbury: Airlife Publ. 1985. 176 S.
B 57493

Fano, G.: 1943, 1944, 1945. Erinnerungen. Kirchheim u.Teck: Selbstverlag
1987. 93 S.
Bc 6410

Inoue, G.: Watashino taihei-yo senki.
Osaka: Selbstverlag 1986. 272 S. B B
60824

Lemonnier, A.G.: 6 juin 1944. Les cent
jours de Normandie. Paris: France-
Empire 1984. 313 S.
B 55982

Melcher, H.: Die Gezeichneten. Das
Erleben eines 16jährigen Kriegsfreiwil-
ligen der Waffen-SS beim Endkampf
um Prag und in sowjet.Kriegsgefangen-
schaft 1945-1950. Leoni am Starnberger
See: Druffel 1985. 511 S.
B 55844

Pemler, G.: Route nationale Nr.7.
Tagebuch einer militärischen Tagödie.
Leoni am Starnberger See: Druffel
1985. 280 S.
B 55843

Reck, H.F.: Gehetzt, gefangen, geflo-
hen. Die Abenteuer d.Oberleutnants
Hattstein in Kampf, Gefangenschaft
u.Untergrund in Rumänien 1944-1945.

2.Aufl.. Berg a.See: Vowinckel-Verl.
1985. 340 S.
B 55846

Seither, W.: Rußland und zurück. Der
Unfreiheit entronnen. Frankfurt:
Herchen 1986. 119 S.
Bc 6324

K 5 e Politische Geschichte

K 5 e 10 Vorgeschichte des Krieges

Utley, J.G.: Going to war with Japan,
1937-1941. Knoxville, Tenn.: Univ.of
Tennessee 1985. XIV,238 S.
B 56572

K 5 e 20 Politischer Verlauf des Krieges

Die Befreiungsmission der Sowjetunion
im Zweiten Weltkrieg. Moskau:
Akademie d.Wissenschaften d.UdSSR
1985. 166 S.
Bc 5305

Felice, R.de: Arabi e Medio Oriente
nella strategia politica di guerra di
Mussolini (1940-1943). In: Storia
contemporanea. A.17, 1986. No.6.
S.1255-1360.
BZ 4590:17

Fleischhauer, I.: Die Chance des Son-
derfriedens. Deutsch-sowjetische
Geheimgespräche 1941-1945. Berlin:
Siedler 1986. 343 S.
B 59908

Foschepoth, J.: British Interest in the
Division of Germany after the Second
World War. In: Journal of contempo-
rary history. Vol.21, 1986. No.3.
S.391-411.
BZ 4552:21

Herwig, H.H.: Miscalculated risks: the
German declaration of War against the
United States, 1917 and 1941. In: Naval
War College review. Vol.39, 1986. No.4.
S.88-100.
BZ 4634:39

Konrad Meyers erster "Generalplan Ost" (April/Mai 1940). In: Dokumentationsstelle zur NS-Sozialpolitik. Mitteilungen. Jg.1, 1985. H.2. S.45-53.
BZ 05529:1

K 5 e 22 Kriegskonferenzen

Eubank, K.: Summit at Teheran. New York: Morrow 1985. 528 S.
B 58285

Kogelfranz, S.: Das Erbe von Jalta. Die Opfer und die Davongekommenen. Reinbek: Rowohlt 1985. 253 S.
B 55404

Rychłowski, B.: The Yalta Conference: Myths and reality. In: International relations. Vol.1, 1984. No.2. S.3-40.
BZ 4852:1

K 5 f Militärische Geschichte

K 5 f 10 Landkrieg und Allgemeines

Gellermann, G.W.: Der Krieg, der nicht stattfand. Koblenz: Bernard und Graefe 1986. 268 S.
B 58549

McFarland, S.L.: Preparing for what never came: chemical and biological warfare in World War II. In: Defense analysis. Vol.2, 1986. No.2. S.107-121.
BZ 4888:2

Ready, J.L.: Forgotten Allies. The military contribution of the colonies, exiled governments, and lesser powers in the Allied victory in World War II. 1. The European theatre. 2. The Asian theatre. X,219 S. Vol.1.2.. Jefferson, N.C.: McFarland 1985. XVIII,470; X,219 S.
B 57102

K 5 f 16 Truppengeschichte

Bassistow, J.: Zum Einsatz der Norwegischen Legion gegen UdSSR 1942 bis 1944. In: Militärgeschichte. Jg.26, 1987. Nr.1. S.28-31.
BZ 4527:26

Bihl, W.: Ukrainer als Teil der Streitkräfte des Deutschen Reiches im Zweiten Weltkrieg. In: Österreichische Osthefte. Jg.29, 1987. H.1. S.28-55.
BZ 4492:29

Levaillant, E.: La Troisième Division d'Infanterie algérienne dans les combats d'Italie, de France et d'Allemagne, 1943-1945. In: Revue historique des armées. 1987. No.166. S.74-81.
BZ 05443:1987

Lobsiger, F.: Un Suisse au service d'Hitler. Paris: Albatros 1985. 243 S.
B 57731

Neulen, H.W.: An deutscher Seite. Internat.Freiwillige von Wehrmacht und Waffen-SS. München: Universitas Verl. 1985. 518 S.
B 56751

Roy, R.H.: Morale in the Canadian Army in Canada during the Second World War. In: Canadian defence quarterly. Vol.16, 1986/87. No.2. S.40-45.
BZ 05001:16

Wray, J.D.B.: Replacements back on the road at least. In: Military review. Vol.67, 1987. No.5. S.46-53.
BZ 4468:67

K 5 f 20 Seekrieg

Brice, M.: Blockadebrecher. Der Durchbruch von Handelsschiffen d.Achsenmächte durch die alliierten Sperrgürtel im 2.Weltkrieg. Stuttgart: Motorbuch Verl. 1984. 207 S.
B 57520

Brown, D.K.: Operation Catherine. In: Warship. 1986. Nr.40. S.232-238.
BZ 4375:1986

Flohic, F.: Ni Chagrin, ni pitié. Souvenirs d'un marin de la France libre. Paris: Plon 1985. 263 S.
B 57042

Hoyt, E.P.: The U-boat wars. New York: Arbor House 1984. XII,242 S.
B 55823

Mordhorst, H.; Nootbaar, W.: Abenteuer wider Willen!. Blockadebrecher erreichten Anfang des 2.Weltkrieges die Heimat. Hamburg: Selbstverlag 1986. 85 S.
Bc 6196

Reynolds, C.G.: The Maritime Strategy of World War II: Some Implications?. In: Naval War College review. Vol.39, 1986. No.3. S.43-50.
BZ 4634:39

Schütze, H.G.: Operation unter Wasser. Herford: Köhler 1985. 249 S.
B 57309

Steigleder, H.: Der Einsatz von Fliegerkräften gegen Transporter und Geleitzüge während des zweiten Weltkrieges. In: Militärwesen. 1986. H.9. S.40-45.
BZ 4485:1986

Wegemann, G.: Minenbekämpfung aus der Luft im Zweiten Weltkrieg. In: Marine-Forum. Jg.62, 1987. Nr.3. S.76-77.
BZ 05170:62

K 5 f 21 Seestreitkräfte/Flotten

Ando, E.: Changing sides. The Italian Fleet and the Armistice: 1943. In: Warship. Jg.15, 1986. No.1. S.66-73.
BZ 05525:15

Garzke, W.H.; Dulin, R.O.: Battleships. Axis and neutral battleships in World War II. London: Jane 1986. XI,517 S.
010177

Miller, V.J.: An analysis of US submarine losses during World War II. In: Warship. Jg.15, 1986. No.1. S.118-123.
BZ 05525:15

Rastelli, A.: Le navi della Kriegsmarine in Mediterraneo nel 2 Conflitto Mondiale. In: Rivista marittima. A.120, 1987. No.5. S.91-102.
BZ 4453:120

Stafford, E.P.: Little Ship, big war. The saga of DE 343. New York: Morrow 1984. 336 S.
B 55568

K 5 f 26 Einzelne Schiffe

Gerdau, K.: Goya. Rettung über See. Die größte Schiffskatastrophe der Welt. Herford: Köhler 1985. 175 S.
B 57313

Gugliotta, B.: Pigboat 39. An American sub goes to war. Lexington, Ky.: Univ.-Pr.of Kentucky 1984. XII,224 S.
B 56123

Konings, C.: "Queen Elizabeth" at war. His Majesty's transport 1939-1946. Wellingborough: PSL 1985. 124 S.
010032

Pattinson, W.: Mountbatten and the men of the "Kelly". Wellingborough: Stephens 1986. 216 S.
010060

Schmalenbach, P.: Kreuzer Prinz Eugen... unter 3 Flaggen. 2.Aufl.. Herford: Köhler 1985. 240 S.
B 57310

Steury, D.P.: Naval Intelligence, the Atlantic Campaign and the sinking of the Bismarck: A study in the integration of Intelligence into the conduct of naval warfare. In: Journal of contemporary history. Vol.22, 1985-86. No.2. S.209-233.
BZ 4552:22

Wetzel, E.: U 995. Das U-Boot vor dem Marine-Ehrenmal in Laboe. Kiel: Paschke 1985. 100 S.
Bc 01779

K 5 f 30 Luftkrieg

Beaumont, R.: The bomber offensive as a second front. In: Journal of contemporary history. Vol.22, 1987. No.1. S.3-19.
BZ 4552:22

Christie, C.; Hatch, F.: The directorate of air transport command and the growth of RCAF transport operations during the second world war. In: Canadian defence quarterly. Vol.17, 1987/88. No.5. S.50-57.
BZ 05001:17

Czesany, M.: Alliierter Bombenterror. Der Luftkrieg gegen die Zivilbevölkerung Europas 1940-1945. Leoni am Starnberger See: Druffel 1986. 757 S.
B 60224

Held, W.: Die deutschen Jagdgeschwader im Russlandfeldzug. Friedberg: Podzun-Pallas-Verl. 1986. 192 S.
B 60290

Jacobs, W.A.: Strategic bombing and American national strategy, 1941-1943. In: Military affairs. Vol.50, 1986. No.3. S.133-139.
BZ 05148:50

Szabó, M.: Az 1. repülöcsoport harcai 1942-ben a magyar források tükrében. In: Hadtörténelmi közlemények. Evf.32, 1985. No.4. S.826-857.
BZ 4513:32

K 5 f 60 Einzelfragen

K 5 f 64 Kriegsgefangene/Internierte/Deportierte

K 5 f 64.1 Kriegsgefangene

Brou, W.C.: Brandebourg '45. Un épisode de la libération des camps de prisonniers de guerre au printemps 1945. Bruxelles: Ed.techniques et scientifiques 1984. 155 S.
Bc 6120

Clarke, H.V.: Last stop Nagasaki!. London: Allen & Unwin 1984. XVI-I,135 S.
B 56444

Derwiński, Z.A.: Rzad Rzeczypospolitej Polskiej na Obczyźnie a KN "Wolne Niemcy". In: Dzieje najnowsze. R.18, 1986. No.3-4. S.225-233.
BZ 4685:18

Grellet, H.: Sous les Feux des miradors. 1940-1945. Paris: Dansel 1984. 292 S.
B 56326

Knight, R.: Harold Macmillan and the Cossacks: Was there a Klagenfurt Conspiracy?. In: Intelligence and national security. Vol.1, 1986. No.2. S.234-254.
BZ 4849:1

Kuschka, R.P.: Opfer des Hasses. Schicksalhaftes Überleben in Gefangenenlagern des Urals. Dülmen: Laumann 1984. 440 S.
B 56749

Masson, F.: Als Kriegsgefangener zwischen Weser und Ems. Leer: Verl.Grundlagen u.Praxis 1985. IV,139 S.
Bc 6314

Nava, A.: Jesau 1943-1945. Memorie di un internato militare italiano in Prussia Orientale. Asso: Biblioteca comunale di Asso 1985. 150 S.
Bc 6601

Refuge en Hongie. 1941-1945. Par P.Giraud. Melun: Amicale des P.G.français évadés en Hongrie 1985. 81 S.
Bc 6473

Rochat, G.: La memoria dell'internamento. Militari italiani in Germania 1943-1945. In: Italia contemporanea. 1986. No.163. S.5-30.
BZ 4489:1986

Simat, H.: Zwischen Taiga und Transsibirienbahn. 2.Aufl.. Stade: Selbstverlag 1985. 242 S.
B 55866

Smith, A.: Heimkehr aus dem Zweiten Weltkrieg. Die Entlassung der deutschen Kriegsgefangenen. Stuttgart: Dt.Verl.Anst. 1985. 204 S.
B 59544

Vaughan, G.D.: A prisoner of war during World War II recounts. The Way it really was. Budleigh Salterton: Granary Pr. 1985. 71 S.
Bc 6396

Verschleppt zur Sklavenarbeit. Kriegsgefangene und Zwangsarbeiter in Schleswig-Holstein. Hrsg.: G.Hoch [u.a.]. Alveslohe: Hoch 1985. 190 S.
Bc 01950

K 5 f 64.2 Internierte

Buldini, A.; Querzé, G.: Herrenmenschen und Badoglioschweine. Italienische Militärinternierte in deutscher Kriegsgefangenschaft 1943-1945. In: Beiträge zur Nationalsozialistischen Gesundheits- und Sozialpolitik. 1986. H.3. S.55-102.
BZ 4837:1986

Corbett, P.S.: Quiet Passages: the exchange of civilians between the United States and Japan during World War II. Ann Arbor, Mich.: UMI 1985. 327 S..
B 56147

Fabréguet, M.: Un groupe de réfugiés politiques: Les républicains espagnols des camps d'internement français aux camps de concentration nationaux-socialistes (1939-41). In: Revue d'histoire de la deuxième guerre mondiale et des conflits contemporains. A.36, 1986. No.144. S.19-37.
BZ 4455:36

K 5 f 64.3 Deportierte

August, J.: Erinnern an Deutschland. Berichte polnischer Zwangsarbeiter. In: Beiträge zur Nationalsozialistischen Gesundheits- und Sozialpolitik. 1986. H.3. S.109-129.
BZ 4837:1986

Les Camps en Provence. Exil, internement, déportation 1933-1944. Red.: M.Cohen [u.a.]. Aix-en-Provence: Ed.Alinéa 1984. 234 S.
B 54349

Leydesdorff, S.: The screen of nostalgia: Oral history and the ordeal of working-class Jews in Amsterdam. In: International journal of oral history. Vol.7, 1985/86. No.2. S.109-115.
BZ 4764:7

Roth, K.H.: Bevölkerungspolitik und Zwangsarbeit im 'Generalplan Ost'. In: Mitteilungen. Dokumentationsstelle zur NS-Sozialpolitik. Jg.1, 1985. H.3. S.70-93.
BZ 05529:1

Schminck-Gustavus, C.U.: Das Heimweh des Walerjan Wróbel. Ein Sondergerichtsverfahren 1941/42. Berlin: Dietz 1986. 153 S.
Bc 01834

K 5 f 64.4 Konzentrationslager

Benz, W.: In Sachen Wollheim gegen I.G.Farben. Von der Feststellungsklage zum Vergleich. Der Frankfurter Lehrprozeß. In: Dachauer Hefte. Jg.2, 1986. H.2. S.142-147.
BZ 4855:2

Drobisch, K.: Widerstand in Buchenwald. 2.Aufl.. Frankfurt: Röderberg-Verl. 1985. 219 S.
B 56645

Ervin-Deutsch, L.: Nachtschicht im Arbeitslager III in Kaufering. Erinnerungen. In: Dachauer Hefte. Jg.2, 1986. Nr.2. S.79-122.
BZ 4855:2

Fine, E.S.: Literature as resistance: survival in the camps. In: Holocaust and genocide studies. Vol.1, No.1. S.79-89.
BZ 4870:1

Fritz, M.: Essig gegen den Durst.
565 Tage in Auschwitz-Birkenau. Wien:
Verl.für Gesellschaftskritik 1986.
VII,154 S.
Bc 6541

Gorondowski, S.: Bericht über Maut-
hausen. In: Dachauer Hefte. Jg.2,
1986. Nr.2. S.122-132.
BZ 4855:2

Grabowska, J.: Sutthof. Przewodnik
informator. 2.wyd.. Gdańsk: Krajowa
Agencja Wydawnicza 1986. 110 S.
Bc 6259

Hepp, M.: Denn ihrer ward die Hölle.
Kinder und Jugendliche im "Polen-
verwahrlager Litzmannstadt". In: Mit-
teilungen. Dokumentationsstelle zur
NS-Sozialpolitik. Jg.2, 1986. H.11/12.
S.49-71.
BZ 05529:2

Herbert, U.: Von Auschwitz nach Essen.
Die Geschichte des KZ-Außenlagers
Humboldtstraße. In: Dachauer Hefte.
Jg.2, 1986. Nr.2. S.13-34.
BZ 4855:2

Hessen hinter Stacheldraht. Verdrängt
und vergessen. KZs, Lager, Außen-
kommandos. Hrsg.: L.Bembenek
u.F.Schwalba-Hoth. Frankfurt: Eichborn 1984. XXXV,188 S.
B 57088

Komenda, J.: Lager Brzezinka.
Warszawa: Ludowa Społdzienia
Wydawn 1986. 154 S.
Bc 6227

Langbein, H.: Arbeit im KZ-System. In:
Dachauer Hefte. Jg.2, 1986. Nr.2.
S.2-12.
BZ 4855:2

Majdanek. Red.E.Dziadosz. 2.wyd..
Lublin: Krajowa Agencja Wydawn
1985. 132 S. In: Journal of contemporary history. Vol., No..
B 59471

Miletić, A.: Koncentracioni Logor Jase-
novac 1941-1945. Dokumenta. Knjiga

1-2. Beograd: Narodna knjiga 1986.
1122 S.
B 59845

Pričevanja rabskih internirancev 1942-
1943. Ljubljana: ČZP Kmečki glas
1985. 184 S.
B 60153

Rehn, E.: Gedächtnisbericht über das
SS-Moringen/Solling und über das
Außenlager Volpriehausen. In: Mittei-
lungen. Dokumentationsstelle zur
NS-Sozialpolitik. Jg.1, 1985. H.9/10.
S.91-101.
BZ 05529:1

Spies, G.: Drei Jahre Theresienstadt.
München: Kaiser 1984. 180 S.
B 55400

Unger, M.: The prisoner's first encounter with Auschwitz. In: Holocaust and
genocide studies. Vol.1, 1986. No.2.
S.279-295.
BZ 4870:1

Wysocki, G.: Häftlingsarbeit in der
Rüstungsproduktion. Das Konzentra-
tionslager Drütte bei den Hermann-
Göring-Werken im Watenstedt-Salz-
gitter. In: Dachauer Hefte. Jg.2, 1986.
Nr.2. S.35-67.
BZ 4855:2

Zofka, Z.: Allach-Sklaven für BMW.
Zur Geschichte eines Außenlagers des
KZ Dachau. In: Dachauer Hefte. Jg.2,
1986. Nr.2. S.68-78.
BZ 4855:2

K 5 g Wirtschaftsgeschichte

Harvey, S.: Mobilisation économique et
succès militaires pendant la Seconde
Guerre Mondiale. 1986. S.19-35.
BZ 4455:36

Isenghi, M.: La propagande italienne
pendant la 2ème guerre mondiale:
cadre d'ensemble, instruments, modali-
tés. In: Revue d'histoire de la deuxième
guerre mondiale et des conflicts
contemporains. A.36, 1986. No. 143.
S.41-59.
BZ 4455:36

Wolff, J.: Le financement de la Deuxième Guerre Mondiale: Un essai de présentation générale. In: Revue d'histoire de la deuxième guerre mondiale et des conflicts contemporains. A.36, 1986. No.144. S.1-18.
BZ 4455:36

K 5 i Geistesgeschichte

Basinger, J.: The World War II combat film. Anatomy of a genre. New York: Columbia Univ.Pr. 1986. 373 S.
B 59814

K 5 k Kriegsschauplätze

K 5 k 10 Osteuropa/Ostsee

K 5 k 11 Polenfeldzug 1939–1944

K 5 k 11.40 Besatzungszeit und Widerstand 1939-44

Barski, J.: Przezycia i wspominenia z lat okupacji. Wrocław: Wydawn.Polskiej Akad. 1986. 113 S.
Bc 6303

Jaszowski, T.: Gestapo w walce z ruchem oporu nad Wisła i Brda. Bydgoszcz: Pomorze 1985. 172 S.
B 56820

Kaczmarek, K.: Warszawie Wolność!. Warszawa: Książka i Wiedza 1985. 302 S.
B 58231

Kamiński, A.: Zośka i Parasol. Opowieśćo niektórych ludziach i niektórych akcjach dwóch bataliónow harcerskich. Warszawa: Iskry 1986. 500 S.
B 60554

Lukas, R.C.: The forgotten Holocaust. The Poles under German occupation, 1939-1945. Lexington, Ky.: Univ.Pr.of Kentucky 1986. X,300 S.
B 59504

Michel, H.: Et Varsovie fut détruite. Paris: Albin Michel 1984. 455 S.
B 55948

Orpen, N.: Airlift to Warsaw. The rising of 1944. Norman, Ok.: Univ.of Oklahoma Pr. 1984. VIII,184 S.
B 56270

Selver-Urbach, S.: Through the Window of my home. Recollections from the Lodz Ghetto. Translated from Hebrew. 3rd ed.. Jerusalem: Yad Vashem 1986. 194 S.
Bc 6456

Sobczak, K.: Der Befreiungskrieg des polnischen Volkes 1939 bis 1945. Forschungsstand und Geschichtsschreibung. In: Militärgeschichte. Jg.26, 1987. Nr.1. S.41-48.
BZ 4527:26

Szefer, A.: Hitlerowskie próby Zasiedlania ziemi ślasko-dabrowskiej w latach II wojny światowej 1939-1945. Katowice: Slaski Inst.Naukowy 1984. 262 S.
B 59868

Wojna i okupacja na ziemiach Polskich 1939-1945. Red.: W.Góry. Warszawa: KiW 1984. 809 S.
B 56816

K5 k 12 Ostfeldzug 1941–45

K 5 k 12.00 Allgemeine Werke

"Unternehmen Barbarossa". Der deutsche Überfall auf die Sowjetunion 1941. Berichte, Analysen, Dokumente. Hrsg.: G.R.Überschär/ W.Wette. Paderborn: Schöningh 1984. 416 S.
B 55517

Abraham, H.: 1941-1945. Großer Vaterländischer Krieg der Sowjetunion. Berlin: Dietz 1985. 254 S.
B 56692

Barinov, D.M.; Bobrov, V.M.; Deniskin,
B.A.: Gvardejskij Nežinskij Kuzbasskij.
O boevom puti gvardejsk. Nežinsko-
Kuzbasskogo mechanizirovannogo soe-
denija v Velikoj Otečestv.vojne. Keme-
rovo: Kemerovskoe kn.izd-vo 1985.
254 S.
B 59853

Gerns, D.: Hitlers Wehrmacht in der
Sowjetunion. Legenden - Wahrheit -
Tradition. Frankfurt: Verl.Marxistische
Blätter 1985. 159 S.
Bc 6323

Gorodetsky, G.: Was Stalin Planning to
Attack Hitler in June 1941?. In: RUSI.
Vol.131, 1986. No.2. S.69-72.
BZ 05161:131

Der grosse vaterländische Krieg des
Sowjetvolkes und die Gegenwart.
Red.: A.Semjowa u.a.. Moskva: Nauka
1985. 285 S.
B 56363

Klüver, M.: Präventivschlag 1941. Zur
Vorgeschichte d.Rußlandfeldzuges.
Leoni am Starnberger See: Druffel
1986. 336 S.
B 60269

Murr, S.: Die Nacht vor Barbarossa.
München: Droemer Knaur 1986. 480 S.
B 61826

Stegemann, B.: Geschichte und Politik.
Zur Diskussion über den deutschen
Angriff auf die Sowjetunion 1941. In:
Beiträge zur Konfliktforschung. Jg.17,
1987. Nr.1. S.73-97.
BZ 4594:17

Stevenson, G.C.: Submarine Losses in
the Eastern Baltic in World War II. In:
Warship international. Vol.23, 1986.
No.4. S.371-394.
BZ 05221:23

Vnezapnost' v nastupatel'nych operaci-
jach Velikoj Otečestvennoj vojny.
Red.M.M.Kir'jan. Moskva: Nauka
1986. 206 S.
B 60186

K 5 k 12.02 Kampfhandlungen in einzelnen Gebieten/Orten

Adamovič, A.; Granin, D.: Das Blocka-
debuch. Berlin: Verl.Volk und Welt
1984. 363 S.
B 56376

Armstrong, R.: The Bukrin drop: limits
to creativity. In: Military affairs.
Vol.50, 1986. No.3. S.127-132.
BZ 05148:50

Banny, L.: Schild im Osten. Der
Südostwall zwischen Donau und Unter-
steiermark 1944/45. Lackenbach:
Selbstverlag 1985. 177 S.
09994

Bassow, A.: Das Aufbrechen der
Blockade Leningrads und die Verände-
rung der Lage in der strategischen
Nordwestrichtung. In: Militärge-
schichte. Jg.26, 1987. Nr.1. S.33-40.
BZ 4527:26

Die Befreiung Berlins 1945. Eine
Dokumentation. Hrsg.u.eingel.v.
K.Scheel. 2.Aufl.. Berlin: Das Euro-
päische Buch 1985. 242 S.
B 57479

Dzieszyński, R.: Leningrad 1941-1944.
Warszawa: MON 1986. 167 S.
B 59992

Haupt, W.: Sturm auf Moskau. Der
Angriff. Die Schlacht. Der Rückschlag.
Friedberg: Podzun-Pallas-Verl. 1986.
374 S.
B 59998

Hielscher, A.K.: Das Kriegsende 1945 im
Westen des Warthelandes und im Osten
der Kurmark. Bielefeld: Selbstverlag
1987. 59 S.
Bc 6351

Hielscher, K.: Das Kriegsende 1945 im
Westteil des Warthelandes und im
Osten der Neumark. In: Zeitschrift für
Ostforschung. Jg.34, 1985. Nr.2.
S.211-248.
BZ 4469:34

Jukes, G.: Panzer vor Moskau. Rastatt:
Moewig 1984. 160 S.
B 55401

Korab-Zebryk, R.: Operacja wileńska
AK. Warszawa: PWN 1985. 532 S.
B 58226

Mulligan, T.P.: Spies, ciphers and "Zita-
delle": Intelligence and the battle of
Kursk, 1943. In: Journal of contempo-
rary history. Vol.22, 1987. No.2.
S.236-260.
BZ 4552:22

Pilop, M.: Die Befreiung der Lausitz.
Militärhistor. Abriß der Kämpfe im
Jahre 1945. Bautzen: Domowina-Verl.
1985. 263 S.
B 56506

Schwark, T.: Unter Wölfen. Versteckt
und auf der Flucht im Vertreibungsjahr
1945 in Ostpreußen und Pommern.
Kiel: Orion-Heimreiter-Verl. 1985.
254 S.
B 59572

Siegert, R.: Der Tiger von Posen.
Schicksal einer Panzerbesatzung im
Kriegswinter 1945. Mülheim/Ruhr:
Hilfsgemeinschaft ehemaliger Posen-
kämpfer 1986. 65 S.
Bc 6179

Wünsche, W.; Thamm, C.: Vor 45 Jahren.
Die Schlacht vor Moskau. In: Militär-
wesen. 1986. H.12. S.31-40.
BZ 4485:1986

**K 5 k 12.04 Besetzte Gebiete/Wider-
stand/Partisanen 1941-1945**

Butsko, O.M.: Never to be forgotten.
Kiev: Ukraina Society 1986. 62 S.
Bc 6133

Juchniewicz, M.: Na Wschód od Bugu.
Polacy w walce antyhitlerowskiej na
ziemiach ZSRR 1941-1945. Warszawa:
Wydawn.MON 1985. 266 S.
B 58223

Peršina, T.S.: Fašistskij Genocid na
Ukraine 1941-1944. Kiev: Naukova
dumka 1985. 168 S.
B 59593

Stehle, H.: Der Lemberger Metropoli
Septydkyj und die Nationalsozialistische Politik in der Ukraine. In: Vierteljahrshefte für Zeitgeschichte. Jg.34,
1986. Nr.3. S.407-425.
BZ 4456:34

K 5 k 20 Nordeuropa/Nord-
see/Nordmeer

**K 5 k 21 Finnisch-russischer Winter-
krieg 1939/40**

Navakivi, J.: The great powers and
Finland's winter war. In: Revue inter-
nationale d'histoire militaire. 1985.
No.62. S.55-73.
BZ 4454:1985

Vuorenmaa, A.: Defensive strategy and
basic operation decisions in the Fin-
land-Soviet Winter War 1939-1940. In:
Revue internationale d'histoire militaire. 1985. No.62. S.74-96.
BZ 4454:1985

K 5 k 22 Nordfeldzug 1940

Abrahamsen, S.: The relationship of
church and state during the German
occupation of Norway, 1940-1945. In:
Holocaust studies annual. Vol.2, 1986.
S.1-27.
BZ 4845:2

Hervieux, P.: Soviet submarine operati-
ons in the Artic. In: Warship. 1986.
No.40. S.239-250.
BZ 4375:1986

Mispelkamp, P.K.H.: The Kriegsmarine,
Quisling, and Terboven: an inquiry into
the Boehm-Terboven affair, April 1940 -
March 1943. Montreal: McGill Univ.
1985. 198 S.
09898

Moncure, J.: A Fiord too far?. In: Mili-
tary review. Vol.67, 1987. No.4.
S.51-58.
BZ 4468:67

Pertek, J.: Napaść morska na Danię i Norwegię. Poznań: Wydawn.Pozn. 1986. 189 S.
Bc 6088

V Konvojach i odinočnych plavanijach. Archangelsk: Sev-Zap.kn.izd-vo 1985. 239 S.
B 59591

K 5 k 23 Finnland und Lappland 1941-1945

Ahto, S.: Finnish tactics in the Second World War. In: Revue internationale d'histoire militaire. 1985. No.62. S.177-188.
BZ 4454:1985

Ahto, S.: The War in Lapland. In: Revue internationale d'histoire militaire. 1985. No.62. S.223-240.
BZ 4454:1985

Juutilainen, A.: Operational decisions by the defence forces 1941-1944. In: Revue internationale d'histoire militaire. 1985. No.62. S.153-175.
BZ 4454:1985

Manninen, O.: Political expedients for security during the 'Interim Peace' and at the start of the continuation war (1940-1941). In: Revue internationale d'histoire militaire. 1985. No.62. S.97-132.
BZ 4454:1985

Polvinen, T.: The great powers and Finland 1941-1944. In: Revue internationale d'histoire militaire. 1985. No.62. S.133-152.
BZ 4454:1985

Vehviläinen, O.: Finland's withdrawal from the Second World War. In: Revue internationale d'histoire militaire. 1985. No.62. S.189-222.
BZ 4454:1985

K 5 k 30 Westeuropa/Atlantik

K 5 k 30.2 Seekrieg im Westen

Syrett, D.; Douglas, W.A.B.: Die Wende in der Schlacht im Atlantik: Die Schließung des "Grönlands-Luftlochs", 1942-1943. Teil 1. In: Marine-Rundschau. Jg.83, 1986. Nr.1. S.2-11.
BZ 05138:83

Syrett, D.; Douglas, W.A.B.: Die Wende in der Schlacht im Atlantik: Die Schließung des "Grönlands-Luftlochs", 1942-1943. Teil II. In: Marine-Rundschau. Jg.83, 1986. Nr.2. S.70-78.
BZ 05138:83

K 5 k 30.3 Luftkrieg im Westen

Król, W.: Polskie Krzydla na Zachodnio-Europejskim froncie. wrzesień 1944- maj 1945. Warszawa: MON 1985. 230 S.
Bc 5860

K 5 k 32 Westfeldzug 1940

Aerny, F.: Mai 1940. In: Revue militaire suisse. A.132, 1987. No.1. S.25-44.
BZ 4528:132

Ausems, A.: The Netherlands military intelligence summaries 1939-1940 and the defeat in the Blitzkrieg of May 1940. In: Military affairs. Vol.50, 1986. No.4. S.190-199.
BZ 05148:50

Bikar, A.: Le 10 mai 1940 dans la région de Saint-Vith, entre la frontière allemande et les positions du 3ème Régiment de chasseurs ardennais, sur la Salm. In: Revue Belge d'histoire militaire. Jg.26, 1985/86. No.7. S.511-533.
BZ 4562:26

Bikar, A.: Le 10.05.1940 dans la région de Saint-Vith, entre la frontière allemande et les positions du 3e régiment de chasseurs ardennais, sur la Salm. In: Revue Belge d'histoire militaire. Jg.27, 1986/87. No.1. S.75-104.
BZ 4562:27

Frieser, K.-H.: Rommels Durchbruch
bei Dinant. In: Militärgeschichtliches
Beiheft zur Europäischen Wehrkunde.
Jg.2, 1987. H.1. S.1-16.
BZ 4895:2

Piekalkiewicz, J.: Ziel Paris. Der West-
feldzug 1940. München: Herbig 1986.
240 S.
010031

K 5 k 33 Besetzter Westen/Widerstand
1940-1944

Bargatzky, W.: Hotel Majestic. Ein
Deutscher im besetzten Frankreich.
Freiburg i.Br.: Herder 1987. 158 S.
Bc 6674

Bernier, J.-P.: La Libération de Paris.
Paris: Lavauzelle 1984. 176 S.
09877

Céroni, M.: Le Corps Franc Pommiès.
Organisation de résistance de l'Armée.
1. La clandestinité. 2. La lutte ouverte.
T.1.2.. o.O.: Amicale du Corps Franc
Pommiès 1980-84. 259,629 S.
B 56576

Diamant, D.: Combattants, héros et
martyrs de la résistance. (Biographies,
dernières lettres, témoignages et documents). Paris: Ed.Renouveau 1984.
315 S.
B 55968

Dreyfus, P.: Histoire de la résistance en
Vercors. Paris: Arthaud 1984. 288 S.
B 55507

Grammens, M.: Herinneringen aan
oorlog en repressie. Brussel: Grammens 1985. 77 S.
Bc 6654

Jérome, J.: Les Clandestins (1940-1944).
Souvenirs d'un témoin. Paris: Ed.Acro-
pole 1986. 289 S.
B 59825

Kreuter, S.: Die Résistance. Widerstand
in Deutschland. In: Truppendienst.
Jg.25, 1986. Nr.5. S.457-465.
BZ 05209:25

Lawson, D.: The French Resistance.
London: Pan Books 1985. 144 S.
Bc 6605

Lévy, G.: Drames et secrets de la Rési-
stance. Des ombres enfin dissipées.
Paris: Presses de la Cité 1984. 262 S.
B 59419

Mercadet, L.: La Brigade Alsace-
Lorraine. Paris: Grasset 1984. 285 S.
B 55941

Michel, J.: De l'enfer aux étoiles. Dora.
Le temps de la nuit. Paris: Plon 1985.
298 S.
B 59416

Penaud, G.: Histoire de la Résistance en
Périgord. Périgueux: Fanlac 1985.
478 S.
09988

Résistance. Erinnerungen deutscher
Antifaschisten. Zus.-gest.u.bearb.v.D.
Schaul. 3.Aufl.. Berlin: Dietz 1985.
425 S.
B 56654

Voldman, D.: Attention mines…1944-
1947. Paris: France-Empire 1985. 190 S.
B 57106

Wyrwa, T.: La Résistance Polonaise en
France. In: Revue d'histoire de la deu-
xième guerre mondiale et des conflits
contemporains. A.36, 1986. No.142.
S.38-47.
BZ 4455:36

Zamojski, J.E.: La France et la Pologne,
deux pays, deux examples de résistance. In: Revue d'histoire de la deuxième guerre mondiale et des conflits
contemporains. A.36, 1986. No.144.
S.39-59.
BZ 4455:36

Zimmermann, R.H.: Der Atlantikwall
von Dünkirchen bis Cherbourg.
Geschichte u.Gegenwart mit Reisebe-
schreibung. 2.Aufl.. München: Schild-
Verl. 1986. 192 S.
Bc 6254

K 5 k 34 Invasion im Westen 1944

Ambrose, S.E.: Pegasus Bridge, 6 June 1944. London: Allen & Unwin 1984. XX,156 S.
B 56938

Breuer, W.B.: Hitler's fortress Cherbourg. The conquest of a bastion. New York: Stein and Day 1984. 274 S.
B 55821

Compagnon, J.: Overlord. Débarquement en Normandie. Guerche de Bretagne: Secalib 1985. 27 S.
Bc 6145

Hugedé, N.: Le Commando du pont Pégase. Paris: France-Empire 1985. 178 S.
B 57101

Lattre de Tassigny, J.de: Reconquérir, 1944-1945. Paris: Plon 1985. 380 S.
B 59413

MacKee, A.: Der Untergang der Heeresgruppe Rommel. 2.Aufl.. Stuttgart: Motorbuch Verl. 1985. 291 S.
B 57317

Melchers, E.T.: Luxemburg. Befreiung und Ardennenoffensive 1944-1945. 3.Aufl.. Luxemburg: St.-Paulus-Dr. 1984. 353 S.
B 60138

Rehkopf, W.: Vom Einsatz 15 jähriger Schüler zum Schanzdienst bei Arnheim (Holland) im September 1944. Göttingen: Selbstverlag o.J.. Getr.Pag..
09952

Whitaker, W.D.; Whitaker, S.: The Battle of the Scheldt. London: Souvenir Pr. 1985. 461 S.
B 56712

Whiting, C.: '44. In combat from Normandy to the Ardennes. New York: Stein and Day 1984. 219 S.
B 56573

K 5 k 35 Endkampf um Westdeutschland/Kapitulation

1945. Das Jahr der endgültigen Niederlage der faschistischen Wehrmacht.

Dok.ausgew.u.eingel.v.G.Förster [u.a.]. 2.Aufl.. Berlin: Militärverlag der DDR 1985. 431 S.
B 56509

Der 8.Mai 1985 im Meinungsbild. Hrsg.: L.Niegel. o.O.: Selbstverlag 1986. 44 S.
Bc 01830

Arntz, H.D.: Kriegsende 1944/45. Zwischen Ardennen und Rhein. 2.Aufl.. Euskirchen: Kümpel 1984. 679 S.
B 56688

Bernier, P.: Mai 1945. Les pages de gloire. Paris: Lavauzelle 1985. 164 S.
010173

Géoris, M.: Nuts!. La bataille des Ardennes. 2e éd.. Paris: France-Empire 1985. 210 S.
B 55962

Mues, W.: Der grosse Kessel. Ein Dokument üb.d.Ende d.Zweiten Weltkrieges zwischen Lippe und Ruhr/ Sieg u.Lenne. 3.Aufl.. Erwitte/Lippstadt: Selbstverlag 1984. 624 S.
B 57361

Überschär, G.R.; Müller, R.D.: Deutschland am Abgrund. Konstanz: Verl.d.Südkurier 1986. 246 S.
B 59498

Zusammenbruch oder Befreiung. Zur Aktualität des 8.Mai 1945. Hrsg.: U.Albrecht [u.a.]. Berlin: Verl.Europ.-Perspektiven 1986. 252 S.
B 59024

K 5 k 36 Besetztes Deutschland

Die britische Deutschlandpolitik und Besatzungszeit 1945-1949. Hrsg.: J.Foschepoth [u.a.]. Paderborn: Schöningh 1985. 326 S.
B 56851

Suckut, S.: Blockpolitik in der DDR/ SBZ 1945-1949. Die Sitzungsprotokolle d.zentralen Einheitsfront-Ausschusses. Quellenedition. Köln: Verlag Wissenschaft und Politik 1986. 640 S.
B 57894

K 5 k 40 Mittelmeerraum

Alegi, G.: Gli aiuti americani a Vichy e la crisi mediorientale del 1941 nel diario dell'ambasciatore Leahy. In: Storia contemporanea. A.17, 1986. No.6. S.1361-1379.
BZ 4590:17

Bradford, E.: Siege: Malta 1940-1943. London: Hamilton 1985. XVI,247 S.
B 57494

K 5 k 40.2 Seekrieg im Mittelmeer

Schreiber, G.: Sul teatro mediterraneo nella Seconda Guerra Mondiale. In: Rivista marittima. A.120, 1987. No.3. S.77-92.
BZ 4453:120

The second world war: Europe and the Mediterranean. By T.B.Buell u.a.. Wayne, N.J.: Avery Publ.Group 1984. XII,429 S.
010054

K 5 k 40.3 Luftkrieg im Mittelmeerraum

Jellison, C.A.: Besieged. The World War II ordeal of Malta, 1940-1942. Hanover, N.H.: Univ.Pr.of New England 1984. XII,288 S.
B 56797

K 5 k 41 Südosteuropa/Balkanfeldzug

K 5 k 41.7 Besetzter Balkan/Widerstand 1941-1944

Petranović, B.: Revolucije i pokreti otpora u Evropi 1939-1945. Skopje: Samoupravna praktika 1985. 487 S.
010171

– Albanien –

Historia e Luftës Antifashiste Nacionalçlirimtare të popullit spqiptar. 1939/ 44. 1. prill 1939-dhjetor 1942. Tiranë: Shtëpia Botuese Nëntori 1984. 533 S.
B 56866

– Bulgarien –

Avramovski, Ž.: Ratni Ciljevi Bugarske i Centralne sile 1914-1918. Beograd: Inst.za savremenu istoriju 1985. 375 S.
B 59454

– Jugoslawien –

Anić, N.: Oružane snage NOP-a Hrvatske u vrijeme njezina oslobodenja potkraj 1944. i na početku 1945.godine. In: Časopis za suvremenu povijest. God., 1985. No.1. S.101-140.
BZ 4582:1985

Bennett, R.: Knight's Move at Drvar: Ultra and the Attempt on Tito's life, 25 May 1944. In: Journal of contemporary history. Vol.22, 1987. No.2. S.195-208.
BZ 4552:22

Biočić, A.: L'opération de Mostar. In: Revue internationale d'histoire militaire. 1986. No.4. S.283-316.
BZ 4454:1986

Brajušković, D.: La libération du Montenegro en 1944. In: Revue internationale d'histoire militaire. 1986. No.4. S.366-399.
BZ 4454:1986

Branković, S.: Zivot na Oslobodenim teritorijama NOR-a. In: Vojnoistorijski glasnik. God.39, 1988. No.1. S.49-73.
BZ 4531:39

Dolničar, I.: L'encerclement et la capitulation des forces de l'ennemi dans le Nord-Ouest de la Yougoslavie. In: Revue internationale d'histoire militaire. 1986. No.4. S.188-203.
BZ 4454:1986

Drugi crnogorski Batal'on prve proleterske brigade. Red.R.Bujošević. Titograd: Pobjeda 1984. 980 S.
B 60182

Duretić, V.: Saveznici i jugoslovenska ratna drama. The Allies and the Yugoslav War drama. 1.2.. Beograd: Narodna knjiga 1985. 296,277 S.
B 58222

Durić, L.P.: Šesnaesta banijska narodnooslobodilačka udarna Brigada. Zagreb: Jugoart 1984. 251 S.
B 59443

Fajdiga, M.: Pohorski Partizani 1943. Od padca Pohorskega bataljone do ustanovitve Zidanškove - Pohorske brigade. Maribor: Založba Obzorja 1985. 499 S.
B 60238

Guberina, R.: Mornarica NOVJ uoči završnih operacija za oslobodenje Jugoslavije. In: Vojnoistorijski glasnik. God.36, 1985. No.3. S.159-198.
BZ 4531:36

Indić, M.: Juriši u dolini Bosne. Grupa bataljona četvrte divizije. 2.izd.. Zenica: Dom Štampe o.J.. 135 S.
B 59464

Kilibarda, D.: Bugarska politika u oblasti prosvete i kulture na okupiranom delu srbije za vreme drugog svetskog rata. In: Vojnoistorijski glasnik. God.39, 1988. No.1. S.75-101.
BZ 4531:39

Knežević, V.: La Deuxième Armée au cours de l'offensive finale. In: Revue internationale d'histoire militaire. 1986. No.64. S.127-145.
BZ 4454:1986

Kostić, U.: Les opérations de la 4ème Armée dans le secteur cõ tier. In: Revue internationale d'histoire militaire. 1986. No.64. S.146-188.
BZ 4454:1986

Latas, B.: Britanska politika prema četničkom pokretu u prvoj polovini 1943.godine. In: Vojnoistorijski glasnik. God., 1986. No.3. S.81-114.
BZ 4531:1986

Latas, B.; Gutić, M.: Svedočanstva o karakteru četničkog pokreta draze mihailovića. In: Vojnoistorijski glasnik. God.39, 1988. No.1. S.205-249.
BZ 4531:39

Latas, B.: Uništenje četničke kontrarevolucije u završnoj etapi rata. In: Vojnoistorijski glasnik. God.39, 1988. No.1. S.103-122.
BZ 4531:39

Mamula, B.: L'importance historique et les dimensions internationales de la Guerre de libération nationale et de la révolution en Yougoslavie. In: Revue internationale d'histoire militaire. 1986. No.64. S.34-61.
BZ 4454:1986

Mamula, B.: La marine de guerre dans les opérations finales durant la guerre de libération nationale. In: Revue internationale d'histoire militaire. 1986. No.64. S.204-235.
BZ 4454:1986

Mikić, V.: Avijacija Okupatorskih Sila i Kvislinške NDH u cetvrtoj Neprijateljskoj Ofanzivi Januar - Mart 1943. Godine... In: Vojnoistorijski glasnik. God.37, 1986. No.2. S.43-75.
BZ 4531:37

Mikić, V.: Neprijateljska avijacija na jugoslovenskom ratištu u borbi protiv NOP-a u 1942. godini. In: Vojnoistorijski glasnik. God., 1986. No. 3. S.41-80.
BZ 4531:1986

Mikić, V.: Neprijateljska avijacija na Jugoslovenskom Ratištu u borbi protiv NOP-a U 1942. Godini (II Deo). In: Vojnoistorijski glasnik. God.39, 1988. No.1. S.11-47.
BZ 4531:39

Mitrovski, B.: Les opérations contre le groupe d'armées allemand "E" et la libération de la Madédoine. In: Revue internationale d'histoire militaire. 1986. No.64. S.342-365.
BZ 4454:1986

Mladenović, S.: Na Putevima druge pro-
leterske. Gorńi Milanovac: Dečje
Novine 1985. 325 S.
B 60199

Momčilović, D.: Severnobanatski parti-
zanski Odred. Žitište: Samoupravna
interesna zajednica za kulturu 1984.
317 S.
B 58722

Moraća, M.: Les opérations de la 1ère et
de la 3ème armée au cours de l'offensive finale pour la libération de la yougoslavie. In: Revue internationale d'histoire militaire. 1986. No.64. S.34-61.
BZ 4454:1986

Murgašanska, I.: Ženite od Kumanovo i
Kumanovsko vo NOV i Revolucijata
1941-1945. Zbornik biografii. Kumanovo: Opštinski odbor na Sojuzot 1985.
380 S.
B 58715

Od ustanka do slobode. Slavonija i
Baranja u narodnooslobodilačkom ratu
i revoljuciji 1941-1945. Red.Ž.Sekulić.
Oosijek: Muzej Slavonije 1985. 38 S.
Bc 6233

Oslobod'eńe i obnova užičkog okruga
1944-1946. Red.: Ž.Marković. Titovo
Užice: Muzej ustanka 1984. 39 S.
Bc 6310

Oslobod'eńe Srbije 1944. Beograd:
Istorijski Muzej Srbije 1984. 19 S.
Bc 6255

Paćaliś, T.: Stvaranje i razvoj oružanih
snaga NOP-a u Južnoj Dalmaciji (1941-
1944). In: Vojnoistorijski glasnik.
God.39, 1988. No.1. S.155-182.
BZ 4531:39

Petelin, S.: Enaintrideseta Divizija.
Ljubljana: Založba borec 1985. 443 S.
B 58718

Prva dalmatinska proleterska NOU
Brigada. Red.M.Novović. Beograd:
Vojnoizdavacki zavod 1986. 570 S.
B 60184

Trgo, F.: La libération de la Dalmatie.
Septembre-décembre 1944. In: Revue
internationale d'histoire militaire.
1986. No.64. S.400-423.
BZ 4454:1986

Višnjić, P.: La libération de la Serbie en
1944. In: Revue internationale d'histoire militaire. 1986. No.64. S.242-282.
BZ 4454:1986

Vukanović, R.: L'opération de Sarajevo
(mars - avril 1945). In: Revue internationale d'histoire militaire. 1986. No.64.
S.317-341.
BZ 4454:1986

X crnogorska narodna oslobodilačka
udarna Brigada. Red.: R.Bujošević.
Titograd: Pobjeda 1984. 437 S.
B 60183

Žene Vojvodine u ratu i revoluciji 1941-
1945. Red.D.Kecić. Novi Sad: Inst.za
istoriju 1984. 909 S.
B 58720

– Rumänien –

*Ceauşescu, I.; Constantiniu, F.; Ionescu,
M.E.:* 200 de Zile mai devreme. Rolul
Romǎniei on scurtarea celui de-al doi-
lea război mondial. Bucureşti: Editura
Stiintifica si Enciclopedica 1984. 215 S.
B 56022

Pagini eroice din marea epopee. Bucureşti: Editura militara 1986. 377 S.
B 59852

Pe Drumurile biruinţei. 23 august 1944-
12 mai 1945. Bucureşti: Editura Militara 1984. 507 S.
B 56023

– Ungarn –

Beránné Nemes, E.: A Mokan-komité
tevékenysége. In: Hadtörténelmi közlemények. Évf.32, 1985. No.1. S.3-28.
BZ 4513:32

K 5 k 42 Afrika

Aerny, F.: Alger 1942-1943. In: Revue militaire suisse. A.132, 1987. No.3. S.123-138.
BZ 4528:132

Dronne, R.: Carnets de route d'un croisé de la France libre. Paris: France-Empire 1984. 354 S.
B 55969

Kurowski, F.: Der Afrikafeldzug. Rommels Wüstenkrieg, 1941-1943. Leoni am Starnberger See: Druffel 1986. 267 S.
B 57384

K 5 k 44 Südeuropa 1943-1945

Ben Arie, K.: Die Schlacht bei Monte Cassino 1944. Freiburg i.Br.: Rombach 1985. 418 S.
B 57862

Hapgood, D.; Richardson, D.: Monte Cassino. North Ryde: Angus & Robertson 1984. 269 S.
B 56441

Harvey, S.: L'effort de guerre italien et le bombardement stratégique de l'Italie. In: Revue d'histoire de la deuxième guerre mondiale et des conflicts contemporains. A.36, 1986. No.143. S.61-77.
BZ 4455:36

Linea gotica 1944. Eserciti, popolazioni, partigiani. A.cura di G.Rochat [u.a.]. Milano: Angeli 1986. 722 S.
B 60137

McAndrew, W.: Eighth Army at the Gothic Line: The Dog-Fight. In: RUSI. Vol.131, 1986. No.2. S.55-62.
BZ 05161:131

Pafi, B.; Benvenuti, B.: Roma in guerra. Imagini inedite settembre 1943- giugno 1944. Roma: Ed.Oberon 1985. XV,271 S.
010069

Scotti, G.: Juris, juris!. All'attacco! La guerriglia partigiana ai confini orientali d'Italia 1943-1945. Milano: Mursia 1984. 351 S.
B 55890

K 5 k 44.7 Besatzungszeit und Widerstand

Guillen, P.: Les Français et la résistance italienne. In: Revue d'histoire de la deuxième guerre mondiale et des conflicts contemporains. A.36, 1986. No.143. S.79-90.
BZ 4455:36

Ortner, C.S.: Am Beispiel Walter Reder. Die SS-Verbrechen in Marzabotto und ihre "Be-Wältigung". Wien: Österreichischer Bundesverlag 1984. 48 S.
Bc 6399

Peteani, L.: Gli autonomi e la resistenza a Fiume. In: Storia contemporanea. A.18, 1987. No.1. S.193-208.
BZ 4590:18

K 5 k 50 Ostasien/Pazifik

K 5 k 50.1 Landkrieg

Blackburn, D.: War within a War: the Philippines 1942-1945. In: Conflict. Vol.7, 1987. No.2. S.129-153.
BZ 4687:7

Bradley, J.H.; Dice, J.W.: The second World War: Asia and the Pacific. Wayne, N.J.: Avery Publ.Group 1984. XVI,328 S.
010052

Reynold, C.G.: Admiral John H.Towers and the origins of strategic flexibility in the Central Pacific Offensive, 1943. In: Naval War College review. Vol.40, 1987. No.2. S.28-36.
BZ 4634:40

Shortal, J.F.: Hollandia. A Training Victory. In: Military review. Vol.66, 1986. No.5. S.40-48.
BZ 4468:66

Thorne, C.: The Issue of war. States, societies, and the Far Eastern conflict of 1941-1945. New York: Oxford Univ.Pr. 1985. XIX,364 S.
B 61288

K 5 k 50.2 Seekrieg

Falle, S.: Chivalry. In: United States Naval Institute Proceedings. Jg.113, 1987. No.1. S.86-92.
BZ 05163:113

Hérubel, M.: La Bataille de Midway. Paris: Presses de la Cité 1985. 236 S.
B 57094

Paine, T.O.: I Was a Yank on a Japanese Sub. In: United States Naval Institute Proceedings. Jg.112, 1986. No.1003. S.72-78.
BZ 05163:112

Reynolds, C.G.: Taps for the torpecker. In: United States Naval Institute Proceedings. Jg.112, 1986. No.12. S.55-61.
BZ 05163:112

Willmott, N.: Reinforcing the Eastern Fleet: 1944. In: Warship. 1986. No.39. S.191-198.
BZ 4375:1986

K 5 k 50.3 Luftkrieg

Kaye, H.S.: Hickam Field, 7 December 1941. In: Aerospace historian. Vol.33, 1986. No.4. S.218-227.
BZ 05500:33

K 5 k 55 Japan

Coox, A.D.: Nomonhan. Japan against Russia, 1939. Vol.1.2.. Stanford, Calif.: Stanford Univ.Pr. 1985. XVI,1253 S.
B 58180

Fuchs, G.: Von der Atombombe zum nuklearen Holocaust. 2.Aufl.. Wien: Gazettaverlag 1985. 45 S.
Bc 01354

Townsend, P.: The Postman of Nagasaki. London: Collins 1984. 173 S.
B 55598

Wyden, P.: Day one. Before Hiroshima and after. New York: Simon and Schuster 1984. 412 S.
B 55574

K 6 Geschichte seit 1945

K 6 e Politische Geschichte seit 1945

K 6 e 10 Internationale Beziehungen seit 1945

Brune, L.H.: The Missile crisis of october 1962. A review of issues and references. Claremont, Cal.: Regina Books 1985. XII,147 S.
B 58173

Deutschland 1945 - Europa 1986. Mitarb.: M.Salewski [u.a.]. Kiel: Landeszentrale für polit.Bildung 1986. 152 S.
Bc 6032

Hecht, R.: USA, Europa, Sowjetunion: Politik und Strategie 1950 bis 1960. In: Österreichische militärische Zeitschrift. Jg.24, 1986. Nr.5. S.411-422.
BZ 05214:24

Hillgruber, A.: Europa in der Weltpolitik der Nachkriegszeit (1945-1963). 3.Aufl.. München: Oldenbourg 1987. 204 S.
B 61206

International relations. British and American perspectives. Ed.by S.Smith. Oxford: Blackwell 1985. XIV,242 S.
B 56222

Miliband, R.: Freedom, democracy and the American alliance. In: The Socialist register. Vol.23, 1987. S.480-501.
BZ 4824:23

Polarity and war. The changing structure of international conflict. Ed.by A.N.Sabrosky. Boulder, Colo.: Westview Press 1985. XV,231 S.
B 57010

Schneider, F.-T.: Le sommet de Reykjavik et ses suites. In: Revue militaire suisse. A.132, 1987. No.6. S.295-305.
BZ 4528:132

Die unruhigen Sechziger. Ein Jahrzehnt in Rückblenden. Hrsg.: J.Lehmann. Ismaning b.München: Hueber 1986. 200 S.
010015

Wassmund, H.: Grundzüge der Weltpolitik. 2.Aufl.. München: Beck 1985. 303 S. B 56748

K 6 e 20 Internationale Probleme seit 1945

Anerkennung und Versorgung aller Opfer nationalsozialistischer Verfolgung. Dok.parlament.Initiativen der Grünen in Bonn u.d.Fraktion der Alternativen Liste Berlin. Berlin: o.V. 1986. 88 S.
D 03598

Friedrich, J.: Die kalte Amnestie. NS-Täter in der Bundesrepublik. Frankfurt: Fischer 1984. 431 S.
B 55405

Heydecker, J.J.; Leeb, J.: Der Nürnberger Prozeß. Bd.1.2.. Köln: Kiepenheuer + Witsch 1985. 582 S.
B 57594

Ryan, A.A.: Quiet Neighbors. Prosecuting nazi war criminals in America. San Diego, Cal.: Harcourt, Brace Jovanovich 1984. XII,386 S.
B 55056

Wieland, G.: Der Jahrhundertprozeß von Nürnberg. Nazi- und Kriegsverbrecher vor Gericht. Berlin: Staatsverlag der DDR 1986. 158 S.
Bc 6183

K 6 e 22 Nachkriegsprozesse/Wiedergutmachung

Bärsch, K.C.: Das Urteil von Nürnberg. Zur Aktualität der Anklage gegen "Hermann Göring und andere". In: Babylon. Jg.1986, 1986. H.1. S.45-54.
BZ 4884:1986

Busse, H.; Gessner, K.: Vierzig Jahre nach dem Urteil von Nürnberg. Zur Ahndung von Kriegsverbrechen und Verbrechen gegen die Menschlichkeit.

In: Militärgeschichte. Jg.25, 1986. Nr.5. S.387-392.
BZ 4527:25

Doehring, K.: Völkerrechtliche Beurteilung des Kriegsverbrecherprozesses von Nürnberg. In: Beiträge zur Konfliktforschung. Jg.16, 1986. Nr.4. S.75-84.
BZ 4594:16

Grabitz, H.: Die Verfolgung von NS-Verbrechen aus juristischer Sicht. In: Zeitgeschichte. Jg.14, 1986. Nr.6. S.244-258.
BZ 4617:14

Jena, K.von: Versöhnung mit Israel?. Die deutsch-israelischen Verhandlungen bis zum Wiedergutmachungsabkommen von 1952. In: Vierteljahrshefte für Zeitgeschichte. Jg.34, 1986. Nr.4. S.457-480.
BZ 4456:34

Lebedeva, N.S.: Sud narodov v Njurnberge: Istorija i sovremennost'. In: Novaja i novejšaja istorija. 1986. No.5. S.38-55.
BZ 05334:1986

Löw-Beer, M.: Verschämter oder missionarischer Völkermord?. Eine Analyse des Nürnberger Prozesses. In: Babylon. 1986. H.1. S.55-69.
BZ 4884:1986

Müller, N.: Generalstab und Oberkommando der Wehrmacht im Urteil des Nürnberger Tribunals. In: Militärgeschichte. Jg.25, 1986 Nr.5 S.393-399.
BZ 4527:25

Roth, K.H.: Psychosomatische Medizin und "Euthanasie". Der Fall Viktor von Weizäcker. In: 1999.Zeitschrift für Sozialgeschichte des 20. und 21. Jahrhunderts. Jg.20 & 21, 1986. Nr.1. S.65-99
BZ 4527:25

Wolffsohn, M.: Die Wiedergutmachung und der Westen – Tatsachen und Legenden. In: Aus Politik und Zeitgeschichte. 1987. B.16-17. S.19-28.
BZ 05159:1987

K 6 e 26 Ost-West-Konflikt/Kalter Krieg/Entspannungspolitik

Bielen, S.: Międzynarodowy ład polityczny jako funkcja równowagi sił w stosunkach Wschód-Zachód. In: Sprawy Międzynarodowe. R.40, 1987. No.4(403). S.21-35.
BZ 4497:40

Crozier, B.; Middleton, D.; Murray-Brown, J.: This War called peace. London: Sherwood Pr. 1984. 307 S.
B 56319

Debray, R.: Les Empires contre l'Europe. Paris: Gallimard 1985. 360 S.
B 56989

Debray, R.: Die Weltmächte gegen Europa. Reinbek: Rowohlt 1986. 189 S.
B 59558

Facio, G.J.: La Confrontación esteoeste en la crisis centroamericana. San José: Asociación Libro Libre 1985. 423 S.
B 59978

Fontaine, A.: Un seul lit pour deux rêves. Histoire de la "détente" 1962-1981. Paris: Fayard 1984. XIV,535 S.
B 55647

Gibbons, S.R.: The Cold War. Harlow: Longman 1986. VI,138 S.
Bc 6434

Gli Stati Uniti e le origini della guerra fredda. A cura di E.A.Rossi. Bologna: Il Mulino 1984. 297 S.
B 56010

Leffler, M.P.: Adherence to Agreements. Yalta and the Experiences of the Early Cold War. In: International security. Vol.11, 1986. No.1. S.88-123.
BZ 4433:11

Liska, G.: Concert through decompression. In: Foreign policy. 1986. No.63. S.108-129.
BZ 05131:1986

Rostow, W.W.: On ending the Cold War. In: Foreign affairs. Vol.65,1987. No.4. S.831-851.
BZ 05149:65

Schielke, M.: Der Kampf um Rüstungsbegrenzung und Entspannung. In. IPW-Berichte. Jg.16, 1987. H.3. S.57-62.
BZ 05326:16

Thies, J.: Folgen von Tschernobyl. Eine Chance für die Ost-West-Beziehungen. In: Europa-Archiv. Jg.41, 1986. Nr.19. S.551-560.
BZ4452:41

K 6 e 27 Nord-Süd-Konflikt

Becker, J.: Massenmedien im Nord-Süd-Konflikt. Frankfurt: Campus Verlag 1985. 199 S.
B 56568

Brandt, W.: Der organisierte Wahnsinn. Wettrüsten und Welthunger. Köln: Kiepenheuer & Witsch 1985. 232 S.
B 56981

Clark, W.: Das Mexiko-Syndrom. Der Nord-Süd-Konflikt 1987. München: Weismann 1985. 376 S.
B 57073

Crisis in economic relations between North and South. Ed.by N.Schofield. München: Beck 1984. XIII, 439 S.
B 56939

Moser, B.: Konflikt und Kooperation der Dritten Welt mit Industrieländern. Diessenhofen: Rüegger 1985. XI,352 S.
B 56835

K 6 e 30 Ereignisse/Konferenzen

Documentation. Summit meeting in Reykjavik (1986). In: Survival. Vol.29, 1987. No.2. S.166-188.
BZ 4499:29

Feith, D.J.: Proposal for Nuclear Test Ban: Failing the Test. In: The Washington quarterly. Vol. 9, 1986. No.2. S.15-21.
BZ 05351:9

Lache, Ş.: Conferinţa de pace de la Paris din 1946 şi semnificaţia el pentru afirmarea independenţei şi suveraniţatii naţionale a Romaniei. In: Anale de istorie. A.32, 1986. No.4. S.44-59.
BZ 4536:32

Mandelbaum, M.; Talbott, S.: Reykjavik and beyond. In: Foreign affairs. Vol.65, 1987. No.2. S.215-=235.
BZ 05149:65

Rossi, S.A.di: Il vertice di Reykjavik e il problema della difesa europea. In: Affari esteri. A.19, 1987. No.73. S.30-52.
BZ 4373:19

Rühl, L.: Lagerbeurteilung "nach Reykjavik". In: Österreichische militärische Zeitschrift. Jg.25, 1987. Nr.2. S.123-128.
BZ 05214:25

Rupieper, H.-J.: Die Berliner Aussenministerkonferenz von 1954. Ein Höhepunkt der Ost-West-Propaganda oder die letzte Möglichkeit zur Schaffung der deutschen Einheit?. In: Vierteljahrshefte für Zeitgeschichte. Jg.34, 1986. Nr.3. S.427-453.
BZ 4456:34

Schlesinger, J.: Reyjkavik and revelations: a turn of the tide?. In: Foreign affairs. Vol.65, 1987. No.3. S.426-446.
BZ 05149:65

K 6 e 31 Potsdamer Konferenz

Antoni, M.: Das Potsdamer Abkommen - Trauma oder Chance? Geltung, Inhalt und staatsrechtliche Bedeutung. Berlin: Spitz 1985. 386 S.
B 55663

Sündermann, H.: Potsdam 1945. Ein kritischer Bericht. 3.Aufl.. Leoni am Starnberger See: Druffel 1985. XV,436 S.
B 55845

K 6 e 35 KSZE/Folgetreffen

Aichinger, W.: Der Stand des KSZE-Prozesses zu Beginn des Wiener Folgetreffens. In: Österreichische militärische Zeitschrift. Jg.24, 1986. Nr.6. S.505-512.
BZ 05214:24

Birnbaum, K.E.: Die KSZE nach der Stockholmer Konferenz als Rahmen für die Zusammenarbeit zwischen Ost und West in Europa. In: Europa-Archiv. Jg.42, 1987. Nr.6. S.171-178.
BZ 4452:42

Eickhoff, E.: Das dritte KSZE-Folgetreffen in Wien. Implementierung der Wirtschaftsbestimmungen. In: Europa-Archiv. Jg.42, 1987. Nr.2. S.59-66.
BZ 4452:42

Galey, M.E.: Congress, Foreign Policy and Human Rights Ten Years After Helsinki. In: Human rights quarterly. Vol.7, 1985. No.3. S.334-372.
BZ 4753:7

Greenwald, G.J.: Wien - Herausforderung für das NATO-Bündnis. In: Außenpolitik. Jg.38, 1987. Nr.2. S.155-169.
BZ 4457:38

Jankowitsch, P.: Österreich und die KSZE. In: Europäische Rundschau. Jg.15, 1987. Nr.1. S.15-22.
BZ 4615:15

Kaschlew, J.B.: Die Sowjetunion beim Wiener Treffen der gesamteuropäischen Zusammenarbeit. In: Europäische Rundschau. Jg.15, 1987. Nr.1. S.67-77.
BZ 4615:15

Maresca, J.J.: Des observateurs pour contrôler le respect des accords d'Helsinki. In: Politique étrangère. A.51, 1986. No.3. S.761-770.
BZ 4449:51

Maresca, J.J.: To Helsinki. The Conference on security and cooperation in Europe 1973-1975. Durham, NC.: Duke Univ.Pr. 1985. XIII,292 S.
B 57926

Neuß, F.-J.: KSZE Wien: Balance halten. In: Europäische Rundschau. Jg.14, 1986. Nr.4. S.27-33.
BZ 4615:14

Palmisano, S.: KSZE - militärische Sicherheitspolitik - Truppe. In: Truppendienst. Jg.27, 1988. Nr.4. S.323-330.
BZ 05209:27

Rogers, N.; Schlotter, P.: Die Institutionalisierung des KSZE-Prozesses. In: Aus Politik und Zeitgeschichte. Jg.37, 1987. B.1-2. S.16-28.
BZ 05159:37

Rogers, N.; Schlotter, P.: Die Institutionalisierungsdebatte im KSZE-Prozess: Geschichte, Modelle, Evaluation. Frankfurt: HSFK 1986. 57 S.
Bc 01895

Sicherheit und Zusammenarbeit in Europa. Dokumente zum KSZE-Prozeß (einschl.d.KVAE.). 6.Aufl.. Bonn: Auswärtiges Amt 1984. 365 S.
B 54751

Staden, B.von: Von Madrid nach Wien: Der KSZE-Prozeß. In: Außenpolitik. Jg.37, 1986. Nr.4. S.348-362.
BZ 4457:37

Urban, J.: Deset let Záverecného aktu z Helsink. In: Historie a vojenstvi. 1985. No.5. S.15-32.
BZ 4526:1985

K 6 e 36 KVAE

Babrowa, S.: Rozbrojenie konwencjonalne: dotychczasow działania i perspektywy. In: Sprawy Międzynarodowe. R.39, 1986. No.2. S.7-18.
BZ 4497:39

Bacia, H.: Die Stockholmer Konferenz - Schlußverhandlungen, Ergebnis und Ausblick. In: Europa-Archiv. Jg.42, 1987. Nr.13. S.369-378.
BZ 4452:42

Blais, G.: La Conferenza di Stoccolma. In: Rivista militare. 1987. No.2. S.61-71.
BZ 05151:1987

Borawski, J.: Confidence and security building measures in Europe. In: Parameters. Jg.16, 1986. No.4. S.68-75.
BZ 05120:16

Boysen, S.: Die KVAE-Vereinbarungen. Kein blindes Vertrauen, sondern auch etwas Kontrolle. In: Europäische Wehrkunde. Jg.35, 1986. Nr.12. S.710-713.
BZ 05144:35

Brandt, E.: Da Stoccolma: misure concordate per il controllo delle attività militari in Europa. In: Difesa oggi. A.10, 1986. No.103. S.524-527.
BZ 05119:10

Darilek, R.E.: The future of conventional arms control in Europa. A tale of two cities: Stockholm, Vienna. In: Survival. Vol.29, 1987. No.1. S.5-20.
BZ 4499:29

Ghebali, V.-Y.: Le succès de la première phase de la conférence de Stockholm sur le désarmement en Europe. In: Défense nationale. A.43, 1987. No.1. S.55-72.
BZ 4460:43

Glatzl, C.; Palmisano, S.: Vertrauensbildung und Entspannung. Am Beispiel der KVAE. In: Österreichische militärische Zeitschrift. Jg.24, 1986. Nr.5. S.444-452.
BZ 05214:24

Mevik, L.: KNE - sluttresultat, perspektiver. In: Norsk militært tidsskrift. Arg.157, 1987. No.1. S.29-41.
BZ 05232:157

Mevik, L.: Die KVAE: Ein solides Ergebnis. In: NATO-Brief. Jg.34, 1986. Nr.5. S.17-19.
BZ 05187:34

Peters, I.: Ende der KVAE - Ende der politischen Vertrauensbildung in Europa?. In: Aus Politik und Zeitgeschichte. Jg.37, 1987. B.1-2. S..
BZ 05159:37

Schenk, B.: Die KVAE aus der Sicht der neutralen Schweiz. In: Europa-Archiv. Jg.42, 1987. Nr.3. S.77-84.
BZ 4452:42

Sizoo, J.: Vertrouwen wekken in Stockholm. In: Internationale spectator. Jg.40, 1986. Nr.11. S.662-672.
BZ 05223:40

Skaggs, D.C.: Operational implications of Stockholm and Vienna. In: Parameters. Jg.16, 1986. No.4. S.76-83.
BZ 05120:16

Yost, D.S.: Armaments conventionnels: une nouvelle négociation?. In: Défense nationale. A.43, 1987. No.6. S.59-75.
BZ 4460:43

Yost, D.S.: Die Kontrolle konventioneller Rüstung vom Atlantik bis zum Ural. In: Europa-Archiv. Jg.42, 1987. Nr.10. S.287-296.
BZ 4452:42

K 6 f Kriegsgeschichte

Dunnigan, J.F.; Austin, B.: A quick and dirty Guide to war. Briefings on present and potential wars. New York: Morrow 1985. 415 S.
B 56805

K 6 f 00 Allgemeines

Luard, E.: Superpowers and Regional Conflicts. In: Foreign affairs. Vol.64, 1986. No.5. S.1006-1025.
BZ 05149:64

K 6 f 10 Kriege in Asien

K 6 f 12 Korea 1950-1953

Heichal, G.T.: Decision making during crisis: the Korean War and the Yom Kippur War. Ann Arbor, Mich.: UMI 1986. 214 S.
B 58170

Hoyt, E.P.: On to the Yalu. New York: Stein and Day 1984. 297 S.
B 55806

Kaufman, B.I.: The Korean War. Challenges in crisis, credibility, and command. Philadelphia, Pa.: Temple Univ.Pr. 1986. XI,381 S.
B 61122

Die Korea - Krise als ordnungspolitische Herausforderung der deutschen Wirtschaftspolitik. Texte u.Dokumente. Red.H.F.Wünsche. Stuttgart: Fischer 1986. 477 S.
B 57478

Paschall, R.: Special operations in Korea. In: Conflict. Vol.7, 1987. No.2. S.155-178.
BZ 4687:7

K 6 f 13 Vietnam 1957-1975

America in Vietnam. A documentary history. Ed. by W.A.Williams. Garden City, N.Y.: Anchor Pr./Doubleday 1985. XII,345 S.
B 56803

Bahnsen, J.C.; West, A.; Starr, D.H.: Attacking dismounted infantry with armored cavalry. In: Armor. Jg.95, 1986. No.5. S.8-15.
BZ 05168:95

Boettcher, T.D.: Vietnam: the valor and the sorrow. From the home front to the front lines in words and pictures. Boston, Mass.: Little, Brown and Comp. 1985. 494 S.
010016

Clarke, J.: On strategy and the Vietnam War. In: Parameters. Jg.16, 1986. No.4. S.39-46.
BZ 05120:16

Curry, G.D.: Sunshine patriots. Punishment and the Vietnam offender. Notre Dame, Ind.: Univ.of Notre Dame Pr. 1985. XIV,146 S.
B 56795

Doleman, E.C.: Tools of war. Boston, Mass.: Boston Publ.Comp. 1984. 176 S.
010044

Doyle, E.; Weiss, S.: A Collision of cultures. Boston, Mass.: Boston Publ.-Comp. 1984. 192 S.
010045

Duić, M.: Der Vietnam-Krieg. In: Zeitschrift für die Ausbildung im Bundesheer. Jg.26, 1987. Nr.2. S.124-133.
BZ 05203:26

Duić, M.: Der Vietnam-Krieg (III.) Amerikas Rückzug und die Vietnamisierung des Krieges von 1968 bis 1972. In: Truppendienst. Jg.27, 1988. Nr.4. S.349-359.
BZ 05209:27

Dunn, P.M.: The first Vietnam war. London: Hurst 1985. XVI,392 S.
B 56696

Heimann, B.: Die USA, die NATO und der französische Indochinakrieg. In: Militärgeschichte. Jg.26, 1987. Nr.4. S.320-332.
BZ 4527:26

Hellmann, J.: American Myth and the legacy of Vietnam. New York: Columbia Univ.Pr. 1986. XIV,241 S.
B 58019

Kolko, G.: Anatomy of a war. Vietnam, the United States, and the modern historical experience. New York, N.Y.: Pantheon Books 1985. XVI,628 S.
B 59495

Lewis, L.B.: The tainted War. Culture and idendity in Vietnam war narratives. Westport, Conn.: Greenwood Press 1985. XVI,193 S.
B 57925

MacNeill, I.: The Team. Australian army advisers in Vietnam 1962-1972. Canberra: Australian War Memorial 1984. XIV,534 S.
B 56461

Maryanow, M.: Oral history and the Vietnam War: the Air Force experience. In: International journal of oral history. Vol.7, 1985/86. No.2. S.125-132.
BZ 4764:7

Morrocco, J.: Rain of fire. Air war, 1969-1973. Boston, Mass.: Boston Publ.Comp. 1985. 192 S.
010046

Palmer, B.: The 25-year war. America's military role in Vietnam. Lexington, Ky.: Univ.Pr.of Kentucky 1984. IX,236 S.
B 56536

Smith, R.B.: An international History of the Vietnam War. 1. Revolution versus containment, 1955-61. 2. The struggle for South-East Asia, 1961-65. Vol.1.2.. London: Macmillan 1983-85. XIII,301; XII,429 S.
B 53713

Sullivan, M.P.: The Vietnam war. A study in the making of American policy. Lexington, Ky.: Univ.Pr.of Kentucky 1985. 198 S.
B 57089

Sweeney, S.B.: Oral history and the Tonkin Gulf incident: interviews about the U.S.Navy in the Vietnam War. In: International journal of oral history. Vol.7, 1985/86. No.3. S.211-216.
BZ 4764:7

Thakur, R.: Peacekeeping in Vietnam. Canada, India, Poland, and the International Commission. Alberta: The Univ.of Alberta Pr. 1984. XV,375 S.
B 56529

K 6 f 14 Afghanistan 1979-

Afghan alternatives. Issues, options, and policies. Ed.by R.H.Magnus. New Brunswick: Transaction Books 1985. 221 S.
B 56985

Akram, A.I.: Afghanistan - die blutende Wunde. In: Europa-Archiv. Jg.42, 1987. Nr.2. S.51-58.
BZ 4452:42

Argumosa Pila, J.: Afganistan: Seis Anos Despues. In: Ejército. A.47, 1986. No.561. S.17-23.
BZ 05173:47 57

Arnold, A.: Afghanistan. The Soviet invasion in perspective. Rev.and enl.ed. Stanford, Cal.: Hoover Institut 1985. XVIII,179 S.
B 57796

Awwad, E.: La crise afghane: Vers une solution politique?. In: L'Afrique et l'Asie modernes. 1986. No.150. S.34-49.
BZ 4689:1986

Bellers, J.; Tatakhyl, G.D.: Der Afghanistan-Konflikt und das internationale System. In: Aus Politik und Zeitgeschichte. 1987. B.4. S.3-21.
BZ 05159:1987

Carrel, L.F.: Luftbeweglichkeit nach sowjetischem Stil. Im Gespräch mit desertierten afghanischen Luftwaffenoffizieren. In: Allgemeine Schweizerische Militärzeitschrift. Jg.153, 1987. Nr.2. S.73-78.
BZ 05139:153

Franceschi, P.: Guerre en Afghanistan. 27 avril 1978 - 31 mai 1984. Essai. Paris: Ed.la Table ronde 1984. 273 S.
B 55522

Freigang, V.K.: Arzt bei den Vergessenen in Afghanistan. 5.Aufl.. Planegg: Promultis Verl. 1986. 137 S.
Bc 6454

Girardet, E.R.: Afghanistan. The Soviet war. London: Croom Helm 1985. 259 S.
B 57276

Goldman, M.E.: President Carter and Afghanistan. A reassessment of American responses in 1980 to the Soviet invasion. In: Revue d'études palestiniennes. 1987. No.23. S.557-582.
BZ 4817:1987

Gritz, A.: Afghanistan: the Guerrilla is changing. In: Military technology. Vol.11, 1987. No.6. S.76-86.
BZ 05107:11

Gritz, A.: Cosa cambia nella resistanza afghana. In: Rivista italiana difesa. A.6, 1987. No.3. S.51-64.
BZ 05505:6

Gritz, A.: Sette anni di guerra in Afghanistan: le tappe di una ascalation. In: Rivista italiana difesa. A.5, 1986. No.12. S.17-30.
BZ 05505:5

La Guerre d'Afghanistan. Intervention soviétique et résistance. Sous la dir.de A.Brigot et O.Roy. Paris: La documentation française 1985. 144 S.
Bc 6104

Les guerres de l'URSS. Afghanistan, Grand Nord, Guerre des étoiles. Par J.P.Viart u.a.. Villennes: IMP 1985. 192 S.
010072

Iriarte Núñez, G.: Afganistan. 5 años de agresón soviética. Bogotá: El Ancona 1984. 132 S.
Bc 6231

Isby, D.; Volstad, R.: Russia's War in Afghanistan. London: Osprey Publ. 1986. 48 S.
Bc 01908

Kamrany, N.M.: The continuing Soviet war in Afghanistan. In: Current history. Vol.85, 1986. No.513. S.333-336.
BZ 05166:85

Karp, C.M.: The War in Afghanistan. In: Foreign affairs. Vol.64, 1986. No.5. S.1026-1047.
BZ 05149:64 41

Khalilzad, Z.: The war in Afghanistan. In: International journal. Vol.41, 1985-86. No.2. S.271-299.
BZ 4458:41

Maurer, P.: L'intervention soviétique en Afghanistan dans une perspective historique. In: Revue militaire suisse. A.131, 1986. No.12. S.594-618.
BZ 4528:131

Pochoy, M.: Afghanistan: sept ans de malheurs. In: Défense nationale. A.43, 1987. No.2. S.85-103.
BZ 4460:43

Ponfilly, C.de: Los Mujahidines. Invasión sovietica del Afganistán. Madrid: Ed.San Martin 1985. 199 S.
B 59176

Rashid, A.: The Afghan resistance and the problem of unity. In: Strategic review. Vol.14, 1986. No.3. S.58-66.
BZ 05071:14

The red Army on Pakistan's border: policy implications for the United States. Ed.T.L.Eliot [u.a.]. Washington: Pergamon Press 1986. VII,88 S.
Bc 6458

Roy, O.: La stratégie soviétique en Afghanistan et ses limites. In: Politique étrangère. A.50, 1985. No.4. S.871-883.
BZ 4449:50

Stahel, A.A.; Bucherer, P.: Afghanistan 1985-1986. Besetzung und Kriegführung der UdSSR. In: Allgemeine Schweizerische Militärzeitschrift. Jg.152, 1986. Nr.12.
BZ 05139:152

Stahel, A.A.; Bucherer-Dietschi, P.: Sowjetische Besetzung und Widerstand - Afghanistan 1985/1986 (II). In: Truppendienst. Jg.26, 1987. Nr.1. S.37-42.
BZ 05209:26

Yardley, M.: Afghanistan - Ein Augenzeugenbericht. In: Internationale Wehrrevue. Jg.20, 1987. Nr.3. S.275-277.
BZ 05263:20

K 6 f 19 Sonstige Kriege in Asien

Astaf'ev, G.V.: Intervencija SŠA v Kitae 1945-1949. 2.izd.dop. Moskva: Mysl' 1985. 399 S.
B 59449

Bullert, G.: The Chinese Occupation of Tibet. A Lesson from History. In: The Journal of social, political and economic studies. Vol.11, 1986. No.1. S.17-37.
BZ 4670:11

Chang, P.-M.: Kampuchea between China and Vietnam. Singapore: Singapore Univ.Pr. 1985. XI,204 S.
B 59191

K 6 f 20 Kriege im Nahen und Mittleren Osten

K 6 f 21 Arabisch/israelische Kriege

Ben-Porat, Y.: The Yom Kippur War: a mistake in may leads to a surprise in October. In: Israel Defence Forces Journal. Vol.3, 1986. No.3. S.52-61.
BZ 05504:3

Fernandez, J.J.: Cascos Azules. Los soldados sin enemigo. Fenu il y la guerra del "Yom Kippur" de 1973. In: Ejército. A.48, 1987. No.564. S.64-70.
BZ 05173:48

Inbar, M.; Yuchtman-Yaar, E.: Some cognitive dimensions of the Israeli-Arab Conflict. A preliminary report. In: The Journal of conflict resolution. Vol.29, 1985. No.2. S.699-725.
BZ 4394:29

Kahalani, A.: The Heights of courage. A tank leader's war on the Golan. Westport, Conn.: Greenwood Press 1984. XXIII,198 S.
B 56107

Menzel, S.H.: Zahal Blitzkrieg. The Sinai Campaign of 1967 exemplified modern warfare. In: Armor. Jg.95, 1986. No.6. S.25-33.
BZ 05168:95

Morris, B.: The harvest of 1948 and the creation of the Palestinian refugee problem. In: The Middle East journal. Vol.40, 1986. No.4. S.671-685.
BZ 4463:40

Williams, L.: The Sinai campaign - Thirty years later. In: Israel Defence Forces Journal. Vol.4, 1987. No.1. S.54-60.
BZ 05504:4

K 6 f 22 Suezkrise 1956

Battesti, M.: Les ambiguités de Suez. In: Revue historique des armées. 1986. No.4. S.3-14.
BZ 05443:1986

Carré, C.: Le soutien logistique pendant la campagne de Suez. In: Revue historique des armées. 1986. No.4. S.15-29.
BZ 05443:1986

Facon, P.: L'Armée de l'Air et l'affaire de Suez. In: Revue historique des armées. 1986. No.4. S.30-40.
BZ 05443:1986

Jurado, C.: Suez 1956: La Guerra de los Cuatro Dias. In: Defensa. A.9, 1987. No.103. S.54-61.
BZ 05344:9

Masson, P.: Origines et bilan d'une défaite. In: Revue historique des armées. 1986. No.4. S.51-58.
BZ 05443:1986

Robineau, L.: Les porte-à-feux de l'affaire de Suez. In: Revue historique des armées. 1986. No.4. S.41-50.
BZ 05443:1986

K 6 f 23 Golfkrieg Iran-Irak 1980-

Amer, A.: Der Irak im Golfkrieg. In: Blätter des iz3w. 1987. Nr.140. S.4-11.
BZ 05130:1987

Axelgard, F.W.: Iraq and the War with Iran. In: Current history. Vol.86, 1987. No.517. S.57-60;82,90.
BZ 05166:86

Barone, M.V.: Gli sviluppi della guerra Iran-Iraq. In: Rivista italiana difesa. A., 1986. No.11. S.44-52.
BZ 05505:1986

Le Borgne, C.: Irak-Iran: Guerre sans avenir. In: Stratégique. Jg.3, 1986. No.31. S.5-17.
BZ 4694:3

Chubin, S.: Reflections on the Gulf War. In: Survival. Vol.29, 1987. No.1. S.306-321.
BZ 4499:29

Chubin, S.: Sieben Jahre Golfkrieg. Sowjetische Waffen auf beiden Seiten. In: Internationale Wehrrevue. Jg.20, 1987. Nr.6. S.731-735.
BZ 05263:20

Cordesman, A.H.: Arms to Iran: The impact of U.S. and other arms sales on the Iran-Iraq war. In: American Arab affairs. 1987. No.20. S.13-37.
BZ 05520:1987

Cunningham, M.: Iran - Iraq: Who fuels the fire?. In: Defence attache. 1987. No.1. S.33-37.
BZ 05534:1987

Ferdowsi, M.A.: Der iranisch-irakische Krieg. Ein Sonderfall regionaler Konflikte in der Dritten Welt?. In: Vierteljahresschrift für Sicherheit und Frieden. Jg.4, 1986. Nr.2. S.98-105.
BZ 05473:4

Karsh, E.; King, R.: Der irakisch-iranische Krieg am Scheideweg. In: Europa-Archiv. Jg.41, 1986. Nr.20. S.591-598.
BZ 4452:41

Karsh, E.: The Iran-Iraq war: a military analysis. London: International Inst.-for Strategic Studies 1987. 72 S.
Bc 6566

King, R.: The Iran-Iraq war: the political implications. London: International Inst.for Strategic Studies 1987. 76 S.
Bc 6465

Kostiner, J.: The Gulf states under the shadow of the Iran-Iraq war. In: Conflict. Vol.6, 1986. No.4. S.371-384.
BZ 4687:6

Mahrad, A.: Der Iran-Irak-Konflikt. Frankfurt: Lang 1985. 391 S.
B 58744

Migliavacca, P.: Il conflitto Iran-Iraq. In: Affari esteri. A.19, 1987. No.74. S.205-219.
BZ 4373:19

Mullins, T.D.: The security of oil supplies. In: Survival. Vol.28, 1986. No.6. S.509-523.
BZ 4499:28

Mylroie, L.: The superpowers and the Iran-Iraq War. In: American Arab affairs. 1987. No.21. S.15-26.
BZ 05520:1987

O'Ballance, E.: Iran versus Iraq - Quantity versus quality. In: Defence attache. 1987. No.1. S.25-31.
BZ 05534:1987

Olson, W.J.: The Gulf War: Peace in our times?. In: Parameters. Jg.16, 1986. No.4. S.47-56.
BZ 05120:16

Olson, W.J.: The Iran-Iraq War: a dialogue of violence. In: Defense analysis. Vol.2, 1986. No.2. S.235-246.
BZ 4888:2

Rubinstein, A.Z.: Perspectives on the Iran-Iraq War. In: Orbis. Vol.29, 1985. No.3. S.597-608.
BZ 4440:29

Sigler, J.H.: The Iran-Iraq conflict: the tragedy of limited conventional war. In: International journal. Vol.41, 1985-86. No.2. S.425-456.
BZ 4458:41

Terrill, W.A.: Chemical Weapons in the Gulf war. In: Strategic review. Vol.14, 1986. No.2. S.51-58.
BZ 05071:14

Viorst, M.: Iraq at War. In: Foreign affairs. Vol.65, 1987. No.2. S.349-365.
BZ 05149:65

K 6 f 24 Libanonkrieg 1975-

Azar, E.E.; Haddad, R.F.: Lebanon: an anomalous conflict?. In: Third world quarterly. Vol.8, 1986. No.4. S.1337-1350.
BZ 4843:8

Les guerres du Liban. Paris: IMP 1985. 158 S.
010119

Materialien zur libanesischen Tragödie, 1982-1986. Zs.-gest.u.bearb.: S.Mnich. Frankfurt: Fischer 1986. 42 S.
Bc 6452

Mowles, C.: The Israeli occupation of South Lebanon. In: Third world quarterly. Vol.8, 1986. No.4. S.1351-1366.
BZ 4843:8

Piotrowski, J.: Nowe aspekty konfliktu w Libanie. In: Sprawy Międzynarodowe. R.39, 1986. No.6. S.75-88.
BZ 4497:39

Schlicht, A.: Religiöse und soziale Faktoren im Vorfeld des Libanon-Konflikts. In: Geschichte in Wissenschaft und Unterricht. Jg.38, 1987. H.7. S.418-426.
BZ 4475:38

Shemesh, M.: The Lebanon Crisis, 1975-1985: A Reassessment. In: The Jerusalem quarterly. 1986. Nos.37. S.79-94.
BZ 05114:1986

Le siège des camps au Liban: mémorandum du FDLP. In: Revue d'études palestiniennes. 1987. No.23. S.73-85.
BZ 4817:1987

K 6 f 30 Kriege in Afrika

K 6 f 31 Algerienkrieg 1954-62

Carré, C.: Aspects opérationnels du conflit algérien 1945-1960. In: Revue historique des armées. 1987. No.166. S.82-91.
BZ 05443:1987

Etschmann, W.: Guerillakrieg nach 1945 - Theorie und Praxis (V) Guerillas in Algerien 1954 bis 1962. In: Truppendienst. Jg.25, 1986. Nr.5. S.490--496.
BZ 05209:25

Fleury, G.: Djebels en feu. Paris: Grasset 1985. 335 S.
B 59423

Jouhaud, E.: Serons-nous enfin compris?. Paris: Michel 1984. 303 S.
B 56011

Montagnon, P.: La Guerre d'Algérie. Genèse et engrenage d'une tragédie. Paris: Pygmalion/Gérard Watelet 1984. 450 S.
B 54355

K 6 f 32 Sonstige Kriege in Afrika

Grilz, A.: Le opposizioni armata in Etiopia: guerriglie in espansione. In: Rivista italiana difesa. A.6, 1987. No.5. S.17-31.
BZ 05505:6

Grilz, A.: Origini e sviluppo della guerra civile in Mozambico. In: Rivista italiana difesa. A., 1986. No.11. S.30-38.
BZ 05505:1986

Hallerbach, R.: Moskaus Krieg in Angola. In: Europäische Wehrkunde. Jg.35, 1986. Nr.11. S.618-623.
BZ 05144:35

Hense, P.B.: The Endless War. In: The Washington quarterly. Vol.9, 1986. No.2. S.23-36.
BZ 05351:9

Jesser, W.: Pattsituation im West-Sahara-Konflikt. In: Europa-Archiv. Jg.42, 1987. Nr.12. S.351-360.
BZ 4452:42

Klinghoffer, A.J.: The Angolan war: a study in regional insecurity. In: The Jerusalem journal of international relations. Vol.8, 1986. Nos.2-3. S.142-159.
BZ 4756:8

Mazrui, A.-A.: Ideology, theory and revolution: lessons from the Mau-Mau. In: Race and class. Vol.28, 1987. No.4. S.53-61.
BZ 4811:28

K 6 f 40 Kriege in Amerika

K 6 f 44 Falkland-Krieg 1982

Bluth, C.: The British resort to force in the Falklands/Malvinas Conflict 1982: International law and just war theory. In: Journal of peace research. Vol.24, 1987. No.1. S.5-20.
BZ 4372:24

Boltersdorf, J.: Krisen und Krisenkontrolle in den internationalen Beziehungen am Beispiel des Falkland-Kon-

flikts von 1982. Berlin: Wissenschaftl. Autoren-Verl. 1985. X,152 S.
Bc 6556

Falklands. The air war. By R.A.Burden [u.a.]. London: Arms and Armour Pr. 1986. 480 S.
B 60754

Feldman, D.L.: The United States roles in the Malvinas Crisis, 1982. In: Journal of interamerican studies and world affairs. Vol.27, 1985. No.2. S.1-22.
BZ 4608:27

Franks, O.S.: El Servicio secreto británico y la guerra de las Malvinas. Buenos Aires: Ed.del Mar Dulce 1985. 157 S.
Bc 6445

Freedman, L.: Intelligence operations in the Falklands. In: Intelligence and national security. Vol.1, 1986. No.3. S.309-335.
BZ 4849:1

Lambrecht, R.: Krieg einer Eingreiftruppe. In: Militärgeschichte. Jg.26, 1987. Nr.1. S.11-18.
BZ 4527:26

Lambrecht, R.: Der Krieg im Südatlantik. Berlin: Militärverlag der DDR 1986. 111 S.
Bc 6235

Lessons learned from the Falklands conflict. In: Jane's defence weekly. Vol.8, 1987. No.4. S.193-196.
BZ 05465:8

Moro, R.O.: La Guerra inaudita. Historia del conflicto del Atlántico Sur. 6.ed.. Buenos Aires: Ed.Pleamar 1986. 559 S.
B 59941

Rose, H.M.: Toward an ending of the Falkland Islands War, June 1982. In: Conflict. Vol.7, 1987. No.1. S.1-13.
BZ 4687:7

Whiteley, G.: The "Just War" tradition and the Falklands conflict. In: RUSI. Vol.131, 1986. No.4. S.33-40.
BZ 05161:131

K 6 f 46 Grenada-Invasion 1983

American intervention in Grenada.
The implications of operation "Urgent
Fury". Ed.by P.M.Dunn and B.W.Watson. Boulder, Colo.: Westview Press
1985. XIII,185 S.
B 57636

Bolger, D.P.: Operation 'Urgent Fury'
and Its Critics. In: Military review.
Vol.66, 1986. No.7. S.57-69.
BZ 4468:66

Dubik, J.M.; Fullerton, T.D.: Soldier
overloading in Grenada. In: Military
review. Vol.67, 1987. No.1. S.38-47.
BZ 4468:67

The Grenada papers. Ed.by P.Seabury
and W.A.McDougall. San Francisco:
ICS Pr. 1984. XVII,346 S.
B 56505

Waters, M.: The Invasion of Grenada,
1983 and the collaps of legal norms. In:
Journal of peace research. Vol.23, 1986.
No.3. S.229-246.
BZ 4372:23

L Länder

L 000 Mehrere Erdteile

L 020 Naher und Mittlerer Osten

L 020 d Land und Volk

Firro, K.: Political behavior of the Druze as a minority in the Middle East - a historical perspective. In: Orient. Jg.27, 1986. H.3. S.463-479.
BZ 4663:27

Rondot, P.: Les minorités dans le Proche-Orient. In: L'Afrique et l'Asie modernes. 1987. No.153. S.85-101.
BZ 4689:1987

Rondot, P.: Les minorités dans le Proche-Orient. In: L'Afrique et l'Asie modernes. 1986. No.151. S.14-27.
BZ 4689:1986

Samhan, H.H.: Politics and exclusion: the Arab American experience. In: Journal of Palestine studies. Vol.16, 1986. No.2. S.11-28.
BZ 4602:16

Winder, R.B.: Four decades of Middle Eastern study. In: The Middle East journal. Vol.41, 1987. No.1. S.40-63.
BZ 4463:41

Wright, R.: Die Schiiten. Allahs fanatische Krieger. Reinbek: Rowohlt 1985. 285 S.
B 57623

Yacoub, J.: Les Assyro-chaldéens d'aujourd'hui. In: L'Afrique et l'Asie modernes. 1986. No.151. S.28-44.
BZ 4689:1986

L 020 d 10 Palästinenser/PLO

Becker, J.: The PLO. The rise and fall of the Palestine Liberation Organization. New York: St.Martin's Press 1984. VI,303 S.
B 56122

Haniyyé, A.: Journaliste sous l'occupation. In: Revue d'études palestiniennes. 1987. No.23. S.3-11.
BZ 4817:1987

Jacobs, P.: Yassir Arafat. Versuch einer Lebensbeschreibung. Dortmund: Weltkreis Verl. 1985. 209 S.
B 57331

Miller, D.: The PLO and the peace process: the organizational imperative. In: SAIS review. Vol.7, 1987. No.1. S.95-109.
BZ 05503:7

Mussalam, S.F.: Le structur de l'OLP. In: Revue d'études palestiniennes. 1986. No.21. S.79-115.
BZ 4817:1986

Nasser, M.S.: Die gegenwärtige Krise der PLO - ihre innerorganisatorisch-strukturellen Bedingungen und Grundlagen. In: Orient. Jg.27, 1986. H.3. S.423-440.
BZ 4663:27

Rouleau, É.: Les Palestiniens. D'une guerre à l'autre. Paris: Ed.La Découverte 1984. VIII,228 S.
B 54357

Sayigh, R.: Femmes palestiniennes: une histoire en quête d'historiens. In: Revue d'etudes palestiniennes. 1987. No.23. S.13-33.
BZ 4817:1987

Sayigh, Y.: Palestinian armed struggle: means and ends. In: Journal of Palestine studies. Vol.16, 1986. No.1. S.95-112.
BZ 4602:16

Sayigh, Y.: The politics of Palestinian exile. In: Third world quarterly. Vol.9, 1987. No.1. S.28-66.
BZ 4843:9

L 020 e Staat und Politik

Göbel, K.-H.: Moderne schiitische Politik und Staatsidee. Opladen: Leske + Budrich 1984. 263 S.
B 55352

Local Politics and development in the Middle East. Ed.by L.J.Cantori. Boulder, Colo.: Westview Press 1984. XII,258 S.
B 55132

L 020 e 10 Innenpolitik

Braibanti, R.: A rational context for analysis of Arab polities. In: American Arab affairs. 1987. No.21. S.108-121.
BZ 05520:1987

Chomsky, N.: Middle East terrorism and the American ideological system. In: Race and class. Vol.28, 1987. No.1. S.1-28.
BZ 4811:28

Man, I.di: Nuovo e vecchio terrorismo. In: Affari esteri. 1986. No.39. S.166-180.
BZ 4373:1986

Scheffler, T.: Der "Sarajewo-Effekt". Nahöstlicher Terrorismus als Herausforderung europäischer Friedenspolitik. In: Die neue Gesellschaft/Frankfurter Hefte. Jg.33, 1986. Nr.10. S.870-882.
BZ 4572:33

Schiller, D.T.: Terrorismus im Nahen Osten. In: Aus Politik und Zeitgeschichte. 1987. B.5. S.29-38.
BZ 05159:1987

L 020 e 20 Außenpolitik

Corneli, A.: Il Medio Oriente. Area nodale per le relazioni internazionali. In: Rivista marittima. A.120, 1987. No.2. S.9-15.
BZ 4453:120

Foreign policy issues in the Middle East. Afghanistan - Iraq - Turkey - Morocco. Ed.by R.Lawless. Durham: Univ.of Durham 1985. 83 S.
Bc 5934

L 020 f Wehrwesen

Blair, B.G.; Cohen, D.S.; Gottfried, K.: Command in Crisis: A Middle East scenario. In: Bulletin of peace proposals. Vol.17, 1986. No.2. S.113-120.
BZ 4873:17

Cordesman, A.H.: International security. The realities and unrealities of the Middle East arms market. In: RUSI. Vol.132, 1987. No.1. S.47-56.
BZ 05161:132

Lebovic, J.H.; Ishaq, A.: Military burden, security needs, and economic growth in the Middle East. In: The Journal of conflict resolution. Vol.31, 1987. No.1. S.106-138.
BZ 4394:31

Nashif, T.N.: Nuclear Warfare in the Middle East: dimensions and responsibilities. Princeton, N.J.: Kingston Pr. 1984. 142 S.
B 57212

L 020 k Geschichte

L 020 k 1 Nah-Ost-Konflikt

Broholm, K.; Holmsgård, A.G.: Zionismens Israel - et land i evig krig. Århus: Forl.Historisk Revy 1984. 236 S.
B 55384

Dowty, A.: Middle East Crisis. U.S. decision-making in 1958,1970, and 1973. Berkeley, Cal.: University of California 1984. XIV,416 S.
B 55569

Kelman, H.C.: Overcoming the barriers to negotiation of the Israeli-Palestinian Conflict. In: Journal of Palestine studies. Vol.16, 1986. No.1. S.13-28.
BZ 4602:16

Khazen, F.el: The Middle East in strategic retreat. In: Foreign policy. 1986. No.64. S.140-160.
BZ 05131:1986

Kreisky, B.: Das Nahostproblem. Reden, Interviews, Kommentare. Wien: Europaverlag 1985. 262 S.
B 55999

Melman, Y.: Domestic factors and foreign policy in the Arab-Israeli conflict. In: The Washington quarterly. Vol.9, 1986. No.3. S.33-42.
BZ 05351:9

Middle East peace plans. Ed.by W.A.Beling. London: Croom Helm 1986. 240 S.
B 59095

Peters, J.: From Time immemorial. The origins of the Arab-Jewish conflict over Palestine. New York: Harper & Row 1984. X,601 S.
B 56155

Said, E.: The Burdens of Interpretation and the Question of Palestine. In: Journal of Palestine studies. Vol.16, 1986. No.1. S.29-37.
BZ 4602:16

L 030 Entwicklungsländer/ Dritte Welt

L 030 a Allgemeines

Harrison, P.: Die Zukunft der Dritten Welt. Reinbek: Rowohlt 1984. 309 S.
B 56647

Valkenier, E.K.: Revolutionary change in the Third World: Recent Soviet Assessments. In: World politics. Vol.38, 1985/86. No.3. S.415-432.
BZ 4464:38

L 030 e Staat und Politik

Korany, B.: How foreign policy decisions are made in the Third World. A comparative analysis. Boulder, Colo.: Westview Press 1986. XV,214 S.
B 59587

Mäder, U.: Gewaltfreie Revolution in Entwicklungsländern. Basel: Karger Libri 1984. V,308 S.
B 55518

Moore, R.J.: Third World Diplomats in dialogue with the first world. The new diplomacy. London: Macmillan 1985. XII,179 S.
B 55103

Rothstein, R.L.: The "security dilemma" and the "poverty trap" in the Third World. In: The Jerusalem journal of international relations. Vol.8, 1986. Nos.4. S.1-38.
BZ 4756:8

Rubinstein, A.Z.: A Third World policy waits for Gorbachev. In: Orbis. Vol.30, 1986. No.2. S.355-364.
BZ 4440:30

Skak, M.: CMEA Relations with Africa: a case of disparty in foreign policy instruments. In: Cooperation and conflict. Nordic journal of international politics. Vol.21, 1986. No.1. S.3-23.
BZ 4605:21

Thomas, C.Y.: The Rise of the authoritarian state in peripheral societies. New York: Monthly Review Pr. 1984. XXVI,157 S.
B 56121

L 030 f Wehrwesen

Lessons of recent wars in the Third World. Ed.by S.G.Neumann u.R.E.Harkavy. Vol.1.2.. Lexington, Mass.: Lexington Books 1985-87. 304 S.
B 57952

L 030 g Wirtschaft

Blomström, M.; Hettne, B.: Development theory in transition. The dependency debate and beyond: Third World responses. London: Zed Books 1984. VII, 215 S..
B 57433

The economic History of Eastern Europe 1919-1975. 1. Economic structure and performance between the two wars. Ed.by M.C.Kaser and E.A.Radice. Vol.1. Oxford: Clarendon Press 1985. XIX,616 S.
B 59366

François, D.: Guide de l'aide au tiers monde. Solidarité et développement. Paris: Syros 1984. 189 S.
B 56994

Jansen, A.: Globaal bekeken. s'-Gravenhage: Min.van Buitenlandse Zaken 1986. 31 S.
Bc 6697

L 030 h Gesellschaft

Kerbs, T.: Building Third World affiliates. A comparison of NGO strategies. In: Bulletin of peace proposals. Vol.18, 1987. No.2. S.173-189.
BZ 4873:18

L 040 Neutrale und nichtgebundene Staaten

Ropp, K.von der: Der Gipfel der Blockfreien von Harare. In: Außenpolitik. Jg.38, 1987. Nr.1. S.87-97.
BZ 4457:38

Vetschera, H.: Neutrality and defense: legal theory and military practice in the European neutral's defense policies. In: Defense analysis. Vol.1, 1985. No.1. S.51-64.
BZ 4888:1

L 060 Commonwealth-Staaten

Chand, A.: Commonwealth nations: past and present. Delhi: UDH Publ. 1984. LXIV,278 S.
B 56849

L 100 Europa

L 101 Nordeuropa

Einhorn, E.S.; Logue, J.A.: The Scandinavian Democratic Model. In: Scandinavian political studies. Vol.9, 1986. No.3. S.193-208.
BZ 4659:9

Esping-Andersen, G.: Politics against markets. The social democratic road to power. Princeton, N.J.: Princeton Univ.Press 1985. XX,366 S.
B 57096

Hagelin, B.: Nordic armaments and military dependencies. In: Current research on peace and violence. Vol.9, 1986. No.1-2. S.13-27.
BZ 05123:9

Harboe-Hansen, H.: The Scandinavian navies. In: Maritime defence. Vol.11, 1986. No.11. S.405-412.
BZ 05094:11

Melander, G.: Nordic refugee policy in a European perspective. In: Current research on peace and violence. Vol.9, 1986. No.4. S.183-188.
BZ 05123:9

Politt, G.: Die Haltung der sozialdemokratischen Parteien Nordeuropas zu Frieden und Abrüstung. In: IPW-Berichte. Jg.16, 1987. H.5. S.29-34.
BZ 05326:16

Popiński, R.: Państwa nordyckie wobec bezpieczeństwa i współlpracy w Europie. In: Sprawy Międzynarodowe. R.39, 1986. No.12. S.59-74.
BZ 4497:39

Rosas, A.: Nordic human rights policies. In: Current research on peace and violence. Vol.9, 1986. No.4. S.167-182.
BZ 05123:9

Schneppen, H.: Nordeuropa zwischen Integration und Isolation. In: Europa-Archiv. Jg.42, 1987. Nr.9. S.269-279.
BZ 4452:42

L 103 Osteuropa

L 103 d Land und Volk

Aus dreissig Jahren Osteuropa-Forschung. Gedenkschrift f.Dr.phil.G.-Kennert (1909-1984). Hrsg.v.Müller-Dietz. Berlin: Osteuropa-Inst. 1984. 334 S.
B 56273

Jaworski, R.: Osteuropa als Gegenstand historischer Stereotypenforschung. In: Geschichte und Gesellschaft. Jg.13, 1987. H.1. S.63-76.
BZ 4636:13

L 103 e Staat und Politik

Bebler, A.: Conflicts between socialist states. In: Journal of peace research. Vol.24, 1987. No.1. S.31-46.
BZ 4372:24

Bromke, A.: Eastern Europe in the aftermath of solidarity. New York: Columbia Univ.Pr. 1985. VIII,206 S.
B 57923

Bromke, A.: Eastern Europe: calm before the new storm?. In: International journal. Vol.41, 1985-86. No.1. S.221-249.
BZ 4458:41

Brzezinski, Z.: East-West relations. In: Atlantic community quarterly. Vol.22, 1985-86. No.4. S.295-300.
BZ 05136:22

Damkjær, S.: Den reale socialismens Anatomi. København: Akademisk Forl. 1984. 165 S.
B 55792

Elite studies and communist politics. Essays in memory of C.Beck. Ed.: R.H.Linden and B.A.Rockman. Pittsburgh: Univ.of Pittsburgh Pr. 1984. XIII,352 S.
B 57229

Farago, B.: Les leçons du totalitarisme. Réflexions sur la pensée politique des oppositions est-européennes. In: Commentaire. A.10, 1987. No.37. S.50-63.
BZ 05436:10

Heumos, P.: Arbeiterschaft und Sozialdemokratie in Ostmitteleuropa 1944-1948. In: Geschichte und Gesellschaft. Jg.13, 1987. H.1. S.22-38.
BZ 4636:13

Jhabvala, F.: The Soviet-Bloc's view of the implementation of human rights accords. In: Human rights quarterly. Vol.7, 1985. No.4. S.461-491.
BZ 4753:7

Leciejewski, K.D.: Die Gemeinschaft der Gegensätze. In: Deutschland-Archiv. Jg.20, 1987. Nr.5. S.475-480.
BZ 4567:20

Narkiewicz, O.A.: Eastern Europe, 1968-1984. London: Croom Helm 1986. 273 S.
B 57442

Sejna, J.; Douglass, J.D.: Decision-making in communist countries: an inside view. Washington, D.C.: Pergamon-Brassey's 1986. XII,80 S.
Bc 6077

L 103 f Wehrwesen

Communist military Machine. I.Beckett [u.a.]. Twickenham: Hamlyn 1985. 192 S.
09964

L 103 g Wirtschaft

Bethkenhagen, J.: Die Kernenergiepolitik der RGW-Länder. In: Deutschland-Archiv. Jg.19, 1986. Nr.10. S.1096-1103.
BZ 4567:19

Coker, C.: The Soviet Union, Eastern Europe, and the New International Economic Order. New York: Praeger 1984. IX,124 S.
B 54365

Csaba, L.: RWPG w zmieniajacym sie świecie. In: Sprawy Międzynarodowe. R.39, 1986. No.12. S.31-44.
BZ 4497:39

Gumpel, W.: Die Wirtschaft der osteuropäischen Staaten als Ergänzung der sowjetischen Machtpotentials. In: Europäische Rundschau. Jg.14, 1986. Nr.4. S.35-43.
BZ 4615:14

Monkiewicz, J.; Maciejewicz, J.: Technology export from the socialist countries. Boulder, Colo.: Westview Press 1986. X,170 S.
Bc 6358

Oschlies, W.: Heißt RGW "Region gegenseitigen Widerwillens"?. In: Deutschland-Archiv. Jg.20, 1987. Nr.4. S.415-420.
BZ 4567:20

Osteuropas Wirtschaftsprobleme und die Ost-West-Beziehungen. H.-H.Höhmann [u.a.]. Baden-Baden: Nomos-Verl.Ges. 1984. 308 S.
B 56689

Prybyla, J.S.: The dawn of real communism: problems of Comecon. In: Orbis. Vol.29, 1985. No.2. S.387-402.
BZ 4440:29

Schreiber, T.: Tchernobyl et les médias en Europe de l'Est. In: Politique étrangère. A.51, 1986. No.3. S.697-701.
BZ 4449:51

L 103 h Gesellschaft

Legge, J.; Alford, J.R.: Can government regulate fertility?. An assessment of pronatalist policy in Eastern Europe. In: The Western political quarterly. Vol.39, 1986. No.4. S.709-728.
BZ 4612:39

L 103 i Geistesleben

Berend, I.T.: Die kulturelle Identität Ost-Mitteleuropas. In: Europäische Rundschau. Jg.15, 1987. Nr.1. S.57-66.
BZ 4615:15

Kolakowski, L.: Communism as a cultural formation. In: Survey. Vol.29, 1987. No.2. S.136-148.
BZ 4515:29

Ramet, P.: Rock counterculture in Eastern Europe and the Soviet Union. In: Survey. Vol.29, 1987. No.2. S.149-179.
BZ 4515:29

L 103 k Geschichte

Seton-Watson, H.: Eastern Europe between the wars, 1918-1941. Boulder, Colo.: Westview Press 1986. XVII,425 S.
B 59808

L 104 Südosteuropa/Balkan

Pamir, P.: The Balkans: nationalism, NATO and the Warsaw Pact. London: Institute for the study of conflict 1985. 31 S.
Bc 6159

L 107 Westeuropa

L 107 e Staat und Politik

L 107 e 10 Innenpolitik

Börner, H.: Lebendiger Föderalismus zum Nutzen Europas. Bonn: Bundesrat 1986. 17 S.
Bc 6249

New nationalisms of the developed West. Ed.by E.A.Tiryakian and R.Rogowski. London: Allen & Unwin 1985. XII,394 S.
B 57662

Police and public order in Europe. Ed.by J.Roach and J.Thomaneck. London: Croom Helm 1985. 293 S.
B 57388

Shipley, P.: Patterns of protest in Western Europe. London: Institute for the study of conflict 1986. 23 S.
Bc 6166

L 107 e 13 Parlamente und Wahlen

1984. Elections Européenes. Vol.1-3. Paris: Agence France Pr. 1984. 135,184,153 S.
B 57791

The public Image of the European parliament. Ed.by A.Robinson [u.a.]. London: Policy Studies Inst. 1986. IV,77 S.
Bc 6433

Ronga, C.di: Il parlamento europeo e la "grande politica": 1979-1984. In: Storia contemporanea. A.18, 1987. No.1. S.45-127.
BZ 4590:18

L 107 e 14 Parteien

Hodge, C.C.: The supremacy of politics: federalism and parties in Western Europe. In: West European politics. Vol.10, 1987. No.1. S.253-268.
BZ 4668:10

Horchem, H.J.: Terror in Europa. Akteure und Hintergründe - Gegenstrategien. In: Beiträge zur Konfliktforschung. Jg.16, 1986. Nr.4. S.31-54.
BZ 4594:16

Kramer, S.P.: Socialism in Western Europe. Boulder, Colo.: Westview Press 1984. XVI,229 S.
B 55029

Naßmacher, K.-H.: Öffentliche Parteienfinanzierung in Westeuropa: Implementationsstrategien und Problembestand in der Bundesrepublik Deutschland, Italien, Österreich und Schweden. In: Politische Vierteljahresschrift. Jg.28, 1987. Nr.1. S.101-125.
BZ 4501:28

Radzikowski, P.: Niektóre aspekty bezpieczeństwa europejskiego w polityce partii komunistycznych Zachodu. In: Przegląd stosunków międzynarodwych. Jg.118, 1985. No.6. S.7-18.
BZ 4777:118

Sozialistische Politik für Europa. Wien: Verl.d.SPÖ 1985. 46 S.
Bc 6421

L 107 e 20 Außenpolitik

Barzini, L.: Gli Europei. Milano: Mondadori 1985. 297 S.
B 57892

Bender, P.: Diskussion. Mitteleuropa - Mode, Modell oder Motiv?. In: Europäische Rundschau. Jg.15, 1987. Nr.1. S.95-103.
BZ 4615:15

Bender, P.: Mitteleuropa - Mode, Modell oder Motiv?. In: Die neue Gesellschaft/Frankfurter Hefte. Jg.34, 1987. Nr.4. S.297-304.
BZ 4572:34

Bendix, R.: The special position of Europe. In: Scandinavian political studies. Vol.9, 1986. S.301-316.
BZ 4659:9

Bonvicini, G.: La sicurezza collettiva nel rapporto Cee-Stati Uniti. In: Politica internazionale. A.15, 1987. No.1. S.5-12.
BZ 4828:15

European foreign policy making and the Arab-Israeli conflict. Ed.by D.Allen, A.Pijpers. The Hague: Nijhoff 1984. XIII,245 S.
B 55879

Luard, E.: A European foreign policy?. In: International affairs. Vol.62, 1986. No.4. S.573-582. BZ 4447:62

Partners and rivals in Western Europe: Britain, France and Germany. Ed.by R.Morgan [u.a.]. Aldershot: Gower 1986. XVII,275 S. B 59049

Reifenberg, J.: Rücken die beiden Seiten des Atlantiks auseinander?. In: NATO-Brief. Jg.34, 1986. Nr.5. S.3-10. BZ 05187:34

Schulz, E.: Relations between the two Europes. In: The Jerusalem journal of international relations. Vol.8, 1986. Nos.2-3. S.65-82. BZ 4756:8

Weidenfeld, W.: Die Europäische Gemeinschaft und Osteuropa. In: Außenpolitik. Jg.38, 1987. Nr.2. S.133-142. BZ 4457:38

L 107 e 21 Sicherheitspolitik

Barre, R.: De la sécurité en Europe. In: Défense nationale. A.43, 1987. No.6. S.15-30. BZ 4460:43

Barre, R.: Foundations of European security and co-operation. In: Survival. Vol.29, 1987. No.4. S.291-300. BZ 4499:29

Bedrohungsanalysen. Eine Sachverständigenanhörung. Hrsg.: W.Brun, H.Ehmke, C.Krause. Bonn: Verl.Neue Gesellschaft 1985. 151 S. B 55691

Cartwright, J.; Critchley, J.: Cruise, Pershing and SS-20. The search for consensus: nuclear weapons in Europe. London: Brassey's 1985. XXII,163 S. B 57450

Europe and the superpowers. Political, economic, and military policies in the 1980s. Ed.by S.Bethlen and I.Volgyes. Boulder, Colo.: Westview Press 1985. XII,164 S. B 57205

European peace movements and the future of the Western alliance. Ed.by W.Laqueur and R.Hunter. New Brunswick: Transaction Books 1985. XII,450 S. B 57324

Forget, M.: L'Europe, le piège et le sursaut. In: Défense nationale. A.43, 1987. No.6. S.33-44. BZ 4460:43

Götze, B.A.: Security in Europe. A crisis of confidence. New York: Praeger 1984. XVI,225 S. B 56796

Guillen, P.: La France et la question de la défense de l'Europe occidentale, du pacte de Bruxelles (mars 1948) au plan Pléven (octobre 1950). In: Storia delle relazioni internazionali. A.2, 1986. No.2. S.305-327. BZ 4850:2

Jopp, M.; Schlotter, P.: Western European security cooperation. Trends, perspectives, and Evaluation. In: Bulletin of peace proposals. Vol.17, 1986. No.2. S.175-183. BZ 4873:17

Kamiński, L.: Ruch pokoju w Europie Zachodniej. In: Sprawy Międzynarodowe. R.39, 1986. No.7-8. S.81-92. BZ 4497:39

Magenheimer, H.: Zum Kräftestand in Europa-Mitte. In: Österreichische militärische Zeitschrift. Jg.25, 1987. Nr.2. S.128-138. BZ 05214:25

Öffentliche Anhörung über Sicherheitspolitik in Europa. Lage u.Aussichten. Luxemburg: Amt f.amtl.Veröffentlichungen d.Europ.-Gemeinschaften 1987. 99 S. Bc 6412

Rychłowski, B.: Podstawy bezpieczeństwa Europy. In: Sprawy Międzynarodowe. R.40, 1987. No.2. S.7-20.
BZ 4497:40

Schmidt, P.: Die WEU - Eine Union ohne Perspektive?. In: Außenpolitik. Jg.37, 1986. Nr.4. S.384-394.
BZ 4457:37

Securing Europe's future. Ed.by S.J.Flanagan and F.O.Hampson. London: Croom Helm 1986. XIV,334 S.
B 60394

Sicherheit für Westeuropa. Alternative Sicherheits- und Militärpolitik. Hrsg.: "Generale für Frieden und Abrüstung". Hamburg: Rasch und Röhring 1985. 223 S.
B 55649

Sommer, T.: European security problems. In: The Jerusalem journal of international relations. Vol.8, 1986. Nos.2-3. S.48-64.
BZ 4756:8

Weidenfeld, W.: Neuorganisation der Sicherheit Westeuropas. In: Europa-Archiv. Jg.42, 1987. Nr.9. S.259-268.
BZ 4452:42

Wulf, H.: Western Europe Facing Security and Peace. A European Perspective. In: Bulletin of peace proposals. Vol.17, 1986. No.1. S.1-11.
BZ 4873:17

Zellner, W.: Europas Alternative nach Reykjavik: Neue "Nachrüstung" oder atomwaffenfreie Zone. In: Blätter für deutsche und internationale Politik. Jg.32, 1987. H.1. S.32-43.
BZ 4551:32

L 107 e 30 Europäische Gemeinschaft (EG)

Asula, M.: Der Vertrag von Ankara. In: Südost-Europa-Mitteilungen. Jg.26, 1986. Nr.3. S.25-28.
BZ 4725:26

Berg, H.von: Die Analyse. Die europäische Gemeinschaft - das Zukunftsmodell für Ost und West?. Köln: Bund-Verl. 1985. 240 S.
B 57341

Buhl, J.F.: The European Community's Participation in international treaties. Princeton: Princeton Univ. 1985. 60 S.
Bc 01738

The Economy and politics of the European Community in the eighties and economic cooperation between the EEC and China. Summary of an intern. seminar.... Bonn: Friedrich-Ebert-Stiftung 1985. 46 S.
Bc 6294

Ehrhardt, C.A.: Europa zwischen nationaler Souveränität und Integration. In: Außenpolitik. Jg.38, 1987. Nr.2. S.103-119.
BZ 4457:38

Fiedler, H.: Monopolverbände in der westeuropäischen Gemeinschaft. In: Zeitschrift für Geschichtswissenschaft. Jg.34, 1986. Nr.8. S.675-683.
BZ 4510:34

Hellwig, R.: Die Rolle der Bundesländer in der Europa-Politik. In: Europa-Archiv. Jg.42, 1987. Nr.10. S.297-302.
BZ 4452:42

Hrbek, R.: 30 Jahre Römische Verträge. Eine Bilanz der EG-Integration. In: Aus Politik und Zeitgeschichte. 1987. B.18. S.17-33.
BZ 05159:1987

Hrbek, R.: Die deutschen Länder in der EG-Politik. In: Außenpolitik. Jg.38, 1987. Nr.2. S.120-132.
BZ 4457:38

Hrubesch, P.: 30 Jahre EG-Agrarmarktsystem. In: Aus Politik und Zeitgeschichte. 1987. B.18. S.34-47.
BZ 05159:1987

Kohl, A.: Österreich und die Europäische Gemeinschaft. In: Europa-Archiv. Jg.41, 1986. Nr.24. S.699-708.
BZ 4452:41

Lay, F.: L'Atto unico europeo. In:
Rivista di studi politici internazionali.
A.53, 1986. No.3. S.383-398.
BZ 4451:53

Müller-Emmert, A.: Probleme der EG-
Vollmitgliedschaft der Türkei. In:
Südost-Europa-Mitteilungen. Jg.26,
1986. Nr.3. S.42-49.
BZ 4725:26

The Presidency of the European Coun-
cil of Ministers. Ed.by C.O.Nuallain.
London: Croom Helm 1985.
XXI,279 S.
B 55006

Rhein, E.: Die Europäische Gemein-
schaft und das Mittelmeer. In: Europa-
Archiv. Jg.41, 1986. Nr.22. S.641-648.
BZ 4452:41

Schlegel, D.: Pragmatismus zwischen
der Türkei und Europa. In: Außenpolitik. Jg.37, 1986. Nr.3. S.283-302.
BZ 4457:37

Stavenhagen, L.G.: Europa und die Tür-
kei. In: Südost-Europa-Mitteilungen.
Jg.26, 1986. Nr.4. S.3-12.
BZ 4725:26

Story, J.: The ten plus two: Spain and
Portugal join the European Commu-
nity. In: SAIS review. Vol.6, 1986. No.1.
S.117-136.
BZ 05503:6

Tenzer, N.; Magnard, F.; Rouah, E.:
Etats-Unis et CEE: Alliance ou compé-
tition. In: Défense nationale. A.43,
1987. No.7. S.93-105.
BZ 4460:43

Ungerer, W.: Deutsche Interessen in und
an der Europäischen Gemeinschaft.
In: Außenpolitik. Jg.37, 1986. Nr.4.
S.363-374.
BZ 4457:37

Wallace, H.: The British presidency of
the European Community's Council of
Ministers: the opportunity to persuade.
In: International affairs. Vol.62, 1986.
No.4. S.583-599.
BZ 4447:62

Weidenfeld, W.: Die einheitliche europäische Akte. In: Außenpolitik. Jg.37,
1986. Nr.4. S.375-383.
BZ 4457:37

Die Zukunft der europäischen
Gemeinschaft. Red.: H.F.Wünsche.
Mit Beitr.v.G.Diehl [u.a.]. Stuttgart:
Fischer 1986. 156 S.
B 59539

L 107 e 40 Europäische Integration

L'Allemagne et l'avenir de l'Europe.
Actes du colloque de Strasbourg 27-28
janvier 1984. Paris: Ed.Anthropos
1984. 247 S.
B 55881

Documents on the history of European
integration. 1. Continental plans for
European union 1939-1945. 2. Plans for
European union in Great Britain and in
exile 1939-45.. Ed.by W.Lipgens u.a..
Vol.1.2. Berlin: de Gruyter 1985-86.
XXIII,823; XXIV,847 S.
B 55549

EG-Integration - veränderte Bedingun-
gen und Herausforderungen. In: IPW-
Berichte. Jg.16, 1987. H.3. S.1-11.
BZ 05326:16

Europäische politische Zusammen-
arbeit (EPZ). Dokumentation. 7.Aufl..
Bonn: Auswärtige Amt 1984. 397 S.
B 54750

Gaias, I.di: L'Unione Europea e la
cooperazione politica dopo Lussem-
burgo. In: The Jerusalem quarterly.
1986. Nos.39. S.208-220.
BZ 05114:1986

Die Identität Europas. Hrsg.: W.Wei-
denfeld. München: Hanser 1985. 292 S.
B 57119

Kourvetaris, G.A.: Europe moves
towards economic and political integration. In: The Journal of social, political
and economic studies. Vol.11, 1986.
No.2. S.132-162.
BZ 4670:11

Schröder, H.-J.: Marshallplan, amerikanische Deutschlandpolitik und europäische Integration 1947-1950. In: Aus Politik und Zeitgeschichte. 1987. B.18. S.3-17.
BZ 05159:1987

Weber, G.: Die europäische Rolle der Bundesrepublik Deutschland aus der Sicht ihrer EG-Partner. Bonn: Inst.-f.Europäische Politik 1984. 228 S.
09853

Ziller, H.E.: Die Einigung Europas und Fragen der Abrüstung, sowie einige Probleme der Weltpolitik. München: Ziller 1986. 112 S.
Bc 6391

L 107 f Wehrwesen

Bachy, R.; Tribot la Spière, L.; Woisard, A.: Les nouvelles technologies et la défense en Europe. In: Défense nationale. A.42, 1986. Mai. S.15-24.
BZ 4460:42

Beaussant, S.: La défense navale européenne. In: Défense nationale. A.42, 1986. November. S.39-46.
BZ 4460:42

De Santis, H.: An Anti-Tactical Missile. Defense for Europe. In: SAIS review. Vol.6, 1986. No.2. S.99-116.
BZ 05503:6

Fleury, J.: Armées, espace et Europe. In: Défense nationale. A.43, 1987. No.3. S.13-20.
BZ 4460:43

Huber, R.K.: Some Remarks on structural implications of strategic stability in Central Europe. München: Univ.d. Bundeswehr ca.1986. 17 S.
Bc 01897

Klank, W.: Ausbau der rüstungsindustriellen Kooperationsbeziehungen zwischen westeuropäischen NATO-Ländern. In: IPW-Berichte. Jg.16, 1987. H.7. S.37-45.
BZ 05326:16

Lebacqz, A.: 1983, l'année des euromissiles. Paris: France-Empire 1984. 267 S.
B 55981

Magenheimer, H.: Die Verteidigung Westeuropas. Doktrin, Kräftestand, Einsatzplanung. Eine Bestandsaufnahme aus der Sicht der NATO. Koblenz: Bernard und Graefe 1986. 203 S.
B 57792

Martin, J.: Une politique maritime européenne de défense. In: Défense nationale. A.42, 1986. November. S.65-72.
BZ 4460:42

The nuclear confrontation in Europe. Ed.by J.D.Boutwell u.a.. London: Croom Helm 1985. 247 S.
B 57206

Pirschel, O.: Frieden schaffen mit europäischen Waffen? Westeuropäische Rüstungspolitik zwischen Eigenständigkeit und US-amerik.Vorherrschaft. Frankfurt: isp-Verl. 1986. 110 S.
Bc 6327

Saperstein, A.M.: An enhanced non-provocative defense in Europe: attrition of aggressive armored forces by local militias. In: Journal of peace research. Vol.24, 1987. No.1. S.47-60.
BZ 4372:24

Stratégies navales et défense de l'Europe (Part 1). In: Défense nationale. A.43, 1987. No.7. S.81-92.
BZ 4460:43

Voigt, K.D.: Von der nuklearen zur konventionellen Abrüstung in Europa - Kriterien konventioneller Stabilität und Möglichkeiten der Rüstungskontrolle. In: Europa-Archiv. Jg.42, 1987. Nr.14. S.409-418.
BZ 4452:42

Wulf, H.: West European cooperation and competition in arms procurement: experiments, problems, prospects. In: Arms control. Vol.7, 1986. No.2. S.177-196.
BZ 4716:7

Zellner, W.: Europas Alternative nach Reykjavik: Neue "Nachrüstung" oder atomwaffenfreie Zone. In: Blätter für deutsche und internationale Politik. Jg.32, 1987. H.1. S.32-43.
BZ 4551:32

L 107 g Wirtschaft

Abelein, M.: Europas Wirtschaft bis zum Jahr 2000. In: Südost-Europa-Mitteilungen. Jg.26, 1986. Nr.3. S.49-60.
BZ 4725:26

Economic crisis, trade unions and the state. Ed.by O.Jacobi u.a.. London: Croom Helm 1986. 295 S.
B 57432

Gillingham, J.: Die französische Ruhrpolitik und die Ursprünge des Schuman-Plans. In: Vierteljahrshefte für Zeitgeschichte. Jg.35, 1987. Nr.1. S.1-24.
BZ 4456:35

Gillingham, J.: Zur Vorgeschichte der Montan-Union. Westeuropas Kohle und Stahl in Depression und Krieg. In: Vierteljahrshefte für Zeitgeschichte. Jg.34, 1986. Nr.3. S.381-405.
BZ 4456:34

Heisbourg, F.: Europe at the turn of the millenium: decline or rebirth?. In: The Washington quarterly. Vol.10, 1987. No.1. S.43-54.
BZ 05351:10

Hohenwald, R.: Außenhandelskonflikte zwischen EG-Staaten und den USA. In: IPW-Berichte. Jg.16, 1987. H.6. S.22-28.
BZ 05326:16

Laurent, P.-H.: Eureka, or the technological Renaissance of Europe. In: The Washington quarterly. Vol.10, 1987. No.1. S.55-66.
BZ 05351:10

Main, J.-B.de Boissière: Le programme Eurêka. In: Défense nationale. A.42, 1986. No.12. S.133-156.
BZ 4460:42

The power of the past. Essays for E.Hobsbawm. Ed.by P.Thane u.a.. Cambridge: Cambridge Univ.Pr. 1984. VII,308 S.
B 56702

Rèmond-Gouilloud, M.: Le transport maritime commercial européen. In: Défense nationale. A.42, 1986. Nov.. S.47-55.
BZ 4460:42

L 107 h Gesellschaft

Lovenduski, J.: Women and European politics. Contemporary feminism and public policy. Brighton: Wheatsheaf Books 1986. XVI,320 S.
B 57439

Neue soziale Bewegungen in Westeuropa und den USA. Ein internationaler Vergleich. Hrsg.: K.-W.Brand. Frankfurt: Campus Verlag 1985. 335 S.
B 55348

L 107 i Geistesleben

"Wir kriegen jetzt andere Zeiten". Auf der Suche nach der Erfahrung des Volkes in nachfaschistischen Ländern. Hrsg.: L.Niethammer [u.a.]. Berlin: Dietz 1985. 468 S.
B 57586

Dyson, K.; Humphreys, P.: Policies for new media in Western Europe: Deregulation of broadcasting and multimedia diversification. In: West European politics. Vol.9, 1986. No.4. S.98-124.
BZ 4668:9

Dyson, K.: West European states and the communications revolution. In: West European politics. Vol.9, 1986. No.4. S.10-55.
BZ 4668:9

Picht, R.: Die Kulturmauer durchbrechen. In: Europa-Archiv. Jg.42, 1987. Nr.10. S.279-286.
BZ 4452:42

Shearman, C.: European collaboration in computing and telecommunications: A policy approach. In: West European politics. Vol.9, 1986. No.4. S.147-162.
BZ 4668:9

Tholfsen, T.R.: Ideology and revolution in modern Europe. An essay on the role of ideas in history. New York: Columbia Univ.Pr. 1984. XV,287 S.
B 56142

Wenger, K.: Fernsehen in Europa zwischen Kommerz und Kultur. In: Europa-Archiv. Jg.42, 1987. Nr.13. S.361-368.
BZ 4452:42

L 110 Einzelne Staaten Europas

L 111 Albanien

Biberaj, E.: Albania and China. A study of an unequal alliance. Boulder, Colo.: Westview Press 1986. XI,183 S.
Bc 6516

Réti, G.: Az Albán Munkapárt nemzetközi kapcsolatainak fö irányai 1941-1961. Budapest: Müvelödési Minisztérium 1985. 109 S.
Bc 5925

Schreiber, T.: L'Albanie: un pays à part?. In: Politique étrangère. A.50, 1985. No.4. S.925-933.
BZ 4449:50

L 119 Belgien

Doorslaer, R.van; Verhoeyen, E.: L'Allemagne Nazie, la police belge et l'anticommunisme en Belgique (1936-1944)-un aspect des relations belgo-allemandes. In: Revue Belge d'histoire contemporaine. Vol.17, 1986. No.1-2. S.61-125.
BZ 4431:17

Gérard, J.; Gérard, H.: Albert Ier, insolite. 1934-1984. Bruxelles: Collet 1984. 304 S.
B 56746

Henau, B.: De belgisch-britse Handelsbetrekkingen, 1919-1939 (1). In: Revue Belge d'histoire contemporaine. Vol.17, 1986. No.3-4. S.271-305.
BZ 4431:17

Liebman, M.: Les Socialistes belges 1914-1918. Le P.O.B. face à la guerre. Bruxelles: Ed.Vie Ouvrière 1986. 72 S.
Bc 6368

Manigart, P.: The Belgian defense policy domain in the 1980's. In: Armed forces and society. Vol.13, 1986. No.1. S.39-56.
BZ 4418:13

La Marine militaire belge de 1830 à nos jours. Bruxelles: Forces Armées 1982. o.Pag.
09703

Marquet, V.: Le corps franc belge d'action militaire (CFBAM) 1942-1943. In: Revue Belge d'histoire militaire. Jg.26, 1985/86. No.7. S.541-562.
BZ 4562:26

Melosi, G.: Il Porto di Anversa. In: Rivista marittima. A.120, 1987. No.4. S.77-88.
BZ 4453:120

Putseys, J.: Radiostrijd tussen de twee wereldoorlogen (1). In: Revue Belge d'histoire contemporaine. Vol.17, 1986. No.1-2. S.35-60.
BZ 4431:17

Ridder, M.de; Fraga, L.R.: The Brussels issue in Belgian politics. In: West European politics. Vol.9, 1986. No.3. S.376-392.
BZ 4668:9

Rudd, C.: The Aftermath of Heysel: The 1985 Belgian Election. In: West European politics. Vol.9, 1986. No.2. S.282-288.
BZ 4668:9

Vannieuwenhuyse, J.: Gent in de oorlogsjaren 1940-1945. Tentoonstelling in het Museum Arnold vander Haeghen 3 mei - 4 augustus 1985. Gent: Museum A.v.d.Haeghen 1985. 135 S.
Bc 02027

Weerdt, D.: Een terugblik op een terugblik. Geschiedsschrijving van 100 jaar Socialistische Partij. In: Revue Belge d'histoire contemporaine. Vol.17, 1986. No.3-4. S.507-522.
BZ 4431:17

L 123 Bulgarien

Antonov, G.: Bulgarskijat voenno-morski Flot prez otečestvennata vojna 1944-1945. Varna: Knigoizdatelstvo Georgi Bakalov 1985. 160 S.
Bc 6260

Atanasov, V.: Georgi T[odorov] Kosovski. Sofija: Izd.na Bzns 1985. 108 S.
Bc 6087

Boračev, D.: Pulnomostnici na partijata. Sofija: Izd.na otečestvenija front 1985. 150 S.
B 58712

Bulgarskata Komunističeska Partija. Istoričeski spravočnik. Red.C.Kiosev. Sofija: Partizdat 1985. 389 S.
B 59648

Höpken, W.: Die bulgarisch-sowjetischen Beziehungen seit Gorbacev. In: Südost-Europa. Jg.35, 1986. Nr.11/12. S.611-630.
BZ 4762:35

Höpken, W.: Im Schatten der nationalen Frage: Die bulgarisch-türkischen Beziehungen. In: Südost-Europa. Jg.36, 1987. Nr.2/3. S.75-95.
BZ 4762:36

Höpken, W.: Im Schatten der nationalen Frage: Die bulgarisch-türkischen Beziehungen (II). In: Südost-Europa. Jg.36, 1987. Nr.4. S.178-194.
BZ 4762:36

Höpken, W.: Modernisierung und Nationalismus: Sozialgeschichtliche Aspekte der bulgarischen Minderheitenpolitik gegenüber den Türken. In: Südost-Europa. Jg.35, 1986. Nr.7/8. S.436-457.
BZ 4762:35

Köni, H.S.: De-islamization in Bulgaria. In: Turkish review. Vol.1, 1985/86. No.3. S.35-50.
BZ 4856:1

Kovačev, V.: Nelegalnijat periodičen Pečat v Bulgarija. Septembri 1923 g - 22 juni 1941 g. Sofija: Izdatelstvo na bulgarskata akad.na naukite 1986. 425 S.
B 60175

Valev, L.B.: Issledovanija po novoj i novejšej istorii Bolgarii. Moskva: Nauka 1986. 255 S.
B 59916

Voin i duržavnik. Kniga za armejski general Ivan Michajlov. Sofija: Partizdat 1986. 316 S.
B 60040

L 125 Dänemark

L 125 c Biographien

Bisgaard, O.: En mælkemands Erindringer fra det mørklagte København under besættelsen 1940 til 1945 og tiden der fulgte. København: Forl.Folkeminder 1985. 60 S.
Bc 5855

Boas, S.: Hjælpepræsten - i Tyskland 1943-1948. 2.opl.. København: Hans Reitzels Forl. 1985. 126 S.
Bc 5853

Brøndum, O.C.: Desertør til fronten. Red.af E.Brøndum. København: Stig Vendelkærs Forl. 1985. 94 S.
Bc 5846

Nissen Styrk, M.: En søenderjysk Bondedreng, der drog ud. Erindringer. Arhus: Husets Forl. 1984. 151 S.
B 55391

Pontoppidan, S.E.; Teisen, J.: Danske Søofficerer 1933-1982. København: Søe-Lieutenant-Selskabet 1984. VIII,607 S.
B 60308

L 125 e Staat und Politik

L 125 e 10 Innenpolitik

Andersen, J.: Politikkens Elendighed.
Aalborg: Aalborg Universitetsforlag
1985. 92 S.
Bc 5776

Birkholm, K.; Sigsgaard, E.; Wilhjelm, P.:
Demokratiet i lasten. København:
Tiderne Skifter 1984. 134 S.
B 54135

Blidberg, K.: Splittrad Gemenskap.
Kontakter och samarbete inom nordisk
socialdemokratisk arbetarrörelse 1931-
1945. Stockholm: Almqvist & Wiksell
1984. 284 S.
B 54139

Goul Andersen, J.: Electoral Trends in
Denmark in the 1980's. In: Scandina-
vian political studies. Vol.9, 1986.
No.2. S.157-175.
BZ 4659:9

Hvordan kommer vi videre? Debatar-
tikler om militarisme og fredspolitik.
Red.af VS' Antimilitaristiske Udvalg.
København: VS-Forl. 1985. 118 S.
Bc 5775

Lammers, K.C.: Det fremmede element. Om antisemitisme i Danmark i
mellemkrigstiden. In: Den Jyske historiker. 1987. No.40. S.84-97.
BZ 4656:1987

Ministermødeprotokol 1933-40. Mini-
steriet Stauning-Munch. Ved.T.Kaar-
sted. Aarhus: Universitetsforl. 1984.
339 S.
B 54248

Nordendorf Olson, P.: Fredspolitisk
Folkeparti. Et pacifistisk forsøg på
opnåelse af folketingsrepræsentation.
Odense: Odense Universitetsforl. 1985.
86 S.
Bc 5780

Riis-Knudsen, P.H.: Nationalsocialismen
- den biologiske verdensanskuelse.
Aalborg: Nordland Forl. 1985. 25 S.
Bc 5843

Rødt er sundt - introduktion til Sociali-
stisk Folkeparti. Partiets organisation,
historie og politik. Arhus: SP Forl.
1985. 91 S.
Bc 5847

Socialisme på dansk. SF gennem 25 ar.
Arhus: SP Forl. 1984. 215 S.
B 55389

L 125 e 20 Außenpolitik

Bjøl, E.: Denmark: between Scandinavia and Europe?. In: International
affairs. Vol.62, 1986. No.4. S.601-617.
BZ 4447:62

L 125 f Wehrwesen

Clausen, T.: Ørnen og spurven.
Danmarks vej til NATO. Arhus:
Historsk Revy 1984. 144 S.
B 55393

Espersen, M.: Cross roads. Copen-
hagen: Forsvarets Oplysnings-og
Velfaerdstjeneste 1987. 32 S.
Bc 6610

Petersen, N.: Abandonment vs. entrap-
ment: Denmark and military integration in Europe 1948-1951. In: Cooperation and conflict. Nordic journal of
international politics. Vol.21, 1986.
No.3. S.169-186.
BZ 4605:21

Petersen, S.T.: The Outlook for the
Royal Danish Navy. In: Naval forces.
Vol.8, 1987. No.1. S.64-71.
BZ 05382:8

Roslyng-Jensen, P.: The military and
Danish Democracy. Civil-military relations in Denmark during the German
occupation, 1940-1945. In: Scandinavian journal of history. Jg.11, 1986.
No.3. S.234-263.
BZ 4643:11

Vegger, A.C.B.: Slesvig-Holsten fra 1945 til 1962. En beskkrivelse af de militære forhold i Slesvig-Holsten fra 5.mai 1945 til etablering af "Enhedskommandoen for den sydlige del af NATO' s Nordregion" den 1.juli 1962. 2.udg.. Viborg: Selbstverlag 1985. 163 S.
B 56004

L 125 g Wirtschaft

Jespersen, J.: Lille Danmark - hva' nu?. En debatbog om Danmarks økonomiske problemer. København: Akademisk Forl. 1985. 128 S..
Bc 5850

L 125 h Gesellschaft

Goul Andersen, J.: Kvinder og politik. Arhus: Politica 1984. 312 S.
B 55381

Nissen, B.; Sundtoft, L.L.: Fremmede i byen. Kulturkonflikten mellem danskere og tyrkiske indvandrere i perioden 1968-1985. In: Den Jyske historiker. 1987. No.40. S.41-60.
BZ 4656:1987

L 125 i Geistesleben

Scherfig, H.: Den kolde Krig i Danmarks Radio. Udvalgt radiokritik 1947-64. Red.af N.Frederiksen. København: Tiden 1986. 128 S.
Bc 5852

Søndergaard, B.: Klokken er fem minutter før tolv. Træk af besættelsetiden afspejlet i et illegalt blad fra Mors og Thy. København: Frihedsmuseets Venners Forl. 1985. 100 S.
Bc 5842

L 125 k Geschichte

Dengang under besættelsen. Ubekvemme historier om en splittet nation. Red.L.Møller og A.Wiborg. København: Københavns Bogforl. 1985. 203 S.
B 58056

Hansen, S.A.; Henriksen, I.: Dansk Socialhistorie. 1914-39. Sociale brydninger. 1940-83. Velfærdsstaten. 2.udg. København: Gyldendal 1984. 427,423 S.
B 55379

Kirchhoff, H.: Tilpasning - protest eller modstand 1940-45. Hovedtemaer i besættelsens historie belyst ved kilder. København: Munksgaard 1985. 147 S.
Bc 5840

Kjeldsen, M.: "Da københavnerne satte tyskerne på plads". Folkestrejken 1944. København: Komm.S.Historie 1984. 51 S.
Bc 5772

Kolding kæmper. En kavalkade af beretninger om modstandskampen i Kolding. Red.af E.Voss. 2.udg.. Kolding: Kolding Bogcafø's Forl. 1985. VI,98 S.
Bc 5858

L 130 Deutschland/Bundesrepublik Deutschland

L 130 b Buch- und Bibliothekswesen

Kreter, K.: Sozialisten in der Adenauer-Zeit. Die Zeitschrift "Funken". Von der heimatlosen Linken zur innerparteilichen Opposition in der SPD. Hamburg: VSA-Verl. 1986. 250 S.
B 60009

L 130 c Biographien

Stock, C.: Von Weimar nach Wiesbaden. Reden und Schriften. Darmstadt: reba-Verl. 1984. 261 S.
B 55723

– Adenauer –

Fülberth, G.: Der subjektive und der objektive Adenauer. Zur Kritik der Kanzler-Biografie von Hans-Peter Schwarz. In: Blätter für deutsche und internationale Politik. Jg.32, 1987. H.1. S.95-99.
BZ 4551:32

Kirsch, H.-C.: Konrad Adenauer.
Hamburg: Dressler 1984. 190 S.
B 55358

Koch, P.: Konrad Adenauer. Eine politische Biographie. Reinbek: Rowohlt
1985. 539 S.
B 56944

Konrad Adenauer. Fotogr.v.K.R.Müller. Mit einem Essay v.G.Mann. Bergisch Gladbach: Lübbe 1986. 117 S.
010146

Mensing, H.P.: Frühe Westdiplomatie
und Landespolitische Weichenstellung.
Neue Quellenfunde zu den Nachkriegsaktivitäten Konrad Adenauers. In:
Geschichte im Westen. Jg.1, 1986. H.2.
S.79-92.
BZ 4865:1

– **Albertz** –

Albertz, H.: Die Reise. Vier Tage und
siebzig Jahre. München: Kindler 1985.
191 S.
B 57033

Festgabe zum 70.Geburtstag für
Heinrich Albertz. Hrsg.v.W.Jens. Stuttgart: Radius-Verl. 1985. Getr.Pag..
09757

– **Althaus** –

Ericksen, R.P.: The political theology of
Paul Althaus: Nazi supporter. In: German studies review. Vol.9, 1986. No.3.
S.547-567.
BZ 4816:9

– **Arendt** –

Young-Bruehl, E.: Hannah Arendt.
Leben, Werk und Zeit. Frankfurt:
Fischer 1986. 743 S.
B 59745

– **Bahro** –

Bahro, R.: Building the green
movement. London: GMP 1986. 219 S.
B 59213

– **Barbie** –

Beattie, J.: The Life and Career of Klaus
Barbie. An eyewitness record. London:
Methuen 1984. 228 S.
B 56462

Höhne, H.: Der Schlächter von Lyon.
Klaus Barbie und die französische
Kollaboration. (Teil 1). In: Spiegel.
Jg.41, 1987. Nr.19. S.192-207.
BZ 05140:41

Höhne, H.: Der Schlächter von Lyon.
Klaus Barbie und die französische
Kollaboration. (Teil 2). In: Spiegel.
Jg.41, 1987. Nr.20. S.190-213.
BZ 05140:41

Höhne, H.: Der Schlächter von Lyon.
Klaus Barbie und die französische
Kollaboration. (Teil 3). In: Spiegel.
Jg.41, 1987. Nr.21. S.186-204.
BZ 05140:41

Höhne, H.: Der Schlächter von Lyon.
Klaus Barbie und die französische
Kollaboration. (Teil 4). In: Spiegel.
Jg.41, 1987. Nr.22. S.182-198.
BZ 05140:41

Soria Galvarro, C.: Barbie - Altmann.
De la Gestapo a la CIA. 2.ed.. La Paz:
Ed.Roalva 1986. 182 S.
Bc 6542

– **Becker** –

Becker, F.: Vom Berliner Hinterhof zur
Storkower Komendatura. Berlin: Dietz
1985. 366 S.
B 56359

– **Beckers** –

Beckers, H.: Wie ich zum Tode verurteilt
wurde. Die Marinetragödie im Sommer
1917. Mit e.Vorw.v.K.Tucholsky. Frankfurt: Fischer Taschenb.Verl. 1986. 93 S.
Bc 6095

– Beißner –

Beissner, H.: Unter Schwertkreuz und Hakenkreuz. Aufzeichnungen und Briefe von W.Beißner 1932-1942. Frankfurt: Fischer 1985. 130 S.
Bc 6728

– Bloch –

Franz, T.: Revolutionäre Philosophie in Aktion. Ernst Blochs politischer Weg genauer besehen. Hamburg: Junius Verl. 1985. 262 S.
B 55052

– Bonhoeffer –

Dietrich Bonnhoeffer. Sein Leben in Bildern und Texten. Hrsg.: E.Bethge u.a.. München: Kaiser 1986. 239 S.
010067

– Brandt –

Brandt, W.; Kraatz, B.: "...Wir sind nicht zu Helden geboren".. Zürich: Diogenes 1986. 154 S.
B 59699

– Bräutigam –

Heilmann, H.D.: Aus dem Kriegstagebuch des Diplomaten Otto Bräutigam. In: Beiträge zur Nationalsozialistischen Gesundheits- und Sozialpolitik. 1987. Nr.4. S.123-187.
BZ 4837:1987

– Brüning –

Erin, M.E.: Genrich Brjuning klerikalnyj kancler crezvycajnych rasporjezenij. In: Novaja i novejšaja istorija. 1986. No.5. S.114-132.
BZ 05334:1986

Der Reichskanzler H.Brüning. Das Brüning-Bild in der zeitgeschichtl.-Forschung. Red.F.Matuszczyk. Münster: Presseamt 1986. 90 S.
Bc 6284

– Celan –

Felstiner, J.: Paul Celan's Todesfuge. In: Holocaust and genocide studies. Vol.1, 1986. No.2. S.249-264.
BZ 4870:1

– Clausewitz –

Coats, W.J.: Clausewitz's Theory of War: An alternative view. In: Comparative strategy. Vol.5, 1986. No.4. S.351-373.
BZ 4686:5

Creveld, M.von: The eternal Clausewitz. In: The Journal of strategic studies. Vol.9, 1986. No.2+3. S.35-50.
BZ 4669:9

Franz, W.P.: Two letters on strategy: Clausewitz' contribution to the operational level of War. In: The Journal of strategic studies. Vol.9, 1986. No.2+3. S.171-194.
BZ 4669:9

Hahlweg, W.: Clausewitz and Guerrilla Warfare. In: The Journal of strategic studies. Vol.9, 1986. No.2+3. S.127-133.
BZ 4669:9

Handel, M.I.: Clausewitz in the age of technology. In: The Journal of strategic studies. Vol.9, 1986. No.2+3. S.51-92.
BZ 4669:9

Herbig, K.L.: Chance and uncertainty in "On War". In: The Journal of strategic studies. Vol.9, 1986. No.2+3. S.95-116.
BZ 4669:9

Kahn, D.: Clausewitz and Intelligence. In: The Journal of strategic studies. Vol.9, 1986. No.2+3. S.117-126.
BZ 4669:9

Luvaas, J.: Clausewitz, Fuller and Liddell Hart. In: The Journal of strategic studies. Vol.9, 1986. No.2+3. S.197-212.
BZ 4669:9

Müller, K.-J.: Clausewitz, Ludendorff
and Beck: some remarks on Clausewitz' influence on German military
thinking in the 1930's and 1940's. In:
The Journal of strategic studies. Vol.9,
1986. No.2+3. S.240-266.
BZ 4669:9

Murray, W.: Clausewitz: some thoughts
on what the Germans got right. In: The
Journal of strategic studies. Vol.9,
1986. No.2+3. S.266-286.
BZ 4669:9

Nelson, H.W.: Space and time in "On
War". In: The Journal of strategic stu-
dies. Vol.9, 1986. No.2 + 3. S.134-149.
BZ 4669:9

Tashjean, J.E.: Clausewitz: Naval and
Other Considerations. In: Naval War
College review. Vol.39, 1986. No.3.
S.51-58.
BZ 4634:39

Wallach, J.L.: Misperceptions of Clausewitz' "On War" by the German Military. In: The Journal of strategic studies. Vol.9, 1986. No.2+3. S.213-239.
BZ 4669:9

– Czaja –

Frieden durch Menschenrechte. Festschrift zum 70.Geburtstag von
Dr.Herbert Czaja am 5.November
1984. Dülmen/Westf.: Oberschlesischer
Heimatverl. 1984. 271 S.
09999

– Däumig –

Naumann, H.: Biographisches Skizzen.
Ein treuer Vorkämpfer des Proletariats.
Ernst Däumig. In: Beiträge zur
Geschichte der Arbeiterbewegung.
Jg.28, 1986. Nr.6. S.801-813.
BZ 4507:28

– Dönitz –

Padfield, P.: Dönitz. The last Führer.
Portrait of a Nazi war leader. New
York: Harper & Row 1984. XIV,523 S.
B 55576

– Ehard –

Morsey, R.: Das Porträt Hans Ehard
(1887-1980). In: Geschichte im Westen.
Jg.2, 1987. H.1. S.71-89.
BZ 4865:2

– Fischer –

Fischer, H.J.: Erinnerungen. T.1.2..
Ingolstadt: Zeitgeschichtl. Forschungs-
stelle 1984-85. 190 S.
09995

– Fittko –

Fittko, L.: Mein Weg über die Pyrenäen.
Erinnerungen 1940/41. München:
Hanser 1985. 284 S.
B 56896

– Förster –

Seipel, H.: Der Mann, der Flick jagte.
Die Geschichte des Steuerfahnders
Klaus Förster. Hamburg: Stern-Buch
1985. 190 S.
B 56998

– Freytag –

Freytag, W.: 75 Jahre erlebte Zeitgeschichte. Verratene Demokratie.
Betrogene Bürger. Frankfurt: Fischer
1985. 466 S.
B 57603

– Fuchs –

Rosellini, J.: Die Schriften des Jürgen
Fuchs: Betrachtungen eines Politi-
schen. In: German studies review.
Vol.9, 1986. No.2. S.385-402.
BZ 4816:9

– Genscher –

Genscher, H.D.: Deutsche Aussenpolitik. Ausgewählte Reden und Aufsätze
1974-1985. Stuttgart: Verlag Bonn
aktuell 1985. 588 S.
B 57155

– Gerstein –

Katthagen, A.: Kurt Gerstein - eine deutsche Passion in der Hitlerzeit. Hagen: Selbstverlag 1985. 23 S.
Bc 02082

– Goebbels –

Bärsch, K.E.: Erlösung und Vernichtung. Dr.phil.Joseph Goebbels. München: Boer 1987. 431 S.
B 60424

Longerich, P.: Joseph Goebbels und der totale Krieg. In: Vierteljahrshefte für Zeitgeschichte. Jg.35, 1987. Nr.2. S.289-314.
BZ 4456:35

Oven, W.van: Wer war Goebbels?. München: Herbig 1987. 334 S.
B 61358

– Göring –

Fontander, B.: Göring och Sverige. Stockholm: Rabén & Sjögren 1984. 273 S.
B 54712

Irving, D.: ([Hermann] Göring.). München: Kanus 1986. 836 S.
B 61196

– Gross –

Gross, J.: Notizbuch. Stuttgart: DVA 1985. 287 S.
B 56949

– Hamm-Brücher –

Hamm-Brücher, H.: Kämpfen für eine demokratische Kultur. München: Piper 1986. 310 S.
B 58738

Salentin, U.: Hildegard Hamm-Brücher. Der Lebensweg einer eigenwilligen Demokratin. Freiburg i.Br.: Herder 1987. 156 S.
Bc 6562

– Hassel von –

Schöllgen, G.: Wurzeln konservativer Opposition. In: Geschichte in Wissenschaft und Unterricht. Jg.38, 1987. H.8. S.478-489.
BZ 4475:38

– Heinemann –

Volkmann, H.-E.: Gustav W.Heinemann und Konrad Adenauer. Anatomie und politische Dimension eines Zerwürfnisses. In: Geschichte in Wissenschaft und Unterricht. Jg.38, 1987. H.1. S.10-32.
BZ 4475:38

– Heinrichs –

Heinrichs, H.: Die Neidgenossen. Rot - grüne Kumpanei droht... auch zwischen den Wahlen. München: Universitas Verl. 1986. 309 S.
B 60262

– Henßler –

Högl, G.; Lauschke, K.: Fritz Henßler. Ein Leben für Freiheit und Demokratie, 1886-1953. Begleitband zur...Ausstellung des Stadtarchivs Dortmund.... Dortmund: Stadtarchiv 1986. 96 S.
Bc 01829

– Hesselbach –

Hesselbach, W.: Soziale Vernunft als Maxime. Gedanken zu Fragen der Zeit. Köln: Bund-Verl. 1985. 319 S.
B 55687

– Hitler –

Jäckel, E.: Hitlers Herrschaft. Vollzug einer Weltanschauung. Stuttgart: DVA 1986. 183 S.
B 59567

Schwarzwäller, W.C.: Hitlers Geld. Bilanz einer persönlichen Bereicherung. 2.Aufl. Rastatt: Moewig 1986. 268 S.
B 60876

– Kempner –

Ein Advokat für die Humanität. Verleihung der Ehrendoktorwürde an Robert M.W.Kempner. Red.A.Gutzeit. Osnabrück: Univ.Osnabrück 1986. 84 S.
Bc 01905

– Kirchner –

Dertinger, A.; Trott, J.von: "...Und lebe immer in Eurer Erinnerung". Johanna Kirchner - eine Frau im Widerstand. Berlin: Dietz 1985. 211 S.
B 57195

– Kirst –

Kirst, H.H.: Das Schaf im Wolfspelz. Ein dt.Leben. Biograph.Versuchungen 1945 bis 1957. Herford: Busse Seewald 1985. 371 S.
B 57192

– Kleinewefers –

Kleinewefers, P.: Jahrgang 1905. Ein Bericht zur Zeit- und Wirtschaftsgeschichte. 4.Aufl. Stuttgart: Seewald 1984. 383 S.
B 56932

– Kohl –

Filmer, W.; Schwan, H.: Helmut Kohl. Düsseldorf: Econ 1985. 432 S.
B 56785

Hanitzsch, D.: Helmut Kohl. Mein Doppelgänger. Entlarvt v..... München: Süddeutscher Verl. 1986. o.Pag..
B 58593

Jendral, H.: Kohlblätter. Geschichten, Glossen und Anekdoten um Helmut Kohl. München: Delphin Verl. 1985. 191 S.
B 55651

– Kubel –

Renzsch, W.: Alfred Kubel. 30 Jahre Politik für Niedersachsen. Eine polit.-Biographie. Bonn: Verl.Neue Gesellschaft 1985. 232 S.
B 55865

– Külz –

Behrendt, A.: Wilhelm Külz. Aus dem Leben eines Suchenden. 2.Aufl.. Berlin: Buchverl.Der Morgen 1985. 365 S.
B 55795

– Lorant –

Lorant, S.: Ich war Hitlers Gefangener. Ein Tagebuch 1933. München: List 1985. 251 S.
B 57334

– Luxemburg –

Laschitza, A.: Rosa Luxemburgs Verständnis und Kampf für Demokratie. In: Zeitschrift für Geschichtswissenschaft. Jg.34, 1986. Nr.10. S.867-876.
BZ 4510:34

Rosa Luxemburg aujourd'hui. Textes réunis et présentés par C.Weill et G.Badia. Saint-Denis: Presses Univ.de Vincennes 1986. 148 S.
Bc 6595

– Marx –

Huar, U.; Fechner, G.: Marx und Engels über Politik. Berlin: Dietz 1985. 273 S.
B 57110

Marx, K.; Engels, F.: Vom Glück der Gemeinsamkeit. Über Liebe, Freundschaft, Solidarität.. Zus.-gest.u.eingel.v.H.u.H.Gemkow. Berlin: Dietz 1985. 327 S.
B 57114

Mazlish, B.: The Meaning of Karl Marx. Oxford: Oxford Univ.Pr. 1984. VIII,188 S.
B 56318

– Matthöfer –

Kämpfer ohne Pathos. Festschrift für Hans Matthöfer zum 60.Geburtstag am 25.Sept.1985. Hrsg.: H.Schmidt [u.a.]. Bonn: Verl.Neue Gesellschaft 1985. 268 S.
B 57846

– Mennecke –

Chroust, P.: Friedrich Mennecke.
Innenansichten eines medizinischen
Täters im Nationalsozialismus. In: Bei-
träge zur Nationalsozialistischen
Gesundheits- und Sozialpolitik. 1987.
Nr.4. S.67-122.
BZ 4837:1987

– Müller –

Hormann-Reckeweg, B.: Ludwig Müller
- aus dem Leben eines Gewerkschaf-
ters. Ein Beitrag zur Geschichte der
IG Chemie-Papier-Keramik. Köln :
Bund-Verl. 1986. 126 S.
Bc 6450

– Naab –

Witetschek, H.: Pater Ingbert Naab,
O.F.M. Cap. (1885-1935). Ein Prophet
wider den Zeitgeist. München: Schnell
& Steiner 1985. 224 S.
B 55667

– Nicolai –

Ike, B.W.: On 'The biology of war'. In:
Medicine and war. Vol.3, 1987. No.1.
S.32-42.
BZ 4904:3

– Niemöller –

Conway, J.S.: The political theology of
Martin Niemöller. In: German studies
review. Vol.9, 1986. No.3. S.521-546.
BZ 4816:9

– Oppenheimer –

Haselbach, D.: "Franz Oppenheimer",
Soziologie, Geschichtsphilosophie und
Politik des "Liberalen Sozialismus".
Opladen: Leske + Budrich 1985. 208 S.
B 56638

– Ossietzky –

Carl von Ossietzky. Republikaner ohne
Republik. Hrsg.H.Donat [u.a.].
Bremen: Donat u.Temmen Verl. 1986.
112 S.
Bc 6210

– Petersen –

Petersen, P.: Sind wir noch zu retten?.
Ein Bundestagsabgeordneter schreibt
an seinen 19jährigen Sohn, der sich Sor-
gen um die Zukunft macht. Stuttgart:
Burg-Verl. 1985. 224 S.
B 55721

– Pindter –

Schwarz, R.: Emil Pindter als offiziöser
Redakteur und "Kritiker" Otto von
Bismarcks. Frankfurt: Lang 1984.
343 S.
B 55899

– Plenge –

Ansorg, K.: Johann Plenges Sozialis-
musvorstellungen und ihre Rezeption
in der Sozialdemokratie während des
Ersten Weltkrieges. Frankfurt: Fischer
1984. 193 S.
B 56690

– Rathenau –

Rozanov, I.V.: Val'ter Ratenau monopo-
list, politik, ideolog burzuazii. In:
Novaja i novejšaja istorija. 1986. No.3.
S.139-157.
BZ 05334:1986

– Renn –

Brun-Cechovoj, V.A.: Ljudvig Renn soldat antifasistkogo fronta. In: Novaja i
novejšaja istorija. 1986. No.5.
S.100-113.
BZ 05334:1986

– Roschmann –

Roschmann, H.: Erinnerungen eines
kämpferischen Schwaben. Überlingen:
Selbstverlag 1985. 148 S.
Bc 01799

– Schäferdiek –

Schäferdiek, W.: Lebens-Echo. Erinnerungen eines Schriftstellers. Düsseldorf: Droste 1985. 287 S.
B 56278

– Schlange-Schöningen –

Trittel, G.J.: Hans Schlange-Schöningen. Ein vergessener Politiker der "Ersten Runde". In: Vierteljahrshefte für Zeitgeschichte. Jg.35, 1987. Nr.1. S.25-63.
BZ 4456:35

– Schlieffen Graf von –

Stahl, F.-C.: Alfred Graf von Schlieffen. In: Militärgeschichtliches Beiheft zur Europäischen Wehrkunde. Jg.2, 1987. H.2. S.12-16.
BZ 4895:2

– Schmidt –

Carr, J.: Helmut Schmidt. Helmsman of Germany. London: Weidenfeld and Nicolson 1985. 208 S.
B 56320

– Schultes –

Laqueur, W.; Breitmann, R.: Der Mann, der das Schweigen brach. Frankfurt: Ullstein 1986. 304 S.
B 59869

– Schumacher –

Schumacher, K.: Reden, Schriften, Korrespondenzen 1945-1952. Hrsg.v. W.Albrecht. Berlin: Dietz 1985. 1045.
B 56651

– Simon –

Josef Simon. Schuhmacher, Gewerkschafter, Sozialist mit Ecken und Kanten. Hrsg.: A.Mirkes. Köln: Bund-Verl. 1985. 465 S.
B 55857

– Sonnenhol –

Sonnenhol, G.A.: Untergang oder Übergang?. Stuttgart: Seewald 1984. 382 S.
B 56756

– Speer –

Hepp, M.: Fälschung und Wahrheit: Albert Speer und "Der Sklavenstaat". In: Mitteilungen. Dokumentationsstelle zur NS-Sozialpolitik. Jg.1, 1985. H.3. S.1-39.
BZ 05529:1

– Stadtler –

Stutz, R.: Stetigkeit und Wandlungen in der politischen Karriere eines Rechtsextremisten. In: Zeitschrift für Geschichtswissenschaft. Jg.34, 1986. Nr.9. S.796-806.
BZ 4510:34

– Stauffenberg von –

Venohr, W.: Claus von Stauffenberg. Symbol der deutschen Einheit. Frankfurt: Ullstein 1986. 429 S.
B 59668

– Sternberger –

Sternberger, D.: Die Politik und der Friede. Frankfurt: Suhrkamp 1986. 131 S.
Bc 6299

– Stolberg-Wernigerode –

Breitenborn, K.: Im Dienste Bismarcks. Die politische Karriere des Grafen Otto zu Stolberg-Wernigerode. Berlin: Verlag d.Nation 1984. 361 S.
B 56379

– Strauß –

Straußeneier. Geschichten, Glossen und Anekdoten um Franz Josef Strauß. Hrsg.v.J.Jendral [u.a.]. München: Delphin Verl. 1984. 191 S.
B 56255

– Studnitz –

Studnitz, H.G.von: Menschen aus meiner Welt. Frankfurt: Ullstein 1985. 157 S.
B 56930

– Thälmann –

Ernst Thälmann. Bilder, Dokumente, Texte. Hrsg.v.G.Hortzschansky. Frankfurt: Röderberg 1986. 394 S.
010070

– Thümmler –

Musioł, J.: Sędzia i kat czyli jeden dzied'n doktora Thümmlera. Warszawa: Wydawn.Min.Obrony 1986. 143 S.
Bc 6277

– Todt –

Seidler, F.W.: Fritz Todt. Baumeister des Dritten Reiches. München: Herbig 1986. 424 S.
B 59956

– Tresckow –

Scheurig, B.: Henning von Tresckow. Ein Preuße gegen Hitler. Frankfurt: Ullstein 1987. 287 S.
B 60742

– Vack –

Klaus Vack zum 50.Geburtstag (17.Mai 1985). Hrsg.: W.-D.Narr u.a.. Sensbachtal: Komitee für Grundrechte und Demokratie 1985. 230 S..
B 55733

– Vitt –

Vitt, W.: "Demokratie darf am Werkstor nicht enden...". Eine Auswahl aus Reden und Schriften. Hamburg: VSA-Verl. 1986. 175 S.
Bc 6559

– Voss –

Aly, G.: Das Posener-Tagebuch des Anatomen Hermann Voss. In: Beiträge zur Nationalsozialistischen Gesundheits- und Sozialpolitik. 1987. Nr.4. S.15-66.
BZ 4837:1987

– Weber –

Peukert, D.J.K.: Die "letzten Menschen". Beobachtungen zur Kulturkritik im Geschichtsbild Max Webers. In: Geschichte und Gesellschaft. Jg.12, 1986. H. 4. S.425-442.
BZ 4636:12

– Weizsäcker

Randow, F.von: Die Wahrheit über von Weizsäcker. München: DSZ-Verl. 1986. 254 S.
B 61953

– Wiechering

Wiechering, S.; Wiechering, F.: Friedenszeiten und Kriegsjahre. Hrsg.: K.D.Sievers. Münster: Coppenrath 1984. XIV,394 S.
B 54216

– Wilhelm II.

Lerchenfeld-Koefering, H.: Kaiser Wilhelm II. als Persönlichkeit und Herrscher. Hrsg.: v.D.Albrecht. Kallmünz: Lassleben 1985. V,65 S.
Bc 6117

L 130 d Land und Volk

L 130 d 10 Minoritäten

Zukunft in der Bundesrepublik oder Zukunft in der Türkei?. Eine Bilanz der 25-jährigen Migration von Türken. nach 1945. Hrsg.: W.Meys [u.a.]. Frankfurt: Dagyeli 1986. 190 S.
Bc 6226

– bis 1945 –

Die Ausbürgerung deutscher Staatsangehöriger 1933-45 nach den im Reichsanzeiger veröffentlichten Listen. Expatriation lists as published in the "Reichsanzeiger" 1933-45. Hrsg.: M.Hepp. Bd 1-2. München: Saur 1985. 724,356 S.
B 55909

Hamann, M.: Erwünscht und uner-
wünscht. Die rassenpsychologische
Selektion der Ausländer. In: Beiträge
zur Nationalsozialistischen Gesund-
heits- und Sozialpolitik. 1986. Nr.3.
S.143-180.
BZ 4837:1986

Jonca, K.: Etapy polityki rasistowskiej
w Trzeciej Rzeszy (ze szczególnym
uwzglednieniem śląska). In: Dzieje najnowsze. R.18, 1986. No.3-4. S.165-193.
BZ 4685:18

Zimmermann, M.: Die nationalsozialistische Vernichtungspolitik gegen Sinti
und Roma. In: Aus Politik und Zeitgeschichte. 1987. B.16-17. S.31-45.
BZ 05159:1987

– nach 1945 –

Sen, F.: Türken in der Bundesrepublik
Deutschland. Leistungen, Probleme,
Erwartungen. In: Beiträge zur Kon-
fliktforschung. 1986. Nr.3. S.43-63.
BZ 4594:1986

L 130 d 20 Juden

– bis 1945 –

Angress, W.T.: Generation zwischen
Furcht und Hoffnung. Jüdische Jugend
im Dritten Reich. Hamburg: Christians
1985. 180 S.
B 56013

Browning, C.R.: Nazi resettlement
policy and the search for a solution to
the Jewish question, 1939-1941. In:
German studies review. Vol.9, 1986.
No.3. S.497-519.
BZ 4816:9

Diamant, A.: Deportationsbuch der von
Frankfurt am Main aus gewaltsam ver-
schickten Juden in den Jahren 1941 bis
1944 (nach den Listen vom Bundes-
archiv Koblenz). Frankfurt: Jüd.Ge-
meinde 1984. 175 S.
02430

Fackenheim, E.L.: Concerning authentic
and unauthentic responses to the Holocaust. In: Holocaust and genocide studies. Vol.1, 1986. No.1. S.101-120.
BZ 4870:1

Gehrig, B.: "Bist'ne Jüdische? Haste
den Stern?". Erz.i.Gespräch m.Bruno
Schonig. Berlin-Kreuzberg: Nishen
1985. 31 S.
Bc 6293

Milton, S.H.: The Artist in Exile, intern-
ment and hiding. New York: Jewish
Museum 1985. S.70-81.
Bc 01594

Milton, S.H.: Lost, stolen, and strayed.
The archival heritage of modern Ger-
man-Jewish history. Hanover, N.H.:
Univ.Pr.of New England 1985.
S.317-335.
Bc 01596

Milton, S.: Images of the Holocaust -
Part 2. In: Holocaust and genocide stu-
dies. Vol.1, 1986. No.2. S.193-216.
BZ 4870:1

Pätzold, K.: Wo der Weg nach Auschwitz
begann. Der deutsche Antisemitismus
und der Massenmord an den europäischen Juden. In: Blätter für
deutsche und internationale Politik.
1987. H.2. S.160-172.
BZ 4551:1987

Raveh, K.: Überleben. Der Leidensweg
der jüdischen Familie Frenkel aus
Lemgo. 3.Aufl. Lemgo: Selbstverlag
1987. 151 S.
Bc 6846

Schicksale jüdischer Juristen in Hamburg im Dritten Reich. Niederschrift
einer Podiumsdiskussion m.Wissen-
schaftlern u.Zeitzeugen. Hamburg:
Verein f.Hamburgische Geschichte
1985. 70 S.
Bc 6460

Schultheis, H.: Die Reichskristallnacht
in Deutschland nach Augenzeugen-
berichten. Bad Neustadt a.d.Saale:
Rötter 1985. XXVIII,405 S.
B 60336

Shepherd, N.: A Refuge from darkness. Wilfrid Israel and the rescue of the Jews. New York, N.Y.: Pantheon Books 1984. 291 S.
B 56251

L 130 e Staat und Politik

L 130 e 10 Innenpolitik

Jungwirth, N.: Demo. Eine Bildgeschichte des Protests in der Bundesrepublik. Weinheim: Beltz 1986. 160 S.
010047

Mut zur Wende. Hrsg.: K. Hornung. Krefeld: SINUS-Verl. 1985. 205 S.
B 57609

Politics and government in the Federal Republic of Germany: basic documents. Ed.by C.-C.Schweitzer. Leamington Spa.: Berg Publ. 1984. XIX,444 S.
B 56418

Das politische System der BRD. Geschichte und Gegenwart. Hrsg.v.K.-H. Röder. Berlin: Staatsverlag der DDR 1985. 479 S.
B 57067

Süß, W.: Friedensstiftung durch präventive Staatsgewalt. Opladen: Westdt.-Verl. 1984. XI,369 S.
B 54284

L 130 e 11 Verfassung und Recht

Hattenhauer, H.: Deutsche Nationalsymbole. Zeichen und Bedeutung. München: Olzog 1984. 232 S.
B 55402

– bis 1945 –

Antigermanismus. Eine Streitschrift zu Dachau und zum "Auschwitz-Gesetz". Hrsg.: G.Sudholt. Berg: Türmer Verl. 1986. 73 S.
Bc 6279

Arbeit und Vernichtung. Das Konzentrationslager Neuengamme 1938-1945. Katalog zur ständigen Ausstellung im Dokumentenhaus d.KZ-Gedenkstätte Neuengamme, Außenstelle d.Museums f.Hamburg.Geschichte. Hrsg.: U.Bauche. Hamburg: VSA-Verl. 1986. 259 S.
010066

Biesemann, J.: Das Ermächtigungsgesetz als Grundlage der Gesetzgebung im nationalsozialistischen Staat. E.Beitr.z.Stellung d.Gesetzes in d.Verfassungsgeschichte 1919-1945. Münster: Lit Verl. 1985. LVIII,403 S.
B 57802

Dokumente zur "Euthanasie". Hrsg.v.E.Klee. Frankfurt: Fischer 1985. 342 S.
B 56784

Eichmann, B.: Versteinert, verharmlost, vergessen. KZ-Gedenkstätten in der Bundesrepublik Deutschland. Frankfurt: Fischer 1985. 220 S.
B 57807

Friedrich, J.: Der lange Abschied vom Volksgerichtshof. In: Die neue Gesellschaft/Frankfurter Hefte. Jg.33, 1986. Nr.12. S.1066-1073.
BZ 4572:33

Goshen, S.: Endphase des Verbrechens am europäischen Judentum. Hintergrund und Genesis der "Endlösung". In: Zeitgeschichte. Jg.14, 1986. Nr.6. S.221-243.
BZ 4617:14

Jung, O.: Verfassungsschutz Privat: Die Republikanische Beschwerdestelle e.V. (1924-1933). In: Vierteljahrshefte für Zeitgeschichte. Jg.35, 1987. Nr.1. S.65-93.
BZ 4456:35

Klawe, W.: "Im übrigen herrscht Zucht und Ordnung...". Zur Geschichte des Konzentrationslagers Wittmoor. Mitarb.: B.Koch [u.a.]. Hamburg: VSA-Verl. 1987. 94 S.
Bc 6636

Klieme, J.: Die Neuerkeröder Anstalten in der Zeit des Nationalsozialismus. Sickte-Neuerkerode: Selbstverlag 1984. 105 S.
Bc 01887

Lehmann, H.-G.; Hepp, M.: Die individuelle Ausbürgerung deutscher Emigranten 1933-1945. In: Geschichte in Wissenschaft und Unterricht. Jg.38, 1987. H.3. S.163-172.
BZ 4475:38

Mauern des Schweigens durchbrechen. Die Gedenkstätte Breitenau. Hrsg.: J.Dillmann [u.a.]. Kassel: Verl.Gesamthochschulbibliothek 1986. 208 S.
Bc 6637

Rabofsky, E.; Oberkofler, G.: Verborgene Wurzeln der NS-Justiz. Strafrechtliche Rüstung für zwei Weltkriege. Wien: Europaverl. 1985. 261 S.
B 55911

Staatsrecht und Staatsrechtslehre im Dritten Reich. Hrsg.: E.-W.Böckenförde. Heidelberg: Müller Juristischer Verl. 1985. XII,262 S.
B 55908

Vaupel, D.: Das Außenkommando Hessisch Lichtenau des Konzentrationslagers Buchenwald 1944/45. Eine Dokumentation. 2.Aufl.. Kassel: Verl.Gesamthochschulbibl.-Kassel 1984. 120 S.
Bc 6638

Walendy, U.: Amtliche Lügen straffrei, Bürgerzweifel kriminell. Vlotho/Weser: Verl.f.Volkstum u.Zeitgeschichtsforschung 1985. 40 S.
Bc 02022

– nach 1945 –

Bakker Schut, P.H.: Stammheim. Der Prozeß gegen die Rote Armee Fraktion. Kiel: Neuer Malik Verl. 1986. 685 S.
D 3470

Bongartz, D.: Chronik einer Dienstentfernung. Frankfurt: Röderberg 1985. 165 S.
B 55926

Chaussy, U.: Oktoberfest: ein Attentat. Darmstadt: Luchterhand 1985. 259 S.
B 56890

Endriss, R.; Haas-Tröber, M.: Achtung, Polizei!. Ein Rechtsratgeber für Begegnungen mit der Staatsgewalt. Freiburg: Dreisam-Verl. 1984. 142 S.
B 55696

Faschisierung - was ist das?. Aktuelle Aufgaben des antifaschistischen Kampfes. 16./17.Mai 1987 in Köln. Kongressmaterialien. Hrsg.: Zentr.Vorstand d.Volksfront gegen Reaktion, Faschismus und Krieg. Köln: Selbstverlag 1987. 100 S.
D 03731

Flüchtlinge. Asyl, Grundrecht, Menschenrechte, Rechtsextremismus, Sommerkampagne, Lummer, Krieg. Hrsg.v.d.Fraktion der Alternativen Liste. Berlin: o.V. 1986. 64 S.
D 03586

Frowein, J.: Asylrecht aus rechtsvergleichender Sicht. In: Aus Politik und Zeitgeschichte. 1987. B.26. S.19-24.
BZ 05159:1987

Grün Alternative Basisgruppen. Immigranten- und Asylfragen. Leitlinien u.Diskussionsansätze. Hamburg: Bundesarbeitsgemeinschaft der Grünen 1984. 60 S.
D 3494

Kimminich, O.: Das Asyl in verfassungsrechtlicher Sicht. In: Aus Politik und Zeitgeschichte. 1987. B.26. S.3-17.
BZ 05159:1987

Nagel, H.: Carlos Supermaus. Betrachtungen zur RAF und Staatsgewalt. Hamburg: Nautilus/Nemo Pr. 1987. 63 S.
Bc 6519

Niederlassungsrecht für Ausländer. Stellungnahmen u.Dokumentation. Hrsg.: Die Grünen im Bundestag. Bonn: Selbstverlag 1986. 128 S.
D 03577

Der Prozeß. Justiz in der Bundesrepublik Deutschland am Beispiel Peter-Jürgen Boock 1983/84 zu Stuttgart-Stammheim. Sensbachtal: Komitee für Grundrechte u.Demokratie 1985. 317 S.
B 57412

Sachs, M.: Die Dritte Gewalt in der Zweiten Republik. Staatsfunktion zwischen Vertrauen auf die Richter und Diktat der leeren Kassen. In: Beiträge zur Konfliktforschung. Jg.16, 1986. Nr.4. S.5-29.
BZ 4594:16

Die unheimliche Sicherheit. Neue Staatsschutzgesetze für Geheimdienste und Polizei. Hrsg.v.d.Bürgerinitiative "Bürger kontrollieren die Polizei". 2.Aufl.. Bremen: Selbstverlag 1986. 74 S.
D 03423

Wallraff, G.: Akteneinsicht. Bericht zur Gesinnungslage des Staatsschutzes. 3.Aufl.. Göttingen: Steidl 1987. 140 S.
Bc 6563

Wassermann, R.: Recht, Gewalt, Widerstand. Vorträge und Aufsätze. Berlin: Spitz 1985. 144 S.
B 56352

Weg mit dem § 218. Hrsg.v.A.Schwarzer. Köln: Emma Frauenverl. 1986. 127 S.
Bc 6182

L 130 e 12 Regierung und Verwaltung

– bis 1945 –

Döscher, H.-J.: Das Auswärtige Amt im Dritten Reich. Diplomatie im Schatten der "Endlösung". Berlin: Siedler 1987. 333 S.
B 61365

Höffkes, K.: Hitlers politische Generale. Der Gauleiter d.Dritten Reichs. Tübingen: Grabert 1986. 421 S.
B 60255

– nach 1945 –

Naumann, K.: Die Größe der Koalition ist die Schwäche der Opposition. In: Blätter für deutsche und internationale Politik. Jg.32, 1987. H.6. S.756-763.
BZ 4551:32

Niclauss, K.: Repräsentative und plebiszitäre Elemente der Kanzlerdemokratie. In: Vierteljahrshefte für Zeitgeschichte. Jg.35, 1987. Nr.2. S.217-245.
BZ 4456:35

Rieger, T.: Der Bundesnachrichtendienst im demokratischen Rechtsstaat. Ellwangen: Wimmer 1986. 169 S.
Bc 6538

Wittrock, K.: Parlament, Regierung und Rechnungshof. Zur Geschichte einer schwierigen Dreiecksbeziehung. In: Zeitschrift für Parlamentsfragen. Jg.17, 1986. Nr.3. S.414-422.
BZ 4589:17

L 130 e 13 Parlamente und Wahlen

Hofmann-Göttig, J.: Emanzipation mit dem Stimmzettel. 70 Jahre Frauenwahlrecht in Deutschland. Bonn: Verl.Neue Gesellschaft 1986. 142 S.
B 59688

– bis 1945 –

Als die Deutschen demonstrieren lernten. Das Kulturmuster "friedliche Straßendemonstration" im preußischen Wahlrechtskampf 1908-1910.. Red.: B.J.Warneken. Tübingen: Tübinger Vereinigung für Volkskunde e.V. 1986. 187 S.
010050

Cötzee, F.; Cötzee, M.S.: Rethinking the radical right in Germany and Britain before 1914. In: Journal of contemporary history. Vol.21, 1986. No.4. S.515-537.
BZ 4552:21

Falter, J.; Lindenberger, T.; Schumann, S.: Wahlen und Abstimmungen in der Weimarer Republik. Materialien zum Wahlverhalten 1919-1933. München: Beck 1986. 251 S.
B 59734

Keine Stimme dem Radikalismus. Christliche, liberale und konservative Parteien in den Wahlen 1930-1933. Hrsg.: G.Buchstab u.a.. Berlin: Colloquium-Verl. 1984. 136 S.
B 54304

Semolinos Arribas, M.: Hitler y la prensa de la II República española. Madrid: Siglo 1985. XXI,290 S..
B 58443

West, F.C.: A crisis of the Weimar Republic. A study of the German Referendum of 20 June 1926. Philadelphia, Penn.: The American Philosophical Soc. 1985. XIII,360 S.
B 57116

– nach 1945 –

Apfel oder Birne? Karikaturen zur Wahl. Berlin: Elefanten Pr. 1986. 95 S.
Bc 6127

Bundestagwahl-Programm 1987. Farbe bekennen. Bonn: Die Grünen 1986. 49 S.
D 03585

Dietrich, J.: Strukturelle Mehrheit rechts - neue Mehrheiten links?. In: Blätter für deutsche und internationale Politik. Jg.32, 1987. H.7. S.910-920.
BZ 4551:32

Dreyfus, F.-G.: Les élections allemandes. In: Défense nationale. A.43, 1987. No.4. S.7-19.
BZ 4460:43

Feist, U.; Krieger, H.: Alte und neue Scheidelinien des politischen Verhaltens. Eine Analyse zur Bundestagswahl vom 25.Januar 1987. In: Aus Politik und Zeitgeschichte. 1987. B.12. S.33-47.
BZ 05159:1987

Geck, H.-U.: Die Fragestunde im deutschen Bundestag. Berlin: Duncker u.Humblot 1986. 142 S.
Bc 6285

Gibowski, W.G.; Kaase, M.: Die Ausgangslage für die Bundestagswahl am 25.Januar 1987. In: Aus Politik und Zeitgeschichte. 1987. B.48. S.3-19.
BZ 05159:1987

Gluchowski, P.: Lebensstile und Wandel der Wählerschaft in der Bundesrepublik Deutschland. In: Aus Politik und Zeitgeschichte. 1987. B.12. S.18-32.
BZ 05159:1987

Hofmann-Göttig, J.: Die jungen Wähler. Zur Interpretation d.Jungwählerdaten. Unt.Mitarb.v.H.Göttig. Frankfurt: Campus Verlag 1984. 174 S.
B 55537

Jesse, E.: Wahlrecht zwischen Kontinuität und Reform. Eine Analyse d.Wahlsystemdiskussion u.d.Wahlrechtsänderungen in d.Bundesrepublik Deutschland 1949-1983. Düsseldorf: Droste 1985. 440 S.
B 56408

Kellner, D.J.: Parlamentarische Obstruktion. In: Zeitschrift für Parlamentsfragen. Jg.17, 1986. Nr.3. S.423-434.
BZ 4589:17

Kipke, R.: Die Untersuchungsausschüsse des Deutschen Bundestages. Berlin: Berlin Verl. 1985. 248 S.
B 54908

Kretschmer, G.: Zur Organisationsgewalt des Deutschen Bundestages im parlamentarischen Bereich. In: Zeitschrift für Parlamentsfragen. Jg.17, 1986. Nr.3. S.334-346.
BZ 4589:17

Narr, W.-D.; Vack, K.: Bitte an die außerparlamentarischen, sozialen Bewegungen: Überschätzt die Bundestagswahlen 1987 nicht!. Berlin: o.V. 1986. 12 S.
D 03671

Naumann, K.: Einstieg in eine neue Politik oder Radikalisierung der Wende: Zur Zweiten Phase des Bundestagswahlkampfes. In: Blätter für deutsche und internationale Politik. H.31, 1986. Nr.10. S.1165-1176.
BZ 4551:31

Parlamentarische Demokratie - Bewährung und Verteidigung. Festschrift f.H.Schellknecht z.65.Geburtstag. Hrsg.: E.Busch. Heidelberg: Decker 1984. XIV,297 S.
B 55685

Roos, W.S.: Wählen - aber richtig. Der unentbehrliche Ratgeber zur Wahl. Reinbek: Rowohlt 1986. 119 S.
Bc 6135

Roth, R.: Dokumentation und Kurzanalysen. Die niedersächsische Landtagswahl vom 15.Juni 1986. In: Zeitschrift für Parlamentsfragen. Jg.18, 1987. Nr.1. S.5-16.
BZ 4589:18

Saretzki, T.: Die Wahl zur Hamburger Bürgerschaft vom 9.11.1986. Ende des Traumes von der eigenen Mehrheit oder: Die SPD vor der Bündnisfrage. In: Zeitschrift für Parlamentsfragen. Jg.18, 1987. Nr.1. S.16-37.
BZ 4589:18

Schultze, R.-O.: Die bayerische Landtagswahl vom 12.10.1986: Stabile Verhältnisse wie nachhaltige Veränderungen. In: Zeitschrift für Parlamentsfragen. Jg.18, 1987. Nr.1. S.38-56.
BZ 4589:18

Schultze, R.-O.: Die Bundestagswahl 1987 - eine Bestätigung des Wandels. In: Aus Politik und Zeitgeschichte. 1987. B.12. S.3-17.
BZ 05159:1987

Schütt-Wetschky, E.: Verhältniswahl und Minderheitsregierungen. In: Zeitschrift für Parlamentsfragen. Jg.18, 1987. Nr.1. S.94-109.
BZ 4589:18

Zeh, W.: Altersschichten in der Geschäftsordnung des Deutschen Bundestages. In: Zeitschrift für Parlamentsfragen. Jg.17, 1986. Nr.3. S.396-413.
BZ 4589:17

L 130 e 14 Parteien

– bis 1945 –

Andrews, H.D.: The social composition of the NSDAP: problems and possible solutions. In: German studies review. Vol.9, 1986. No.2. S.294-318.
BZ 4816:9

Benser, G.: Die KPD im Jahre der Befreiung. Vorbereitung und Aufbau der legalen kommunistischen Massenpartei (Jahreswende 1944/45 bis Herbst 1945). Berlin: Dietz 1985. 435 S.
B 56357

Bramke, W.: Das Faschismusbild in der KPD Mitte 1929 bis Anfang 1933. In: Beiträge zur Geschichte der Arbeiterbewegung. Jg.28, 1986. Nr.5. S.612-621.
BZ 4507:28

Daim, W.: Der Mann, der Hitler die Ideen gab. Die sektiererischen Grundlagen des Nationalsozialismus. 2.Aufl.. Wien: Böhlau 1985. 316 S.
B 55998

Doehler, E.: Militärpolitische Aspekte des Antikriegskampfes der KPD in der Zeit der Weimarer Republik. In: Militärgeschichte. Jg.25, 1986. Nr.6. S.511-516.
BZ 4527:25

Henicke, H.: Die Stuttgarter Linken gegen die opportunistische Zersetzung der deutschen Sozialdemokratie in den Jahren 1910 bis 1914. In: Beiträge zur Geschichte der Arbeiterbewegung. Jg.29, 1987. Nr.2. S.176-187.
BZ 4507:29

Hofmann, G.: Antimilitarismus der Sozialistischen Arbeiterpartei Deutschlands im Reichstag 1887 bis 1890. In: Praxis international. Vol.6, 1987. No.3. S.791-800.
BZ 4783:6

Kühnrich, H.: Die Entfesselung des zweiten Weltkrieges und der "Seltsame Krieg" im zeitgenössischen Urteil der KPD (Sept.1939 bis April/Mai 1940). In: Beiträge zur Geschichte der Arbeiterbewegung. Jg.29, 1987. Nr.4. S.435-460.
BZ 4507:29

Langels, O.: Die ultralinke Opposition der KPD in der Weimarer Republik. Frankfurt: Lang 1984. 341 S.
B 55531

Leitsch, C.: Drei BDM-Autobiographinnen. In: Mitteilungen. Dokumentationsstelle zur NS-Sozialpolitik. Jg.2, 1986. H.11/12. S.73-101.
BZ 05529:2

Luthardt, W.: Sozialdemokratische Verfassungstheorie in der Weimarer Republik. Opladen: Westdeutscher Verlag 1986. VIII,194 S.
Bc 6257

Maciejewski, M.: Konserwatywni intelektualiści niemieccy wobec rzadów Hitlerowskich. In: Dzieje najnowsze. R.18, 1986. No.3-4. S.105-146.
BZ 4685:18

Volck Mortensen, P.: De sorte Støvler. Tekster til fascisme. København: Hans Reitzels Forl. 1986. 109 S.
Bc 5845

– nach 1945 –

Artner, S.J.: A Change of course. The West German social democrats and NATO, 1957-1961. Westport, Conn.: Greenwood Press 1985. XVIII,242 S.
B 56574

Asmurs, R.D.: Die zweite Ostpolitik der SPD. Mit Perspektiven aus den USA. In: Außenpolitik. Jg.38, 1987. Nr.1. S.42-57.
BZ 4457:38

Balsen, W.; Rössel, K.: Hoch die internationale Solidarität. Zur Geschichte der Dritte-Welt-Bewegung in der Bundesrepublik. Köln: Kölner Volksblatt-Verl. 1986. 616 S.
B 60063

Benz, W.: Organisierter Rechtsradikalismus in der Bundesrepublik Deutschland. In: Geschichte in Wissenschaft und Unterricht. Jg.38, 1987. H.2. S.90-104.
BZ 4475:38

Beyme, K.von: Neue soziale Bewegungen und politische Parteien. In: Aus Politik und Zeitgeschichte. 1986. B.44. S.30-39.
BZ 05159:1986

Braunthal, G.: Koalitionen zwischen Sozialdemokraten und Grünen in Westdeutschland. Perspektiven einer neuen Allianz. In: Beiträge zur Konfliktforschung. 1986. Nr.3. S.5-31.
BZ 4594:1986

Braunthal, G.: Social Democratic-Green coalitions in West Germany: prospects for a New Alliance. In: German studies review. Vol.9, 1986. No.3. S.569-597.
BZ 4816:9

CDU Hessen 1945-1985. Politische Mitgestaltung und Kampf um die Mehrheit. Hrsg.v.W.Wolf. Köln: Verlag Wissenschaft und Politik 1986. 196 S.
B 58688

Cmejrek, J.; Kanichová, R.: Spor o identitu v SPD a SPÖ. In: Československý časopis historický. R.33, 1985. No.1. S.7-20.
BZ 4466:33

Dokumentation: Von der ANS zur FAP. Kühnens Nazi-Truppe in neuem Gewand. Hrsg.: Ortsgruppe Dortmund der Volksfront gegen Reaktion, Faschismus und Krieg. Dortmund: o.V. 1984. 24 S.
D 03528

Domröse, L.: Wende weg von der Wirklichkeit. Die Sicherheitspolitik der SPD und die Thesen des Herrn v.Bülow. In: Europäische Wehrkunde. Jg.35, 1986. Nr.12. S.684-691.
BZ 05144:35

Dudek, P.: Jugendliche Rechtsextremisten. Zwischen Hakenkreuz und Odalsrune, 1945 bis heute. Köln: Bund-Verl. 1985. 243 S.
B 55690

DVE - Deutsche Volkseinheit. Das Manifest des Volkes. Oder: Die Zerstörung unserer Welt durch die Atombomben der Machthaber. Berlin: Drei Enkel Verl. 1984. 23 S.
D 3556

Fleck, H.-G.: Liberale an einen Tisch?. Die Weimarer Gespräche zwischen FDP und LDPD im Oktober 1956. In: Deutschland-Archiv. Jg.20, 1987. Nr.1. S.67-76.
BZ 4567:20

Flick-Zeugen. Protokolle aus dem Untersuchungsausschuß. Hrsg.: R.Burchhardt u.a.. Reinbek: Rowohlt 1985. 243 S.
B 56680

Die Friedensliste. Die CDU/CSU. Fakten, Analysen, Meinungen, Diskussionen. Bonn: o.V. 1986. 37 S.
D 03660

Geschichte der christlich-demokratischen und christlich-sozialen Bewegungen in Deutschland. Hrsg.: G.Rüther. Bonn: Bundeszentrale f.polit.Bildung 1984. 376,368 S.
B 55037

Die geteilte Utopie. Sozialisten in Frankreich und Deutschland. Hrsg.v.M.Christadler. Opladen: Leske + Budrich 1985. 379 S.
B 57123

Grupp, J.: Abschied von den Grundsätzen?. Die Grünen zwischen Koalition u.Opposition. Berlin: Ed.Ahrens im Verl.Zerling 1986. 107 S.
Bc 6126

Hamm, M.R.: Strategic defense and the West German social democrats. In: Strategic review. Vol.14, 1986. No.2. S.16-26.
BZ 05071:14

Hein, D.: Zwischen liberaler Milieupartei und nationaler Sammlungsbewegung. Gründung, Entwicklung und Struktur der Freien Demokratischen Partei 1945-1949. Düsseldorf: Droste 1985. 402 S.
B 55790

Hohlbein, H.: Politischer Extremismus. Links- u.Rechtsextremismus in d.BRD. Hamburg: Landeszentrale f.polit.Bildung 1985. 159 S.
Bc 6192

Horchem, H.J.: Fünfzehn Jahre Terrorismus in der BRD. In: Aus Politik und Zeitgeschichte. 1987. B.5. S.3-15.
BZ 05159:1987

Horchem, H.J.: Terrorism in West Germany. London: Institute for the study of conflict 1986. 21 S.
Bc 6163

Huhn, A.; Meyer, A.: "Einst kommt der Tag der Rache". Die rechtsextreme Herausforderung 1945 bis heute. Freiburg: Dreisam-Verl. 1986. 229 S.
B 57803

Jung, H.; Krause, F.: Die Stamokap-Republik der Flicks. Frankfurt: Verl.Marxistische Blätter 1985. 151 S.
Bc 6200

Klein, M.: Antifaschistische Demokratie und nationaler Befreiungskampf. Die nationale Politik der KPD 1945-1953. Berlin: Körner 1984. 290 S.
B 55689

Korzycki, W.: Chadecka koncepcja Deutschlandpolitik. In: Sprawy Międzynarodowe. R.39, 1986. No.6. S.31-46.
BZ 4497:39

Linse, U.: Ökopax und Anarchie. Eine Geschichte der ökologischen Bewegungen in Deutschland. München: Dtv 1986. 191 S.
Bc 6407

Mehlich, S.: BRD-Konservative zur Systemauseinandersetzung im Nuklearzeitalter. In: IPW-Berichte. Jg.16, 1987. H.3. S.19-24.
BZ 05326:16

Meng, R.: Die sozialdemokratische Wende. Aussenbild und innerer Prozeß der SPD 1981-1984. Gießen: Focus Verl. 1985. 409 S.
B 57809

Neofaschismus in der Bundesrepublik Deutschland. Arbeits- u.Diskussionspapier d.Präsidiums d.VVN-Bund der Antifaschisten. 2.Aufl. Frankfurt: o.V. 1986. 106 S.
D 03599

Nielsen, H.K.: Det folkelige Opbrud i Vesttyskland. Om de Grénne m.m.. Aarhus: Aarhus Universitetsforl. 1985. 119 S.
Bc 5781

Die NPD ist eine faschistische Partei. Kritik d.NPD-Programms. 1. Das wirtschaftl.Programm der NPD. 2. Das sozialpolit.Programm, sowie Frauen- u.Familienpolitik. 3. Militärpolitik. 4. Großmachtpolitik und Kriegskurs der NPD. Hrsg.: Volksfront gegen Reaktion, Faschismus und Krieg. T.1-4. o.O.: o.V. 1985. 14,19,2,16 S..
D 03358

Oberreuter, H.; Patzelt, W.J.: Abgeordnete zwischen Partei- und Persönlichkeitsorientierung: Zur "Leidensspirale" der bayerischen SPD. In: Zeitschrift für Parlamentsfragen. Jg.18, 1987. Nr.1. S.57-76.
BZ 4589:18

Oertzen, P.von: Konfliktfelder in der Programmdiskussion. In: Die neue Gesellschaft/Frankfurter Hefte. Jg.34, 1987. Nr.6. S.514-524.
BZ 4572:34

Programm zur Bürgerschaftswahl '86. Hrsg.v.d.GRÜNEN/LV Hamburg, Grün-Alternative Liste. Hamburg: o.V. 1986. 49 S.
D 03605

Risse, J.: Der Parteiausschluß. Voraussetzungen, Verfahren und gerichtliche Überprüfung des Ausschlusses von Mitgliedern aus politischen Parteien. Berlin: Duncker & Humblot 1985. 297 S.
B 55501

Schily, O.: Vom Zustand der Republik. Berlin: Wagenbach 1986. 117 S.
Bc 6142

Schönbohm, W.: Die CDU wird moderne Volkspartei. Selbstverständnis, Mitglieder, Organisation und Apparat 1950-1980. Stuttgart: Klett-Cotta 1985. 343 S.
B 56946

Schröder, K.: Die FDP in der britischen Besatzungszone, 1946-1948. Ein Beitrag zur Organisationsstruktur der Liberalen im Nachkriegsdeutschland. Düsseldorf: Droste 1985. 329 S.
B 55789

Schrüfer, G.: Die Grünen im deutschen Bundestag. Anspruch und Wirklichkeit. Nürnberg: Pauli-Balleis 1985. XXIV,208,XXIV S.
B 57785

Schulz, C.: Der gezähmte Konflikt. Zur Interessenverarbeitung durch Verbände u.Parteien.... Opladen: Westdeutscher Verlag 1984. IX,406 S.
B 55515

SPD siebenundachtzig. Friedenspartei oder Nato-Partei?. Hrsg.: Initiative "Kein Friede mit der Nato - Raus aus der Nato", Kommunist.Bund, Red.d.-Zeitschrift Atom. Mannheim: o.V. 1986. 43 S.
D 03432

SPD und Grüne. Das neue Bündnis?. Hrsg.: W.Bickerich. Hamburg: Spiegel Verl. 1985. 282 S.
B 54623

Spretnak, C.: Die Grünen. Nicht links, nicht rechts, sondern vorne. Die Studie einer amerikanischen Aktivistin üb.d.-Grünen u.e.Ber.üb.grüne Politik in den USA. München: Goldmann 1985. 364 S.
B 57598

Steil, A.: Zwischen Traditionalismus und Moderne. Zur Binnendifferenzierung der politischen Rechten in der BRD. In: Blätter für deutsche und internationale Politik. Jg.32, 1987. H.3. S.297-309.
BZ 4551:32

Thörmer, H.: "..den Sozialismus haben wir nicht aufgebaut..". Eintrittsmotivationen, politisches Lernen und Erfahrungsbildung von Jungsozialisten in der SPD. Marburg: SP-Verl. 1985. 156 S.
Bc 6313

Veen, H.-J.: From student movement to Ecopax: the Greens. In: The Washington quarterly. Vol.10, 1987. No.1. S.29-39.
BZ 05351:10

Vierte Partei (AVP), Aktion Neue Rechte, Die Republikaner, I.f.A., Deutsche Volksunion (DVU), Konservative Aktion, NPD... als eine Partei?. D.Trauma d.Zersplitterung. Hier und jetzt und wohin?. Hrsg.: Hamburger Liste Ausländerstopp - Landesvorst. Hamburg: o.V. 1986. 28 S.
D 3429

Vogel, H.-J.: Das Erbe Lassalles und der Auftrag des demokratischen Sozialismus in der Gegenwart. In: Die neue Gesellschaft/Frankfurter Hefte. Jg.34, 1987. Nr.6. S.504-513.
BZ 4572:34

VSP. Vereinigte Sozialistische Partei. Programm, Statut, Selbstverständnis. Köln: SoZ-Verl. 1986. 64 S.
D 3554

Wahlprogramm für den Deutschen Bundestag. ÖDP-Ökologisch Demokratische Partei. Bonn: o.V. 1986. 8 S.
D 3524

L 130 e 20 Außenpolitik

Deutschland und der Westen. Vorträge u.Diskussionsbeitr.d.Symposions zu Ehren von Gordon A.Craig, veranst.v.d.Freien Univ.Berlin vom 1.-3.Dez.1983. Hrsg.: H.Köhler. Berlin: Colloquium Verl. 1984. 213 S.
B 55356

Dönhoff, M.Gräfin: Weit ist der Weg nach Osten. Berichte u.Betrachtungen aus fünf Jahrzehnten. Stuttgart: DVA 1985. 350 S.
B 56950

Krüger, P.: Die Außenpolitik der Republik von Weimar. Darmstadt: Wiss.Buchges. 1985. 605 S.
B 55048

Pauls, R.F.: Deutschlands Standort in der Welt. Stuttgart: Seewald 1984. 179 S.
B 56755

Schweigler, G.: West German foreign Policy. The domestic setting. New York: Praeger 1984. XI,124 S.
B 56018

Thies, J.: Die Bundesrepublik Deutschland nach den Wahlen vom 25.Januar 1987. In: Europa-Archiv. Jg.42, 1987. Nr.8. S.219-224.
BZ 4452:42

L 130 e 22 Internationale Verträge

Frohn, A.: Neutralisierung als Alternative zur Westintegration. Die Deutschlandpolitik der Vereinigten Staaten von Amerika 1945-1949. Frankfurt: Metzner 1985. 170 S.
B 56403

Seiffert, W.: Die zwei Gesichter des Kulturabkommens mit der DDR. In: Deutschland-Archiv. Jg.19, 1986. Nr.11. S.1164-1173.
BZ 4567:19

Weidenfeld, W.: Zweiter Grundlagenvertrag könnte neue Impulse geben. In: Deutschland-Archiv. Jg.20, 1987. Nr.2. S.148-153.
BZ 4567:20

L 130 e 23 Sicherheitspolitik

Borkenhagen, F.H.U.: Aspekte der sicherheitspolitischen Diskussion in der Bundesrepublik Deutschland. In: Österreichische militärische Zeitschrift. Jg.25, 1987. Nr.2. S.138-145.
BZ 05214:25

Miller, L.: Die deutsche Doppelabhängigkeit. Ohne den amerikanischen Atomschirm und die Bereitschaft der USA zur Rüstungskontrolle ist die Position der Bundesrepublik zu schwach. In: Beiträge zur Konfliktforschung. Jg.17, 1987. Nr.1. S.23-50.
BZ 4594:17

Nógrádi, G.: Bundestat és Bundeswehr. Az NSZK biztonságpolitikájáról. Budapest: Zrinyi Katonai Kiadó 1984. 225 S.
B 59203

Pond, E.: The security debate in West Germany. In: Survival. Vol.29, 1987. No.1. S.322-336.
BZ 4499:29

Raven, W.von: Flucht in den Neutralismus: Ein Lauf der Lemminge, der zum Abgrund führt. In: Europäische Wehrkunde. Jg.36, 1987. Nr.8. S.438-444.
BZ 05144:36

Wieck, H.-G.; Schulze, F.-J.: Deutschlands Sicherheit im Kräftespiel des Weltkonflikts. Bonn: Dt.Strategie-Forum 1986. 16 S.
Bc 01751

– Friedensbewegung –

Adler, H.: Positionen der BRD-Friedensbewegung. In: IPW-Berichte. Jg.16, 1987. H.6. S.1-7.
BZ 05326:16

Bewusstsein und Widerstand. Ausgew.Beitr.vom 2.Friedenskongreß Psychologie, Psychosoziale Berufe. Hrsg.: W.Belschner u.a.. Frankfurt: Haag u.Herchen 1985. 207 S.
B 57826

Riesenberger, D.: Geschichte der Friedensbewegung in Deutschland. Von den Anfängen bis 1933. Göttingen: Vandenhoeck u.Ruprecht 1985. 297 S.
B 56637

Schmitt, R.: Was bewegt die Friedensbewegung?. In: Zeitschrift für Parlamentsfragen. Jg.18, 1987. Nr.1. S.110-136.
BZ 4589:18

Wir mischen uns ein. Oldenburg: Univ.Oldenburg 1985. 269 S.
B 56502

L 130 e 29 Außenpolitische Beziehungen

– bis 1945 –

– Dänemark –

Voorhis, J.L.: A study of official relations between the German and the Danish governments in the period between 1940 and 1943. Ann Arbor, Mich.: UMI 1985. III,300 S.
B 55644

– Frankreich –

Pohl, H.-A.: Bismarcks "Einflußnahme" auf die Staatsform in Frankreich 1871-1877. Frankfurt: Lang 1984. 529 S.
B 55516

– Griechenland –

Loulos, K.: Die deutsche Griechenland-
politik von der Jahrhundertwende bis
zum Ausbruch des Ersten Weltkrieges.
Frankfurt: Lang 1986. 408 S.
B 58984

– Großbritannien –

Lynn-Jones, S.M.: Détente and Deterrence. In: International security. Vol.11,
1986. No.2. S.121-150.
BZ 4433:11

– Israel/Palestina –

Nicosia, F.R.: The Third Reich and the
Palestine question. Austin, Texas: Uni-
versity of Texas Press 1985. XIV,319 S.
B 58729

– Ostasien –

Fox, J.P.: Germany and the Far Eastern
crisis, 1931-1938. A study in diplomacy
and ideology. Oxford: Clarendon Press
1985. IX,445 S.
B 56700

Ratenhof, G.: Das Deutsche Reich und
die internationale Krise um die Mandschurei 1931-1933. Frankfurt: Lang
1984. 412 S.
B 55878

– Rumänien –

Böhm, J.: Das nationalsozialistische
Deutschland und die deutsche Volks-
gruppe in Rumänien, 1936-1944. Frankfurt: Lang 1985. 264 S.
B 57726

Tonch, H.: Wirtschaft und Politik auf
dem Balkan. Unters.z.d.dt.-rumäni-
schen Beziehungen i.d.Weimarer
Republik unter bes.Berücksichtigung
d.Weltwirtschaftskrise. Frankfurt:
Lang 1984. 248 S.
B 55512

– nach 1945 –

– DDR –

Dean, J.: Directions in Inner-German
Relations. In: Orbis. Vol.29, 1985.
No.3. S.609-632.
BZ 4440:29

Staritz, D.: Von der "Befreiung" zur
"Verantwortungsgemeinschaft". In:
Aus Politik und Zeitgeschichte. 1987.
B.14. S.37-46.
BZ 05159:1987

Innerdeutsche Beziehungen. Die Entwicklung d.Beziehungen zwischen
d.Bundesrepublik Deutschland
u.d.Deutschen Demokratischen
Republik 1980-1986. Eine Dokumentation. Bonn: Bundesministerium
f.Innerdt.Beziehungen 1986. 275 S.
010147

– Dritte Welt –

Falk, R.: Die heimliche Kolonialmacht.
Bundesrepublik und Dritte Welt. Köln:
Pahl-Rugenstein 1985. 218 S.
B 57185

– Frankreich –

Kempf, U.: Die deutsch-französischen
Beziehungen seit Oktober 1982. Ver-
such einer Bilanz. In: Zeitschrift für
Politik. Jg.34, 1987. H.1. S.31-55.
BZ 4473:34

Schmidt, H.: Deutsch-französische
Zusammenarbeit in der Sicherheits-
politik. In: Europa-Archiv. Jg.42, 1987.
Nr.11. S.303-312.
BZ 4452:42

– Israel –

Jena, K.von: Versöhnung mit Israel?
Die deutsch-israelischen Verhandlungen bis zum Wiedergutmachungsabkommen von 1952. In: Vierteljahrshefte für Zeitgeschichte. Jg.34, 1986.
Nr.4. S.457-480.
BZ 4456:34

Wolffsohn, M.: Deutsch-israelische Beziehungen. Umfragen u.Interpretationen, 1952-1986. München: Bayerische Landeszentrale f.polit.Bildungsarbeit 1986. 96 S.
Bc 6175

– Japan –

Grzelakowa, A.: RFN i NRD a Japonia. Zarys stosunków politycznych tych państw w latach 1949-1980. In: Przegląd stosunków międzynarodwych. 1985. No.4. S.17-30.
BZ 4777:1985

– Ostblock –

Gorski, B.: Die Freiheit Osteuropas und Deutschlands Zukunft. Zürich: Presdok 1986. 39 S.
Bc 6404

– Osteuropa –

Todenhöfer, J.: Plädoyer für eine neue Ostpolitik des aktiven friedlichen Wettbewerbs. In: Beiträge zur Konfliktforschung. 1986. Nr.3. S.33-42.
BZ 4594:1986

– Türkei –

Hinsken, E.: Aspekte der politischen Zusammenarbeit. In: Südost-Europa-Mitteilungen. Jg.26, 1986. Nr.3. S.34-37.
BZ 4725:26

Schäfer, H.: Die Zusammenarbeit in der Sicherheitspolitik. In: Südost-Europa-Mitteilungen. Jg.26, 1986. Nr.3. S.37-42.
BZ 4725:26

– USA –

Brandstetter, K.J.: Der Griff nach der Bombe. Die Auseinandersetzung zwischen den Regierungen Eisenhower und Adenauer um die Atombewaffnung der Bundeswehr. In: Blätter für deutsche und internationale Politik. H.32, 1987. Nr.7. S.892-909.
BZ 4551:32

The Federal Republic of Germany and the United States. Ed.by J.A.Cooney [u.a.]. Boulder, Colo.: Westview Press 1984. 253 S.
B 55226

L 130 e 29.1 Deutsche Frage

Bredow, W.von: Deutschland - ein Provisorium?. Berlin: Siedler 1985. 166 S.
B 56928

Die deutsche Frage aus der heutigen Sicht des Auslandes. Hrsg.v.H.Horn [u.a.]. Berlin: Duncker u.Humblot 1987. 134 S.
Bc 6430

Deutschland als Ganzes. Rechtliche u.historische Überlegungen. Anläßlich des 70.Geburtstages v.Herbert Czaja.... Hrsg.: G.Zieger [u.a.]. Köln: Verlag Wissenschaft und Politik 1985. 342 S.
B 57806

Drei Fragen zu Deutschland. Hrsg.v.J.M.Häußling u.a.. München: Knaus 1985. 124 S.
B 56897

Gödde-Baumanns, B.: Die deutsche Frage in der französischen Geschichtsschreibung des 19.und 20.Jahrhunderts. In: Aus Politik und Zeitgeschichte. 1987. B.14. S.3-17.
BZ 05159:1987

Graml, H.: Die Alliierten und die Teilung Deutschlands. Konflikte u.Entscheidungen.... Frankfurt: Fischer 1985. 251 S.
B 56276

Jahn, H.E.: Die deutsche Frage von 1945 bis heute. Der Weg der Parteien und Regierungen. Mainz: Hase u.Koehler 1985. XV,732 S.
B 56683

Kalter Krieg und deutsche Frage. Deutschland im Widerstreit der Mächte, 1945-1952. Hrsg.: J.Foschepoth. Göttingen: Vandenhoeck u.Ruprecht 1985. 388 S.
B 57278

Korzycki, W.: Zjednoczenie Niemiec w polityce Adenauera. In: Sprawy Międzyzynarodowe. R.40, 1987. No.4(403). S.73-88.
BZ 4497:40

Kühn, D.: Für eine aktive Wiedervereinigungspolitik. In: Deutschland-Archiv. Jg.20, 1987. Nr.6. S.595-611.
BZ 4567:20

Lamers, K.: Vom "Teutschen Krieg" zur Deutschen Frage. In: Deutschland-Archiv. Jg.20, 1987. Nr.2. S.153-159.
BZ 4567:20

Mayer, T.: Prinzip Nation. Dimensionen der nationalen Frage dargest.am Beispiel Deutschlands. Opladen: Leske + Budrich 1986. 267 S.
B 59407

Ohne Deutschland geht es nicht. 7 Autoren zur Lage der deutschen Nation. Hrsg.: W.Venohr. Krefeld: SINUS 1985. 226 S.
B 55719

Rupieper, H.-J.: Wiedervereinigung und europäische Sicherheit: Deutsch-amerikanische Überlegungen für eine entmilitarisierte Zone in Europa 1953. In: Militärgeschichtliche Mitteilungen. 1986. Nr.39. S.91-130.
BZ 05241:1986

Scheel, W.: Wen schmerzt noch Deutschlands Teilung. Zwei Reden zum 17.Juni. Reinbek: Rowohlt 1986. 93 S.
Bc 6186

Schulz, E.; Danylow, P.: Bewegung in der Deutschen Frage?. 2.Aufl. Bonn: Europa-Union-Verl. 1985. 223 S.
B 55849

Das Selbstbestimmungsrecht der Völker und die Deutsche Frage. Hrsg.: D.Blumenwitz [u.a.]. Köln: Verlag Wissenschaft und Politik 1984. 155 S.
B 52084

Valsalice, L.di: La Germania: E'un problema per l'Europa?. In: Affari esteri. A.19, 1987. No.73. S.65-86.
BZ 4373:19

Wettig, G.: Das Freizügigkeitsproblem im geteilten Deutschland 1945-1986. Köln: Bundesinst.f.ostwiss.u.intern. Studien 1986. 40 S.
Bc 01828

Zweimal Deutschland. Fakten und Funde zur geteilten Lage der Nation. Hrsg.: H.Panskus. München: List 1986. 190 S.
010056

L 130 e 30 Kolonialpolitik

Afrika und der deutsche Kolonialismus. Zivilisierung zwischen Schnapshandel u.Bibelstunde. Hrsg.: R.Nestvogel [u.a.]. Berlin: Reimer 1987. 218 S.
Bc 6644

Schultz-Naumann, J.: Unter Kaisers Flagge. Deutschlands Schutzgebiete im Pazifik und in China, einst und heute. München: Universitas Verl. 1985. 351 S.
B 57338

Weiss auf schwarz. Kolonialismus, Apartheid und afrikanischer Widerstand. Hrsg.: M.O.Hinz [u.a.]. 2.Aufl. Berlin: Elefanten Pr. 1986. 174 S.
Bc 01899

L 130 f Wehrwesen

L 130 f 01 Rüstungspolitik/Abrüstung/Rüstungskontrolle

– bis 1945 –

Förster, S.: Der doppelte Militarismus'. Die dt.Heeresrüstungspolitik zwischen Status-Quo-Sicherung u.Aggression 1890-1913. Wiesbaden: Steiner 1985. XII,322 S.
B 58926

Whaley, B.: Covert German Rearmament, 1919-1939: deception and misperception. Frederick, Md.: Univ.Publ.of America 1984. IX,149 S.
B 56156

– nach 1945 –

Knorr, L.: Wieder Krieg von deutschem Boden?. Frankfurt: Röderberg 1985. 184 S.
B 55864

Poch, A.S.: Voenno-promyšlennyj kompleks i ego rol' v politike FRG. In: Novaja i novejšaja istorija. 1986. No.4. S.32-45.
BZ 05334:1986

Zur politischen und ethischen Legitimation der Verteidigung. Verleihung des Hermann-Ehlers-Preises. Kiel: Hermann-Ehlers-Stiftung 1986. 42 S.
Bc 6413

L 130 f 04 Militärhilfe/Waffenexport

Schön, M.: Die Rüstungspolitik in der Bundesrepublik Deutschland. Ein Stiefkind parlamentarischer Kontrolle. In: Zeitschrift für Parlamentsfragen. Jg.17, 1986. Nr.2. S.159-167.
BZ 4589:17

Die Vergangenheit, die nicht endete. Machtrausch, Geschäft u. Verfassungsverrat im Justizskandal Brühne-Ferbach. Hrsg. v. U. Sonnemann. Gießen: Focus Verl. 1985. 206 S.
B 57115

L 130 f 05 Kriegswesen

Alternative Strategien. Hrsg.: A. Biehle. Koblenz: Bernard und Graefe 1986. 1113 S.
B 58115

Beaumont, R.A.: On the 'Wehrmacht' Mystique. In: Military review. Vol.66, 1986. No.7. S.44-56.
BZ 4468:66

Bülow, A.von: Vorschlag für eine Bundeswehrstruktur der 90er Jahre. Einstieg in die strukturelle Nichtangriffsfähigkeit. In: Europäische Wehrkunde. Jg.35, 1986. Nr.11. S.636-646.
BZ 05144:35

Chapman, J.W.M.: No Final Solution: A Survey of the Cryptanalytical Capabilities of German Military Agencies, 1926-1935. In: Intelligence and national security. Vol.1, 1986. No.1. S.13-47.
BZ 4849:1

Ebeling, W.: Schlachtfeld Deutschland?. Vernichtung oder Überleben. Friedberg: Podzun-Pallas-Verl. 1986. 288 S.
B 59162

Födisch, R.: "Fränkischer Schild" - Manöver des III. Korps der Bundeswehr. In: Österreichische militärische Zeitschrift. Jg.24, 1986. Nr.6. S.529-540.
BZ 05214:24

Heisenberg, W.E.: The reception of American deterrence theory in the Federal Republic of Germany and the German 'Nuclear Debate' of the 1950s. In: The Journal of strategic studies. Vol.9, 1986. No.4. S.70-83.
BZ 4669:9

Jegorow, A.: Marsch und Begegnungsgefecht der Panzerdivision der Bundeswehr. In: Militärwesen. 1987. H.1. S.66-73.
BZ 4485:1987

Kloss, H.: MAD - Der Militärische Abschirmdienst der Bundeswehr. Bilanz und Ausblick. In: Beiträge zur Konfliktforschung. Jg.17, 1987. Nr.1. S.99-133.
BZ 4594:17

Wernicke, J.; Schöll, I.: Verteidigen statt vernichten. Wege aus der atomaren Falle. München: Kösel 1985. 239 S.
B 57126

L 130 f 10 Heer

– Alte Armee, Reichswehr, Wehrmacht –

Reinicke, A.: Das Reichsheer 1921-1934. Ziele, Methoden der Ausbildung u. Erziehung sowie d. Dienstgestaltung. Osnabrück: Biblio-Verl. 1986. X,473 S.
B 60423

Schmitz, P.; Thies, K.J.: Die Truppen-
kennzeichen der Verbände und Einheiten der deutschen Wehrmacht und der
Waffen-SS und ihre Einsätze im Zweiten Weltkrieg. Bd 1.2.. Osnabrück:
Biblio-Verl. 1987. XI,937: IX,775 S.
B 62205

– Bundeswehr –

Cvetkov, A.: Specslužby FRG orudie
agressii i revanša. In: Zarubežnoe
voennoe obozrenie. 1986. No.6. S.3-8.
BZ 05399:1986

Harder, H.-J.; Wiggershaus, N.: Tradition
und Reform in den Aufbaujahren der
Bundeswehr. Herford: Mittler 1985.
176 S.
B 56335

Koch, G.: Vorschlag für die Heeres-
struktur. Panzer und Grenadiere im
gemischtem Verband. In: Europäische
Wehrkunde. Jg.36, 1987. Nr.4.
S.213-218.
BZ 05144:36

Newland, S.J.: Manning the force
German-style. In: Military review.
Vol.67, 1987. No.5. S.36-45.
BZ 4468:67

Terbergen, E.: Konventionelle Artillerie
gewinnt Genauigkeit und Schnelligkeit.
In: Europäische Wehrkunde. Jg.36,
1987. Nr.7. S.396-399.
BZ 05144:36

Ullrich, A.F.: Die Bundeswehr. Eine
Diskussionsgrundlage. Dülmen/Westf.:
Laumann 1984. 410 S.
B 56750

Uvajskij, N.: Duchonye cennosti
bundesvera. In: Zarubežnoe voennoe
obozrenie. 1986. No.5. S.14-19.
BZ 05399:1986

L 130 f 13 Waffengattungen/Truppen-gattungen

– Alte Armee und Reichswehr –

Beiträge zur Chronik des 15.Inf[ante-
rie]-Regiments. Mitarb.: R.Rabs
[u.a.]. o.O.: Selbstverlag 1985. 95 S.
Bc 01736

Schulz, H.F.W.: Die Bayerischen - Sächsischen - und Württembergischen
Kavallerie-Regimenter 1913/14. Nach
dem Gesetz vom 3.Juli 1913. Friedberg:
Podzun-Pallas-Verl. 1986. 135 S.
010152

– Wehrmacht –

Bittere Pflicht. Kampf und Untergang
der 76.Berlin-Brandenburgischen
Infanterie-Division. Hrsg.: J. Löser.
Osnabrück: Biblio-Verl. 1986. 584 S.
010187

Braake, G.: Bildchronik der rheinisch-
westfälischen 126.Infanterie-Division
1940-1945. Friedberg: Podzun-Pallas-
Verl. 1985. 192 S.
B 57469

Davis, B.L.: Waffen-SS. Poole: Blandford 1986. 209 S.
010020

Haupt, W.: Die [einundachtzigste] 81.In-
fanterie-Division. Friedberg: Podzun-
Pallas-Verl. 1985. 192 S.
B 57473

Kaltenegger, R.: Schicksalsweg und
Kampf der "Bergschuh"-Division. Die
Chronik d.7.Geb.-Div., vorm.
99.leichte Inf.-Div.. Graz, Stuttgart:
Stocker 1985. 359 S.
B 57124

Korps Steiner. Nordland - Nederland.
Nachträge zu den Truppengeschichten.
Zusgest.: W.Tieke. o.O.: Selbstverlag
1987. 173 S.
Bc 6656

Riebenstahl, H.: Die 1.Panzer-Division
im Bild. Friedberg: Podzun-Pallas-Verl.
1986. 224 S.
B 59936

Später, H.: Die Einsätze der Panzer-grenadier-Division Großdeutschland. Friedberg: Podzun-Pallas-Verl. 1986. 175 S.
B 59997

Stoves, R.: Die 22.Panzer-Division, [die] 25.Panzer-Division, [die] 27.Panzer-Division und die 233.Reserve-Panzer-Division. Aufstellung, Gliederung, Einsatz. Friedberg: Podzun-Pallas-Verl. 1985. 301 S.
B 57471

Vopersal, W.: Soldaten, Kämpfer, Kameraden. Marsch und Kämpfe d.SS-Totenkopf-Division. Bd 1-3. Bielefeld: Truppenkameradschaft d.3.SS-Panzer-Div. 1983-84. 360,784,570 S.
09781

– Bundeswehr –

Auls, W.: Zur Aggressionsbereitschaft des II.Armeekorps der Bundeswehr. In: Militärwesen. 1987. H.3. S.67-72.
BZ 4485:1987

Bachmann, B.: Pioniere der Bundeswehr 1955-1985. Chronik einer Truppengattung. Friedberg: Podzun-Pallas-Verl. 1985. 192 S.
B 57500

Barbero, F.D.: La formacion de los oficiales en el ejercito de tierra de la Bundeswehr. In: Ejército. A.47, 1986. No.563. S.33-41.
BZ 05173:47

Erbe, J.: Pioniere - eine Truppengattung im Wandel. In: Wehrtechnik. Jg.19, 1987. Nr.2. S.36-40.
BZ 05258:19

Festschrift zum 150-jährigen Bestehen des eigenständigen Feuerwerkerwesens. Kaufbeuren: Bund dt.Feuerwerker u.Wehrtechniker 1986. 48 S.
Bc 6003

Flume, W.: Die Artillerie des deutschen Heeres. In: Wehrtechnik. Jg.18, 1986. Nr.11. S.30-41.
BZ 05258:18

Flume, W.: Die Flugabwehrtruppe des Heeres. In: Wehrtechnik. Jg.19, 1987. Nr.3. S.66-79.
BZ 05258:19

Hogrefe, B.: Leichte Kampftruppen: Infanterie zu besonderen Zwecken. In: Europäische Wehrkunde. Jg.36, 1987. Nr.4. S.219-220.
BZ 05144:36

Pfortner, A.: Luftbewegliche Handlungen der BRD- und USA-Landstreitkräfte (I). In: Militärwesen. 1986. H.10. S.67-72.
BZ 4485:1986

Pfortner, A.: Luftbewegliche Handlungen der BRD- und USA-Landstreitkräfte (II). In: Militärwesen. 1986. H.11. S.54-58.
BZ 4485:1986

Pfortner, A.: Luftbewegliche Handlungen der BRD- und USA-Landstreitkräfte (III). In: Militärwesen. 1986. H.12. S.59-62.
BZ 4485:1986

Sommer, H.-W.: PGBr der Bundeswehr im Verteidigungsgefecht. In: Militärwesen. 1986. H.12. S.63-70.
BZ 4485:1986

L 130 f 14 Militärwesen

25 Jahre Bundesakademie für Wehrverwaltung und Wehrtechnik, 1961-1986. Festschrift. Heidelberg: Decker 1986. IX,134 S.
Bc 6296

250 Jahre Königlich Sächsischer Militär St.Heinrichs Orden, 1736-1986. Bamberg: Selbstverlag 1986. 72 S.
Bc 6397

Caspar, G.A.; Marwitz, U.; Ottmer, H.M.: Tradition in deutschen Streitkräften bis 1945. Herford: Mittler 1986. 331 S.
B 59190

Kern, L.; Klein, P.: Tradition. Eine Untersuchung z. Auffassungen über Tradition u. mil. Tradition i. d. Bevölkerung u. d. Bundeswehr. München: Soz.-wiss. Inst. d. Bundeswehr 1986. 14, V, 172 S.
Bc 6291

Nobbe, M.: Erziehung und Bildung in der Bundeswehr. Untersuchungen üb. d. Schriften z. Bildung in der Truppe u. d. Konzepte d. "Inneren Führung". Köln: Pahl-Rugenstein 1985. IX,374, V S.
B 57758

Rink, J.: Beobachtungen beim Bund. In geeigneter Form. Untersuchungen üb. d. Zusammenhang von Vorstellungen, Einstellungen.... Düsseldorf: Selbstverlag 1984. 248 S.
B 55527

– Militaria –

Diroll, B.: Die Hamburger Ritterkreuzträger 1939-1945. Hamburg: Patzwall 1984. 138 S.
B 59034

Fellgiebel, W.-P.: Die Träger des Ritterkreuzes des Eisernen Kreuzes. 1939-1945. Friedberg: Podzun-Pallas-Verl. 1986. 471 S.
B 60555

Scheibert, H.: Die Träger der Ehrenblattspange des Heeres und der Waffen-SS. Die Träger der Ehrentafelspange d. Kriegsmarine. Die Inhaber d. Ehrenpokals f. besondere Leistungen i. Luftkrieg. Friedberg: Podzun-Pallas-Verl. 1986. 338 S.
B 59999

– Militärseelsorge –

Katholische Militärseelsorge in der Bundeswehr. Ein Neubeginn (1951-1957). Köln: Bachem 1986. 180 S.
B 58672

– Wehrrecht –

Lingens, E.; Marignoni, H.: Vorgesetzter und Untergebener. Ein Grundriss zum Befehlsrecht. 2. Aufl. Herford: Mittler 1984. 136 S.
B 56892

Schoch, F. K.: Zur Verfassungsmäßigkeit der Neuregelung des Rechts der Kriegsdienstverweigerung. Heidelberg: Decker u. Müller 1985. 123 S.
B 55090

Schröder, H. J.: Kasernenzeit. Arbeiter erzählen von der Militärausbildung im Dritten Reich. Frankfurt: Campus Verlag 1985. 316 S.
B 56955

Titzrath, A.: Helfen Sie denn gleich, mir'n Kaffee zu machen?. Aus dem Tagebuch eines Zivildienstleistenden. Hamburg: Rasch und Röhring 1986. o. Pag..
010024

Wehrpflichtig in der Bundeswehr. Hrsg.: H.-D. Bastian. München: Olzog 1984. 242 S.
B 55694

L 130 f 20 Marine

– bis 1945 –

Elfrath, U.: Die Deutsche Kriegsmarine 1935-1945. 1. Schlachtschiffe, Panzerschiffe, Schwere Kreuzer, Leichte Kreuzer. Bd 1. Friedberg: Podzun-Pallas-Verl. 1985. 192 S.
09958

Fieguth, M.: Von der "Answald" zum "Graf Zeppelin". In: Marine-Forum. Jg. 62, 1987. Nr. 3. S. 72-76.
BZ 05170:62

Fock, H.: Die deutschen FM- und F-Boote des Ersten Weltkrieges. In: Marine-Rundschau. Jg. 84, 1987. Nr. 6. S. 351-354.
BZ 05138:84

Fock, H.: Die deutschen M-Boote des Ersten Weltkrieges. In: Marine-Rundschau. Jg.83, 1986. Nr.5. S.277-288.
BZ 05138:83

Wenneker, P.W.; Lietzmann, J.: The Price of admiralty. The war diary of the German Naval Attaché in Japan, 1939-1943. 2. 23.Aug.1940 - 9.Sept.1941. Ed.J.W.M.Chapman. Vol.1.2.. Ripe: Saltire Pr. 1982-84. 242-623 S.
B 55742

Whitley, M.J.: Die deutschen Zerstörer im 2.Weltkrieg. Stuttgart: Motorbuch Verl. 1985. 362 S.
B 57315

Whitley, M.: The Kriegsfischkutter. In: Warship. 1986. No.39. S.166-173.
BZ 4375:1986

– nach 1945 –

Barkmann, H.: Die deutschen Schnellbootbegleitschiffe. In: Marine-Rundschau. Jg.83, 1986. Nr.4. S.203-209.
BZ 05138:83

Knoblauch, K.-H.: Die Schnellbootflottille der BRD. In: Militärwesen. 1987. H.6. S.73-78.
BZ 4485:1987

Kuhl, K.: Die Marineflieger - Teil einer ausgewogenen Flotte. In: Wehrtechnik. Jg.19, 1987. Nr.5. S.30-34.
BZ 05258:19

Kuhlmann, J.: Zeithaushalte und Tätigkeitenprofile von Bootskommandanten der Bundesmarine. Eine empirische Studie. Mitarb.: J.Stüven. München: Soz.wiss.Inst.d.Bundeswehr 1986. II,272 S.
Bc 6290

Nöldeke, H.: Zur Entwicklung des Sanitätsdienstes in den deutschen Marinen. In: Marine-Rundschau. Jg.84, 1987. Nr.1. S.31-35.
BZ 05138:84

Spieker, H.; Schreck, D.; Auer, J.: Minenkriegführung als Teil der Operationsführung der deutschen Flotte. In: Marine-Rundschau. Jg.84, 1987. Nr.6. S.344-350.
BZ 05138:84

Verband deutscher U-Bootfahrer. Verantwortlich: J.Grützmann. Kiel: Verband dt.U.-Bootfahrer 1986. 96 S.
Bc 6587

L 130 f 30 Luftwaffe

– bis 1945 –

Buch, F.: Die Unteroffiziervorschulen und Unteroffizierschulen der Luftwaffe 1941-1944. (Chronik u.Dok.). Karlsruhe: Selbstverlag 1984. 197 S.
B 54815

Fallschirm-, Pionier-, Ersatz- und Ausbildungseinheiten. Mitarb.: O.Schwentker. Hameln: Selbstverlag 1986. 78 S.
Bc 01822

Murray, W.: Luftwaffe. Baltimore: The Nautical + Aviation Publ. 1985. XIV,337 S.
010035

Nowarra, H.J.: Deutsche Jagdflugzeuge 1915-1945. Eine Gesamtübersicht über die wichtigsten deutschen Jagdflugzeuge. Friedberg: Podzun-Pallas-Verl. 1985. 208 S.
B 57467

Nowarra, H.J.: Die deutsche Luftrüstung 1933-1945. 1. Flugzeugtypen AEG - Dornier. 2. Flugzeugtypen Erla - Heinkel. Koblenz: Bernard und Graefe 1985/86. 256, 280 S.
09918

Trautloft, H.; Held, W.; Bob, E.: Die Grünherzjäger. Bildchronik des Jagdgeschwaders 54. Friedberg: Podzun-Pallas-Verl. 1985. 196 S.
B 57477

Pletschacher, P.: Die Kampfwertsteige-
rungsprogramme der deutschen Luftwaffe. In: Internationale Wehrrevue.
Jg.19, 1986. Nr.8. S.1067-1069.
BZ 05263:19

Scherer, A.: Rund um den Fallschirm.
Ein schwarzweißer Streifzug durch
d.Ausbildung an der Luftlande-u.Luft-
transportschule in Altenstadt/Obb..
Schongau: Selbstverlag 1984. 160 S.
B 55662

Wesp, R.: Aufklärungsgeschwader 51
”Immelmann”. In: Wehrtechnik. Jg.18,
1986. Nr.12. S.46-51.
BZ 05258:18

L 130 f 40 Zivilverteidigung/Zivilschutz

Bastian, T.: Bunker und Valium. Wie
sich die Bundesrepublik Deutschland
auf den ”Ernstfall” vorbereitet. München: Beck 1986. 105 S.
Bc 6143

Kalckreuth, J.von: Zivile Verteidigung
im Rahmen der Gesamtverteidigung.
Baden-Baden: Nomos-Verlagsges.
1985. 234 S.
B 57188

*Schulz, J.; Schmidt, H.C.; Neubeck,
H.Frhr.:* Warndienst. Hrsg.: H.Kirch-
ner. 3.Aufl.. München: Jüngling 1984.
Getr.Pag..
B 54025

Sonntag, P.: Krisenmanagement im
Rahmen der Gesamtverteidigung. In:
Zeitschrift für Politik. Jg.33, 1986. H.3.
S.275-290.
BZ 4473:33

L 130 g Wirtschaft

L 130 g 10 Volkswirtschaft

– bis 1945 –

Roth, K.H.: Vernichtung und Entwicklung. In: Mitteilungen. Dokumentationsstelle zur NS-Sozialpolitik. Jg.1,
1985. H.4. S.1-44.
BZ 05529:1

– nach 1945 –

Abelshauser, W.: Ein deutsches Entwick-
lungsmodell? Zur Rolle des Marshall-
plans beim Wiederaufstieg der west-
deutschen Wirtschaft. In: Aus Politik
und Zeitgeschichte. 1986. B.49. S.8-14.
BZ 05159:1986

Biedenkopf, K.H.: Die neue Sicht der
Dinge. München, Zürich: Piper 1985.
458 S.
B 57122

Esser, J.: State, Business and Trade
Unions in West Germany after the
”Political Wende”. In: West European
politics. Vol.9, 1986. No.2. S.198-214.
BZ 4668:9

Lademacher, H.: Sozialökonomische
Weichenstellungen: Sozialisierung und
Mitbestimmung. In: Aus Politik und
Zeitgeschichte. 1986. B.49. S.15-23.
BZ 05159:1986

Leder, G.: Die ”Krise des Sozialstaats”
in der BRD. In: German studies
review. Vol.9, 1986. No.2. S.361-384.
BZ 4816:9

L 130 g 20 Landwirtschaft

Mooslechner, M.; Stadler, R.: Die Natio-
nalsozialistische ”Entschuldung” der
Landwirtschaft. In: Zeitgeschichte.
Jg.14, 1986. Nr.2. S.55-67.
BZ 4617:14

L 130 g 30 Industrie

– bis 1945 –

Burger, O.: Zeppelin und die Rüstungs-industrie am Bodensee. In: 1999.Zeit-schrift für Sozialgeschichte des 20. und 21. Jahrhunderts. Jg.2, 1986. Nr.1,2. S.8-49;52-87.
BZ 4879:2

Fear, J.: Die Rüstungsindustrie im Gau Schwaben. 1939-1945. In: Vierteljahrs-hefte für Zeitgeschichte. Jg.35, 1987. Nr.2. S.193-216.
BZ 4456:35

Feldman, G.D.; Steinisch, I.: Industrie und Gewerkschaften 1918-1924. Die überforderte Zentralarbeitsgemein-schaft. Stuttgart: DVA 1985. 222 S.
B 56644

Koppenhöfer, P.: "Erste Wahl für Daim-ler Benz": Erinnerungen von KZ-Häft-lingen an die Arbeit im Daimler-Benz Werk Mannheim. In: Mitteilungen. Dokumentationsstelle zur NS-Sozial-politik. Jg.2, 1986. H.13/14. S.5-30.
BZ 05529:2

Littmann, F.: Vom Notstand eines Haupttäters - Zwangsarbeit im Flick-Konzern. In: 1999.Zeitschrift für Sozialgeschichte des 20. und 21. Jahr-hunderts. 1986. Nr.1. S.4-43.
BZ 4879:1986

Schmid, M.: "…eine unterirdische Stadt in einer alten Gipsgrube". Der Einsatz von KZ-Häftlingen beim Bau einer untertägigen Fertigungsanlage für die Daimler-Benz AG. In: Mitteilungen. Dokumentationsstelle zur NS-Sozial-politik. Jg.2, 1986. H.13/14. S.31-42.
BZ 05529:2

Schröter, V.: Die deutsche Industrie auf dem Weltmarkt 1929 bis 1933. Frank-furt: Lang 1984. 581 S.
B 55919

Turner, H.A.: German big Business and the rise of Hitler. Oxford: Oxford Univ.Pr. 1985. XXI,504 S.
B 56711

Vaupel, D.: Zwangsarbeiterinnen für die Dynamit AG. In: 1999.Zeitschrift für Sozialgeschichte des 20. und 21. Jahr-hunderts. Jg.2, 1986. Nr.1. S.50-85.
BZ 4879:2

– nach 1945 –

Die deutsche Marineindustrie. Inge-nieursbüro-Systemfirmen-Werften. In: Wehrtechnik. Jg.18, 1986. Nr.11. S.90-102.
BZ 05258:18

Flume, W.: Schiffbau: Jeder sich selbst der Nächste. In: Wehrtechnik. Jg.18, 1986. Nr.11. S.22-32.
BZ 05258:18

Flume, W.: Shipbuilding: Thinking of number one. German shipyards in a hopeless situation. In: Military techno-logy. Vol.11, 1987. No.2. S.20-33.
BZ 05107:11

The German naval industry. In: Mili-tary technology. Vol.11, 1987. No.2. S.34-36;156-162.
BZ 05107:11

Ohlsen, M.: Milliarden für den Geier oder der Fall des Friedrich Flick. 3.Aufl.. Berlin: Verlag d.Nation 1985. 458 S.
B 57109

Rodejohann, J.: Hessische Stiftung Frie-dens- und Konfliktforschung. Die Rüstungsindustrie in der Bundesrepu-blik Deutschland auf dem Weg in die Krise. Frankfurt: o.V. 1985. 133 S.
D 03538

Rüstungsindustrie in Baden-Württem-berg. Tübingen: Verein für Friedens-pädagogik 1987. 32 S.
Bc 6332

Wallraff, G.: Enthüllungen. Recher-chen, Reportagen u.Reden vor Gericht. Frankfurt: Zweitausendeins Verl. 1985. 305 S.
B 57297

L 130 g 39 Energiewirtschaft/Energie-politik

Eckardt, N.; Meinerzhagen, M.; Jochimsen, U.: Die Stromdiktatur. Von Hitler ermächtigt - bis heute ungebrochen. Hamburg: Rasch und Röhring 1985. 203 S.
B 57728

Keck, O.: Experten und Interessen. Oder Eier für den Schnellen Brüter. In: Kursbuch. 1986. Nr.85. S.87-108.
BZ 4434:1986

Küntzel, M.: Der sofortige Ausstieg ist möglich. Das Sofortprogramm für d.Ausstieg aus d. Atomenergie. Hrsg.: Die Grünen im Bundestag. Bonn: o.V. 1987. 35 S.
D 03494

Neckarwestheim - Widerstand ohne Schlagzeilen. Eine Dokumentation. Hrsg.: Bund der Bürgerinitiativen Mittlerer Neckar. Cleebronn: o.V. 1986. 173 S.
D 3414

Radkau, J.: Angstabwehr. Auch eine Geschichte der Atomtechnik. In: Kursbuch. 1986. Nr.85. S.27-53.
BZ 4434:1986

Wackersdorf. Bilder und Texte aus dem Widerstand. 2.Aufl. Passau: Haller-Verl. 1986. 75 S.
Bc 01815

L 130 g 40 Handel

Gumpel, W.: Die deutsch-türkischen Handelsbeziehungen. In: Südost-Europa-Mitteilungen. Jg.26, 1986. Nr.3. S.29-33.
BZ 4725:26

Jaumann, A.: Subventionierter Osthandel?. In: Südost-Europa-Mitteilungen. Jg.26, 1986. Nr.4. S.13-22.
BZ 4725:26

Perrey, H.-J.: Der Rußlandausschuß der deutschen Wirtschaft. Die dt.-sowjet.-Wirtschaftsbez.d.Zwischenkriegszeit. München: Oldenbourg 1985. VIII,422 S.
B 55912

L 130 g 50 Verkehr

Webber, D.: Die ausbleibende Wende bei der Deutschen Bundespost. In: Politische Vierteljahresschrift. Jg.27, 1986. Nr.4. S.397-414.
BZ 4501:27

L 130 g 60 Finanzen/Geld-und Bankwesen

Die Nachwirkungen der Inflation auf die deutsche Geschichte 1924-1933. Hrsg.: G.D.Feldman u.a.. München: Oldenbourg 1985. XII,407 S.
B 57074

L 130 g 70 Technik/Technologie

Böhret, C.: Technikfolgen und Verantwortung der Politik. In: Aus Politik und Zeitgeschichte. 1987. B.19-20. S.3-14.
BZ 05159:1987

Dorn, E.B.: Il nazismo, il fascismo, e la technologia. In: Storia contemporanea. A.18, 1987. Nu.2. S.387-405.
BZ 4590:18

Ulrich, O.: Technikfolgen und Parlamentsreform. In: Aus Politik und Zeitgeschichte. 1987. B.19-20. S.15-25.
BZ 05159:1987

L 130 h Gesellschaft

L 130 h 10 Bevölkerung und Familie

Bremer, M.: Volkszählung und militärisch-zivile Zusammenarbeit. In: Blätter für deutsche und internationale Politik. Jg.32, 1987. H.5. S.624-640.
BZ 4551:32

Brunnstein, K.: Volkszählung '87 - Gefahren durch legalen Gebrauch?. In: Blätter für deutsche und internationale Politik. Jg.32, 1987. H.5. S.614-624.
BZ 4551:32

Der Griff nach der Bevölkerung. Aktualität u.Kontinuität nazistischer Bevölkerungspolitik. Hrsg.: H.Kaupen-Haas. Nördlingen: Greno 1986. 179 S.
B 60259

Hauck-Scholz, P.: Rechtschutzfibel zur Volkszählung. Mit Musterschriftsätzen f.Zählerinnen, Zähler u.Gezählte. Berlin: Elefanten Pr. 1987. 46 S.
Bc 6464

Hoffmann, M.; Regelmann, J.-P.: Volkszählung '87. 2.Aufl.. Braunschweig: Steinweg-Verl. 1987. 96 S.
Bc 6583

Künast, R.; Ney, J.P.: Denkschrift zur Lage der deutschen Familie. Auftraggeber: Schutzbund f.d.Dt.Volk. Tübingen: Grabert 1985. 35 S.
D 3551

Merkl, P.H.: How new the brave new world: new social movements in West Germany. In: German studies review. Vol.10, 1987. No.1. S.125-147.
BZ 4816:10

Meyer, S.; Schulze, E.: Von Liebe sprach damals keiner. Familienalltag in der Nachkriegszeit. München: Beck 1985. 268 S.
B 57186

L 130 h 12 Jugend

Gröschel, R.: Zwischen Tradition und Neubeginn. Sozialist.Jugend im Nachkriegsdeutschland. In: Ergebnisse. 1986. 256 S.
BZ 4700:1986

Hellfeld, M.von; Klönne, A.: Die betrogene Generation. Jugend in Deutschland unter dem Faschismus. Köln: Pahl-Rugenstein 1985. 352 S.
B 56349

Jovy, M.: Jugendbewegung und Nationalsozialismus. Zusammenhänge und Gegensätze. Münster: Lit.-Verl. 1984. 215 S.
B 55357

Kneip, R.: Wandervogel ohne Legende. Heidenheim: Fritsch 1984. 228 S.
B 55027

Krolle, S.: Bündische Umtriebe. Die Geschichte des Nerother Wandervogels vor u.unt.dem NS-Staat. Ein Jugendbund zw.Konformität u.Widerstand. Münster: Lit.-Verl. 1985. 144 S.
B 57078

Schwarzbuch. Eine Bilanz rechter Jugendpolitik. Hrsg.: K.-H. Jansen. Bonn: Die Friedensliste 1987. 63 S.
D 3531

Woodall, J.: The dilemma of youth unemployment: Trade union responses in the Federal Republic of Germany, the UK and France. In: West European politics. Vol.9, 1986. No.3. S.429-445.
BZ 4668:9

L 130 h 13 Frauen

– bis 1945 –

Franzoi, B.: At the very least she pays the rent. Women and German industrialization, 1871-1914. Westport, Conn.: Greenwood Press 1985. XII,206 S.
B 57325

Milton, S.H.: Women and the Holocaust. The case of German and German-Jewish women. New York: Monthly Review Pr. 1984. S.297-333.
Bc 01595

– nach 1945 –

Frauenpolitik 1945-1949. Red.: G.Seidel. Düsseldorf: Schwann 1986. 232 S.
B 53962:2

Frei sein, um andere frei zu machen. Hrsg.: L.Funcke. Stuttgart: Seewald 1984. 303 S.
B 56753

Kampf, D.; Laubach, B.: Vorläufiger Entwurf eines Antidiskriminierungsgesetzes. Hrsg.: Die Grünen, Bundes-AG Frauen. 2.Aufl.. Bonn: o.V. 1986. 101 S.
D 03452

Das Leiden an der Emanzipation. Konservative Frauenpolitik. In: Sozialismus. Jg.13, 1987. H.90. S.10-16.
BZ 05393:13

Mehrheit ohne Macht. Frauen in der Bundesrepublik Deutschland. Hrsg.: A.Kuhn [u.a.]. Düsseldorf: Schwann 1985. 256 S.
B 57191

Perlonzeit. Wie die Frauen ihr Wirtschaftswunder erlebten. Red.: A.Delille. Berlin: Elefanten Pr. 1985. 192 S.
010130

"Das Schicksal Deutschlands liegt in der Hand seiner Frauen"- Frauen in d.dt.Nachkriegsgeschichte. Hrsg.: A.-E.Freier/A.Kuhn. Düsseldorf: Schwann 1984. 472 S.
B 56801

Unterwegs zur Partnerschaft. Hrsg.: R.Hellwig. Stuttgart: Seewald 1984. 374 S.
B 56747

L 130 h 21 Arbeiterbewegung

Die Arbeiter. Lebensformen, Alltag und Kultur von der Frühindustrialisierung bis zum "Wirtschaftswunder". Hrsg.: W.Ruppert. München: Beck 1986. 512 S.
B 58655

Brusis, I.; Schönhoven, K.: Die Gewerkschaften und ihre Geschichtsschreibung. Düsseldorf: Droste 1987. 56 S.
Bc 6539

Grebing, H.: The History of the German labour movement. A survey. Leamington Spa.: Berg 1985. 209 S.
B 56914

Intellektuelle in der Arbeiterbewegung. E.Diskussion mit W.Abendroth, H.Brender u.J.Schleifstein. Materialien z.Diskussion üb.P.Weiss' "Ästhetik des Widerstandes". Dortmund: Weltkreis-Verlag 1986. 64 S.
Bc 6596

Lern- und Arbeitsbuch deutsche Arbeiterbewegung. Darstellung, Chroniken, Dokumente. Hrsg.: T.Meyer [u.a.]. Bonn: Verl.Neue Gesellschaft 1984. 1011, 602 S.
B 56364

– bis 1945 –

Allemagne - 1933. Documents sur la tragédie du prolétariat allemand. Paris: C.É.R.M.T.R.I. 1984. 41 S.
09910

Aufstieg des Nationalsozialismus, Untergang der Republik, Zerschlagung der Gewerkschaften. Hrsg.: E.Breit. Köln: Bund-Verl. 1984. 265 S.
B 57424

Falter, J.W.: Diskussionsforum. Warum die deutschen Arbeiter während des "Dritten Reiches" zu Hitler standen. In: Geschichte und Gesellschaft. Jg.13, 1987. H.2. S.217-231.
BZ 4636:13

Imperialismus und Arbeiterbewegung in Deutschland und Österreich. Hrsg.: H.Konrad. Wien: Europaverlag 1985. 169 S.
Bc 6329

Kampflose Kapitulation. Arbeiterbewegung 1933. Hrsg.: M.Scharrer. Reinbek: Rowohlt 1984. 251 S.
B 55398

Lidtke, V.L.: The alternative Culture. Socialist labor in imperial Germany. Oxford: Oxford Univ.Pr. 1985. X,299 S.
B 56710

Müller, D.H.: Gewerkschaftliche Versammlungsdemokratie und Arbeiterdelegierte vor 1918. Ein Beitr.zur Geschichte des Lokalismus, des Syndikalismus und der entstehenden Rätebewegung. Berlin: Colloquium Verl. 1985. XIII,367 S.
B 55693

– nach 1945 –

Armingeon, K.: Gewerkschaften in der Bundesrepublik Deutschland 1950-1985: Mitglieder, Organisation und Außenbeziehungen. In: Politische Vierteljahresschrift. Jg.28, 1987. Nr.1. S.7-34.
BZ 4501:28

Armingeon, K.; Schmitt, R.: Wie 'friedensbewegt' sind die Gewerkschafter? Einstellung von Gewerkschaftsmitgliedern zu Sicherheitspolitik und Friedensbewegung. In: Politische Vierteljahresschrift. Jg.27, 1986. Nr.4. S.423-432.
BZ 4501:27

Buschak, W.: Von Menschen, die wie Menschen leben wollten. Die Geschichte der Gewerkschaft Nahrung-Genuss-Gaststätten und ihrer Vorläufer. Köln: Bund-Verl. 1985. 645 S.
B 57360

Gewerkschaftliche Gegenwehr. Erfolgreiche Interessenvertretung in Unternehmen u.Betrieb. Hrsg.: H.Brehm [u.a.]. 3.Aufl.. Köln: Bund-Verl. 1986. 290 S.
B 57828

Novy, K.; Prinz, M.: Illustrierte Geschichte der Gemeinwirtschaft. Wirtschaftliche Selbsthilfe in der Arbeiterbewegung von den Anfängen bis 1945. Berlin: Dietz 1985. 239 S.
B 57813

Sachse, W.: Das Aufnahme- und Verbleiberecht in den Gewerkschaften der Bundesrepublik. Unt.bes.Berücksichti-

gung der Unvereinbarkeitsbeschlüsse d.Dt.Gewerkschaftsbundes. Köln: Bund-Verl. 1985. 241 S.
B 54122

L 130 h 22 Arbeit und Arbeitsprobleme

– bis 1945 –

Deutschmann, C.: Der Weg zum Normalarbeitstag. Die Entwicklung der Arbeitszeiten in d.dt.Industrie bis 1918. Frankfurt: Campus Verlag 1985. 311 S.
B 56197

Goschler, C.: Streit um Almosen. Die Entschädigung der KZ-Zwangsarbeiter durch die deutsche Nachkriegsindustrie. In: Dachauer Hefte. Jg.2, 1986. H.2. S.175-194.
BZ 4855:2

Griesel, H.: Das Landjahr. 1934-1984. Eine Dok.als Festschrift. Langensebold: Selbstverlag 1984. 485 S.
09986

Herbert, U.: Der "Ausländereinsatz". Fremdarbeiter und Kriegsgefangene in Deutschland 1939-45, ein Überblick. In: Beiträge zur Nationalsozialistischen Gesundheits- und Sozialpolitik. 1986. Nr.3. S.13-54.
BZ 4837:1986

Jarausch, K.H.: The Perils of Professionalism: Lawyers, Teachers, and Engineers in Nazi Germany. In: German studies review. Vol.9, 1986. No.1. S.107-137.
BZ 4816:9

Raabe, J.: Zwangsarbeit bei der Kurhessischen Kupferschieferbergbau Sontra 1940-45. Erkundungen, Studien und Dokumente. Kassel: Verlag Gesamthochschule Kassel 1986. 135 S.
Bc 6639

Walser, K.: Dienstmädchen. Frauenarbeit und Weiblichkeitsbilder um 1900. Frankfurt: Extrabuch Verl. 1985. 195 S.
B 57001

– nach 1945 –

Bölling, R.: Lehrerarbeitslosigkeit. In: Aus Politik und Zeitgeschichte. 1987. B.21. S.3-14.
BZ 05159:1987

Hautsch, G.: Kampf und Streit um Arbeitszeit. Frankfurt: Verlag Marxistische Blätter 1984. 216 S.
B 54219

Landenberger, M.: Flexible Arbeitszeitformen im Spannungsfeld von ökonomischer Liberalisierung und sozialem Schutzbedarf. In: Aus Politik und Zeitgeschichte. 1987. B.21. S.15-29.
BZ 05159:1987

Nautz, J.P.: Die Durchsetzung der Tarifautonomie in Westdeutschland. Das Tarifvertragsgesetz vom 9.April 1949. Frankfurt: Lang 1985. 223 S.
B 55900

Negt, O.: Lebendige Arbeit, enteignete Zeit. Politische und kulturelle Dimensionen des Kampfes um die Arbeitszeit. 2.Aufl.. Frankfurt: Campus Verlag 1985. 272 S.
B 56900

Untertage - Übertage. Bergarbeiterleben heute. Hrsg.: U.Borsdorf u.U.Eskildsen. München: Beck 1985. 239 S.
09929

L 130 h 30 Wohlfahrt und Fürsorge

"Weder Kommunismus noch Kapitalismus". Bürgerliche Sozialreform in Deutschland vom Vormärz bis zur Ära Adenauer. Hrsg.: R.vom Bruch u.a.. München: Beck 1985. 283 S.
B 57189

– bis 1945 –

Ayaß, W.: Bettler, Landstreicher, Vagabunden, Wohnungslose und Wanderer. In: Mitteilungen. Dokumentationsstelle zur NS-Sozialpolitik. Jg.1, 1985. H.9/10. S.57-77.
BZ 05529:1

Lilienthal, G.: Der "Lebensborn e.V.": ein Instrument nationalsozialistischer Rassenpolitik. Frankfurt: Fischer 1985. VII,264 S.
B 57763

Recker, M.-L.: Nationalsozialistische Sozialpolitik im Zweiten Weltkrieg. München: Oldenbourg 1985. 323 S.
B 58957

Ritter, G.A.: Soziale Sicherheit in Deutschland und Großbritannien von der Mitte des 19.Jahrhunderts bis zum Ersten Weltkrieg. Ein Vergleich. In: Geschichte und Gesellschaft. Jg.13, 1987. H.2. S.137-156.
BZ 4636:13

Vorländer, H.: NS-Volkswohlfahrt und Winterhilfswerk des Deutschen Volkes. In: Vierteljahrshefte für Zeitgeschichte. Jg.34, 1986. Nr.3. S.341-381.
BZ 4456:34

Zolling, P.: Zwischen Integration und Segregation. Frankfurt: Lang 1986. 417 S.
B 59673

– nach 1945 –

Deportation, Flucht und Vertreibung. Ein Rückblick nach 40 Jahren. München: Bayer.Staatsministerium f.Arbeit u.Sozialordnung 1985. 71 S.
Bc 01742

Gulgowski, P.W.: Flucht aus Ostpreußen. Frankfurt: Haag u.Herchen 1986. 119 S.
Bc 6107

Die Vertreibung der Deutschen aus dem Osten. Ursachen, Ereignisse, Folgen. Hrsg.: W.Benz. Frankfurt: Fischer 1985. 250 S.
B 56778

Wiedergutgemacht?. NS-Opfer - Opfer d.Gesellschaft noch heute. Hrsg.: Hamburger Initiative "Anerkennung aller NS-Opfer". Hamburg: o.V. 1986. 61 S.
D 03624

**L 130 h 50 Gesundheitswesen/Umwelt-
schutz**

Dominick, R.: Nascent environmental
protection in the Second Empire. In:
German studies review. Vol.9, 1986.
No.2. S.257-291.
BZ 4816:9

Malunat, B.M.: Umweltpolitik im Spiegel der Parteiprogramme. In: Aus Politik und Zeitgeschichte. 1987. B.29.
S.29-42.
BZ 05159:1987

Margedant, U.: Entwicklung des
Umweltbewußtseins in der Bundes-
republik Deutschland. In: Aus Politik
und Zeitgeschichte. 1987. B.29.
S.15-28.
BZ 05159:1987

Zöllner, D.: Ausgaben für die Gesund-
heit - Steuerungsprobleme und
Reformmöglichkeiten. In: Aus Politik
und Zeitgeschichte. 1987. B.24-25.
S.3-12.
BZ 05159:1987

L 130 i Geistesleben

– bis 1945 –

Obermann, K.: Exil Paris. Frankfurt:
Röderberg 1984. 239 S.
B 57362

Wissenschaft und Kunst im Exil. Vorgeschichte, Durchführung u.Folgen
d.Bücherverbrennung. Red.R.Werning
[u.a.]. Münster: WURF-Verl. 1984.
398 S.
B 56258

– nach 1945 –

Bernstorf, M.: Nach Ihnen, Herr
Bundeskanzler! Hamburg: Knaus 1984.
189 S.
B 51374

Korte, K.-R.: Selbstfindung einer post-
nationalen Demokratie?. In: Deutschland-Archiv. Jg.20, 1987. Nr.5.
S.481-487.
BZ 4567:20

Laqueur, W.: Germany today. A perso-
nal report. Boston, Mass.: Little,
Brown and Comp. 1985. 231 S.
B 58430

Laqueur, W.: Was ist los mit den Deutschen?. Frankfurt: Ullstein 1985. 279 S.
B 57294

Markus: Nachrichten aus der Bananen-
republik. Politische Karikaturen.
Hamburg: Gruner u.Jahr 1986. 144 S.
Bc 6189

L 130 i 10 Wissenschaft

Kutsch, A.: Rundfunkwissenschaft im
Dritten Reich. Geschichte des Instituts
für Rundfunkwissenschaft der Univ.
Freiburg. vor 1945. München: Saur
1985. X,600 S.
B 56781

– bis 1945 –

Kater, M.H.: The burden of the past:
problems of a modern historiography of
physicians and medicine in Nazi Germany. In: German studies review.
Vol.10, 1987. No.1. S.31-56.
BZ 4816:10

Kaupen-Haas, H.: Rassenhyhiene -
Hebamme der modernen Genetik. In:
Mitteilungen. Dokumentationsstelle
zur NS-Sozialpolitik. Jg.2, 1986. H.13/
14. S.43-55.
BZ 05529:2

Lifton, R.J.: The Nazi doctors. Medical
killing and the psychology of genocide.
New York: Basic Books 1986.
XIII,561 S.
B 61525

Mehrtens, H.: Angewandte Mathematik
und Anwendungen der Mathematik im
nationalsozialistischen Deutschland.
In: Geschichte und Gesellschaft. Jg.12,
1986. H.3. S.317-347.
BZ 4636:12

Moss, R.: The abuse of medicine as a political power in Nazi Germany. In: Medicine and war. Vol.3, 1987. No.1. S.43-47.
BZ 4904:3

Muller, J.Z.: Enttäuschung und Zweideutigkeit. Zur Geschichte rechter Sozialwissenschaftler im "Dritten Reich". In: Geschichte und Gesellschaft. Jg.12, 1986. H.3. S.289-316.
BZ 4636:12

Rothmaler, C.: "Erbliche Belastung liegt sicher vor, ist nur nicht festzustellen": Zwangssterilisation in Hamburg. In: Mitteilungen. Dokumentationsstelle zur NS-Sozialpolitik. Jg.2, 1986. H.13/14. S.57-72.
BZ 05529:2

L 130 i 20 Kunst

– bis 1945 –

Faschistische Architekturen. Planen und Bauen in Europa 1930 bis 1945. Hrsg.: H.Frank. Hamburg: Christians 1985. 334 S.
B 56965

L 130 i 30 Literatur

– nach 1945 –

Das Jahr '45. Dichtung, Bericht, Protokoll deutscher Autoren. Hrsg.: H.Rauschning. München: Heyne 1985. 316 S.
B 56783

Klöpf, E.: Rettet Kohl. Helmut Kohl muß Kanzler bleiben. Schlagende Argumente für einen begnadeten Staatsmann. Frankfurt: Eichborn 1986. 62 S.
Bc 6108

Popper, H.: Anarchistisches Lesebuch. Hrsg.: S.Popper. Berlin: Guhl 1986. 149 S.
Bc 6195

Schneider, M.: Die Wiedergutmachung oder wie man einen verlorenen Krieg gewinnt. Schauspiel m.Dokumentation. Köln: Kiepenheuer & Witsch 1985. 358 S.
B 57016

Schuhler, C.: Blackout. Die Affären des Helmut Kohl. Karikaturen v.S.Siegert. Köln: Pahl-Rugenstein 1986. 125 S.
Bc 6187

L 130 i 40 Presse/Publizistik/Medien

– bis 1945 –

Arendt, H.-J.: Die kommunistische Frauenpresse in Deutschland 1917 bis 1933. In: Beiträge zur Geschichte der Arbeiterbewegung. Jg.29, 1987. Nr.1. S.78-88.
BZ 4507:29

Holt, T.; Holt, V.: Germany awake!. The rise of National Socialism: 1919-1939. Ill.by the contemporary picture postcard. London: Longman 1986. VII,124 S.
010063

– nach 1945 –

Zeitgeschichte. 40 Jahre Zeitgeschichte. 40 Jahre Süddt.Zeitung. Eine Ausstellung d.Süddt.Zeitung. München: Süddt. Zeitung 1985. 104 S.
010051

L 130 i 50 Schule und Erziehung

Conradt, S.; Heckmann-Janz, K.: "...du heiratest ja doch!". 80 Jahre Schulgeschichte von Frauen. Frankfurt: Fischer 1985. 263 S.
B 56681

– bis 1945 –

"Die Formung des Volksgenossen". Der "Erziehungsstaat" des Dritten Reiches. Hrsg.: U.Herrmann. Weinheim: Beltz 1985. 348 S.
B 57141

Gallin, A.: Midwives to Nazism. University professors in Weimar Germany, 1925-1933. Macon, Ga.: Mercer Univ.Pr. 1986. VIII,134 S.
B 60857

Gamm, H.-J.: Führung und Verführung. Pädagogik d.Nationalsozialismus. Eine Quellensammlung. 2.Aufl.. Frankfurt: Campus 1984. 489 S.
B 56894

Greiff, W.: Das Boberhaus in Löwenberg/Schlesien 1933-1937. Selbstbehauptung e.nonkonformen Gruppe. Sigmaringen: Thorbecke 1985. 146 S.
B 56279

Scholtz, H.: Erziehung und Unterricht unterm Hakenkreuz. Göttingen: Vandenhoeck u.Ruprecht 1985. 206 S.
B 57277

Willenborg, R.: Die Schule muß bedingungslos nationalsozialistisch sein. Erziehung und Unterricht im Dritten Reich. Vechta: vdv 1986. 148 S.
Bc 01959

– nach 1945 –

Fuchs, H.-W.; Pöschl, K.-P.: Reform oder Restauration?. Eine vergleichende Analyse d.schulpolit.Konzepte u.Maßnahmen d.Besatzungsmächte 1945-1949. München: Minerva-Publ. 1986. 203 S.
Bc 6440

Müller, J.; Obschernitzki, D.; Pfefferle, H.: Die westdeutsche Nachkriegsgeschichte in Lehrplänen und Schulbüchern. In: Aus Politik und Zeitgeschichte. 1986. B.49. S.31-38.
BZ 05159:1986

Uffelmann, U.: Frühe Weichenstellung im Wirtschaftsparlament der Bizone. Ein Problemaufriß zum Verhältnis von Forschungsstand und Lehrplan-/Schulbuchstandard. In: Aus Politik und Zeitgeschichte. 1986. B.49. S.3-7d.
BZ 05159:1986

Welcker, I.: Möglichkeiten zielgerichteter politischer Sozialisation im Unterricht. Dargest.am Beisp.Sicherheitspolitik u.Bundeswehr. München: Sozialwiss.Inst.d.Bundeswehr 1986. IV,197 S.
Bc 6174

L 130 i 60 Kirche und Religion

Noormann, H.: Protestantismus und politisches Mandat 1945-1949. Bd 1.2.. Gütersloh: Mohn 1985.
B 56782

– bis 1945 –

Baranowski, S.: From rivalry to repression: The German protestant leadership. Anti-leftism and anti-semitism, 1933. In: Holocaust studies annual. 1986. Vol.2. S.28-43.
BZ 4845:1986

Borg, D.R.: The Old-Prussian Church and the Weimar Republic. Hanover, N.H.: Univ.Pr.of New England 1984. XIV,369 S.
B 55049

Dunn, B.R.: The death's head and the watchtower: Jehovah's witnesses in the Holocaust kingdom. In: Holocaust studies annual. 1986. Vol.2. S.155-172.
BZ 4845:1986

Kirche im Nationalsozialismus. Hrsg.v.Geschichtsverein d.Diözöse Rottenburg-Stuttg. Sigmaringen: Thorbecke 1984. 299 S.
B 54282

Moses, J.A.: The British and German churches and the perception of War, 1908-1914. In: War and society. Vol.5, 1987. No.1. S.23-44.
BZ 4802:5

Nicolaisen, C.: Der Weg nach Barmen. Die Entstehungsgeschichte der Theologischen Erklärung von 1934. Neukirchen-Vluyn: Neukirchener Verl. 1985. X,208 S.
B 56850

Preradovich, N.von; Stingl, J.: "Gott
segne den Führer!". Die Kirchen im
dritten Reich - eine Dokum.v.Bekennt-
nissen u.Selbstzeugnissen. Leoni am
Starnberger See: Druffel 1985. 382 S.
B 57382

– nach 1945 –

Versöhnung und Frieden mit den Völ-
kern der Sowjetunion. Herausforde-
rungen zur Umkehr.... Red.:
H.Lenhard. Gütersloh: Gütersloher
Verl.-Haus G.Mohn 1987. 64 S..
Bc 6770

L 130 k Geschichte

L 130 k 00 Allgemeines

Die andere Geschichte. Hrsg.: G.Paul
[u.a.]. Köln: Bund-Verl. 1986. 285 S.
B 57587

Bauch, H.; Eckhardt, D.: Wer von der
Vergangenheit nicht reden will, der soll
von der Zukunft schweigen. Anmer-
kungen zu einer unsäglichen Debatte.
In: Die neue Gesellschaft/Frankfurter
Hefte. Jg.34, 1987. Nr.6. S.496-502.
BZ 4572:34

Deutsche Sozialgeschichte. Ein historisches Lesebuch. 3.1914-1945. Hrsg.:
W.Abelshauser [u.a.]. München: Beck
1985. 477 S.
B 57184

Deutschlands Sonderung von Europa
1862-1945. Red.: W.Alff. Frankfurt:
Lang 1984. 443 S.
B 55519

Kuhn, A.: "Wem gehört die deutsche
Geschichte"?. Eine notwendige Dis-
kussion zu einer falsch gestellten Frage.
In: Blätter für deutsche und internatio-
nale Politik. Jg.32, 1987. H.1. S.25-32.
BZ 4551:32

Lammers, K.C.; Stræde, T.: Historiede-
batten i Vesttykskland. In: Den Jyske
historiker. 1987. No.40. S.104-112.
BZ 4656:1987

Militärgeschichte in Deutschland und
Österreich vom 18.Jahrhundert bis in
die Gegenwart. Herford: Mittler 1985.
215 S.
B 55858

Mommsen, H.: Neues Geschichtsbe-
wußtsein und Relativierung des Nationalsozialismus. In: Blätter für deutsche
und internationale Politik. Jg.31, 1986.
H.10. S.1200-1213.
BZ 4551:31

Niels, K.: Zweierlei Untergang in düste-
rer Verflechtung. Zur polit.Dimension
der "Historiker-Debatte". In: Prokla.
Jg.17, 1987. Nr.1. S.169-184.
BZ 4613:17

Pätzold, K.: Von Verlorenem, Gewon-
nenem und Erstrebtem oder "Wohin
der 'neue Revisionismus' steuert". In:
Blätter für deutsche und internationale
Politik. Jg.30, 1985. H.12. S.1452-1463.
BZ 4551:30

Schneider, M.: Die Vergangenheit, die
nicht vergehen will. In: Die neue
Gesellschaft/Frankfurter Hefte. Jg.34,
1987. Nr.6. S.484-495.
BZ 4572:34

Stürmer, M.: Dissonanzen des Fort-
schritts. Essays über Geschichte und
Politik in Deutschland. München,
Zürich: Piper 1986. 336 S.
B 58113

Wippermann, W.: Die deutsche und pol-
nische Frage in der deutschen Historiographie des 19. und 20.Jahrhunderts.
In: Aus Politik und Zeitgeschichte.
1987. B.14. S.29-36.
BZ 05159:1987

L 130 k 30 Kaiserreich 1871-1918

Bilder aus der Kaiserzeit. Historische Streiflichter 1897 bis 1917. Hrsg.: W.Gutsche u.B.Kaulisch. Köln: Pahl-Rugenstein 1985. 320 S.
B 56653

Dörry, M.: Übergangsmenschen. 1. Die Mentalität der Wilhelminer und die Krise des Kaiserreichs. 2. Ergänzungsband. Weinheim: Juventa Verl. 1986. 197,133 S.
Bc 6301

Hochhuth, R.; Koch, H.-H.: Die Kaiserzeit. Bilder einer Epoche. Aus d.Archiv d.Hofphotographen O.u.G.Tellgmann. München: Mahnert-Lueg Verl. 1985. 328 S.
010068

Williamson, D.G.: Bismarck and Germany, 1862-1890. London: Longman 1986. V,138 S.
Bc 6395

Zentner, C.: Illustrierte Geschichte des Deutschen Kaiserreiches. München: Südwest Verl. 1986. 398 S.
010157

L 130 k 40 Weimarer Republik 1919-1933

Dederke, K.H.: Reich und Republik. Deutschland 1917-1933. 5.Aufl.. Stuttgart: Klett-Cotta 1984. XV,.
B 55032

The German revolution and the debate on Soviet power. Documents: 1918-1919. Preparing the founding congress. Ed.by J.Riddell. New York: Pathfinder Pr. 1986. XX,540 S.
B 56100:3

Rossaint, J.C.: Vom zweiten ins dritte Reich. Weimar. Faschismus. Widerstand. Frankfurt: Röderberg 1986. 280 S.
B 59555

Die Weimarer Republik. Belagerte Civitas. Hrsg.: M.Stürmer. 2.Aufl. Frankfurt: Athenäum 1985. 411 S.
B 55415

L 130 K 50 Drittes Reich 1933-1945

Bendersky, J.E.: A History of Nazi Germany. Chicago: Nelson-Hall 1985. 267 S.
B 55053

Bergschicker, H.: Deutsche Chronik 1933-1945. Ein Zeitbild faschistischer Diktatur. 3.Aufl.. Berlin: Verlag d. Nation 1985. 576 S.
B 56679

Bezymenskij, L.A.: Razgadannye Zagadki tret'ego reicha. 1.1933-1941. 2.1941-1945. Bd.1.2.. 2.Aufl.. Moskva: Izdatel'stvo Agenstva pečati Novosti 1984. 366,396 S.
B 56632

Büchler, Y.: Kommandostab Reichsführer-SS: Himmler's personal murder brigades in 1941. In: Holocaust and genocide studies. Vol.1, 1986. No.1. S.11-25.
BZ 4870:1

·Faschismus in Deutschland. Hrsg.: IG Druck und Papier. Köln: Bund-Verl. 1985. 329 S.
B 54124

Herf, J.: Reactionary Modernism. Cambridge: Cambridge Univ.Pr. 1984. XII,251 S.
B 55004

Hess, J.; Würmeling, H.L.: Die Deutschen im Zweiten Weltkrieg. D.Buchmanuskript z.BR/SWF/ORF-Filmserie i.6 Teilen. 2.Aufl.. München: TR-Verl.-Union 1985. 223 S.
B 56260

Jasper, G.: Die gescheiterte Zähmung. Wege zur Machtergreifung Hitlers, 1930-1934. Frankfurt: Suhrkamp 1986. 270 S.
B 59749

Kroner, M.: Das Dritte Reich und die Südostdeutschen. In: Südost-Europa-Mitteilungen. Jg.26, 1986. Nr.4. S.38-50.
BZ 4725:26

Machtbewußtsein in Deutschland am Vorabend des Zweiten Weltkrieges. Hrsg.: F.Knipping. Paderborn: Schöningh 1984. 390 S.
B 62389

Mai, G.: "Warum steht der deutsche Arbeiter zu Hitler?". Zur Rolle der Deutschen Arbeitsfront im Herrschaftssystem des Dritten Reiches. In: Geschichte und Gesellschaft. Jg.12, 1986. H.2. S.212-234.
BZ 4636:12

Die nationalsozialistische Machtergreifung. Hrsg.: W.Michalka. Paderborn: Schöningh 1984. 415 S.
B 54131

The rise of the Nazi regime. Historical reassessments. Ed.by C.S.Maier. Boulder, Colo.: Westview Press 1986. XVIII,153 S.
Bc 5419

Saldern, A.von: "Alter Mittelstand" im 'Dritten Reich'. Anmerkungen zu einer Kontroverse. In: Geschichte und Gesellschaft. Jg.12, 1986. H.2. S.235-243. BZ 4636:12

L 130 k 51 Widerstandsbewegung 1933-1945

Broszat, M.: Zur Sozialgeschichte des Deutschen Widerstands. In: Vierteljahrshefte für Zeitgeschichte. Jg.34, 1986. Nr.3. S.293-309.
BZ 4456:34

Brück, C.von: Bürger gegen Hitler. Demokraten im antifaschistischen Widerstand. Berlin: Buchverl."Der Morgen" 1986. 215 S.
Bc 6573

Buchstab, G.; Kaff, B.; Kleinmann, H.-O.: Verfolgung und Widerstand 1933-1945. Christl.Demokraten gegen Hitler. Düsseldorf: Droste 1986. 288 S.
B 57429

Delp, A.: Kassiber. Aus der Haftanstalt Berlin-Tegel. Hrsg.: R.Bleistein. Frankfurt: Knecht 1987. 136 S.
Bc 6558

Deutsche Patrioten in Widerstand und Verfolgung, 1933-1945. Paul Lejeune-Jung- Theodor Roeingh- Josef Wirmer- Georg Frhr.v.Böselager. Ein Gedenkbuch d.Stadt Paderborn. Hrsg.: F.G.Hohmann. Paderborn: Schöningh 1986. 76 S.
Bc 6510

Dossier: Kreisauer Kreis. Dokumente aus dem Widerstand gegen d.Nationalsozialismus. A.d.Nachlaß v.L.König. Hrsg.: R.Bleistein. Frankfurt: Knecht 1987. 376 S.
B 60694

Hoffmann, P.: Peace through Coup d'État: the foreign contacts of the German resistance, 1933-1944. Offprint from: Central European History. o.O.: o.V. Vol.XIX,1986. 44 S.
Bc 6217

Hübner, I.: Unser Widerstand. 2.Aufl.. Frankfurt: Röderberg 1984. 235 S.
B 54123

Hübschmann, H.: Jugendlicher Widerstand gegen den Hitler-Krieg und dessen Folgen. In: Mitteilungen. Dokumentationsstelle zur NS-Sozialpolitik. Jg.1, 1985. H.9/10. S.79-90.
BZ 05529:1

Jahnke, K.-H.: Jugend im Widerstand, 1933-1945. Neuaufl. Frankfurt: Röderberg 1985. 248 S.
B 57012

Loscher, K.; Hahn, U.: "Ich habe nicht verleugnet". Georg Maus: Leben e.Religionslehrers im Dritten Reich. Wuppertal: Hammer 1987. 119 S.
Bc 6807

Malone, H.O.: Adam von Trott zu Solz. Werdegang e.Verschwörers 1909-1938. Berlin: Siedler 1986. 326 S.
B 58516

Meyer, H.; Pech, K.: Unter Einsatz des Lebens!. Antifaschistischer Widerstand in den letzten Monaten des zweiten Weltkrieges. Berlin: Dietz 1985. 274 S.
B 56660

Mommsen, H.: Die Geschichte des deutschen Widerstands im Lichte der neueren Forschung. In: Aus Politik und Zeitgeschichte. 1986. B.50. S.3-18.
BZ 05159:1986

Müller, K.-J.: Die nationalkonservative Opposition 1933-1939. In: Aus Politik und Zeitgeschichte. 1986. B.50. S.19-30.
BZ 05159:1986

Nowak, K.: Evangelische Kirche und Widerstand im Dritten Reich. Kirchenhistorische und gesellschaftsgeschichtliche Perspektiven. In: Geschichte in Wissenschaft und Unterricht. Jg.38, 1987. H.6. S.352-364.
BZ 4475:38

Roon, G.van: Der Kreisauer Kreis und das Ausland. In: Aus Politik und Zeitgeschichte. 1986. B.50. S.31-46.
BZ 05159:1986

Rösch, A.: Kampf gegen den Nationalsozialismus. Hrsg.: R.Bleistein. Frankfurt: Knecht 1985. 492 S.
B 55674

Sudbrack, J.: Pater Rupert Mayer. Zeugnis für Gott - Dienst am Menschen. Würzburg: Echter 1987. 32 S.
Bc 6540

Widerstand aus Glauben. Christen in der Auseinandersetzung mit dem Hitlerfaschismus. Berlin: Union-Verl. 1985. 443 S.
B 56655

Der Widerstand gegen den Nationalsozialismus. Die dt.Gesellschaft und d.Widerstand gegen Hitler. Hrsg.: J.Schmädeke [u.a.]. München, Zürich: Piper 1985. XXXVIII,1185 S.
B 56936

Widerstand gegen den Nationalsozialismus in Mannheim. Im Auftrag d.Stadt Mannheim. Hrsg.: E.Matthias u.H.Weber. Mannheim: Ed.Quadrat 1984. 554 S.
B 56652

Widerstand und Exil 1933-1945. Red.: O.R.Romberg u.a. Frankfurt: Campus Verlag 1986. 302 S.
B 58139

Winterhager, W.E.: Politischer Weitblick und moralische Konsequenz. In: Geschichte in Wissenschaft und Unterricht. Jg.38, 1987. H.7. S.402-417.
BZ 4475:38

L 130 k 60 Geschichte seit 1945

"Mein Gott, was soll aus Deutschland werden?". Die Adenauer-Ära 1949-1963. Hrsg.: K.-J. Ruhl. München: Dtv 1984. 531 S.
B 55397

Der 8.Mai 1985 im Meinungsbild. Hrsg.: L.Niegel. o.O.: Selbstverlag 1985. 44 S.
Bc 01830

Baier, L.: Un Allemand né de la dernière guerre. Essai à l'usage des Français.... Bruxelles: Ed.Complexe 1985. 155 S.
Bc 6423

Blänsdorf, A.: Zur Konfrontation mit der NS Vergangenheit in der Bundesrepublik, der DDR und Österreich. In: Aus Politik und Zeitgeschichte. 1987. B.16-17. S.3-18.
BZ 05159:1987

Böckelmann, F.: Der Hunger nach Begrenzung. Die BRD am Ende des Jahrhunderts. Wetzlar: Büchse der Pandora 1985. 44 S.
Bc 6124

Bracher, K.D.; Jäger, W.; Link, W.: Republik im Wandel. 1969-1982. 1.1969-74. Die Ära Brandt. Stuttgart: DVA 1986.
08553:5

Brigouleix, B.: Les Allemands aujourd'hui. Paris: Balland 1984. 284 S.
B 54125

Deutsche Geschichte 1962-1983. Dokumente in zwei Bänden. Hrsg.: I.Wilharm. Frankfurt: Fischer 1985. 272,304 S.
B 56854

Fischer, E.J.; Fischer, H.-D.: John J.McCloy und die Frühgeschichte der Bundesrepublik Deutschland. Köln: Verlag Wissenschaft und Politik 1985. 171 S.
B 55341

Giesselmann, W.: Die Koblenzer Beschlüsse vom 10.Juli 1948 - eine Alternative zur Weststaatsgründung. In: Geschichte in Wissenschaft und Unterricht. Jg.38, 1987. H.6. S.335-351.
BZ 4475:38

Glaser, H.: Kulturgeschichte der Bundesrepublik Deutschland. 1.Zwischen Kapitulation und Währungsreform 1945-48. 2.Zwischen Grundgesetz und Großer Koalition 1949-67. Bd 1.2.. München: Hanser 1985/86. 371,380 S.
B 55494

Heiss und kalt. Die Jahre 1945-69. Red.E.Siepmann u.a. Berlin: Elefanten Pr. 1986. 659 S.
010126

Jesse, E.: Die Bundesrepublik Deutschland: die Ära Brandt 1969-1974. In: Politische Vierteljahresschrift. PVS-Literatur. Jg.28, 1987. Nr.1. S.5-17.
BZ 4717:28

Kleßmann, C.: Westkurs und innenpolitische Stabilisierung der Bundesrepublik Deutschland. In: Aus Politik und Zeitgeschichte. 1986. B.49. S.24-30.
BZ 05159:1986

Maier, H.: Die Deutschen und die Freiheit. Perspektiven der Nachkriegszeit. Stuttgart: DVA 1985. 287 S.
B 56948

Morsey, R.: Die Bundesrepublik Deutschland. Entstehung u.Entwicklung bis 1969. München: Oldenbourg 1987. IX,274 S.
B 61207

Orientierungen. 40 Jahre danach - eine vorläufige Bestandsaufnahme. München: Olzog 1986. 110 S.
Bc 6322

Republika Federalna Niemiec w dobie rządów koalicji socjaldemokratyczno-liberalnej 1969-1982. Red.: A.Czubiński. Poznań: Zachodni 1985. 637 S.
B 59161

Reulecke, J.: Probleme einer Sozial- und Mentalitätsgeschichte der Nachkriegzeit. In: Geschichte im Westen. Jg.2, 1987. H.1. S.7-25.
BZ 4865:2

Rommel, M.: Wir verwirrten Deutschen. Betrachtungen am Rande der großen Politik. 2.Aufl.. Stuttgart: DVA 1986. 240 S.
B 60551

Die Unfähigkeit zu feiern. Der achte Mai. Hrsg.: N.Seitz. Frankfurt: Verl. Neue Kritik 1985. 122 S.
B 57642

Vom Zusammenbruch zum Wiederaufbau. Alltag im Nachkriegsdeutschland. Schülerwettbewerb dt.Geschichte. Hamburg: Körber-Stiftung 1987. 125 S.
Bc 6686

Der Weg der Bundesrepublik. Von 1945 bis zur Gegenwart. Hrsg.: F.Schneider. München: Beck 1985. 255 S.
B 56909

Zeichen unserer Zeit. 2.Aufl. Köln: Dt.Inst.-Verl. 1984. 243 S.
B 56478

L 130 l 10 Länder/Gebiete

Der antifaschistische Widerstandskampf unter Führung der KPD in Mecklenburg 1933 bis 1945. Red.: H.Bendig u.a.. Berlin: Dietz 1985. 344 S.
B 56355

Arbeit und Alltag im Revier. Hrsg.: L.Heid u.a. Duisburg: Braun 1985. 284 S.
B 57779

Die Bedeutung Schleswig-Holsteins für die NATO. Hrsg.: Autonome Gruppe Kiel. Kiel: o.V. 1986. 64 S.
D 03755

Bierbach, W.: Machtwechsel in Düsseldorf. In: Geschichte im Westen. Jg.2, 1987. H.1. S.59-70.
BZ 4865:2

Brautmeier, J.: Wahlrecht zwischen Militärregierung und Parteipolitik. In: Geschichte im Westen. Jg.2, 1987. H.1. S.90-99.
BZ 4865:2

Brückner, W.: Nord und Süd im kulturellen Selbstverständnis der Deutschen. In: Der Bürger im Staat. Jg.36, 1986. H.4. S.251-256.
BZ 05147:36

Corni, G.: La grande proprietà terriera orientale nel terzo Reich 1933-1939. In: Passato e presente. 1986. No.11. S.25-56.
BZ 4794:1986

Das Erzbistum München und Freising in der Zeit der nationalsozialistischen Herrschaft. Hrsg.: G.Schwaiger. München: Schnell & Steiner 1984. 919,768 S.
B 55547

Falter, J.W.: Der Aufstieg der NSDAP in Franken bei den Reichstagswahlen 1924-1933. In: German studies review. Vol.9, 1986. No.2. S.319-359.
BZ 4816:9

Gillingham, J.: Industry and politics in the Third Reich. Ruhr coal, Hitler and Europe. New York: Columbia Univ.Pr. 1985. XII,183 S.
B 57591

Grossmann, A.J.: Fremd- und Zwangsarbeiter in Bayern. In: Vierteljahrshefte für Zeitgeschichte. Jg.34, 1986. Nr.4. S.481-521.
BZ 4456:34

Höner, S.: Der nationalsozialistische Zugriff auf Preußen. Bochum: Brockmeyer 1984. 522 S.
B 55347

Horn, J.: Zwischen Bonn und Düsseldorf. In: Geschichte im Westen. Jg.2, 1987. H.1. S.43-58.
BZ 4865:2

Jardin, P.: L'occupation française en Rhénanie, 1918-1919. Fayolle et l'idée palatine. In: Revue d' histoire moderne et contemporaine. T.23, 1986. S.402-426.
BZ 4586:23

Kunz, D.: Die Nord-Süd-Drift. In: Der Bürger im Staat. Jg.36, 1986. H.4. S.288-293.
BZ 05147:36

Martens, K.: Militärregierung und Parteien. Der ernannte Landtag 1946-1947. In: Geschichte im Westen. Jg.1, 1986. H.2. S.31-46.
BZ 4865:1

Meissner, B.: Ewakuacja niemieckich władz administracyjnych i niemieckiej ludności cywilnej z tzw. Kraju Warty w styczniu 1945 roku. In: Dzieje najnowsze. R.17, 1985. No.3-4. S.81-108.
BZ 4685:17

Mintzel, A.: Gehen Bayerns Uhren wirklich anders?. In: Zeitschrift für Parlamentsfragen. Jg.18, 1987. Nr.1. S.77-93.
BZ 4589:18

Möller, H.: Parlamentarismus in Preußen 1919-1932. Düsseldorf: Droste 1985. 662 S.
B 56924

Mühlhausen, W.: Hessen 1945-50. Zur polit.Geschichte eines Landes in d.Besatzungszeit. Frankfurt: Insel Verl. 1985. 583 S.
B 57387

Padberg, R.: Kirche und Nationalsozialismus am Beispiel Westfalen. Paderborn: Verl.Bonifatius 1984. 238 S.
B 55353

Preußen. Seine Wirkung auf die deutsche Geschichte. Stuttgart: Klett-Cotta 1985. 361 S.
B 57140

Saldern, A.von: Auf dem Wege zum
Arbeiter-Reformismus. Parteialltag in
der sozialdemokr.Provinz Göttingen
(1870-1920). Frankfurt: Materialis Verl.
1984. 345 S.
B 57844

Tieke, W.: ...bis zur Stunde Null. Das
Oberbergische Land im Krieg 1939-45.
Gummersbach: Gronenberg 1985.
331 S.
B 55859

Weber, W.: Inwieweit ist das Nord-Süd-
Klischee historisch bedingt?. In: Der
Bürger im Staat. Jg.36, 1986. H.4.
S.257=261.
BZ 05147:36

Weber, W.: Protestantismus, Historis-
mus, Borussianismus. In: Der Bürger
im Staat. Jg.36, 1986. H.4. S.262-266.
BZ 05147:36

Zasłuzeni Pomorzanie w latach II
wojny światowej. Wrocław: Gdańskie
towarzystwo naukowe 1984. 226 S.
B 56818

Zorn, W.: Bayerns Geschichte im
20.Jahrhundert. Von der Monarchie
zum Bundesland. München: Beck
1986. 790 S.
B 58692

L 130 l 20 Städte/Orte

"Ohne uns hätten sie das gar nicht
machen können". Nazi-Zeit und
Nachkrieg in Altona und Ottensen.
Hamburg: VSA-Verl. 1985. 206 S.
B 57823

"Unser Beispiel könnte ja Schule
machen". Das "Hattinger Modell" -
Existenzkampf an der Ruhr. Hrsg.:
O.König [u.a.]. Köln: Bund-Verl. 1985.
250 S.
B 55656

Allen, W.S.: The Nazi seizure of power.
The experience of a single German
town, 1922-45.. New York: Watts 1984.
XIX,388 S.
B 55804

Alltag in Hattingen, 1933-45. Eine
Kleinstadt im Nationalsozialismus.
Essen: Klartext-Verl. 1985. 355 S.
B 55511

Als Hamburg unter den Nazis lebte.
152 wiederentdeckte Fotos e.Zeit-
zeugen. Hamburg: Rasch und Röhring
1986. 175 S.
B 61359

Bardua, H.: Stuttgart im Luftkrieg
1939-45. 2.Aufl.. Stuttgart: Klett-Cotta
1985. 344 S.
B 58310

Belz, W.: Kassel 1945. Was kam
danach?. 1. Ein historischer Bericht
1945-58. 2. 1959-1972. T.1.2. Kassel:
Selbstverlag 1978-82. 251,262 S.
B 54808

Bläsi, H.; Stecher, K.: Stadt im Inferno.
Bruchsal im Luftkrieg 1939-45. 3.Aufl..
Bruchsal: Stadt Bruchsal 1985. 260 S.
B 57289

Bremen 1933-45. Vom Handelszentrum
zur Rüstungsschmiede. Bremen: Kul-
turzentrum Schlachthof 1983. o.Pag..
Bc 01792

DGB-Kreis Augsburg. Spurensiche-
rung. Beitr.zur fast vergessenen
Geschichte Augsburgs. Augsburg:
AV-Verl. 1985. 359 S.
B 57848

Dreckmann, H.: Hamburg nach der
Kapitulation. Erinnerungen an
1945-46. Geschichte der "ernannten"
Bürgerschaft. Hamburg: Christians
1985. 115 S.
B 57640

Dworetzki, G.: Heimatort Freie Stadt
Danzig. Düsseldorf: Droste 1985.
260 S.
B 56910

"Die Fahne hoch". Schulpolitik
u.Schulalltag i.Hamburg unterm
Hakenkreuz. Hrsg.: R.Lehberger. In:
Ergebnisse. 1986. 428 S.
BZ 4700:1986

Fuldaer Stadt-Buch. Hrsg.: R.Brembs.
Fulda: Zeitdruck Verl. 1985. 412 S.
D 3504

Gatter, F.T.: Nienburg 1945. Als der
Krieg zu Ende ging. Nienburg: Stadt-
archiv Nienburg 1985. o.Pag..
Bc 01807

Grabe, T.; Hollmann, R.; Mlynek, K.:
Wege aus dem Chaos. Hannover 1945-
49. Hamburg: Kabel Verl. 1985. 201 S.
010127

Herles, H.: Fürchtet Euch nicht.
Pfullingen: Neske 1984. 210 S.
B 53658

Hersbrucker Land in schlimmer Zeit,
1939-45. Eine Dokumentation d.Hers-
brucker Zeitung. Hersbruck: Pfeiffer
1985. 80 S.
Bc 01804

Hier war doch alles nicht so schlimm.
Wie die Nazis in Hamburg den Alltag
eroberten. Hamburg: VSA-Verl. 1984.
160 S.
Bc 6408

Hochstein, B.: Die Ideologie des Über-
lebens. Zur Geschichte der polit.
Apathie in Deutschland. Frankfurt:
Campus Verlag 1984. 314 S.
B 54300

Jensen, J.; Magnussen, F.: Kieler Zeitgeschichte im Pressefoto. Die 40er/50er
Jahre auf Bildern. 3.Aufl.. Neumün-
ster: Wachholtz 1985. 165 S.
010012

Marks, S.: Fährnisse der Gipfeldiplo-
matie. Die Entscheidung zur Räumung
Düsseldorfs, Duisburgs und Ruhrorts
im Jahre 1924. In: Vierteljahrshefte für
Zeitgeschichte. Jg.34, 1986. Nr.4.
S.561-584.
BZ 4456:34

Marshall, B.: The Democratization of
Local Politics in the British Zone of
Germany: Hanover 1945-47. In: Jour-
nal of contemporary history. Vol.21,
1986. No.3. S.415-451.
BZ 4552:21

Marssolek, I.; Ott, R.: Bremen im
Dritten Reich. Bremen: Schünemann
1986. 539 S.
B 61356

Meiners, W.: Kriegsende und Neubeginn
auf dem Lande 1945/46. Die Gemeinde
Ganderkesee. Delmenhorst: Rieck
1985. 144 S.
010128

Messenger, C.: Cologne. The first 1000-
bomber raid. London: Allan 1982. 64 S.
Bc 01838

Meyer-Hartmann, H.: Zielpunkt 52092 N
09571 O. Der Raum Hildesheim im
Luftkrieg 1939-45. Hildesheim:
Bernward 1985. 216 S.
09998

München. Schicksal einer Großstadt
1900-50. München: Langen 1986. 157 S.
010084

Pachnicke, C.: "Stuttgart im Dritten
Reich". Zur Rezeption u.Resonanz
d.Ausstellungszyklus. Stuttgart:
Kulturamt 1986. 282 S.
010077

Pettenberg, H.: Starke Verbände im
Anflug auf Köln. Eine Kriegschronik in
Tagebuchnotizen. Hrsg.: H.Reuter-
Pettenberg. Köln: Bachem 1985. 369 S.
B 57332

Schicksale jüdischer Juristen in Hamburg im Dritten Reich. Niederschrift
einer Podiumsdiskussion mit Wissen-
schaftlern u.Zeitzeugen. Hamburg:
Verein f.Hamburgische Geschichte
1985. 70 S.
Bc 6460

Schulz, W.: Die Machtübertragung an
die Nationalsozialisten in Meldorf.
Heide i.Holst.: Boyens 1986. 86 S.
Bc 6315

Spratte, W.: Im Anflug auf Osnabrück.
Die Bombenangriffe 1940-45. Osna-
brück: Wenner 1985. 172 S.
B 56945

Vogt, H.; Brenne, H.: Krefeld im Luftkrieg 1939-45. Red.: G.Rotthoff. Bonn: Röhrscheid 1986. 400 S.
B 60364

L 130.0 Berlin

Abgelehnt, ausgewiesen, ausgeliefert: Dokumentation zum Hearing üb.d.soziale u.rechtliche Lage d.Asylbewerber in West-Berlin (20.-22.1.1984). Hrsg.: T.Hofmann. Göttingen: Gesellsch.f.-bedrohte Völker 1984. 206 S.
B 55727

Asendorf, M.: Berlin und der Mythos der Mitte. Historisch-politisches zur 750-Jahr-Feier. In: Blätter für deutsche und internationale Politik. Jg.32, 1987. H.7. S.940-952.
BZ 4551:32

Berlin - die Hauptstadt und der Osten. Neun Beitr.zur Geschichte einer schwierigen Aufgabe. Hrsg.: H.Hecker [u.a.]. Bonn: Kulturstiftung der dt.Vertriebenen 1986. 190 S.
Bc 6352

Berlin between two worlds. Ed.by R.A.Francisco [u.a.]. Boulder, Colo.: Westview Press 1986. XIII,184 S.
Bc 6514

Diepgen, E.: Berlin - Hauptstadt der Deutschen. In: Außenpolitik. Jg.37, 1986. Nr.4. S.315-326.
BZ 4457:37

Diepgen, E.: Berlin im Kräftefeld der Ost-West-Beziehungen. In: Europa-Archiv. Jg.42, 1987. Nr.3. S.67-76.
BZ 4452:42

Dittberner, J.: Asylpolitik und Parlament: Der Fall Berlin. In: Zeitschrift für Parlamentsfragen. Jg.17, 1986. Nr.2. S.167-181.
BZ 4589:17

Groth, M.: The Road to New York. The emigration of Berlin journalists, 1933-45. München: Minerva-Publ. 1984. 384 S.
B 54295

Hennig, O.: Der Viermächte-Status von Berlin. In: Deutschland-Archiv. Jg.20, 1987. Nr.1. S.34-43.
BZ 4567:20

Hildebrandt, R.: Die Mauer spricht. The wall speaks. 4.Aufl.. Berlin: Verl.Haus am Checkpoint Charlie 1986. o.Pag..
Bc 01744

Knopp, W.: Die kulturelle Bedeutung Berlins heute. In: Außenpolitik. Jg.37, 1986. Nr.4. S.341-347.
BZ 4457:37

Der Krieg trifft jeden ins Herz. Malerei, Graphik u.Plakate aus Minsk u.Berlin (West). Red.: K.Siebenhaar u.a.. Berlin: publica Verl.Ges. 1985. 232 S.
B 57118

Krupp, H.-J.: Berlin - Eine Stadt auf der Suche nach ihrer wirtschaftlichen Identität. In: Außenpolitik. Jg.37, 1986. Nr.4. S.327-341.
BZ 4457:37

Matzker, G.: Kariertes Hemd und weiße Strümpfe. Erlebnisse eines Berliner Jungen 1932-37. Heidenheim: Südmarkverl.Fritsch 1985. 197 S.
Bc 6316

Mechtenberg, T.: Das Berlin-Jubiläum im Traditionsverständnis der DDR. In: Deutsche Studien. Jg.25, 1987. Nr.97. S.73-79.
BZ 4535:25

Mikulska-Góralska, B.; Góralski, W.M.: Nowe aspekty w stosunkach między Niemiecka Republika Demokratyczna a Berlinem Zachodnim. In: Przegląd stosunków międzynarodwych. Jg.118, 1985. No.6. S.37-52.
BZ 4777:118

Roussel, S.: Die Hügel von Berlin. Reinbek: Rowohlt 1986. 359 S.
B 61827

Schäfer, H.D.: Berlin im Zweiten Weltkrieg. Der Untergang d.Reichshauptstadt i.Augenzeugenber.. München: Piper 1985. 390 S.
B 55688

Schneider, D.: Eine Stadt namens West-
berlin gibt es nicht. Die 750-Jahr-Feier
und die "20 Thesen zu Westberlin". In:
Blätter für deutsche und internationale
Politik. Jg.32, 1987. H.3. S.335-348.
BZ 4551:32

Toupet, A.: Berlin 1945, 22 avril - 29
avril. Ce fut l'enfer. Paris: Presses de la
Cité 1985. 213 S.
B 60114

Unter allen Umständen. Frauenge-
schichte(n) in Berlin. Hrsg.: C.Eifert
[u.a.]. Berlin: Rotation Verl. 1986.
263 S.
B 60053

Winter, P.J.: Zweimal 750 Jahre Berlin.
In: Deutschland-Archiv. Jg.20, 1987.
Nr.5. S.488-493.
BZ 4567:20

L 130.1 Deutsche Demokratische Republik

L 130.1 a Allgemeines

East-Germany. A new German nation
under socialism?. Ed.by A.W.Mc-
Cardle, A.Bruce Boenau. Lanham:
Univ.Press of America 1984. XX,364 S.
B 56570

Honnecker's Germany. Ed.by
D.Childs. London: Allen & Unwin
1985. XV,201 S. B 57553

L 130.1 c Biographien

Bahro, R.: From red to green. Inter-
views with New Left Review. London:
Verso 1984. 238 S.
B 55575

Borkowski, D.: Erich Honecker.
Statthalter Moskaus oder deutscher
Patriot?. München: Bertelsmann 1987.
318 S.
B 62408

Ein Gespräch mit Jürgen Kuczynski
über Arbeiterklasse, Alltag,
Geschichte, Kultur und vor allem über
Krieg und Frieden. Marburg: Verl.Ar-
beiterbewegung u.Gesellschaftswissen-
schaft 1984. 141 S.
B 59680

Honecker, E.: Arbeitermacht zum
Wohle des Volkes. Berlin: Dietz 1984.
406 S.
B 55767

Hornstein, E.von: Flüchtlingsgeschich-
ten. 43 Berichte aus den frühen Jahren
der DDR. Nördlingen: Greno 1985.
451 S.
B 57798

Neumann, A.: Die DDR stärken - den
Frieden sichern. Ausgew.Reden.
Berlin: Dietz 1984. 371 S.
B 56512

Rohlfs, D.: Heinz Hoffmann - Kommu-
nist, Internationalist und Soldat. Äuße-
rungen von Kampf- und Zeitgenossen.
In: Militärgeschichte. Jg.25, 1986. Nr.6.
S.485-497.
BZ 4527:25

L 130.1 d Land und Volk

Mertens, L.: Juden in der DDR. Eine
schwindende Minderheit. In: Deutschland-Archiv. Jg.19, 1986. Nr.11.
S.1192-1203.
BZ 4567:19

L 130.1 e 10 Innenpolitik

Fricke, W.K.: Weder Konzentrationslager noch politische Gefangene in der
DDR?. In: Deutschland-Archiv. Jg.20,
1987. Nr.2. S.160-168.
BZ 4567:20

Für eure und unsere Freiheit. Dok.zu
d.Verhaftungen i.d.Friedensbewegung
d.DDR. Hrsg.: Freunde, Verwandte,
Bekannte. Berlin/West: o.V. 1984. 69 S.
D 3491

Internationale Anhörung über die
Menschenrechtssituation in der DDR.
6.-7.Dez.1984, "La Redoute"- Bonn-
Bad Godesberg. Dokumentation.
Frankfurt: Intern.Ges.f.Menschen-
rechte - Dt.Sektion 1985. 130 S.
D 03519

Lemke, C.: New issues in the politics of
the German Democratic Republic: a
question of political culture?. In: Journal of communist studies. Vol.2, 1987.
No.4. S.341-358.
BZ 4862:2

L 130.1 e 14 Parteien

Alt, H.: Das Zentralkomitee der SED
als Integrationsorgan. In: Deutschland-
Archiv. Jg.19, 1986. Nr.12. S.1332-1340.
BZ 4567:19

Brüder, in eins nun die Hände. 40 Jahre
Sozialistische Einheitspartei Deutsch-
lands. Red.: K.Tiedke [u.a.]. Berlin:
Dietz 1986. 112 S.
Bc 6082

Bruns, W.: Zur Außenpolitik des
XI.Parteitages der SED. In: Außenpo-
litik. Jg.37, 1986. Nr.3. S.303-312.
BZ 4457:37

Buhlmann, R.; Jurscha, H.-P.: Der
XI.Parteitag der SED und der XXVII.-
Parteitag der KPdSU über die Lage
und die Strategie des Imperialismus in
der Gegenwart. In: Militärwesen. 1987.
H.2. S.60-65.
BZ 4485:1987

Capanov, V.I.: Revoljucionnye i progres-
sivnye tradicii dejatel'nosti Socialisti-
českoj edinoj partii Germanii. In:
Novaja i novejšaja istorija. 1986. No.2.
S.30-43.
BZ 05334:1986

Dohlus, H.: Mit der Kraft der Partei für
das Wohl des Volkes. Berlin: Dietz
1985. 459 S.
B 57111

Fiedler, H.: Die 2.Staatspolitische
Konferenz der SED am 13.und 14.März
1949 in Berlin. In: Praxis international.
Vol.6, 1987/88. No.3. S.755-766.
BZ 4783:6

Heyden, G.: Der XI.Parteitag der SED-
eindrucksvolle Manifestation der
Lebenskraft des Marxismus-Leninis-
mus. In: Beiträge zur Geschichte der
Arbeiterbewegung. Jg.28, 1986. Nr.4.
S.435-443.
BZ 4507:28

Honecker, E.; Jarowinsky, W.: Zu den
Ergebnissen des Genfer Gipfels. Aus
d.Ber.d.Genossen... Aus d.Ber.d.Polit-
büros an die 11.Tagung des ZK d.SED.
Berlin: Dietz 1985. 79 S.
Bc 6083

Meyer, G.: Frauen und Parteielite nach
dem XI.Parteitag der SED-Gründe
und Hypothesen zur Kontinuität der
Unterrepräsentation. In: Deutschland-
Archiv. Jg.19, 1986. Nr.12. S.1296-1321.
BZ 4567:19

Schützle, K.: Die 2.Parteikonferenz der
Sozialistischen Einheitspartei Deutsch-
lands und die Streitkräftefrage. In:
Militärgeschichte. Jg.25, 1986. Nr.6.
S.502-510.
BZ 4527:25

Die SED - führende Kraft der anti-
faschistisch-demokratischen Umwäl-
zung (1945-1949). Vorlesungen d.Lehr-
stuhls Geschichte der SED a.d.Partei-
hochschule "Karl Marx" beim ZK der
SED. Hrsg.: H.Bednareck u.a.. Berlin:
Dietz 1984. 223 S.
B 56888

Stößel, F.T.: Positionen und Strömungen
in der KPD/SED 1945-1954. T.1.2..
Köln: Verlag Wissenschaft und Politik
1985. XVII,966 S.
B 57797

Suckut, S.: Die CDU in der sowjetisch besetzten Zone und die Gründung der SED. In: Deutschland-Archiv. Jg.20, 1987. Nr.6. S.612-623.
BZ 4567:20

L 130.1 e 20 Außenpolitik

Cygański, M.: Współpraca PRL i NRD w walce przeciwko imperializmowi w RFN oraz o umocnienie pokoju i bezpieczeństwa w Europie. In: Przegląd stosunków międzynarodwych. Jg.119, 1986. No.1. S.15-28.
BZ 4777:119

Die DDR in der Welt des Sozialismus. Hrsg.: S.Quilitzsch u.a.. Berlin: Staatsverlag der DDR 1985. 237 S.
B 56354

Geschichte der Aussenpolitik der DDR. Red.: O.Fischer u.a.. 2.Aufl.. Berlin: Staatsverlag der DDR 1985. 448 S.
B 57459

Hänisch, W.: Vertragliche Grundlagen der beiderseitigen Beziehungen zwischen der VRP und der DDR. In: Przegląd stosunków międzynarodwych. Jg.119, 1986. No.1. S.39-48.
BZ 4777:119

Heidar, K.: Party organizational elites in Norwegian politics: representativeness and party democracy. In: Scandinavian political studies. Vol.9, 1986. No.3. S.279-290.
BZ 4659:9

Hoppe, H.-G.: Deutschlandpolitik im Zeichen von Entspannung und friedlichem Wandel. In: Deutschland-Archiv. Jg.20, 1987. Nr.4. S.367-373.
BZ 4567:20

Löwis of Menar, H.von: Liebeswerben um Tirana. In: Deutschland-Archiv. Jg.20, 1987. Nr.3. S.232-237.
BZ 4567:20

Schmidt, M.: Die Außenpolitik der DDR, die EG und die gesamteuropäischen Sicherheitsinteressen. In: IPW-Berichte. Jg.16, 1987. H.2. S.1-8.
BZ 05326:16

Seiffert, W.: Die Deutschlandpolitik der SED im Spannungsfeld der sowjetischen Interessenlage. In: Deutschland-Archiv. Jg.20, 1987. Nr.3. S.277-284.
BZ 4567:20

L 130.1 f Wehrwesen

Armee für Frieden und Sozialismus. Geschichte d.Nationalen Volksarmee d.DDR. Autorenkoll.: R.Brühl u.a.. Berlin: Militärverlag der DDR 1985. 743 S.
B 58101

Berger, U.; Wünsche, W.: Jugendlexikon. Militärwesen. Berlin: Militärverlag der DDR 1984. 307 S.
B 56511

McCausland, J.: The East German Army - spear point of weakness?. In: Defense analysis. Vol.2, 1986. No.2. S.137-153.
BZ 4888:2

Rühmland, U.: NVA, Nationale Volksarmee der DDR, in Stichworten. 7.Aufl.. Bonn-Röttgen, Essen i.Oldenburg: BDV 1985. 288 S.
B 56972

Soldaten des Volkes. Hrsg. P.Seifert u.a.. Berlin: Militärverlag der DDR 1985. 191 S.
010014

Sperrgebiete in der DDR: Räume zur Bereitstellung für den überraschenden Angriff. In: Europäische Wehrkunde. Jg.36, 1987. Nr.6. S.317-323.
BZ 05144:36

Wenzke, R.: Die Entwicklung der Waffenbrüderschaft zwischen der NVA und der Tschechoslowakischen Volksarmee in den sechziger Jahren. In: Militärgeschichte. Jg.25, 1986. Nr.4. S.291-300.
BZ 4527:25

L 130.1 g Wirtschaft

Buck, H.F.: Der Staatshaushalt der
DDR für 1987 und die Finanzpolitik
der DDR-Staatsführung bis 1990. In:
Deutschland-Archiv. Jg.20, 1987. Nr.4.
S.382-401.
BZ 4567:20

Cerný, J.: EKO. Eisen für die Republik.
Berlin: Dt.Verl.d.Wissenschaften 1984.
43 S.
Bc 01701

Händcke-Hoppe, M.: Die DDR-Außen-
wirtschaft am Beginn der Fünfjahrplan-
periode 1986-1990. In: Deutschland-
Archiv. Jg.20, 1987. Nr.1. S.49-55.
BZ 4567:20

Kupper, S.: Wachsender Druck - unter-
schiedliche Interessen. Zu den Wirtschaftsbeziehungen DDR-UdSSR und
den Konferenzen des RGW. In:
Deutschland-Archiv. Jg.20, 1987. Nr.1.
S.56-61.
BZ 4567:20

Seiffert, W.: Ist die DDR ein Modell?.
In: Deutschland-Archiv. Jg.20, 1987.
Nr.5. S.470-474.
BZ 4567:20

Wie wir angefangen haben. Red.:
S.Kuntzsche [u.a.]. Berlin: Dietz 1985.
326 S.
B 56507

L 130.1 h Gesellschaft

Belwe, K.: Zur Situation alleinstehen-
der Frauen mittleren Alters in der
DDR. In: Deutsche Studien. Jg.25,
1987. Nr.97. S.46-58.
BZ 4535:25

Edwards, G.E.: GDR society and social
institutions. Facts and figures. London:
Macmillan 1985. XXII,244 S.
B 56301

Enders, U.; Weigandt, S.: Von der
Frauenarbeitspolitik zur Familien- und
Bevölkerungspolitik der DDR. In:
Osteuropa-Info. 1986. Nr.67. S.8-21.
BZ 4778:1986

"Die Frauen für den Frieden" in Berlin. Über die Arbeit einer Frauen-
gruppe in der DDR. In: Osteuropa-
Info. 1986. Nr.67. S.27-37.
BZ 4778:1986

Hohenecker Protokolle. Aussagen zur
Geschichte der politischen Verfolgung
von Frauen in der DDR. Hrsg.:
U.Schacht. Zürich: Ammann Verl.
1984. 302 S.
B 55648

Schneider, G.: Arbeitsbedingungen und
Einkommen 1981-85 in der DDR. In:
Deutschland-Archiv. Jg.20, 1987. Nr.4.
S.402-414.
BZ 4567:20

L 130.1 i Geistesleben

Eichhofer, S.: Grundzüge der Kultur-
politik der SED in der ersten Hälfte der
fünfziger Jahre. In: Beiträge zur
Geschichte der Arbeiterbewegung.
Jg.29, 1987. Nr.4. S.471-484.
BZ 4507:29

Marquardt, B.; Schmickl, E.: Wissenschaft, Macht und Modernisierung in
der DDR. In: Aus Politik und Zeitgeschichte. Jg.37, 1987. B.3. S..
BZ 05159:37

Opgenoort, E.: Volksdemokratie im
Kino. Köln: Verlag Wissenschaft und
Politik 1984. 298 S.
B 55342

L 130.1 k Geschichte

Heitzer, H.: "Zeitgeschichte" 1945 bis
1958. In: Zeitschrift für Geschichtswissenschaft. Jg.35, 1987. Nr.2. S.99-115.
BZ 4510:35

Heydemann, G.: Geschichtswissenschaft
und Geschichtsverständnis in der DDR
seit 1945. In: Aus Politik und Zeitgeschichte. 1987. B.13. S.15-26.
BZ 05159:1987

Lehmann, H.G.: Chronik der DDR.
1945/49 bis heute. München: Beck
1987. 160 S.
Bc 6350

Schütte, H.-D.: Zeitgeschichte und Politik. Deutschland- u.blockpolitische Perspektiven der SED in den Konzeptionen marxistisch-leninistischer Zeitgeschichte. Bonn: Verl.Neue Gesellschaft 1985. 232 S.
B 55686

L 135 Finnland

Allison, R.: Finland's Relations with the Soviet Union, 1944-84. London: Macmillan 1985. IX,211 S.
B 56448

Jägerskiöld, S.: Mannerheim, 1867-1951. Herford: Busse Seewald 1985. 316 S.
B 57300

Jakobson, M.; Tarkka, J.: Finland's security policy after the Second World War. In: Revue internationale d'histoire militaire. 1985. No.62. S.241-266.
BZ 4454:1985

Kanninen, E.; Tervasmäki, V.: Development of Finland's national defence after the Second World War. In: Revue internationale d'histoire militaire. 1985. No.62. S.267-295.
BZ 4454:1985

Karsch, E.: Geographical determinism: Finnish neutrality revisited. In: Cooperation and conflict. Nordic journal of international politics. Vol.21, 1986. No.1. S.43-57.
BZ 4605:21

Méller, I.: Eugen Schauman. Rédovre: ROLV Forl. 1985. 61 S.
Bc 5849

Selén, K.: The main lines of Finnish security policy between the world wars. In: Revue internationale d'histoire militaire. 1985. No.62. S.15-37.
BZ 4454:1985

Stein, M.K.: Finnish-Soviet Relations in the Khrushchev decade 1955-1964. Ann Arbor, Mich.: UMI 1985. VII,162 S.
B 55642

Vourenmaa, A.: Finland's defence forces: the years of construction 1918-1939. In: Revue internationale d'histoire militaire. 1985. No.62. S.39-54.
BZ 4454:1985

L 137 Frankreich

L 137 a Allgemeines

Frankreich von Paris aus. Ein polit. Reisebuch. Hrsg.: F.Hasenclever u.a.. Hamburg: VSA-Verl. 1985. 318 S.
B 55414

Les lieux de mémoire. Sous la dir.de P.Nora. Vol.1. Paris: Gallimard 1984. XLII,674 S.
B 55698

Marcellin, R.: La Guerre politique. Paris: Plon 1985. 250 S.
B 57040

L 137 c Biographien

– Aubrac –

Aubrac, L.: Ils partiront dans l'ivresse. Lyon, mai 43, Londres février 44. Paris: Ed.du Seuil 1984. 258 S.
B 55658

– Augoyard –

Augoyard, P.: La Prison pour délit d'espoir. Médecin en Afghanistan. Paris: Flammarion 1985. 254 S.
B 56836

– Barre –

Barre, R.: Réflexions pour demain. Paris: Hachette 1984. 473 S.
B 55932

– Bidault –

Schreiner, R.: Bidault, der MRP und die französische Deutschlandpolitik, 1944-1948. Frankfurt: Lang 1985. 296 S.
B 57397

– Blum –

Guitard, L.: Mon Leon Blum ou les défauts de la statue. Paris: Régirex-France 1983. 309 S.
B 55681

– Chirac –

Szafran, M.: Chirac ou les passions du pouvoir. Paris: Grasset + Fasquelle 1986. 328 S.
B 59829

– De Gaulle –

Cook, D.: Charles de Gaulle. Soldat und Staatsmann. München: Heyne 1985. 591 S.
B 57599

Foucaucourt, H.de: Naissance du mythe gaulliste. Vouillé: Éd.de Chiré 1984. 420 S.
B 55882

Guichard, J.-P.: De Gaulle et les mass media. L'image du Général. Paris: France-Empire 1985. 388 S.
B 57103

Rouanet, A.; Rouanet, P.: L'Inquiétude outre-mort du Général de Gaulle. Paris: Grasset + Fasquelle 1985. 265 S.
B 57066

– De Lattre de Tassigny –

Lattre de Tassigny, J.de: Ne pas subir. Ecrits 1914-1952. Paris: Plon 1984. 562 S.
B 55965

– Debré –

Debré, M.: Trois Républiques pour une France. Mémoires. T.1. Paris: Michel 1984. 478 S.
B 56001

– Du Chastain –

Du Chastain, G.: Journal d'un "réactionnaire", 6 février 1934 - 10 mai 1981. Paris: France-Empire 1984. 364 S.
B 55959

– Fontaine –

Fontaine, M.: Marguerite Fontaine, résistante d'Ardenne. Le Journal de guerre (1941-1945) suivi d'entretiens avec Pierre Huard. Die: La Manufacture 1984. 148 S.
B 55942

– France Bloch-Sérazin –

France Bloch Sérazin. Lebensstationen einer französischen Widerstandskämpferin. Hrsg.: H.Zorn. Hamburg: Konkret Lit.Verl. 1986. 111 S.
Bc 6150

– François-Poncet –

François-Poncet, J.: Herausforderungen an das Europa des ausgehenden 20.Jahrhunderts. Stuttgart: Robert Bosch Stiftung 1986. 28 S.
Bc 6411

– Isorni –

Isorni, J.: Mémoires. 1. 1911-1945. Vol.1. Paris: Laffont 1984. 539 S.
B 55732

– Jaurès –

Gallo, M.: Le grand Jaurès. Paris: Laffont 1984. 636 S.
B 55971

Jaurès, J.: Jean Jaurès (1859-1914). "L'intolerable". Paris: Les Éd. Ouvrières 1984. 167 S.
B 55677

– Lecornu –

Lecornu, B.: Un Préfet sous l'occupation allemande. Paris: France-Empire 1984. 332 S.
B 55973

– Leroux –

La Puma, L.: Il Socialismo sconfitto. Saggio sul pensiero politico di Pierre Leroux e Giuseppe Mazzini. Milano: Angeli 1984. 227 S.
B 55883

– Marin –

Marin, B.: De Gaulle de ma jeunesse…
1944-1970. Paris: Le Cercle d'Or 1984.
160 S.
B 55508

– Mauroy –

Mauroy, P.: A gauche. Paris: Michel
1985. 447 S.
B 57144

– Mitterand –

Denis, S.: La Leçon d'automne. Jeux et
enjeux de François Mitterand. Paris:
Michel 1983. 249 S.
B 55945

François Mitterrand et la fonction pré-
sidentielle. Par C.Zorgbibe [u.a.].
Paris: Ed.Economica 1986. 96 S.
Bc 6463

Nay, C.: Le Noir et le Rouge ou l'histoire d'une ambition. Paris: Grasset
1984. 380 S.
B 55951

– Montand –

Cannavo, R.; Quiquere, H.: Yves
Montand. Stuttgart: Seewald 1985.
367 S.
B 56259

– Pauwels –

Pauwels, L.: La Liberté guide mes pas.
Chroniques 1981-1983. Paris: Michel
1984. 346 S.
B 55995

– Pétain –

Lottman, H.R.: Pétain. Paris: Ed.du
Seuil 1984. 727 S.
B 54968

Mage, T.: Ils ont dit oui à Pétain. Paris:
Selbstverlag 1986. 74 S.
Bc 6398

– Rochet –

Rochet, J.: Cinq Ans à la tê te de la
D.S.T.,1967-1972. La mission impos-
sible. Paris: Plon 1985. 339 S.
B 59414

– Schuman –

Hellwig, F.: Überwindung der Grenzen -
Chancen des Föderalismus?. Robert
Schuman zum Gedenken. Melle:
Knoth 1986. 32 S.
Bc 6178

– Soufflet –

Soufflet, J.: Un étrange Itinéraire.
Londres-Vichy-Londres 1940-1944.
Paris: Plon 1984. 235 S.
B 55990

– Souvarine –

Souvarine, B.: A Contre-courant. Ecrits
1925-1939. Paris: Denoel 1985. 366 S.
B 57137

– Stirn –

Stirn, O.: Une certaine Idee du centre.
Paris: Michel 1985. 186 S.
B 57145

– Triboulet –

Triboulet, R.: Un Gaulliste de la IVe.
Paris: Plon 1985. 352 S.
B 57043

– Mangin –

Michel, M.: Colonisation et défense
nationale: le Général Mangin et la
force noire. In: Guerres Mondiales et
conflits contemporains. A.37, 1987.
No.145. S.27-44.
BZ 4455:37

– Mounier –

Campanini, G.: Mounier e la crisi dell
democrazie. In: Storia contemporanea.
A.17, 1986. Nu.3. S.445-465.
BZ 4590:17

– Schmidt–

Barral, P.: Un préfet régional sous l'occupation Jean Schmidt (1940-1943). In: Revue d'histoire de la deuxième guerre mondiale et des conflicts contemporains. A.36, 1986. No.144. S.61-78.
BZ 4455:36

L 137 d Land und Volk

Adler, J.: Face à la persécution. Les organisations juives à Paris de 1940 à 1944. Paris: Calmann-Lévy 1985. 328 S.
B 55947

Duhamel, A.: Le Complexe d'Astérix. Essai sur le caractère politique des français. Paris: Gallimard 1985. 248 S.
B 55530

Epstein, S.: L'Antisémitisme français aujourd'hui et demain. Paris: Belfond 1984. 255 S.
B 55936

Kettane, N.: Droit de réponse à la démocratie française. Paris: Éditions la Découverte 1986. 141 S.
Bc 6403

L 137 e Staat und Politik

L 137 e 10 Innenpolitik

Ajvazova, S.G.: Levyj Radikalizm v idejno-političeskoj žizni Francii. Moskva: Nauka 1986. 148 S.
Bc 6079

Becker, J.M.: Frankreich: Halbzeit für die Cohabitation. In: Blätter für deutsche und internationale Politik. Jg.32, 1987. H.6. S.816-825.
BZ 4551:32

Bothorel, J.: Lettre ouverte aux douze soupirants de l'Élysée. Paris: Michel 1984. 179 S.
B 55950

Bruckberger, R.L.: Lettre ouverte à ceux qui ont mal à la France. Paris: Michel 1985. 158 S.
B 55949

Cavallari, A.: Le elezioni francesi. In: Affari esteri. 1986. No.39. S.181-188.
BZ 4373:1986

Erbe, M.: Die Verfassungsentwicklung in Frankreich seit 1789. In: Aus Politik und Zeitgeschichte. 1987. B.30-31. S.29-39.
BZ 05159:1987

Fonvieille-Alquier, F.: Une France poujadiste?. Paris: Ed.Univ. 1984. 183 S.
B 55901

The French socialist experiment. Ed.by J.S.Ambler. Philadelphia, Pa.: Inst.for the Study of Human Issues 1985. X,224 S.
B 56545

Grendel, F.: Quand je n'ai pas de bleu, je mets du rouge. Paris: Fayard 1985. 208 S.
B 55946

Halmes, G.: Regionenpolitik und Regionalismus in Frankreich 1964-1983. Frankfurt: Lang 1984. 264 S.
B 54278

Harrisson, M.M.: France in Suspense. In: SAIS review. Vol.6, 1986. No.1. S.91-115.
BZ 05503:6

Kempf, U.: Die "Cohabitation": Entmachtung des Präsidenten oder wiedergewonnenes Gleichgewicht?. In: Zeitschrift für Parlamentsfragen. Jg.17, 1986. Nr.4. S.502-515.
BZ 4589:17

Kimmel, A.: Die "cohabitation": Verfassungsprobleme und politische Praxis. In: Aus Politik und Zeitgeschichte. 1987. B.6-7. S.14-23.
BZ 05159:1987

Kimmel, A.: Der "Machtwechsel" von 1981 und die Entwicklung des politischen Systems der V.Republik. In: Zeitschrift für Politik. Jg.34, 1987. H.1. S.1-17.
BZ 4473:34

Kimmel, A.: Der Verfassungsrat in der V.Republik. Zum ungewollten Erstarken der Verfassungsbarkeit in Frankreich. In: Zeitschrift für Parlamentsfragen. Jg.17, 1986. Nr.4. S.530-547.
BZ 4589:17

Knapp, A.: Proportional but bipolar: France's electoral system in 1986. In: West European politics. Vol.10, 1987. No.1. S.89-114.
BZ 4668:10

Lefort, R.G.: La Gestion sociale-démocrate. Critique de gauche du gouvernement de gauche. Paris: Palmer 1984. 237 S.
B 55974

Mazey, S.: Public policy making in France: The art of the possible. In: West European politics. Vol.9, 1986. No.3. S.412-428.
BZ 4668:9

Morelli, A.: Les exilés antifascistes italiens et la Franc-çonnerie. In: Revue Belge d'histoire contemporaine. Vol.17, 1986. No.1-2. S.3-34.
BZ 4431:17

Regan, M.C.; Wilson, F.L.: Interest-group politics in France and Ireland: Comparative perspectives on Neo-Corporation. In: West European politics. Vol.9, 1986. No.3. S.393-411.
BZ 4668:9

Reif, K.: Parlamentswahlen in Frankreich 1986: Neues Wahlrecht, neue Partei, neue Koalitionsmuster. In: Zeitschrift für Parlamentsfragen. Jg.17, 1986. Nr.4. S.484-502.
BZ 4589:17

Rideau, B.: L'Illusion du pouvoir. Paris: La Table Ronde 1985. 280 S.
B 56982

Sirinelli, J.-F.: Les normaliens de la rue d'Ulm après 1945: une génération communiste?. In: Revue d' histoire moderne et contemporaine. T.32, 1986. No.4. S.569-588.
BZ 4586:32

Steffani, W.: Mehrheitsentscheidungen und Minderheiten in der pluralistischen Verfassungsdemokratie. In: Zeitschrift für Parlamentsfragen. Jg.17, 1986. Nr.4. S.569-586.
BZ 4589:17

Woyke, W.: Das sozialistische Zwischenspiel. Frankreich 1981 bis 1986. In: Zeitschrift für Parlamentsfragen. Jg.17, 1986. Nr.4. S.469-484.
BZ 4589:17

L 137 e 14 Parteien

Arenz, H.: Apathie im Angesicht des Todes. Der Niedergang der KPF- ein Lehrstück. In: Sozialismus. Jg.13, 1987. Nr.88. S.54-61.
BZ 05393:13

Baudrillard, J.: La Gauche divine. Chronique des années 1977-1984. Paris: Grasset 1985. 165 S.
B 55933

Brochure de base. Parti Socialiste. Paris: Nouvelles éd.de l'an 2000 1985. 70 S.
Bc 6119

Delfau, G.: Gagner à gauche. Paris: Laffont 1985. 208 S.
B 57146

Engammare, P.: Les partis politiques français face à la bombe atomique: de la clandistinité au consensus. In: Défense nationale. A.43, 1987. No.2. S.37-51.
BZ 4460:43

Ifversen, J.: I Republikkens skygge. Det antirepublikanske héjre 1815-1944. In: Den Jyske historiker. Jg., 1986. No.38/39. S.142-216.
BZ 4656:1986

Jeambar, D.: Le P.C. dans la maison. Paris: Calmann-Lévy 1984. 210 S.
B 56980

Jelen, C.: L'Aveuglement. Avec le concours d'Ilios Yannakakis. Paris: Flammarion 1984. 278 S.
B 57402

Kremlin - PCF. Conversations secrètes.
Ed.J.Kanapa. Paris: Orban 1984.
227 S.
B 55661

Kriegel, A.: Les Communistes français
dans leur premier demi-siècle 1920-
1970. Nouv.éd.entièrement refondue et
augmentée. Paris: Ed.du Seuil 1985.
400 S.
B 56925

Léfting, C.: Republik og socialisme.
Socialistpartiet i den 5.Republik. In:
Den Jyske historiker. Jg., 1986. No.38/
39. S.244-283.
BZ 4656:1986

Loth, W.: Die französische Linke und
die "Einheit der Arbeitsklasse" 1943-
1947. In: Vierteljahrshefte für Zeitgeschichte. Jg.35, 1987. Nr.2. S.273-288.
BZ 4456:35

Martelli, R.: Communisme français.
Histoire sincère du PCF 1920-1984.
Paris: Messidor 1984. 249 S.
B 55914

Un nouveau Cap pour la France. Intro-
duction de Roland Nungesser. Paris:
Plon 1985. 205 S.
B 57041

Oved, G.: La Gauche française et le
nationalisme marocain 1905-1955. 1. Le
Maroc, banc d'essai d'une doctrine et
d'une action anticoloniales. T.1.2.
Paris: Ed.L'Harmattan 1984. 481 S.
B 55872

Poniatowski, M.: Le Socialisme à la française. Paris: Michel 1985. 256 S.
B 57148

Poperen, J.: Le nouveau Contrat sociali-
ste. Socialistes et liberté. Paris:
Ed.Ramsay 1985. 214 S.
B 55898

Renouvin, B.: La République au roi
dormant. Paris: Hachette 1985. 261 S.
B 59435

Rollat, A.: Les Hommes de l'extrême
droite. Le Pen, Marie, Ortiz et les
autres. Paris: Calmann-Lévy 1985.
236 S.
B 56978

Schain, M.A.: The national front in
France and the construction of political
legitimacy. In: West European politics.
Vol.10, 1987. No.1. S.229-252.
BZ 4668:10

Wir brauchen die Revolution, Genossen! Das Manifest der "Erneuerer" in
der KPF. In: Sozialismus. Jg.13, 1987.
Nr.88. S.62-68.
BZ 05393:13

Zeraffa, D.: Les centristes, la nation,
l'Europe. In: Revue d' histoire
moderne et contemporaine. T.23, 1986.
No.. S.485-498.
BZ 4586:T.23

L 137 e 20 Außenpolitik

Debray, R.: The influence of ideology
on France's foreign policy. In: The Jerusalem journal of international relations.
Vol.9, 1987. Nos.1. S.111-120.
BZ 4756:9

Des Luttes de liberation...à l'anar-
chisme. Par J.-M.Raynaud [u.a.].
Paris: Ed.La Rue 1985. 55 S.
Bc 5981

Fritsch-Bournazel, R.: Mourir pour Berlin? Die Wandlungen der französischen
Ost- und Deutschlandpolitik während
der Blockade 1948/49. In: Vierteljahrshefte für Zeitgeschichte. Jg.35, 1987.
Nr.2. S.171-192.
BZ 4456:35

Gaymard, H.: Une politique de la
France dans l'Océan Indien. In:
Défense nationale. A.43, 1987. No.2.
S.69-84.
BZ 4460:43

Gonnot, P.-C.: L'élaboration de la politique extérieure de la France. In: Défense nationale. A.42, 1986. Mai. S.25-35.
BZ 4460:42

Guillen, P.: L'Expansion 1881-1898. Paris: IN 1984. 521 S.
B 56847

Marjanovic, E.: Die Habsburger Monarchie in Politik und öffentlicher Meinung Frankreichs 1914-1918. Wien: Geyer 1984. 224 S.
B 54967

Marseille, J.: Empire colonial et capitalisme français. Histoire d'un divorce. Paris: Michel 1984. 461 S.
B 55940

Martineau, G.: L'Entente cordiale. Paris: France-Empire 1984. 345 S.
B 55976

Naročnickaja, E.A.: Francija: problema vnešnepolitičeskoj orientacii v buržuaznych krugach strany (80-e gody.). In: Novaja i novejšaja istorija. 1986. No.2. S.74-89.
BZ 05334:1986

Paitel, P.: L'Enjeu kanak. Paris: France-Empire 1985. 302 S.
B 59421

Rielle, P.: Les derniers jours de l'Alliance franco-russe. In: Nouvelle revue maritime. 1986. No.400. S.32-47.
BZ 4479:1986

Tenzer, N.; Rouah, E.: Entre le Canada et la France, de nouveaux liens privilégés. In: Défense nationale. A.43, 1987. Mai. S.69-82.
BZ 4460:43

Weisenfeld, E.: Frankreichs Aussenpolitik in der Ära Mitterrand. In: Zeitschrift für Politik. Jg.34, 1987. H.1. S.18-30.
BZ 4473:34

L 137 f Wehrwesen

L 137 f 00 Wehrpolitik

Aben, J.: The French socialists confronted with the problem of arms exports. In: Defense analysis. Vol.2, 1986. No.4. S.307-318.
BZ 4888:2

Eichler, J.: Vojenská politika Francie po roce 1981. In: Historie a vojenstvi. 1985. No.5. S.52-73.
BZ 4526:1985

Froman, M.B.; Gardner, A.L.; Mixer, S.R.: France and SDI. In: Naval War College review. Vol.40, 1987. No.2. S.37-43.
BZ 4634:40

Giraud, A.: Donner à la France une défense forte. In: Défense nationale. A.43, 1987. No.1. S.11-25.
BZ 4460:43

Krumeich, G.: Armaments and politics in France on the eve of the First World War. The introduction of the three-year conscription 1913-1914. Leamington, Spa.: Berg 1984. 307 S.
B 56916

Martin, N.; Crépin, M.: L'Armée parle. Paris: Fayard 1983. 412 S.
B 55975

Martin-Pannetier, A.: La défense de la France. Indépendance et solidarité. Paris: Charles-Lavauzelle 1985. 334 S.
B 55983

Meyer zu Natrup, F.B.: Sozialismus und Verteidigung. Die Sicherheitspolitik d.Parti Socialiste u.d.sozialistischen Regierung Frankreichs 1970-1985. Melle: Knoth 1986. 237 S.
B 59033

Porch, D.: Clausewitz and the French 1871-1914. In: The Journal of strategic studies. Vol.9, 1986. No.2+3. S.287-302.
BZ 4669:9

Prasuhn, B.: Strategisches Denken in Frankreich und den USA. Ein Vergleich. Herford: Mittler 1985. 180 S.
B 57312

Uxo, P.J.: Francia. Un aspecto de su politica de defensa. In: Ejército. A.48, 1987. No.566. S.3-11.
BZ 05173:48

L 137 f 10 Heer

Borgne, C.Le: Armée et politique: le contenant et le contenu. In: Défense nationale. A.43, 1987. No.2. S.25-36.
BZ 4460:43

Elgozy, G.: La Vérité sur mon Corps Franc d'Afrique (1942-1943). Monaco: Éd.du Rocher 1985. 225 S.
B 56171

Fouquet-Lapar, P.: Histoire de l'armée française. Paris: Presses Univ.de France 1986. 127 S.
Bc 6428

Gandy, A.: Royal Étranger. Légionnaires cavaliers au combat (1921-1984). Paris: Presses de la Cité 1985. 221 S.
B 56172

Paloque, J.-J.: The French Army today. In: Military technology. Vol.11, 1987. No.6. S.44-57.
BZ 05107:11

L 137 f 20 Marine

Bedoura, J.: Aeronavale: 75th Anniversary. In: Naval forces. Vol.7, 1986. No.3. S.40-50.
BZ 05382:7

Cornic, J.: Sous la Croix de Lorraine (under the Cross of Lorraine): The FNFL (Forces Navales Francaises Libres) 1940-1943 (Free French Naval Forces). In: Warship international. 1987. No.1. S.35-44.
BZ 05221:1987

Coutau-Begarie, H.: The role of the Navy in French foreign policy. In: Naval forces. Vol.7, 1986. No.6. S.36-43.
BZ 05382:7

Dumas, R.: Les Cuirassés en France de 1907 à 1955. In: Nouvelle revue maritime. 1986. No.400. S.52-63.
BZ 4479:1986

France's navy. The submarine force. In: Navy international. Vol.91, 1986. No.11. S.670-674.
BZ 05105:91

The French Navy. In: Navy international. Vol.91, 1986. No.10. S.580-584.
BZ 05105:91

Guellec, A.A.: Développer la présence de notre flotte. In: Nouvelle revue maritime. 1986. No.402. S.8-15.
BZ 4479:1986

Hood, R.C.: Royal Republicans. Baton Rouge, La.: Lousiana State Univ. 1985. 221 S.
B 57955

Le Masson, H.: The complex development of the French light cruiser 1910-1926. In: Warship international. Vol.23, 1986. No.2. S.142-154.
BZ 05221:23

Moineville, H.: The French navy in 1986. In: Naval forces. Vol.7, 1986. No.5. S.66-76.
BZ 05382:7

Moineville, H.: La marina francese oggi. In: Rivista italiana difesa. A.6, 1987. No.4. S.52-65.
BZ 05505:6

Trevino, J.M.R.: Panorama general de la flota submarina francesa. In: Defensa. A.10, 1988. No.108. S.22-27.
BZ 05344:10

L 137 f 30 Luftwaffe

Muelle, R.: 1er Bataillon de choc en Indochine, 1947-1948. Paris: Presses de la Cité 1985. 312 S.
B 57097

Ploquin, J.: Alliances militaires et marchés d'avions pendant l'entre-deux-guerres. Le cas français (1936-1940) (2e partie). In: Revue historique des armées. Jg., 1986. No.3. S.89-96.
BZ 05443:1986

L 137 g Wirtschaft

Bauchard, P.: La Guerre des deux roses. Du rêve à la réalité, 1981-1985. Paris: Grasset 1986. 358 S.
B 59425

Lacroix-Riz, A.: Les Grandes Banques Françaises de la Collaboration à l'Épuration: La Non-Épuration bancaire 1944-1950. In: Revue d'histoire de la deuxième guerre mondiale et des conflicts contemporains. A.36, 1986. No.142. S.81-101.
BZ 4455:36

Stabilization policy in France and the Federal Republic of Germany. Ed.by G.de Ménil and u.Westphal. Amsterdam: North-Holland 1985. XII,379 S.
B 56185

Uterwedde, H.: Sozialistische Wirtschaftspolitik in Frankreich 1981-1985: Modernisierung der Volkswirtschaft und des Sozialismus?. In: Zeitschrift für Politik. Jg.34, 1987. H.1. S.56-75.
BZ 4473:34

Ziebura, G.: Wirtschaft und Gesellschaft in Frankreich. In: Aus Politik und Zeitgeschichte. 1987. B.6-7. S.3-13.
BZ 05159:1987

L 137 h Gesellschaft

Branciard, M.: Un Syndicat face à la guerre d'Algérie. La CFTC qui deviendra CFDT. Paris: Syros 1984. 325 S.
B 55679

Descostes, M.; Robert, J.-L.: Clefs pour une histoire du syndicalisme cadre. Paris: Les éd.ouvriéres 1984. 276 S.
B 56841

Höhne, R.; Kleszcz-Wagner, A.: Technokraten oder Politiker? Die linke Elite in Frankreich 1981 bis 1986. In: Zeitschrift für Parlamentsfragen. Jg.17, 1986. Nr.4. S.515-529.
BZ 4589:17

Ruscio, A.: La C.G.T. et la guerre d'Indochine, 1945-1954. Montreuil: Inst.C.G.T d'histoire sociale 1984. 117 S..
Bc 6597

Smith, W.R.: Towards autogestion in socialist France? The impact of industrial relations reform. In: West European politics. Vol.10, 1987. No.1. S.46-62.
BZ 4668:10

L 137 i Geistesleben

Altwegg, J.: Die Republik des Geistes. München, Zürich: Piper 1986. 397 S.
B 58140

Gili, J.-A.: L'Accueil du cinéma français en Italie pendant l'époque fasciste (1930-1945). In: Revue d' histoire moderne et contemporaine. T.23, 1986. Avril-Juin. S.243-253.
BZ 4586:T.23

La Guerre des ondes. Histoire des radios de langue française pendant la Deuxiéme Guerre mondiale. Ouvrage publié sous la direction d'Hélène Eck. Paris: Colin 1985. 382 S.
B 57795

Hubert-Lacombe, P.: L'accueil des films américains en France pendant la guerre froide (1946-1953). In: Revue d' histoire moderne et contemporaine. T.23, 1986. Avril-Juin. S.301-313.
BZ 4586:T.23

Le nouvel Observateur, 1983. Une sélection de N.Muchnik.. Paris: Gallimard 1984. XII,319 S.
B 55521

L 137 k Geschichte

Documents sur les événements de Février 1934 en France. Paris: C.E.R.M.T.R.I. 1986. 60 S.
010023

Gillois, A.: Galliffet, "le fusilleur de la Commune". Paris: France-Empire 1985. 279 S.
B 57099

Halskov, E.: En gaullistisk republik? Gaullismen under den 4.og 5.republik. In: Den Jyske historiker. Jg., 1986. No.38/39. S.217-243.
BZ 4656:1986

Jackson, J.: The Politics of depression in France, 1932-1936. Cambridge: Cambridge Univ.Pr. 1985. X,303 S.
B 57207

Kupferman, F.: Les premiers beaux Jours, 1944-1946. Paris: Calmann-Lévy 1985. 224 S.
B 56984

Viansson-Ponté, P.: Histoire de la république gaullienne, mai 1958 - avril 1969. Paris: Laffont 1984. 839 S.
B 56008

Vichy France and the resistance. Culture and ideology. Ed.by R.Kedward and R.Austin. London: Croom Helm 1985. 293 S.
B 56456

Zvada, J.: Změna v programu a politice francouské socialistické strany (1981-1985). In: Ceskoslovenský casopis historický. R.34, 1986. No.5. S.658-681.
BZ 4466:34

L 137 l Einzelne Länder/Gebiete/Orte

Béné, C.: L'Alsace dans les griffes nazies. 1. Honneur [et] + patrie. 2.L'Alsace dans la Résistance française.3.L'Alsace dans la Résistance française.(II). 4. Les communistes alsaciens, la jeunesse alsacienne dans la Résistance française. 5.Organisations policières nazies. Prison et camps de déportation en Alsace. 6. 1943:L'Année martyre de l'Alsace.. T.1-6. Raon-L'Etape: Fetzer 1973-84. 246;354;399;366;351; 288 S.
B 55813

Bourget, P.: Paris, année 44. Occupation - libération - épuration. Paris: Plon 1984. 512 S.
B 55957

Der er stadig ingen ende pa Paris. 12 kvinder ser på Frankrig i 1980'erne. Red.af B.Bierring og E.Rude. København: Delta 1984. 253 S.
B 55386

Férier, G.: Les conséquences démographiques de la Grande Guerre en Auvergne. In: Guerres Mondiales et conflits contemporains. A.37, 1987. No.145. S.81-94.
BZ 4455:37

Hautefeuille, R.: Le bombardement de Paris par V2 (septembre-octobre 1944). In: Revue historique des armées. Jg., 1987. No.166. S.114-119.
BZ 05443:1987

Hochstuhl, K.: Zwischen Frieden und Krieg:. Das Elsaß in d.Jahren 1938-1940. Frankfurt: Lang 1984. 438 S.
B 55915

Lebesque, M.: Comment peut-on être breton?. Essai sur la démocratie française. Paris: Ed.du Seuil 1984. X,232 S.
B 56669

L 139 Griechenland

Della Seta, S.: Gli ebrei del Mediterraneo nella strategia politica fascista sino al 1938: il casi di Rodi. In: Storia contemporanea. A.17, 1986. Nu.6. S.997-1032.
BZ 4590:17

Heckmann, E.: Greece. Facts and Figures. In: NATO's sixteen nations. Vol.31, 1986. No.6. S.83-94.
BZ 05457:31

Kuniholm, B.R.: Rhetoric and Reality in the Aegean: U.S.Policy options toward Greece and Turkey. In: SAIS review. Vol.6, 1986. No.1. S.137-157.
BZ 05503:6

Meinardus, R.: Die Türkei-Politik Griechenlands. Frankfurt: Lang 1985. 625 S.
B 57753

Politis, R.S.: Griechenland und die NATO. In: Internationale Wehrrevue. Jg.19, 1986. Nr.9. S.1233-1237.
BZ 05263:19

Schönfeld, R.: Griechische und türkische Probleme der Weltwirtschaft. In: Südost-Europa-Mitteilungen. Jg.26, 1986. Nr.4. S.64-77.
BZ 4725:26

Timmermann, H.: Griechenlands Inlands-KP nach ihrem IV.Parteitag. In: Südost-Europa. Jg.35, 1986. Nr.6. S.368-374.
BZ 4762:35

Vaner, S.: Die Türkei, Griechenland und die Großmächte. In: Europäische Rundschau. Jg.14, 1986. Nr.4. S.59-73.
BZ 4615:14

L 141 Großbritannien

L 141 c Biographien

– Bevin –

Bullock, A.: Ernest Bevin: foreign secretary, 1945-1951. Oxford: Oxford Univ.Pr. 1985. XVI,896 S.
B 56454

– Buchanan –

Skaggs, D.C.: Between the hawks and the doves: Alistair Buchan and the Institute for Strategic Studies. In: Conflict. Vol.7, 1987. No.1. S.79-102.
BZ 4687:7

– Churchill –

Churchill, W.S.; Roosevelt, F.D.: Briefe. Churchill and Roosevelt: the complete correspondence. 1. Alliance emerging. Oct.1933- Nov.1942. 2.Alliance forged.

Nov.1942- Febr.1944. 3.Alliance declining. Febr.1944- April 1945. Princeton, N.J.: Princeton Univ.Press 1984. 674, 733, 742 S..
B 56918

Hough, R.: Former naval Person. Churchill and the wars at sea. London: Weidenfeld and Nicolson 1985. VII,244 S.
B 57690

– Cooper –

Liddington, J.: The Life and times of a respectable rebel, Selina Cooper (1864-1946). London: Virago Pr. 1984. XXIV,536 S.
B 56446

– Deutscher –

Syré, L.: Isaac Deutscher: Marxist, Publizist, Historiker. Sein Leben und Werk 1907-1967. Hamburg: Junius 1984. 422 S.
B 55722

– Dill –

Danchev, A.: 'Dilly-Dally', or having the last word: Field Marshall Sir John Dill and Prime Minister Winston Churchill. In: Journal of contemporary history. Vol.22, 1987. No.1. S.21-44.
BZ 4552:22

– Harris –

Saward, D.: "Bomber" Harris. The story of Marshal of the Royal Air Force Sir Arthur Harris, Bt, GCB, OBE, AFC, LLD, Air Officer Commanding-in-Chief, Bomber Command, 1942-1945. London: Cassell 1984. XIV,347 S.
B 56432

– Hart –

Morelock, J.D.: The Legacy of Liddell Hart. In: Military review. Vol.66, 1986. No.5. S.65-75.
BZ 4468:66

– Henderson –

Henderson, N.: The Private Office. A personal view of five Foreign Secretaries and of government from the inside. London: Weidenfeld and Nicolson 1984. XIV,138 S.
B 55586

– Hood –

Hood, S.: Carlino. 3rd ed.. Manchester: Carcanet Pr. 1985. 144 S.
B 57228

– Isaac –

Bridge, T.D.: Pilot officer John Noel Laughton Isaac. In: The army quarterly and defence journal. Vol.116, 1986. No.4. S.404-407.
BZ 4770:116

– Lloyd George –

Lenton, A.: Guilt at Versailles. Lloyd George and the pre-history of appeasement. London: Methuen 1984. XIII,193 S.
Bc 6330

Woodward, D.R.: Lloyd George and the generals. Newark, Del.: Univ.of Delaware 1983. 367 S.
B 57244

– Maclean –

Maclean, F.: Von Männern, Kampf und Mächten... im Rußland Stalins, gegen Rommel in Afrika, unter Titos Partisanen. Stuttgart: Seewald 1985. 486 S.
B 55657

– Macmillan –

Macmillan, H.: War diaries. Politics and war in the Mediterranean, January 1943 - March 1945. London: Macmillan 1984. XXIV,804 S.
B 56431

– Mountbatten –

Brown, D.: Mountbatten as First Sea Lord. In: RUSI. Vol.131, 1986. No.2. S.63-68.
BZ 05161:131

Hough, R.A.: Edwina. Countess Mountbatten of Burma. New York: Morrow 1984. 239 S.
B 56550

Ziegler, P.: Mountbatten. The official biography. 2nd repr.. London: Collins 1985. 786 S.
B 57293

– Russell –

Fredriksson, G.: Bertrand Russell. En intellektuell i politiken. Stockholm: Alba 1984. 267 S.
B 54708

– Toynbee –

Keyserlingk, R.H.: Arnold Toynbee's foreign research and press service, 1939-43 and its post war plans for South-east Europe. In: Journal of contemporary history. Vol.21, 1986. No.4.
BZ 4552:21

– Turing –

Hochhuth, R.: Alan Turing. Reinbek: Rowohlt 1987. 188 S.
B 62432

L 141 d Land und Volk

From where I stand. Minority experiences of life in Britain. Ed.by D.Mason. London: Arnold 1986. IX,114 S.
Bc 6532

Layton-Henry, Z.: The Politics of race in Britain. London: Allen & Unwin 1984. XVI,191 S.
B 55588

L 141 e Staat und Politik

L 141 e 10 Innenpolitik

Burden, T.; Campbell, M.: Capitalism and public policy in the UK. London: Croom Helm 1985. VIII,269 S.
B 57204

Cosgrave, P.: Thatcher. The first term.
London: The Bodley Head 1985.
X,239 S.
B 57505

Johnston, R.J.: The Geography of English politics. The 1983 general election.
London: Croom Helm 1985.
XVII,358 S.
B 56601

Macfarlane, L.J.: Issues in British politics since 1945. 3rd ed.. London:
Longman 1986. VII,160 S.
Bc 6435

Saravanos, B.: A Question of freedom:
Britain since 1948. Lewes: The Book
Guild 1984. 57 S.
B 57530

Schwarz, B.: The Thatcher year. In: The
Socialist register. Vol.23, 1987.
S.116-152.
BZ 4824:23

Smith, G.: The British Scene. In:
Foreign affairs. Vol.64, 1986. No.5.
S.922-938.
BZ 05149:64

Thornton, P.: We protest. The public
order debate. London: National Council for Civil Liberties 1985. 91 S.
Bc 6340

Ward, S.: Organising Things. A guide to
successful political action. London:
Pluto Pr. 1984. 266 S.
B 54191

Watt, D.C.: Ideology in British foreign
policy. In: The Jerusalem journal of
international relations. Vol.9, 1987.
No.1. S.85-110.
BZ 4756:9

Wellhofer, E.S.: Looking backward:
stability and volatility in the British
electorate: 1945-1974. In: The Western
political quarterly. Vol.39, 1986. No.3.
S.413-434.
BZ 4612:39

L 141 e 14 Parteien

Beer, M.: A History of British socialism.
Nottingham: Spokesman 1984.
XIII,271 S.
010122

Butler, D.; Jowett, P.: Party strategies in
Britain. A study of the 1984 European
elections. London: Macmillan 1985.
IX,171 S.
B 57503

Callaghan, J.: The background to
'Entrism": Leninism and the British
Labour Party. In: Journal of communist
studies. Vol.2, 1987. No.4. S.380-403.
BZ 4862:2

Callaghan, J.: British Trotskyism.
Theory and practice. Oxford: Blackwell 1984. VI,255 S.
B 55599

Cohen, P.: The police, the home office
and surveillance of the British Union of
Fascists. In: Intelligence and national
security. Vol.1, 1986. No.3. S.416-434.
BZ 4849:1

Crick, M.: Militant. London: Faber and
Faber 1984. 242 S.
B 54190

Cullen, S.: The development of the
ideas and policy of the British Union of
Fascists, 1932-40. In: The Jerusalem
journal of international relations.
Vol.8, 1986. Nos.4. S.115-136.
BZ 4756:8

Foote, G.: The Labour Party's political
Thought. A history. London: Croom
Helm 1985. 360 S.
B 56414

Healey, D.: A Labour Britain, NATO
and the bomb. In: Foreign affairs.
Vol.65, 1987. No.4. S.716-729.
BZ 05149:65

Klugmann, J.; Branson, N.: History of
the Communist Party of Great Britain.
1. Formation and early years, 1919-24.
2.1925-27. The General Strike. 3. 1927-
41. Vol.1-3. London: Lawrence & Wishart 1968-85. 381, 373, IX,350 S.
B 2004

Labour's defence policy. In: The army quarterly and defence journal. Vol.116, 1986. No.4. S.408-429.
BZ 4770:116

Newman, M.: Conflict and cohesion in the British Labour Party and French Communist Party. In: West European politics. Vol.10, 1987. No.1. S.176-192.
BZ 4668:10

Newton, D.J.: British Labour, European socialism, and the struggle for peace, 1889-1914. Oxford: Clarendon Press 1985. XIII,378 S.
B 57515

Owen, D.; Steel, D.: The Time has come. Partnership for progress. London: Weidenfeld and Nicolson 1987. 128 S.
Bc 6653

Rustin, M.: For a pluralist Socialism. London: Verso 1985. 277 S.
B 56713

Williams, A.: The Labour party's attitude to the Soviet Union, 1927-35: an overview with specific reference to unemployment policies and peace. In: The Jerusalem journal of international relations. Vol.8, 1983. No.4. S.71-90.
BZ 4756:8

Wurm, C.A.: Sozialisten und europäische Integration: Die britische Labour Party 1945-1984. In: Geschichte in Wissenschaft und Unterricht. Jg.38, 1987. H.5. S.280--295.
BZ 4475:38

L 141 e 20 Außenpolitik

Canning, P.: British Policy towards Ireland, 1921-41. Oxford: Clarendon Press 1985. XVI,344 S.
B 56438

Dockrill, M.L.: The Foreign Office, Anglo-American relations and the Korean war, June 1950-June 1951. In: International affairs. Vol.62, 1986. No.3. S.459-476.
BZ 4447:62

Gravil, R.: The Anglo-Argentine Connection, 1900-1939. Boulder, Colo.: Westview Press 1985. XV,267 S.
B 56806

Hocking, B.: Domesticity versus foreign policy: the nature of the changing relationship. In: Journal of Commonwealth and comparative politics. Vol.24, 1986. No.1. S.47-56.
BZ 4488:24

Kölling, M.: Führungsmacht in Westeuropa. Großbritanniens Anspruch und Scheitern 1944-50. Berlin: Akademie der Wissenschaften d.DDR 1984. 223 S.
B 55766

Mac Mahon, D.: Republicans and imperialists. Anglo-Irish relations in the 1930s. New Haven: Yale Univ.Pr. 1984. X,340 S.
B 56094

Melissen, J.; Zeeman, B.: Britain and Western Europe, 1945-1951: opportunities lost?. In: International affairs. Vol.63, 1987. No.1. S.80-95.
BZ 4447:63

Shai, A.: La Grande Bretagne en Chine. Pendant et après la Seconde Guerre mondiale: contraintes financières ou grandeur impérialiste?. In: Revue d' histoire moderne et contemporaine. T.32, 1986. No.4. S.670-677.
BZ 4586:32

Tatarincev, V.M.: Politika Anglii v Afrike (70-e načalo 80-ch godov.). In: Novaja i novejšaja istorija. 1986. No.1. S.35-48.
BZ 05334:1986

L 141 e 30 Kolonialpolitik

Constantine, S.: The Making of British colonial development policy, 1914-1940. London: Cass 1984. XII,326 S.
B 57511

L 141 f Wehrwesen

L 141 f 00 Wehrpolitik

Baylis, J.: "Greenwoodery" and British defence policy. In: International affairs. Vol.62, 1986. No.3. S.443-457.
BZ 4447:62

Bramall, E.: The contribution of the chiefs of staff to UK defence. In: RUSI. Vol.131, 1986. No.3. S.3-10.
BZ 05161:131

Höbelt, L.A.: Deterrence and the window of vulnerability in the 1930s - perception and reality. In: Defense analysis. Vol.2, 1986. No.2. S.101-106.
BZ 4888:2

Laird, R.F.: The future of the British strategic nuclear force. In: Comparative strategy. Vol.5, 1986. No.4. S.323-349.
BZ 4686:5

Military intervention in democratic societies. Ed.by P.J.Rowe & C.J.-Whelan. London: Croom Helm 1985. 312 S.
B 56311

Sabin, P.A.G.: Proposals and propaganda: arms control and British public opinion in the 1980s. In: International affairs. Vol.63, 1987. No.1. S.49-63.
BZ 4447:63

UK Military R[esearch and] D[evelopment]. Report of a working party. Council for science and society. Oxford: Oxford Univ.Pr. 1986. XII,65 S.
Bc 6048

Wallace, W.: What price independence? Sovereignty and interdependence in British politics. In: International affairs. Vol.62, 1986. No.3. S.367-389.
BZ 4447:62

Younger, G.: Defence: A sense of balance. In: RUSI. Vol.131, 1986. No.4. S.3-8.
BZ 05161:131

L 141 f 05 Kriegswesen

Cecil, R.: "C"s War. In: Intelligence and national security. Vol.1, 1986. No.2. S.170-188.
BZ 4849:1

Denniston, A.G.: The Government Code and Cypher School Between the War. In: Intelligence and national security. Vol.1, 1986. No.1. S.48-70.
BZ 4849:1

Freedman, L.: British nuclear targeting. In: Defense analysis. Vol.1, 1985. No.2. S.81-99.
BZ 4888:1

Hiley, N.: International security in wartime: the rise and fall of P.M.S.2, 1915-1917. In: Intelligence and national security. Vol.1, 1986. No.3. S.395-415.
BZ 4849:1

Lider, J.: British military Thought after World War II. Aldershot: Gower 1985. X,621 S.
B 55601

Wark, W.K.: In Search of a Suitable Japan: British Naval Intelligence in the Pacific before the Second World War. In: Intelligence and national security. Vol.1, 1986. No.2. S.189-211.
BZ 4849:1

L 141 f 10 Heer

Anžerskij, S.: Bronetankovaja divizija Velikobritanii v osnovnych boja. In: Zarubežnoe voennoe obozrenie. 1986. No.6. S.15-20.
BZ 05399:1986

Brereton, J.M.: A Guide to the regiments and corps of the British army on the regular establishment. London: The Bodley Head 1985. 288 S.
B 56068

Byrne, J.V.: The General salutes a soldier. London: Hale 1986. 186 S.

Davis, B.L.: British Army cloth insignia, 1940 to the present. A illustrated reference guide for collectors. London: Arms and Armour Pr. 1985. 18 S.
B 56445

Downes, C.: A man under authority: Issues of officer entry. In: RUSI. Vol.131, 1986. No.4. S.13-24.
BZ 05161:131

Griffin, D.: Encyclopaedia of modern British army regiments. Wellingborough: Stephens 1985. 192 S.
B 56073

Harper, R.W.E.; Miller, H.: Singapore mutiny. Oxford: Oxford Univ.Pr. 1984. XV,254 S.
B 55585

Hunter, R.: True Stories of the SAS. The Special Air Service. London: Weidenfeld and Nicolson 1985. IX,132 S.
B 57523

Jeffery, K.: The British Army and the crisis of empire, 1918-22. Manchester: Manchester Univ.Pr. 1984. VIII,200 S.
B 55752

Ladd, J.D.: SAS operations. London: Hale 1986. X,218 S.
B 60449

A nation in arms. A social study of the British army in the First World War. Ed.by I.F.W.Beckett and K.Simpson. Manchester: Manchester Univ.Pr. 1985. X,276 S.
B 56479

Westlake, R.: The territorial Battalions. A pictorial history,1859-1985. New York: Hippocrene Books 1986. 256 S.
010198

L 141 f 20 Marine

Beaver, P.: Encyclopaedia of the modern Royal Navy including the Fleet Air Arm [and] Royal Marines. 2.ed.. Wellingborough: Stephens 1985. 329 S.
B 56298

Clark, G.: "Doc". 100 year history of the Sick Berth Branch. London: HMSO 1984. 172 S.
B 55838

The Future of British sea power. Ed.by G.Till. Annapolis, Ma.: Naval Inst.Pr. 1984. XVI,265 S.
B 56777

Hooton, T.: Le fregate "Type 23" (classe DUKE): una nuova lancia per la Royal Navy. In: Rivista italiana difesa. A.6, 1987. No.6. S.68-81.
BZ 05505:6

Piatkowski, A.: Krążownik liniowy Hood. Warszawa: Wydawn.MON 1985. 15 S.
Bc 5866

L 141 f 30 Luftwaffe

Ashworth, C.: Military Airfields of the Central South and South-East. Wellingborough: Stephens 1985. 313 S.
B 56071

Bowyer, M.J.F.: Interceptor Fighters for the Royal Air Force 1935-1945. Wellingborough: Stephens 1984. 192 S.
B 56296

Friese, W.: Die Luftstreitkräfte Großbritanniens. In: Militärwesen. 1986. H.10. S.54-59.
BZ 4485:1986

Gander, T.: Encyclopedia of the modern Royal Air Force. Wellingborough: Stephens 1984. 248 S.
B 57318

Terraine, J.: A Time for courage. The Royal Air Force in the European war, 1939-1945. London: Macmillan 1985. XIX,828 S.
B 55597

L 141 g Wirtschaft

Barker, R.S.: Civil Service Attitudes and the Economic Planning of the Attlee Government. In: Journal of contemporary history. Vol.21, 1986. No.3. S.473-491.
BZ 4552:21

Crofts, S.W.: The Attlee Government's Economic Information Propaganda. In: Journal of contemporary history. Vol.21, 1986. No.3. S.453-471.
BZ 4552:21

Freedman, L.: The case of Westland and the bias to Europe. In: International affairs. Vol.63, 1987. No.1. S.1-19.
BZ 4447:63

Fröhlich, H.-P.: Acht Jahre britische Wirtschaftspolitik im Zeichen des Thatcherismus. In: Europa-Archiv. Jg.42, 1987. Nr.5. S.149-158.
BZ 4452:42

Gallop, G.: The future of Thatcherism. In: Australian outlook. Vol.40, 1986. No.2. S.75-83.
BZ 05446:40

Lloyd Jones, P.: The Economics of nuclear power programs in the United Kingdom. New York: St.Martin's Press 1984. XIX,168 S.
B 56042

Pollard, M.: The hardest Work under heaven. The life and death of the British coal miner. London: Hutchinson 1984. 189 S.
B 56221

L 141 h Gesellschaft

Klepsch, R.: Die Auswirkungen der russischen Revolution von 1917 in der britischen Arbeiterbewegung. "Laboursozialismus" und Kommunismus in Großbritannien. In: Geschichte in Wissenschaft und Unterricht. Jg.38, 1987. H.4. S.193-203.
BZ 4475:38

Mitchell, N.J.: Where traditional tories fear to tread: Mrs Thatcher's Trade Union policy. In: West European politics. Vol.10, 1987. No.1. S.33-45.
BZ 4668:10

Striking back. Cardiff: Welsh Campaign for Civil & Political Liberties and NUM (South Wales Area) 1985. 183 S.
B 58162

Sword, K.R.: 'Their Prospects will not be Bright': British Responses to the Problem of the Polish "Recalcitrants" 1946-1949. In: Journal of contemporary history. Vol.21, 1986. No.3. S.367-390.
BZ 4552:21

Thorpe, A.R.M.: Vi glemmer aldrig…. En journalistisk antologi om minearbejderstrejken i Storbritannien 1984-85. Århus: Inst.f.Presseforskning og Samtidshistorie 1985. 64 S.
Bc 5779

Vornehm, O.: Organisation und Basis. Zur Anatomie britischer Gewerkschaften. Köln: Bund-Verl. 1985. 160 S.
B 57842

Wilson, E.: Thatcherism and women: After seven years. In: The Socialist register. Vol.23, 1987. S.199-235.
BZ 4824:23

Wolfe, J.D.: Class formation and democracy: The decline of working-class power in Britain. In: West European politics. Vol.9, 1986. No.3. S.343-361.
BZ 4668:9

L 141 i Geistesleben

Humphreys, P.: Legitimating the communications revolution: Governments, parties and trade unions in Britain, France and West Germany. In: West European politics. Vol.9, 1986. No.4. S.163-194.
BZ 4668:9

Morgan, K.; Webber, D.: Divergent paths: Political strategies for telecommunications in Britain, France and West Germany. In: West European politics. Vol.9, 1986. No.4. S.56-79.
BZ 4668:9

Spender, D.: Time and tide wait for no man. London: Pandora Pr. 1984. XIV,287 S.
B 55485

L 141 l Einzelne Länder/Gebiete/Orte

Bew, P.; Patterson, H.: The British State and the Ulster crisis. From Wilson to Thatcher. London: Verso 1985. 154 S.
B 57536

The divided province. The troubles in Northern Ireland, 1969-1985. Ed.K. Jeffery. London: Orbis 1985. 128 S.
010197

Doherty, F.: The Stalker Affair. Cork: The Mercier Pr. 1986. 90 S.
Bc 6370

Doumitt, D.P.: Conflict in Northern Ireland. The history, the problem and the challenge. Frankfurt: Lang 1985. 247 S.
B 57398

Fairweather, E.; MacDonough, R.; MacFadyean, M.: Only the rivers run free. Northern Ireland: the women's war. London: Pluto Pr. 1984. 343 S.
B 54667

Hamill, D.: Pig in the middle. The army in Northern Ireland, 1969-1984. London: Methuen 1985. 308 S.
B 56442

Harford, B.; Hopkins, S.: Greenham Common. Women at the wire. 2.ed.. London: The Women's Pr. 1985. 171 S.
B 55351

Lee, A. McClung: Terrorism in Northern Ireland. Bayside, N.Y.: General Hall 1983. VIII,253 S.
B 56371

Lutz, J.M.: Community context in the spread of voter support for the Scottish nationalist party. In: The Western political quarterly. Vol.39, 1986. No.3. S.455-463.
BZ 4612:39

Northern Ireland: an Anglo-Irish dilemma?. A report compiled for the Inst.for the study of conflcit. London: Institute for the study of conflict 1986. 34 S.
Bc 6162

Pockrass, R.M.: The police response to terrorism: The royal Ulster constabulary. In: Conflict. Vol.6, 1986. No.4. S.287-305.
BZ 4687:6

Schmitt, D.E.: Bicommunal conflict and accommodation in Northern Ireland. In: Terrorism. Vol.9, 1987. No.3. S.263-284.
BZ 4688:9

Schulze-Marmeling, D.: Die gescheiterte Modernisierung. Britische Nordirlandpolitik in den 70er und 80er Jahren. Münster: Wurf Verlag 1986. 222 S.
B 59661

Shoot to kill?. International Lawyers' Inquiry into the lethal use of firearms by the security forces in Northern Ireland. Ed.K.Asmal. Cork: The Mercier Pr. 1985. 173 S.
B 57437

L 143 Irland

Coughlan, A.: Fooled again?. The Anglo-Irish agreement and after. Dublin: Mercier Pr. 1986. 88 S.
Bc 6337

Dinan, D.: The Anglo-Irish agreement: attitudes in the Irish Republic. In: Conflict. Vol.7, 1987. No.2. S.179-195.
BZ 4687:7

English, A.J.: Defences of Ireland. In: Jane's defence weekly. Vol.6, 1986. No.18. S.1111-1113.
BZ 05465:6

O'Leary, B.: The Anglo-Irish agreement: folly or statecraft?. In: West European politics. Vol.10, 1987. No.1. S.5-32.
BZ 4668:10

Sturm, H.: Hakenkreuz und Kleeblatt. Ireland, die Alliierten und das "Dritte Reich" 1933-1945. Vol.1.2.. Frankfurt: Lang 1984. Getr.Pag..
B 54211

Townshend, C.: Political Violence in Ireland. Government and resistance since 1848. Oxford: Clarendon Pr. 1984. X,445 S.
B 55757

Valiulis, M.G.: Almost a Rebellion. The Irish army mutiny of 1924. Cork: Tower Books 1985. 138 S.
Bc 6379

L 144 Island

Gunnlaugsson, S.H.: Forsvaret av Island - en ny tilnærming. In: Norsk militært tidsskrift. Arg.157, 1987. No.1. S.18-27.
BZ 05232:157

Hardarson, O.T.: Icelandic security and foreign policy: the public attitude. In: Cooperation and conflict. Nordic journal of international politics. Vol.20, 1985. No.4. S.297-316.
BZ 4605:20

L 145 Italien

L 145 c Biographien

– Ader –

Botti, F.: Aviazione navale in Italia agli inizi del secolo. In: Rivista marittima. A.119, 1986. No.12. S.71-83.
BZ 4453:119

– Afeltra –

Afeltra, G.: "Corriere" primo amore. Milano: Bompiani 1984. 452 S.
B 55894

– Berlinguer –

Enrico Berlinguer. Roma: Ed.l'Unità 1985. 268 S.
Bc 01817

– Bissolati –

Cofrancesco, di D.: Democrazia, socialismo, nazionalizzazione dell masse. La vicenda di Leonida Bissolati. In: Storia contemporanea. A.17, 1986. Nu.Aug.. S.667-694.
BZ 4590:17

– Craxi –

Tutti gli angoli di Craxi. Milano: Rusconi 1984. 287 S.
B 55893

– Douhet –

Botti, F.: Douhet, Balbo e la modal delle Biografie. In: Rivista aeronautica. A.63, 1987. No.2. S.2-7.
BZ 05154:63

– Fulvio Balisti –

Felice, R.de: Dalle "Memorie" di Fulvio Balisti: un dannunziano di fronte alla crisi del 1943 e alla Repub.Soc.Italiana. In: Storia contemporanea. A.17, 1986. Nu.3. S.469-516.
BZ 4590:17

– Gemelli –

Labita, V.: Un libro-simbolo: "Il nostro Soldato" di padre Agostino Gemelli. In: Rivista di storia contemporanea. A.15, 1986. No.3. S.402-429.
BZ 4812:15

– Gentile –

Zapponi, N.: Vita, morte e idee die Giovanni Gentile: tre studi recenti. In: Storia contemporanea. A.17, 1986. Nu.Aug.. S.695-700.
BZ 4590:17

– Giulietti –

Salotti, G.: Dietro le quinte della vicenda giudiziaria di Giuseppe Giulietti. In: Storia contemporanea. A.17, 1986. Nu.Aug.. S.701-719.
BZ 4590:17

– Mussolini –

Passerini, L.: L'immagine di Mussolini: specchio dell' immaginario e promessa di identità. In: Rivista di storia contemporanea. A.15, 1986. No.3. S.322-349.
BZ 4812:15

Scheuer, G.: Genosse Mussolini. Wurzeln und Wege des Ur-Fascismus. Wien: Verl.f.Gesellschaftskritik 1985. XVII,138 S.
Bc 6549

– Noiret –

Noiret, S.: Nitti e Bombacci. Aspetti di un cialogo impossibile. I bolschevichi contro la rivoluzione italiana. Nov.19-Feb.20.. In: Storia contemporanea. A.17, 1986. Nu.3. S.397-441.
BZ 4590:17

– Petacci –

Gervaso, R.: Claretta. Milano: Biblioteca Univ.Rizzoli 1984. 249 S.
B 56006

– Suvich

Suvich, F.: Memorie 1932-1936. Milano: Rizzoli 1984. XX,337 S.
B 55873

L 145 d Land und Volk

Il Pregiudizio antisemitico in Italia. Roma: Newton Compton ed. 1984. 242 S.
B 55892

Koppel, E.; Uessler, R.: Italien. Ein politisches Reisebuch. Hamburg: VSA-Verl. 1986. 285 S.
B 58708

Terrorismi in Italia. A cura di D.della Porta. Bologna: Il Mulino 1984. 353 S.
B 55997

Toscano, M.: Gli ebrei in Italia dall' emancipazione alle persecuzioni. In: Storia contemporanea. A.17, 1986. Nu.5. S.905-954.
BZ 4590:17

L 145 e Staat und Politik

L 145 e 10 Innenpolitik

Ascheri, G.: [Enzo] Tortora. Storia di un' accusa. Milano: Mondadori 1984. 203 S.
B 56366

Dalla Chiesa, N.: Der Palazzo und die Mafia. Köln: Förtner + Kroemer 1985. 238 S.
B 56630

Il sistema politico italiano tra crisi e innovazione. Milano: Angeli 1984. 316 S.
B 55875

Martinotti, G.: Electoral Trends in Italy: The Cycle 1970-1985. In: West European politics. Vol.9, 1986. No.2. S.253-281.
BZ 4668:9

Minerva, G.: L'evoluzione del terrorismo in Italia. In: Difesa oggi. A.10, 1986. No.103. S.493-496.
BZ 05119:10

Pichetto, M.T.: L'antisemitismo nella cultura della destra radicale. In: Italia contemporanea. 1986. No.165. S.71-84.
BZ 4489:1986

Salvioni, D.; Stephanson, A.: Reflections on the Red Brigades. In: Orbis. Vol.29, 1985. No.3. S.489-506.
BZ 4440:29

Stehle, H.: Italiens schwierige Stabilität. In: Europa-Archiv. Jg.41, 1986. Nr.20. S.583-590.
BZ 4452:41

L 145 e 14 Parteien

Brunello, A.R.: The Dilemmas of deradicalization and democracy in Western European communist parties: the emergence of eurocommunism in the 1970s in the Italian case. Ann Arbor, Mich.: UMI 1986. IX,299 S.
B 58167

Farneti, P.: The Italian Party system (1945-1980). Ed.by S.E.Finer and A.Mastropaolo. London: Pinter 1985. XXXI,199 S.
B 55773

Galante, S.: La genesi dell'impotenza: la politica estera della democrazia cristiana tra grande alleanza e guerra fredda (1943-1949). In: Storia delle relazioni internazionali. A.2, 1986. No.2. S.245-303.
BZ 4850:2

Maione, G.: Mezzogiorno 1946-1950. Partito communista e movimento contadino. In: Italia contemporanea. 1986. No.163. S.31-64.
BZ 4489:1986

Mita, C.de: Intervita sulla DC. A cura di A.Levi. Roma: Laterza 1986. 202 S.
Bc 6393

Natta, A.: Strategie des langen Atems. Interview mit Alessandro Natta über das historische Erbe Gramscis und die Politik des PCI. In: Sozialismus. Jg.13, 1987. Nr.90. S.27-34.
BZ 05393:13

Poma, V.di: Magnani e l'unione socialista indipendente: una strategia per la Sinistra italiana. In: Il Politico. A., No.4. S.637-662.
BZ 4541

Santoro, C.M.: La politica estera del PPS e le responsabilità di una media potenza. In: Politica internazionale. A.14, 1986. No.8-9. S.11-26.
BZ 4828:14

Taddei, F.: Il Socialismo italiano del dopoguerra: correnti ideologiche e scelte politiche (1943-1947). Milano: Angeli Ed. 1984. 443 S.
B 55870

Timmermann, H.: Italiens Kommunisten: Isolierung trotz Integration? Die IKP nach ihrem XVII.Parteitag vom April 1986. In: Zeitschrift für Parlamentsfragen. Jg.18, 1987. Nr.4. S.494-511.
BZ 4589:18

Weinberg, L.; Eubank, W.L.: Italian women terrorists. In: Terrorism. Vol.9, 1987. No.3. S.241-262.
BZ 4688:9

L 145 e 20 Außenpolitik

Giro, M.: L'Istituto per l'Oriente dalla fondazione all seconda guerra mondiale. In: Storia contemporanea. A.17, 1986. Nu.6. S.1139-1176.
BZ 4590:17

Goglia, L.: Il Mufti e Mussolini: alcuni documenti italiani sui rapporti tra nazionalismo palestinese e fascismo negli anni trenta. In: Storia contemporanea. A.17, 1986. Nu.6. S.1201-1254.
BZ 4590:17

Meucci, di P.: La politica estera italiana ridefinisce ruoli e obiettivi. In: Politica internazionale. A.14, 1986. No.7. S.9-16.
BZ 4828:14

Mugnaini, M.: L'Italia e l'America Latina (1930-1936): Alcuni aspetti della politica estera fascista. In: Storia delle relazioni internazionali. A.2, 1986. No.2. S.199-244.
BZ 4850:2

Rossi, S.A.: L'Italia e il Mediterraneo. In: Affari esteri. A.18, 1986. No.71. S.308-319.
BZ 4373:18

Serra, E.: Diplomazia italiana, propaganda fascista e immagine della Gran Bretagna. In: Rivista di storia contemporanea. A.15, 1986. No.3. S.442-477.
BZ 4812:15

Tedeschini, M.L.: La politica italiana in Egitto nelgi anni trenta e il movimento delle "camicie verdi". In: Storia contemporanea. A.17, 1986. Nu.6. S.1177-1200.
BZ 4590:17

Vigezzi, B.: De Gasperi, Sforza, la diplomazia italiana fra patto di Bruxelles e patto atlantico (1948-1949). In: Storia contemporanea. A.18, 1987. Nu.1. S.5-43.
BZ 4590:18

L 145 f Wehrwesen

Bagnasco, E.: I cacciatorpediniere classe "Comandanti" del 1942-'43. In: Rivista marittima. A.120, 1987. No.1. S.77-94.
BZ 4453:120

Ciampi, A.: Volunteer or conscript? Major changes loom for Italy's forces. In: Jane's defence weekly. Vol.6, 1986. No.24. S.1442.
BZ 05465:6

Donati, G.: La difesa dell'Italia. Lo scenario politico strategico internazionale. In: Rivista militare. 1987. No.3. S.30-41.
BZ 05151:1987

Falessi, C.; Pagliano, M.: Storia fotografica dell'aviazione italiana. Dalle origine al Tornado: personaggi, imprese, conquiste, tecniche e miracoli dell'audacia. Roma: Newton Compton 1984. 404 S.
B 55884

Ferrante, E.: La Marina Italiana e il problema del volo verticale. In: Rivista marittima. A.120, 1987. No.6. S.15-29.
BZ 4453:120

Garibaldi, G.: Italy's new V/VSTOL Aircraft Carrier. In: Warship international. Vol.23, 1986. No.2. S.161-180.
BZ 05221:23

Giorgerini, G.: The Italian Navy in the Mediterranean. In: Naval forces. Vol.7, 1986. No.3. S.54-63.
BZ 05382:7

Gooch, J.: Clausewitz Disregarded: Italian military thought and doctrine, 1815-1943. In: The Journal of strategic studies. Vol.9, 1986. No.2+3. S.303-324.
BZ 4669:9

Lo Strumento militare italiano. A cura di M.Cremasco. Milano: Angeli 1986. 151 S.
Bc 6477

Manca, V.: Aviazione antisom. In: Rivista marittima. A.120, 1987. No.6. S.31-41.
BZ 4453:120

Mayer, G.: La spesa militare nel sistema economico italiano. In: Rivista aeronautica. A.63, 1987. No.3. S.17-21.
BZ 05154:63

Minniti, F.: Esercito e politica da Porta Pia alla Triplice alleanza. Roma: Bonacci Ed. 1984. 230 S.
B 55896

Minniti, F.: Il "Diario storico del Comando Supremo". In: Storia contemporanea. A.18, 1987. Nu.1. S.171-190.
BZ 4590:18

Nassigh, R.: Il naviglio veloce costiero nella Marina Italiana. In: Rivista italiana difesa. A.6, 1987. No.3. S.68-75.
BZ 05505:6

Rastelli, A.: Un Aviatore e la Marina. I progetti navali di Gianni Captroni. In: Rivista marittima. A.119, 1986. Nov.. S.87-100.
BZ 4453:119

Valpolini, P.: Italian navy. Special forces: Comsubin. In: Navy international. Vol.91, 1986. No.11. S.665-668.
BZ 05105:91

L 145 g Wirtschaft

Salvati, M.: Economia e politica in Italia dal dopoguerra a oggi. Milano: Garzanti 1984. 189 S.
B 55903

L 145 h Gesellschaft

Barkan, J.: Visions of emancipation. The Italian Workers' movement since 1945. New York: Praeger 1984. XXI,265 S.
B 56393

Cartiglia, C.: Problemi di storia del movimento sindacale. La FIOM 1901-14. In: Rivista di storia contemporanea. A.16, 1987. No.2. S.171-211.
BZ 4812:16

Caselli, A.; Ramponi, E.: Il Movimento operaio e socialista a Pieve di Cento e la Camera del Lavoro di Cento (1860-1920). Bologna: CLUEB 1984. 188 S.
B 55895

Corradini, C.: Ideologie e lotte politiche in Italia 1887-1903. Milano: Giuffrè 1984. X,138 S.
B 56168

Favilli, P.: Riformismo e sindacalismo. Una teoria economica del movimento operaio: tra Turati e Graziadei. Milano: Angeli 1984. 366 S.
B 55868

Kreile, M.: Gewerkschaften und Arbeitsbeziehungen in Italien (1968-1982). Frankfurt: Campus 1985. 308 S.
B 55535

Lisanti, N.: Il Movimento operaio in Italia, 1860-1980. Roma: Riuniti 1986. 159 S.
Bc 6339

Riosa, A.: Il Movimento operaio tra società e stato. Il caso italiano nell'epoca della II Internazionale. Milano: Angeli 1984. 222 S.
B 55902

Sanguanini, S.di: I "mezzadri urbani". Il sindacato fascista degli artigiani. In: Italia contemporanea. 1986. No.165. S.30-52.
BZ 4489:1986

Weiss, L.: Demythologising the Petite Bourgeoisie: The Italian case. In: West European politics. Vol.9, 1986. No.3. S.362-375.
BZ 4668:9

L 145 i Geistesleben

Cofrancesco, D.di: Tra Salvemini e "l'idea nazionale". La vicenda del "Risorgimento". In: Il Politico. A., No.4. S.583-612.
BZ 4541

Hinz, M.: Die Zukunft der Katastrophe. Mythische und rationalistische Geschichtstheorie im italienischen Futurismus. Berlin: de Gruyter 1985. 287 S.
B 57194

Iaccio, P.: La censura teatrale durante il fascismo. In: Storia contemporanea. A.17, 1986. Nu.Aug.. S.567-614.
BZ 4590:17

Messina, R.: L'immagine della guerra nelle riviste illustrate 1940-1943. In: Italia contemporanea. 1986. No.164. S.40-66.
BZ 4489:1986

Ottaviano, F.: Gli Estremisti bianchi. Comunione e liberazione. Un partito nel partito. Una chiesa nelle chiesa. Roma: Datanews ed. 1986. 178 S.
Bc 6469

L 145 k Geschichte

A 40 [quarant'] anni dalla resistenza. Quale valore per le nuove generazioni?. A cura di L.Burburan. Roma: Città Nuova Ed. 1985. 271 S.
B 59272

Bologna, S.: Die Organisation der Geschichtsschreibung über die Widerstandsbewegung in Italien. In: 1999.Zeitschrift für Sozialgeschichte des 20. und 21. Jahrhunderts. Jg., 1986. Nr.1. S.121-148.
BZ 4879:1986

Collotti, E.: L'État totalitaire. In: Revue d'histoire de la deuxième guerre mondiale et des conflicts contemporains. A.36, 1986. No.143. S.19-40.
BZ 4455:36

Cooper, S.E.: Patriotic Pacifism: the political vision of Italian peace movements, 1867-1915. Los Angeles, Calif.: Calif.State Univ. 1985. XII,55 S..
Bc 6357

Guichonnet, P.: Mussolini et le fascisme. 7.éd.. Paris: Pr.Univ.de France 1986. 127 S.
Bc 6429

Paoletti, P.; Carniani, M.: Firenze.
Guerra & alluvione, 4 Agosto 1944/4
Novembre 1966. Firenze: Becocci
ca.1986. XIV,241 S.
010191

Quazza, G.: Le Fascisme, examen de
conscience des Italiens ou bien pierre
de touche de l'histoire de l'Italie. In:
Revue d'histoire de la deuxième guerre
mondiale et des conflicts contemporains. A.36, 1986. No.143. S.3-18.
BZ 4455:36

L 145 l Einzelne Länder/Gebiete/Orte

Agostini, P.: Settant' Anni di questione
altoatesina. Cronologia essenziale dal
26 aprile 1915 ad oggi. Bolzano: Casa
Ed.Pracis 3 1986. 28 S.
Bc 6341

Argelli, B.: Aspetti di Bologna tra le due
guerre. Un modello constraddittorio di
terziarizzazione. In: Italia contemporanea. 1986. No.165. S.53-70.
BZ 4489:1986

Becattini, G.; Bellanca, N.: Economia di
guerra e mercato nero. Note e rifles-
sion. In: Italia contemporanea. 1986.
No.165. S.6-28.
BZ 4489:1986

Capobianco, L.di: La guerra a Napoli. Il
vissuto e il rimosso. In: Italia contemporanea. 1986. No.164. S.67-82.
BZ 4489:1986

Cappelletti, U.: Firenze in guerra.
Cronache degli anni 1940-1945. Prato:
Ed.del Palazzo 1984. 498 S.
B 56167

Landi, G.: Rapporto sulla resistenza
nella zona Piave. Introd.e cura di L.
Casali. Milano: La Pietra 1984. 274 S.
B 56564

Nones, M.: L'industria militare in Ligu-
ria dal 1945 al 1975. In: Storia contemporanea. A.17, 1986. Nu.5. S.821-850.
BZ 4590:17

Ponziani, L.di: Dopoguerra e fascismo
in Abruzzo. Orientamenti storiografici.
In: Italia contemporanea. 1986.
No.164. S.92-103.
BZ 4489:1986

A quarant' Anni. La Resistenza e il
Trentino. A cura di V.Cali. Trento:
Museo del Risorgimento della lotta per
la libertà 1985. 122 S.
Bc 6131

Rastelli, A.: La liberazione del porto di
Genova. In: Rivista italiana difesa.
A.6, 1987. No.4. S.88-95.
BZ 05505:6

Snowden, F.M.: Violence and great esta-
tes in the South of Italy. Apulia, 1900-
1922. Cambridge: Cambridge Univ.Pr.
1986. X,245 S.
B 57682

Stuhlpfarrer, K.: Umsiedlung Südtirol,
1939-1940. T.1.2. Wien: Löcker 1985.
931 S.
B 57075

Venedig. Ein politisches Reisebuch.
Hrsg.R.Barizza u.a.. Hamburg: VSA-
Verl. 1986. 284 S.
B 58709

L 147 Jugoslawien

L 147 a Allgemeines

Folić, M.: Revolucionarni rad Miladina
Popovića (1910-1945-1985). In: Časopis
za suvremenu povijest. God.17, 1985.
No.3. S.59-80.
BZ 4582:17

L 147 c Biographien

Indić, M.: Djeca Heroji. Zenica: Dom
štampe 1985. 280 S.
B 59465

– Aćimović –

Božović, B.; Stefanović, M.: Milan Aći-
mović Dragi Jovanović Dimitrije Ljotić.
Zagreb: CIP 1985. 306 S.
B 59456

– Dilas –

Dilas, M.: Susreti sa Staljinom.
London: Naše reči 1986. 130 S.
B 59460

– Kardelj –

Kardelj, E.: Der Übermacht zum Trotz.
Frankfurt: Sendler 1984. 206 S.
B 56779

– Maček-Matija –

Maček-Matija, I.: Erinnerungen eines
jugoslawischen Freiheitskämpfers.
Köln: Bund-Verl. 1985. 358 S.
B 56855

– Mihailović –

Milovanović, N.: Draža Mihailović.
Zagreb: CIP 1985. 384 S.
B 59457

– Nedić –

Borković, M.: Milan Nedić. Zagreb:
CIP 1985. 411 S.
B 59458

– Tito –

Tito u Vršcu. 16-25 oktobar 1944. Vršac:
Opštinski Komitet Saveza Kom. 1984.
295 S.
B 58721

Dzelebdzić, M.: Titovi Susreti i prepiska
sa Savenzničkim Komandantima u
Drugom Svetskom Ratu. In: Vojnoisto-
rijski glasnik. God.37, 1986. No.2.
S.77-103.
BZ 4531:37

L 147 d Land und Volk

Prunk, J.: Nacionalni programi u slo-
venskoj političkof misli (1848-1945). In:
Časopis za suvremenu povijest.
God.17, 1985. No.3. S.1-30.
BZ 4582:17

Ramet, P.: Theoretical models of yugos-
lav nationalities policy. In: Südost-
Europa. Jg.35, 1986. Nr.10. S.562-579.
BZ 4762:35

L 147 e Staat und Politik

L 147 e 10 Innenpolitik

Petranović, B.: Constitution d'Etat et
juridique de la nouvelle Yougoslavie
(1943-1945). In: Revue internationale
d'histoire militaire. 1986. No.4.
S.424-440.
BZ 4454:1986

Reuter, J.: Zur Reform des politischen
Systems in Jugoslawien. In: Südost-
Europa. Jg.35, 1986. Nr.7/8. S.393-407.
BZ 4762:35

L 147 e 20 Außenpolitik

Cohen, L.J.: Federalism and foreign
policy in Yugoslavia: the politics of regional ethnonationalism. In: International journal. Vol.41, 1985-86. No.3.
S.626-654.
BZ 4458:41

Maurer, P.: Le rôle de la Yougoslavie au
sein du mouvement des pays non alig-
nés. In: Revue militaire suisse. A.132,
1987. No.5. S.231-254.
BZ 4528:132

Reuter, J.: Die jugoslawisch-albanischen
Beziehungen nach Enver Hoxha. In:
Südost-Europa. Jg.36, 1987. Nr.1.
S.10-18.
BZ 4762:36

L 147 f Wehrwesen

Nikolić, R.: Uloga i Delatnost Vojnopo-
zadinskih Organa (jesen 1944- maj
1945). In: Vojnoistorijski glasnik.
God.37, 1986. No.2. S.153-176.
BZ 4531:37

Reuter, J.: Zivildienst oder uneinge-
schränkte Wehrpflicht. In: Südost-
Europa. Jg.36, 1987. Nr.4. S.195-201.
BZ 4762:36

L 147 g Wirtschaft

Kolar-Dimitrijevic, M.: Poljoprivredno radništvo i radnici-seljaci na području Savske banovine od 1929.do 1939. godine. In: Časopis za suvremenu povijest. God.17, 1985. No.3. S.31-58.
BZ 4582:17

L 147 k Geschichte

Bošković, M.: Šesta Kolona. Nastanak, organizacija i delovanje antijugoslovenske fašističke emigracije. Zagreb: Birotehnika 1985. 482 S.
B 60235

Kočović, B.: Zrtve drugog svetskog rata u Jugoslaviji. London: Libra books 1985. 205 S.
B 59455

Marić, M.: Uništiti Jugoslaviju. Hitler i nemački generali u aprilskom ratu 1941. Beograd: Vuk Karadžić 1984. 362 S.
B 59467

L 147 l Einzelne Länder/ Gebiete

Aptiev, S.J.: Das deutsche Reich und die mazedonische Frage 1908-1918. Neuried: Hieronymus Verl. 1985. 251 S.
B 56476

Jocić, D.: Radnički Pokret u Slavoniji 1918-1929. Slavonski Brod: Centar za društvena istraživanja Slavonije 1985. 460 S.
B 60096

Kokolj, M.: Prekmurski Slovenci od narodne osvoboditve do nacistične okupacije 1919-1941. Murska Sobota: Pomurska založba 1984. 646 S.
B 58719

Reuter, H.: Unruheherd Kosovo. Resultat einer gescheiterten Politik. In: Südost-Europa. Jg.35, 1986. Nr.11/12. S.631-644.
BZ 4762:35

Wolf, J.: La Macédonie déchirée (et la renaissance yougoslave). Paris: Ed.Cujas 1984. 324 S.
B 57142

L 157 Luxemburg

Cerf, P.: L'Etoile juive au Luxembourg. Luxembourg: RTL Ed. 1986. 275 S.
B 60594

Schroen, M.: Das Großherzogtum Luxemburg. Portr.e.kleinen Demokratie. Bochum: Brockmeyer 1986. 143 S.
Bc 6724

L 163 Niederlande

Bot, W.: Generaals zonder troepen. Het comité van revolutionaire marxisten zomer 1942 - mei 1945. Amsterdam: Uitgeverij Syndikaat 1986. 118 S.
Bc 6668

Documenten betreffende de buitenlandse politiek von Nederland 1919-1945. Periode:B 1931-1940. 1. 2 Jan.1931 - 29 Maart 1932.. Deel 1-4. Dordrecht: Nijhoff 1985-.
LXXXI,796 S.
B 57158

Documenten betreffende de buitenlandse politiek von Nederland 1919-1945. Periode C: 1940-1945.. 1. 10 Mei - 31 Okt.1940. XCV, 594 S.; 2. 1 Nov.-31 Mei 1941. LXXXV,635 S; 3. 1 Juni - 7 Dec.1941. XCIII,719 S; 4. 8 Dec.1941 - 30 Juni 1942. CXI,744 S.. Deel 1-4. Dordrecht: Nijhoff 1976-84.
B 57160

Everts, P.; Staden, A.van: Domestic factors in the making of defense policy: the case of the Netherlands. In: Defense analysis. Vol.2, 1986. No.2. S.123-135.
BZ 4888:2

Frank, A.: De Dagboeken van Anne Frank. Dordrecht: Nijhoff 1986. IX,714 S.
010071

Gladdish, K.: The centre holds: the 1986 Netherlands election. In: West European politics. Vol.10, 1987. No.1. S.115-119.
BZ 4668:10

Marchand, C.: Wie durch ein Nadelöhr. Erinnerungen einer jüdischen Frau. Berlin: sub rosa Frauenverl. 1985. 150 S.
B 56014

Moore, B.: Nazism and German nationals in the Netherlands, 1933-1940. In: Journal of contemporary history. Vol.22, 1987. No.1. S.45-70.
BZ 4552:22

The Royal Netherland Navy: 1945-1986 Warship pictorial. In: Warship. 1986. No.40. S.218-231.
BZ 05525:1986

Spall, R.H.van: Die Minenabwehr der Niederlande - Achtzig Jahre Minenstreitkräfte in der Königlich-Niederländischen Marine. In: Marine-Rundschau. Jg.83, 1986. Nr.5. S.273-276.
BZ 05138:83

Stone, S.: Squadron. De jachtvliegerij inde naoorlogse jaren. Weesp: Romen Luchtvaart 1985. o.Pag..
010132

Teljukova, T.I.: Antivoennoe dvizenie v Niderlandach v 70-80-ch godach. In: Novaja i novejšaja istorija. 1986. No.3. S.44-59.
BZ 05334:1986

L 165 Norwegen

L 165 e Staat und Politik

Enzensberger, H.M.: Norskt Utakt. 3.oppl.. Oslo: Universitetsforl. 1984. 102 S.
B 54363

Frydenlund, K.: Den utenriks- og sikkerhetspolitiske situasjon. In: Norsk militært tidsskrift. Arg.156, 1986. No.11. S.1-11.
BZ 05232:156

Knudsen, O.G.; Underdal, A.: Patterns of Norwegian foreign policy behavior: an exploratory analysis. In: Cooperation and conflict. Nordic journal of international politics. Vol.20, 1985. No.4. S.229-250.
BZ 4605:20

Kuhnle, S.; Strém, K.; Svåsand, L.: The Norwegian conservative party: Setback in era of strength. In: West European politics. Vol.9, 1986. No.3. S.448-471.
BZ 4668:9

Loennechen, A.: Kvinnene og den begrensede stemmeretten, 1901-1907. In: Tidsskrift for arbeiderbevegelsens historie. Arg.11, 1986. Nr.2. S.37-67.
BZ 4660:11

Madeley, J.: Norway's 1985 Election: A Pro-Welfare Backlash. In: West European politics. Vol.9, 1986. No.2. S.289-292.
BZ 4668:9

Maurseth, P.: Hva betydde regjeringsskiftet i 1935 for utviklingen av demokratiet i Norge?. In: Tidsskrift for arbeiderbevegelsens historie. Arg.11, 1986. Nr.1. S.7-26.
BZ 4660:11

Stopp pressen!? Om ytringsfrihet og personvern. Red.: T.Andenæs, H.Elvik. Olso: Universitetsforl. 1984. 214 S.
B 54364

Valen, H.: The Storting Election of September 1985: The Welfare State under Pressure. In: Scandinavian political studies. Vol.9, 1986. No.. S.177-189.
BZ 4659:9

L 165 f Wehrwesen

Breidlid, O.: Hæren og utfordringer i 90-årene. In: Norsk militært tidsskrift. Arg.157, 1987. No.4. S.1-10.
BZ 05232:157

Bull-Hansen, F.: Forsvaret. Status og perspektiver. In: Norsk militært tidsskrift. Arg.157, 1987. No.1. S.1-17.
BZ 05232:157

Diesen, S.: Om landforsvaret - igjen. In: Norsk militært tidsskrift. Arg.157, 1987. No.2. S.13-26.
BZ 05232:157

Holst, J.J.: Aktuelle forsvars- og sikkerhetspolitiske problemer. In: Norsk militært tidsskrift. Arg.157, 1987. No.2. S.1-11.
BZ 05232:157

Morbach, H.: Die norwegischen Seestreitkräfte. In: Militärwesen. 1987. H.5. S.77-83.
BZ 4485:1987

Rekkedal, N.M.: Hæren i fremtiden. Mekanisering av våre brigader - sterke of svake sider. In: Norsk militært tidsskrift. Arg.157, 1987. No.5. S.9-20.
BZ 05232:157

Special Section - Norway. The Norwegian Defence Industry. In: NATO's sixteen nations. Vol.31, 1986. No.6. S.127-142.
BZ 05457:31

Vadset, M.O.: Hæren i nord. Fremtid og operative utfordringer. In: Norsk militært tidsskrift. Arg.156, 1986. No.8. S.13-21.
BZ 05232:156

Wicken, O.: Arms and expertise - industrial policy and military export in Norway. In: Defense analysis. Vol.2, 1986. No.2. S.111-129.
BZ 4888:2

L 165 k Geschichte

Tjelmeland, H.: Politikk historie. Om ulike syn på dei sosiale drivkreftene bak danninga ov regjeringa Nygaardsvold. In: Tidsskrift for arbeiderbevegelsens historie. Arg.11, 1986. Nr.2. S.131-162.
BZ 4660:11

L 171 Österreich

L 171 c Biographien

– Boroević –

Bauer, E.: Der Löwe vom Isonzo. Feldmarschall Svetozar Boroević de Bojna. Graz: Styria 1985. 159 S.
B 57336

– Kreisky –

Kreisky, B.: Zwischen den Zeiten. Berlin: Siedler 1986. 494 S.
B 59907

– Spitzy –

Spitzy, R.: So haben wir das Reich verspielt. München: Langen Müller 1986. 511 S.
B 59969

– Waldheim –

Pflichterfüllung. Ein Bericht über Kurt Waldheim. Wien: Löcker 1986. 48 S.
Bc 01983

– Winter –

Heinz, K.H.: E.K.Winter. Ein Katholik zwischen Österreichs Fronten 1933-1938. Wien: Böhlau 1984. 431 S.
B 55664

L 171 e Staat und Politik

L 171 e 10 Innenpolitik

Göhring, W.: 1000 Daten SPÖ. Zur Entwicklung der Sozialistischen Partei Österreichs 1945-1985. Eisenstadt: Roelzer 1985. 340 S.
09984

Gutkas, K.: Die zweite Republik. Österreich 1945-1985. München: Oldenbourg 1985. 293 S.
B 56477

Jochum, M.: Die zweite Republik in Dokumenten und Bildern. Wien: Braumüller 1984. 225 S.
B 56934

Löw, R.; Mattl, S.; Pfabigan, A.: Der Austromarxismus - eine Autopsie. Drei Studien. Frankfurt: isp-Verl. 1986. 115 S.
Bc 6149

Lüer, A.: Nationalismus in christlichsozialen Programmen 1918-1933. In: Zeitgeschichte. Jg.14, 1986. Nr.4. S.147-166.
BZ 4617:14

Die Nationalratswahlen in Österreich. Information zum 23.Nov.1986. Wien: Bundespressedienst 1986. 23 S.
Bc 6534

Das österreichische Parlament. Zum Jubiläum d.100 jähr.Bestandes d.Parlamentsgebäudes. Wien: Verl.d.Österr.-Staatsdr. 1984. 613 S.
09985

Slapnicka, H.: Christlichsoziale in Oberösterreich. Vom Katholikenverein 1848 bis zum Ende der Christlichsozialen 1934. Linz: OLV-Buchverl. 1984. 411 S.
B 56640

Sozialdemokratie und Verfassung. Hrsg.: M.Matzka. Wien: Europaverlag 1985. 311 S.
B 57767

Steiner, H.: Austrijski komunisti i veljača 1934, godine. In: Časopis za suvremenu povijest. God.17, 1985. No.3. S.81-91.
BZ 4582:17

Želičko, O.I.: Političeskij Katolicizm i rabočee dvizenie v Avstrii 1918-1984. Moskva: Nauka 1985. 220 S.
Bc 5862

L 171 e 20 Außenpolitik

Die Apartheid-Connection. Österreichs Bedeutung für Südafrika. Hrsg.: W.Sauer. Wien: Verl.f.Gesellschaftskritik 1984. 249 S.
B 56165

Hummer, W.; Schweitzer, M.: Möglichkeiten und Grenzen der Dynamisierung der Beziehungen Österreichs zu den Europäischen Gemeinschaften. In: Europa-Archiv. Jg.42, 1987. Nr.12. S.343-350.
BZ 4452:42

Luif, P.: Neutrality and external relations: the case of Austria. In: Cooperation and conflict. Nordic journal of international politics. Vol.21, 1986. No.1. S.25-41.
BZ 4605:21

Österreich/Südafrika: So wird das Waffenembargo gebrochen. Wien: Anti-Apartheid-Bewegung in Österreich 1985. 32 S.
Bc 6401

L 171 f Wehrwesen

Kirsch, H.: Bollwerk Steiermark. Die Herbstübungen 1986 des österreichischen Bundesheeres. In: Zeitschrift für die Ausbildung im Bundesheer. Jg.26, 1987. Nr.2. S.111-123.
BZ 05203:26

König, E.: Landesverteidigung und Rüstung. In: Österreichische militärische Zeitschrift. Jg.25, 1987. Nr.2. S.97-105.
BZ 05214:25

Pleiner, H.: Raumverteidigungsübung - Herbstübungen 1986. Manöver des Korpskommandos I in der Steiermark. In: Österreichische militärische Zeitschrift. Jg.25, 1987. Nr.1. S.9-17.
BZ 05214:25

Schäffner, O.K.: Bewusst Soldat sein. Informationen, Hinweise, Tips. Wien: Militärkommando Wien 1986. 8 S.
Bc 6466

Stöckl, C.: Die Verteidigungspolitik der ÖVP und der Stellenwert der militärischen Landesverteidigung im österreichischen Neutralitätskonzept (1955-1985). Wien: Braumüller 1985. XXI,209 S.
B 57117

L 171 g Wirtschaft

Hainburg. Ein Basisbuch. 276.485
Anschläge gegen den Stau. Hrsg.: Kollektiv: G.Dick. Wien: Verl.f.Gesellschaftskritik 1985. 152 S.
B 57788

Plienegger, A.: Die österreichische
Rüstungsindustrie - Hypothek oder
Versprechen für die Zukunft?. In:
Truppendienst. Jg.25, 1986. Nr.5.
S.468-474.
BZ 05209:25

Weher, F.: Österreichs Wirtschaft in der
Rekonstruktionsperiode nach 1945. In:
Zeitgeschichte. Jg.14, 1986. Nr.7.
S.267-298.
BZ 4617:14

L 171 h Gesellschaft

Frauen der ersten Stunde, 1945-1955.
Wien: Europaverlag 1985. 234 S.
B 57772

Lösch, A.: Staatliche Arbeitsmarktpolitik nach dem 1.Weltkrieg als Instrument der Verdrängung von Frauen aus
der Erwerbsarbeit. In: Zeitgeschichte.
Jg.14, 1986. Nr.8. S.313-329.
BZ 4617:14

Pelinka, A.: Austrian social partnership:
stability versus innovation. In: West
European politics. Vol.10, 1987. No.1.
S.63-75.
BZ 4668:10

Traxler, F.: Klassenstruktur, Korporatismus und Krise. Zur Machtverteilung in
Österreichs "Sozialpartnerschaft" im
Umbruch des Weltmarkts. In: Politische Vierteljahresschrift. Jg.28, 1987.
Nr.1. S.59-79.
BZ 4501:28

Vom Tagwerk der Jahrhundertwende.
Bilder der Arbeit 1870-1930. Red.:
F.Stadlmann. Wien: Europaverlag
1985. 232 S.
09996

L 171 i Geistesleben

Die Kälte des Dezembers. Der illustr.
Pressespiegel zu Hainburg. Hrsg.:
H.Baschnegger. Wien: Selbstverlag
1985. 158 S.
Bc 01741

Speiser, W.: Die sozialistischen Studenten Wiens 1927-1938. Wien: Europaverlag 1986. VIII,207 S.
Bc 6328

L 171 k Geschichte

"Mehr als 1000 Worte". Österreichische
Geschichte von 1945 bis 1985 in der
Karikatur. Zur Ausstell.d.Grazer
Stadtmuseums. Hrsg.: W.Steinböck.
Graz: Peisser u.Vogel 1985. 47 S.
Bc 01903

Botz, G.: Eine deutsche Geschichte
1938 bis 1945? Österreichische
Geschichte zwischen Exil, Widerstand
und Verstrickung. In: Zeitgeschichte.
Jg.14, 1986. Nr.1. S.19-38.
BZ 4617:14

Diószegi, I.: Die Außenpolitik der österreichisch-ungarischen Monarchie, 1871-1877. Wien: Böhlau 1985. 364 S.
B 57780

Drimmel, H.: Vom Umsturz zum Bürgerkrieg. Österreich 1918-1927. Wien:
Amalthea Verl. 1985. 430 S.
B 57808

Garscha, W.R.: Die deutsch-österreichische Arbeitsgemeinschaft. Kontinuität
und Wandel dt.Anschlußpropaganda.
Wien: Geyer Ed. 1984. VI,441 S.
B 57856

Österreich im April '45. Die ersten
Schritte der zweiten Republik. Hrsg.:
F.Danimann. Wien: Europaverlag 1985.
368 S.
B 57409

Stourzh, G.: Geschichte des Staatsvertrages 1945-1955. Österreichs Weg zur
Neutralität. Studienausgabe. 3.Aufl..
Graz: Styria 1985. VIII,336 S.
B 55525

Ausstellung Garnison Wiener Neustadt. 1956-1986. Wiener Neustadt: Magistrat der Stadt Wiener Neustadt 1986. 26 S.
Bc 01900

Vocelka, K.: Trümmerjahre, Wien 1945-1949. Wien: Jugend und Volk 1985. 127 S. 010000

Wien 1945. Davor/danach. Hrsg.: L.Waechter-Böhm. Wien: Brandstätter 1985. 214 S.
09991

L 174 Polen

L 174 c Biographien

– Beck –

Terlecki, O.: Pulkownik Beck. Krakow: Krajowa agencja wydawn 1985. 370 S.
B 60041

– Cazalet –

Hulas, M.: Victor Cazalet - Polityczny oficer lacznikowy miedzy W. Churchillem a W.Sikorskim. In: Dzieje najnowsze. No.1. S.67-82.
BZ 4685

– Detkens –

Kaczmarzyk, D.: Wielkie Serce ks. Edward Detkens. Jego zycie i droga meczeńska. iwp 1985. 205 S.
Bc 6278

– Dzierzyński –

Blobaum, R.: Feliks Dzierzyński and the SDKPiL: a study of the origins of Polish communism. New York: Columbia Univ.Pr. 1984. VIII,307 S.
B 56891

– Grynszpan –

Roizen, R.: Herschel Grynszpan: the fate of a forgotten assassin. In: Holocaust and genocide studies. Vol.1, 1986. No.2. S.217-228.
BZ 4870:1

– Kiryllow –

Kiryllow, T.: Erinnerungen e.poln.Antifaschisten. "Und ihr werdet doch verlieren". Berlin: Dietz 1985. 201 S.
B 56356

– Sikorski –

Terlecki, O.: Wladyslaw Sikorski. Wroclaw: Polska Akad.Nauk 1985. 51 S.
Bc 5861

– Spasowski –

Spasowski, R.: Abschied von Warschau. Bergisch-Gladbach: Lübbe 1987. 621 S.
B 61446

– Winiewicz –

Winiewicz, J.: Co pamiętam z dlugiej drogi zycia. Poznań: Wydawn.Poznańskie 1985. 700 S.
B 58225

L 174 d Land und Volk

Bieberstein, A.: Zaglada Zydów w Krakowie. Kraków: Wydawn.Literackie 1985. 277 S.
B 59988

Pospieszalski, K.M.: Sprawa 58000 "Volksdeutschów". 2.wyd.. Poznań: Instytut Zachocni 1981. 268 S.
B 58103

Wieviorka, M.: Les Juifs, la Pologne et Solidarność. Paris: Denoel 1984. 210 S.
B 56986

Wrzesiński, W.: Trwałość i Zmienność ze studiów nad stereotypem niemca w polsce w okresie porozbiorowym. In: Dzieje najnowsze. R.18, 1986. No.3-4. S.21-54.
BZ 4685:18

L 174 e Staat und Politik

L 174 e 10 Innenpolitik

Dobroczyński, M.: Przemiany międzynarodowe a sytuacja Polski. In: Sprawy Międzynarodowe. R.40, 1987. No.1. S.7-22.
BZ 4497:40

Gorski, B.: Verfolgung in Polen. Repressionsmechanismus im realen Sozialismus. Bern: Verl.SOI 1985. 127 S.
Bc 6345

Gravesen, B.: Magt og afmagt i Polen. Til kritikken af den bureaukratiske planékonomi. Aalborg: Aalborg Universitetsforlag 1984. 434 S.
B 55409

Hirsch, H.: Bewegungen für Demokratie und Unabhängigkeit in Polen 1976-1980. Mainz: Grünewald 1985. 176 S.
B 56649

Marguerite, B.: Polen 1986: Realitäten und Perspektiven. In: Europa-Archiv. Jg.41, 1986. Nr.20. S.599-608.
BZ 4452:41

Marguerite, B.: Pologne 1986: réalités et perspectives. In: Politique étrangère. A.51, 1986. No.3. S.747-759.
BZ 4449:51

Mason, D.S.: Public Opinion and political change in Poland, 1980-82. London: Cambridge Univ.Pr. 1985. XII,275 S.
B 57698

Poland under Jaruzelski. A comprehensive sourcebook on Poland during and after martial law. Ed.by L.Labedz. New York: Scribner's 1984. XV,432 S.
B 56075

Polen 1980-1984. Dauerkrise oder Stabilisierung? Strukturen u.Ereignisse in Politik, Gesellschaft und Wirtschaft. Hrsg.: D.Bingen. Baden-Baden: Nomos-Verlagsges. 1985. 401 S.
B 57766

Rakowski, M.F.: Polen in Bewegung. In: Europäische Rundschau. Jg.14, 1986. Nr.4. S.3-10.
BZ 4615:14

Rakowski, M.F.: Ein schwieriger Dialog. Aufzeichnungen zu Ereignissen in Polen 1981-84. Düsseldorf: Econ 1985. 269 S.
B 56406

L 174 e 14 Parteien

Andrusiewicz, A.: Stronnictwo Pracy 1945-1950. In: Z pola walki. R.29, 1986. No.1. S.124-144.
BZ 4559:29

Czyrek, J.: Auf einer neuen Stufe der gesellschaftlichen Entwicklung. In: Probleme des Friedens und des Sozialismus. Jg.29, 1986. Nr.10. S.1303-1312.
BZ 4504:29

Kolebacz, B.: Komunistyczna Partia Polski 1923-1929. Problemy ideologiczne. Warszawa: Książka i Wiedza 1984. 193 S.
B 57347

Musielak, M.: Polski Związek Zachodni w Wielkopolsce w latach 1921-1950. Poznań: K A W 1985. 40 S.
Bc 6089

L 174 e 20 Außenpolitik

Czapiewski, E.: Konserwatyści o stosunkach polsko-niemieckich w latach 1918-1925. In: Dzieje najnowsze. R.18, 1986. No.3-4. S.80-104.
BZ 4685:18

Marczewska, H.: Polska w polityce trakatowej Franklina D. Roosevelta (1931-1939). (Poland in the treaty policy of F.D.Roosevelt (1933-1939). In: Dzieje najnowsze. 1987. No.1. S.3-20.
BZ 4685:1987

Mojsiewicz, C.: Polska a zjawiska kryzysowe we współczesnym świecie. In: Sprawy Międzynarodowe. R.40, 1987. No.3(402). S.7-20.
BZ 4497:40

Nowak-Kielbikowa, M.: Polskie aspekty brytyjskiej polityki wobec niemiec w przededniu remilitaryzacji nadrenii. In: Dzieje najnowsze. 1987. No.1. S.21-42.
BZ 4685:1987

Problemy normalizacji stosunków PRL-RFN. Red.J.Skibiński. Warszawa: Wydawn.MON 1985. 358 S.
B 56810

Sanakojew, S.P.: Główne kierunki radzieckiej polityki zagranicznej na XXVII Zje'zdzie KPZR. In: Sprawy Międzynarodowe. R.39, 1986. No.9. S.7-22.
BZ 4497:39

Sowińska-Krupka, A.: Stosunki polsko-rumuńskie 1945-1949. Warszawa: Inst.Krajów Socjalist 1985. 339 S.
B 58512

Tajne Rokowania polsko-radzieckie w 1919 r. Red.W.Gostyńska. Warszawa: Paśtwowe Wydawn.Naukowe 1986. 412 S.
B 60042

L 174 f Wehrwesen

Hajduk, R.: Nieznana Karta tajnego frontu. Warszawa: Wydawn.MON 1985. 108 S.
Bc 6066

Kałaur, M.: Sklad osobowy l armii WP. Kwiecień 1944-maj 1945 r. In: Wojskowy przegląd historyczny. R.31, 1986. No.1. S.3-29.
BZ 4490:31

Rudzki, C.: Polskie Okręty podwodne 1926-1969. Warszawa: Wydawn.MON 1985. 214 S.
B 59474

Siemaszko, Z.S.: Narodowe Siły Zbrojne. Londyn: Odnowa 1982. 260 S.
B 58254

Skrzypek, K.: Podkarpackim Szlakiem Września. Wspomnienia zo-nierza armii Karpaty. Katowice: Wydwn. Sląsk 1986. 130 S.
Bc 6258

Walter-Janke, Z.: W Armii Krajowej na Ślasku. Katowice: Wydawn.Slask 1986. 323 S.
B 60037

Wróblewski, J.: Armia "Prusy" 1939. Warszawa: Wydawn.MON 1986. 306 S.
B 60189

Zelewski, H.: Dzieje bojowe 8 Put-ku Piechoty Legionów w walkach obronnych 1939 r. Lublin: Redakcja Wydawn.-KUL 1984. 133 S.
B 59462

L 174 g Wirtschaft

Mülich, W.: Strukturprobleme der polnischen Landwirtschaft. In: Osteuropa-Info. 1986. Nr.65. S.34-56.
BZ 4778:1986

L 174 h Gesellschaft

Comas, J.: Polonia y Solidaridad. Madrid: Ed.El País 1985. 310 S.
B 59980

Harcerki 1939-1945. Relacje pamiętniki. Red.: K.Wyczańskiej. Warszawa: pwn 1985. 812 S.
B 58227

Holzer, J.: "Solidarität". Die Geschichte einer freien Gewerkschaft in Polen. München: Beck 1984. 441 S.
B 55416

Lamentowicz, W.: Die kulturelle Bedeutung der Erfahrung der "Solidarność". In: Europäische Rundschau. Jg.15, 1987. Nr.1. S.35-45.
BZ 4615:15

Majkowski, W.: People's Poland. Pattern of social inequality and conflict. Westport, Conn.: Greenwood Press 1985. XVII,234 S.
B 57026

Mesner, D.; Andolsek, S.: Solidarność v poljski krizi 1980-1982. Ljubljana: Republiska konferenca ZSMS 1985. 153 S.
Bc 6067

Podgórecki, A.: Polish society: a sociological analysis. In: Praxis international. Vol.7, 1987/88. No.1. S.57-78.
BZ 4783:7

Polśkaja Revoljucija. London: Overseas Publ.Interchange Ltd. 1985. 286 S.
B 59530

Poland after solidarity. Ed.by B.Misztal. New Brunswick: Transaction Books 1985. 167 S.
B 57236

Porębski, S.: Krakowskie Szare Szeregi. Kraków: Harcerskiej Oficyny Wydawn. 1985. 55 S.
Bc 6265

Pszenicki, C.: Solidarity emerges overground. In: East European Reporter. Vol.2, 1986. No.3. S.24-29.
BZ 05507:2

Stelmach, W.: Drugie Oblicze "Solidarności". Warszawa: Inst.Wydawn.Zwiazków Zawodowych 1985. 222 S.
Bc 5792

Zielonka, J.: Strenghts and Weaknesses of Nonviolent Action: The Polish Case. In: Orbis. Vol.30, 1986. No.1. S.91-110.
BZ 4440:30

L 174 i Geistesleben

Zamojski, J.E.: Polska prasa podziemna we Francji w latach wojny 1939-1945. In: Dzieje najnowsze. R.17, 1985. No.3-4. S.41-80.
BZ 4685:17

L 174 k Geschichte

Evans, A.B.: The polish crisis in the 1980s and adaptation in Soviet ideology. In: Journal of communist studies. Vol.2, 1987. No.3. S.263-285.
BZ 4862:2

Góra, W.: Odbudowa. Z dziejów Polski Ludowej 1947-1949. Warszawa: Inst.-Wydawn.Zwiazków Zawod 1986. 140 S.
Bc 6065

Góra, W.: Polska Ludowa 1944-1984. Zarrys dziejów politycznych. Lublin: Wydawn.Lubelskie 1986. 714 S.
B 59764

Koestler, N.: Widerstand und Solidarität: Die Diskussion um den polnischen "Sonderweg". In: Geschichte und Gesellschaft. Jg.13, 1987. H.1. S.5-21.
BZ 4636:13

Kulnianin, J.: Z Badań nad Działalnościa Społeczna i Opiekuńcza Rzadu rp na emigracji w Latach 1939-1944. In: Dzieje najnowsze. R.19, 1987. No.2. S.65-88.
BZ 4685:19

Löser, E.: Polens imperialistischer Volkstumskampf 1919-1939. Vlotho/Weser: Verl.f.Volkstum u.Zeitgeschichtsforschung 1985. 40 S.
Bc 01835

Sujecki, J.: Spór o rade delegatów robotniczych w królestwie plskim 1905-1907. In: Z pola walki. R.30, 1987. No.1(117). S.3-22.
BZ 4559:30

Zycie polityczne w Polsce 1918-1939. Red.: J.Zarnowski. Wroclaw: Wydawn.-Polskiej Akad.Nauk 1985. 341 S.
B 58481

L 174 l Einzelne Länder/Gebiete/Orte

Danzig, between East and West: Aspects of modern Jewish history. Ed.by I.Twersky. Cambridge, Mass.: Harvard Univ.Pr. 1985. XVIII,172 S.
B 57247

Freundlich, E.: Die Ermordung einer Stadt namens Stanislau. NS-Vernichtungspolitik in Polen 1939-45. Wien: Österr.Bundesverl. 1986. 260 S.
B 58670

L 175 Portugal

Bach, H.: Die Modernisierung der portugiesischen Marine. In: Marine-Rundschau. Jg.83, 1986. Nr.4. S.215-219.
BZ 05138:83

Grayson, G.W.: Portugal's new link with Europe. In: Current history. Vol.85, 1986. No.514. S.373-376; 393.
BZ 05166:85

Jastržembskij, S.V.: Bento Gonsalves vidnyj organizator Portugal'skoj kommunističeskoj partii. In: Novaja i novejšaja istorija. 1986. No.1. S.97-109.
BZ 05334:1986

L 177 Rumänien

L 177 d Land und Volk

Braun, A.: Structural Change and its Consequences for the Nationalities in Romania. In: Südost-Europa. Jg.35, 1986. Nr.7/8. S.422-436.
BZ 4762:35

Ghermani, D.: Die historische Legitimierung der rumänischen Nationalitätenpolitik. In: Südost-Europa. Jg.35, 1986. Nr.6. S.340-354.
BZ 4762:35

Kovrig, B.: The Magyars in Rumania: Problems of a "coinhabiting" nationality. In: Südost-Europa. Jg.35, 1986. Nr.9. S.475-490.
BZ 4762:35

Michael-Titus, C.: The Magyar File. London: Panopticum Pr. 1984. 79 S.
Bc 02015

L 177 e Staat und Politik

L 177 e 10 Innenpolitik

Budrigá V.: Evoluţia legislaţiei electorale din România. 1946-1985. In: Revista de istorie. T.39, 1986. No.4. S.368-386.
BZ 4578:39

Ceauçescu, I.: Independenta poporului român obiectiv fundamental al politicii Partidului Comunist Român. Bucuresti: Ed.Militara 1986. 365 S.
B 59854

Ceauşescu, N.: Revolutia socialista proces continuu de inaintare spre stadiile superioare ale civilizaţiei materiale şi spirituale comuniste. Bucureşti: Ed.Politica 1985. 243 S.
B 59478

Congresul al XIII-lea al Partidului Comunist Român. 19-22 noiembrie 1984. Bucureşti: Ed.Politica 1985. 766 S.
B 59468

Ghermani, D.: Menschenrechte aus rumänischer Sicht. In: Südost-Europa. Jg.35, 1986. Nr.9. S.467-474.
BZ 4762:35

Heinen, A.: Faschismus als Reflex und Voraussetzung autoritärer Herrschaft in Rumänien. In: Geschichte und Gesellschaft. Jg.12, 1986. H.2. S.139-162.
BZ 4636:12

Popescu-Puţuri, I.: Faurirea Partidului Comunist Român. In: Anale de istorie. A.32, 1986. No.6. S.34-45.
BZ 4536:32

Shafir, M.: Romania. Politics, economics and society. Political stagnation and simulated change. London: Pinter 1985. XVI,232 S.
B 55765

Surpat, G.: Transformările în structura populatiei, sociala Şi de clas'a în procesul construirii socialismului în România (II). In: Revista de istorie. T.39, 1986. No.4. S.388-401.
BZ 4578:39

Tismaneanu, V.: Byzantine Rites, Stalinist Follies: The Twilight of Dynastic Socialism in Romania. In: Orbis. Vol.30, 1986. No.1. S.65-90.
BZ 4440:30

Tontsch, G.H.: Das Verhältnis von Partei und Staat in Rumänien. Kontinuität und Wandel 1944-1982. Köln: Verlag Wissenschaft und Politik 1985. 201 S.
B 56643

Udrea, T.: Partidul Comunist Român principal partid de guvernamint dupa 6.martie 1945. In: Revista de istorie. T.39, 1986. No.5. S.469-484.
BZ 4578:39

L 177 e 20 Außenpolitik

Badea, M.: Pacea ,si râzboiul în gîndirea şi practica politicâ a clasei muncitoare, a partidului comunist român. In: Revista de istorie. T.39, 1986. No.11. S.1069-1081.
BZ 4578:39

Ghermani, D.: Rumäniens Außenpolitik 1986. In: Südost-Europa. Jg.36, 1987. Nr.1. S.1-9.
BZ 4762:36

Ghermani, D.: Rumäniens Ungarn-Syndrom. In: Südost-Europa. Jg.35, 1986. Nr.10. S.589-599.
BZ 4762:35

Ghermani, D.: Die rumänisch-sowjetischen Beziehungen in der Ära Gorbačev. In: Südost-Europa. Jg.36, 1987. Nr.4. S.166-177.
BZ 4762:36

Petreanu, E.: Aspecte noi ale politicii româniei privind dezvoltarea relatilor de pace, prietenie śi colaborare cu toate statele din sud- ĕstul european (1965-1985). In: Revista de istorie. T.39, 1986. No.11. S.1051-1068.
BZ 4578:39

L 177 f Wehrwesen

Ceauşescu, N.: Temelie a gindirii şi practicii militare româneşti contemporane. Bucureşti: Ed.Militara 1985. 205 S.
B 59160

Coman, I.; Burbulea, E.: Coordonate umane ale apararii naţionale. Bucuresti: Ed.Militara 1984. 424 S.
B 54476

Interacţiunea dintre armata şi societate. Red.: T.Stoian. Bucureşti: Ed.Militara 1985. 189 S.
Bc 5785

Tol, R.van; Eyal, J.: The new Romanian Navy: a weapon without a target. In: RUSI. Vol.132, 1987. No.1. S.37-46.
BZ 05161:132

L 177 g Wirtschaft

Ghermani, D.: Rumäniens Versorgungssektor - keine Aussicht auf Besserung. In: Südost-Europa. Jg.35, 1986. Nr.11/12. S.645-653.
BZ 4762:35

Jackson, M.R.: Inflation und Depression: Der Preis des rumänischen Nationalimus. In: Europäische Rundschau. Jg.14, 1986. Nr.4. S.45-58.
BZ 4615:14

L 177 h Gesellschaft

Ghermani, D.: Sozial- und Berufsstruktur in Rumänien. In: Südost-Europa. Jg.36, 1987. Nr.2/3. S.96-107.
BZ 4762:36

L 177 k Geschichte

Bitoleanu, I.: Conceptul Romånesc de pace, cooperare şi buna vecinatate exprimat in dezbaterile parlamentului romån din perioada interbelica (II). In: Anale de istorie. A.32, 1986. No.6. S.46-78.
BZ 4536:32

Fatu, M.: Contribuţi la studierea regimului politic din România. Septembrie 1940 - august 1944. Bucureşti: Ed.Politică 1984. 367 S.
B 55170

Iliancioiu, I.: Solidaritatea clasei muncitoare, a intelectualitaţii ,si a altor categorii sociale cu lupta eroică ,Taranimii. In: Anale de istorie. A.33, 1987. No.1. S.15-31.
BZ 4536:33

Istoria militara a poporului român. 1. Din cele mai vechi timpuri pîna în secolul al XIV-lea. 2. Epoca de glorie a oastei celei mari. A dou jumatate a secol. Al XIV-lea prima jumatate a secol. al XVI-lea.. Red.C.Olteanu. Bucureşti: Ed.Militara 1984. 432 S; 637 S.
B 56401

Loghin, L.; Lupaşteanu, A.; Ucrain, C.: Barbati ai datoriei. 23 august 1944- 12 mai 1945. Bucureşti: Ed.Militara 1985. 453 S.
B 58482

Popescu-Puturi, I.: Semnificatia istorica a marrii rascoale a ,Tăranilor. In: Anale de istorie. A.33, 1987. No.1. S.3-14.
BZ 4536:33

Zaharia, G.; Cupşa, I.: Participarea României la înfrîngerea Germaniei naziste. Bucureşti: Ed.Političa 1985. 359 S.
B 56402

L 179 Rußland/Sowjetunion/ UdSSR

L 179 a Allgemeines

Bayón, F.: La vieja Rusia de Gorbachov. Madrid: El Pais 1985. 239 S.
B 58438

Shipler, D.K.: Rußland. Zerbrochene Idole, pompöse Träume. Berlin: Siedler 1985. 351 S.
B 56929

Sowjetsystem und Ostrecht. Festschrift, f.Boris Meissner zum 70.Geb.. Hrsg.: G.Brunner. Berlin: Duncker u.Humblot 1985. 886 S.
B 56765

Wieland, L.: Rußland-Reportagen. Grenzzüge durch die Sowjetunion. Frankfurt: Societäts-Verl. 1986. 167 S.
B 60178

L 179 c Biographien

Bagramjan, I.C.: Velikogo naroda Synov'ja. 1984. 358 S.
B 59452

Rohwer, J.: Das Ende der Ära Gorschkow. In: Marine-Rundschau. Jg.83, 1986. Nr.2. S.88-97.
BZ 05138:83

– Abrassimow –

Abrasimov, P.A.: 300 Meter vom Brandenburger Tor. Erinnerungen eines Botschafters. Berlin: Quadriga Verl. 1985. 218 S.
B 57071

– Akhromeyev –

Herspring, D.R.: Marshal Akhromeyev and the future of the Soviet Armed Forces. In: Survival. Vol.28, 1986. No.6. S.524-535.
BZ 4499:28

– Batutin –

Zacharov, J.D.: General armii N.F.
Batutin. Moskva: Voenizdat 1985.
190 S.
Bc 5874

– Chruschtschow –

Medvedev, R.: Chruschtschow. Eine
polit.Biographie. Stuttgart: Seewald
1984. 368 S.
B 56754

– Denikin –

Grey, M.: Mon Père, le Général
Dénikine. Paris: Librairie Académique
Perrin 1985. 377 S.
B 56176

– Gorbatschow –

Gelman, H.: Gorbachev's dilemmas and
his conflicting foreign policy goals. In:
Orbis. Vol.30, 1986. No.2.
S.231-248.
BZ 4440:30

Gorbačev, M.S.: Ergebnisse und Lehren
von Reykjavik. Moskau: APN-Verl.
1986. 46 S.
Bc 6180

Gorbačev, M.S.: Erklärung des General-
sekretärs des ZK der KPdSU,
M.Gorbatschow im sowjet.Fernse-
hen.... Moskau: APN-Verl. 1986. 15 S.
Bc 6099

Gorbačev, M.S.: Speeches and writings. Oxford: Pergamon Press 1986.
XV,359 S.
010184

Lendvai, P.: Who is afraid of Mikhail
Gorbachov?. In: Survey. Vol.29, 1987.
No.2. S.202-217.
BZ 4515:29

Vizit Generalńogo sekretarja CK KPSS
M.S.Gorbačeva vo Franciju 2-5
okt.1985 g. Dokumenty i materialy.
Moskva: Politizdat 1985. 96 S.
Bc 6084

Zimmermann, R.: Adversary images in
East-West perception: integrating
Gorbachev. In: Current research on
peace and violence. Vol.10, 1987. No.1.
S.44-49.
BZ 05123:10

– Gorbunov –

Gorbunov, N.P.: Vospominanija stat'i
dokumenty. Moskva: Nauka 1986.
238 S.
B 60100

– Gorjuskin –

Tartakovskij, B.P.: Besstrašnyj Kombat.
Moskva: DOSAAF 1985.
213 S.
Bc 5875

– Gromyko –

Gromyko, A.A.: Auf dem Friedenskurs
Lenins. Ausgew. Reden und Schriften.
Berlin: Staatsverlag der DDR 1985.
524 S.
B 56380

– Kirov –

Kirov i vremja. Red.: V.I.Bokovnja.
Leningrad: Lenizdat 1986. 315 S.
010164

– Kopelev –

Kopelev, L.Z.: Worte werden Brücken.
Aufsätze, Vorträge, Gespräche, 1980-
1985. Hamburg: Hoffmann und Campe
1985. 252 S.
B 57015

– Krivoseina –

Krivošeina, N.A.: Cetyre Treti našej
žizni. Paris: Ymca-Pr. 1984. 280 S.
B 58215

– Lenin –

Begegnungen mit Iljitsch. Erinnerun-
gen an Lenin. Hrsg.: I.Kuschel. Berlin:
Dietz 1985. 263 S.
B 56659

Lenin's struggle for a revolutionary
International. Documents: 1907-1916.
The preparatory years. Ed.by
J.Riddell. New York: Monad Pr. 1984.
XX,604 S.
B 56100:1

Moskovskij, P.V.; Semenov, V.G.: Lenin v
Italii, -Cechoslovakii Pol'še. Moskva:
Politizdat 1986. 173 S.
B 60185

Platten, F.: Die Reise Lenins durch
Deutschland im plombierten Wagen.
Frankfurt: isp-Verl. 1985. 152 S.
B 56262

Zetkin, C.: Erinnerungen an Lenin. Mit
e.Anh.: Aus d.Briefwechsel mit Lenin
und Nadeshda Krupskaja. Hrsg.:
K.Haferkorn. 4.Aufl.. Berlin: Dietz
1985. 137 S.
B 56658

– Nikolaus II –

Basily, N.de: The Abdication of Empe-
ror Nicholas II of Russia. A memoir.
Princeton, N.J.: The Kingston Pr. 1984.
XI,209 S.
B 57225

– Orgakov –

Herspring, D.R.: Nikolay Ogarkov and
the scientific-technical revolution in
Soviet military affairs. In: Comparative
strategy. Vol.6, 1987. Nr.1. S.29-59.
BZ 4686:6

Fitzgerald, M.C.: Marshal Ogarkov on
the Modern Theater Operation. In:
Naval War College review. Vol.39, 1986.
No.4. S.6-25.
BZ 4634:39

– Orlowa-Kopelew –

Orlowa-Kopelew, R.: Eine Vergangenheit, die nicht vergeht. Rückblicke aus
fünf Jahrzehnte. München: Knaus
1985. 444 S.
B 56920

– Savinkov –

Savinkov, B.: Erinnerungen eines Terro-
risten.. Nördlingen: Greno 1985.
LXXIX,456 S.
B 55496

– Sevčenko –

Sevčenko, A.N.: Breaking with Moscow.
7th pr.. New York: Knopf 1985.
VIII,378 S.
B 55925

– Sokolowski –

McConnell, J.M.: The irrelevance today
of Sokolovskiy's book Military Strategy.
In: Defense analysis. Vol.1, 1985. No.4.
S.243-254.
BZ 4888:1

– Solschenizyn –

Heller, M.: Yesterday and today in
Alexander Solzhenitsyn's 'The Red
Wheel". In: Survey. Vol.29, 1987. No.2.
S.29-45.
BZ 4515:29

Oja, M.F.: Shalamov, Solzhenitsyn, and
the Mission of Memory. In: Survey.
Vol.29, 1987. No.2. S.62-69.
BZ 4515:29

Pontuso, J.F.: On Solzhenitsyn's Stalin.
In: Survey. Vol.29, 1987. No.2. S.46-61.
BZ 4515:29

– Tuchatschewski –

Pfaff, I.: Prag und der Fall Tuchat-
schewski. In: Vierteljahrshefte für Zeitgeschichte. Jg.35, 1987. H.1. S.95-134.
BZ 4456:35

L 179 d Land und Volk

Bilinsky, Y.: Nationality policy in Gorbachev's first year. In: Orbis. Vol.30,
1986. No.2. S.331-342.
BZ 4440:30

Brahm, H.: Die Sowjetunion im Prisma westlicher Meinungen. Köln: Bundesinst.f.ostwiss.u.intern.Studien 1986. 45 S.
Bc 01891

Cullen, R.B.: Soviet Jewry. In: Foreign affairs. Vol.65, 1986. Nr.2. S.252-266.
BZ 05149:65

Simon, G.: Das nationale Bewußtsein der Nichtrussen in der Sowjetunion. Köln: Bundesinst.f.ostwiss.u.intern.-Studien 1986. 101 S.
Bc 01892

Soviet nationalities in strategic perspective. Ed.by S.E. Wimbush. London: Croom Helm 1985. XXVIII,253 S.
B 56831

L 179 e Staat und Politik

L 179 e 10 Innenpolitik

Baschtanjuk, G.: Die Umgestaltung ist eine revolutionäre Sache. In: Probleme des Friedens und des Sozialismus. Jg.30, 1987. Nr.1. S.47-52.
BZ 4504:30

Brown, A.: Change in the Soviet Union. In: Foreign affairs. Vol.64, 1986. No.5. S.1048-1065.
BZ 05149:64

Brown, A.: Soviet political developments and prospects. In: World policy journal. Vol.4, 1986/87. No.1. S.55-90.
BZ 4822:4

Fedossow, P.: "Glasnost" und "Perestrojka". Neues aus der Sowjetunion. Ein Bericht über die jüngsten Entwicklungen und Diskussionen. In: Blätter für deutsche und internationale Politik. Jg.32, 1987. H.6. S.790-801.
BZ 4551:32

Gerstenmaier, C.J.: "Glasnost" - ein Schlagwort und die sowjetische Wirklichkeit. In: Europäische Wehrkunde. Jg.36, 1987. Nr.5. S.242-246.
BZ 05144:36

Gorbačev, M.S.: Wir brauchen Demokratie wie die Luft zum Atmen.... Rede auf dem Plenum des Zentralkomitees d.KPdSU... Köln: Pahl-Rugenstein 1987. 64 S.
Bc 6373

The Gorbachev era. Ed.by A.Dallin. Stanford: Stanford Alumni Ass. 1986. XII,183 S.
Bc 6498

Lazis, O.: "Glasnost"- Erneuerung der Gesellschaft. In: Sozialismus. Jg.13, 1987. Nr.87. S.49-53.
BZ 05393:13

Ligatschow, J.: Das revolutionäre Wesen der Umgestaltung in der USSR. In: Probleme des Friedens und des Sozialismus. Jg.30, 1987. Nr.7. S.867-877.
BZ 4504:30

Mackintosh, M.: Die Sowjetunion nach den ersten zwei Jahren unter der Herrschaft Gorbaschows. In: NATO-Brief. Jg.35, 1987. Nr.1. S.3-11.
BZ 05187:35

Mlynár, Z.: Kreuzweg der politischen Reform. In: Sozialismus. Jg.13, 1987. Nr.87. S.45-48.
BZ 05393:13

Seriot, P.: Analyse du discours politique soviétique par.... Paris: Inst.d'études slaves 1985. XI,358 S.
B 56844

El Sistema sovietico hoy. Madrid: Ed.Pablo Iglesias 1984. 220 S.
B 57877

Süß, W.: Kein Vorbild für die DDR? Die sowjetischen Reformbemühungen aus der Sicht der SED. In: Deutschland-Archiv. Jg.19, 1986. Nr.9. S.967-988.
BZ 4567:19

Tatu, M.: Gorbatschows Innenpolitik. In: Europäische Rundschau. Jg.15, 1987. Nr.1. S.3-14.
BZ 4615:15

Yanov, A.: The Drama of the Soviet 1960s. A lost reform. Berkeley, Cal.: University of California 1984. XIX,141 S.
B 56098

Zemtsov, I.: Policy dilemmas and the struggle for power in the Kremlin. The Andropov period. Fairfax, Va.: Hero Books 1985. X,213 S.
B 57496

L 179 e 11 Verfassung

Chronik des Frauenkonzentrations-lagers Baraschewo. Hrsg.: H.Merelind. Thun: Kuratorium "Geistige Freiheit" 1986. 42 S.
Bc 6318

Les crimes du Guépéou: documents sur les assassinats d'Ignace Reiss et de Rudolf Klement. Paris: C.E.R.M.-T.R.I. 1985. 58 S.
09857

Errera, R.: Les droits de l'homme en U.R.S.S.. In: Commentaire. A.10, 1987. No.37. S.42-49.
BZ 05436:10

Popovsky, M.A.: The [Nikolaj Ivanovic] Vavilov Affair. Hamden, Conn.: Archon Book 1984. VIII,216 S.
B 56077

L 179 e 12 Regierung und Verwaltung

Composition of the U.S.S.R. Supreme Soviet. (11th convocation) March 1984. London: BBC Data Publ. 1984. 167 S.
010041

Green, W.C.: Are there "Hawks" and "Doves" in the Soviet leadership?. In: Strategic review. Vol.15, 1987. No.1. S.31-42.
BZ 05071:15

Mitchell, R.J.; Gee, T.: The Soviet succession crisis and its aftermath. In: Orbis. Vol.29, 1985. No.2. S.293-317.
BZ 4440:29

Ra'anan, U.: Before and after Cherno-byl: stresses in the Soviet leadership. In: Orbis. Vol.30, 1986. No.2. S.249-257.
BZ 4440:30

Wahl, G.: Theorie und Praxis sozialisti-scher Demokratie in der Sowjetunion. Politische Partizipation im Rahmen der lokalen Sowjets. Frankfurt: Haag u.Herchen 1984. 272 S.
B 56969

L 179 e 14 Parteien

Avidar, Y.: The Party and the army in the Soviet Union. Jerusalem: Magnes Pr. 1983. 340 S.
B 55593

Chotiner, B.A.: Khrushchev's Party reform. Coalition building and instituti-onal innovation. Westport, Conn.: Greenwood Press 1984. 313 S.
B 56212

Cowden, M.H.: Russian Bolshevism and British Labor, 1917-1921. New York: Columbia Univ.Pr. 1984. VIII,238 S.
B 56893

Firsov, F.I.: Lenin, Komintern i stanov-lenie kommunističeskich partij. Moskva: Politizdat 1985. 359 S.
B 59865

Friedgut, T.H.: Gorbachev and party reform. In: Orbis. Vol.30, 1986. No.2. S.281-296.
BZ 4440:30

Fukuyama, F.: The rise and fall of the Marxist - Leninist Vanguard Party. In: Survey. Vol.29, 1987. No.2. S.116-135.
BZ 4515:29

Getty, J.A.: Origins of the great purges. The Soviet communist party reconside-red, 1933-1938. Cambridge: Cambridge Univ.Pr. 1985. 276 S.
B 56469

Gorbacev, M.S.: Političeskij Doklad CK KPSS XXVII sězdu Kommunistič ces-koj partii Sovetsko Sojuza. 25 fevr.1986. Moskva: Politizdat 1986. 187 S.
B 59867

Gorbacev, M.S.: Über die Umgestaltung und die Kaderpolitik der Partei. Moskau: APN-Verl. 1987. 85 S.
Bc 6416

Herspring, D.R.: The Soviet military in the aftermath of the 27th Party Congress. In: Orbis. Vol.30, 1986. No.2. S.297-315.
BZ 4440:30

Kalašnikov, V.V.: Anglijskaja i amerikanskaja buržuaznaja Istoriografija strategii i taktiki partii bol'ševikov v Oktjabrśkoj revoljucii. Kritika osnovnych koncepcij 20čh - načala 80čh godov. Leningrad: Izd. Leningr.Univ. 1986. 175 S.
Bc 6081

Morechina, G.G.: Partijnoe Stroitelśtvo v period Velikoj Otečestvennoj vojny Sovetskogo Sojuza 1941-1945. Moskva: Politizdat 1986. 392 S.
B 59917

Partijnye Organizacii vo glave bor'by za razgram interventov i belogvardejcev 1918-1920. Red.M.E.Plechanov. Sverdlovsk: UrGu 1984. 148 S.
Bc 6096

Pfeiler, W.: Sowjetideologie nach dem XXVII.Parteitag. Kontinuität und Wandel. In: Beiträge zur Konfliktforschung. Jg.16, 1986. H.4. S.55-73.
BZ 4594:16

Programm der kommunistischen Partei der Sowjetunion. Moskau: APN-Verlag 1986. 93 S.
Bc 5938

Reilly, I.: The role of ideology in the modern USSR. In: RUSI. Vol.132, 1987. No.1. S.57-64.
BZ 05161:132

S.M. Kirov i leningradskie kommunisty 1926-1934. Sost. A.A.Kirilina. Leningrad: Lenizdat 1986. 333 S.
B 59447

Schneider, E.: Der XXVII. Parteitag der KPdSU: Personelle Veränderungen im Politbüro und im ZK-Sekretariat. Köln: Bundesinst.f.ostwiss.u.intern.-Studien 1986. II,34 S.
Bc 01827

Seiffert, W.: Das "neue politische Denken" der KPdSU unter Gorbatschow und seine Grenzen. In: Europäische Rundschau. Jg.15, 1987. Nr.1. S.23-33.
BZ 4615:15

Sowjetunion zu neuen Ufern?. 27.Parteitag d.KPdSU März'86. Dok.u.Materialien. Düsseldorf: Brücken-Verl. 1986. 501, 73 S.
B 58953

Tismaneanu, V.: Neoštalinism and reform communism. In: Orbis. Vol.30, 1986. No.2. S.259-280.
BZ 4440:30

L 179 e 20 Außenpolitik

Godson, R.: Soviet active measures: distinctions and definition. In: Defense analysis. Vol.1, 1985. No.2. S.101-110.
BZ 4888:1

Gong, G.W.; Stent, A.E.; Strode, R.V.: Areas of challenge for Soviet foreign policy in the 1980s. Bloomington, Ind.: Indiana Universitat Press 1984. XV,142 S.
B 55131

Ignat'ev, A.V.: Vnešnjaja Politika Rossii v 1905-1907 gg. Moskva: Nauka 1986. 300 S.
B 60237

Istorija vnešnej politiki SSSR. 1917-1985.. Red.A.A.Gromyko. 2 Bd.. 5.izd. Moskva: Nauka 1986. 534, 691 S.
B 59451

Kaiser, R.G.: The Soviet pretense. In: Foreign affairs. Vol.65, 1987. Nr.2. S.236-251.
BZ 05149:65

Litwak, R.S.: Ideology and the conduct of Soviet policy in the Third World: an overview. In: The Jerusalem journal of international relations. Vol.9, 1987. No.1. S.22-44.
BZ 4756:9

Makinsky, M.: Terrorisme international et stratégie globale de l'URSS. Le cadre théorique de l'analyse stratégique. In: Défense nationale. A.43, 1987. No.1. S.27-40.
BZ 4460:43

Rezun, M.: The great game revisited. In: International journal. Vol.41, 1985-86. No.2. S.324-341.
BZ 4458:41

Simes, D.K.: Gorbachev: a new foreign policy?. In: Foreign affairs. Vol.65, 1987. No.3. S.477-500.
BZ 05149:65

The Soviet state. The domestic roots of Soviet foreign policy. Ed.by C.Keeble. Aldershot: Gower 1985. 244 S.
B 56220

Staar, R.F.: USSR foreign Policies after detente. Stanford, Calif.: Stanford Univ. 1985. XXVII,300 S.
B 57085

Steele, J.: Soviet Power. The Kremlin's foreign policy - Brezhnev to Chernenko. New York: Simon & Schuster 1984. XII,289 S.
B 56052

Topitsch, E.: Stalins Krieg. Die sowjetische Langzeitstrategie gegen den Westen als rationale Machtpolitik. München: Olzog 1985. 168 S.
B 55726

Wettig, G.: Gorbatschow und das "neue Denken" in der sowjetischen Außenpolitik. In: Außenpolitik. Jg.38, 1987. No.2. S.143-154.
BZ 4457:38

L 179 e 23 Sicherheitspolitik

Alexiev, A.R.: The Soviet campaign against INF: strategy, tactics and means. In: Orbis. Vol.29, 1985. No.1. S.319-350.
BZ 4440:29

Boysen, S.: Gorbatschows Vorschläge zur Abrüstung. In: Außenpolitik. Jg.38, 1987. H.1. S.11-22.
BZ 4457:38

Evangelista, M.: The new Soviet approach to security. In: World policy journal. Vol.3, 1986. No.4. S.561-600.
BZ 4822:3

Wettig, G.: Gorbatschows Strategien für Abrüstung und Sicherheit. In: Außenpolitik. Jg.38, 1987. H.1. S.3-10.
BZ 4457:38

L 179 e 29 Außenpolitische Beziehungen

Abramski-Bligh, I.: Soviet-Syrian Relations (1982-1985). In: The Jerusalem quarterly. 1986. Nos.37. S.40-56.
BZ 05114:1986

Albright, D.E.: Die Sowjetunion und das südliche Afrika in den achtziger Jahren. In: Europa-Archiv. Jg.42, 1987. Nr.6. S.179-188.
BZ 4452:42

Ashby, T.: Bear in the backyard. In: United States Naval Institute. Proceedings. Jg.113, 1987. No.4. S.72-77.
BZ 05163:113

Berner, W.: Die Afghanistan-Politik der UdSSR seit dem Umsturz von 1978. In: Vierteljahresschrift für Sicherheit und Frieden. Jg.4, 1986. H.2. S.85-92.
BZ 05473:4

Berton, P.: Soviet-Japanese relations. In: Asian survey. Vol.26, 1986. No.12. S.1259-1283.
BZ 4437:26

Bunzl, J.; Flores, A.; Rasoul, F.: Falscher Alarm?. Studien zur sowjetischen Nahostpolitik. Wien: Braumüller 1985. 224 S.
B 57727

Burt, R.R.: Gorbatschows "Glasnost" und das westliche Bündnis. In: Europa-Archiv. Jg.42, 1987. Nr.9. S.247-258.
BZ 4452:42

David, S.R.: Soviet Involvement in Third World Coups. In: International security. Vol.11, 1986. No.1. S.3-36.
BZ 4433:11

Dawisha, K.: Gorbachev and Eastern Europe: A new Challenge for the West? The Case for Detente. In: World policy journal. Vol.3, 1986. No.2. S.277-299.
BZ 4822:3

Delaguila, J.M.: Central American vulnerability to Soviet/Cuban penetration. In: Journal of interamerican studies and world affairs. Vol.27, 1985. No.2. S.77-97.
BZ 4608:27

Fursenko, A.A.: Podgotovka amerikanskoj intervencii v Sovetskuju Rossiju. In: Voprosy istorii. 1986. No.6. S.53-61.
BZ 05317:1986

Gomane, J.-P.: La politique soviétique dans le Pacifique. In: L'Afrique et l'Asie modernes. 1986. No.150. S.3-15.
BZ 4689:1986

Griffith, W.E.: Superpower Problems in Europe: A comparative Assessment. In: Orbis. Vol.29, 1985. Nr.4. S.735-752.
BZ 4440:29

Heinzig, D.: Die Hinwendung der Sowjetunion zum asiatisch-pazifischen Raum. In: Europa-Archiv. Jg.42, 1987. Nr.11. S.323-330.
BZ 4452:42

Hetland, T.: The Soviet view of the nordic countries and NATO, 1948-1952. In: Scandinavian journal of history. Vol.11, 1986. No.2. S.149-181.
BZ 4643:11

Hough, J.F.: The Struggle for the Third World. Soviet debates and American options. Washington: The Brookings Inst. 1986. X,293 S.
B 58175

Jonson, L.: The Soviet Union and the Federal Republic of Germany: Soviet policy debate in the press 1975-1981. In: Cooperation and conflict. Nordic journal of international politics. Vol.21, 1986. No.2. S.119-131.
BZ 4605:21

Karsh, E.: The cautious Bear: Soviet military engagement in Middle East wars in the post-1967 era. Boulder, Colo.: Westview Press 1985. 97 S.
Bc 6101

Kim, R.U.T.: Warming up Soviet-Japanese relations?. In: The Washington quarterly. Vol.9, 1986. No.2. S.85-96.
BZ 05351:9

Kühne, W.: Sowjetische Afrika-Politik und Gorbatschow. In: Europa-Archiv. Jg.41, 1986. Nr.22. S.659-666.
BZ 4452:41

Lapidus, G.W.: The USSR and Asia in 1986. In: Asian survey. Vol.28, 1987. No.1. S.1-9.
BZ 4437:28

Litwak, R.S.; Macfarlane, S.N.: Soviet activism in the Third World. In: Survival. Vol.29, 1987. Nr.1. S.21-39.
BZ 4499:29

Manusevič, A.J.: K istorii sovetsko-polśkich otnošenij i polśkogo revoljucionnogo dviženija v 1918-1920 gg. In: Novaja i novejšaja istorija. 1986. Nr.2. S.44-62.
BZ 05334:1986

Mendras, M.: The Soviet system's immunity to Third World radical experiences. In: Journal of communist studies. Vol.2, 1987. No.3. S.286-291.
BZ 4862:2

Miksche, F.O.: Der Gegensatz Moskau-Peking. Ein Aufstieg des erwachenden "Reiches der Mitte" ist nicht aufzuhalten. In: Beiträge zur Konfliktforschung. 1986. H.3. S.65-78.
BZ 4594:1986

Moon, S.E.: Importance of ASEAN in Soviet foreign policy: an evaluation of Soviet policy toward Southeast Asia in the post-Vietnam war era. Ann Arbor, Mich.: UMI 1985. VI,254 S.
B 57218

Page, S.: Patterns of Soviet activity in Southwest Asia. In: International journal. Vol.41, 1985-86. No.2. S.300-323.
BZ 4458:41

Pfeifenberger, W.: Südafrika aus sowjetischer und kontinental-chinesischer Sicht. In: Allgemeine Schweizerische Militärzeitschrift. Jg.153, 1987. Nr.1. S.13-20.
BZ 05139:153

Rupnik, J.: Soviet adaptation to change in Eastern Europe. In: Journal of communist studies. Vol.2, 1987. No.3. S.251-262.
BZ 4862:2

Schulz, E.: Neue Nuancen in der sowjetischen Deutschland-Politik. In: Deutschland-Archiv. Jg.19, 1986. Nr.10. S.1064-1074.
BZ 4567:19

Shearman, P.: Soviet foreign policy in Africa and Latin America: a comparative case study. In: Millenium. Journal of international studies. Vol.15, 1986. No.3. S.339-365.
BZ4779:15

Sovetsko-amerikanskaja Vstreča na vysšem urovne. Rejk'javik 11-12 oktjabrja 1986 goda. Moskva: Politizdat 1986. 62 S.
Bc 6292

Spechler, D.R.: The U.S.S.R. and Third-World conflicts: domestic debate and Soviet policy in the Middle East, 1967-1973. In: World politics. Vol.38, 1985/86. No.3. S.435-461.
BZ4464:38

SSSR Ljuksemburg. Stranicy istorii 1867-1984 gg. Dokumenty i materialy. Red.: A.A.Gromyko. Moskva: Politizdat 1985. 270 S.
B 60196

Timmermann, H.: Gorbatschow, die "Eurolinke" und die SED. In: Deutschland-Archiv. Jg.20, 1987. Nr.3. S.285-292.
BZ 4567:20

Volgyes, I.: Troubled friendship or mutual dependence? Eastern Europe and the USSR in the Gorbachev era. In: Orbis. Vol.30, 1986. No.2. S.343-353.
BZ 4440:30

Weiss, P.: Moskaus Ambitionen in Fernost. In: Internationale Wehrrevue. Jg.19, 1986. Nr.12. S.1751-1754.
BZ 05265:19

Willerton, J.P.: Soviet Perspectives on Afghanistan: The Making of an Ally. In: The Jerusalem journal of international relations. Vol.8, 1986. Nos.1. S.114-144.
BZ 4756:8

L 179 f 00 Wehrpolitik

Aichinger, W.; Maiwald, A.F.: Die globale Bündnispolitik der UdSSR. T.1: Warschauer Pakt und Europa. In: Österreichische militärische Zeitschrift. Jg.25, 1987. H.3. S.238-249.
BZ 05214:25

Garrett, B.N.; Glaser, B.S.: War and peace: the views from Moscow and Beijing. Berkeley, Cal.: IIS 1984. XII,151 S.
B 54917

Gawad, A.A.: Moscow's arms-for-oil diplomacy. In: Foreign policy. 1986. Nr.63. S.147-168.
BZ 05131:1986

Holloway, D.: The Soviet Union and the arms race. 2.ed. New Haven: Yale Univ.Pr. 1984. XXVI,211 S.
B 57213

Hopple, G.: Soviet Military Assistance and UN Voting Patterns of African Nations: A Correlational Analysis. In: The Jerusalem journal of international relations. Vol.8, 1986. No.1. S.1-33.
BZ 4756:8

Nikutta, R.: Rüstungswirtschaft in der Sowjetunion. Frankfurt: Haag u.Herchen 1986. 178 S.
Bc 6091

Pfeiler, W.: Funktionen sowjetischer Rüstungspolitik: Eine politisch-ökonomische Nutzenkosten-Bilanz. In: Zeitschrift für Politik. Jg.33, 1986. H.3. S.291-305.
BZ 4473:33

Pilster, H.-C.: Zivilverteidigung ist für Moskau ein Faktor von strategischem Wert. In: Europäische Wehrkunde. Jg.36, 1987. Nr.1. S.35-40.
BZ 05144:36

Schröder, H.-H.: Perspektiven sowjetischer Rüstungspolitik im Spiegel des XXVII Parteitages. Köln: Bundesinst.-f.ostwiss.u.intern.Studien 1986. III,50 S.
Bc 01826

Schulz, H.J.: Die sowjetische Militärmacht. Frankfurt: isp-Verl. 1985. 218 S.
B 55910

The Soviet Far East military buildup. Nuclear dilemmas and Asian security. Ed.by R.H.Solomon. London: Croom Helm 1986. XV,301 S.
B 61408

Strode, R.: The Soviet Armed Forces. Adaptation to Resource Scarcity. In: The Washington quarterly. Vol.9, 1986. No.2. S.55-69.
BZ 05351:9

Ulsamer, E.: Intelligence update on Soviet power. In: Air force magazine. Vol.69, 1986. Nr.12. S.90-96.
BZ 05349:69

Volten, P.M.E.: De defensie van de Sovjet-Unie en het "ontwikkeld socialisme". In: Militaire spectator. Jg.155, 1986. Nr.6. S.270-278.
BZ 05134:155

Wahl, P.: Die sowjetischen Rüstungstransfers (I). In: AIB. Jg.18, 1987. Nr.4. S.34-38,46-49.
BZ 05283:18

L 179 f 05 Kriegswesen

Atkeson, E.B.: Soviet military theory: Relevant or red herring?. In: Parameters. Jg.17, 1987. No.1. S.77-88.
BZ 05120:17

Bolton, D.: The influence of Technology upon Soviet Operational Doctrine. In: RUSI. Vol.131, 1986. No.2. S.21-28.
BZ 05161:131

Chizum, D.G.: Soviet radioelectronic Combat. Boulder, Colo.: Westview Press 1985. XIX,125 S.
Bc 6554

Cimbala, S.J.: Soviet "Blitzkrieg" in Europe: the abiding nuclear dimension. In: Strategic review. Vol.14, 1986. No.3. S.67-75.
BZ 05071:14

Di, H.: The Soviet threat to the Norther Pacific region from an overall point of view. In: Atlantic community quarterly. Vol.24, 1986. No.1. S.28-38.
BZ 05136:24

Donnelly, D.N.; Petersen, P.A.: Die Rolle Dänemarks in der sowjetischen Militärstrategie. In: Internationale Wehrrevue. Jg.19, 1987. Nr.8. S.1047-1051.
BZ 05263:19

Gormley, D.M.: A new Dimension to Soviet Theater Strategy. In: Orbis. Vol.29, 1985. Nr.3. S.537-569.
BZ 4440:29

Hines, J.G.: Opérations du front soviétique en Europe. Planification à des fins
d'encerclement. In: Stratégique. 1986.
No.31. S.79-112.
BZ 4694:1986

Hines, J.G.; Petersen, P.A.: Thinking
Soviet in defending Europe. In:
Defence. Vol.16, 1985. No.10.
S.511-520.
BZ 05381:16

Hoffmann, H.: Moscow's secret strategic
defence initiative. In: Military technology. Vol.10, 1986. H.11. S.38-44.
BZ 05107:10

Hyden, J.S.: Sowjetische Operationen
in der Tiefe. Eine echte Bedrohung der
NATO?. In: Internationale Wehrrevue.
Jg.20, 1987. Nr.6. S.723-724.
BZ 05263:20

Jacobsen, C.G.: Sowjetische Strategie.
In: Internationale Wehrrevue. Jg.19,
1987. Nr.10. S.1431-1436.
BZ 05263:19

Kielmannsegg, H.von: Die vergessene
Gefahr der strategischen Über-
raschung. In: Europäische Wehrkunde.
Jg.36, 1987. Nr.4. S.210-213.
BZ 05144:36

Laird, R.F.; Herspring, D.R.: The Soviet
Union and strategic arms. Boulder,
Colo.: Westview Press 1984. 160 S.
B 57246

Lider, J.: Die sowjetischen Klassifizie-
rungen von Kriegen. In: Österreichische militärische Zeitschrift. Jg.25,
1987. H.2. S.150-157.
BZ 05214:25

Makinsky, M.: L'insertion du terrorisme
dans la stratégie soviétique. Première
partie: les convergences stratégiques.
In: Défense nationale. A.43, 1987.
No.6. S.45-57.
BZ 4460:43

McGwire, M.: Soviet military objectives. In: World policy journal. Vol.3,
1986. No.4. S.667-695.
BZ 4822:3

Militärmacht Sowjetunion. Politik,
Waffen u.Strategien. Hrsg.: A.Mech-
tersheimer. Darmstadt: Luchterhand
1985. 260 S.
B 57138

Monks, A.L.: Soviet military Doctrine:
1960 to the present. New York: Irving-
ton 1984. XII,351 S.
B 55783

Oudenaren, J.van: Deterrence, war-
fighting and Soviet military doctrine.
London: International Inst.for Strategic Studies 1986. 47 S.
Bc 6132

Pilat, J.: Star peace: Soviet space arms
control, strategy and objectives. In:
The Washington quarterly. Vol.10, 1987.
No.1. S.137-152.
BZ 05351:10

Sadykiewicz, M.: Die sowjetische Mili-
tärdoktrin und Strategie. Hrsg.:
G.Wagenlehner. Koblenz: Bernard und
Graefe 1985. 203 S.
B 56966

Schmid, A.P.; Berends, E.: Soviet military Interventions since 1945. New
Brunswick: Transaction Books 1985.
219 S.
B 57326

Smith, D.L.; Meier, A.L.: Ogarkows
revolution. Die sowjetische Militärdoktrin für die 90er Jahre. In: Internationale Wehrrevue. Jg.20, 1987. Nr.7.
S.869-873.
BZ 05263:20

Soglian, F.di: L'inserimento dell' Unione
Sovietica nelle crisi locali. In: Politica
internazionale. A.15, 1987. No.5.
S.106-112.
BZ 4828:15

Wettig, G.: Offensive für die Defensive:
Orwells "Neusprache" in der sowjeti-
schen Militärdoktrin. In: Europäische
Wehrkunde. Jg.36, 1987. Nr.4.
S.200-202.
BZ 05144:36

Yost, D.S.: Soviet ballistic missile defense and NATO. In: Orbis. Vol.29, 1985. No.2. S.281--292.
BZ 4440:29

Yurechko, J.J.: Koalitionskriegführung aus Moskauer Sicht. In: Außenpolitik. Jg.38, 1987. H.1. S.23-41.
BZ 4457:38

Geheimer Nachrichtendienst/Spionage/ Abwehr

Bittman, L.: The KGB and Soviet disinformation. An insider's view. Washington: Pergamon-Brassey's 1985. X,227 S.
B 57199

Ostrjakov, S.S.: Militär-Tschekisten. Berlin: Militärverlag der DDR 1985. 286 S.
B 56508

Soviet Intelligence. Warsaw Pact forces in Europe: a new survey. (Part 2). In: Jane's defence weekly. Vol.7, 1987. Nr.13. S.598-601.
BZ 05465:7

Soviet Intelligence. Warsaw Pact forces in Europe: a new survey. (Part 3). In: Jane's defence weekly. Vol.7, 1987. Nr.14. S.668-679.
BZ 05465:7

Suvorov, V.: Inside Soviet military Intelligence. New York: Macmillan 1984. XIII,193 S.
B 55596

L 179 f 10 Heer

Armstrong, R.: Mobile groups: prologue to OMG. In: Parameters. Jg.16, 1986. No.2. S.58-69.
BZ 05120:16

Development of Soviet AFV armament. Part 3. In: Jane's defence weekly. Vol.6, 1986. Nr.24. S.1445-1448.
BZ 05465:6

Gorokhoff, G.; Gmeline, P.de: La Garde imperiale russe, 1896-1914. Paris: Lavauzelle 1986. 347 S.
010121

Portnov, V.P.; Slavin, M.M.: Pravovye Osnovy stroitel'stva Krasnoj Armii 1918-1920 gg. Moskva: Nauka 1985. 286 S.
B 58256

Schröder, H.-H.: Geschichte und Struktur der sowjetischen Streitkräfte. Ein Überblick. Köln: Bundesinst.f.ostwiss.u.intern.Studien 1986. 78 S.
Bc 01935

Soviet Intelligence. Development of Soviet AFV armament. In: Jane's defence weekly. Vol.6, 1986. No.22. S.1343-1344.
BZ 05465:6

L 179 f 13 Waffengattungen und Dienste

Batalov, G.M.: Ratnoe Pole. Kiev: Politizdat Ukrainy 1985. 213 S.
B 60193

Burniece, J.R.: The Soviet forward detachment. In: Armor. Jg.96, 1987. No.3. S.12-16.
BZ 05168:96

Kadyrov, N.Z.: Ot Minska do Veny. Boevoj put 4-j gvardejskoj strelkovoj Apostolovsko-Venskoj Krasnoznamennoj divizii. Moskva: Voenizdat 1985. 175 S.
B 59766

Keltner, K.M.; Turbiville, G.H.: Soviet reinforcement in Europe. In: Military review. Vol.67, 1987. No.4. S.34-43.
BZ 4468:67

Lippert, G.: Die GSTD. Speerspitze der Roten Armee. In: Internationale Wehrrevue. Jg.20, 1987. Nr.5. S.553-563.
BZ 05263:20

Lycuchin, I.F.; Kukovenko, S.E.: Gorlovskaja dvaždy Krasnoznamennaja. Boevoj put 126-j strelkovoj Gorlovskoj dvaždy Krasnoznamennoj ordena Suvorova II stepeni divizii. Moskva: Voenizdat 1986. 195 S.
B 60210

Moskvin, N.I.: Dorogami boevogo bratstva. Minsk: Belarus' 1986. 320 S.
B 59921

Veterany vspominajut. Vospominanija veteranov 416-j Krasnoznamennoj Taganrogskoj ordena Suvorova II stepeni strel'kovoj divizii. Baku: Azerbajdžanskoe gosudarstv.izdat. 1985. 277 S.
B 58219

L 179 f 14 Militärwesen

Dynin, I.M.: Zvezdy podviga na zemle Afganistana. Moskva: Voenizdat 1985. 205 S.
Bc 6147

Kuznecov, A.A.: Ordena i medali Rossii. Moskva: Izd-vo MGU 1985. 174 S.
Bc 5793

Létourneau, P.: Mikhail Gorbatchev et la relation armée-pouvoir. In: Canadian defence quarterly. Vol.16, 1986/87. No.4. S.15-22.
BZ 05001:16

Meis, E.F.: Militarism in Russia: From Imperial Roots to the Soviet Union. In: Military review. Vol.66, 1986. No.7. S.29-37.
BZ 4468:66

Soldaty miloserdija. Sost.: A.G.Bancekina. Rostov na Donu: Rostovskoe knižnoe izd. 1985. 157 S.
B 59592

Woff, R.A.: Soviet military doctrine and the officer rank of the armed foces - 1984. In: Defense analysis. Vol.2, 1986. No.3. S.173-185.
BZ 4888:2

L 179 f 20 Marine

Babikov, M.A.: Otrjad osobogo naznačenija. Moskva: Sov.Rossija 1986. 224 S.
B 60270

Barbati, V.: Dove va la marina sovietica?. In: Rivista marittima. A.120, 1987. No.7. S.27-54.
BZ 4453:120

Berg, J.: The Soviet Submarine fleet. A photogr.survey. London: Jane 1985. 80 S.
B 57558

Černavin, V.N.: Opyt vedenija boevych dejstvij podvodnymi lodkami na različnych morskich teatrach v chode Velikoj Otečestvennoj vojny. In: Voenno-istoriceskij zurnal. R., 1986. Nr.7. S.11-21.
BZ 05196:1986

Compton-Hall, R.: The Soviet attack submarine force power and problems. In: Naval forces. Vol.8, 1987. No.1. S.50-61.
BZ 05382:8

Daniel, D.C.: The future of the Soviet Navy: Issues and considerations. In: Naval forces. Vol.7, 1986. No.2. S.106-112.
BZ 05382:7

Daniel, D.; Tarleton, G.D.: The soviet Navy in 1985. In: United States Naval Institute. Proceedings. Jg.112, 1986. No.999. S.98-108.
BZ 05163:112

Fitzgerald, T.A.: Stratégie Navale Soviétique. In: Nouvelle revue maritime. 1986. No.400. S.13-30.
BZ 4479:1986

Greger, R.: Die tschechischen Skoda-Geschütze und der sowjetische Flottenbau 1926 bis 1941. In: Marine-Rundschau. Jg.84, 1987. Nr.1. S.24-30.
BZ 05138:84

Hallerbach, R.: Gefecht der verbundenen Waffen aus der Luft wie auf dem Boden. In: Europäische Wehrkunde. Jg.36, 1987. Nr.5. S.261-262.
BZ 05144:36

Hansen, L.M.: Soviet Navy Spetsnaz Operations on the northern flank: implications for the defense of Western Europe. College Station, Tex.: Center for strategic technology 1984. IX,41 S.
Bc 01802

Jacobs, G.: Soviet naval aviation in the Pacific. In: Navy international. Vol.92, 1987. No.6. S.344-348.
BZ 05105:92

Jacobs, G.: Soviet Navy. Logistic Limitations. In: Navy international. Vol.91, 1986. No.10. S.602-606.
BZ 05105:91

Jacobs, G.: Soviet Pacific Based Submarine Forces. In: Navy international. Vol.91, 1986. No.8. S.452-457.
BZ 05105:91

Kola unveiled. Soviet Intelligence. In: Jane's defence weekly. Vol.6, 1986. No.10. S.538-540.
BZ 05465:6

Kryl'ja nad okeanom. Dok-hudožestvennaja kompozicija o morskoj aviacii. Red.: I.Cybul'skij. 2.izd.. Moskva: Molodaja gvardija 1986. 221 S.
B 60293

Meyer-Sach, M.: Der TVD Nordeuropa. In: Marine-Rundschau. Jg.84, 1987. Nr.6. S.330-336.
BZ 05138:84

Meyer-Sach, M.: Der TVD Nordeuropa. Eine Analyse von maritimen Aspekten der sowjetischen Militärstrategie an der NATO-Nordflanke. T.1. In: Marine-Rundschau. Jg.83, 1986. H.5. S.258-266.
BZ 05138:83

Morjaki-baltijcy na zaščite Rodiny 1941-1945. Red.A.M.Samsonov. Moskva: Nauka 1986. 478 S.
B 59920

Nordheimer, A.: Friedenspräsenz und Aktivitäten sowjetischer Marinestreitkräfte in außerheimischen Gebieten. In: Marine-Forum. Jg.61, 1986. H.10. S.340-342.
BZ 05170:61

Polmar, N.: Guide to the Soviet navy. 4th ed.. Annapolis, Ma.: Naval Inst.Pr. 1986. XII,536 S.
B 61511

Prinzi, G.: Le Portaeromobili Sovietiche e la loro Minaccia. Un'analisi in funzione dei compiti. In: Rivista marittima. A.119, 1986. Juli. S.25-42.
BZ 4453:119

Schultz-Torge, U.-J.: Die sowjetische U-Boot-Flotte 1986. In: Marine-Rundschau. Jg.83, 1986. Nr.4. S.233-241.
BZ 05138:83

Schulz-Torge, U.-J.: Die sowjetische U-Boot-Flotte 1986. In: Österreichische militärische Zeitschrift. Jg.24, 1986. H.6. S.540-546.
BZ 05214:24

Soviet Navy in the Indian Ocean. In: Jane's defence weekly. Vol.6, 1986. No.20. S.1235-1237.
BZ 05465:6

Trevino Ruiz, J.M.: Submarinos sovieticos: la fuerza oculta. In: Defensa. A.9, 1987. No.103. S.18-25.
BZ 05344:9

Turrini, A.: Flotta subacquea sovietica: l'occidente ha molto da imparare. In: Difesa oggi. A.10, 1986. No.99. S.303-311.
BZ 05119:10

Vego, M.: Gefechtsorganisation auf Einheiten der sowjetischen Marine. In: Marine-Forum. Jg.61, 1986. Nr.7-8. S.238-244.
BZ 05170:61

Vego, M.: Il commando e controllo delle Flotte nella dottrina navale sovietica. In: Rivista marittima. A.119, 1986. No.12. S.17-29.
BZ 4453:119

Vego, M.: L'Impiego Tattico Degli SSGN E Degli SSG Nella Marina Sovietica. (Parte 1). In: Rivista marittima. A.119, 1986. No.7. S.17-32.
BZ 4453:119

Vego, M.: La politica navale sovietica nel Pacifico. In: Rivista marittima. A.120, 1987. Nr.4. S.19-42.
BZ 4453:120

Vego, M.: La politica navale sovietica nel Pacifico. In: Rivista marittima. A.120, 1987. No.5. S.17-42.
BZ 4453:120

Vego, M.: Soviet naval organisation. In: Jane's defence weekly. Vol.6, 1986. No.9. S.479-482.
BZ 05465:6

Vego, M.: Soviet Navy. Mines and their Platforms. In: Navy international. Vol.91, 1986. No.7. S.431-436.
BZ 05105:91

Vego, M.: Their SSNs & SSs. In: United States Naval Institute. Proceedings. Jg.112, 1986. Nr.12. S.43-50.
BZ 05163:112

L 179 f 30 Luftwaffe

Kolecko, P.: Die sowjetischen Luftlandekräfte. (I). In: Truppendienst. Jg.25, 1986. H.6. S.574-581.
BZ 05209:25

Kolecko, P.: Die sowjetischen Luftlandekräfte. (II). In: Truppendienst. Jg.26, 1987. H.1. S.13-19.
BZ 05209:26

Pflugrath, C.O.: L'impiego degli elicotteri nell'esercito sovietico. In: Rivista italiana difesa. A.6, 1987. No.3. S.17-27.
BZ 05505:6

Psychisch-physische Abhärtung von Flugzeugführern im Warschauer Pakt. In: Truppenpraxis. Jg., 1986. Nr.6. S.568-571.
BZ 05172:1986

Szubański, R.: Przemysł lotnicyz ZSRR w okresie międzywojennym. In: Wojskowy przegląd historyczny. R.31, 1986. Nr.1. S.54-68.
BZ 4490:31

L 179 g Wirtschaft

Bialer, S.: Reform und Beharrung im Sowjetsystem. Ausgangslage, Schwierigkeiten und Aussichten der Politik Gorbatschows. In: Europa-Archiv. Jg.42, 1987. Nr.2. S.39-50.
BZ 4452:42

Birman, I.: The Soviet economy: alternative views. In: Survey. Vol.29, 1987. No.2. S.102-105.
BZ 4515:29

Bugai, N.: Die Organisation des Verkehrswesens unter Kriegsbedingungen in Sowjetrußland 1918-1920. In: Militärgeschichte. Jg.26, 1987. Nr.2. S.137-144.
BZ 4527:26

Cappelli, O.: Soviet crisis behaviour and information management: the Case of Chernobyl. In: Journal of communist studies. Vol.2, 1987. No.4. S.404-431.
BZ 4862:2

Commeau-Rufin, I.: La catastrophe de Tchernobyl, miroir de la presse soviétique. In: Politique étrangère. A.51, 1986. Nr.3. S.711-726.
BZ 4449:51

Commeau-Rufin, I.: L'énergie en URSS. In: Politique étrangère. A.51, 1986. Nr.3. S.727-735.
BZ 4449:51

Dijkstra, G.: Socialisme en ontwikkeling: de Sovjetunie als voorbeeld?. In: Internationale spectator. Jg.40, 1986. Nr.12. S.723-732.
BZ 05223:40

Dyker, D.A.: The Future of the Soviet economic planning system. London: Croom Helm 1985. 172 S.
B 57666

Evanson, R.K.: Soviet political uses of trade with Latin America. In: Journal of interamerican studies and world affairs. Vol.27, 1985. No.2. S.99-127.
BZ 4608:27

Gesundheit oder Atomkraft?. Medizin. Argumente gegen Atomkraftwerke - Versuch einer verständl.Darst. Nach Tschernobyl. Arbeitsgem.Ärztinnen u.Ärzte gegen Atomkraftwerke Hamburg. 7.Aufl.. Hamburg: o.V. 1986. 73 S.
D 3496

Gorbačev, M.S.: Bystree Perestraivat'sja dejstvovat' po-novomu. Moskva: Politizdat 1986. 47 S.
Bc 6256

Harrison, M.: Soviet Planning in peace and war, 1938-1945. Cambridge: Cambridge Univ.Pr. 1985. 315 S.
B 57680

Haury, H.-J.; Ullmann, C.: Leben nach Tschernobyl. Belastung, Wirkung, Risiko. München: List 1986. 175 S.
B 59547

Hendrikse, H.: Het Kremlin en het informatiebeleid inzake Tsjernobyl. In: Internationale spectator. Jg.40, 1986. Nr.10. S.589-600.
BZ 05223:40

Heuler, W.: Die Landwirtschaft der Sowjetunion nach der Katastrophe von Černobyl. In: Osteuropa-Info. 1986. Nr.65. S.76-93.
BZ 4778:1986

Johnson, P.M.; Wells, R.A.: Soviet Military and Civilian Resource Allocation 1951-1980. In: The Journal of conflict resolution. Vol.30, 1986. No.2. S.195-219.
BZ 4394:30

Josephson, P.R.: Die Wurzel des Unglücks von Tschernobyl. In: Europa-Archiv. Jg.42, 1987. Nr.4. S.119-128.
BZ 4452:42

Krohn, W.; Weingart, P.: 'Tschernobyl'-das größte anzunehmende Experiment. In: Kursbuch. 1986. Nr.85. S.1-25.
BZ 4434:1986

Lapidus, G.W.: KAL 007 and Chernobyl: The Soviet management of crises. In: Survival. Vol.29, 1987. Nr.3. S.215-223.
BZ 4499:29

Latarjet, R.: Sur l'accident nucléaire de Tchernobyl. In: Politique étrangère. A.51, 1986. No.3. S.669-677.
BZ 4449:51

Mancini, C.di: La sicurezza nucleare dopo Chernobyl. In: Affari esteri. A.19, 1987. No.73. S.135-143.
BZ 4373:19

Marples, D.: Die Katastrophe von Černobyl oder: Wie sicher sind die Atomkraftwerke in der Ukraine?. In: Osteuropa-Info. 1986. Nr.65. S.94-106.
BZ 4778:1986

Materials for a balance of the Soviet national economy 1928-1930. Ed.by S.G.Wheatcroft. Cambridge: Cambridge Univ.Pr. 1985. 467 S.
09950

Mez, L.: Mit einem dichten Netz von elektrischen Kraftwerken... den Kommunismus aufbauen oder die Energiepolitik der UdSSR. In: Prokla. Jg.17, 1987. Nr.2. S.99-118.
BZ 4613:17

Péter, J.: Industrialisierung und Kollektivierung der Landwirtschaft in der Sowjetunion. In: Osteuropa-Info. 1986. Nr.65. S.13-33.
BZ 4778:1986

Pressedokumentation zu der Katastrophe von Tschernobyl. Mit d.wichtigen Artikeln aus: Südt.Ztg., Frankfurter Rundschau, die tageszeitung, Frankfurter Allgemeine, Südwestpresse, Der Spiegel, Die Zeit. Hrsg.von d.Tübinger Bürgerinitiative "Stillegung aller Atomanlagen", AK Information. Tübingen: o.V. 1986. 104 S.
D 03578

Ramberg, B.: Learning from Chernobyl. In: Foreign affairs. Vol.65, 1987. Nr.2. S.304-328.
BZ 05149:65

Tatu, M.: Un test pour le système. In: Politique étrangère. A.51, 1986. No.3. S.679-687.
BZ 4449:51

Thies, J.: Les conséquences de Tchernobyl: un atout pour les relations Est-Ouest?. In: Politique étrangère. A.51, 1986. No.3. S.703-710.
BZ 4449:51

Tschernobyl-Dokumentation. Bd.1-3. Frankfurt: Zentrum f.alternat.Medien 1986-87. o.Pag..
02438

Wild, G.: L'économie soviétique d'après Tchernobyl. In: Politique étrangère. A.51, 1986. No.3. S.689-696.
BZ 4449:51

L 179 h Gesellschaft

Engert, S.: Zwischen Jurte und Maschine: Frauen in Mittelasien. In: Osteuropa-Info. 1986. Nr.67. S.90-101.
BZ 4778:1986

Fefelow, W.: Behinderte in der UdSSR. "Ballast für die Gesellschaft". Dok.-Stand: 1.Okt.1985. Hrsg.: Internationale Gesellschaft für Menschenrechte (IGFM). Frankfurt: o.V. 1985. 62 S.
D 03522

Franz, H.: Herrschaft und Industriearbeit in der Sowjetunion und China. Frankfurt: Campus Verl. 1985. 231 S.
B 55538

Goodman, E.R.: Gorbachov takes charge: prospects for Soviet society. In: Survey. Vol.29, 1987. No.2. S.180-201.
BZ 4515:29

Heuer, B.: Kultureller Wandel und kulturelle Beständigkeit?. In: Osteuropa-Info. 1986. Nr.67. S.102-112.
BZ 4778:1986

Jones, E.: Red Army and society. A sociology of Soviet military. London: Allen & Unwin 1985. XVIII,230 S.
B 57692

Rozitis, U.J.: "Die Frau, auf die wir warten" - Aber welche?. In: Osteuropa-Info. 1986. Nr.67. S.57-85.
BZ 4778:1986

Rytlewski, R.; Kraa, D.: Politische Rituale in der Sowjetunion und der DDR. In: Aus Politik und Zeitgeschichte. Jg.37, 1987. B.3.
BZ 05159:37

Schröder, H.-H.: "Lebendige Verbindung mit den Massen". Sowjetische Gesellschaftspolitik in der Ära Chruscev. In: Vierteljahrshefte für Zeitgeschichte. Jg.34, 1986. H.4. S.523-560.
BZ 4456:34

Die Sowjetgesellschaft. Studien zu ihrer Geschichte und Gegenwart. Hrsg.: G.Rosenfeld. Berlin: Dt.Verl. d.Wissenschaften 1984. 375 S.
B 57105

L 179 i Geistesleben

Eichwede, W.: Abweichendes Denken in der Sowjetunion. In: Geschichte und Gesellschaft. Jg.13, 1987. H.1. S.39-62.
BZ 4636:13

Kenez, P.: The Birth of the propaganda state. Soviet methods of mass mobilization, 1917-1929. Cambridge: Cambridge Univ.Pr. 1985. XI,308 S.
B 57451

Die Psychiatrie als politische Waffe. Dok.üb.d.Mißbrauch d.Psychiatrie zu polit.Zwecken in d.UdSSR Stand: 1.Juni 1986. Hrsg.: Internationale Gesellschaft f.Menschenrechte, Dt.Sektion. Frankfurt: o.V. 1986. 78 S.
D 03659

L 179 k Geschichte

Cohen, S.F.: Rethinking the Soviet experience. Politics and history since 1917. Oxford: Oxford Univ.Pr. 1985. XIII,222 S.
B 56773

Conquest, R.: The Harvest of sorrow: Soviet collectivization and the terror-famine. London: Hutchinson 1987. VIII,412 S.
B 62014

Coquin, F.-X.: La Revolution russe manquée. Bruxelles: Ed.Complexe 1985. 216 S.
Bc 6427

Desanti, D.: Les Staliniens. Une expérience politique. Paris: Marabout 1985. 542 S.
B 56031

Gawrilow, L.: Die revolutionären Militärkomitees im russischen Feldheer während der Großen Sozialistischen Oktoberrevolution. In: Militärgeschichte. Jg.26, 1987. Nr.2. S.127-136.
BZ 4527:26

Gerasimov, A.V.: Na Lezvii s terroristami. Paris: YMCA Pr. 1985. 204 S.
B 58214

Gorbačev, M.S.: Bessmertnyj Podvig sovetskogo naroda. Moskva: Politizdat 1985. 30 S.
Bc 5794

Kort, M.: The Soviet Colossus. New York: Scribner's 1985. XIII,318 S.
B 56774

M.V.Frunze na Vostočnom fronte. Kujbyšev: Kn.izd-vo 1985. 272 S.
Bc 6074

Pajetta, G.: Russia 1932-1934. Roma: Riuniti 1985. 109 S.
Bc 6128

Pervyj Šturm carizma 1905-1907. Red.: V.I.Bovykin. Moskva: Mysl' 1986. 251 S.
B 59918

Piterskie Rabočie v bor'be s kontrrevoljuciej v 1917-1918 gg. Red.: G.L. Sobolev. Moskva: Nauka 1986. 235 S.
B 59915

Rosenfeld, G.; Schützler, H.: Kurze Geschichte der Sowjetunion, 1917-1983. Berlin: Dietz 1985. 368 S.
B 57108

Škarenkov, L.K.: Agonija beloj emigracii. 2.Izd. Moskva: Mysl' 1986. 270 S.
B 59448

Striegnitz, S.: Waffenbeschaffung des Proletariats in der Revolution von 1905/07 in Rußland. In: Militärgeschichte. Jg.26, 1987. Nr.2. S.116-126.
BZ 4527:26

Tucker, R.C.: Between Lenin and Stalin: a cultural analysis. In: Praxis international. Vol.6, 1986/87. No.4. S.462-476.
BZ 4783:6

Voennye Organizacii partii bol'sevikov v 1917 gody. Red.J.I.Korablev. Moskva: Nauka 1986. 251 S.
B 59532

L 179 l Einzelne Länder/Gebiete/Orte

Caron, Y.: L'extrême-Orient soviétique. In: Défense nationale. A.43, 1987. No.1. S.97-109.
BZ 4460:43

Čuvašija v gody pervoj mirovoj vojny. Čeboksary: Naučno- issled.inst. 1985. 77 S.
Bc 6098

Rabočee Dviženie v Moldavii 1895-fevral'1917 g. Red.: V.I.Zukov. Kišinev: Štiinca 1985. 322 S.
B 58757

Ries, T.; Skorve, J.: Investigating Kola. A study of military bases using satellite photos. Oslo: Norsk Utenrikspol.Inst. 1986. 167 S.
010155

L 183 Schweden

L 183 e Staat und Politik

L 183 e 10 Innenpolitik

Granberg, D.; Holmberg, S.: Political perception among voters in Sweden and the U.S.: Analyses of issues with explicit alternatives. In: The Western political quarterly. Vol.39, 1986. No.1. S.7-28.
BZ 4612:39

Kieri, G.; Sundström, I.: Första arbetskompaniet Storsien. 3.Oppl.. Stockholm: Arbetarkultur 1985. 170 S.
B 55791

Olsson, S.E.: Swedish Communism poised between Old Reds and New Greens. In: Journal of communist studies. Vol.2, 1987. No.4. S.359-379.
BZ 4862:2

Sainsbury, D.: The 1985 Election: The Conservative Upsurge is checked. In: West European politics. Vol.9, 1986. No.2. S.293-297.
BZ 4668:9

L 183 e 20 Außenpolitik

Svensk Sydafrikapolitik. Betænkande av Sydafrikakommittén. Stockholm: Liber 1984. 246 S.
B 54052

Wahlbäck, K.: The Roots of Swedish neutrality. Stockholm: The Swedish Inst. 1986. 80 S.
Bc 6360

Waite, J.L.: Contemporary Swedish foreign Policy: a systematic analysis. Ann Arbor, Mich.: UMI 1985. XI,429 S.
B 55645

L 183 f Wehrwesen

Die Streitkräfte Schwedens: Wehrsystem, Organisation, Rüstung. In: Österreichische militärische Zeitschrift. Jg.24, 1986. H.5. S.468-474.
BZ 05214:24

Swedlund, S.: UbÅtsvapnet - en satsning för 90-talet. In: Tidskrift i sjöväsendet. Arg.149, 1986. H.4. S.237-255.
BZ 4494:149

Thomer, E.: Schwedens Verteidigung. Viel Land mit wenig Mitteln schützen. In: Europäische Wehrkunde. Jg.36, 1987. Nr.6. S.327-330.
BZ 05144:36

Thorson, P.V.: The Defense question in Sweden 1911-1914. Ann Arbor, Mich.: UMI 1985. IV,519 S.
B 55643

Uller, L.: Armén på 90-talet. In: Kungl. Krigsvetenskapsakademiens tidskrift. Arg.190, 1986. H.3. S.131-139.
BZ 4718:190

Wanstall, B.: Stril 90. Modernisierung der schwedischen Luftverteidigung. In: Interavia. 1987. Nr.2. S.137-141.
BZ 05184:1987

L 183 g Wirtschaft

Frisk, H.: Karlskronavarvet - från skeppsvarv till högteknologiskt företag. In: Kungl. Krigsvetenskapsakademiens handlingar. Arg.190, 1986. H.3. S.155-168.
BZ 4384:190

The Swedish Naval Export Review. Brentford: Buckley Pr. 1986. 40 S.
Bc 01763

L 183 i Geistesleben

Richardson, J.: Policy, politics and the communications revolution in Sweden. In: West European politics. Vol.9, 1986. Nr.4. S.80-96.
BZ 4668:9

L 183 k Geschichte

Ekholm, C.: Balt- og tyskutlämningen 1945-1946. Omständigheter kring interneringen i läger i Sverige och utlämningen til Sovjetunionen av f.d.tyska krigsdeltagare. 1. Ankomsten och interneringen. 2. Utlämningen och efterspelet.. D.1.2. Stockholm: Almqvist & Wiksell 1984.XV,220 S.;XXVIII, 440 S.
B 54138

L 185 Schweiz

L 185 c Biographien

– Häsler –

Häsler, R.: Kuba: Freiheit oder Terror.
Ein Maler erlebt die Revolution.
Derendingen: Habegger 1984. 193 S.
B 55670

– Lüscher –

Lüscher, R.M.: Einbruch in den
gewöhnlichen Ablauf der Ereignisse.
Analysen, Kommentare, Berichte
1978-1983. Hrsg.: P.Bachofner. Zürich:
Limmat Verl. 1984. 315 S.
B 56904

– Moser –

Moser, M.: Unter den Dächern von
Morcote. Meine Lebensgeschichte.
Berlin: Dietz 1985. 303 S.
B 57456

– Schlumpf –

Leon Schlumpf. Beiträge zum Staatsmann und Menschen. Chur: Grischuna
1984. 192 S.
B 55877

L 185 e Staat und Politik

L 185 e 10 Innenpolitik

Arguments concernant l'initiative
populaire "demandant le droit de réfé-
rendum en matière de dépenses militaires". Lausanne: SSO 1987. 36 S.
Bc 6418

Asylpolitik gegen Flüchtlinge. Hrsg.:
H.Däpp. Basel: Lenos Verl. 1984.
445 S.
B 54911

Bauer, H.: 50 Jahre Europa-Union
Schweiz 1934-1984. Bern: Europa-
Union Schweiz 1984. 16 S.
Bc 6405

Bewegung in der Schweizer Politik.
Fallstudien zu polit.Mobilisierungspro-
zessen in der Schweiz. Hrsg.: H.Kriesi.
Frankfurt: Campus Verlag 1985. 551 S.
B 55533

Chevallaz, G.A.: La Suisse est-elle gou-
vernable?. Entretiens écrits avec Pierre
du Bois. Lausanne: Ed.de l'aire 1984.
248 S.
B 57129

Menschenrechts-Vorbild Schweiz?.
Zum "humanitären" KSZE-Engage-
ment der Schweiz. Zürich: Schweizeri-
scher Friedensrat 1986. 33 S.
Bc 6288

L 185 e 20 Außenpolitik

Chevallaz, G.-A.: Neutralité suisse et
Nations Unies. Lausanne: Ed.de l'Aire
1986. 101 S.
Bc 6362

Fink, J.: Die Schweiz aus der Sicht des
Dritten Reiches, 1933-1945. Zürich:
Schulthess 1985. VII,249 S.
B 57400

Wyder, R.: Die Schweiz und der
Europarat 1949-1971. Annäherung
u.zehn Jahre Mitarbeit in d.Parlamen-
tarischen Versammlung. Bern: Haupt
1984. 462 S.
B 54120

L 185 f Wehrwesen

Die Berner Division 1875-1985. Hrsg.:
P.Ritschard. Bern: Stämpfli 1985.
240 S.
09990

Chevallaz, G.-A.: La dissuasion. In:
Revue militaire suisse. A.132, 1987.
No.4. S.185-196.
BZ 4528:132

Eberhart, H.: Wirtschaft und schweizerische Milizarmee. In: Österreichische
militärische Zeitschrift. Jg.25, 1987.
H.3. S.201-203.
BZ 05214:25

Eberhart, S.: Zur Militär- und Rüstungspolitik der Schweiz. In: Österreichische militärische Zeitschrift. Jg.24, 1986. H.5. S.405-410.
BZ 05214:24

Die Fünfte. 111 Jahre 5.Division. Hrsg.: P.-M.Halter. Aarau: Sauerländer 1986. 228 S.
B 61570

Die Gebirgsdivision 12. In: Allgemeine Schweizerische Militärzeitschrift. Jg.153, 1987. Nr.3. S.137-141.
BZ 05139:153

Häsler, H.: Die Felddivision 3. In: Allgemeine Schweizerische Militärzeitschrift. Jg.152, 1986. Nr.12. S.791-792.
BZ 05139:152

Jordan, D.; Weck, H.de: Die Mech Div 1 im Jubiläumsjahr. In: Allgemeine Schweizerische Militärzeitschrift. Jg.153, 1987. Nr.6. S.373-375.
BZ 05139:153

Kägi, E.A.: Wie hoch ist der Eintrittspreis?. Schweizer Landesverteidigung heute und morgen. Zürich: Verl.NZZ 1985. 175 S.
B 57736

Kurz, H.R.: Geschichte der schweizer Armee. Frauenfeld: Huber 1985. 223 S.
B 57898

Läubli, R.: Unsere Grossen Verbände. Die Flugwaffenbrigade 31. In: Allgemeine Schweizerische Militärzeitschrift. Jg.153, 1987. Nr.2. S.79-81.
BZ 05139:153

MacPhee, J.: La Place de la concorde suisse. 2nd pr.. New York: Farrar, Straus & Giroux 1984. 149 S.
B 56395

Müller, E.: Die Felddivision 8. In: Allgemeine Schweizerische Militärzeitschrift. Jg.153, 1987. Nr.5. S.289-291.
BZ 05139:153

Näf, P.; Frey, W.: Die Felddivision 6. In: Allgemeine Schweizerische Militärzeitschrift. Jg.153, 1987. Nr.4. S.214-218.
BZ 05139:153

Pleiner, H.: Gesamtverteidigungsübung "Dreizack" 1986. In: Österreichische militärische Zeitschrift. Jg.25, 1987. H.2. S.111-122.
BZ 05214:25

Vie et histoire du Corps d'Armée de Campagne 1.1892-1986. Lausanne: Ed.24 Heures 1986. 186 S.
010276

L 185 g Wirtschaft

Darum werden wir Kaiseraugst verhindern. Texte u.Dokumente zum Widerstand gegen das geplante AKW. Hrsg.: S.Flüglister. Zürich: orte-Verl. 1984. 205 S.
B 55339

Durrer, M.: Die schweizerisch-amerikanischen Finanzbeziehungen im Zweiten Weltkrieg. Bern: Haupt 1984. 348 S.
B 57776

Rings, W.: Raubgold aus Deutschland. Die "Golddrehscheibe" Schweiz im Zweiten Weltkrieg. Zürich: Artemis Verl. 1985. 232 S.
B 55653

L 185 h Gesellschaft

Buomberger, T.: Kooperation statt Konfrontation. Die Winterthurer Arbeiterschaft während der Krisenzeit der 1930er Jahre. Winterthur: Stadtbibliothek 1984. 335 S.
B 55683

Parri, L.: Staat und Gewerkschaften in der Schweiz (1873-1981). In: Politische Vierteljahresschrift. Jg.28, 1987. H.1. S.35-58.
BZ 4501:28

Vie anciens du bâtiment racontent.... La Vie quotidienne et les luttes syndicales à Genève 1920-1940. Propos recueillis et rédigés par C.Wist. Genève: Ed.Collège du Travail 1984. 187 S.
B 55676

L 185 i Geistesleben

Grossen, P.: Das Bild der UNO in der Schweizer Tagespresse. Grüsch: Rüegger 1986. 174 S.
Bc 6365

Pithon, R.: Cinéma suisse de fiction de fiction et "Défense nationale spirituelle" de la Conféderation Helvétique (1933-1945). In: Revue d' histoire moderne et contemporaine. T.33, 1986. Avril-Juin. S.254-279.
BZ 4586:33

L 193 Spanien

193 c Biographien

– Carrero Blanco –

Fernández Santander, C.: El Almirante Carrero. Barcelona: Plaza y Janes 1985. 284 S.
B 57884

– Franco –

La Cierva, R.de: Franco. Barcelona: Ed.Planeta 1986. 521 S.
B 59644

De la Cierva, R.de; Vilar, S.: Pro y contro Franco. Franquismo y antifranquismo. Un debate sistemático por los mejores especialistas en el tema. Barcelona: Ed.Planeta 1985. 279 S.
B 59638

Figuero, J.; Herrero, L.: La Muerte de Franco jamás contada. Diez años despues. Barcelona: Ed.Planeta 1985. 175 S.
B 59639

Fusi, J.P.: Franco. Autoritarismo y poder personal. 3.ed.. Madrid: Ed.El País 1985. 283 S.
B 58903

Garrido Bonaño, M.: Francisco Franco. Cristiano ejemplar. Madrid: Fundacion Nacional F.Franco 1985. 163 S.
Bc 6115

Lipschitz, C.U.: Franco, Spain, the Jews, and the Holocaust. Ed.by I.Axelrod. New York: KTAV Publ. 1984. 237 S.
B 56524

– Ibárruri –

Ibárruri, D.: Der einzige Weg. Erinnerungen. Frankfurt: Röderberg 1985. 542 S.
B 56648

– Ledesma Ramos –

Ledesma Ramos, R.: Excritos políticos. La conquista del estado. 1931. Madrid: o.V. 1986. 329 S.
B 61553

– Ortega y Gasset –

Ariel del Val, F.: Historia e ilegitimidad. La quiebra del estado liberal en Ortega. Fragmentos de una sociologia del poder. Madrid: Ed.de la Univ.-Complutense 1984. 329 S.
B 57880

L 193 e Staat und Politik

L 193 e 10 Innenpolitik

Bermeo, N.: Redemocratization and transition elections. A comparison of Spain and Portugal. In: Comparative politics. Vol.19, 1986/87. No.2. S.213-231.
BZ 4606:19

Bernecker, W.L.: Spaniens 'verspäteter" Faschismus und der autoritäre 'Neue Staat' Francos. In: Geschichte und Gesellschaft. Jg.12, 1986. H.2. S.183-211.
BZ 4636:12

Cuevas Gutiérrez, T.: Cárcel de mujeres. 1939-1945. Barcelona: Ed.Sirocco 1985. 241 S.
B 59251

Cuevas Gutiérrez, T.: Cárcel de mujeres. 2.ed.. Barcelona: Sirocco Ed. 1985. 319 S.
B 59182

Cuevas Gutiérrez, T.: Mujeres de la resistencia. Barcelona: Ed.Sirocco 1986. 319 S.
B 59183

Del Aguila, R.; Montoro, R.: El Discurso político de la transición española. Madrid: Siglo 1984. 272 S.
B 58897

Dominguez, S.J.: Organizaciones obreras cristianas en la oposición al franquismo. 1951-1975. Con 65 documentos clandestinos e inéditos. Bilbao: Ed.Mensajero 1985. 479 S.
B 61101

Druckman, D.: Stages, Turning Points, and Crises. Negotiating military base rights, Spain an the U.S.A.. In: The Journal of conflict resolution. Vol.30, 1986. No.2. S.327-360.
BZ 4394:30

España diez años después de Franco. 1975-1985. Rafael Abella,... Barcelona: Ed.Planeta 1986. 243 S.
B 59642

España sin Franco. Diez años después. Madrid: Ed.Dyrsa 1985. 125 S.
Bc 01809

Gilmour, D.: The Transformation of Spain. London: Quartet Books 1985. XI,322 S.
B 56299

Lancaster, T.D.; Lewis-Beck, M.S.: The Spanish Voter: Tradition, Economics, Ideology. In: Journal of politics. Vol.48, 1986. Nr.3. S.648-674.
BZ 4441:48

Puig, J.J.: Historia de la Guardia Civil. Barcelona: Ed.Mitre 1984. 419 S.
B 59985

Rincón, L.: ETA. 1974-1984. Barcelona: Plaza y Janes Ed. 1985. 221 S.
B 57876

Robinson, R.: From change to continuity: the 1986 Spanish Election. In: West European politics. Vol.10, 1987. Nr.1. S.120-127.
BZ 4668:10

Spanien. Ein politisches Reisebuch. Hamburg: VSA-Verl. 1985. 310 S.
B 55413

Tuñon de Lara, M.: Tres Claves de la Segunda República. La cuestión agraria, los aparatos del estado, Frente Popular. Madrid: Alianza Ed. 1985. 365 S.
B 59254

L 193 e 14 Parteien

Carrascal, J.M.: La Revolución del PSOE. Barcelona: Plaza y Janes 1985. 306 S.
B 59802

Cerdá, M.; García Bonafé, M.; Piqueras, J.A.: Historia fotografica del socialismo español. 1.. Valencia: Inst.A.el Magnánimo 1984. o.Pag..
010036

Elorza, A.: Il Fronte popolare in Spagna. Immagine e significato. In: Italia contemporanea. 1987. Nr.166. S.45-48.
BZ 4489:1987

Fäßler, H.-R.: Die spanischen Sozialisten und die Macht. In: Die neue Gesellschaft/Frankfurter Hefte. Jg.34, 1987. Nr.1. S.28-32.
BZ 4572:34

Heywood, P.: Mirror-images: the PCF and PSOE in the transition to Democracy in Spain. In: West European politics. Vol.10, 1987. No.1. S.193-210.
BZ 4668:10

Linea política. Partido Comunista de España (Marxista-Leninista). Madrid: Ed.Vanguerdia Obrera 1984. 39 S.
Bc 6491

Morán, G.: Miseria y grandeza del Partido Comunista de Espana. 1939-1985. Barcelona: Ed.Planeta 1986. 648 S.
B 60124

Morodo, R.: Los Orígenes ideológicos del franquismo. Acción Española. Madrid: Alianza Ed. 1985. 227 S.
B 58896

Ramírez Codina, P.J.: El Año que murió Franco. 2.ed.. Barcelona: Plaza y Janes 1985. 278 S.
B 59801

Una Alternativa a la crisis. Las propuestas del PCE.. Barcelona: Planeta 1985. 224 S.
B 60738

L 193 e 20 Außenpolitik

Létrilliart, P.: L'Espagne et l'OTAN: La longue marche du parti socialiste ouvrier espagnol. In: Défense nationale. A.43, 1987. No.4. S.73-86.
BZ 4460:43

Tusell, X.; García Queipo de Llano, G.: Franco y Mussolini. La política española durante la segunda guerra mundial. Barcelona: Ed.Planeta 1985. 299 S.
B 58892

L 193 f Wehrwesen

Aguilar Olivencia, M.: El Ejército español durante la Segunda República. Claves de su actuación posterio. Madrid: Econorte 1986. 556 S.
B 60728

Fernández Santander, C.: Tensiones militares durante el franquismo. Barcelona: Plaza y Janes 1985. 223 S.
B 59179

Fernandez Santander, C.: Unas FAS para Occidente. In: Defensa. A.9, 1987. No.102. S.26-33.
BZ 05344:9

Gamundi Insua, A.A.: Presente y futuro del tercio de armada. In: Revista general de marina. 1987. H. 212. S.5-18.
BZ 4619:1987

Gimeno, J.: Espana. Necesita sus territorios Africanos para su defensa global?. In: Ejército. A.48, 1987. 1987. Num.566.
BZ 05173:48

Gonzales, E.M.: L'industria della difesa in Spagna. In: Difesa oggi. A.10, 1986. No.103. S.529-535.
BZ 05119:10

Historia de las Fuerzas Armadas. 1.1983. 2.1983. 3.1984. 4.1984. 5. 1984. Zaragoza: Ed.Palafox 1983-84. 302; 301; 300; 299; 302 S.
09640

La Institución militar en el estado contemporánea. Comp.y versión españ. Madrid: Alianza ed. 1985. 360 S.
B 57881

La Lama, J.A.: Ejercito Aviacion diversas funciones. In: Ejército. A.48, 1987. Num.566. S.81-86.
BZ 05173:48

Lopez-Cortijo Y Gonzalez-Aller, C.: Presente y furuto del Arma Submarina Espanola. In: Revista general de marina. T.211, 1986. S.465-476.
BZ 4619:211

Piquer, R.C.: España en la OTAN: una participacion singular. In: Rivista di studi politici internazionali. A.54, 1987. Nr.1. S.10-20.
BZ 4451:54

Sarasqueta, A.: Despues de Franco, la OTAN. Barcelona: Plaza y Janes 1985. 241 S.
B 59803

Spain and NATO. Ed.by K.Coates. Nottingham: The Spokesman 1986. 120 S.
Bc 6319

Taibo, X.I.: La infanteria de marina. El material. In: Defensa. A.9, 1987. No.102. S.19-25.
BZ 05344:9

Torrecillas, A.V.: La reorganizacion del Ministerio de Defensa. In: Ejército. A.48, 1987. Num.566. S.17-28.
BZ 05173:48

Trevino, J.M.R.: El futuro submarino de ataque. In: Defensa. A.9, 1987. No.104. S.15-21.
BZ 05344:9

Vigon Sanchez, A.: Los Archivos de Marina. In: Revista general de marina. T.210, 1986. No.6. S.205-216.
BZ 4619:210

L 193 h Gesellschaft

Bernecker, W.L.: Gewerkschaftsbewegung und Staatssyndikalismus in Spanien. Quellen und Materialien zu den Arbeitsbeziehungen 1936-1980. Frankfurt: Campus Verlag 1985. 567 S.
B 55543

Leo, A.: Die ersten Arbeiterkommissionen. Spanische Gewerkschaftsopposition unter dem Franco-Regime. In: Beiträge zur Geschichte der Arbeiterbewegung. Jg.28, 1986. Nr.5. S.588-601.
BZ 4507:28

Winston, C.M.: Workers and the right in Spain, 1900-1936. Princeton, N.J.: Princeton Univ.Press 1985. XV,361 S.
B 58148

L 193 i Geistesleben

Ramón Jiménez, J.: Guerra en España. 1936-1953. 2.ed.. Barcelona: Ed.Seix Barral 1985. 330 S.
B 58440

Tusell, J.: Franco y los catolicos. La política interior española entre 1945 y 1957. Madrid: Alianza Ed. 1984. 461 S.
B 57878

L 193 k Geschichte

La Crisis de la restauración. España entre la Primera Guerra Mundial y la Segunda República. Ed.J.L.García Delgado. Madrid: Siglo 1986. 429 S.
B 60123

Pike, D.W.: Franco et le Stimate de l'Axe. In: Revue d'histoire de la deuxième guerre mondiale et des conflicts contemporains. A.36, 1986. No.142. S.49-79.
BZ 4455:36

Sozialer Wandel und Herrschaft im Spanien Francos. Hrsg.: P.Waldmann. Paderborn: Schöningh 1984. 448 S.
B 55534

L 193 l Einzelne Länder/Gebiete/Orte

Anasagasti, I.; San Sebastian, K.: Los Años oscuros. El gobierno vascoel exilio, 1937-1941. San Sebastián: Ed.Txertoa 1985. 120 S.
Bc 6448

Casanova, J.: Anarquismo y revolución en la sociedad rural aragonesa, 1936-1938. Madrid: Siglo 1985. 368 S.
B 59170

Letamendia, P.: Nationalisme au Pays Basque. Bordeaux: Presses Univ.de Bordeaux 1987. 174 S.
Bc 6675

Liebert, U.: Neue Autonomiebewegung und Dezentralisierung in Spanien. Der Fall Andalusien. Frankfurt: Campus Verlag 1986. 333 S.
B 59791

Linz, J.J.: Conflicto en Euskadi. Con la colaboración... Madrid: Espasa-Calpe 1986. 699 S.
B 61542

Llera Ramo, F.J.: "Postfranquismo y fuerzas políticas en Euskadi". Sociología electoral del país Vasco. o.O.: Serv.Ed.Argitarapen Zerbitzua 1985. 596 S.
B 59174

L 195 Tschechoslowakei

Anger, J.; Pech, P.: Plány pouzití burzoazní cs. armády v letech 1918-1938 (II). In: Historie a vojenstvi. 1985. Nr.5. S.74-98.
BZ 4526:1985

Dejiny Slovenska. 1918-1945. Red.: A.Bartlová. Bd.5. Bratislava: VEDA 1985. 604 S.
B 58754

Kisch, E.E.: Landung in Australien. Hrsg.: T.Appleton. Köln: Kiepenheuer & Witsch 1985. 424 S.
B 55924

Kolárová, H.: Die reale Gleichberechtigung. Frauen in der CSSR fast vierzig Jahre danach. In: Osteuropa-Info. 1986. Nr.67. S.38-49.
BZ 4778:1986

Kopejtko, V.: K dejinnému významu VII. sjezdu Komunistiscké strany Ceskoslovenska. In: Československý časopis historický. R.33, 1985. H.1. S.47-74.
BZ 4466:33

Kosta, J.: Wirtschaft und Politik in der Tschechoslowakei. Das Dilemma des Husák-Regimes. In: Aus Politik und Zeitgeschichte. 1987. B.36/37. S.3-12.
BZ 05159:1987

Koutek, J.: Tichá Fronta. Praha: Naše Vojsko 1985. 284 S.
B 58716

Marschner, F.: Das Niederland. Seine Struktur, seine Menschen und seine Arbeiter-Bewegung. Stuttgart: Seliger-Archiv 1984. 175 S.
B 55855

Rothmeyer-Kamnitz, H.B.: Böhmen als Brennpunkt der Nationalitäten - sowie Machtkonflikte und Weltkrieg II. In vier Büchern. Eine biogr.-autobiograph.Studie 1830-1908. München: Bibliotheksdienst Angerer 1985. XIII,880 S.
B 56951

SNP. Sborník materiálov z vedeckej konferencie k 40. výrociu SNP. Red.M. Stefanský. Bratislava: Pravda 1985. 254 S.
B 58217

Tomek, F.: Z Dejín revolucného odborového hnutia na Slovensku v rokoch 1944-1948. Bratislava: Práca 1986. 194 S.
B 59991

L 197 Türkei

L 197 c Biographien

– Atatürk –

Atatürk and the modernization of Turkey. Ed.by J.M.Landau. Boulder, Colo.: Westview Press 1984. XIII,268 S.
B 56035

– Güven Gürkan –

Franz, E.: Kurzbiographien. Aydin Güven Gürkan. In: Orient. Jg.26, 1985. Nr.3. S.299-302.
BZ 4663:26

– Tuksavul –

Tuksavul, M.: Eine bittere Freundschaft. Erinnerungen eines türkischen Jahrhundertzeugen. Düsseldorf: Econ 1985. 432 S.
B 57193

L 197 d Land und Volk

Am Rande des Golfkrieges: Vernichtungsfeldzug gegen die Kurden und türkische Interventionsplanungen. In: Blätter des iz3w. 1987. Nr.141. S.23-28.
BZ 05130:1987

Chiragian, A.: La Dette de sang. Un Arménien traque les responsables du génocide 1921-1922. Bruxelles: Ed.Complexe 1984. 332 S.
B 56661

Dadrian, V.N.: The role of Turkish physicians in the World War I genocide of Ottoman Armenians. In: Holocaust and genocide studies. Vol.1, 1986. No.2. S.169-192.
BZ 4870:1

Einjähriger Widerstand in Kurdistan. 15.Aug.1984 - 15.Aug.1985. Hrsg.vom Kurdistan Komitee. Köln: o.V. 1985. 24 S.
D 03433

Gürün, K.: The Armenian File. The myth of innocence exposed. London: Rustem 1985. XVII,323 S.
B 57499

Lang, D.M.; Walker, C.J.: Die Armenier. Oldenburg: Holzberg 1985. 30 S.
Bc 01601

Der Völkermord an den Armeniern vor Gericht. Der Prozeß Talaat Pascha. Hrsg.: T.Hofmann. 3.Ausg.. Göttingen: Gesellschaft f.Bedrohte Völker 1985. 136 S.
B 56610

L 197 e Staat und Politik

Kurz, A.; Merari, A.: ASALA. Irrational terror or political tool. Boulder, Colo.: Westview Press 1985. 118 S.
Bc 6136

Oehring, O.: Die Türkei im Spannungsfeld extremer Ideologien (1973-1980). Eine Untersuchung der polit. Verhältnisse. Berlin: Schwarz 1984. III,327 S.
B 56639

Pöschl, R.: Vom Neutralismus zur Blockpolitik. Hintergründe der Wende in der türkischen Außenpolitik nach K.Atatürk. München: Minerva-Publ. 1985. XX,395 S.
B 59571

Soysal, O.: An Analysis of the influences of Turkey's alignment with the West and of Arab-Israeli conflict upon Turkish-Israeli and Turkish-Arab relations, 1947-1977. Ann Arbor, Mich.: UMI 1985. 346 S.
B 56149

L 197 f Wehrwesen

Serozan, R.: Die Rolle des Militärs in der Entwicklung der Türkei. Frankfurt: Fischer 1986. II,96 S..
Bc 6451

L 197 h Gesellschaft

Costa, H.de: Jeune Islam Turc: Néoconservatisme ou subversion?. In: L'Afrique et l'Asie modernes. 1986. No.150. S.105-115.
BZ 4689:1986

L 197 i Geistesleben

Scurla, H.: Der Scurla-Bericht. "Die Tätigkeit deutscher Hochschullehrer an türkischen wissenschaftl.Hochschulen". Hrsg.: K.-D.Grothusen. Frankfurt: Dagyeli 1987. 168 S.
Bc 6480

L 197 k Geschichte

Brown, J.: From military to civilian rule: a comparative study of Greece and Turkey. In: Defense analysis. Vol.2, 1986. Nr.3. S.175-189.
BZ 4888:2

Sönmez, E.: Die Türkei von Atatürk bis heute. Berlin: EXpress Ed. 1985. 215 S.
B 57112

L 198 Ungarn

L 198 c Biographien

– Kádár –

Kádár, J.: Selected Speeches and interviews. Oxford: Pergamon Press 1985. X,469 S.
B 56695

– Károlyi –

Károlyi, M.: Együtt a forradalomban. 4.kiad. Budapest: Európa 1985. 476 S.
B 58510

Károlyi, M.: Együtt a száműzetésben. 4.kiad. Budapest: Európa 1985. 468 S.
B 58511

– Kun –

Arokay, L.: Kun Bela. Budapest: Zrinyi Katonai Kiadó 1986. 176 S.
010161

Kun Béla a kortársak szemével. Budapest: Kossuth Könyvkiadó 1986. 422 S.
B 60559

– Lukács –

Brakemeier, H.: Georg Lukács: Bürgerliche und sozialistische Demokratie - heute und morgen. In: Sozialismus. Jg.13, 1987. H.88. S.29-39.
BZ 05393:13

Urbán, K.: Lukács György és a magyar munkásmozgalom. Budapest: Kossuth Könyvkiadó 1985. 200 S.
Bc 6228

– Tisza –

Pölöskei, F.: Tisza István. Budapest: Gondolat 1985. 280 S.
B 59993

L 198 d Land und Volk

Braham, R.L.: The Hungarian Jewish Catastrophe. A selec.and annotated bibl.. 2nd. New York: Columbia Univ.Pr. 1984. XVI,501 S.
B 56706

Sitzler, K.: Die ungarische Nationalitätenpolitik der letzten Jahre. In: Südost-Europa. Jg.36, 1987. H.1. S.33-44.
BZ 4762:36

L 198 e Staat und Politik

Józsa, G.: Ungarn im Kreuzfeuer der Kritik aus Prag und Moskau. 1. Die Außenministerkonferenz der WP-Staaten (April 1984) und die Polemik zwischen Prag und Budapest. 2. Moskauer Regie und Hintergründe der Polemik gegen Ungarns Positionen. T.1.2. Köln: Bundesinst.f.ostwiss.u.intern.Studien 1985. 32; 53 S.
Bc 01655

Knabe, H.: Der Kadarismus und seine Auswirkungen auf das politisch-soziale System in Ungarn. In: Aus Politik und Zeitgeschichte. 1987. B.36/37. S.13-25.
BZ 05159:1987

Kótai, G.: Ungarn in der sich wandelnden Welt der achtziger Jahre. In: Europa-Archiv. Jg.42, 1987. Nr.11. S.313-322.
BZ 4452:42

Lungwitz, W.: Ungarische Volksrepublik. Staat, Demokratie, Leitung. Dokumente. Berlin: Staatsverlag der DDR 1985. 313 S.
B 57104

A Magyar Szocialista Munkáspárt XIII. XIII. kongresszusának Jegyzökönyve. Budapest: Kossuth Könyvkiadó 1985. 663 S.
B 59919

A Magyar Szocialista Munkáspárt XIII Kongresszusa 1985. Március 25-28. Budapest: Kossuth Könyvkiadó 1985. 229 S.
B 58125

Nagy, K.: Elveszett Alkotmány. A magyar politikai emigráció 1945-1975. Budapest: Gondolat 1984. 272 S.
B 59208

Népfront Magyarországon. A Kommunista Internacionále VII. kongresszusa és a magyarországi munkáspártok. Red.: A.Sipos. Budapest: Kossuth Könyvkiadó 1985. 109 S.
010160

L 198 f Wehrwesen

Füzi, I.: A magyar katonai elmélet és a hadsereg felkészítése 1939. szept. l-ig. In: Hadtörténelmi közlemények. Evf.32, 1985. Nr.2. S.387-406.
BZ 4513:32

Szabó, P.: A 2.magyar hadsereg felszerelése és fegyverzete a frontra kivonulása idején 1942 ápr.-máj. In: Hadtörténelmi közlemények. Evf.32, 1985. Nr.3. S.616-642.
BZ 4513:32

L 198 g Wirtschaft

Antal, E.: Ungarns Nahrungswirtschaft. In: Südost-Europa-Mitteilungen. Jg.26, 1986. Nr.4. S.23-37.
BZ 4725:26

Schönfeld, R.: Außenwirtschaftspolitik im sozialistischen Ungarn. In: Südost-Europa-Mitteilungen. Jg.26, 1986. Nr.2. S.12-35.
BZ 4725:26

Sitzler, K.: Ungarische Stimmen zur Wirtschaftsreform. In: Südost-Europa. Jg.35, 1986. H.10. S.554-561.
BZ 4762:35

L 198 h Gesellschaft

Forray, K.R.: Bildungswege der Frauen in Ungarn. In: Österreichische Osthefte. Jg.28, 1986. H.2. S.107-125.
BZ 4492:28

Sitzler, K.: Gesellschaftliche Differenzierung und soziale Spannungen in Ungarn. In: Südost-Europa. Jg.35, 1986. H.7/8. S.408-421.
BZ 4762:35

L 198 k Geschichte

Caballero Jurado, C.: Hace 30 anos: Hungria 1956, une revolucion y su fracaso. In: Defensa. A.9, 1987. No.102. S.56-64.
BZ 05344:9

A Forradalmi Kormányzótanács Jegyzökönyvei 1919. Szerk. M.Imre. Budapest: Akademiai Kiadó 1986. 585 S.
B 59866

Glatz, F.: Az 1944.év Históriája. Budapest: História könyvek 1984. 174 S.
Bc 01733

Hanák, P.: Ungarn in der Donaumonarchie. Probleme der bürgerlichen Umgestaltung des Vielvölkerstaates. Wien: Verl.f.Geschichte u.Politik 1984. 468 S.
B 55850

Kertesz, S.D.: Between Russia and the West. Hungary and the illusions of peacemaking, 1945-1947. Notre Dame, Ind.: Univ.of Notre Dame Pr. 1984. XIX,299 S.
B 56124

Molnar, M.: L'Octobre hongrois. In: Commentaire. A.9, 1986-87. Nr.36. S.622-628.
BZ 05436:9

Péteri, G.: Effects of World War I: war communism in Hungary. New York: Columbia Univ.Pr. 1984. X,229 S..
B 56895

Reinert-Tárnoky, I.: Radikale Bauernpolitik in Ungarn. Eine gesellschaftspolit.Alternative in der Zwischenkriegszeit. München: Trofenik 1985. 168 S.
B 57786

Stadtmüller, G.: Begegnungen mit Ungarns Geschichte. Rückblick auf ein halbes Jahrhundert. München: Trofenik 1984. 67 S.
B 56852

Szöllösi-Janze, M.: Horthy-Ungarn und die Pfeilkreuzlerbewegung. In: Geschichte und Gesellschaft. Jg.12, 1986. H.2. S.163-182.
BZ 4636:12

L 199 Vatikan

Broglio, F.M.: La visita di Giovanni Paolo II alla Sinagoga di Roma e la questione di Gerusalemme. In: Rivista di studi politici internazionali. A.53, 1986. No.3. S.425-444.
BZ 4451:53

Keogh, D.: The Vatican, the bishops and Irish politics, 1919-39. Cambridge: Cambridge Univ.Pr. 1986. XVI,304 S.
B 57434

Yallop, D.A.: In God's Name. An Investigation into the murder of Pope John Paul I. Toronto: Bantam Books 1984. XI,339 S.
B 57168

L 200 Asien

Asian political Institutionalization.
Ed.by R.A.Scalapino. Berkeley, Cal.:
University of California 1986. X,312 S.
B 59584

Baumann, G.: Kollektive Sicherheit für
Asien. In: Beiträge zur Konfliktfor-
schung. Jg.17, 1987. H.1. S.51-72.
BZ 4594:17

Bechtoldt, H.: Die Regime-Turbulenzen
in Asien und Afrika. In: Außenpolitik.
Jg.38, 1987. No.2. S.176-193.
BZ 4457:38

Marxism in Asia. Ed.by C.Mackerras.
London: Croom Helm 1985. 297 S.
B 57209

Smith, T.B.: Referendum Politics in
Asia. In: Asian survey. Vol.26, 1986.
No.7. S.793-814.
BZ 4437:26

Weggel, O.; Machetzki, R.: Der asiatisch-
pazifische Mythos. In: Aus Politik und
Zeitgeschichte. 1986. B.45. S.18-31.
BZ 05159:1986

Zagoria, D.S.: The Soviet Union's mili-
tary-political strategy. In: Korea and
world affairs. Vol.10, 1986. No.2.
S.346-369.
BZ 4894:10

L 203 Ostasien/Nordostasien

The balance of power in East Asia.
Ed.by M.Leifer. London: Macmillan
1986. X,157 S.
B 59508

Cha, Y-K.: Strategic environment of
Northeast Asia. In: Korea and world
affairs. Vol.10, 1986. No.2. S.278-301.
BZ 4894:10

East Asia, the West and international
security: prospects for peace. Pt.1-3.
London: International Inst.for Strategic Studies 1987. 84,80,78 S.
Bc 6377

Lee, S.-H.: Economic development and
city-systems in East Asia, 1880-1980.
In: Asian perspective. Vol.11, 1987.
No.1. S.120-151.
BZ 4889:11

Schandler, H.Y.: Arms control in Northeast Asia. In: The Washington quarterly. Vol.10, 1987. No.1. S.69-79.
BZ 05351:10

L 204 Südostasien/Südasien

Ahmad, B.: The prospects of peace in
South Asia: 1986. In: Regional studies.
Vol.4, 1985/86. No.3. S.3-27.
BZ 4890:4

Akram, A.I.: Security of small states in
South Asian context. In: Regional stu-
dies. Vol.5, 1986/87. No.1. S.3-13.
BZ 4890:5

Armed communist movements in
Southeast Asia. Based on papers pre-
sented at a workshop sponsored by the
Inst.of Southeast Asian Studies, held in
Singapore, 17-19 No.1982. Ed.by J.-J.
Lim. New York: St.Martin's Press 1984.
XVIII, 204 S.
B 56038

Aspects of ASEAN. Ed.by W.Pfennig.
München: Weltforum Verl. 1984. 395 S.
B 55377

Avimor, S.: Confrontation des super-
puissances en Asie du Sud-Est. In:
L'Afrique et l'Asie modernes. 1986.
No.150. S.50-66.
BZ 4689:1986

Boisseau du Rocher, S.: L'ANSÉA à la
croisée des chemins. In: Stratégique.
1986. No.2. S.109-136.
BZ 4694:1986

Gomane, J.-P.: Où en est l'ASEAN? In:
Politique étrangère. A.50, 1985. No.4.
S.897-910.
BZ 4449:50

Iqbal, M.: Saarc: the urge for cooperation in South Asia. In: Regional studies. Vol.4, 1985/86. No.4. S.47-64.
BZ 4890:4

Ji, G.: Current security issues in Southeast Asia. In: Asian survey. Vol.26, 1986. No.9. S.973-990.
BZ 4437:26

Khilnani, N.M.: The Denuclearization of South Asia. In: The Round table. 1986. No.299. S.280-286.
BZ 4796:1986

Leifer, M.: Obstacles to a Political Settlement in Indochina. In: Pacific affairs. Vol.58, 1985/86. No.4. S.626-636.
BZ 4450:58

Mishra, P.K.: South Asia in international politics. Delhi: UDH Publ. 1984. XXI,321 S.
B 56598

Razvi, S.M.M.: Conflict and Cooperation in South Asia. In: The Round table. 1986. No.299. S.269-279.
BZ 4796:1986

Security in Southern Asia. Ed.by Z.Khalilzad. New York: St.Martin's Press 1984. 242 S.
B 56108

South Asia: the spirit of SAARC. In: The Round table. 1987. No.103. S.2-6.
BZ 4796:1987

Tarling, N.: The United Kingdom and the origins of the Colombo Plan. In: Journal of Commonwealth and comparative politics. Vol.24, 1986. No.1. S.3-34.
BZ 4488:24

Tellis, A.J.: The air balance in the Indian subcontinent: trends, constants and contexts. In: Defense analysis. Vol.2, 1986. No.4. S.263-289.
BZ 4888:2

Vego, M.: The Soviet envelopment opition on the Northern Flank. In: Naval War College review. Vol.39, 1986. No.4. S.26-38.
BZ 4634:39

Vertzberger, Y.Y.I.: Coastal States, regional powers, superpowers and the Malacca-Singapore Straits. Berkeley, Cal.: University of California 1984. 100 S.
Bc 5249

L 211 Afghanistan

Afghanistan - Leben ohne Menschenrechte. Folter an Gefangenen in Afghanistan. Hrsg.:Amnesty International. Bonn: o.V. 1986. 59 S.
D 3515

Dunbar, C.: Afghanistan in 1986. The balance endures. In: Asian survey. Vol.27, 1987. No.2. S.127-142.
BZ 4437:27

Durán, K.: Kurzbiographien. Mohammad Najibullah. In: Orient. Jg.27, 1987. Nr.1. S.5-9.
BZ 4663:27

Ermacora, F.: Bonner Friedensforum. UNO-Berichte üb.d.Lage der Menschenrechte in Afghanistan. Bonn: o.V. 1986. 133 S.
D 3464

Gupta, B.S.: Afghanistan. Politics, economics, and society. Revolution, resistance, intervention. London: Pinter 1986. XXII,206 S.
B 57841

Hyman, A.: The Afghan politics of exile. In: Third world quarterly. Vol.9, 1987. No.1. S.67-84.
BZ 4843:9

Magenheimer, H.: Streitkräfte und Konfliktherde in Südasien: Afghanistan, Pakistan, Indien. In: Österreichische militärische Zeitschrift. Jg.25, 1987. H.1. S.26-36.
BZ 05214:25

Revolutions and rebellions in Afghanistan. Anthropological perspectives. Ed.by M.N.Sharani. Berkeley, Cal.: University of California 1984. XIV,394 S.
B 56267

Schwittek, P.: Freundeskreis Afghanistan, Berlin Bericht üb.meine Reise nach Pakistan. Berlin: o.V. 1986. 23 S.
D 3530

Vercellin, G.: Iran e Afghanistan. Roma: Riuniti 1986. 173 S.
Bc 6572

L 215 Bangladesh

Amin, N.: Maoism in Bangladesh. In: Asian survey. Vol.26, 1986. No.7. S.759-773.
BZ 4437:26

Baxter, C.: Bangladesh. A new nation in an old setting. Boulder, Colo.: Westview Press 1984. XII,130 S.
B 56033

Islam, S.S.: Bangladesh in 1986. In: Asian survey. Vol.27, 1987. No.2. S.163-172.
BZ 4437:27

Khondker, H.H.: Bangladesh: anatomy of an unsuccessful military coup. In: Armed forces and society. Vol.13, 1986. No.1. S.125-143.
BZ 4418:13

Lévy, B.-H.: Les Indes rouges. Paris: Grasset 1985. 349 S.
B 57039

Moudud, A.: Bangladesh: era of Sheikh Mujibur Rahman. Wiesbaden: Steiner 1984. XI,281 S.
B 54121

L 218 Burma

Smith, C.B.: The Burmese Communist Party in the 1980s. Singapore: Inst.of Southeast Asian Studies 1984. IX,126 S.
Bc 6106

Sola, R.: L'Islam en Birmanie. In: L'Afrique et l'Asie modernes. 1986. No.150. S.16-33.
BZ 4689:1986

Sola, R.: Le non-alignement birman. In: L'Afrique et l'Asie modernes. 1987. No.153. S.68-84.
BZ 4689:1987

Taylor, R.H.: Marxism and resistance in Burma 1942-1945. Thein Pe Myint's Wartime Traveler. Athens, Ohio: Ohio Univ. Pr. 1984. VII,326 S.
B 56271

Tilman, R.O.: Burma in 1986. The process of involution continues. In: Asian survey. Vol.27, 1987. No.2. S.254-263.
BZ 4437:27

Win, K.: An epilogue on Burma-American relations: A Burmese perspective. In: Asian perspective. Vol.10, 1986. No.2. S.311-331.
BZ 4889:10

L 219 Sri Lanka/Ceylon

Hyndman, P.: The 1951 convention definition of refugee: An appraisal with particular reference to the case of Sri Lankan Tamil applicants. In: Human rights quarterly. Vol.9, 1987. No.1. S.49-73.
BZ 4753:9

König, G.; Söhnlein, K.: Sri Lanka - vom ethnischen Konflikt zum Bürgerkrieg. In: Marxistische Blätter. 1987. Nr.2. S.56-62.
BZ 4548:1987

Matthews, B.: Devolution of power in Sri Lanka. The problems of implementation. In: The Round table. 1987. No.103. S.74-92.
BZ 4796:1987

Matthews, B.: Radical conflict and the rationalization of violence in Sri Lanka. In: Pacific affairs. Vol.59, 1985/86. No.1. S.28-44.
BZ 4450:59

Nagarajan, K.V.: Troubled paradise: Ethnic conflict in Sri Lanka. In: Conflict. Vol.6, 1986. No.4. S.333-352.
BZ 4687:6

Perspektiven des Verhältnisses zwischen Tamilen und Singhalesen. Hrsg.: Friedrich-Ebert-Stiftung. Bonn: o.V. 1986. IV,16 S.
D 03566

Pfaffenberger, B.: Sri Lanka in 1986. A nation at the crossroads. In: Asian survey. Vol.27, 1987. No.2. S.155-162.
BZ 4437:27

Sri Lanka: Folter, staatlicher Mord, "Verschwindenlassen". Hrsg.: Amnesty International, Sektion d.Bundesrepublik Dtschl.. Bonn: o.V. 1986. 72 S.
D 3475

Thornton, E.M.; Niththyananthan, R.: Sri Lanka, island of terror: an indictment. 2nd ed.. North Wembley: Eelam Research Organisation 1985. 124 S.
B 56353

L 221 China

L 221 a Allgemeines

Mabbett, I.: Modern China. The mirage of modernity. London: Croom Helm 1985. 231 S.
B 56472

Meaney, C.S.: Is the Soviet present China's future?. In: World politics. Vol.39, 1987. Nr.2. S.203-230.
BZ 4464:39

Power and policy in the PRC. Ed.by Y.Shaw. Boulder, Colo.: Westview Press 1985. XIV,370 S.
B 57935

Rosen, S.: China in 1986. In: Asian survey. Vol.28, 1987. No.1. S.35-55.
BZ 4437:28

Schell, O.: To get rich is glorious. China in the eighties. New York: Pantheon Books 1984. 210 S.
B 56808

Terzani, A.: Chinesische Jahre. 1980-1983. Hamburg: Hoffmann und Campe 1986. 365 S.
B 58244

Yin, J.: Government of socialist China. Lanham: Univ.Press of America 1984. VIII,564 S.
B 56247

L 221 c Biographien

– Deng Xiaoping –

Lee, C.H.: Deng Xiaoping: the marxist road to the forbidden city. Princeton: Kingston Pr. 1985. 254 S.
B 57227

– Peng Pai –

Galbiati, F. P'eng P'ai and the Hai-Lu-Feng Soviet. Stanford, Calif.: Stanford Univ.Pr. 1985. VI,484 S.
B 56527

– Zunyi –

Kampen, T.: The Zunyi conference and the rise of Mao Zedong. In: Internationales Asienforum. Jg.17, 1986. H.3/4. S.347-360.
BZ 4583:17

L 221 d Land und Volk

Caron, Y.: Les minorités nationales en Chine. In: Défense nationale. A.43, 1987. No.7. S.137-152.
BZ 4460:43

Zhang, X.; Sang, Y.: Pekingmenschen. Beijingren. Köln: Diederichs 1986. 351 S.
B 59701

L 221 e Staat und Politik

L 221 e 10 Innenpolitik

Bonavia, D.: China - from revolution to evolution. In: NATO's sixteen nations. Vol.32, 1987. No.2. S.16-21.
BZ 05457:32

China: dilemmas of modernisation. Ed.: G.Young. London: Croom Helm 1985. 279 S.
B 56714

Chinese marxism in flux, 1978-84. Essays on epistemology, ideology and political economy. Ed.: B.Brugger. London: Croom Helm 1985. 218 S.
B 56413

Dittmer, L.: Mao and the politics of revolutionary mortality. In: Asian survey. Vol.27, 1986. No.3. S.316-339.
BZ 4437:27

Duncanson, D.: Reform und Macht in China. In: Europa-Archiv. Jg.42, 1987. Nr.5. S.129-138.
BZ 4452:42

Fan, L.: The question of interests in the Chinese policy making process. In: China quarterly. 1987. No.109. S.64-71.
BZ 4436:1987

Fischer, P.: China vor dem XIII. Parteitag. In: Europa-Archiv. Jg.42, 1987. Nr.14. S.401-408.
BZ 4452:42

Lestz, M.E.: Gli intellettuali del Fuxingshe. Fascismo e dittatura del partito in Cina, 1932-1937. In: Storia contemporanea. A.18, 1987. No.2. S.269-285.
BZ 4590:18

Menschenrechte in der Volksrepublik China. Stand: Mai 1985. Hrsg.: Internationale Gesellschaft für Menschenrechte. Frankfurt: o.V. 1985. 20 S.
D 03518

Schier, P.: China in der Wende. In: Zeitschrift für Politik. Jg.33, 1986. H.4. S.399-417.
BZ 4473:33

Schier, P.: Partei und Staat in der Volksrepublik China. In: Der Bürger im Staat. Jg.37, 1987. H.1. S.34-39.
BZ 05147:37

Seymour, J.D.: China's satellite parties today. In: Asian survey. Vol.26, 1986. No.9. S.991-1004.
BZ 4437:26

Staiger, B.: Der Kampf gegen die "bürgerliche Liberalisierung" zu Beginn des Jahres 1987. In: China aktuell. 1987. Nr.2. S.143-146.
BZ 05327:1987

Teiwes, F.C.: Leadership, legitimacy, and conflict in China. From charismatic Mao to the politics of succession. London: Macmillan 1984. XI,167 S.
B 56458

Wang, C.: Chinese communist Strategy and tactics. Taipei: World Anti-Communist League 1986. 69 S.
Bc 6355

Weggel, O.: Vom Maoismus zum Metakonfuzianismus? China im Zeichen der "Renormalisierung". In: Der Bürger im Staat. Jg.37, 1987. H.1. S.24-28.
BZ 05147:37

Wei, W.: Counterrevolution in China. The nationalist in Jiangxi during the Soviet period. Ann Arbor: Univ.of Michigan Pr. 1985. XII,243 S.
B 58159

Wiedemann, K.M.: China in the Vanguard of a New Socialism. In: Asian survey. Vol.26, 1986. No.7. S.774-792.
BZ 4437:26

L 221 e 20 Außenpolitik

Brown, D.G.: Partnership with China. Sino-foreign joint ventures in historical perspective. Boulder, Colo.: Westview Press 1986. IX,175 S.
Bc 6564

Cabestan, J.-P.: La politique étrangère Chinoise vue des États-Unis. In: Défense nationale. A.42, 1986. Mai. S.117-130.
BZ 4460:42

Chang Yao-chiu: Communist China's Strategy toward ASEAN countries. Taipei: World Anti-Communist League 1986. III,77 S.
Bc 6262

Gold, T.B.: The status quo is not static. Mainland-Taiwan relations. In: Asian survey. Vol.27, 1987. No.3. S.300-315.
BZ 4437:27

Green, E.: China and Mongolia. In: Asian survey. Vol.26, 1986. No.12. S.1337-1363.
BZ 4437:26

Huan, G.: Dynamics of Sino-Soviet relations. In: Atlantic community quarterly. Vol.24, 1986. No.1. S.39-49.
BZ 05136:24

Jones, P.; Kevill, S.: China and the Soviet Union 1949-84. Harlow: Longman 1985. IX,203 S.
B 56281

Keith, R.C.: The origins and strategic implications of China's "independent foreign policy". In: International journal. Vol.41, 1985-86. No.1. S.95-128.
BZ 4458:41

Khan, R.A.: China's policy towards South Asia: a comparative perspective. In: Regional studies. Vol.5, 1986/87. No.1. S.14-27.
BZ 4890:5

Kim, H.N.; Hammersmith, J.L.: U.S.-China relations in the post-normalization Era, 1979-1985. In: Pacific affairs. Vol.59, 1985/86. No.1. S.69-91.
BZ 4450:59

Knight, G.D.: China's Soviet Policy in the Gorbachov Era. In: The Washington quarterly. Vol.9, 1986. No.2. S.97-108.
BZ 05351:9

Kroef, van der J.M.: "Normalizing" Relations with China. Indonesia's Policies and Perceptions. In: Asian survey. Vol.26, 1986. No.8. S.909-934.
BZ 4437:26

Lee, C.: China and Japan: new economic diplomacy. Stanford, Calif.: Hoover Inst.Pr. 1984. XVII,174 S.
B 56114

Mackay, L.: China. A power for peace?. London: Merlin Pr. 1986. 93 S.
Bc 6342

Möller, K.: China und das wiedervereinte Vietnam. Pax Sinica contra Regionalhegemonie. Bochum: Studienverl.Brockmeyer 1984. VI,702 S.
B 55861

Oksenberg, M.: China's confident nationalism. In: Foreign affairs. Vol.65, 1987. No.3. S.501-523.
BZ 05149:65

Opitz, P.J.: Die Politik Chinas gegenüber Westeuropa. In: Außenpolitik. Jg.37, 1987. Nr.3. S.252-264.
BZ 4457:37

Opitz, P.J.: Die Strategie der "Unabhängigkeit". In: Zeitschrift für Politik. Jg.33, 1986. H.4. S.383-398.
BZ 4473:33

Opletal, H.: China und Osteuropa. Pekings neues Verhältnis zu Osteuropa und seinen Verbündeten. In: China Report. 1986. Nr.91. S.16-21.
BZ 05321:1986

Pi, Y.: Communist China's Relations with East European communist countries. Taipei: World Anti-Communist League 1986. 55 S.
Bc 6207

Pollack, J.D.: China's Changing Perceptions of East Asian Security and Development. In: Orbis. Vol.29, 1985. Nr.4. S.771-794.
BZ 4440:29

Roell, P.: Brennpunkt Indochina. D.chines.-vietnam. Beziehungen von 1975-1980 als Strukturkomponente d.internat.Politik im ostasiat.-pazifischen Raum. T.1.2. München: Tuduv Verl.Ges. 1984. 469; 382 S.
B 54903

Sola, R.: Chine-Indochine: de l'intervention á l'antagonisme (Teil II). Les conditions de la normalisation. In: Défense nationale. A.42, 1986. November. S.95-105.
BZ 4460:42

Song, Y.: On China's Concept of security. Geneva: United Nations Inst.for Disarmament Research 1986. 40 S.
Bc 6426

Sutter, R.G.: North Korea. In: Korea and world affairs. Vol.10, 1986. No.2. S.370-402.
BZ 4894:10

Vertzberger, Y.Y.I.: China's diplomacy and strategy toward South Asia: from benign neglect to prominence. In: The Jerusalem journal of international relations. Vol.8, 1986. Nos.2-3. S.100-141.
BZ 4756:8

Vertzberger, Y.Y.I.: China's southwestern Strategy. Encirclement and counterencirclement. New York: Praeger 1985. IX,239 S.
B 57933

Watson, A.; Luolin, X.: China's opendoor policy in historical perspective. In: Australian outlook. Vol.40, 1986. Nr.2. S.91-99.
BZ 05446:40

Yu, P.K.: A strategic Model of Chinese Checkers. Power and exchange in Beijing's interactions with Washington and Moscow. Frankfurt: Lang 1984. VII,221 S.
B 56838

L 221 f Wehrwesen

Breyer, S.: Die Marinerüstung in der Volksrepublik China - Kriegsschiff-Exporte nehmen an Bedeutung zu. In: Marine-Rundschau. Jg.84, 1987. H.2. S.91-96.
BZ 05138:84

Cheung, T.M.: Trends in the research of Chinese military strategy. In: Survival. Vol.29, 1986. No.3. S.239-259.
BZ 4499:29

China's military Reforms. International and domestic implications. Ed.by C.D.Lovejoy. Boulder, Colo.: Westview Press 1986. XVIII,142 S.
Bc 6512

Fernandez Rojo, F.: Politica de Defensa de China. In: Ejército. A.47, 1986. Num.561. S.77-83.
BZ 05173:47

Foss, C.F.: Missile developments in the Chinese Army. In: Jane's defence weekly. Vol.7, 1987. No.2. S.64-69.
BZ 05465:7

Fouquoire, E.: L'Armée chinoise: une nouvelle gestion des ressources humaines. In: Défense nationale. A.43, 1987. No.4. S.105-114.
BZ 4460:43

Furlong, B.: Chinesische Luftwaffe. Der schwerfällige Start des Drachen. In: Internationale Wehrrevue. Jg.20, 1987. Nr.9. S.1165-1168.
BZ 05263:20

Garver, J.W.: China's response to the strategic defense initiative. In: Asian survey. Vol.26, 1986. No.11. S.1220-1239.
BZ 4437:26

Gilks, A.; Segal, G.: China and the arms trade. London: Croom Helm 1985. 229 S.
B 56415:6

Hahn, B.: Beijing's growing global missile reach. In: Pacific defence reporter. Vol.13, 1987. No.8. S.12-13.
BZ 05133:13

Hahn, B.: China's Nuclear Deterrent.
In: Navy international. Vol.91, 1986.
No.10. S.624-630.
BZ 05105:91

Hahn, B.: Chinese navy. First destroyer
construction programme 1968-85. In:
Navy international. Vol.91, 1986. No.11.
S.690-696.
BZ 05105:91

Hahn, B.: Chinese Navy. MCM capability. In: Navy international. Vol.92,
1987. No.1. S.52-56.
BZ 05105:92

Jiardano, F.: The Chinese navy: An over-
view of present capabilities and trends.
In: Naval forces. Vol.7, 1986. No.2.
S.200-216.
BZ 05382:7

Kielmansegg, J.A.Graf; Weggel, O.:
Unbesiegbar?. China als Militärmacht.
Stuttgart: Seewald 1985. 316 S.
B 55655

Ladd, J.D.: Chinese Amphibious Capa-
bility. Possible Future Developments.
In: Navy international. Vol.91, 1986.
No.7. S.437-438.
BZ 05105:91

Lary, D.: Warlord soldiers. Chinese
common soldiers, 1911-1937. Cambridge: Cambridge Univ.Pr. 1985.
IX,177 S.
B 56457

Segal, G.; Gilks, A.: China and the Arms
Trade. In: Arms control. Vol.6, 1985.
No.3. S.256-281.
BZ 4716:6

Segal, G.: Defending China. Oxford:
Oxford Univ.Pr. 1985. 264 S.
B 55737

Shai, A.: Die Chinesische Marine im
Zweiten Weltkrieg. In: Marine-Forum.
Jg.62, 1987. Nr.6. S.199-201.
BZ 05170:62

Weggel, O.: Abschied vom Volkskrieg?
Die Modernisierung des Militärwesens.
In: Der Bürger im Staat. Jg.37, 1986.
H.1. S.53-56.
BZ 05147:37

Yu, Y.: Political Implications of Teng
Hsiao-ping's military rectification.
o.O.: o.V. 1986. 68 S.
Bc 6478

L 221 g Wirtschaft

Arrigo, L.G.: Landownership Concentration in China. The Buck Survey
Revisited. In: Modern China. Vol.12,
1986. No.3. S.259-360.
BZ 4697:12

Bonsignore, E.: L'industria cinese della
difesa. In: Rivista italiana difesa. A.6,
1987. No.6. S.82-97.
BZ 05505:6

Domes, J.: China auf dem Wege zu
einem "Marktwirtschaftlichen" Sozialismus?. In: Zeitschrift für Politik.
Jg.33, 1986. H.4. S.351-371.
BZ 4473:33

Hollingworth, C.: China's arms industry.
In: NATO's sixteen nations. Vol.32,
1987. No.2. S.48-52.
BZ 05457:32

Ishikawa, S.: Sino-Japanese economic
Co-operation. In: China quarterly.
1987. No.109. S.1-21.
BZ 4436:1987

Louven, E.: Chinas außenwirtschaft-
liche Öffnung. In: Der Bürger im Staat.
Jg.37, 1987. H.1. S.49-52.
BZ 05147:37

Taylor, R.: The Sino-Japanese Axis.
A new force in Asia. London: The
Athlone Pr. 1985. VIII,132 S.
B 57700

Thomas, S.C.: Foreign Intervention and
China's industrial development, 1870-
1911. Boulder, Colo.: Westview Press
1984. IX,186 S.
B 55227

Unter, J.: The Decollectivization of the
Chinese Countryside: A Survey of
Twenty-eight Villages. In: Pacific
affairs. Vol.58, 1986. No.4. S.585-606.
BZ 4450:58

Walder, A.G.: Wage reform and the Web of factory interests. In: China quarterly. 1987. No.109. S.22-41.
BZ 4436:1987

L 221 h Gesellschaft

Kessle, G.: Frauenleben in einem chinesischen Dorf. Stuttgart: Verl.Neuer Weg 1984. 136 S.
B 56786

Rozman, G.: A Mirror for socialism. Soviet criticisms of China. Princeton, N.J.: Princeton Univ.Press 1985. XIV,292 S.
B 56999

Wolf, M.: Revolution postponed. Women in contemporary China. Stanford, Calif.: Stanford Univ.Pr. 1985. VIII,285 S..
B 56097

L 221 k Geschichte

The 1911 Revolution in China. Interpretive essays. Ed.by E.Shinkichi. Tokyo: Univ.of Tokyo Pr. 1984. XVI,316 S.
B 56085

Brugger, B.: From "Revisionism" to "Alienation", from Great Leaps to "Third Wave". In: China quarterly. 1986. No.108. S.643-651.
BZ 4436:1986

China. Seventy years after the 1911 Hsin-hai Revolution. Ed.by H.Chiu. Charlottesville, Va.: Univ.Pr. 1984. X,601 S.
B 56766

Field, R.M.: The performance of industry during the cultural revolution: second thoughts. In: China quarterly. 1986. No.108. S.625-642.
BZ 4436:1986

Geisert, B.K.: From conflict to quiescence: the Kuominteang, Party factionalism and local elites in Jiangsu, 1927-31. In: China quarterly. 1986. No.108. S.680-703.
BZ 4436:1986

Hollingworth, C.: Mao and the men against him. London: Cape 1985. XI,372 S.
B 57660

Machetzki, R.: Die historische Entwicklung Chinas. In: Der Bürger im Staat. Jg.37, 1987. H.1. S.13-19.
BZ 05147:37

Pye, L.W.: Reassessing the cultural revolution. In: China quarterly. 1986. No.108. S.597-612.
BZ 4436:1986

Scalapino, R.A.; Yu, G.T.: Modern China and its revolutionary process. Recurrent challenges to the traditional order, 1850-1920. Berkeley, Cal.: University of California 1985. XIII,814 S.
010125

Schram, S.R.: The limits of cataclysmic change: reflections on the place of the "Great Proletarian Cultural Revolution in the political development of the people's Republic of China. In: China quarterly. 1986. No.108. S.613-624.
BZ 4436:1986

L 221 l Einzelne Länder/Gebiete/Orte

Dittmer, L.: Hong Kong and China's modernization. In: Orbis. Vol.30, 1986. No.3. S.525-542.
BZ 4440:30

Dreyer, J.T.: The Xingjiang Uygur Autonomous Region at Thirty. In: Asian survey. Vol.26, 1986. No.7. S.721-744.
BZ 4437:26

Forster, K.: Repudiation of the cultural revolution in China: the case of Zhejiang. In: Pacific affairs. Vol.59, 1986. No.1. S.5-27.
BZ 4450:59

Gay, A.: Hong Kong et l'avenir de la Chine. In: Défense nationale. A.42, 1986. November. S.81-93.
BZ 4460:42

Harris, P.: Hong Kong confronts 1997: an assessment of the Sino-British agreement. In: Pacific affairs. Vol.59, 1986. No.1. S.45-68.
BZ 4450:59

Hutchings, G.: A province at War: Guangxi during the Sino-Japanese conflict, 1937-1945. In: China quarterly. 1986. No.108. S.652-679.
BZ 4436:1986

Johnson, G.E.: 1997 and after: will Hong Kong survive? A personal view. In: Pacific affairs. Vol.59, 1986. No.2. S.237-254.
BZ 4450:59

Levine, S.I.: Anvil of victory. The communist revolution in Manchuria, 1945-1948. New York: Columbia Univ.Pr. 1987. XI,314 S.
B 61981

Nieh, Y.-H.: Die Zukunft Macaus. In: China aktuell. Jg.16, 1987. Nr.4. S.320-322.
BZ 05327:16

Wu, A.K.: Turkistan Tumult. Oxford: Oxford Univ.Pr. 1984. XI, XIII, 278 S.
B 56459

L 225 Indien

L 225 c Biographien

Ali, T.: Die Nehrus und die Gandhis. Eine indische Dynastie. Frankfurt: Ullstein 1985. 335 S.
B 56943

Jalal, A.: The sole Spokesman. Jinnah, the Muslim League and the demand for Pakistan. Cambridge: Cambridge Univ.Pr. 1985. XIII,310 S.
B 56423

– Gandhi, I. –

Kalmár, G.: Indira Gandhi. 2.kiad.. Budapest: Kossuth Könyvkiadó 1985. 173 S.
Bc 5933

– Gandhi, R. –

Braßel, F.: Indien unter Rajiv Gandhi. In: Blätter für deutsche und internationale Politik. Jg.31, 1986. H.10. S.1226-1240.
BZ 4551:31

– Mallik, B.K. –

Sondhi, M.; Sondhi, M.L.: Remembering Basanta Kumar Mallik (1879-1958). In: The Round table. 1987. No.103. S.64-73.
BZ 4796:1987

– Nehru, J. –

Sadasivan, C.: The Nehru-Menon partnership. In: The Round table. 1987. No.103. S.58-63.
BZ 4796:1987

– Roy, M.N. –

Gangjly, S.M.: Leftism in India. M.N. Roy and Indian politics, 1920-1948. Calcutta: Minerva 1984. IX,312 S.
B 56933

L 225 d Land und Volk

Baruah, S.: Immigration, ethnic conflict, and political turmoilassam, 1979-1985. In: Asian survey. Vol.26, 1986. No.11. S.1184-1206.
BZ 4437:26

Effenberg, C.: Die politische Stellung der Sikhs innerhalb der indischen Nationalbewegung 1935-1947. Wiesbaden: Steiner 1984. 232 S.
B 54130

L 225 e Staat und Politik

L 225 e 10 Innenpolitik

Bernard, J.A.: L'Inde. Le pouvoir et la puissance. Paris: Fayard 1985. 394 S.
B 56561

Fadia, B.: State politics in India. Vol.1-2. New Delhi: Radiant Publ. 1984. 549; 339 S.
B 56594

Graham, B.D.: The candidate-selection policies of the Indian National Congress, 1952-1969. In: The journal of Commonwealth & comparative politics. Vol.24, 1986. No.2. S.197-218.
BZ 4408:24

Gupte, P.: Vengeance. India after the assassination of Indira Gandhi. New York: Norton 1985. 368 S.
B 58166

Hardgrave, R.L.: India under pressure. Boulder, Colo.: Westview Press 1984. XIII,214 S.
B 56054

Hauser, W.; Singer, W.: The democratic rite. Celebration and participation in the Indian elections. In: Asian survey. Vol.26, 1986. Nr.9. S.941-958.
BZ 4437:26

Khondker, H.H.: Crisis in Indian democracy: 1975 Emergency in retrospect. In: Regional studies. Vol.4, 1986. No.4. S.37-46.
BZ 4890:4

Kochanek, S.A.: Regulation and liberalization theology in India. In: Asian survey. Vol.26, 1986. No.12. S.1284-1308.
BZ 4437:26

Markovits, C.: Indian Business and nationalist politics, 1931-1939. The indigenous capitalist class and the rise of the Congress Party. Cambridge: Cambridge Univ.Pr. 1985. XI,230 S.
B 56417

Narain, I.; Dutta, N.: India in 1986. The continuing struggle. In: Asian survey. Vol.27, 1987. No.2. S.181-193.
BZ 4437:27

Omvedt, G.: India's green movements. In: Race and class. Vol.28, 1987. Nr.4. S.29-38.
BZ 4811:28

Rubin, B.R.: The civil liberties movement in India. New approaches to the State and social change. In: Asian survey. Vol.27, 1987. No.3. S.371-392.
BZ 4437:27

Sharma, T.R.: Communism in India. The politics of fragmentation. New Delhi: Sterling Publ. 1984. 224 S.
B 56589

Simon, M.: Die Massen- und Bündnispolitik der KP Indiens in der Anfangsphase ihres Bestehens (1925-1929). In: Beiträge zur Geschichte der Arbeiterbewegung. Jg.29, 1987. Nr.2. S.162-177.
BZ 4507:29

State politics in contemporary India. Crisis or continuity. Ed.by J.R.Wood. Boulder, Colo.: Westview Press 1984. XV,257 S.
B 56809

Subrahmanya, K.N.: Development of politics in India. New Delhi: Deep & Deep 1984. 276 S.
B 56588

Verney, D.V.: The limits to political manipulation: The role of the governors in India's 'Administrative Federalism' 1950-1984. In: The journal of Commonwealth & comparative politics. Vol.24, 1986. No.2. S.169-196.
BZ 4408:24

L 225 e 20 Außenpolitik

Benner, J.: The Indian Foreign policy bureaucracy. Boulder, Colo.: Westview Press 1985. XIV,305 S.
B 56768

Chadda, M.: India and the United States. Why detente won't happen. In: Asian survey. Vol.26, 1986. No.10. S.1118-1136.
BZ 4437:26

Cheema, P.I.: A solution for Kashmir dispute?. In: Regional studies. Vol.4, 1986. No.4. S.3-15.
BZ 4890:4

Khilnani, N.M.: India's political and economic policies towards her neighbours. In: The Round table. 1987. No.103. S.53-58.
BZ 4796:1987

Mansingh, S.: India's Search for power. Indira Gandhi's foreign policy 1966-1982. New Delhi: Sage Publ. 1984. XV,405 S.
B 55089

Mukerjee, D.: India and the Soviet Union. In: The Washington quarterly. Vol.9, 1986. No.2. S.109-122.
BZ 05351:9

Verney, D.V.; Frankel, F.R.: India: has the trend towards federalism implications for the management of foreign policy? A comparative perspective. In: International journal. Vol.41, 1986. No.3. S.572-599.
BZ 4458:41

Wulf, H.: Indiens Außen- und Sicherheitspolitik zwischen Gewaltlosigkeit und Atombombe. In: Aus Politik und Zeitgeschichte. 1987. B.23. S.3-11.
BZ 05159:1987

L 225 f Wehrwesen

Babar, F.: India's nuclear policy. In: Regional studies. Vol.4, 1986. No.4. S.16-36.
BZ 4890:4

Mama, H.-P.: Die indische Küstenwache. In: Internationale Wehrrevue. Jg.19, 1986. Nr.12. S.1776.
BZ 05265:19

Milhollin, G.: Datcline new Delphi: India's nuclear cover-up. In: Foreign policy. 1986. No.64. S.161-175.
BZ 05131:1986

Schwalm, H.: Die Rolle des indischen Kriegswesens vor und während der Herrschaft Chandraguptas und seines Ministers Kautalya. Osnabrück: Bibl.-Verl. 1986. 257 S.
B 58994

L 225 g Wirtschaft

Malhotra, J.K.: Die gesellschaftliche und wirtschaftliche Entwicklung Indiens in den vergangenen zehn Jahren. In: Aus Politik und Zeitgeschichte. 1987. B.23. S.16-33.
BZ 05159:1987

L 231 Irak

Marr, P.: The modern History of Iraq. Boulder, Colo.: Westview Press 1985. XVII,382 S.
B 56528

Tripp, C.: Iraq - ambitions checked. In: Survival. Vol.28, 1986. No.6. S.495-509.
BZ 4499:28

L 233 Iran

Ahrari, M.E.: Iran and the superpowers in the Gulf. In: SAIS review. Vol.7, 1987. No.1. S.157-168.
BZ 05503:7

Akhavi, S.: Elite factionalism in the Islamic Republic of Iran. In: The Middle East journal. Vol.41, 1987. No.2. S.181-201.
BZ 4463:41

Akhavi, S.: Institutionalizing the New Order in Iran. In: Current history. Vol.86, 1987. No.517. S.53-56, 83-84.
BZ 05166:86

Alaolmolki, N.: The new Iranian Left. In: The Middle East journal. Vol.41, 1987. No.2. S.218-233.
BZ 4463:41

Arjomand, S.A.: Iran's islamic revolution in comparative perspective. In: World politics. Vol.38, 1986. No.3. S.383-414.
BZ 4464:38

Bakhash, S.: The Reign of the Ayatollas. Iran and the Islamic revolution. New York: Basic Books 1984. X,276 S.
B 56151

Bernstein, A.H.: Iran's Low-Itensity War against the United States. In: Orbis. Vol.30, 1986. Nr.1. S.149-167.
BZ 4440:30

Cottam, R.: Regional implications of the Gulf War. Iran -motives behind its foreign policy. In: Survival. Vol.28, 1986. No.6. S.483-495.
BZ 4499:28

Hussain, A.: Islamic Iran. Revolution and counterrevolution. London: Pinter 1985. IX,225 S.
B 56061

Kossarynejad, G.R.: A Study of Iran's social, political, and economic conditions preceding the 1978-1979 revolution. Ann Arbor, Mich.: Univ.Microfilms 1985. XVI,299 S.
B 56087

Najmabadi, A.: Iran's turn to Islam: from modernism to a moral order. In: The Middle East journal. Vol.41, 1987. No.2. S.202-217.
BZ 4463:41

Nirumand, B.: Iran - hinter den Gittern verdorren die Blumen. Reinbek: Rowohlt 1985. 250 S.
B 57625

Noori, Y.: Islamic Government and the revolution in Iran. 2.ed.. Glasgow: Royston 1985. 74 S.
B 57443

Pohly, W.: Iran - langer Weg durch Diktaturen. Geschichte und Perspektiven. Berlin: EXpress 1985. 282 S.
B 57721

Richard, Y.: Kurzbiographien. Hoseyn-'Ali Montazeri. In: Orient. Jg.26, 1985. Nr.3. S.303-306.
BZ 4663:26

Riyahi, F.: Ayatollah Khomeini. Mit Glossar u.Zeittafel. Frankfurt: Ullstein 1986. 175 S.
Bc 6295

Savory, R.: "The added touch". Ithnā c Asharī Shi'ism as a facctor in the foreign policy of Iran. In: International journal. Vol.41, 1986. No.2. S.402-423.
BZ 4458:41

Sick, G.: Iran's quest for superpower status. In: Foreign affairs. Vol.65, 1987. S.697-715.
BZ 05149:65

Sreberny-Mohammadi, A.; Mohammadi, A.: Post-revolutionary Iranian exiles: a study in impotence. In: Third world quarterly. Vol.9, 1987. No.1. S.108-129.
BZ 4843:9

Taheri, A.: Chomeini und die Islamische Revolution. Hamburg: Hoffmann und Campe 1985. 413 S.
B 56983

Taheri, A.: The Spirit of Allah. Khomeini and the islamic revolution. London: Hutchinson 1985. 350 S.
B 57901

Tellenbach, S.: Islamischer Staat und Verfassungsdenken - Zur Verfassung der Islamischen Republik Iran. In: Geschichte in Wissenschaft und Unterricht. Jg.38, 1987. Nr.4. S.222-235.
BZ 4475:38

Yamani, S.: Die aussenpolitische Entwicklung des Iran im Spiegel deutschsprachiger Zeitungen 1967-1978. Eine kritische Betrachtung. Neuried: Hieronymus Verl. 1985. 329 S.
B 57410

L 235 Israel

L 235 c Biographien

Briefe an junge Deutsche. Juden antworten deutschen Schülern auf einen Leserbrief in der Jerusalem Post. Hrsg.v.F.Angern. 2.Aufl.. Düsseldorf: der kleine verl. 1985. 112 S.
Bc 01902

Jbara, T.: Palestinian leader Hajj Amin Al-Husayni. Mufti of Jerusalem. Princeton, N.J.: Kingston Pr. 1985. XII,221 S.
B 57255

Ruppin, A.: Briefe, Tagebücher, Erinnerungen. Hrsg.v.S.Krolik. Königstein: Jüdischer Verl.Athenäum 1985. 609 S.
B 55257

Silver, E.: Begin. The haunted prophet. New York: Random House 1984. 278 S.
B 57593

L 235 d Land und Volk

Identität und Geschichte. Chancen einer israelisch-palästinensischen Koexistenz. Hrsg.: K.Schneider. Berlin: Deutsch-israelischer Arbeitskreis f.Frieden im Nahen Osten 1986. 141 S.
Bc 6122

Smooha, S.: Three approaches to the sociology of ethnic relations in Israel. In: The Jerusalem quarterly. 1986. Nos.40. S.31-61.
BZ 05114:1986

Teitelbaum, J.: Ideology and conflict in a Middle Eastern minority: the case of Druze Initiative Committee in Israel. In: Orient. Jg.26, 1985. Nr.3. S.341-359.
BZ 4663:26

Yehia, K.: The image of the Palestinas in Egypt, 1982-1985. In: Journal of Palestine studies. Vol.16, 1987. No.2. S.45-63.
BZ 4602:16

L 235 e Staat und Politik

L 235 e 10 Innenpolitik

Garaudy, R.: Der Fall Israel. Diepholz: Dialogpress Verl. 1985. 184 S.
B 57428

Gosudarstvo Izrail'. Red.: V.V.Benevolenskij. Moskva: Nauka 1986. 276 S.
B 60039

Halévi, I.: De Pérès-Shamir à Shamir-Pérès. In: Revue d'études palestiniennes. 1987. Nr.22. S.19-25.
BZ 4817:1987

Jörgensen, A.: Israel intern. Ereignisse, Tatsachen, Zusammenhänge. Berlin: Militärverlag der DDR 1984. 395 S.
B 55768

Lewis, S.W.: Israel: The Peres era and its legacy. In: Foreign affairs. Vol.65, 1987. No.3. S.582-610.
BZ 05149:65

Liebmann, C.S.: The religious component in Israeli ultra-nationalism. In: The Jerusalem quarterly. 1987. Nos.41. S.127-144.
BZ 05114:1987

Marcus, J.: Israel: Die Politik der Frömmigkeit. In: Europa-Archiv. Jg.41, 1986. Nr.22. S.649-658.
BZ 4452:41

Naor, A.: The Israeli Cabinet in the Lebanon War (June 5-9, 1982). In: The Jerusalem quarterly. 1986. Nos.39. S.3-16.
BZ 05114:1986

Reich, B.: Israel's year transition. In: Current history. Vol.86, 1987. No.517. S.69-72; 87-88.
BZ 05166:86

Sharkansky, I.: What makes Israel tick. How domestic policy-makers cope with constraints. Chicago: Nelson-Hall 1985. XII,184 S.
B 55826

Yishai, Y.: The Jewish terror organization: Past of future danger?. In: Conflict. Vol.6, 1986. No.4. S.307-332.
BZ 4687:6

L 235 e 20 Außenpolitik

Avineri, S.: Ideology and Israel's Foreign Policy. In: The Jerusalem quarterly. 1986. Nos.37. S.3-13.
BZ 05114:1986

Ben-Zvi, A.: The limits of coercion in bilateral bargaining situations: the case of the American-Israeli Dyad. In: The Jerusalem journal of international relations. Vol.8, 1986. Nos.4. S.68-99.
BZ 4756:8

Dévernois, G.: Israel et l'Afrique (part 1). In: Défense nationale. A.43, 1987. No.6. S.131-141.
BZ 4460:43

Dévernois, G.: Israel et l'Afrique (part 2). In: Défense nationale. A.43, 1987. No.7. S.123-135.
BZ 4460:43

Ennes, J.M.: The USS 'Liberty': Israel can't seem to get its story straight. In: American Arab affairs. 1986. No.17. S.16-25.
BZ 05520:1986

Eytan, W.di: Il processo di pace fra Israele e Giordania. In: Affari esteri. 1986. No.39. S.151-165.
BZ 4373:1986

Lewis, S.W.: Israeli political reality and the search for Middle East peace. In: SAIS review. Vol.7, 1987. No.1. S.67-80.
BZ 05503:7

Melman, Y.; Sinai, R.: Israeli-Chinese relations and their future prospects. In: Asian survey. Vol.27, 1987. No.4. S.394-407.
BZ 4437:27

Ojo, O.: Nigeria and Israel. In: The Jerusalem journal of international relations. Vol.8, 1986. No.1. S.76-102.
BZ 4756:8

Rafael, G.: Der umkämpfte Frieden. Die Außenpolitik Israels von Ben Gurion bis Begin. Frankfurt: Ullstein 1984. 588 S.
B 55403

Terrill, W.A.: The Arab-Israeli rivalry for Africa - Aftermath of Camp Davic. In: Conflict. Vol.6, 1986. No.4. S.355-369.
BZ 4687:6

L 235 f Wehrwesen

Abramowitz, J.: The evolution of the ground corps command. In: Israel Defence Forces Journal. Vol.3, 1986. No.3. S.8-14.
BZ 05504:3

Almog, Z.: The Israeli Navy: Lessons and Experience. In: Naval forces. Vol.7, 1986. No.3. S.74-82.
BZ 05382:7

Banks, T.; Rockwell, R.: The Israeli Navy. Current Status and future hopes. In: Navy international. Vol.91, 1986. No.9. S.561-564.
BZ 05105:91

Benaudis, J.: Tsahal. Les Légions d'Israel. Des milices paysannes à la puissance nucléaire. Paris: Ed.Ramsay 1984. 270 S.
B 55548

The Israeli Navy. Thoughts on the future. In: Military technology. Vol.11, 1987. Nr.2. S.106-111.
BZ 05107:11

Katz, S.; Volstad, R.: Israeli Defense forces since 1973. London: Osprey Publ. 1986. 64 S.
Bc 02024

Linn, R.: Conscientious objection in Israel during the War of Lebanon. In: Armed forces and society. Vol.12, 1986. No.4. S.489-511.
BZ 4418:12

Marom, R.: Israel's position on Nonproliferation. In: The Jerusalem journal of international relations. Vol.8, 1986. No.4. S.100-143.
BZ 4756:8

Rahav, E.: Missile boat warfare. In: Israel Defence Forces Journal. Vol.3, 1986. No.4. S.37-43.
BZ 05504:3

Security or Armageddon. Israel's nuclear strategy. Ed.by L.R.Beres. Lexington, Mass.: Lexington Books 1986. VIII,242 S.
B 58863

Streetly, M.: Israeli naval EW. In: Jane's defence weekly. Vol.6, 1986. No.22. S.1348-1351.
BZ 05465:6

Ward, M.D.; Mintz, A.: Dynamics of military spending in Israel. In: The Journal of conflict resolution. Vol.31, 1987. No.1. S.86-105.
BZ 4394:31

L 235 g Wirtschaft

Abed, G.T.: Israel in the orbit of America: the political economy of a dependency relationship. In: Journal of Palestine studies. Vol.16, 1986. No.1. S.38-55.
BZ 4602:16

Ateya, M.N.: Israel/Etats-Unis: la zone de libre-échange. In: Revue d'études palestiniennes. 1987. No.23. S.35-54.
BZ 4817:1987

Maron, S.: Centrality of the Kibbutz Family. In: The Jerusalem quarterly. 1986. No.39. S.73-81.
BZ 05114:1986

Rosner, M.: New technologies in the Kibbutzim. In: The Jerusalem quarterly. 1986. No.39. S.82-89.
BZ 05114:1986

Steinberg, G.M.: Indigenous arms industries and dependence: the case of Israel. In: Defense analysis. Vol.2, 1986. No.4. S.291-30.
BZ 4888:2

Zamir, D.: Coming of Age in the Kibbutz. In: The Jerusalem quarterly. 1986. No.39. S.57-72.
BZ 05114:1986

L 235 h Gesellschaft

Sharkansky, I.: Avoiding the irresistible: Should the Israeli Government combat Jewish Emigration?. In: The Jerusalem quarterly. 1987. No.41. S.95-111.
BZ 05114:1987

Yishai, Y.: The social-economic status of women in Israel. In: The Journal of social, political and economic studies. Vol.11, 1986. No.2. S.227-236.
BZ 4670:11

L 235 i Geistesleben

Cross-currents in Israeli culture and politics. Ed.by Myron J.Aronoff. New Brunswick: Transaction Books 1984. 115 S.
B 56047

Negbi, M.: Paper Tiger: The Struggle for Press Freedom in Israel. In: The Jerusalem quarterly. 1986. No.39. S.17-32.
BZ 05114:1986

L 235 k Geschichte

Caplan, N.; Sela, A.: Zionist-Egyptian negotiations and the Partition of Palestine, 1946. In: The Jerusalem quarterly. 1987. No.41. S.19-30.
BZ 05114:1987

The End of the Palestine mandate. Ed.by W.R.Louis. Austin, Texas: Universitat of Texas Press 1986. XI,181 S.
B 58726

Hadari, Z.; Tsahor, Z.: Ze'ev Venia Hadari and Ze'ev Tsahor. Voyage to freedom. An episode in the illegal immigration to Palestine. London: Vallentine, Mitchell 1985. 214 S.
B 57438

Miller, Y.N.: Government and society in rural Palestine, 1920-1948. Austin, Texas: Universitat of Texas Press 1985. XIII,218 S.
B 57087

Sanbar, E.: Palestine 1948. L'expulsion. Washington, D.C.: Inst.des Études Palestiniennes 1984. 234 S.
B 55996

Weiler, J.: Israel and the creation of a Palestinian state. A European perspective. London: Croom Helm 1985. 160 S.
B 56419

L 235 l Einzelne Länder/Gebiete/Orte

L 235 l 10 Besetzte arabische Gebiete

Reich, W.: A Stranger in my house. Jews and Arabs in the West Bank. New York: Holt, Rinehart and Winston 1984. 134 S.
B 56051

Rishmawi, M.: Planning in whose interest? Land use planning as a strategy for judaization. In: Journal of Palestine studies. Vol.16, 1987. No.2. S.105-116.
BZ 4602:16

Sahliyeh, E.: West bank politics since 1967. In: The Washington quarterly. Vol.10, 1987. Nr.2. S.137-150.
BZ 05351:10

Schnall, D.J.: Beyond the green Line. Israeli settlements west of the Jordan. New York: Praeger 1984. XI,162 S.
B 55582

Yishai, Y.: Israel's territorial predicament. In: The Jerusalem quarterly. 1986. No.40. S.73-87.
BZ 05114:1986

L 237 Japan

L 237 e Staat und Politik

L 237 e 10 Innenpolitik

Japan. Politik und Ökonomie. Handbuch. Berlin: Dietz 1985. 281 S.
B 56657

McNelly, T.: The renunciation of War in the Japanese constitution. In: Armed forces and society. Vol.13, 1986. No.1. S.81-106.
BZ 4418:13

Minichiello, S.: Retreat from reform. Patterns of political behavior in interwar Japan. Honolulu: Univ.of Hawaii Pr. 1984. XI,172 S.
B 56120

Muto, I.: Redefining the State. In: Ampo. Vol.18, 1986. Nos.2-3. S.2-12.
BZ 05355:18

Pharr, S.J.; Takako, K.: Japan in 1986. In: Asian survey. Vol.28, 1987. No.1. S.23-34.
BZ 4437:28

Pierce, J.C.; Lovrich, N.P.: Culture, politics and mass publics: traditional and modern supporters of the new environmental paradigm in Japan and the United States. In: Journal of politics. Vol.49, 1987. No.1. S.54-79.
BZ 4441:49

L 237 e 20 Außenpolitik

Europe and Japan. Changing relationships since 1945. Ed.by G.Daniels. Ashford: P. Norbury 1986. 123 S.
Bc 6557

Japan's foreign relations: a global search for economic security. Ed.by R.S.Ozaki. Boulder, Colo.: Westview Press 1985. XIV,240 S.
B 56032

Kimura, S.: Japan's Middle East Policy - Impact of the Oil Crisis. In: American Arab affairs. 1986. No.17. S.62-98.
BZ 05520:1986

Menzel, U.: Japanische Außenpolitik und amerikanische Hegemoniekrise. In: Prokla. Jg.17, 1987. Nr.1. S.106-124.
BZ 4613:17

Montbrial, T.de: L' évolution du système. In: Politique étrangère. A.51, 1986. No.3. S.785-797.
BZ 4449:51

Morikawa, J.: The myth and reality of Japan's relations with Colonial Africa - 1885-1960. In: Journal of African studies. Vol.12, 1985. No.1. S.39-46.
BZ 05368:12

Pietrow, D.W.: Japonia we współczesnym systemie stosunków międzynarodowych. In: Sprawy Międzynarodowe. R.50, 1987. No.4(403). S.65-72.
BZ 4497:.50

Yoshitsu, M.M.: Caught in the Middle East. Japan's diplomacy in transition. Lexington, Mass.: Lexington Books 1984. XIII,113 S.
B 55479

L 237 f Wehrwesen

Auer, J.E.; Seno, S.: Japan's maritime self-defence force. In: Naval forces. Vol.7, 1987. No.2. S.178-190.
BZ 05382:7

Boltze, K.: Japans Selbstverteidigung bricht ein altes Tabu. In: Europäische Wehrkunde. Jg.36, 1987. Nr.4. S.206-209.
BZ 05144:36

Fabig, K.: Japan: Wirtschaftsriese - Rüstungszwerg. Die japanische Rüstungs- u.Verteidigungspolitik seit 1945. Bochum: Brockmeyer 1984. 236 S.
B 55863

Fechteler, W.M.: Japanese naval construction 1915-1945: An introductory essay. In: Warship international. 1987. No.1. S.45-68.
BZ 05221:1987

Fernandez Fojo, F.: Noticias de Actualida sobre Defensa. La politica de defensa de Japon. In: Ejército. A.48, 1987. Num.564. S.11-17.
BZ 05173:48

Hook, G.D.: Evolution of the Antinuclear discourse in Japan. In: Current research on peace and violence. Vol.10, 1987. No.1. S.32-43.
BZ 05123:10

Kosaka, M.: La politica difensiva del Giappone. In: Rivista italiana difesa. A.5, 1986. No.12. S.52-63.
BZ 05505:5

Lengerer, H.; Kobler-Edamatsu, S.; Rehm-Takahara, T.: The special fast landing ships of the Imperial Japanese Navy. In: Warship. 1986. No.40. S.251-259.
BZ 05525:1986

Lengerer, H.; Kobler-Edamatsu, S.; Rehm-Takahara, T.: The special fast landing ships of the Imperial Japanese Navy. In: Warship. 1986. No.39. S.174-184.
BZ 05525:1986

Rubinstein, G.A.: Emerging bonds of U.S.-Japanese defense technology cooperation. In: Strategic review. Vol.15, 1987. No.1. S.43-51.
BZ 05071:15

Szabó, J.P.; Horányi, B.L.: Nippon Katonái. Budapest: Zrinyi Katonai Kiadó 1985. 199 S.
Bc 6218

Zajcev, E.B.; Tamginskij, I.I.: Japonija: snova put' militarizma. Moskva: Mysl' 1985. 181 S.
Bc 6085

L 237 g Wirtschaft

Akaha, T.: Japan's response to threats of shipping disruptions in Southeast Asia and the Middle East. In: Pacific affairs. Vol.59, 1986. No.2. S.255-277.
BZ 4450:59

Furihata, S.: Entwicklung des japanischen Kapitalismus und marxistische Wirtschaftswissenschaft in Japan. In: Prokla. Jg.17, 1987. Nr.1. S.76-90.
BZ 4613:17

Großmann, B.: Japan als globale Wirtschaftsmacht. In: Europa-Archiv. Jg.42, 1987. Nr.14. S.391-400.
BZ 4452:42

Shin, H.-S.: Current domestic trends in Japan and their implications for Korea-Japan relations. In: Asian perspective. Vol.11, 1987. No.1. S.108-119.
BZ 4889:11

L 237 h Gesellschaft

Bernstein, D.: The women workers' movement in pre-state Israel, 1919-1939. In: Signs. Vol.12, 1987. No.3. S.454-470.
BZ 4416:12

Chan, A.: Children of Mao. Personality development and political activism in the Red Guard generation. London: Macmillan 1985. VIII,254 S.
B 60508

Deutschmann, C.; Weber, C.: Das Japanische Arbeitsbienen-Syndrom. In: Prokla. Jg.17, 1987. Nr.1. S.31-53.
BZ 4613:17

Inoue, R.: Strengthening the web - 15 years of Japanese women's activism. In: Ampo. Vol.18, 1986. No.2. S.12-23.
BZ 05355:18

Ein Modell für uns: die Erfolge der japanischen Umweltpolitik. Hrsg.: Shigeto Tsuru. Köln: Kiepenheuer & Witsch 1985. 223 S.
B 55665

L 237 k Geschichte

Fält, O.K.: Fascism, militarism or Japanism?. The interpretation of the crisis years of 1930-1941 in the Japanese English-language press. Rovaniemi: Societas Historica Finlandiae Septentrionalis 1985. 150 S.
B 55240

Japan in transition. From Tokugawa to Meji. Ed.by M.B.Jansen. Princeton, N.J.: Princeton Univ.Press 1986. IX,485 S.
B 62054

L 237 l Einzelne Länder/Gebiete/Orte

Giblin, J.F.: National strategies and Japan's Northern territories. In: Naval War College review. Vol.40, 1987. No.1. S.53-68.
BZ 4634:40

L 239 Jemen

Baldit, L.: Yémen: les retournements de l'histoire. In: Défense nationale. A.43, 1987. No.6. S.117-130.
BZ 4460:43

Contemporary Yemen. Politics and historical background. Ed.by B.R. Pridham. London: Croom Helm 1984. XI,276 S.
B 54154

Koszinowski, T.: Haidar Abu Bakr al-Attas. In: Orient. Jg.27, 1985. Nr.1. S.10-13.
BZ 4663:27

Lackner, H.: P.D.R. Yemen. Outpost of socialist development in Arabia. London: Ithaca Pr. 1985. 219 S.
B 57513

Lawson, F.H.: South Yemen's troubles. In: Orient. Jg.27, 1986. H.3. S.441-449.
BZ 4663:27

L 241 Jordanien

Day, A.: Hussein's constraints, Jordan's dilemma. In: SAIS review. Vol.7, 1987. No.1. S.81-93.
BZ 05503:7

Jureidini, P.A.; MacLaurin, R.de: Jordan. The impact of social change on the role of tribes. New York: Praeger 1984. XI,98 S.
B 56019

Miller, A.D.: Jordan and the Arab-Israeli Conflict: The Hashemite Predicament. In: Orbis. Vol.29, 1986. Nr.4. S.795-820.
BZ 4440:29

Shahar, U.: Can arms buy peace?. In: Israel Defence Forces Journal. Vol.4, 1987. No.1. S.26-31.
BZ 05504:4

Wilson, M.C.: Jordan's malaise. In: Current history. Vol.86, 1987. No.517. S.73-76; 84-85.
BZ 05166:86

L 243 Kambodscha

Chanda, N.: Cambodia in 1986. Beginning to tire. In: Asian survey. Vol.28, 1987. No.1. S.115-124.
BZ 4437:28

Etcheson, C.: Civil war and the coalition government of Democratic Kampuchea. In: Third world quarterly. Vol.9, 1987. No.1. S.187-202.
BZ 4843:9

Etcheson, C.: The Rise and demise of Democratic Kampuchea. Boulder, Colo.: Westview Press 1984. XVI,284 S.
B 55743

Hoa, J.E.: Le Vent sauvage de Eng Hoa. Récit. Paris: Éd.Ramsay 1984. 207 S.
B 55673

Hudson, C.: The killing Fields, Cambodge 1973-1979. La Déchirure. Paris: Presses de la cité 1985. 313 S..
Bc 6611

Kiernan, B.: How Pol Pot came to power. A history of communism in Kampuchea, 1930-1975. London: Verso 1985. XVII,430 S.
B 56463

Quinn, K.M.: The Origin and development of radical Cambodian communism. Ann Arbor, Mich.: Microfilms 1985. IX,262 S.
B 56082

Shawcross, W.: The Quality of mercy. Cambadia, Holocaust and modern conscience. New York: Simon and Schuster 1984. 464 S.
B 56374

Sola, R.: Le kaléidoscope cambodgien. In: Politique étrangère. A.50, 1985. No.4. S.885-896.
BZ 4449:50

L 245 Korea

Niksch, L.A.: The military balance on the Korean Peninsula. In: Korea and world affairs. Vol.10, 1986. No.2. S.253-277.
BZ 4894:10

Olsen, E.A.: The Arms Race on the Korean Peninsula. In: Asian survey. Vol.26, 1986. No.8. S.851-867.
BZ 4437:26

One hundred years of Korean-American relations, 1882-1982. Ed.by Yur-Bok Lee and W.Patterson. Tuscaloosa, Ala.: The Univ.of Alabama 1986. X,188 S.
B 61219

Park, T.W.: The arms race and arms control in Korea. In: Korea and world affairs. Vol.10, 1986. No.2. S.403-422.
BZ 4894:10

Park, T.W.: Political Economy of the Arms Race in Korea. Queries. Evidence, and Insights. In: Asian survey. Vol.26, 1986. No.8. S.839-850.
BZ 4437:26

Sutter, R.G.: Korea and the future of East Asia. In: Korea and world affairs. Vol.11, 1987. No.1. S.63-79.
BZ 4894:11

L 245.1 Nordkorea

Bermudez, J.S.: North Korea's light infantry brigades. In: Jane's defence weekly. Vol.6, 1986. No.19. S.1176-1178.
BZ 05465:6

Bermudez, J.S.: The tank battalion of the North Korean People's Army. In: Armor. Jg.95, 1986. No.6. S.16-20.
BZ 05168:95

Ch'oe, Y.: Christian background in the early life of Kim il-Song. In: Asian survey. Vol.26, 1986. No.10. S.1082-1091.
BZ 4437:26

Chung, J.S.: North Korea's economic development and capabilities. In: Asian perspective. Vol.11, 1987. No.1. S.45-73.
BZ 4889:11

Cotton, J.: The ideology of the succession in North Korea. In: Asian perspective. Vol.11, 1987. No.1. S.3-22.
BZ 4889:11

Jo, Y.: Succession politics in North Korea. Implications for policy and political stability. In: Asian survey. Vol.26, 1986. No.10. S.1092-1117.
BZ4437:26

Kim Il Sung: Die bedeutsame Mission der modernen Literatur. Rede..29.Sept.1986. Pjongjan: Verl. f.fremdspr.Lit. 1986. 7 S.
Bc 6361

Kim Il Sung: Kim Ir Sen. Antworten auf Fragen ausländischer Journalisten. 1.2. Pjongjang: Verl.f.fremdspr.Lit. 1975/ 86. 401; 359 S.
B 22738

Kim Jong Il: On the Juche Idea of our party. Pyongyang: Foreign Languages Publ. 1985. 138 S.
B 55086

Park, H.S.: Juche as foreign policy constraint in North Korea. In: Asian perspective. Vol.11, 1987. No.1. S.23-44.
BZ 4889:11

Park, Y.-O.: Sino-Soviet-North Korean triangle and Pongyang's choices. In: Korea and world affairs. Vol.10, 1986. No.2. S.302-323.
BZ 4894:10

Suh, D.-S.: North Korea in 1986. In: Asian survey. Vol.28, 1987. No.1. S.56-63.
BZ 4437:28

Tak, J.; Kim Gang Il; Pak Hong Je: Great leader Kim Jong Il. Pt.1.2. Tokyo: Sorin'sha 1985/86. 308; 390 S.
B 57063

Yu, S.R.: Soviet-North Korean relations and security of the Korean peninsula. In: Asian perspective. Vol.11, 1987. No.1. S.74-101.
BZ 4889:11

L 245.2 Südkorea

Ahn, B.-J.: Korea: a rising middle power in world politics. In: Korea and world affairs. Vol.11, 1987. No.1. S.7-17.
BZ 4894:11

Bialas, H.P.; Domschke, R.A.; Himstedt, G.: Nachweis zur journalistischen Berichterstattung über Korea. 1. Südkorea. Gesellschaft und Politik 1954-1970. 1. München, Köln: Weltforum Verlag 1984. XIX,275 S.
B 54215

Bridges, B.: Korea and the West. London: Routledge & Kegan Paul 1986. 191 S..
Bc 6671

Hahn, B.: A reflection on the demise of the authoritarian Park regime. In: Asian perspective. Vol.10, 1986. No.2. S.289-310.
BZ 4889:10

Han, S.-J.: Peaceful reunification policy. In: Korea and world affairs. Vol.11, 1987. No.1. S.80-93.
BZ 4894:11

Im, H.B.: The rise of bureaucratic authoritarianism in South Korea. In: World politics. Vol.39, 1987. No.2. S.231-257.
BZ 4464:39

Kim, C.I.E.: South Korea in 1986. Preparing for a power transition. In: Asian survey. Vol.28, 1987. No.1. S.64-74.
BZ 4437:28

Overholt, W.H.: Korea's international roles. In: Korea and world affairs. Vol.11, 1987. No.1. S.43-62.
BZ 4894:11

Pfaltzgraff, R.L.: Korea's emerging role in world politics. In: Korea and world affairs. Vol.11, 1987. No.1. S.18-42.
BZ 4894:11

Shin-Bom, L.: South Korea: dissent from abroad. In: Third world quarterly. Vol.9, 1987. No.1. S.130-147.
BZ 4843:9

Shorrock, T.: The struggle for democracy in South Korea in the 1980s and the rise of anti-Americanism. In: Third world quarterly. Vol.8, 1986. No.4. S.1195-1218.
BZ 4843:8

Weede, E.: Reunification in comparative perspective. In: Korea and world affairs. Vol.11, 1987. No.1. S.94-115.
BZ 4894:11

Youm, K.H.: Press Freedom Under Constraints. The Case of South Korea. In: Asian survey. Vol.26, 1986. No.8. S.868-882.
BZ 4437:26

L 246 Kuweit

Schwedler, H.-U.: Arbeitsmigration und sozialräumlicher Wandel in Kuwait. Eine empirische Untersuchung. In: Orient. Jg.27, 1986. H.2. S.228-251.
BZ 4663:27

L 247 Laos

Brown, M.: Easing the burden of socialist struggle in Laos. In: Current history. Vol.86, 1987. No.519. S.152-155; 177.
BZ 05166:86

Joiner, C.A.: Laos in 1986. Administrative and international partially adaptive communism. In: Asian survey. Vol.28, 1987. No.1. S.104-114.
BZ 4437:28

L 249 Libanon

Burke, D.: Beirut. The Arabian nightmare. In: Defence force journal. 1986. No.58. S.27-36.
BZ 4438:1986

Eldar, M.: The amphibious assault at Sidon. In: Israel Defence Forces Journal. Vol.3, 1986. No.3. S.47-51.
BZ 05504:3

Malone, M.D.; Miller, W.H.: From presence to American intervention. In: Survival. Vol.28, 1986. Nr.5. S.422-430.
BZ 4499:28

Odeh, B.J.: Lebanon: dynamics of conflict. London: Zed 1985. XVII,233 S.
B 56063

Osman, M.: Eine Reise wie ein Alptraum. Berichte und Meinungen aus dem Libanon. Berlin: Ed.Orient 1985. 154 S.
Bc 6453

Peteet, J.: Socio-political integration and conflict resolution in the Palestinian camps in Lebanon. In: Journal of Palestine studies. Vol.16, 1987. No.2. S.29-44.
BZ 4602:16

Roy, J.: Beyrouth, viva la muerte. Paris: Grasset 1984. 204 S.
B 54356

Zamir, M.: The Formation of modern Lebanon. London: Croom Helm 1985. 309 S.
B 56453

L 251 Malaysia

Drummond, S.H.: The Malaysian elections. Mahathir's successful gamble. In: The Round table. 1987. No.103. S.93-109.
BZ 4796:1987

Mauzy, D.K.: Malaysia in 1986. The ups and downs of stock market politics. In: Asian survey. Vol.27, 1987. No.2. S.231-241.
BZ 4437:27

Means, G.P.: The politics of ethnicity in Malaysia. In: Current history. Vol.86, 1987. No.519. S.168-71;182-83.
BZ 05166:86

Milne, R.S.: Malaysia - beyond the new economic policy. In: Asian survey. Vol.26, 1986. No.12. S.1364-1382.
BZ 4437:26

L 255 Mongolei

Heaton, W.R.: Mongolia in 1986. New plan, new situation. In: Asian survey. Vol.28, 1987. No.1. S.75-80.
BZ 4437:28

L 257 Nepal

Baral, L.R.: Nepal in 1986. Problem of political management. In: Asian survey. Vol.27, 1987. No.2. S.173-180.
BZ 4437:27

Baral, L.R.: Nepal's security policy and South Asian regionalism. In: Asian survey. Vol.26, 1986. No.11. S.1207-1219.
BZ 4437:26

Sharma, S.: Nepal's Economy. Growth and Development. In: Asian survey. Vol.26, 1986. No.8. S.897-908.
BZ 4437:26

L 258 Oman

Rothholz, W.: Sakrale und profane Ambivalenz: zum Problem der politischen Legitimation im modernen Oman. In: Orient. Jg.27, 1986. H.2. S.206-227.
BZ 4663:27

L 259 Pakistan

Ali, A.: Pakistan's nuclear Dilemma. Energy and security dimensions. New Delhi: ABC 1984. XIV,218 S.
B 56591

Hayes. L.D.: Politics in Pakistan. The struggle for legitimacy. Boulder, Colo.: Westview Press 1984. VIII,203 S.
B 56055

Hollen, E.V.: Pakistan in 1986. In: Asian survey. Vol.27, 1987. No.2. S.143-154.
BZ 4437:27

Kapur, A.: Pakistan's Nuclear Development: A Note on Approach and History. In: Arms control. Vol.6, 1985. Nr.3. S.243-255.
BZ 4716:6

Khan, K.M.: Pakistan - wirtschaftlicher Fortschritt und gesellschaftliche Rückständigkeit. In: Aus Politik und Zeitgeschichte. 1987. B.23. S.34-46.
BZ 05159:1987

Krieger-Krynicki, A.: Pakistan des années 1986-1987: Renaissance de la démocratie: Recherche de l'identification nationale. In: L'Afrique et l'Asie modernes. 1987. No.153. S.54-67.
BZ 4689:1987

Malik, H.: Martial law and Islamization in Pakistan. In: Orient. Jg.27, 1986. H.4. S.583-605.
BZ 4663:27

Pakistan: society and politics. Ed.by P.Nayak. New Delhi: South Asian Publ. 1984. XXI,239 S.
B 56600

Rizvi, H.-A.: The civilianization of military rule in Pakistan. In: Asian survey. Vol.26, 1986. No.10. S.1067-1081.
BZ 4437:26

Sareen R.: Pakistan - the India factor. New Delhi: Allied Publ. 1984. XVI,615 S.
B 56592

Shaikh, F.: Islam and the quest for democracy in Pakistan. In: The journal of Commonwealth & comparative politics. Vol.24, 1986. Nr.1. S.74-92.
BZ 4408:24

United States - Pakistan. Relations. Ed.by L.E.Rose. Berkeley, Cal.: University of California 1985. IX,270 S.
B 59583

Wizimirska, B.: Polityka zagranica Pakistanu cele, środki, rezultaty. In: Sprawy Międzynarodowe. R.39, 1986. Z.5. S.77-94.
BZ 4497:39

L 265 Saudi-Arabien

Bligh, A.: Saudi Arabia, the Red Sea, and the Persian Gulf: success and failure in regional policy. In: The Jerusalem journal of international relations. Vol.8, 1986. No.2-3. S.160-173.
BZ 4756:8

Sowayegh, A.al: Arab Petropolitics. New York: St.Martin's Press 1984. 207 S.
B 56145

L 266 Singapur

Lee, L.T.: Singapore in 1986. Consolidation and reorientation in a recession. In: Asian survey. Vol.27, 1987. No.2. S.242-253.
BZ 4437:27

Nair, C.V.D.: Singapore: emergence from chaos. In: Conflict. Vol.7, 1987. No.2. S.109-128.
BZ 4687:7

L 267 Syrien

Beauchamp, D.: Le régime d'Assad: le sabre du mamelouk et le secret de la maffia. In: Commentaire. A.9, 1986-87. Nr.36. S.597-603.
BZ 05436:9

Kaminsky, C.; Kruk, S.: Les relations entre la Syrie et l'URSS. In: L'Afrique et l'Asie modernes. 1987. No.153. S.102-113.
BZ 4689:1987

Koszinowski, T.: Die Krise der Ba'th-Herrschaft und die Rolle Asads bei der Sicherung der Macht. In: Orient. Jg.26, 1985. Nr.4. S.549-571.
BZ 4663:26

Rabinovich, I.: Syria and Lebanon. In: Current history. Vol.86, 1987. No.517. S.61-64; 89.
BZ 05166:86

Seelye, T.W.: The role of Syria in Lebanon. In: American Arab affairs. 1987. Nr.21. S.103-107.
BZ 05520:1987

L 268 Taiwan

Chai, T.R.: The future of Taiwan. In: Asian survey. Vol.26, 1986. No.12. S.1309-1323.
BZ 4437:26

Chou, Y.; Nathan, A.J.: Democratizing transition in Taiwan. In: Asian survey. Vol.27, 1987. No.3. S.277-299.
BZ 4437:27

Copper, J.F.: Taiwan in 1986. Back on top again. In: Asian survey. Vol.28, 1987. No.1. S.81-91.
BZ 4437:28

Halimarski, A.: Historyczne więzi Taywanu i Chin. In: Dzieje najnowsze. 1987. Nr.1. S.45-66.
BZ 4685:1987

Neher, C.D.: Thailand in 1986. Prem, Parliament and political pragmatism. In: Asian survey. Vol.27, 1987. No.2. S.219-230.
BZ 4437:27

Nieh, Y.: Politische Liberalisierung in Taiwan. In: China aktuell. Jg.16, 1987. Nr.4. S.316-319.
BZ 05327:16

Rudolph, J.-M.: Neue Bewegungen in der Taiwan-Frage. In: Europa-Archiv. Jg.42, 1987. Nr.7. S.207-214.
BZ 4452:42

Zoratto, B.: Taiwan. Modell für ein Viertel der Menschheit. Böblingen: Tykve 1986. 189 S.
Bc 6300

L 269 Thailand

Army Equipment. In: Military technology. Vol.11, 1987. No.3. S.26-42.
BZ 05107:11

Cheow, E.T.C.: New Omnidirectional Overtures in Thai Foreign Policy. In: Asian survey. Vol.26, 1986. No.7. S.745-758.
BZ 4437:26

Frost, R.; Hewisch, M.: Der Ausrüstungsbedarf der thailändischen Streitkräfte. In: Internationale Wehrrevue. Jg.20, 1987. Nr.6. S.817-820.
BZ 05263:20

The Military and Politics. The origin and basic conditions surrounding the role of the armed Forces in Thai politics. In: Military technology. Vol.11, 1987. No.3. S.78-85.
BZ 05107:11

Pretzel, K.-A.: Das Militär in Thailand (I). In: Südostasien aktuell. Jg.5, 1986. H.3. S.299-307.
BZ 05498:5

Pretzel, K.-A.: Das Militär in Thailand (II). In: Südostasien aktuell. Jg.5, 1986. H.4. S.390-397.
BZ 05498:5

Ramsay, A.: Thailand: surviving the 1980's. In: Current history. Vol.86, 1987. No.519. S.164-167; 183-184.
BZ 05166:86

Rhades, J.: Die Marine Thailands. In: Marine-Rundschau. Jg.83, 1986. Nr.1. S.35-37.
BZ 05138:83

Roberts, S.: The Thai Navy. In: Warship international. Vol.23, 1986. No.3. S.217-271.
BZ 05221:23

The Royal Thai Air Force. In: Military technology. Vol.11, 1987. No.3. S.43-54.
BZ 05107:11

The Royal Thai Navy. In: Military technology. Vol.11, 1987. No.3. S.60-70.
BZ 05107:11

L 277 Vietnam

Cierny, J.: Ho Ci Min. Bratislava: Pravda 1985. 221 S.
B 58218

Duiker, W.J.: Vietnam moves toward pragmatism. In: Current history. Vol.86, 1987. No.519. S.148-151; 179-180.
BZ 05166:86

Esterline, J.H.: Vietnam in 1986. An uncertain tiger. In: Asian survey. Vol.28, 1987. No.1. S.92-103.
BZ 4437:28

Mchitarjan, S.A.: Avgustovskaja revoljucija i ustanovlenię narodno-demokraticeskogo stroja vo V'etname. In: Voprosy istorii. 1986. No.8. S.44-56.
BZ 05317:1986

Nguyen Thanh, K.: Die historische Entwicklung und Bedeutung der Volksmacht in Vietnam. Frankfurt: Lang 1984. 303 S.
B 54280

Stern, L.M.: The scramble toward revitalization. In: Asian survey. Vol.27, 1987. No.4. S.477-493.
BZ 4437:27

Vietnam as history. Ten years after the Paris peace accords. Ed.P.Braestrup. Washington: Univ.Press of America 1984. 160 S.
B 56315

Weber, E.: Vietnam vor grossen Aufgaben. In: Marxistische Blätter. 1987. Nr.2. S.48-52.
BZ 4548:1987

L 300 Afrika

L 300 e Staat und Politik

L 300 e 10 Innenpolitik

Decalo, S.: The morphology of radical military rule in Africa. In: Journal of communist studies. Vol.1, 1986. Nr.3 & 4. S.122-144.
BZ 4862:1

From independence to statehood. Ed.by R.B.Goldmann. London: Pinter 1984. X,224 S.
B 56070

Human rights and development in Africa. Ed.by C.E.Welch. Albany, N.Y.: State Univ.of New York 1984. IX,349 S.
B 56111

Langer, E.: Revolutionäre Vorhutparteien in Asien und Afrika. Formierung und Kampf. Berlin: Dietz 1986. 232 S.
Bc 6574

Luke, D.F.: Regionalism in Africa: a short study of record. In: International journal. Vol.61, 1986. No.4. S.853-868.
BZ 4458:61

Mbaya, E.-R.: Macht und politische Instabilität im heutigen Afrika. In: Zeitgeschichte. Jg.14, 1986. H.9-10. S.319-340.
BZ 4617:14

Meister, U.: Afrika - die verlorene Illusion. Überlebensfragen eines Kontinents. Zürich: Neue Zürcher Zeitung 1986. 173 S.
Bc 6560

Tangri, R.: Politics in sub-Saharan Africa. London: Currey 1985. XI, 156 S.
B 57683

Wiredu, K.: The question of violence in contemporary African political thought. In: Praxis international. Vol.6, 1986. No.3. S.373-381.
BZ 4783:6

L 300 e 20 Außenpolitik

Aluko, O.: Ideology and the foreign policies of African states. In: The Jerusalem journal of international relations. Vol.9, 1987. No.1. S.121-134.
BZ 4756:9

The Arabs and Africa. Ed.by K.El-Din Haseeb. London: Croom Helm 1985. 717 S.
B 56940

Chaigneau, P.; Sola, R.: La France face à la subversion nord-coréenne en Afrique. In: Défense nationale. A.43, 1987. No.1. S.111-134.
BZ 4460:43

Hill, S.; Rothchild, D.: The contagion of political conflict in Africa and the world. In: The Journal of conflict resolution. Vol.30, 1986. No.4. S.716-735.
BZ 4394:30

Jouve, E.: L'Organisation de l'Unité Africaine. Paris: Presses Univ.de France 1984. 284 S.
B 55503

Nyangoni, W.W.: Africa in the United Nations system. Cranbury, N.J.: Fairleigh Dickinson Univ.Pr. 1985. 285 S.
B 55785

Ojo, O.J.C.B.; Orwa, D.K.; Utete, C.M.B.: African international Relations. London: Longman 1985. V,186 S.
B 56309

Pondi, J.-E.: The OAU: from political to economic Pan-Africanism. In: SAIS review. Vol.7, 1987. No.1. S.199-212.
BZ 05503:7

L 300 f Wehrwesen

African Armies. Evolution and capabilities. Ed.by B.E.Arlinghaus. Boulder, Colo.: Westview Press 1986. XIV,202 S.
B 58045

Arlinghaus, B.E.: Military Development in Africa. Boulder, Colo.: Westview Press 1984. XIV,152 S.
B 55126

Butts, K.H.; Thomas, P.R.: The Geopolitics of Southern Africa. South Africa as regional superpower. Boulder, Colo.: Westview Press 1986. XIV,193 S.
Bc 6688

Coker, C.: African navies. In: Naval forces. Vol.7, 1987. No.2. S.140-149.
BZ 05382:7

Ferguson, G.: The changing face of African defence. In: Jane's defence weekly. Vol.7, 1987. No.5. S.186-188.
BZ 05465:7

L 300 g Wirtschaft

Brodhead, T.: If Africa is the question, is NGO the answer?. In: International journal. Vol.61, 1986. No.4. S.869-881.
BZ 4458:61

Dinham, B.; Hines, C.: Hunger und Profit. Brazzaville, Heidelberg: Kivouvou 1986. 265 S.
B 58080

Ogunbadejo, O.: The international Politics of Africa's strategic minerals. London: Pinter 1985. IX,213 S.
B 56481

Shaw, T.M.: Towards a political Economy for Africa. The dialectics of dependence. London: Macmillan 1985. XIII,134 S.
B 55978

Walker, B.W.: The African environment and the aid process. In: International journal. Vol.61, 1986. No.4. S.734-747.
BZ 4458:61

Wuppermann, B.: Afrika im kapitalistischen Weltsystem. Zur ökonomischen Fundierung der Wallersteinischen Weltsystemtheorie. Berlin: Verl.B.Wuppermann 1985. 323 S.
B 56629

L 300 k Geschichte

Sandbrook, R.: Hobbled Leviathans: constraints on state formation in Africa. In: International journal. Vol.61, 1986. No.4. S.707-733.
BZ 4458:61

Scholl-Latour, P.: Mord am großen Fluß. Ein Vierteljahrhundert afrikanische Unabhängigkeit. Stuttgart: DVA 1986. 544 S.
B 57843

L 300 l Regionen/Gebiete

Contemporary North Africa. Issues of development and integration. Ed.by H.Barakat. London: Croom Helm 1985. 271 S.
B 56460

Gordon, D.F.: Southern Africa: Demise of the Centrist Consensus. In: SAIS review. Vol.6, 1986. No.2. S.117-136.
BZ 05503:6

Green, R.H.: Food policy, food production, and hunger in sub-Saharan Africa: retrospect and prospect. In: International journal. Vol.61, 1986. No.4. S.768-801.
BZ 4458:61

Helleiner, G.K.: Economic crisis in Subsaharan Africa: the international dimension. In: International journal. Vol.61, 1986. No.4. S.748-767.
BZ 4458:61

Korsós, L.: Hadsereg a Trópusi Afrikában. Budapest: Zrinyi Katonai Kiadó 1986. 182 S.
B 59201

Markakis, J.: Radical Military Regimes in the Horn of Africa. In: Journal of communist studies. Vol.1, 1986. Nr.3&4. S.14-38.
BZ 4862:1

Parker, R.B.: North Africa. Regional tensions and strategic concerns. New York: Praeger 1984. XI,194 S.
B 55581

Yansané, A.Y.: Decolonization in West African states with French colonial legacy. Comparison and contrast: development in Guinea, the Ivory Coast and Senegal (1945-1980). Cambridge, Mass.: Schenkman 1984. XIX,540 S.
B 56554

L 310 Einzelne Staaten Afrikas

Southern Africa in the 1980s. Ed.by O.Aluko. London: Allen & Unwin 1985. XV,327 S.
B 56297

L 311 Abessinien/Äthiopien

Heinrich, W.: Ethnische Identität und nationale Integration. Eine vergleichende Betrachtung. Göttingen: Ed.Herodot 1984. 199 S.
B 55376

Hutchful, E.: New elements in militarism: Ethiopia, Ghana and Burkina. In: International journal. Vol.61, 1986. No.4. S.802-830.
BZ 4458:61

Minerbi, S.I.: Il progetto di un insediamento ebraico in Etiopia (1936-1943). In: Storia contemporanea. A.17, 1986. Nr.6. S.1083-1138.
BZ 4590:17

Parfitt, T.: Operation Moses. Vom Auszug der Falascha-Juden aus Äthiopien. Berlin: Quadriga-Verl. 1985. 197 S.
B 57084

Wrobèl-Leipold, A.: Konflikt und Massenflucht in Tropisch-Afrika. Die Fallstudien Äthiopien u.Tschad. Frankfurt: Lang 1986. 254 S.
B 58980

L 313 Ägypten

Ansari, H.: Egypt: repression and liberalization. In: Current history. Vol.86, 1987. No.517. S.77-80; 84.
BZ 05166:86

Hasou, T.Y.: The Struggle for the Arab world. Egypt's Nasser and the Arab League. London: KPI 1985. 228 S.
B 57201

Israeli, R.; Bardenstein, C.: Man of defiance. A political biography of Anwar Sadat. London: Weidenfeld and Nicolson 1985. XIX,314 S.
B 56312

Kaminsky, C.; Kruk, S.: Intégrisme et politique au Proche-Orient. In: L'Afrique et l'Asie modernes. 1986. No.150. S.83-93.
BZ 4689:1986

Kays, D.: Frogs and scorpions. Egypt, Sadat and the media. London: Muller 1984. 277 S.
B 56302

Koszinowski, T.: Atif Sidki. In: Orient. Jg.27, 1986. H.3. S.349-353.
BZ 4663:27

Koszinowski, T.: Kurzbiographien. Ali Lutfi. In: Orient. Jg.26, 1985. Nr.3. S.295-298.
BZ 4663:26

Paillard, Y.-G.: L'inauguration du Canal de Suez: un récit inédit. In: Nouvelle revue maritime. 1987. No.404. S.54-62.
BZ 4479:1987

Raschen, M.: Inflation in Ägypten - ein zentrales Problem der sozio-ökonomischen Entwicklung. In: Orient. Jg.27, 1986. H.3. S.395-408.
BZ 4663:27

Robbe, M.: Der Mann, der Sadat erschoß. Revolution und Konterrevolution in Ägypten. Berlin: Verlag Neues Leben 1986. 198 S.
Bc 6239

Scarantino, A.: La communità ebraica in Egitto fra le due guerre mondiali. In: Storia contemporanea. A.17, 1986. No.6. S.1033-1082.
BZ 4590:17

Shamir, S.: Basic Dilemmas of the Mubarak Regime. In: Orbis. Vol.30, 1986. Nr.1. S.169-191.
BZ 4440:30

L 315 Algerien

Abbas, F.: L'Indépendance confisquée. 1962-1978. Paris: Flammarion 1984. 227 S.
B 55526

Burgat, F.; Nancy, M.: Les villages socialistes de la révolution agraire algérienne 1972-1982. Paris: Éd.du Centre National de la Recherche Scientifique 1984. 288 S.
B 56593

Rondot, P.: Algérie et Islam. In: Défense nationale. A.43, 1987. Mai. S.117-132.
BZ 4460:43

L 317 Angola

Angolan women building the future. Organization of Angolan women. London: Zed 1984. 151 S.
B 56065

L 319 Dahomey/Benin

Martin, M.L.: The rise and 'Thermidorianization' of radical praetorianism in Benin. In: Journal of communist studies. Vol.1, 1986. Nr.3&4. S.59-81.
BZ 4862:1

L 329 Ghana

Hutchful, E.: The development of the army officer corps in Ghana, 1956-1966. In: Journal of African studies. Vol.12, 1985. No.3. S.163-174.
BZ 05368:12

Krafona, K.: The Pan-African Movement. Ghana's contribution. London: Afroworld Publ. 1986. 85 S.
Bc 6336

Krafona, K.: Peoplecracy. A new vision of democracy for the new nations of Africa. London: Afroworld Publ. 1985. X,43 S.
Bc 6376

L 331 Guinea

Paulini, T.: Guinea-Bissau. Nachkoloniale Entwicklung eines Agrarstaates. Göttingen: Ed.Herodot 1984. 175 S.
B 55340

Renzetti, C.M.; Curran, D.J.: Structural constraints on legislative reform. Guinean women and the promise of liberation. In: Contemporary crises. Vol.10, 1986. No.2. S.135-155.
BZ 4429:10

L 333 Kamerun

Bayart, J.-F.: L'Etat au Cameroun.
2.éd.. Paris: Pr.de la fondation nationale des sciences politiques 1985. 348 S.
B 57081

Beti, M.: Main basse sur le Cameroun.
Autopsie d'une décolonisation. Rouen:
Peuples Noirs 1984. IV,269 S.
B 55880

Chiabi, E.M.L.: Background to nationalism in anglophone Cameroon: 1916-
1954. Ann Arbor, Mich.: Univ.Micro-
films 1985. XIII,487 S.
B 56048

L 337 Kenia

Andreassen, B.-A.: Building a national
humanitarian organization. A case
study of the Kenya Red Cross. In:
Bulletin of peace proposals. Vol.18,
1987. No.2. S.209-216.
BZ 4873:18

Gordon, D.F.: Decolonization and the
state in Kenya. Boulder, Colo.: Westview Press 1986. XII,266 S.
B 59818

Katz, S.: The succession to power and
the power of succession: Nyatoism in
Kenya. In: Journal of African studies.
Vol.12, 1985. No.3. S.155-161.
BZ 05368:12

Politics and public policy in Kenya and
Tanzania. Ed.J.D.Barkan. New York:
Praeger 1984. XVIII,375 S.
B 56704

Spencer, J.: The Kenya African Union.
London: KPI 1985. 296 S.
B 56433

Ungaro, D.: Le trasformazioni interne
mettono alla prova la stabilità del
Kenya. In: Politica internazionale.
A.15, 1987. No.5. S.25-32.
BZ 4828:15

L 340 Kongo/Volksrepublik Kongo

Decalo, S.: Socio-economic Constraints
on Radical Action in the People's
Republic of Congo. In: Journal of
communist studies. Vol.1, 1986.
Nr.3&4. S.39-57.
BZ 4862:1

L 341 Liberia

Lockett, J.D.: A study of the develop-
ment and administration of air bases in
Liberia. In: Aerospace historian.
Vol.33, 1986. No.3. S.146-154.
BZ 05500:33

L 343 Libyen

Aarts, P.; Glaser, M.: Kadhafi's buitenlandse politiek: een poging tot uitleg.
In: Internationale spectator. Jg.40,
1986. Nr.10. S.631-638.
BZ 05223:40

Deeb, M.-J.: Quaddafi's Calculated
Risks. In: SAIS review. Vol.6, 162.
Nr.2. S.151.
BZ 05503:6

Documentation. American Bombing of
Libya. In: Survival. Vol.28, 1986. No.5.
S.446-472.
BZ 4499:28

Hubel, H.: Der Hintergrund der
Libyen-Krise. In: Europa-Archiv.
Jg.41, 1986. H.18. S.541-550.
BZ 4452:41

Kadhafi, "je suis un opposant à l'éche-
lon mondial". Entretiens avec Hamid
Barrada. Lausanne: Favre 1984. 231 S.
B 56177

Mad Dogs. The US raids on Libya.
Ed.by M.Kaldor. London: Pluto Press
1986. 172 S.
Bc 6530

Mattes, H.: Von der Prätorianergarde
König Idris I. zum Konzept des bewaff-
neten Volkes. In: Orient. Jg.26, 1985.
Nr.4. S.523-548.
BZ 4663:26

Pawlow, A.: Die Handlungen der USA-
Fliegerkräfte beim Luftüberfall auf
Libyen. In: Militärwesen. 1987. No.4.
S.79-84.
BZ 4485:1987

Stumpf, R.E.: Air War with Libya.
In: United States Naval Institute. Pro-
ceedings. Jg.112, 1986. No.1002.
S.42-48.
BZ 05163:112

Zilian, F.: The US raid on Libya and
NATO. In: Orbis. Vol.30, 1986. No.3.
S.499-524.
BZ 4440:30

Zimmermann, T.: The American
bombing of Libya. In: Survival. Vol.29,
1987. Nr.3. S.195-214.
BZ 4499:29

L 345 Madagaskar

Bois de Gaudusson, J.du: Madagascar: a
case of revolutionary pragmatism. In:
Journal of communist studies. Vol.1,
1985. Nr.3&4. S.101-121.
BZ 4862:1

L 349 Marokko

Souhaili, M.: Les Damnés du Royaume.
Le drame des libertés au Maroc. Paris:
Etudes et doc.intern. 1986. 93 S.
Bc 6474

L 354 Namibia

Aicardi de Saint Paul, M.: Namibie: un
siècle d'histoire. Paris: Ed.Albatros
1984. 192 S.
B 55966

Koroma, D.S.M.: Namibia: the case of a
betrayal of sacred trust. In: Journal of
African studies. Vol.12, 1985. No.3.
S.141-153.
BZ 05368:12

McDougall, G.J.: International Law,
Human Rights, and Namibian Inde-
pendence. In: Human rights quarterly.
Vol.8, 1986. No.3. S.443-479.
BZ 4753:8

Menschenrechte im Konflikt um Süd-
westafrika/Namibia. Dok.. Hrsg.:
Internationale Ges.f.Menschenrechte.
Frankfurt: o.V. 1985. 56 S.
D 03520

Rocha, G.M.: In Search of Namibian
independence. The limitations of the
United Nations. Boulder, Colo.: Westview Press 1984. XI,192 S.
B 56058

Sovetov, V.V.: Mesto prestuplenija Nami-
bija: Istorija odnogo zagovora.
Moskva: Politizdat 1986. 112 S.
Bc 6146

SWANU'S Programme of the libera-
tion and reconstruction of Namibia.
"Patji ngarikotoke". Windhoek:
Publ.by SWANU, Dept.of Publ.and
Information Windhoek 1985. 6 S.
D 3507

Vigne, R.: SWAPO of Namibia: a move-
ment in exile. In: Third world quarterly.
Vol.9, 1987. No.1. S.85-107.
BZ 4843:9

L 357 Nigeria

Akindele, R.A.; Oyediran, O.: Federalism and foreign policy in Nigeria. In: International journal. Vol.41, 1986. No.3. S.600-625.
BZ 4458:41

Egedo, I.: Nigeria and Apartheid. Her position in the Commonwealth. In: The Round Table. 1987. No.103. S.33-39.
BZ 4796:1987

Falola, T.; Ihonvbere, J.: The Rise [and] fall of Nigeria's second republic: 1979-1984. London: Zed 1985. XII,290 S.
B 56064

Graf, W.: Nigerian' Grassroots' politics: Local government, traditional rule and class domination. In: The journal of Commonwealth & comparative politics. Vol.24, 1986. No.2. S.90-130.
BZ 4408:24

McHenry, D.E.: Political struggle in Nigeria's second republic: The state creation issue in the politics of Cross River State. In: The journal of Commonwealth & comparative politics. Vol.24, 1986. No.2. S.131-150.
BZ 4408:24

Ogunbambi, R.O.: The Dilemma of Nigeria's African Policy. In: Journal of African studies. Vol.12, 1985. No.1. S.10-13.
BZ 05368:12

Osaghae, E.E.: Do ethnic minorities still exist in Nigeria?. In: The journal of Commonwealth & comparative politics. Vol.24, 1986. No.2. S.151-168.
BZ 4408:24

L 360 Obervolta/ Burkina Faso

Liebst-Maron, C.; Theuer, B.; Wöhleke, A.: Burkina Faso. Reisende Schule 3. Welt, Warburg. Warburg: o.V. 1986. 46 S.
D 3527

Otayek, R.: The revolutionary process in Burkina Faso: Break and continuities. In: Journal of communist studies. Vol.1, 1986. Nr.3&4. S.82-100.
BZ 4862:1

L 364 Rio de Oro/ Demokratisch Arabische Republik Sahara

Bontems, C.: The Government of the Saharawi Arab Democratic Republic. In: Third world quarterly. Vol.9, 1987. No.1. S.168-186.
BZ 4843:9

L 369 Sierra Leone

Luke, D.F.: Labour and parastatal politics in Sierra Leone. A study of African working-class ambivalence. Lanham, Md.: Univ.Pr.of America 1984. XXIII,281 S.
B 56246

L 371 Somalia

Calchi, G.N.: Il passaggio dell' Oltregiuba all'Italia e i suoi effetti per l'unità nazionale somala. In: Storia contemporanea. A.18, 1987. No.2. S.343-352.
BZ 4590:18

L 373 Sudan

The British in the Sudan, 1898-1956.
The sweatness and the sorrow. Ed.by
R.O.Collins. London: Macmillan 1984.
XXII,258 S.
B 56434

Bürgerkrieg im Sudan. In: Blätter des
iz3w. 1987. Nr.141. S.23-28.
BZ 05130:1987

Hofmeier, R.: Der Sudan nach dem
Sturz Numeiris - Schwieriger Neubeginn bei Bürgerkrieg und Wirtschafts-
bankrott. In: Internationales Afrika-
forum. Jg.22, 1986. Nr.2. S.183-197.
BZ 05239:22

Khalid, M.: Nimeiri and the revolution
of dis-may. London: KPI 1985. 409 S.
B 56942

Lesch, A.M.: A view from Khartoum.
In: Foreign affairs. Vol.65, 1987. No.4.
S.807-826.
BZ 05149:65

Na'im, A.A.A.: The elusive Islamic con-
stitution: the Sudanese experience. In:
Orient. Jg.26, 1985. Nr.3. S.329-340.
BZ 4663:26

Voll, J.O.; Voll, S.P.: The Sudan. Unity
and diversity in a multicultural state.
Boulder, Colo.: Westview Press 1985.
XIII,178 S.
B 56697

L 375 Südafrikanische Republik

L 375 c Biographien

– Beyers-Naudé –

Beyers-Naudé, C.F.; Sölle, D.: Südafrika.
Hoffnung für den Glauben. Ein
Gespräch. Zürich: Pendo-Verl. 1986.
59 S.
Bc 6148

– Mandela –

Falk, R.; Mandela, N.: Nelson Mandela..
Biographisches Portrait mit Selbstzeug-
nissen. Köln: Pahl-Rugenstein 1986.
285 S.
B 59880

L 375 e Staat und Politik

L 375 e 10 Innenpolitik

Baechler, J.: L'Afrique du Sud: problè-
mes, solutions et issues. In: Commentaire. A.9, 1986-87. No.36. S.604-612.
BZ 05436:9

Bilder aus Südafrika. Alltag der Apartheid. Den Opfern der Apartheid
gewidmet zum 75.Jahrestag des ANC.
Köln: Pahl-Rugenstein 1987. 174 S.
Bc 01907

Boulle, L.J.: Constitutional Reform and
the apartheid state. Legitimacy, conso-
ciationalism and control in South
Africa. New York: St.Martin's Press
1984. XII,270 S.
B 56012

Brickley, C.; O'Halloran, T.; Reed, D.:
South Africa. Britain out of apartheid,
apartheid out of Britain. 2nd ed..
London: Larkin Publ. 1985. 58 S.
Bc 6372

Butcher, G.T.: Legal Consequences for
States of the Illegality of Apartheid. In:
Human rights quarterly. Vol.8, 1986.
No.3. S.404-442.
BZ 4753:8

Cohen, R.: Endgame in South Africa?.
The changing structures and ideology
of apartheid. London: Currey 1986.
X,108 S.
Bc 6333

Dönhoff, M.Gräfin: Der südafrikanische
Teufelskreis. Reportagen und Analysen
aus drei Jahrzehnten. Stuttgart: DVA
1987. 253 S.
B 61157

Francis, S.T.: Communism, Terrorism, and the African National Congress. In: The Journal of social, political and economic studies. Vol.11, 1986. No.1. S.55-71.
BZ 4670:11

Frederikse, J.: Von Soweto nach Pretoria. Der Krieg um die Macht in Südafrika. Bonn: Ed.südl.Afrika 1986. 192 S.
Bc 01901

Heaven, P.: Attitudes toward a South African liberation movement. In: The Journal of conflict resolution. Vol.39, 1986. Nr.3. S.487-496.
BZ 4394:39

Karis, T.G.: South African liberation: the communist factor. In: Foreign affairs. Vol.65, 1986. Nr.2. S.267-287.
BZ 05149:65

Kruchem, T.: Brücken über die Apartheid. Gespräche im Südafrika des Ausnahmezustandes. München, Zürich: Piper 1986. 329 S.
B 57485

Lodge, T.: State of exile: the African National Congress of South Africa, 1976-86. In: Third world quarterly. Vol.9, 1987. No.1. S.1-27.
BZ 4843:9

Magubane, P.: The fruit of fear. June 16. Johannesburg: Skotaville Publ. 1986. o.Pag..
Bc 01820

Mandela, N.: Wofür ich bereit bin zu leben und zu sterben. Die Verteidigungsrede d.Hauptangeklagten... Hrsg.: Aktiongruppe Freiheit f.Nelson Mandela (Südafrika). 3.Aufl.. Stuttgart: o.V. 1985. 44 S.
D 3353

Mayer, P.: L'Apartheid et la dévolution du pouvoir en Afrique du Sud. In: Défense nationale. A.43, 1987. Nr.3. S.23-39.
BZ 4460:43

Moodley, K.; Adam, H.: South Africa: revolution, repression, reform. In: International journal. Vol.61, 1986. No.4. S.831-852.
BZ 4458:61

Omond, R.: South Africa's post-apartheid constitution. In: Third world quarterly. Vol.9, 1987. No.2. S.622-637.
BZ 4843:9

Pheko, M.: Apartheid: the story of a dispossessed people. 2nd ed.. London: Marram Books 1984. XII,196 S.
B 55628

Rasmussen, B.: Tiden er inde - Sydafrika. Kobenhavn: Gyldendal 1985. 64 S.
Bc 01743

Sauer, W.: Südafrika in Flammen. Wien: Verl.d.SPÖ 1985. 32 S.
Bc 6419

Schlosser, G.: Briefe vom Kap. Ein Deutscher über seine Wahlheimat Südafrika. Zürich: Ed.Interfrom 1986. 116 S.
Bc 6302

Slovo, J.: Im Rassistenregime zeigen sich Risse. In: Probleme des Friedens und des Sozialismus. Jg.30, 1987. No.6. S.732-739.
BZ 4504:30

St.Jorre, J.de: South Africa ambattled. In: Foreign affairs. Vol.65, 1987. No.3. S.538-563.
BZ 05149:65

Stoneman, C.; Suckling, J.: From apartheid to neocolonialism?. In: Third world quarterly. Vol.9, 1987. No.2. S.515-544.
BZ 4843:9

Südafrika - Geschichte, Kultur, Widerstand. Hrsg.: Arbeitskreis Afrika (AKAFRIK) Münster, Azania-Koordination für Projekte, Kultur und Bildung (AZAKO) Münster, Informationszentrum 3.Welt (iz3w). Münster: o.V. 1985. 59 S.
D 03365

Südafrika heute. Zahlen, Daten, Argumente. Hrsg.: Evangel.Missionswerk im Bereich d.BRD und Berlin/West (EMW). Hamburg: o.V. 1986. 119 S.
D 3555

Südafrika, eine politische Analyse. Hrsg.: Südafrik. Generalkonsulat. Hamburg: o.V. 1986. 49 S.
D 3476

Wenn wir wie Brüder beieinander wohnten... Hrsg.v.J.de Gruchy. Neukirchen-Vluyn: Neukirchener Verl. 1984. 217 S.
B 55396

Woods, D.; Bostock, M.: Apartheid. A graphic guide. London: Camden 1986. 147 S.
Bc 6334

L 375 e 20 Außenpolitik

Austin, D.: A South African policy: six precepts in search of a diplomacy?. In: International affairs. Vol.62, 1986. No.3. S.392-403.
BZ 4447:62

Geldenhuys, D.: The Diplomacy of isolation. New York: St.Martin's Press 1984. 295 S.
09861

Hanlon, J.: Post-apartheid South Africa and its neighbours. In: Third world quarterly. Vol.9, 1987. No.2. S.437-449.
BZ 4843:9

Jaster, R.S.: South Africa and its neighbours: the dynamics of regional conflict. London: International Inst.for Strategic Studies 1986. 78 S.
Bc 6118

Südafrikas Botha in Österreich. Wien: Anti-Apartheid-Bewegung in Österreich 1984. 32 S.
Bc 6400

L 375 f Wehrwesen

Herbst, J.: Political and Economic Implications of South Africa's Militarization. In: The Jerusalem journal of international relations. Vol.8, 1986. Nos.1. S.42-75.
BZ 4756:8

Kriegsdienstverweigerung in Südafrika. Weg mit d.Wehrpflicht in Südafrika. Hrsg.: Dt.Friedensgesell.-Vereinigte Kriegsdienstgegner, Gruppen Kassel und Offenbach. Kassel: o.V. 1986. 34 S.
D 03672

Weg mit der Wehrpflicht in Südafrika - in aller Welt. Arbeitspapier zur Arbeit gegen die Wehrpflicht. Hrsg.: Initiative gegen die Wehrpflicht. 2.Aufl.. Göttingen: o.V. 1986. 88 S.
D 3526

L 375 g Wirtschaft

Becker, C.M.: Economic sanctions against South Africa. In: World politics. Vol.39, 1987. Nr.2. S.147-173.
BZ 4464:39

Browne, R.: South Africa: assistance and aid programmes. In: Third world quarterly. Vol.9, 1987. No.2. S.493-514.
BZ 4843:9

Kinnock, H.N.: South Africa: measures that matter. In: The Round Table. 1987. No.103. S.22-32.
BZ 4796:1987

Maull, H.W.: South Africa's minerals: the Achilles heel of Western economic security?. In: International affairs. Vol.62, 1986. No.4. S.619-626.
BZ 4447:62

Relly, G.: The costs of disinvestment. In: Foreign policy. 1986. Nr.63. S.131-146.
BZ 05131:1986

L 375 h Gesellschaft

Frauen in Südafrika. Die schwarzen Frauen werden unterdrückt auf Grund ihrer Hautfarbe, ihres Geschlechts, als Arbeiterinnen. Hrsg.: ANC-Vertretung in der BRD u. Westberlin. Bonn: o.V. 1986. 39 S.
D 3435

Jarvie, G.: Class, race and sports in South Africa's political economy. London: Routledge & Kegan Paul 1985. IX,107 S.
B 56416

L 375 i Geistesleben

Frederikse, J.: South Africa's media: the commercial press and the seedlings of the future. In: Third world quarterly. Vol.9, 1987. No.2. S.638-656.
BZ 4843:9

Hachten, W.A.; Giffard, C.A.: The Press and apartheid. Repression and propaganda in South Africa. Madison, Wis.: The Univ.of Wisconsin Pr. 1984. XVI,336 S.
B 56382

L 377 Südafrikanische Gebiete

L 377.30 Botswana

Adam, E.: Botswana: Parlamentswahlen 1984. Parteienpluralismus in Afrika. In: Afrika-Spektrum. Jg.21, 1986. Nr.2. S.189-210.
BZ 4614:21

L 377.70 Swasiland

Bischoff, P.-H.: Swaziland - a small state in international relations. In: Afrika-Spektrum. Jg.21, 1986. Nr.2. S.175-188.
BZ 4614:21

L 381 Tansania

Bolton, D.: Nationalization - a road to socialism?. The lessons of Tanzania. London: Zed 1985. 178 S.
B 56473

L 385 Tschad

Cereghetti, A.: Le Tschad à hue et à dia. In: Revue militaire suisse. A.132, 1987. No.4. S.166-176.
BZ 4528:132

L 387 Tunesien

Faath, S.: Rachid Sfar. In: Orient. Jg.27, 1986. H.3. S.354-361.
BZ 4663:27

Rupert, J.: Tunisia: testing America's Third World Diplomacy. In: World policy journal. Vol.4, 1986-87. No.1. S.137-160.
BZ 4822:4

Waltz, S.: Islamist appeal in Tunisia. In: The Middle East journal. Vol.40, 1986. No.4. S.651-670.
BZ 4463:40

L 389 Uganda

Low, A.: Uganda: Anatomy of a Nightmare. In: The Round Table. 1986. No.299. S.233-240.
BZ 4796:1986

Sathyamurthy, T.V.: The political Development of Uganda: 1900-1986. Aldershot: Gower 1986. XVIII,781 S.
B 60633

L 391 Zaire

Vanderlinden, J.: La Crise congolaise.
Bruxelles: Ed.Complexe 1985. 190 S.
Bc 6468

L 398 Zimbabwe

Bratton, M.: The comrades and the
countryside: The politics of agricultural
policy in Zimbabwe. In: World politics.
Vol.39, 1987. No.2. S.174-202.
BZ 4464:39

Marston, R.: "Not ordinary white
people". The origins of Rhodesian
COIN theory and practice. In: RUSI.
Vol.131, 1986. Nr.4. S.25-32.
BZ 05161:131

Martin, D.; Johnson, P.: The Chitepo
assassination. Harare: Zimbabwe Publ.
1985. 134 S.
B 58938

Organisation of Collective Co-operati-
ves in Zimbabwe (OCCZIM). Brosch.
z.Veranstaltung. Hrsg.: Zimbabwe
Netzwerk. Aachen: o.V. 1986. 94 S.
D 3484

The political economy of Zimbabwe.
Ed.M.G.Schatzberg. New York:
Praeger 1984. X,276 S.
B 55579

L 402 Lateinamerika

L 402 e Staat und Politik

L 402 e 10 Innenpolitik

Caminos de la democracia en América
Latina. Madrid: Ed.Pablo Iglesias
1984. 298 S.
B 57883

La Crisis internacional y la América
Latina. Selec.de S.M.Villarreal.
México: CIDE 1984. 518 S.
B 58790

La Democracia en America Latina.
Frustraciones y perspectivas. Caracas:
Univ.Simon Bolivar 1985. 207 S..
Bc 6544

Dictaduras y dictadores.
Coord.p.J.L.M.de Campo. México:
Siglo XXI 1986. 239 S.
B 60125

Hegemonía y alternativas políticas en
América Latina. Seminario de More-
lia.. México: Siglo XXI 1985. 486 S.
B 58792

Lateinamerika - Menschenrechte im
Jahre 1985. Jahresbericht d.Arbeitsaus-
schusses Lateinamerika der IGFM
(Intern.Ges.f.Menschenrechte).
Frankfurt: o.V. 1986. 61 S.
D 03521

Die Macht der Verschuldeten. Auf dem
Weg zu einer neuen Einigungsbewe-
gung in Lateinamerika. Stimmen v.P.E.-
Arns. Zürich: POCH-Verl. 1986. 76 S.
Bc 6366

Mols, M.; Wolf, U.: Lateinamerika - was
gefährdet die Demokratie?. In: Außenpolitik. Jg.38, 1987. No.2. S.194-208.
BZ 4457:38

Spörer, S.: América Latina. Los desafíos
del tiempo secundo. Santiago: ILET
1984. 163 S.
Bc 6112

With friends like these. The Americas
watch report on human rights and U.S.
policy in Latin America. Ed.by
C.Brown. New York, N.Y.:: Pantheon
Books 1985. XXII,281 S.
B 58025

Ziegler, J.: Gegen die Ordnung der
Welt. Befreiungsbewegungen in Afrika
und Lateinamerika. Wuppertal:
Hammer 1985. 351 S.
B 56407

L 402 e 20 Außenpolitik

América Latina. Políticas exteriores comparadas. T.1.2. Buenos Aires: Grupo Ed.Latinoamericano 1984. 264; 556 S.
B 58898

El Estudio de las relaciones internacionales en América Latina y el Caribe. Buenos Aires: GEL 1985. 223 S.
B 61552

Marcella, G.: Defense of the Western hemisphere: strategy for the 1990s. In: Journal of interamerican studies and world affairs. Vol.27, 1985. No.3. S.1-25.
BZ 4608:27

Orrego Vicuna, F.von: Lateinamerika und der pazifische Raum. In: Europa-Archiv. Jg.41, 724. Nr.24. S.717.
BZ 4452:41

L 402 f Wehrwesen

Donko, W.: Großbritannien und die Seestreitkräfte Lateinamerikas. In: Marine-Forum. Jg.61, 1986. H.11. S.393-398.
BZ 05170:61

Palma Valderrama, H.: America Latina. Limitación de armamentos y desarme en la región. Lima: CEPEI 1986. 204 S.
B 60775

Studie über die nukleare Rüstung und den Vertrag für ein Verbot von Kernwaffen in Lateinamerika (Vertrag von Tlatelolco). Sonderkommission des Colegio de Abogados de Puerto Rica. San Juan, Puerto Rico: o.V. 1984. 39 S.
D 03440

Tellis, A.J.: Latin America's navies: A strategic survey. In: Naval forces. Vol.7, 1987. No.2. S.200-216.
BZ 05382:7

Varas, A.: Militarization and the international arms race in Latin America. Boulder, Colo.: Westview Press 1985. XIV,160 S.
B 57011

L 402 g Wirtschaft

Jaworski, H.di: La multinazionale della droga: il caso dell'America latina. In: Politica internazionale. A.15, 1987. No.5. S.129-137.
BZ 4828:15

Latin American-U.S. economic Relations. 1982-83. Sistema económico Latinoamericano/ Latin American economic system. Boulder, Colo.: Westview Press 1984. VIII,119 S.
B 56093

Lazar, A.von; McNabb, M.: The politics of inter-American energy relations: prospects and pitfalls. In: Journal of interamerican studies and world affairs. Vol.27, 1985. No.1. S.123-143.
BZ 4608:27

Westphalen, J.: Schuldenkrise und soziale Probleme in Lateinamerika. In: Europa-Archiv. Jg.41, 1986. Nr.23. S.679-686.
BZ 4452:41

L 402 h Gesellschaft

Couriel, A.: Concertación para una salida anti-imperialista. América Latina, Nicaragua, Uruguay. Montevideo: Ed.Indice 1984. 93 S.
Bc 6040

Historia del movimiento obrero en América Latina. 1.2. México: Siglo XXI 1984/85. 412; 319 S.
B 58619

L 402 i Geistesleben

Greinacher, N.: Der Konflikt um die Theologie der Befreiung. T.1.2. In: Mediatus. Jg.6, 1986. H.11 u.12. S.1-6; S.3-7.
BZ 05506:6

Hogan, M.J.: Comparative Student unrest in Latin America, 1950-75. Ann Arbor, Mich.: UMI 1985. IV,194 S.
B 56148

Rowe, W.; Whitefield, T.: Thresholds of identity: literature and exile in Latin America. In: Third world quarterly. Vol.9, 1987. No.1. S.229-253.
BZ 4843:9

Theologie der Befreiung und Marxismus. Hrsg.v.P.Rottländer. Münster: Ed.Liberación 1986. 188 S.
B 59660

L 405 Südamerika

Philip, G.: The Military in South American politics. London: Croom Helm 1985. 394 S.
B 57210

L 409 Mittelamerika

Bahrmann, H.; Links, C.: Sechsmal Mittelamerika - Konflikte einer Region. Berlin: Dietz 1985. 259 S.
B 56889

Buckley, T.: Violent Neighbors. El Salvador, Central America and the United States. New York: Times Books 1984. IX,358 S.
B 56526

The Central American crisis. Sources of conflict and failure of U.S. policy. Ed.by K.M.Coleman. Wilmington, Del.: Scholarly Resources 1985. XVII,240 S.
B 57002

Centroamérica en la encrucijada internacional de nuestro tiempo. Bases socioeconómicas, respuestas políticas, aportaciones culturales y situación geoestratégica. Córdoba: Exctma.Diput.-Provinc.de Cordoba 1984. 397 S.
B 58935

Coll, A.R.: Soviet Arms and Central American Turmoil. In: World affairs. Vol.148, 1986. No.1. S.7-17.
BZ 05509:148

Contadora. Desafio a la diplomacia tradicional. Bogotá: Ed.la Oveja Negra 1985. 187 S.
Bc 6483

Estados Unidos y la Democratizacion de Centroamerica. In: Estudios centroamericanos. A.41, 1986. Nr.450. S.255-274.
BZ 4864:41

Feinberg, R.E.; Bagley, B.M.: Development postponed. The political economy of Central America in the 1980s. Boulder, Colo.: Westview Press 1986. XIII, 65 S.
Bc 6617

Giraldo, L.: Centro America entre dos fuegos. Bogotà: Ed.Norma 1984. 366 S.
B 60030

Krauss, C.: Revolution in Central America?. In: Foreign affairs. Vol.65, 1987. No.3. S.564-581.
BZ 05149:65

Krehm, W.: Democracies and tyrannies of the Caribbean. Westport, Conn.: Lawrence Hill 1984. XXVII,244 S.
B 57021

Krisengebiet Mittelamerika. Interne Probleme, weltpolitische Konflikte. Hrsg.: H.Nuhn. Braunschweig: Westermann 1985. 288 S.
B 57337

Minkner, M.: Anpassungskrise in Zentralamerika?. In: Lateinamerika. Jg., 1986. Nr.6/7. S.23-35.
BZ 05479:1986

Minkner, M.: Übergang zur Demokratie in Zentralamerika?. Ein Konferenzbericht. St.Augustin: Liberal Verl. o.J.. 57 S.
Bc 6121

Moore, J.N.: The Secret War in Central America and the Future of World Order. In: World affairs. Vol.148, 1986. No.2. S.75-130.
BZ 05509:148

Pellicer, O.: Reflexiones sobre la accion del grupo Contadora. In: Estudios centroamericanos. A.41, 1986. Nr.456. S.898-906.
BZ 4864:41

Pérez Brignoli, H.: Breve Historia de Centroamerica. Madrid: Alianza 1985. 169 S.
Bc 6240

Sandner, G.: Geopolitische Hinter-gründe und karibische Verflechtungen in zentralamerikanischen Konflikt-raum. In: Lateinamerika. Jg., 1986. Nr.6/7. S.9-21.
BZ 05479:1986

Scheich, J.: Gorilas, gringos, guerrille-ros. Unruhe im "Hinterhof der USA". Berlin: Verlag Neues Leben 1986. 154 S.
Bc 6307

Third World Instability. Central America as a European-American issue. Ed.A.J.Pierre. New York: Univ.Pr.New York 1985. XII,156 S.
B 57533

Torres Rivas, E.; Gallardo, M.E.: Para entender Centroamerica. Resumen bibliográfico 1960-1984. San José: ICADIS 1985. 200 S.
Bc 6545

Torres, E.: Centroamerica: guerra, transicion y democracia. In: Estudios centroamericanos. A.41, 1986. Nr.456. S.879-897.
BZ 4864:41

L 421 Argentinien

L 421 a Allgemeines

Rouquié, A.: L'Argentine. Paris: Pr.Univ.de France 1984. 126 S.
Bc 5509

L 421 c Biographien

– Perón, E. –

Barnes, J.: Evita Perón. Mythos und Macht. München: Heyne 1984. 271 S.
B 55407

– Perón, J. –

Nadra, F.: Conversaciones con Perón. Buenos Aires: Ed.Anteo 1985. 143 S.
Bc 6446

Perón, J.D.: Obras completas. Vol.2.3.4,1.4.2.23. Buenos Aires: Ed.Apechehue 1984/85. 445; 324; 224; 261; 175 S.
B 58890

L 421 e Staat und Politik

Bondone, J.L.: Con mis Hijos en las cárceles del "Proceso". Buenos Aires: Ed.Anteo 1985. 146 S.
Bc 6025

Coggiola, O.: Historia del trotskismo argentino. 1929-1960. Buenos Aires: Centro Ed.de América Latina 1985. 158 S.
Bc 6569

Coggiola, O.: El Trotskismo en la Argentina. 1960-1985. T.1.2. Buenos Aires: Centro Ed.de América Latina 1986. 213 S.
Bc 6570

La Década trágica. Ocho ensayos sobre la crisis argentina 1973-1983. México: Ed.Tierra del Fuego 1984. 252 S.
B 58902

Ferla, S.: El Drama político de la Argentino contemporánea. Buenos Aires: Lugar Ed. 1985. 298 S.
B 61113

Gentile, E.: L'emigrazione italiana in Argentina nella politica di espansione del nazionalismo e del fascismo. In: Storia contemporanea. A.27, 1986. Nr.3. S.355-396.
BZ 4590:27

Hilb, C.; Lutzky, D.: La nueva Izquierda argentina. 1960-1980. Buenos Aires: Centro Ed.de América Latina 1984. 129 S.
Bc 6027

López Saavedra, E.: Testigos del "proceso" militar. 1976-1983. T.1.2. Buenos Aires: Centro Ed.de América Latina 1984. 292 S.
Bc 6028

Narvaja, A.; Perelman, A.; Ramos, J.A.: Cuarenta Años de peronismo. 1945-1985. Buenos Aires: Ed.del Mar Dulce 1985. 158 S.
Bc 6444

Perón, J.: Manual de adoctrinamiento peronista. Materias fundamentales y basicas. 2.ed.. Buenos Aires: Ed.Volver 1985. 398 S.
B 57889

Pion-Berlin, D.: The fall of military rule in Argentina: 1976-1983. In: Journal of interamerican studies and world affairs. Vol.27, 1985. No.2. S.55-76.
BZ 4608:27

Rodríguez Molas, R.: Historia de la tortura y el orden represivo en la Argentina. Buenos Aires: Ed.Unvi.de Buenos Aires 1984. 177 S.
B 60774

Silva, C.A.: El Nüremberg argentino. El libro del juicio. Testimonios. Barcelona: Ed.Aura 1986. 223 S.
B 59178

Smith, A.-M.: State terror in Argentina. A Frankfurt school perspective. In: Praxis international. Vol.6, 1987. No.4. S.477-487.
BZ 4783:6

Sukup, V.: Argentinien unter Alfonsín. Ist die Demokratisierung gesichert?. In: Blätter für deutsche und internationale Politik. Jg.32, 1987. H.3. S.368-375.
BZ 4551:32

Wynia, G.W.: Readjusting to democracy in Argentina. In: Current history. Vol.86, 1987. No.516. S.5-8.
BZ 05166:86

Zamorano, C.M.: La Proscripción política y los jueces de la dictadura. Buenos Aires: Ed.Cartago 1985. 138 S.
Bc 6447

L 421 f Wehrwesen

English, A.: Yesterday's Enemy. The Argentine Navy Today. In: Navy international. Vol.91, 1986. No.8. S.473-476.
BZ 05105:91

Looney, R.E.; Frederiksen, P.C.: The future demand for military expenditure in Argentina. In: Arms control. Vol.7, 1986. No.2. S.197-204.
BZ 4716:7

Watson, C.A.: Argentine nuclear development: capabilities and implications. Ann Arbor, Mich.: UMI 1985. VII,191 S.
B 57220

L 421 g Wirtschaft

Ferrer, A.: El Pais nuestro de cada dia. Argentina y el sistema internacional. Buenos Aires: Hyspamerica 1985. 133 S.
Bc 6493

Jozami, E.; Paz, P.; Villarreal, J.: Crisis de la dictadura argentina. Política y cambio social. 1976-1983. México: Siglo XXI 1985. 283 S.
B 60956

Scalabrini Ortiz, R.: Cuatro Verdades sobre nuestras crisis. 2.ed.. Buenos Aires: Ed.Nuestro Tiempo 1985. 92 S.
Bc 6490

L 423 Bolivien

Antezana Ergueta, L.: Historia secreta del Movimiento Nacionalista Revolucionario. T.1.2.3. La Paz: Libr.Ed."Juventud" 1984-85. 219; 223-526; 539-830.
B 58437

Echazú Alvarado, J.: El Fascismo en Bolivia. Tactica y estrategía revolucionarias. 2.ed.. Oruro: Ed.Univ. 1984. 253 S.
B 60091

Malloy, J.: Bolivia's economic crisis. In: Current history. Vol.86, 1987. No.516. S.9-12.
BZ 05166:86

Schlumberger, H.: Bolivien, schwankende Wiege der Freiheit. Land zwischen Kokainmilitärs und Demokraten. Köln: Bund-Verl. 1985. 414 S.
B 56368

L 425 Brasilien

L 425 c Biographien

– da Silva Fonseca –
Fonseca, M.E.da Silva: 5 Años na pasta da Marinha. o.O.: o.V. 1984. 306 S.
B 59177

L 425 e Staat und Politik

Allen, E.: Poverty and social welfare in Brazil. A challenge for civilian government. Glasgow: Inst.of Latin American Studies 1985. 47 S.
Bc 01740

Costa, G.F.: Rasgos de la política exterior brasileira despues de 1964. Lima: Centro Peruano de Estudios Internacionales 1985. 46 S.
Bc 6384

Fon, A.C.: Tortura. A história da repress o política no Brasil. 7.ed.. São Paulo: Global Ed. 1986. 79 S.
Bc 6024

Lafer, C.: Neue Dimensionen der brasilianischen Außenpolitik. In: Europa-Archiv. Jg.42, 1987. B.1. S.23-34.
BZ 4452:42

Nazario, O.: Pragmatism in Brazilian foreign policy: the Geisel years, 1974-1979. Ann Arbor, Mich.: UMI 1985. V,129 S.
B 57211

Selcher, W.A.: Brazilian-Argentine relations in the 1980s: from wary rivalry to friendly competition. In: Journal of interamerican studies and world affairs. Vol.27, 1985. No.2. S.25-53.
BZ 4608:27

L 425 f Wehrwesen

Costa, L.S.S.: O emprego dos submarinos numa concepçao estratégica para a marinha do Brasil. In: Revista maritima brasileira. A.105, 1985. No.7-8-9. S.137-144.
BZ 4630:105

Fonseca, M.E.da Silva: Brasiliens Marine auf dem Wege zur Unabhängigkeit. In: Marine-Rundschau. Jg.82, 1985. Nr.3. S.138-146.
BZ 05138:82

Portela, F.: Guerra de guerrilhas no Brasil. 6.ed.. São Paulo: Global Ed. 1984. 261 S.
B 59172

Puddu, F.M.: Marinha de Guerra. La Marina militare della Repubblica Brasiliana. In: Rivista marittima. A.119, 1986. No.7. S.33-47.
BZ 4453:119

Schmidt de Andrade, F.H.: Una Política de Mobilizaçao para a Marinha. In: Revista maritima brasileira. A.105, 1985. No.11-12. S.53-76.
BZ 4630:105

Silveira Costa, L.S.: O Emprego dos Submarinos Numa Concepçao Estratégica Para a Marinha do Brasil. In: Revista maritima brasileira. A.105, 1985. No.7-8-9. S.137-144.
BZ 4630:105

Vásquez de Aquino, S.T.: A Presença Brasileira na Antártida. In: Revista maritima brasileira. A.105, 1985. No.7-8-9. S.77-89.
BZ 4630:105

L 425 g Wirtschaft

Pang, E.-S.; Jarnagin, L.: Brazil's cruzado plan. In: Current history. Vol.86, 1987. No.516. S.13-16.
BZ 05166:86

L 427 Chile

L 427 c Biographien

– Allende, S. –

Puccio Huidobro, O.: Un Cuarto de siglo con Allende. Recuerdos de su secretario privado Osvaldo Puccio. Santiago: Ed.Emiskión 1985. 313 S.
B 59646

L 427 e Staat und Politik

Aldunate, A.; Flisfisch, A.; Moulian, T.: Estudios sobre el sistema de partidos en Chile. Santiago: FLASCO 1985. 231 S.
Bc 6113

Andersen, M.: Staying the course in Chile. In: SAIS review. Vol.7, 1987. No.1. S.169-183.
BZ 05503:7

Angell, A.; Carstairs, S.: The exile question in Chilean politics. In: Third world quarterly. Vol.9, 1987. No.1. S.148-167.
BZ 4843:9

Boye, S.O.: La No-violencia activa. Camino para conquistar la democracia. Santiago de Chile: Ed.Aconcagua 1984. 180 S.
Bc 6184

Chile 1986. Ein Bericht. Hrsg.: amnesty international. London: o.V. 1986. 61 S.
D 3473

Le Chili: de l'unité populaire à la dictature militaire (1970-1973). Paris: Lutte ouvrière 1985. 63 S.
Bc 6462

Constable, P.; Valenzela, A.: Is Chile next?. In: Foreign policy. 1986. Nr.63. S.58-75.
BZ 05131:1986

Constable, P.: Pinochet's grip on Chile. In: Current history. Vol.86, 1987. No.516. S.17-20.
BZ 05166:86

Fernández Jilberto, A.E.: Dictadura militar y oposición política en Chile 1973-1981. Dordrecht: Foris Publ. 1985. 455 S.
B 59263

Fleet, M.: The Rise and fall of Chilean Christian Democracy. Princeton, N.J.: Princeton Univ.Press 1985. XV,274 S.
B 56997

Garretón, M.M.A.: Chile. En busca de la democracia perdida. Santiago de Chile: FLACSO 1985. 36 S.
Bc 01808

Maira, L.: Chile. Autoritarismo, democracia y movimiento popular. México: CIDE 1984. 331 S.
B 58441

La Maza, G.de; Garcés, M.: La Explosión de las mayorías. Protesta nacional 1983-1984. Santiago: Ed.y Comunicaciones 1985. 134 S.
Bc 6111

Meacham, C.E.: The Chilean catholic Church as a political institution, especially between 1970 and 1982. Ann Arbor, Mich.: UMI 1985. VI,550 S.
B 57217

Necochea, H.R.: Origen y formación del Partido Comunista de Chile. Ensayo de historia política y social de Chile. Moscu: Ed.Progreso 1984. 388 S.
B 58888

Payne, D.W.; Ybarra-Rojas, A.: Crisis in Chile: scenarios and gameplans. In: Strategic review. Vol.14, 1986. No.3. S.27-47.
BZ 05071:14

Pinochet. Patria y democracia. Santiago de Chile: Ed.Andrés Bello 1985. 271 S.
B 58610

Turrent, I.: La Unión Soviética en América Latina. El caso de la Unidad Popular Chilena, 1970-1973. México: El Colegio de México 1984. 270 S.
B 58444

L 427 f Wehrwesen

English, A.: The Chilean coast guard. In: Navy international. Vol.91, 1986. No.11. S.675-681.
BZ 05105:91

Puddu, F.M.: Armada de Chile. Tradizione ed efficienza. In: Rivista marittima. A.120, 1987. Nr.3. S.17-32.
BZ 4453:120

Varas Fernández, A.; Agüero Piwonka, F.: El Proyecto político militar. Santiago: FLASCO 1984. 278 S.
B 59640

L 427 g Wirtschaft

Vergara, P.: Auge y caida del neoliberalismo en Chile. Santiago de Chile: FLACSO 1985. 270 S.
B 59647

L 427 h Gesellschaft

Ich bringe das Salz. Chilenische Frauen berichten. Erfahrungen, Situationen, Positionen. v.E.Gumberger. Bremen: Ed.CON 1985. 132 S.
Bc 01734

L 429 Costa Rica

Aranda, Barrantes, J.: Los Excombatientes de 1948-55. Ensayo sobre la Guerra Civil Costa Rica. San José: Unión Grafiset 1984. 50 S.
Bc 6489

Bird, L.: Costa Rica. The unarmed democracy. London: Sheppard Pr. 1984. 224 S.
B 56674

Calvo Gamboa, C.: Costa Rica en la Segunda Guerra Mundial. 1939-1945. San José: Ed.Univ.Estatal a Dist. 1985. 194 S.
Bc 6038

Hacia dónde va Costa Rica?. 56 preguntas y respuestas sobre la crisis. 2.ed.. San José: Ed.Porvenir 1985. 157 S.
Bc 6547

Salazar Mora, J.M.: Calderón Guardia. Una biografía política. o.O.: Ed.Univ. Estatal a Distancia 1985. 236 S.
Bc 6194

L 431 Ecuador

Ayala Mora, E.: Lucha política y origen de los partidos en Ecuador. 3.ed.. Quito: Corp.Ed.Nac. 1985. 372 S.
B 59769

Dávila Aldás, F.R.: Las Luchas por la hegemonía y la consolidación política de la burguesía en el Ecuador 1972-1978. México: Univ.Nac.Aut.de México 1984. 247 S.
B 58616

Dobrzycki, W.: Stosunki zagraniczne Ekwadoru w arunkach przemian wewnętrznych. In: Sprawy Międzynarodowe. R.40, 1987. No.1. S.67-78.
BZ 4497:40

L 433 El Salvador

Baloyra, E.A.: Verhandelter Krieg in El Salvador - Politik in der Entscheidungsphase. In: Lateinamerika. 1986. Nr.6/7. S.57-64.
BZ 05479:1986

Barrios, J.: Ist eine friedliche Regelung in El Salvador möglich?. In: Probleme des Friedens und des Sozialismus. Jg.30, 1987. Nr.5. S.681-688.
BZ 4504:30

Boler, J.: The Mothers Committee of El Salvador: National Human Rights Activists. In: Human rights quarterly. Vol.7, 1985. No.4. S.541-556.
BZ 4753:7

Hammer, R.: Developing a humanitarian awareness. A case study of El Salvador in the 1980s. In: Bulletin of peace proposals. Vol.18, 1987. No.2. S.201-207.
BZ 4873:18

Klechta, J.: Salvador: kronika nienawiści. Warszawa: MON 1985. 201 S.
B 59862

Das Modell El Salvador. Red.: J.Hippler. Wuppertal: Ed.Nahua 1987. 126 S.
Bc 6321

Sharpe, E.E.: El Salvador revisited: Why Duarte is in trouble. In: World policy journal. Vol.3, 1986. No.3. S.473-494.
BZ 4822:3

L 435 Guatemala

Fauriol, G.A.: Foreign policy behavior of Caribbean states. Guyana, Haiti, and Jamaica. Lanham: Univ.Press of America 1984. XI,338 S.
B 57287

Garcia, R.: Guatemala under Cerezo: a Democratic Opening. In: SAIS review. Vol.6, 1986. No.2. S.69-81.
BZ 05503:6

Millett, R.: Guatemala's painful progress. In: Current history. Vol.85, 1986. No.515. S.405-408; 432-434.
BZ 05166:85

L 437 Guayana

Spinner, T.J.: A political and social history of Guyana, 1945-1983. Boulder, Colo.: Westview Press 1984. XV,244 S.
B 56059

L 439 Honduras

Arancibia Córdoba, J.: Honduras un estado nacional?. 2.ed.. Tegucigalpa: Ed.Guaymuras 1985. 132 S.
Bc 6230

Landbesetzungen in Honduras. Hrsg.: Honduras-Komitee Hamburg u. Münster, Zentralamerika-Komitee W.-Berlin. Hamburg: o.V. 1986. 26 S.
D 03570

Rosenberg, M.B.: Honduras: the reluctant democracy. In: Current history. Vol.85, 1986. No.515. S.417-420438,4.
BZ 05166:85

Shepherd, P.L.: Versäumte Gelegenheiten: das Problem formaler Demokratie in Honduras. In: Lateinamerika. Jg., 1986. Nr.6/7. S.45-56.
BZ 05479:1986

L 441 Kanada

Aronsen, L.R.: 'Peace, order and good government' during the Cold War: the origins and organizations of Canada's international security program. In: Intelligence and national security. Vol.1, 1986. No.3. S.357-380.
BZ 4849:1

Behiels, M.D.: Prelude to Quebec's quiet revolution. Liberalism versus Neo-nationalism 1945-1960. Kingston: McGill-Queen's Univ.Pr. 1985. XII,366 S.
B 57240

Bland, D.L.: The Armed Forces Council and the defense policy process. In: Canadian defence quarterly. Vol.16, 1987. No.3. S.26-30.
BZ 05001:16

Boucher, M.T.: The politics of economic depression: Canadian-American relations in the mid-1930s. In: International journal. Vol.41, 1985-86. No.1. S.3-36.
BZ 4458:41

Bromke, A.; Nossal, K.R.: Zmiana i ciągłość w polityce zagranicznej Kanady. In: Sprawy Międzynarodowe. R.40, 1987. H.2. S.35-42.
BZ 4497:40

Crickard, F.: The Canadian Navy - new direction. In: Naval forces. Vol.7, 1987. No.2. S.78-87.
BZ 05382:7

Fry, E.H.: Canadian Government and politics in comparative perspective. 2.ed.. Lanham: Univ.Press of America 1984. XII,273 S.
B 56138

Green, F.: Acid rain and U.S.-Canadian relations. In: The Washington quarterly. Vol.9, 1987. No.3. S.103-108.
BZ 05351:9

Hillmer, N.: Vincent Massey and the origins of the British Commonwealth Air Training Plan. In: Canadian defence quarterly. Vol.16, 1987. No.4. S.49-54.
BZ 05001:16

Mackay, J.: In espansione l'industria militare in Canada. In: Difesa oggi. A.10, 1986. No.103. S.465-468.
BZ 05119:10

Matthews, R.; Pratt, C.: Human Rights and Foreign Policy: Principles and Canadian Practice. In: Human rights quarterly. Vol.7, 1985. No.2. S.159-188.
BZ 4753:7

Media [and] elections in Canada. By W.C.Soderlund. Toronto: Holt, Rinehart and Winston 1984. 163 S..
Bc 6137

Michelmann, H.J.: Federalism and international relations in Canada and the Federal Republic of Germany. In: International journal. Vol.41, 1986. No.3. S.539-570.
BZ 4458:41

Morley, J.T.: Secular Socialists. The CCF/NDP in Ontario. A biography. Kingston: McGill-Queens Univ.Pr. 1984. XIII,264 S.
B 55055

Nolan, C.J.: The Influence of Parliament on Human Rights in Canadian Foreign Policy. In: Human rights quarterly. Vol.7, 1985. No.3. S.373-390.
BZ 4753:7

Pozdeeva, L.V.: Kanada v gody vtoroj mirovoj vojny. Moskva: Nauka 1986. 334 S.
B 60236

Preston, R.A.: Military and defence development in Canada, Australia and New Zealand: a three-way comparison. In: War and society. Vol.5, 1987. Nr.1. S.1-21.
BZ 4802:5

Rigby, V.C.: Air Marshal Harold
("Gus") Edwards and the Canadianiza-
tion of the RCAF Overseas, 1941-1943.
In: Canadian defence quarterly. Vol.16,
1987. No.3. S.41-45.
BZ 05001:16

Ross, D.A.: In the Interest of peace:
Canada and Vietnam 1954-1973.
Toronto: Univ.of Toronto Press 1984.
484 S.
B 56776

Schlegel, J.P.: Twenty years of policy
evolution. Canada, the USA and South
Africa. In: The Round Table. 1987.
No.103. S.40-52.
BZ 4796:1987

Shadwick, M.: The Canadian low level
air defence programme. In: Military
technology. Vol.10, 1986. H.11. S.68-71.
BZ 05107:10

Sovremennaja vnutrennjaja Politika
Kanady. Red.: S.F.Molockov. Moskva:
Nauka 1986. 235 S.
B 59914

Strempel, U.: Kanadas außenpolitische
Wende unter Mulroney. In: Außenpoli-
tik. Jg.37, 1986. Nr.3. S.238-251.
BZ 4457:37

Wieden, F.: Kanadas Sudetendeutsche.
Stuttgart: Seliger-Archiv 1984. 109 S.
B 55856

Young, E.J.M.: Submarines for the
Canadian maritime forces. In: Naval
forces. Vol.7, 1986. No.5. S.25-36.
BZ 05382:7

L 443 Kolumbien

Agudelo Villa, H.: Liberalismo. Crisis y
desafío. Bogotá: Ed.Presencia 1984.
287 S.
B 59977

Arango Zuluaga, C.: Jaime Guarace. Un
comandante guerrillero ante los tribu-
nales militares. Bogotá: Ed.ECOE
1986. 160 S.
Bc 6496

Bagley, B.M.: Colombian politics: crisis
or continuity?. In: Current history.
Vol.86, 1987. No.516. S.21-24.
BZ 05166:86

Delgado, A.: Política y movimiento
obrero. 1970-1983. Bogotá: Ed.CEIS
1984. 282 S.
B 59981

Henderson, J.D.: When Columbia bled.
A history of the violencia in Tolima.
Alabama: Univ.of Alabama Pr. 1985.
352 S.
B 57832

Ilari, V.: Le forze armate dei paesi
latino-americani. Colombia. In: Rivista
militare. 1987. No.3. S.52-64.
BZ 05151:1987

Montoya Candamil, J.: Rumor de
guerra. Bogotá: Plaza y Janes 1985.
224 S.
B 61154

Ortiz Cardona, L.: Cooperativismo y
regimen político en Colombia. Bogotá:
Ed.XYZ 1984. 159 S.
Bc 6237

Rojas Cabot, R.; Viña Laborde, E.: Al
otro Lado del golfo, Colombia refuta a
Colombia. Caracas: o.V. 1984. 357 S.
010106

Tokatlian, J.G.: Colombian foreign
policy in the 1980s: the search for leve-
rage. In: Journal of interamerican
studies and world affairs. Vol.27, 1985.
No.3. S.27-62.
BZ 4608:27

L 445 Mexico

Ankerson, D.: Agrarian Warlord. Saturnino Cedillo and the Mexican revolution in San Luis Potosí. DeKalb, Ill.: Northern Ill.Univ.Pr. 1984. XVII,303 S.
B 57013

Brenner, A.; Leighton, G.R.: The Wind that swept Mexico. The history of the Mexican revolution, 1910-1942. 3.pr.. Austin, Texas: Universitat of Texas Press 1984. 310 S.
B 56080

Buendía, M.: La Ultraderecha en México. 3.ed.. México: Ed.Océano 1984. 169 S.
B 58611

Evolución del estado mexicano. 1.Formación. 1810-1910. 2.Reestructuración. 1910-1940. 3.Consolidación. 1940-1983. T.1-3. México: Ed.el Caballito 1986. 174; 287; 274 S.
Bc 6548

Falcón, R.: Revolución y caciquismo. San Luis Potosí, 1910-1938. 1984: El Colegio de México 306 S.
B 58617.

Kovacs, K.: The quest for change in Mexican education. In: Current history. Vol.86, 1987. No.518. S.117-120.
BZ 05166:86

Levy, D.C.: The Mexican government's loosening grip?. In: Current history. Vol.86, 1987. No.518. S.113-116.
BZ 05166:86

Mexiko. Die versteinerte Revolution. Hrsg.: I.Buche. Bornheim-Merten: Lamuv Verl. 1985. 221 S.
B 55412

Newell Garcia, R.; Rubio F., L.: Mexico's Dilemma: the political origins of economic crisis. Boulder, Colo.: Westview Press 1984. XVI,319 S.
B 56095

Politics in Mexico. Ed.by G.Philip. London: Croom Helm 1985. 223 S.
B 57672

Rico, C.F.: Mexico and Latin America: the limits of cooperation. In: Current history. Vol.86, 1987. No.518. S.121-124.
BZ 05166:86

Sanders, S.W.: The threat from Mexico. In: Conflict. Vol.7, 1987. Nr.1. S.45-64.
BZ 4687:7

Seara Vàzquez, M.: Política exterior de México. 2.ed.. México: Harper and Row Latinoamericana 1984. 419 S.
B 58794

L 447 Nicaragua

L 447 c Biographien

– Sandino, A.C. –

Sandino, A.C.: El Pensamiento vivo. T.1-2. 2.ed.. Managua: Ed.Nueva Nicaragua 1984. 409; 513 S.
B 59173

L 447 e Staat und Politik

Arce Castaño, B.: Sandinismo y política imperialista. Managua: Ed.Nueva Nicaragua 1985. 130 S.
Bc 6390

Cabestrero, T.: Nicaragua. Crónica de una sangre inocente. Nicaragua: Ed.Katún 1985. 135 S.
Bc 6238

Castro, G.: Nicaragua: introduzione sul Centro America. In: Rivista italiana difesa. A.6, 1987. No.1. S.28-39.
BZ 05505:6

Colburn, F.D.: Dilemmas of revolutionary development in Nicaragua. Ann Arbor, Mich.: UMI 1985. VII,311 S.
B 56146

Herausforderung im Hinterhof. Das neue Nicaragua - eine Bestandsaufnahme. Hrsg.v.N.Greinacher. Wuppertal: P.Hammer 1986. 168 S.
Bc 6402

Hopkins, A.: The Nicaragua revolution - a comparative perspective. In: Australian outlook. Vol.41, 1987. No.1. S.30-36.
BZ 05446:41

Lamberg, R.F.: Nicaragua. Von Somoza bis Ortega. Der hürdenreiche Aufbau einer tropischen "Volksrepublik". Zürich: Neue Zürcher Zeitung 1985. 176 S.
B 57849

Lozano, L.: De Sandino al triunfo de la revolución. México: Siglo XXI 1985. 348 S.
B 60090

Nicaragua under siege. Ed.by M.Dixon. San Francisco, Calif.: Synthesis Publ. 1985. VI,266 S.
B 57997

Nicaragua: a revolution under siege. Ed.by R.L.Harris and C.M.Vilas. London: Zed 1985. XVI,256 S.
B 57525

Nolan, D.: The Ideology of the Sandinistas and the Nicaraguan revolution. Coral Gables, Fla.: Inst. of Interamerican Studies, Univ.of Miami 1984. V,203 S.
B 56373

Radu, M.: The Origins and Evolution of the Nicaraguan Insurgencies, 1979-1985. In: Orbis. Vol.29, 1986. Nr.4. S.821-840.
BZ 4440:29

Ramírez Mercado, S.: Seguimos de Frente. Escritos sobre la revolución. Caracas: Ed.Centauro 1985. 355 S.
B 59986

Ramirez, S.: Estás en Nicaragua. Barcelona: Ed.Muchnik 1985. 144 S.
Bc 6123

Reimann, E.: Historia de Moisés. "Yo fui un paladín de la libertad". Lima: Ed.Horizonte 1985. 171 S.
Bc 6380

La Revolución en Nicaragua. Liberación nacional, democracia popular y transformación económica. México: Ed.Era 1985. 351 S.
B 58895

Sandinistas. Interviews v.J.Ceberio. Frankfurt: isp-Verl. 1987. 137 S.
Bc 6643

Selser, G.: Nicaragua. De Walker a Somoza. México: Mex-Sur Ed. 1984. 332 S.
B 58442

Sitte, F.: Ich war in Nicaragua. Graz: Styria 1985. 219 S.
B 56899

Valenta, J.: Nicaragua: Soviet-Cuban pawn or non-aligned country?. In: Journal of interamerican studies and world affairs. Vol.27, 1985. No.3. S.163-175.
BZ 4608:27

Vanden, H.E.; Morales, W.Q.: Nicaragua relations with the nonaligned movement. In: Journal of interamerican studies and world affairs. Vol.27, 1985. No.3. S.141-161.
BZ 4608:27

Vulkan der Träume. Nicaragua. Utopie und Alltag. Hrsg.v.D.Eich. Frankfurt: Vervuert 1986. 228 S.
B 59689

L 447 f Wehrwesen

Depalo, W.A.: The Military Situation in Nicaragua. In: Military review. Vol.66, 1986. No.8. S.28-41.
BZ 4468:66

Hegmanns, D.: In den Händen der Contras. Ein deutscher Aufbauhelfer schildert seine Entführung in Nicaragua. Reinbek: Rowohlt 1986. 181 S.
Bc 6406

Reagan's Freiheitskämpfer. Terroristen im US-Sold. Dokumente - Bilder - Berichte. Wuppertal: Ed.Nuevo Hombre 1985. 63 S.
Bc 6094

L 447 g Wirtschaft

Berrios, R.: Economic relations between Nicaragua and the socialist countries. In: Journal of interamerican studies and world affairs. Vol.27, 1985. No.3. S.111-139.
BZ 4608:27

L 447 i Geistesleben

Bisbal, M.: Nicaragua. Un caso de agresión informativa. Caracas: Ed.Centauro 1984. 594 S.
B 59264

Wheelock-Roman, J.: Durch die Revolution zur nationalen Unabhängigkeit Nicaraguas: Die kämpferisch engagierte Universität in Nicaragua. Kassel: Gesamthochschulbibliothek 1985. 41 S.
Bc 6476

L 447 k Geschichte

Cancino Troncoso, H.: Las Raices historicas e ideologicas del movimiento sandinista. Antecedentes de la revolución nacional y popular nicaraguense. 1927-1979. Odense: Univ.Pr. 1984. 299 S.
B 57906

L 449 Panama

Bracho, V.G.: Notas de historia de las relaciones entre Panamá y los Estados Unidos. 5.ed.. Panamá: o.V. 1984. 140 S.
Bc 6236

Rickert, J.T.: The Panama Canal under the neutrality treaty. Ann Arbor, Mich.: UMI 1985. III,222 S.
B 57219

Ropp, S.: General Noriega's Panama. In: Current history. Vol.85, 1986. No.515. S.421-424;431.
BZ 05166:85

L 451 Paraguay

Bejarano, R.C.: El Pila. Señor del Chaco. Asunción: o.V. 1985. 498 S.
B 58493

Dokumentation. Proteste des geplanten Stroessner-Besuchs. Paraguay - 31 Jahre Diktatur. Hrsg.: Jungsozialisten in der SPD, Paraguay-Arbeitsgemeinschaft. o.O.: o.V. 1986. 55 S.
D 03399

Los Santos, T.de: La Revolución de 1922. T.1.2. Asunción: El Lector 1984-85. 208; 269 S.
B 58106

Seiferheld, A.M.: Conversaciones político-militares. Vol.1-3. Asunción: El Lector 1984-86. 343; 337; 281 S.
B 60083

Seiferheld, A.M.: Nazismo y fascismo en el Paraguay. Vísperas de la II Guerra Mundial 1936-1939. Asunción: Ed.Histórica 1985. 224 S.
B 58796

Speratti, J.: La Revolución del 17 de febrero de 1936. Gestación, desarrollo, ideología, obras. Asunción: o.V. 1984. 419 S.
B 58105

Williams, J.H.: Paraguay's stroessner: losing control?. In: Current history. Vol.86, 1987. No.516. S.25-28.
BZ 05166:86

L 453 Peru

Basler, W.: Militärregierung in Peru 1968-1980. In: Militärgeschichte. Jg.25, 1986. Nr.4. S.320-327.
BZ 4527:25

Castro Mendoza, M.: Abschlußarbeit im Studiengang Sozialwiss.und Geschichte. Peru: Staat und soziale Klassen (1883-1983). Univ.Essen, den 29.6.1984. München: Selbstverlag 1986. 304 S.
D 3481

Diez Canseco, J.: Democracia, militarización y derechos humanos en el Peru. 1980-84. 2.ed.. Lima: Ed.Alfa 1985. 110 S.
Bc 01676

Indios in den Anden. Leidenswege, Hoffnungswege. Hrsg.:Bischöfliches Hilfswerk Misereor Aachen: o.V. 1986. 111 S.
D 03535

Izquierda Unida Peru- Vereinigte Linke. Zur Situation in Peru. D.Progr.d.Vereinigten Linken (IU) Perus, dt.u.span.. Hrsg.: IU-Komitee Bonn: o.V. 1986. 57 S.
D 3344

Mariátegui, J.C.: Correspondencia. 1915-1930. T.1-2. Lima: Biblioteca Amauta 1984. 828 S.
B 57871

Menschenrechtsverletzungen in Peru. Anspruch und Wirklichkeit der Politik Alan Garcias. In: Blätter des iz3w. 1987. Nr.141. S.37-42.
BZ 05130:1987

Mercado Ulloa, R.: Los Partidos políticos en el Peru. El APRA, el P.C.P. y Sendero Luminoso. 2.ed.. Lima: Ed.Latinoamericanos 1985. 110 S.
Bc 6382

Pimentel Obregon, M.: Combate de Panupali. 18 de setiembre de 1941. El conflicto Peru - Ecuador, frontera del norte. Lima: o.V. 1985. 131 S.
Bc 6109

Planas Silva, P.: Los Origenes del APRA. El joven Haya. 2.ed. Lima: Ed.Okura 1986. 258 S.
B 59770

Rojas Samanez, A.: Partidos políticos en el Perú. Desde 1872 a nuestros dias. 4.ed.. Lima: Ed.F y A 1985. 365 S.
B 58894

Villacrez Riquelme, E.: Nuestra Guerra Civil. Azacucho 80.... Lima: o.V. 1985. 104 S.
Bc 6383

Werlich, D.P.: Debt, democracy and terrorism in Peru. In: Current history. Vol.86, 1987. No.516. S.29-32.
BZ 05166:86

L 454 Surinam

Poulalion, J.-L.: Le Surinam. Des origines á l'indépendance. o.O.: o.V. 1986. 93 S.
Bc 6640

L 455 Uruguay

Aguirre Gonzalez, A.: La Revolución de 1935. Montevideo: Librosur 1985. 151 S.
Bc 6041

Cejudo Velázquez, P.: Uruguay, el ciclo de la violencia. San José: EDUCA 1985. 73 S.
Bc 6381

D'Elía, G.; Miraldi López, A.: Historia del movimiento obrero en el Uruguay. Desde sus orígenes hasta 1930. Montevideo: Ed.de la Banda Oriental 1985. 184 S.
Bc 6110

Franco, R.: Democracia "a la uruguaya". Un análisis electoral del período 1925-1984. Montevideo: El Libro libre 1984. 136 S.
Bc 6039

L 457 Venezuela

Catala, J.A.; Barreto, O.: Las Mascaras del dictador Pérez Jiménez. Caracas: Ed.Centauro 1984. 315 S.
B 58789

Hernandez, C.G.: Venezuela: seguridad y defensa. In: Defensa. A.9, 1987. No.10. S.27-34.
BZ 05344:9

Looney, R.E.: Factors underlying Venezuelan defense expenditures, 1950-1983: a research note. In: Arms control. Vol.7, 1986. Nr.1. S.74-101.
BZ 4716:7

Looney, R.E.: Venezuela's economic crisis: origins and successes in stabilization. In: The Journal of social, political and economic studies. Vol.11, 1986. No.3. S.327-337.
BZ 4670:11

Pacheco, E.: De Castro a López Contreras. Proceso social de la Venezuela contemporanea. Caracas: Ed.D.Fuentes 1984. 174 S.
Bc 6492

El Presidente de Venezuela Jaime Lusinchi en 100 días de gobierno. Caracas: Ed.Centauro 1984. 306 S.
B 58787

L 460 Vereinigte Staaten/ USA

L 460 a Allgemeines

DeMause, L.: Reagan's America. New York: Creative Roots 1984. 193 S.
B 56474

L 460 c Biographien

Bartlett, M.L.: Old Gimlet Eye. In: United States Naval Institute. Proceedings. Jg.112, 1986. No.1005. S.65-72.
BZ 05163:112

Donovan, H.: Roosevelt to Reagan. A reporter's encounters with nine presidents. New York: Harper & Row 1985. XVIII, 332 S.
B 57595

– Cavin –
Raven, W.von: Blick ins Leere. In: Europäische Wehrkunde. Jg.36, 1987. Nr.4. S.189.
BZ 05144:36

– East –
Huey, G.: Rebel with a cause. P.D.East, Southern liberalism, and the Civil Rights Movement, 1953-1971. Wilmington, Del.: Scholarly Resources 1985. XII, 232 S.
B 57637

– Fletcher –
Butcher, M.E.: Admiral Frank Jack Fletcher, Pioneer warrior or Gross sinner?. In: Naval War College review. Vol.40, 1987. No.1. S.69-79.
BZ 4634:40

– Fulbright –
Powell, L.R.: J.William Fulbright and America's lost crusade: Fulbright's opposition to the Vietnam war. Little Rock, Ark.: Rose Publ. 1984. 258 S.
B 57930

– Garvey –
The Marcus-Garvey and Universal Negro Improvement Association papers.. 1.1826-Aug.1919. 2.27 Aug.1919- 31 Aug.1920. 3. Sept.1920- Aug.1921. 4.1 Sept.1921- 2 Sept.1922. 5. Sept.1922- Aug.1924. Ed.R.A.Hill. Vol.1-5. Berkeley, Cal.: University of California 1983-86. 579; 710; 811; 1125; 886 S.
B 61635

Lewis, R.: Garvey's forerunners: Love
and Bedward. In: Race and class.
Vol.28, 1987. Nr.3. S.29-40.
BZ 4811:28

– Goldman –

Wexler, A.: Emma Goldman. An
intimate life. New York: Pantheon
Books 1984. XIX,339 S.
B 56252

– Halsey –

Potter, E.B.: Bull Halsey. Annapolis,
Ma.: Naval Inst.Pr. 1985. XIII,421 S.
010179

– Hoover –

Herbert Hoover and the republican
era. A reconsideration. Ed.by
B.E.Krog. Lanham: Univ.Press of
America 1984. XII,268 S.
B 57829

– Humphrey –

Solberg, C.: Hubert Humphrey. A
biography. New York: Norton 1984.
572 S.
B 56396

– Johnson –

Pastusiak, L.: Polityka zagraniczna
prezydenta Lyndona B.Johnsona. In:
Sprawy Międzynarodowe. R.39, 1986.
Z.5. S.119-123.
BZ 4497:39

– Kennan –

Christenson, G.A.: Kennan and Human
Rights. In: Human rights quarterly.
Vol.8, 1986. No.3. S.345-373.
BZ 4753:8

– Kennan –

Mayers, D.: Containment and the
Primacy of Diplomacy. George
Kennan's Views, 1947-1948. In: Inter-
national security. Vol.11, 1986. No.1.
S.124-162.
BZ 4433:11

– Kennedy –

Zmuda, A.F.: Legenda klanu
Kennedych. Krakow: Krajowa agencja
wydawn 1985. 244 S.
B 59533

– Leahy –

Adams, H.H.: Witness to power. The life
of Fleet Admiral William D.Leahy.
Annapolis, Ma.: Naval Inst.Pr. 1985.
XIV,391 S.
010180

– LeMay –

Smith, D.O.: The airman who shook the
world. Curtis E.LeMay never did any-
thing halfway. In: Air force magazine.
Vol.70, 1987. Nr.1. S.100-104.
BZ 05349:70

– McNamara –

Milton, T.R.: McNamara on Milles. In:
Air force magazine. Vol.70, 1987. Nr.1.
S.105.
BZ 05349:70

– Reagan –

Bergmann. H.: Wanted: President.
Ronald Reagan und die Monopole. Ein
Fallbeispiel. Berlin: Verlag Neues
Leben 1986. 175 S.
Bc 6206

Reagan, R.: Realismus, Stärke, Dialog.
Präsident Reagan zum amerikan.-
sowjet.Verhältnis. Bonn: US Information Service 1985. 43 S.
Bc 6353

– Roosevelt, E. –

Roosevelt, E.: The Autobiography of
Eleanor Roosevelt. Boston, Mass.:
Hall 1984. XXV,454 S.
B 55488

– Roosevelt, F.D. –

Franklin D.Roosevelt. His life and times. An encyclopedic view. Ed.by O.L.Graham. Boston, Mass.: Hall 1985. XII,483 S.
010042

Szabó, L.Cs.: Franklin Delano Roosevelt. Budapest: Magvetö Kiadó 1985. 115 S.
Bc 6026

– Stockdale –

Stockdale, J.B.: A Vietnam experience. Ten years of reflection. Stanford, Calif.: Hoover Inst. 1984. VIII,147 S.
B 56993

– Truman –

Dunar, A.J.: The Truman Scandals and the politics of morality. Columbia, Mo.: Univ.of Missouri Pr. 1984. VIII,213 S.
B 57019

– Wilson –

Wilson, W.: The Papers of Woodrow Wilson. 1.1856-1880. 2.1881-1884. Ed.: A.S.Link. Princeton, N.J.: Princeton Univ.Press 1966-86. 715; 680 S.
B 61616

L 460 d Land und Volk

American jewry during the holocaust. Ed.by S.M.Finger. New York: Holmes & Meier 1984. Getr.Pag..
010008

Artaud, D.: Minorités et consensus national: l'exemple des Etats-Unis. In: Défense nationale. A.43, 1987. No.2. S.7-23.
BZ 4460:43

Boyd, H.: The Black left in struggle: 1980-1985. In: The year left. Vol.2, 1987. S.18-34.
BZ 4857:2

Cazemajou, J.: Les Minorités hispaniques en Amérique du Nord (1960-1980). Conflits idéologiques et échanges culturels. Bordeaux: Pr.Univ. 1985. 226 S.
B 56330

Cohen, N.W.: Encounter with emancipation. The German Jews in the United States, 1830-1914. Philadelphia, Pa.: The Jewish Publ.Soc.of America 1984. XIV,407 S.
B 56794

Contemporary Jewry. Studies in honor of Moshe Davis. Ed.G.Wigoder. Jerusalem: The Hebrew Univ. 1984. 269 S.
B 56791

Falling behind. A report on how Blacks have fared under Reagan. In: Journal of black studies. Vol.17, 1986. No.2. S.148-171.
BZ 4607:17

Farley, R.: Blacks and whites. Narrowing the gap?. Cambridge, Mass.: Harvard Univ.Pr. 1984. XII,235 S.
B 56130

Feagin, J.: Slavery unwilling to die. The Background of Black oppression in the 1980s. In: Journal of black studies. Vol.17, 1986. No.2. S.173-200.
BZ 4607:17

Gaston, J.C.: The Destruction of the Young Black male. The impact of popular culture and organized sports. In: Journal of black studies. Vol.16, 1986. No.4. S.369-384.
BZ 4607:16

Hargrove, H.B.: Buffalo soldiers in Italy. Black Americans in World War II. Jefferson, N.C.: McFarland 1985. VIII,199 S.
B 57100

Harris, L.: Historical subjects and interests: race, class and conflict. In: The year left. Vol.2, 1987. S.91-106.
BZ 4857:2

Herrmann, R.K.: Analyzing Soviet Images of the United States. A psychological theory and empirical study. In: The Journal of conflict resolution. Vol.29, 1985. No.2. S.665-697.
BZ 4394:29

Lesser, A.: Israel's Impact, 1950-51. Lanham: Univ.Press of America 1984. XIV,369 S.
B 55057

Lincoln, C.E.: Race, religion, and the continuing American dilemma. New York: Hill and Wang 1984. XXI,282 S.
B 56034

Malveaux, J.: The political economy of black women. In: The year left. Vol.2, 1987. S.53-73.
BZ 4857:2

Marable, M.: Black American Politics. From the Washington marches to Jesse Jackson. London: Verso 1985. IX,366 S.
B 57526

Marable, M.: The contradictory contours of black political culture. In: The year left. Vol.2, 1987. S.1-17.
BZ 4857:2

Munoz, C.: Chicano politics: the current conjuncture. In: The year left. Vol.2, 1987. S.35-52.
BZ 4857:2

Neusner, J.: The Jewish War against the Jews. New York: Ktav Publ. 1984. 149 S.
B 56074

The new black Vote. Ed.by R.Bush. San Francisco, Cal.: Synthesis Publ. 1984. 379 S.
B 54679

Outlaw, L.: On race and class, or, on the prospects of 'Rainbow Socialism'. In: The year left. Vol.2, 1987. S.107-121.
BZ 4857:2

Pollock, F.A.: A Navajo confrontation and crisis. Tsaile, Ariz.: Navajo Community College Pr. 1984. 204 S.
B 55763

Salkin, Y.: La ceinture hispanique des Etats-Unis. In: Défense nationale. A.43, 1987. No.6. S.91-103.
BZ 4460:43

West, C.: Race and social theory: towards a genealogical materialist analysis. In: The year left. Vol.2, 1987. S.74-90.
BZ 4857:2

Weyler, R.: Blood of the land. New York: Random House 1984. 304 S.
B 54016

Willhelm, S.M.: The Economic demise of Blacks in America. A prelude to genocide?. In: Journal of black studies. Vol.17, 1986. No.2. S.201-254.
BZ 4607:17

L 460 e Staat und Politik

L 460 e 11 Verfassung und Recht

Burk, R.F.: The Eisenhower Administration and black civil rights. Knoxville, Tenn.: Univ. of Tennessee Pr. 1984. XI,387 S..
B 56053

Falke, A.: Sind 200 Jahre genug? Zur Debatte um eine Reform der amerikanischen Verfassung. In: Aus Politik und Zeitgeschichte. 1987. B.30-31. S.16-28.
BZ 05159:1987

Farer, T.J.: Human Rights and Human Wrongs: Is the Liberal Model Sufficient?. In: Human rights quarterly. Vol.7, 1985. No.2. S.189-204.
BZ 4753:7

Heideking, J.: Die Verfassung der Vereinigten Staaten von Amerika. In: Aus Politik und Zeitgeschichte. 1987. B.30-31. S.3-15.
BZ 05159:1987

Hougan, J.: Secret Agenda. Watergate, Deep Throat and the CIA. New York: Random House 1984. XIX,347 S.
B 56101

Jameson, D.F.B.: The "Iran Affair", presidential authority and covert operations. In: Strategic review. Vol.15, 1987. No.1. S.24-30.
BZ 05071:15

Morgan, R.E.: Disabling America. The "Rights industry" in our time. New York: Basic Books 1984. IX,245 S.
B 55778

Mount, E.; Newmann, W.B.: Top secret, trade secret. Accessing and safeguarding restricted information. New York, N.Y.: Neal Schuman 1985. XI,214 S..
B 59219

Whalen, C.; Whalen, B.: The longest Debate. A legislative history of the 1964 Civil Rights Act. Washington, D.C.: Seven Locks Pr. 1985. XX,289 S.
B 57023

Willenz, E.: U.S. policy on terrorism: in search of an answer. In: Terrorism. Vol.9, 1987. No.3. S.225-240.
BZ 4688:9

Williams, H.: Terrorism and Local Police. In: Terrorism. Vol.8, 1986. No.4. S.345-350.
BZ 4688:8

Woods, J.R.: Watergate revisited. A pictorial history. Secaucus, N.J.: Citadel Pr. 1985. 155 S.
010009

L 460 e 12 Regierung und Verwaltung

The Carter years. The president and policy making. Ed.by M.G.Abernathy. London: Pinter 1984. 227 S.
B 55836

Geyelin, P.: The Reagan crisis: dreaming impossible dreams. In: Foreign affairs. Vol.65, 1987. No.3. S.447-457.
BZ 05149:65

Kellerman, B.: All the president's Kin. New York: New York Univ.Pr. 1984. XIV,288 S.
B 56216

Lanoue, D.J.: Economic prosperity and presidential popularity: sorting out the effects. In: The Western political quarterly. Vol.40, 1987. No.2. S.237-245.
BZ 4612:40

MacCoy, D.R.: The Presidency of Harry S.Truman. Lawrence, Kan.: Univ.Pr.of Kansas 1984. XII,351 S.
B 56394

The Presidency and national security policy. New York: Center f.the Study of Presidency 1984. XXI,463 S.
B 56515

The Reagan presidency and the governing of America. Ed.by L.M.Salamon. Washington: The Urban Inst.Pr. 1985. XV,500 S.
B 58164

Welch, N.J.; Marston, D.W.: Inside Hover's FBI. The top field chief reports. Garden City: Doubleday 1984. VIII,324 S.
B 56543

L 460 e 13 Parlamente und Wahlen

Abramson, P.R.; Aldrich, J.H.; Rohde, D.W.: Progressive ambition among United States Senators: 1972-1988. In: Journal of politics. Vol.49, 1987. No.1. S.3-35.
BZ 4441:49

Büllingen, F.: Technikfolgen-Abschätzung und -Bewertung beim amerikanischen Kongreß. Das Office of Technology Assessment. In: Aus Politik und Zeitgeschichte. 1987. B.19-20. S.26-39.
BZ 05159:1987

Claggett, W.: A reexamination of the asymmetry hypothesis: Economic expansions, contractions and congressional elections. In: The Western political quarterly. Vol.39, 1987. No.4. S.623-633.
BZ 4612:39

Cotton, T.Y.C.: War and American Democracy. Electoral costs of the last five wars. In: The Journal of conflict resolution. Vol.30, 1986. No.4. S.616-635.
BZ 4394:30

Covington, C.R.: Congressional support for the president: The view from the Kennedy/Johnson White House. In: Journal of politics. Vol.48, 1986. Nr.3. S.717-728.
BZ 4441:48

Drew, E.: Campaign journal. The political events of 1983-84. London: Macmillan 1985. 783 S.
B 58187

Drischler, A.P.: The Activist Congress and Foreign Policy. In: SAIS review. Vol.6, 1986. Nr.2. S.193-204.
BZ 05503:6

Ege, K.: Reagans Revolution am Ende? Die Novemberwahlen und die Entwicklung der inneren Kräfteverhältnisse in den USA. In: Blätter für deutsche und internationale Politik. Jg.130, 1986. H.12. S.1488-1495.
BZ 4551:130

Fascell, D.B.: Congress and arms control. In: Foreign affairs. Vol.65, 1987. No.4. S.730-749.
BZ 05149:65

Geer, J.G.: Rules governing presidential primaries. In: Journal of politics. Vol.48, 1986. Nr.4. S.1006-1025.
BZ 4441:48

Herrnson, P.S.: Do parties make a difference? The role of party organizations in congressional elections. In: Journal of politics. Vol.48, 1986. Nr.3. S.588-615.
BZ 4441:48

Jamieson, K.H.: Packaging the presidency. Oxford: Oxford Univ.Pr. 1984. XIII,505 S.
B 56057

Jamm, W.: Kein Parlament wie jedes andere. Die veränderte Rolle des Kongresses im politischen System der USA. In: Zeitschrift für Parlamentsfragen. Jg.17, 1986. H.2. S.224-247.
BZ 4589:17

Jewell, M.E.; Sigelman, L.: Voting in primaries: the impact of intra- and interparty competition. In: The Western political quarterly. Vol.39, 1986. No.3. S.446-454.
BZ 4612:39

Krehbiel, K.: Unanimous consent agreements: going along the Senate. In: Journal of politics. Vol.48, 1986. Nr.3. S.541-564.
BZ 4441:48

Merritt, B.D.: Jesse Jackson and Television. Black Image Presentation and Affect in the 1984 Democratic Campaign Debates. In: Journal of black studies. Vol.16, 1986. No.4. S.347-367.
BZ 4607:16

Patterson, S.C.; Caldaira, G.A.: Abstimmungskohäsion (Party-Voting) im amerikanischen Kongreß. In: Zeitschrift für Parlamentsfragen. Jg.17, 1986. H.2. S.200-223.
BZ 4589:17

Rieselbach, L.N.: Congressional Reform. Washington, D.C.: Congressional Quarterly 1986. XII,170 S.
Bc 6507

Sabato, L.J.: PAC Power. Inside the world of Political Action Committees. New York: Norton 1984. XVI,251 S.
B 55127

Schantz, H.L.: Inter-party competition for congressional seats: the 1960s and 1970s. In: The Western political quarterly. Vol.40, 1987. No.2. S.373-383.
BZ 4612:40

Seltser, B.J.: The Principles and practice of political compromise. New York: The Edwin Mellen Pr. 1984. 308 S.
B 56516

Sinclair, B.: Senate styles and Senate decision making, 1955-1980. In: Journal of politics. Vol.48, 1986. Nr.4. S.877-908.
BZ 4441:48

Tucker, H.J.: Contextual models of participation in U.S. State legislative elections. In: The Western political quarterly. Vol.39, 1986. No.1. S.67-78.
BZ 4612:39

Williams, P.: The Senate and US troops in Europe. London: Macmillan 1985. XI,315 S.
B 56420

L 460 e 14 Parteien

Avakian, B.: A horrible End, or an end to the horror?. Chicago: RCP Publ. 1984. 216 S.
B 56571

Birnbaum, N.: Status quo der Demokraten in USA. In: Die neue Gesellschaft/ Frankfurter Hefte. Jg.34, 1987. Nr.4. S.312-320.
BZ 4572:34

Burner, D.; West, T.R.: The Torch is passed. The Kennedy brothers and American liberalism. New York: Atheneum 1984. 252 S.
B 56370

The democratic party coalition in the eighties: a reassessment of Ladd's old class/ new class explanation of intra-party conflict. In: The Western political quarterly. Vol.40, 1987. No.2. S.246-264.
BZ 4612:40

Future 21. Directions for America in the 21st century. Ed.by P.M.Weyrich. Greenwich, Conn.: Devin-Adair 1984. VIII,248 S.
B 56793

Higham, C.: American Swastika. Garden City, N.Y.: Doubleday 1985. XXVII,332 S.
B 57833

Kivisto, P.: Immigrant Socialists in the United States. The case of Finns and the Left. Rutherford, N.J.: Fairleigh Dickinson Univ.Pr. 1984. 243 S.
B 55824

Klehr, H.: The Heyday of American communism. The depression decade. New York: Basic Books 1984. XIV,511 S.
B 56153

Kling, J.M.: Making the revolution - maybe.... Deradicalization and stalinism in the American Communist Party, 1928-1938. Ann Arbor, Mich.: UMI 1986. IX,417 S.
B 58193

Lösche, P.; Schulze, P.W.: Konservatismus bis zur Jahrtausendwende?. In: Die neue Gesellschaft/Frankfurter Hefte. Jg.34, 1987. Nr.3. S.196-203.
BZ 4572:34

Macedo, S.: The new Right v.the Constitution. Washington: Cato Inst. 1986. XIV,60 S.
Bc 6625

Matusow, A.J.: The Unraveling of America. A history of liberalism in the 1960s. New York: Harper & Row 1984. XV,542 S.
B 56154

Sanders, J.; Schwenninger, S.R.: The democrats and a new grand strategy, part 2. In: World policy journal. Vol.4, 1986-87. No.1. S.1-54.
BZ 4822:4

Scarrow, H.A.: Duverger's law, fusion, and the decline of American "third" parties. In: The Western political quarterly. Vol.39, 1987. No.4. S.634-647.
BZ 4612:39

Schroedel, J.R.: Campaign contributions and legislative outcomes. In: The Western political quarterly. Vol.39, 1986. No.3. S.371-389.
BZ 4612:39

Schwenninger, S.R.; Sanders, J.W.: The democrats and a new grand strategy. In: World policy journal. Vol.3, 1986. No.3. S.369-418.
BZ 4822:3

Tyrrell, R.E.: The liberal Crack-Up. New York: Simon and Schuster 1984. 256 S.
B 55062

Ware, A.: The Breakdown of Democratic Party organization, 1940-1980. Oxford: Clarendon Press 1985. X,275 S.
B 57532

Whitaker, R.: Neo-conservatism and the state. In: The Socialist register. Vol.23, 1987. S.1-31.
BZ 4824:23

L 460 e 20 Außenpolitik

American Character and foreign policy. Ed.by M.P.Hamilton. Grand Rapids, Mich.: Eerdmans 1986. IX,159 S.
Bc 6623

Beres, L.-R.: The end of American foreign policy. In: Third world quarterly. Vol.8, 1986. No.4. S.1253--1270.
BZ 4843:8

Beres, L.R.: Reason and Realpolitik. Lexington: Lexington Books 1984. 143 S.
B 55122

Billington, J.H.: Realism and vision in American foreign policy. In: Foreign affairs. Vol.65, 1987. No.3. S.630-652.
BZ 05149:65

Blachman, M.J.; Sharpe, K.: De-democratising American foreign policy: dismantling the post-Vietnam formula. In: Third world quarterly. Vol.8, 1986. No.4. S.1271-1308.
BZ 4843:8

Bozeman, A.B.: American policy and the illusion of congruent values. In: Strategic review. Vol.15, 1987. No.1. S.11-23.
BZ 05071:15

Calchi Novati, G.: La Dottrina Reagan per un'America piú forte. In: Politica internazionale. A.14, 1986. No.7. S.59-70.
BZ 4828:14

Carleton, D.; Stohl, M.: The Foreign Policy of Human Rights: Rhetoric and Reality from Jimmy Carter to Ronald Reagan. In: Human rights quarterly. Vol.7, 1985. No.2. S.205-229.
BZ 4753:7

Codevilla, A.: The Reagan doctrine - (as yet) a declaratory policy. In: Strategic review. Vol.14, 1986. No.3. S.17-26.
BZ 05071:14

Copson, R.W.; Cronin, R.P.: The 'Reagan Doctrine' and its prospects. In: Survival. Vol.29, 1987. Nr.1. S.40-55.
BZ 4499:29

A decade of American foreign policy. Basic documents, 1941-1949. Washington, D.C.: U.S.G.P.O. 1985. XXVI,969 S.
B 57912

Destler, I.M.; Gelb, L.H.; Lake, A.: Our own worst Enemy. The unmaking of American foreign policy. New York: Simon and Schuster 1984. 319 S.
B 56243

Documents on Germany. 1944-1985. Washington: US Depot of State 1985. XXXVIII,1421 S.
B 57911

Drechsler, K.: Aggressivität und Realismus in der Außenpolitik der USA. In: Zeitschrift für Geschichtswissenschaft. Jg.35, 1987. H.3. S.195-208.
BZ 4510:35

Enderby, K.: The political uses of nuclear threat: American case studies. In: Australian outlook. Vol.41, 1987. No.1. S.22-29.
BZ 05446:41

From Roosevelt to Reagan. 1945-1985. 40 years of US-foreign policy as reflected in songs by.... Köln: Selbstverlag 1985. o.Pag..
Bc 01805

Furlong, W.L.; Scranton, M.E.: The Dynamics of foreign policy making. The president, the congress and the panama canal treaties. Boulder, Colo.: Westview Press 1984. XXII,263 S.
B 55481

George, A.L.: US-Soviet global rivalry: norms of competition. In: Journal of peace research. Vol.23, 1986. No.3. S.245-262.
BZ 4372:23

Gill, S.: American hegemony: its limits and prospects in the Reagan Era. In: Millenium. Journal of international studies. Vol.15, 1986. No.3. S.311-336.
BZ 4779:15

Gleijeses, P.: The Reagan Doctrine and Central America. In: Current history. Vol.85, 1986. No.515. S.401-404; 435-437.
BZ 05166:85

Graebner, N.A.: America as a world power. A realist appraisal from Wilson to Reagan. Wilmington, Del.: Scholarly Resources 1984. XXVIII,307 S.
B 56049

Greiner, B.: Die Kategorie Risikoniveau - ein Paradigma zur Analyse amerikanischer Außen- und Militärpolitik während des Kalten Krieges. Dargest. anhand neueren Quellenmaterials. Frankfurt: Lang 1985. 330 S.
B 56759

Hansen, R.D.: The Reagan doctrine and global containment revival or recessional. In: SAIS review. Vol.7, 1987. No.1. S.39-66.
BZ 05503:7

Herman, E.S.; Brodhead, F.: Demonstration elections. U.S.-staged elections in the Dominican Republic, Vietnam, and El Salvador. Boston, Mass.: South End Pr. 1984. XV, 270 S.
B 56140

Jacoby, T.: The Reagan Turnaround on Human Rights. In: Foreign affairs. Vol.64, 1986. No.5. S.1066-1086.
BZ 05149:64

Johnson, U.A.; MacAllister, J.O.: The right hand of power. Englewood Cliffs.: Prentice-Hall 1984. VI,634 S.
B 56535

Kline, J.M.: A new federalism for United States foreign policy. In: International journal. Vol.41, 1986. No.3. S.507-538.
BZ 4458:41

Kristol, I.: American foreign policy: a neoconservative view. In: The Jerusalem journal of international relations. Vol.9, 1987. No.1. S.68-84.
BZ 4756:9

Liska, G.: The Reagan Doctrine: Monroe and Dulles Reincarnate?. In: SAIS review. Vol.6, 1986. Nr.2. S.83-98.
BZ 05503:6

Loebl, E.: Moral Values and U.S. policy: An end to the age of hypocrisy?. In: Strategic review. Vol.14, 1986. No.2. S.27-35.
BZ 05071:14

Lundestad, G.: Uniqueness and pendulum swings in US foreign policy. In: International affairs. Vol.62, 1986. No.3. S.405-421.
BZ 4447:62

Nuechterlein, D.E.: America overcommitted. United States national interests in the 1980s. Lexington, Ky.: Univ.Pr.of Kentucky 1985. IX,238 S.
B 56126

Ovinnikov, R.S.: Imperskaja politika SSA i real'nosti sovremennogo mira. In: Novaja i novejšaja istorija. 1986. Nr.5. S.25-37.
BZ 05334:1986

Pastusiak, L.: Polityka zagraniczna prezydenta Geralda R.Forda. In: Sprawy Międzynarodowe. R.39, 1986. Nr.2. S.97-106.
BZ 4497:39

Pastusiak, L.: Polityka zagraniczna prezydenta Jimmy'ego Cartera. In: Sprawy Międzynarodowe. R.40, 1987. No.3(402). S.105-118.
BZ 4497:40

Pastusiak, L.: Polityka zagraniczna prezydenta Johna F.Kennedy'ego. In: Sprawy Międzynarodowe. R.39, 1986. Nr.9. S.101-114.
BZ 4497:39

Pollard, R.A.: Economic Security and the origins of the cold war, 1945-1950. New York: Columbia Univ.Pr. 1985. XI,378 S.
B 57592

Pratt, L.: The Reagan doctrine and the Third World. In: The Socialist register. Vol.23, 1987. S.61-96.
BZ 4824:23

Sklar, H.: Reagan, trilateralism and the neoliberal containment and intervention in the 1980s. Boston, Mass.: South End Pr. 1986. 76 S.
Bc 6439

Solarz, S.J.: When to intervene. In: Foreign policy. 1986. Nr.63. S.20-39.
BZ 05131:1986

Starr, H.: Henry Kissinger. Perceptions of international politics. Lexington, Ky.: Univ.Pr.of Kentucky 1984. XIV,206 S.
B 56537

Stoler, M.A.: The mission concept and the role of ideology in American foreign policy: a historical assessment. In: The Jerusalem journal of international relations. Vol.9, 1987. Nos.1. S.45-67.
BZ 4756:9

Stueck, W.: The Wedemeyer mission. American politics and foreign policy during the Cold War. Athens, Ga.: The Univ.of Georgia Pr. 1984. X,177 S.
B 55572

To promote peace. U.S. foreign policy in the mid-1980s. Ed.by D.L.Bark. Stanford, Calif.: Hoover Inst.Pr. 1984. XXVIII,298 S.
B 54701

Vence, C.R.: The human rights imperative. In: Foreign policy. 1986. Nr.63. S.3-19.
BZ 05131:1986

Watanabe, P.Y.: Ethnic Groups, congress and American foreign policy. The politics of the Turkish arms embargo. Westport, Conn.: Greenwood Press 1984. XVI,228 S.
B 55573

Watt, D.C.: Succeeding John Bull. America in Britain's place, 1900-1975. A study of the Anglo-American relationship and world politics in the context of British and American foreign policymaking in the twentieth century. Cambridge: Cambridge Univ.Pr. 1984. XII,302 S.
B 56375

L 460 e 23 Sicherheitspolitik

Dahrendorf, R.; Sorensen, T.C.: A widening Atlantic?. Domestic Change and foreign policy. Ed.by A.J.Pierre. New York: Council on foreign relations 1986. XI,107 S.
Bc 6172

Else, D.H.: America's history: Its future and the NATO alliance. In: RUSI. Vol.131, 1986. Nr.4. S.51-56.
BZ 05161:131

Jordan, A.A.; Taylor, W.J.: American national Security. Policy and process. Baltimore, Md.: John Hopkins Univ.Pr. 1984. XIV,618 S.
B 56388

New Directions in economic and security policy. Ed.by W.J.Feld. Boulder, Colo.: Westview Press 1985. 93 S.
Bc 5828

Treverton, G.F.: Making the Alliance work. The United States and Western Europe. Basingstoke: Macmillan 1985. X.211 S..
B 56912

L 460 e 29 Außenpolitische Beziehungen

– Afghanistan –

Hippler, J.: Subversion "made in USA": Afghanistan und Nicaragua. In: Blätter für deutsche und internationale Politik. Jg.32, 1987. H.1. S.89-94.
BZ 4551:32

– Afrika –

Aicardi de Saint-Paul, M.: La Politique africaine des Etats-Unis. Mécanismes et conduite. Paris: Economica 1984. VIII,348 S.
B 56670

Noer, T.J.: Cold War and black liberation. The United States and white rule in Africa, 1948-1968. Columbia, Mo.: Univ.of Missouri Pr. 1985. XIII,274 S.
B 57927

Ottaway, M.: African Marxist Regimes and U.S. Policy: Ideology and Interest. In: SAIS review. Vol.6, 1986. Nr.2. S.137-149.
BZ 05503:6

– Ägypten –

Burns, W.J.: Economic Aid and American policy toward Egypt, 1955-1981. Albany, N.Y.: State Univ.of New York Pr. 1985. XVIII,285 S.
B 56707

– Asien –

Johnson, C.: The United States and Asia in 1986. In: Asian survey. Vol.28, 1987. No.1. S.10-22.
BZ 4437:28

– Äthiopien –

Petterson, D.: Ethiopia abandoned? An American perspective. In: International affairs. Vol.62, 1986. No.4. S.627-645.
BZ 4447:62

– Bangladesh –

Biswas, J.: US-Bangladesh Relations: a study of the political and economic development during 1971-81. München: Minerva-Publ. 1984. 110 S.
B 56583

– Brasilien –

Roett, R.: Brazil and the United States: beyond the debt crisis. In: Journal of Interamerican studies and world affairs. Vol.27, 1985. No.1. S.1-15.
BZ 4608:27

– Bulgarien –

Boll, M.M.: Cold War in the Balkans. American foreign policy and the emergence of communist Bulgaria, 1943-1947. Lexington, Ky.: Univ.Pr.of Kentucky 1984. IX,250 S.
B 55776

– Bundesrepublik Deutschland –

Die Bundesrepublik Deutschland und die Vereinigten Staaten von Amerika. Hrsg.: J.A.Cooney. Stuttgart: Klett-Cotta 1985. 370 S.
B 57778

Deutschland und Amerika. Perzeption und histor. Realität. Hrsg.: W.P.Adams. Berlin: Colloquium Verl. 1985. 155 S.
B 56261

Nowak, K.: Stosunki miedzy Stanami Zjednoczonymi a Republika Federalna Niemiec w poczatkach lat osiemdziesiatych. In: Przegląd stosunków międzynarodowych. Jg., 1985. Nr.4. S.49-68.
BZ 4777:1985

– China –

China Policy for the next decade. Rep. of the Atlantic Council's Committee on China policy. Red.: U.A.Johnson. Boston, Mass.: Oelgeschlager, Gunn & Hain 1984. XXII,445 S.
B 55051

Chong, K.R.: Americans and Chinese reform and revolution, 1898-1922. The role of private citizens in diplomacy. Lanham: Univ.Press of America 1984. XIII,308 S.
B 55760

Gregor, A.J.: The China Connection. U.S. policy and the People's Republic of China. Stanford, Cal.: Hoover Institut 1986. X,263 S.
B 61129

Kusnitz, L.A.: Public Opinion and foreign policy. America's China policy, 1949-1979. Westport, Conn.: Greenwood Press 1984. XII,191 S..
B 56217

– China –

Lasater, M.L.: The Taiwan issue in Sino-American strategic relations. Boulder, Colo.: Westview Press 1984. 283 S.
B 56807

Martin, E.W.: Divided Counsel. The Anglo-American response to communist Victory in China. Lexington, Ky.: Univ.Pr.of Kentucky 1986. 265 S.
B 61534

Mayers, D.A.: Cracking the monolith. U.S. policy against the Sino-Soviet alliance, 1949-1955. Baton Rouge, La.: Louisiana State Univ.Pr. 1986. 176 S.
B 61223

– Dänemark –

Christensen, P.K.: USA og os. En antologi om det danske samfunds påvirkning av impulser fra USA efter 1945. Herning: Systime 1984. 127 S.
B 55429

– Deutschland –

Diamond, S.A.: Herr Hitler. Amerikas Diplomaten, Washington und der Untergang Weimars. Düsseldorf: Droste 1985. 163 S.
B 56636

– Dominikanische Republik –

Mir, P.: Las Raices dominicanas de la doctrina de Monroe. Santo Domingo: Ed.de Taller 1984. 107 S.
Bc 6546

– Dritte Welt –

Gurtov, M.; Maghroori, R.: Roots of failure. United States policy in the Third World. Westport, Conn.: Greenwood Press 1984. VIII,224 S.
B 56214

– El Salvador –

MacClintock, M.: The American Connection. 1. State terror and popular resistance in El Salvador. 2. State terror and popular resistance in Guatemala.. Vol.1.2. London: Zed 1985. 388; 319 S.
B 55839

– Europa –

Petruf, P.: USA a studená vojna. (Politika amerického imperializmu v Európe 1945-1949.). Bratislava: Pravda 1985. 276 S.
B 58221

– Finnland –

Matson, R.W.: The Helsinki axioms: U.S.-Finnish relations and the origins of the cold war, 1941-49. Ann Arbor, Mich.: UMI 1985. XIV,274 S.
B 55641

– **Frankreich** –

Portes, J.: Les origines de la légende noire des accords Blum-Byrnes sur le cinéma. In: Revue d' histoire moderne et contemporaine. T.33, 1986. Avril-Juin. S.314-329.
BZ 4586:33

– **Indien** –

Palmer, N.D.: The United States and India. The dimensions of influence. New York: Praeger 1984. XIV,302 S.
B 55571

– **Iran** –

Huyser, R.E.: Putschen Sie, Herr General. Reinbek: Rowohlt 1986. 344 S.
B 60005

– **Israel** –

Ray, J.L.: The Future of American-Israeli relations. A parting of the ways. Lexington, Ky.: Univ.Pr.of Kentucky 1985. IX,157 S.
B 57932

Saba, M.P.: The Armageddon network. Ed.by E.Hendricks. Vermont: Amana Books 1984. 288 S.
B 57022

Spiegel, S.L.: U.S. relations with Israel: the military benefits. In: Orbis. Vol.30, 1986. No.3. S.475-497.
BZ 4440:30

– **Japan** –

Holland, H.M.: Managing Diplomacy. The United States and Japan. Stanford, Cal.: Hoover Institut 1984. XX,251 S.
B 56770

Krishnaswami, S.: A Study of alliance politics. The impact of the Vietnam War on American Japanese relations. Ann Arbor: Univ.Microfilms 1985. VII,240 S.
B 56088

Olsen, E.A.: Determinants of Strategic Burdensharing in East Asia. The U.S.-Japan Context. In: Naval War College review. Vol.39, 1986. No.3. S.4-21.
BZ 4634:39

Schmiegelow, H.: Globale Dimensionen der Beziehung USA-Japan. In: Außenpolitik. Jg.37, 1986. Nr.3. S.222-237.
BZ 4457:37

Wolferen, K.G.van: The Japan problem. In: Foreign affairs. Vol.65, 1986. No.2. S.288-303.
BZ 05149:65

– **Karibik** –

Langley, L.D.: The United States and the Caribbean in the twentieth century. Athens, Ga.: The Univ.of Georgia Pr. 1985. 342 S.
B 57596

Lowenthal, A.F.: The United States and the Caribbean basin: the politics of national insecurity. In: The Jerusalem journal of international relations. Vol.8, 1986. Nos.2-3. S.83-99.
BZ 4756:8

Newfarmer, R.S.: Economic policy toward the Caribbean basin: the balance sheet. In: Journal of Interamerican studies and world affairs. Vol.27, 1985. No.1. S.63-89.
BZ 4608:27

– **Korea** –

Matray, J.I.: The reluctant Crusade. American foreign policy in Korea, 1941-1950. Honolulu.: Univ.of Hawaii Pr. 1985. XII,351 S.
B 59084

– **Kuba** –

Domínguez, J.I.: US-Cuban relations in the 1980s: issues and policies. In: Journal of Interamerican studies and world affairs. Vol.27, 1985. No.1. S.17-34.
BZ 4608:27

Robbins, C.A.: The Cuban Threat. Philadelphia, Pa.: ISHI Publ. 1985. XVI,355 S.
B 58131 –

– Lateinamerika –

Rosas, A.M.: Latin-America-U.S. Relations: A Latin-American Perspective. In: Naval War College review. Vol.39, 1986. No.4. S.51-59.
BZ 4634:39

Wiarda, H.J.: In Search of policy. The United States and Latin America. Washington, D.C.: American Enterprise Inst.for Publ.Policy Research 1984. 147 S.
B 56709

– Libyen –

Neff, D.: Libya and the United States. In: American Arab affairs. 1986. No.17. S.1-10.
BZ 05520:1986

Schumacher, E.: The United States and Libya. In: Foreign affairs. Vol.65, 1986. Nr.2. S.329-348.
BZ 05149:65

– Mexico –

Smith, P.H.: U.S.-Mexican relations: the 1980s and beyond. In: Journal of Interamerican studies and world affairs. Vol.27, 1985. No.1. S.91-101.
BZ 4608:27

Smith, P.H.: Uneasy neighbors: Mexico and the United States. In: Current history. Vol.86, 1987. No.518. S.97-100.
BZ 05166:86

– Mikronesien –

Lutz, C.: The Compact of Free Association, Micronesian non-independence, and U.S. policy. In: Bulletin of concerned Asian scholars. Vol.18, 1986. No.2. S.21ff.
BZ 05386:18

– Mittelamerika –

Baloyra, E.A.: Central America on the Reagan watch: rhetoric and reality. In: Journal of Interamerican studies and world affairs. Vol.27, 1985. No.1. S.35-62.
BZ 4608:27

Etheredge, L.S.: Can governments learn? American foreign policy and Central American revolutions. New York: Pergamon Press 1985. XII,228 S.
B 58182

Indyk, M.: Reagan and the Middle East: learning the art of the possible. In: SAIS review. Vol.7, 1987. No.1. S.111-138.
BZ 05503:7

LaFeber, W.: Inevitable Revolutions. The United States in Central America. New York: Norton 1984. 378 S.
B 55825

Nuccio, R.A.di: Le scelte di Reagan per il Centro America e il ruolo dell'opinione pubblica. In: Politica internazionale. A.15, 1987. No.5. S.33-47.
BZ 4828:15

– Naher Osten –

Hunter, R.E.: The Reagan Administration and the Middle East. In: Current history. Vol.86, 1987. No.517. S.49-52; 89-90.
BZ 05166:86

Kuniholm, B.R.: Restrospect and prospects: Forty years of US Middle East policy. In: The Middle East journal. Vol.41, 1987. No.1. S.7-25.
BZ 4463:41

Mathias, C.McC.: Dateline Middle-East. The dangers of disengagement. In: Foreign policy. 1986. No.63. S.169-181.
BZ 05131:1986

– **NATO** –

Rosecrance, R.: US relations with NATO. In: The Jerusalem journal of international relations. Vol.8, 1986. Nos.2-3. S.1-14.
BZ 4756:8

– **Nicaragua** –

Best, E.: An alternative American policy for Nicaragua. In: Survival. Vol.29, 1987. No.2. S.99-117.
BZ 4499:29

Hippler, J.: Subversion "made in USA": Afghanistan und Nicaragua (II). In: Blätter für deutsche und internationale Politik. Jg.32, 1987. H.2. S.230-237.
BZ 4551:32

LeoGrande, W.M.: Rollback or Containment? The USA, Nicaragua, and the search for peace in central. In: International security. Vol.11, 1986. No.2. S.89-120.
BZ 4433:11

– **Ostasien** –

Sigur, G.J.: An East Asia-Pacific prognosis: The vital signs are strong. In: Strategic review. Vol.14, 1986. No.2. S.36-43.
BZ 05071:14

– **Osteuropa** –

Garson, R.A.: American Foreign Policy and the Limits of Power: Eastern Europe 1946-1950. In: Journal of contemporary history. Vol.21, 1986. No.3. S.347-366.
BZ 4552:21

– **Pazifik** –

Biermeier, J.D.: Atlantik-Pazifik: Die neuen Trends in USA. In: Außenpolitik. Jg.38, 1987. H.1. S.58-73.
BZ 4457:38

– **Philippinen** –

Bacho, P.: U.S. policy options toward the Philippines. In: Asian survey. Vol.27, 1987. No.4. S.427-441.
BZ 4437:27

Cristobal, A.E.; Gregor, J.A.: The Philippines and the United States: a short history of the security connection. In: Comparative strategy. Vol.6, 1987. Nr.1. S.61-89.
BZ 4686:6

Kessler, R.J.: Marcos and the Americans. In: Foreign policy. 1986. No.63. S.40-57.
BZ 05131:1986

– **Polen** –

Wasowski, S.S.: U.S. Sanctions against Poland. In: The Washington quarterly. Vol.9, 1986. No.2. S.167-184.
BZ 05351:9

– **Puerto Rico** –

Frambes-Buxeda, A.: Puerto Rico under the Reagan doctrine. In: The year left. Vol.2, 1987. S.242-250.
BZ 4857:2

– **Südafrika** –

Baker, P.H.: Facing up to Apartheid. In: Foreign policy. 1986. No.64. S.37-62.
BZ 05131:1986

Love, J.: People's Participation in foreign policy making. Evaluating the US Anti-Apartheid Movement. Ann Arbor, Mich.: Univ.Microfilms 1985. XI, 408 S.
B 56089

Shepherd, G.W.: The United States 'South Africa Policy": the failure of "constructive engagement" and the emergence of new options. In: Africa today. Vol.31, 1984. No.2. S.15-35.
BZ 4407:31

Walters, R.: Beyond sanctions: a comprehensive U.S. Policy for Southern Africa. In: World policy journal. Vol.4, 1986-87. No.1. S.91-112.
BZ 4822:4

– Südamerika –

Wiarda, H.J.: United States relations with South America. In: Current history. Vol.86, 1987. No.516. S.1-4.
BZ 05166:86

– Südostasien –

Betts, R.K.: Southeast Asia and U.S. global strategy: continuing interests and shifting priorities. In: Orbis. Vol.29, 1985. No.1. S.351-385.
BZ 4440:29

Colbert, E.: United States policy in Southeast Asia. In: Current history. Vol.86, 1987. No.519. S.146-147; 178.
BZ 05166:86

– Südwestasien –

Kuniholm, B.R.: The Carter doctrine, the Reagan corollary, and prospects for United States policy in Southwest Asia. In: International journal. Vol.41, 1986. No.2. S.342-361.
BZ 4458:41

– UdSSR –

Cohen, S.F.: Sovieticus. American perceptions and Soviet realities. Expanded to cover the Gorbachev period. New York: Norton 1986. 187 S.
Bc 6457

Colard, D.: Les sommets et le dialogue stratégique soviéto-américain. In: Défense nationale. A.43, 1987. Mai. S.53-67.
BZ 4460:43

Crocker, G.N.: Liebesgrüße an Moskau. Kiel: Arndt 1986. 367 S.
B 61825

Czenpiel, E.-O.: Amerikanisch-sowjetische Beziehungen nach Reykjavik. In: Aus Politik und Zeitgeschichte. Jg.37, 1987. B.1-2.
BZ 05159:37

A game for high stakes. Lessons learned in negotiating with the Soviet Union. Ed.by L.Sloss. Cambridge, Mass.: Ballinger 1986. XIII,184 S.
B 59081

Hough, J.F.: The future of Soviet-American relations. In: Current history. Vol.85, 1986. Nr.513. S.305-308,345.
BZ 05166:85

Maccotta, G.W.: Il vertice di Reykjavik e l'Europa. Quali riflessi sull'Alleanza Atlantica?. In: Rivista marittima. A.120, 1987. No.1. S.9-16.
BZ 4453:120

Richmond, Y.: U.S.-Soviet cultural exchanges, 1958-1986. Who wins?. Boulder, Colo.: Westview Press 1987. XV,170 S.
Bc 6695

Stevenson, R.W.: The Rise and fall of détente. Relaxations of tension in US-Soviet relations, 1953-84. Basingstoke: Macmillan 1985. XIII,238 S.
B 56941

U.S.-Soviet relations. The next phase. Ed.by A.L.Horelick. Ihtaca, N.Y.: Cornell Univ.Pr. 1986. 312 S.
B 60674

Weisberger, B.A.: Cold War, cold peace. The United States and Russia since 1945. New York: American Heritage 1984. 341 S.
B 56272

White, R.K.: Fearful Warriors. A psychological profile of U.S.-Soviet relations. New York: The Free Pr. 1984. IX,374 S.
B 55813

– UN –

Johansen, R.C.: The Reagan administration and the U.N.: The costs of unilateralism. In: World policy journal. Vol.3, 1986. No.4. S.601-641.
BZ 4822:3

– Vietnam –

Lumer, R.: Flexible Konterrevolution: Die Suche Präsident Kennedys nach einer Vietnam-Strategie. In: Zeitschrift für Geschichtswissenschaft. Jg.35, 1987. Nr.4. S.298-307.
BZ 4510:35

– Westeuropa –

Basler, G.: Ursachen und Wirkungen politischer Widersprüche in den Beziehungen USA - Westeuropa. In: IPW-Berichte. Jg.16, 1987. Nr.8. S.9-15.
BZ 05326:16

Graebner, N.A.: The United States and West Europe: An age of ambivalence. In: Current history. Vol.85, 1986. No.514. S.553-556;387- 389.
BZ 05166:85

Lundestad, G.: Empire by Invitation? The United States and Western Europe, 1945-1952. In: Journal of peace research. Vol.23, 1986. No.3. S.263-277.
BZ 4372:23

L 460 f Wehrwesen

L 460 f 00 Wehr- und Rüstungspolitik

Altfeld, M.F.: The MX debate: evaluating the arguments. In: Defense analysis. Vol.1, 1985. No.4. S.255-268.
BZ 4888:1

Berkowitz, B.D.: Technological progress, strategic weapons, and American nuclear policy. In: Orbis. Vol.29, 1985. No.2. S.241-258.
BZ 4440:29

Boisseau du Rocher, S.: Bases et points d'appui américains en Extrême-Orient. In: Défense nationale. A.42, 1986. Août-Sept.. S.119-132.
BZ 4460:42

Crowe, W.J.: US military power and global security. In: RUSI. Vol.131, 1986. No.4. S.9-12.
BZ 05161:131

Hofmann, P.: The making of national estimates during the period of the "Missile Gap". In: Intelligence and national security. Vol.1, 1986. No.3. S.336-356.
BZ 4849:1

Markusen, A.: The militarized economy. In: World policy journal. Vol.3, 1986. No.3. S.495-516.
BZ 4822:3

Melman, S.: Limits of Military Power. Economic and Other. In: International security. Vol.11, 1986. No.1. S.72-87.
BZ 4433:11

Smith, R.K.: The Separation of Arms Control Talks: The Reagan Redefinition of Arms Control and Strategy. In: Millenium. Journal of international studies. Vol.15, 1986. No.2. S.143-176.
BZ 4779:15

L 460 f 01 Wehrpolitik

Davis, W.A.: Asymmetries in U.S. and Soviet strategic defense programs: implications for nearterm American Deployment options. Washington: Pergamon-Brassey's 1986. XI,76 S.
Bc 6614

Krepon, M.: Strategic Stalemate: nuclear weapons and arms control in American politics. New York: St.Martin's Press 1984. XIII,191 S.
B 56523

Spinney, F.C.: Defense facts of life. The plans/reality mismatch. Boulder, Colo.: Westview Press 1985. XVIII,260 S.
B 57028

L 460 f 02 Wehrorganisation

The All Volunteer Force after a decade. Retrospect and prospect. Ed.by W.Bowman. Washington, D.C.: Pergamon-Brassey's 1986. X,352 S.
010123

Best, R.A.: Will JCS Reform Endanger. The Maritime Strategy?. In: National defense. Vol.71, 1987. No.425. S.26-31.
BZ 05186:71

Cuff, R.: From the controlled materials plan to the defense materials system, 1942-1953. In: Military affairs. Vol.51, 1987. No.1. S.1-6.
BZ 05148:51

Davis, E.B.; Davis, S.M.: Proposals for joint chiefs of staff reorganization. In: Defense analysis. Vol.2, 1986. No.2. S.85-99.
BZ 4888:2

Hartzog, W.W.; Howard, J.D.: Heavy/light operations. In: Military review. Vol.47, 1987. No.4. S.24-33.
BZ 4468:47

Jolemore, K.A.: The Mentor: than a teacher, more than a coach. In: Military review. Vol.66, 1986. No.7. S.5-17.
BZ 4468:66

Record, J.: The U.S. central command: Toward what purpose?. In: Strategic review. Vol.14, 1986. No.2. S.44-50.
BZ 05071:14

L 460 f 03 Militärhilfe/Waffenhandel

Axelgard, F.W.: Deception at home and abroad: implications of the Iran arms scandal for U.S. foreign policy. In: American Arab affairs. 1987. No.20. S.5-12.
BZ 05520:1987

Dumbaugh, K.B.; Grimmett, R.F.: Arms sales to China: the limits to U.S.-Chinese military cooperation. In: The Washington quarterly. Vol.9, 1987. No.3. S.89-99.
BZ 05351:9

Feldman, J.: Unconventional Trade: Bartering for weapons. In: SAIS review. Vol.6, 1986. No.1. S.201-217.
BZ 05503:6

Hickey, D.van Vranken: U.S. arms sales to Taiwan. In: Asian survey. Vol.26, 1986. No.12. S.1324-1336.
BZ 4437:26

Klare, M.T.: American Arms Supermarket. Austin, Texas: University of Texas Press 1984. XII,312 S.
B 56081

Mukerjee, D.: U.S. weaponry for India. In: Asian survey. Vol.27, 1987. No.6. S.595-614.
BZ 4437:27

Straubhaar, T.: Die Bedeutung des Handels mit Kriegsmaterial: Ein Vergleich zwischen den USA und der Sowjetunion. In: Allgemeine Schweizerische Militärzeitschrift. Jg.152, 1986. Nr.12. S.787-789.
BZ 05139:152

U.S. foreign Assistance. Investment or folly?. Ed.by J.Wilhelm. New York: Praeger 1984. IX,398 S.
B 56522

U.S. security assistance. The political process. Ed.by E.Graves. Lexington, Mass.: Lexington Books 1985. XII,192 S.
B 56137

Wortzel, L.M.: U.S. technology transfer policies and the modernization of China's armed forces. In: Asian survey. Vol.27, 1987. No.6. S.615-637.
BZ 4437:27

Yakovee, R.U.: Arms for oil - oil for arms. An analysis of President Carter's 1978 plans, "Package Deal" sale to Israel, Egypt and Saudi Arabia. Ann Arbor, Mich.: Univ.Microfilms 1985. XII,391 S.
B 56084

L 460 f 05 Kriegswesen

Aichinger, W.: Die globale Bündnispolitik der USA. T.3: NATO und Europa. In: Österreichische militärische Zeitschrift. Jg.24, 1986. H.5. S.423-432.
BZ 05214:24

Aldridge, R.C.: Erstschlag. Die Strategie d.Pentagon f.d.Atomkrieg. München: Werkhaus Verl. 1984. XVIII,412 S.
B 54281

Altfeld, M.F.; Cimbala, S.J.: Closing the window of vulnerability: peacekeeper and point defence. In: Comparative strategy. Vol.5, 1986. No.4. S.375-393.
BZ 4686:5

Anderson, G.W.: The tactics of mistake. In: Military review. Vol.67, 1987. No.5. S.64-69.
BZ 4468:67

Berkhof, G.C.: Ontwikkelingen in het strategische denken in de Verenigde Staten. In: Militaire spectator. Jg.155, 1986. Nr.6. S.257-269.
BZ 05134:155

Cimbala, S.J.: What price survivability? Progress vs.perfection. In: Armed forces and society. Vol.13, 1986. No.1. S.107-123.
BZ 4418:13

Garvey, G.: Strategy and the defense dilemma. Nuclear policies and alliance politics. Lexington, Mass.: Lexington Books 1984. XII,136 S.
B 56381

Greiner, B.: Atomtests und Amerikanische Militärstrategie. Ein Dokument aus dem Jahr 1947. In: 1999.Zeitschrift für Sozialgeschichte des 20. und 21. Jahrhunderts. 1986. No.1. S.100-120.
BZ 4879:1986

Griffiths, M.: A Dying Creed: The Erosion of Deterrence in American Nuclear Strategy. In: Millenium. Journal of international studies. Vol.15, 1986. No.2. S.223-248.
BZ 4779:15

Hippler, J.: Krieg im Frieden. Amerikanische Strategie für die Dritte Welt: Counterinsurgency und Low-Intensity Warfare. Köln: Pahl-Rugenstein 1986. 177 S.
Bc 6555

Kleine, J.: Tendenzen im militärstrategischen Denken der USA und der NATO (II). In: Militärwesen. 1987. No.4. S.61-65.
BZ 4485:1987

MacNaugher, T.L.: Arms and oil. U.S. military strategy and the Persian Gulf. Washington, D.C.: The Brookings Inst. 1985. XIII,226 S.
B 58189

Military intervention in the Third World. Threats, constraints, and options. Ed.by J.H.Maurer. New York: Praeger 1984. XIV,239 S.
B 55578

Pringle, P.; Arkin, W.: SIOP. Der geheime Atomkriegsplan der USA. Berlin: Dietz 1985. 224 S.
B 57329

Rostow, E.V.: Of summitry and grand strategy. In: Strategic review. Vol.14, 1986. No.4. S.9-20.
BZ 05071:14

Roth, K.-H.: Atombomben auf Moskau, Taschkent, Leningrad...?. In: Mitteilungen. Dokumentationsstelle zur NS-Sozialpolitik. Jg.1, 1985. H.9/10. S.5-21.
BZ 05529:1

Rühle, M.: "Midgetman" und "Midgetmanski". Ein Knirps für die Abschrekkung, der zum Riesen wachsen kann. In: Europäische Wehrkunde. Jg.35, 1986. Nr.12. S.704-707.
BZ 05144:35

Sarkesian, S.C.: America's forgotten Wars. The counterrevolutionary past and lessons for the future. Westport, Conn.: Greenwood Press 1984. XIV,265 S.
B 56036

Saville, J.: The price of alliance: American bases in Britain. In: The Socialist register. Vol.23, 1987. S.32-60.
BZ 4824:23

The security gamble. Deterrence dilemmas in the nuclear age. Ed.by D.MacLean. Totowa, N.J.: Rowman & Allanheld 1984. XIX,170 S.
B 56903

Stein, J.G.: Erweiterte Abschreckung im Nahen Osten. Eine rückblickende Analyse der amerikanischen Strategie. Frankfurt: HSFK 1986. II,50 S.
Bc 01893

Stout, J.A.: United States Army remount depots: The Oklahoma Experience, 1908-1947. In: Military affairs. Vol.50, 1986. No.3. S.121-126.
BZ 05148:50

US-Militär-Politik auf Kriegskurs. Hrsg.: M.Schmidt. Frankfurt: Verlag Marxistische Blätter 1984. 205 S.
B 55350

Wieczorek, P.: Ewolucja doktryny nuklearnej USA w latach 1976-1986. In: Sprawy Międzynarodowe. R.40, 1987. No.1. S.53-66.
BZ 4497:40

L 460 f 05a Geheimer Nachrichtendienst/ Spionage/ Abwehr

Bamford, J.: The Walker Espionage Case. In: United States Naval Institute. Proceedings. Jg.112, 1986. No.999. S.111-119.
BZ 05163:112

The Central Intelligence Agency. A photographic history. Guilford, Conn.: Foreign Intelligence Pr. 1986. 256 S.
010168

Flynn, E.G.: Sabotage. Bremen: Roter Funke 1986. 48 S.
Bc 6214

Johnson, L.K.: The CIA and the Media. In: Intelligence and national security. Vol.1, 1986. No.2. S.143-169.
BZ 4849:1

Lowenthal, M.M.: U.S. intelligence. Evolution and anatomy. New York: Praeger 1984. X,134 S.
B 56017

Volkman, E.: Warriors of the night. Spies, soldiers, and American Intelligence. New York: Morrow 1985. 443 S.
B 56798

L 460 f 10 Heer

Cheney, R.B.; Harvey, T.N.: Strategic Underpinnings of a Future Force. In: Military review. Vol.66, 1986. No.10. S.5-13.
BZ 4468:66

Jacobs, J.B.; McNamara, D.: Vietnam veterans and the agent orange controversy. In: Armed forces and society. Vol.13, 1986. No.1. S.57-79.
BZ 4418:13

Johnson, W.P.; Russell, E.N.: An Army Strategy and Structure. In: Military review. Vol.66, 1986. No.8. S.69-77.
BZ 4468:66

MacDowell, C.P.: Military and naval Decorations of the United States. Springfield, Va.: Quest Publ.Comp. 1984. 241 S.
B 56575

The military in America. From the colonial era to the present. Ed.by P.Karsten. New York: Free Pr. 1986. VIII,475 S.
B 62322

Spector, R.H.: Advice and support. 1. The early years, 1941-1960. Washington: U.S.Army Center of Military History 1985. XVIII,391 S.
010048

Widerstand in der US-Armee. GI-Bewegung in den siebziger Jahren. Berlin: Kater 1986. 166 S.
D 3365

L 460 f 13 Waffengattungen und Dienste

Bacevich, A.J.; Ivany, R.R.: Deployable armor today. In: Military review. Vol.47, 1987. No.4. S.14-22.
BZ 4468:47

Bernard, H.: "En norsk bataljon i Malmedy". Historien om 99th Infantry Battalion (Sep) under Ardennerslaget i 1944-45. In: Norsk militært tidsskrift. Arg.156, 1986. Nr.9. S.29-41.
BZ 05232:156

Clarke, J.L.: Die Reservekräfte des amerikanischen Heeres. In: Österreichische militärische Zeitschrift. Jg.25, 1987. H.3. S.225-229.
BZ 05214:25

Crutchley, M.J.: La divisione leggera dell'US Army: considerazioni sul suo potenziale attuale. In: Rivista italiana difesa. A.6, 1987. No.6. S.42-53.
BZ 05505:6

Grow, R.W.: The ten lean years. In: Armor. Jg.96, 1987. No.3. S.21-28.
BZ 05168:96

Grow, R.W.: The ten lean years. From the mechanized force (1930) to the armored force (1940). In: Armor. Jg.96, 1987. No.1. S.22-30.
BZ 05168:96

Haffa, R.P.: The half War. Planning U.S. Rapid Deployment Forces to meet a limited contingency, 1960-1983. Boulder, Colo.: Westview Press 1984. XII,277 S.
B 55560

Landry, J.R.; Sullivan, B.D.: Forward support battalion. In: Military review. Vol.67, 1987. No.1. S.24-30.
BZ 4468:67

Lopez, R.: Schnelle Eingreifverbände der US-Streitkräfte. In: Internationale Wehrrevue. Jg.20, 1987. Nr.9. S.1175-1177.
BZ 05263:20

Rush, R.S.: Comparing light divisions. In: Military review. Vol.67, 1987. No.1. S.62-69.
BZ 4468:67

Seiler, S.: Die GIs. Amerikanische Soldaten in Deutschland. Reinbek: Rowohlt 1985. 281 S.
B 56256

Straten, J.G.van; Kaufman, L.W.: Lessons from team SNAFU. In: Military review. Vol.67, 1987. No.5. S.54-63.
BZ 4468:67

Vaux, N.: US special forces: 30 years. In: The army quarterly and defence journal. Vol.116, 1986. No.4. S.439-440.
BZ 4770:116

Whitehorne, J.W.A.: The survival of the Duquesne Grays, 1917. In: Military affairs. Vol.50, 1986. No.4. S.179-184.
BZ 05148:50

L 460 f 20 Marine

Beigel, H.M.: Invest in the Victory Liberty Loan. The last strange cruise of UB-ii. In: Warship international. Vol.23, 1986. No.3. S.287-300.
BZ 05221:23

Bowen, A.M.; O'Rourke, R.: Ports for the Fleet. In: United States Naval Institute. Proceedings. Jg.112, 1986. No.999. S.137-151.
BZ 05163:112

Breemer, J.: US maritime strategy: A reappraisal. In: Naval forces. Vol.7, 1987. No.2. S.64-76.
BZ 05382:7

Brigham, L.W.: U.S. Coast Guard in 1985. In: United States Naval Institute. Proceedings. Jg.112, 1986. No.999. S.42-49.
BZ 05163:112

Brooks, L.F.: Naval power and national security. The case for the maritime strategy. In: International security. Vol.11, 1986. No.2. S.58-88.
BZ 4433:11

Ciricione, J.: The United States Navy in the Caribbean. In: Naval forces. Vol.7, 1986. No.3. S.85-89.
BZ 05382:7

Coletta, P.E.; Bauer, K.J.: United States Navy and Marine Corps bases, domestic. Westport, Conn.: Greenwood Press 1985. XV,740 S.
B 57004

Colvard, R.: Making Marines. In: United States Naval Institute. Proceedings. Jg.112, 1986. No.1005. S.83-85.
BZ 05163:112

Cross, M.J.: No more carrier debates, please. In: United States Naval Institute. Proceedings. Jg.113, 1987. No.4. S.79.
BZ 05163:113

Donko, W.: Minensucher - die vergessene Waffe der U.S.Navy. In: Marine-Rundschau. Jg.84, 1987. H.2. S.70-74.
BZ 05138:84

Dunn, K.A.; Staudenmeier, W.O.: Strategic Implications of the continental-maritime debate. New York: Praeger 1984. XII,122 S.
B 56164

Friedman, N.: The Sixth Fleet at Forty. In: United States Naval Institute. Proceedings. Jg.113, 1987. Nr.5/1011. S.151-161.
BZ 05163:113

Garde, H.: Den nye amerikanske maritime strategi. In: Tidsskrift for søvæsen. Arg.157, 1986. Nr.2. S.59-71.
BZ 4546:157

George, J.L.: La Marina di 600 Navi. Problemi e prospettive per lo strumento aeronavale statunitense. In: Rivista marittima. A.120, 1987. Nr.2. S.21-41.
BZ 4453:120

Grassey, T.B.: Retrospective: The Midway Class. In: United States Naval Institute. Proceedings. Jg.112, 1986. No.999. S.182-199.
BZ 05163:112

Guran, E.: Arms interdiction and the U.S.Navy: prospects in Central America. In: Naval War College review. Vol.29, 1986. No.4. S.73-87.
BZ 4634:29

Hessman, J.D.: Die US-Küstenwache erhöht ihre Verteidigungsbereitschaft. In: Internationale Wehrrevue. Jg.20, 1987. Nr.2. S.191-192.
BZ 05263:20

Hone, T.C.; Mandeles, M.D.: Interwar innovation in three navies: U.S. Navy, Royal Navy, Imperial Japanese Navy. In: Naval War College review. Vol.40, 1987. Nr.2. S.63-83.
BZ 4634:40

Israel, U.: Die Flugzeugträgerflotte der USA Ende der 80er Jahre. In: Militärwesen. 1986. H.10. S.60-66.
BZ 4485:1986

Kucev, I.: Palubnaja aviacija VMS SSA k 2000 gody. In: Morskoj sbornik. 1986. Nr.12. S.66-73.
BZ 05252:1986

Mackay, S.V.: An allied reaction. In: United States Naval Institute. Proceedings. Jg.113, 1987. No.4. S.82-89.
BZ 05163:113

Mars, B.de: La forza sottomarina dell'US Navy. In: Rivista italiana difesa. A.6, 1987. No.5. S.48-63.
BZ 05505:6

Mearsheimer, J.J.: A strategic misstep. The maritime strategy and deterrence in Europe. In: International security. Vol.11, 1986. No.2. S.3-57.
BZ 4433:11

O'Connor, R.: The American Navy, 1939-1941: the enlisted perspective. In: Military affairs. Vol.50, 1986. No.4. S.173-178.
BZ 05148:50

O'Rourke, R.: U.S. Strategic Sealift: Sustaining the Land Battle. In: Naval forces. Vol.7, 1986. No.3. S.30-36.
BZ 05382:7

O'Rourke, R.: US Forward maritime strategy. In: Navy international. Vol.92, 1987. No.2. S.118-124.
BZ 05105:92

Preston, A.: U.S. Strategy and ASW. In: Jane's defence weekly. Vol.6, 1986. No.21. S.1269-1277.
BZ 05465:6

Rudolf, P.: Die maritime Strategie der USA. Analyse und Kritik. Frankfurt: HSFK 1986. 56 S.
Bc 01896

Schröder, H.-J.: Die Seeluftstreitkräfte der USA. In: Soldat und Technik. Jg.30, 1987. Nr.6. S.361-367.
BZ 05175:30

Simmons, E.: U.S. Marine Corps in 1965. In: United States Naval Institute. Proceedings. Jg.112, 1986. No.999. S.50-55; 298-302.
BZ 05163:112

Skinner, M.: Naval operations in the '80s. USN. London: Arms and Armour Pr. 1986. XIII,142 S.
B 59855

Stillwell, P.: Battleship New Jersey. An illustrated history. London: Arms and Armour Pr. 1986. 319 S.
010182

Stubbs, B.: The Coast Guard's dilemma. In: United States Naval Institute. Proceedings. Jg.113, 1987. No.4. S.44-48.
BZ 05163:113

Terzibaschitsch, S.: Administrative Gliederung der US-Flotte. Pazifischer Bereich. In: Marine-Forum. Jg.62, 1987. Nr.6. S.202-204.
BZ 05170:62

Terzibaschitsch, S.: Reaktivierte Schlachtschiffe der Iowa-Klasse. In: Internationale Wehrrevue. Jg.20, 1987. No.3. S.283-287.
BZ 05263:20

Trost, C.A.: Looking beyond the maritime strategy. In: United States Naval Institute. Proceedings. Jg.113, 1987. No.1. S.13-16.
BZ 05163:113

The U[nited] S[tates] Navy. The view from the mid-1980s. Ed.by J.L.George. Boulder, Colo.: Westview Press 1985. XIII,383 S.
B 57589

West, F.J.: The next step. In: United States Naval Institute. Proceedings. Jg.113, 1987. No.1. S.40-49.
BZ 05163:113

Williams, L.G.: Employing the PHMs. In: United States Naval Institute. Proceedings. Jg.112, 1986. No.1003. S.79-83.
BZ 05163:112

Wood, R.S.; Hanley, J.T.: The Maritime Role in the North Atlantic. In: Atlantic community quarterly. Vol.24, 1986. Nr.2. S.133-144.
BZ 05136:24

Wright, C.C.: Now hear this. In: Warship international. Vol.23, 1986. No.4. S.324-334.
BZ 05221:23

Young, P.L.: Forward bases. The USN and the Indian Ocean. In: Navy international. Vol.92, 1987. No.6. S.339-342.
BZ 05105:92

L 460 f 30 Luftwaffe

Kolecko, P.: Luftlandekräfte der Vereinigten Staaten von Amerika. In: Truppendienst. Jg.27, 1987. H.4. S.313-321.
BZ 05209:27

Lopez, R.: Die USA blicken über den Horizont. In: Interavia. 1987. Nr.4. S.334-335.
BZ 05184:1987

Morton, R.W.: A priority task: North American Air Defence Modernization. In: Canadian defence quarterly. Vol.16, 1987. No.3. S.11-20.
BZ 05001:16

Ragsdale, K.B.: Wings over the Mexican border. Austin, Texas: University of Texas Press 1984. XXV,266 S.
B 56775

Redemann, H.: ATF - Amerikas Jäger für das Jahr 2000. Das Milliarden-Dollar-Ding. In: Flugrevue. 1987. H.1. S.8-15.
BZ 05199:1987

L 460 g Wirtschaft

Barnes, D.A.: Farmers in rebellion. The rise and fall of the Southern Farmers Alliance and People's Party in Texas. Austin, Texas: University of Texas Press 1984. X,226 S.
B 55820

Business in the shadow of apartheid. U.S. firms in South Africa. Ed.by J.Leape. Lexington, Mass.: Lexington Books 1985. XXXVII, 242 S.
B 55803

Cabrera, M.A.; Calderón, F.; Colchero, M.P.: Estados Unidos 1945-1985. Economía política y militarizacion de la economía. Madrid: IEPALA 1985. 409 S.
B 57913

Carbonnel, F.de: La Victoire de Reagan. Maitrise de la crise et éclosion d'une société nouvelle. 1980.... Paris: France-Empire 1984. 220 S.
B 55958

Clarfield, G.H.; Wiecek, W.M.: Nuclear America. Military and civilian nuclear power in the United States, 1940-1980. New York: Harper & Row 1984. IX,518 S.
B 56135

Cooper, A.F.: Subnational activity and foreign economic policy making in Canada and the United States: perspectives on agriculture. In: International journal. Vol.41, 1986. No.3. S.655-673.
BZ 4458:41

Dahlhoff, G.: Reaganomics. In: Europa-Archiv. Jg.41, 1986. Nr.23. S.687-696.
BZ 4452:41

Economics and world power. Ed.by W.H.Becker. New York: Columbia Univ.Pr. 1984. XVI, 474 S.
B 56250

Fifty years later. The New Deal evaluated. Ed.by H.Sitkoff. Philadelphia, Pa.: Temple Univ.Pr. 1985. VII,240 S.
B 56772

Mamalakis, M.J.: A North-South dilemma: the need and limits of conditionalities in the Americas. In: Journal of Interamerican studies and world affairs. Vol.27, 1985. No.1. S.103-121.
BZ 4608:27

Moody, K.: Reagan, the business agenda and the collapse of labour. In: The Socialist register. Vol.23, 1987. S.153-176.
BZ 4824:23

Pyl, K.van der: The Making of an Atlantic ruling class. London: Verso 1984. XVIII,331 S.
B 56310

Randall, S.J.: United States foreign oil policy. For profits and security. Kingston: McGill-Queen's Univ.Pr. 1985. VIII,328 S.
B 56992

Rode, R.: US-Technologietransferpolitik gegenüber der UdSSR und der VR China - Weltmachtpolitik im Dreieck. Frankfurt: HSFK 1986. 39 S.
Bc 01832

Rostow, H.W.: Eisenhower, Kennedy, and foreign aid. Austin, Texas: University of Texas Press 1985. XVI,342 S.
B 57445

Sen, G.: The Economics of US Defence: The Military-Industrial Complex and Neo-Marxist Economic Theories Reconsidered. In: Millenium. Journal of international studies. Vol.15, 1986. No.2. S.179-195.
BZ 4779:15

Silk, L.: The United States and the world economy. In: Foreign affairs. Vol.65, 1987. No.3. S.458-476.
BZ 05149:65

Stockman, D.: Der Triumph der Politik. Die Krise der Reagan Regierung und die Auswirkung auf die Weltwirtschaft. München: Bertelsmann 1986. 445 S.
B 58967

L 460 h Gesellschaft

L 460 h 00 Allgemeines

Carter, G.L.: In the narrows of the 1960s U.S. black rioting. In: The Journal of conflict resolution. Vol.30, 1986. No.1. S.115-127.
BZ 4394:30

Krasnov, I.M.; Kravcenko, I.N.: Progressivnaja Amerika i revoljucionnye sobytija v Rossii (1905-1907 gg.). In: Novaja i novejšaja istorija. 1986. Nr.1. S.74-82.
BZ 05334:1986

Krieger, J.: Social policy in the age of Reagan and Thatcher. In: The Socialist register. Vol.23, 1987. S.177-198.
BZ 4824:23

Pells, R.H.: The liberal mind in a conservative age. New York: Harper & Row 1985. XI,468 S.
B 56757

Seltzer, R.; Lopes,, G.M.: The Ku Klux Klan. In: Journal of black studies. Vol.17, 1986. No.1. S.91-109.
BZ 4607:17

The Sixties Papers. Documents of a rebellious decade. Ed.: J.Clavir Albert. New York: Praeger 1984. XXIV,549 S.
B 56392

Wheeler, J.: Touched with fire. The future of the Vietnam generation. New York: F.Watts 1984. 259 S.
B 55061

L 460 h 10 Bevölkerung und Familie

Eisenstein, Z.: Liberalism, Feminism and the Reagan state: The neoconservative assault on (sexual) equality. In: The Socialist register. Vol.23, 1987. S.236-262.
BZ 4824:23

Francis, S.T.: Illegal Immigration - a threat to US security. London: Institut for the study of conflict 1986. 27 S.
Bc 6203

Honey, M.: Creating Rosie the Riveter. Class, gender and propaganda in World War II. Amherst, Mass.: Univ.of Mass.Pr. 1984. X,251 S.
B 56056

Klein, E.: Gender Politics. From conciousness to mass politics. Cambridge, Mass.: Harvard Univ.Pr. 1984. X,209 S.
B 55058

Left, right and baby-boom. America's new politics. Ed.by D.Boaz. Washington: Cato Inst. 1986. 122 S.
Bc 6442

Segal, M.W.: The military and the family as greedy institutions. In: Armed forces and society. Vol.13, 1986. No.1. S.9-38.
BZ 4418:13

Weinmann, S.C.: I.N.S. v.Stevic: A critical Assessment. In: Human rights quarterly. Vol.7, 1985. No.3. S.391-428.
BZ 4753:7

L 460 h 20 Stand und Arbeit

·*Buffa, D.W.:* Union power and American democracy. The UAW and the Democratic Party, 1972-83. Ann Arbor, Mich.: Univ.of Michigan Pr. 1984. XII,290 S.
B 55822

Halle, D.: America's Working man. Work, home, and politics among blue-collar property owners. Chicago, Ill.: Univ.of Chicago Pr. 1984. XVIII,360 S.
B 56324

Sisterhood and solidarity. Workers' education for women, 1914-1984. Ed.by J.L.Kornbluh. Philadelphia, Pa.: Temple Univ.Pr. 1984. XX,372 S.
B 56046

L 460 i Geistesleben

Campbell, C.W.: Reel America and World War I. A comprehensive filmography and history of motion pictures in the United States, 1914-1920. Jefferson, N.C.: McFarland 1985. XI,303 S.
B 56468

Chafets, Z.: Double Vision. How the press distorts America's view of the Middle East. New York, N.Y.: Morrow 1985. 349 S.
B 55565

Dorman, W.A.: Peripheral Vision: U.S. journalism and the Third World. In: World policy journal. Vol.3, 1986. No.3. S.419-445.
BZ 4822:3

Dougherty, J.E.: The Bishops and nuclear weapons. The catholic pastoral letter on war and peace. Hamden, Conn.: Archon Books 1984. X,255 S.
B 56533

Forsyth, S.: Evil empire: Spectacle and imperialism in Hollywood. In: The Socialist register. Vol.23, 1987. S.97-115.
BZ 4824:23

MacCaughey, R.A.: International studies and academic enterprise. A chapter in the enclosure of American learning. New York: Columbia Univ.Pr. 1984. XVIII,301 S.
B 56141

Most, J.: Marxereien, Eseleien & der sanfte Heinrich. Artikel aus der "Freiheit". Wetzlar: Büchse der Pandora 1985. 191 S.
B 56350

Ptacek, K.: U.S. Protestants and liberation theology. In: Orbis. Vol.30, 1986. No.3. S.433-441.
BZ 4440:30

Rielly, J.E.: Die öffentliche Meinung in den Vereinigten Staaten im Herbst 1986. In: Europa-Archiv. Jg.42, 1987. Nr.5. S.139-148.
BZ 4452:42

Sankar, F.A.: The effects of the American media on public opinion and Middle East policy choices. In: American Arab affairs. 1987. No.20. S.107-122.
BZ 05520:1987

The Stars and stripes. World War II front pages. New York: Lauter Levin 1985. o.Pag..
010029

Wood, R.: Hollywood from Vietnam to Reagan. New York: Columbia Univ.Pr. 1986. X,328 S.
B 58010

L 460 l Einzelne Länder/Gebiete/Orte

Coerver, D.M.; Hall, L.B.: Texas and the Mexican revolution. A study in state and national border policy. San Antonio, Tex.: Trinity Univ.Pr. 1984. 167 S.
B 57017

Kiplinger, A.H.; Kiplinger, K.A.: Washington now. New York: Harper & Row 1975. VIII,568 S.
B 57174

Lamis, A.P.: The two-party South. New York: Oxford Univ.Pr. 1984. X,317 S.
B 56113

L 490 Westindien/Antillen/ Karibik

Anderson, T.D.: Geopolitics in the Caribbean. Ministates in a wider world. New York: Praeger 1984. XIII,175 S.
B 55819

Barry, T.; Wood, B.; Preusch, D.: The other side of paradise. Foreign control in the Caribbean. New York: Grove Pr. 1984. VIII,405 S.
B 55775

Gordon, M.F.: The geopolitics of the Caribbean Basin. In: Military review. Vol.66, 1986. No.8. S.16-27.
BZ 4468:66

Padelford, E.A.: Caribbean security and U.S. political-military presence. In: Strategic review. Vol.14, 1986. No.4. S.54-62.
BZ 05071:14

Rebour; Trehard: Signification stratégique de l'espace Caraibe. T.2. In: Défense nationale. A.42, 1986. Mai.S.89-102.
BZ 4460:42

Yerxa, D.A.: The special service squadron and the Caribbean Region, 1920-1940: a case study in naval diplomacy. In: Naval War College review. Vol.39, 1986. No.4. S.60-72.
BZ 4634:39

L 491 Dominikanische Republik

Vega, I.J.A.: Crisis mundial y política exterior. 2.ed.. Santo Domingo: Publ.ONAP 1986. 364 S.
B 59171

L 492 Haiti

Nicholls, D.: Haiti: the rise and fall of Duvalierism. In: Third world quarterly. Vol.8, 1986. No.4. S.1239-1252.
BZ 4843:8

L 493 Jamaica

Gray, E.A.: State Power and forms of political opposition in post-colonial Jamaica. 1962-1972. Ann Arbor, Mich.: Univ.Microfilms 1985. VII,427 S.
B 56086

Waters, A.M.: Race, class and political symbols. Rastafari and Reaggae in Jamaican politics. New Brunswick: Transaction Books 1985. IX,343 S.
B 56602

L 494 Kuba

L 494 a Allgemeines

Cuba. Ein politisches Reisebuch. Hrsg.: W.Huismann. Hamburg: VSA-Verl. 1985. 318 S.
B 57799

Hamann, G.: Wir haben keine Angst, Mr.President! Kuba lebt. Hamburg: Verl.Libertäre Assoziation 1985. 345 S.
B 57483

L 494 c Biographien

– Che Guevara –

Wood, W.S.: Che Guevara's Bolivian Guerrilla movement: failure of an exported revolution. Ann Arbor, Mich.: UMI 1985. III,210 S.
B 57221

L 494 e Staat und Politik

Clark, J.: Religious repression in Cuba. Miami: IIAS, Univ.of Miami 1986. III,115 S.
Bc 6616

Hudson, R.A.: Castro's America department: systemizing insurgencies in Latin America... In: Terrorism. Vol.9, 1986. No.2. S.125-167.
BZ 4688:9

Human Rights in Castro's Cuba. o.O.:
Bureau of Human Rights and Humani-
tarian Affairs 1986. 38 S.
Bc 01800

III. [Dritter] Parteitag der kommunistischen Partei Kubas, 4.bis 8.Februar
1986. Berlin: Dietz 1986. 152 S.
Bc 6579

Latell, B.: Cuba after the Third Party
Congress. In: Current history. Vol.85,
1986. No.515. S.425-428; 437-438.
BZ 05166:85

McColm, B.R.: Castro's ambitions amid
new winds from Moscow. In: Strategic
review. Vol.14, 1986. No.3. S.48-57.
BZ 05071:14

Montaner, C.A.: Cuba, Castro, and the
Caribbean. The Cuban revolution and
the crisis in Western conscience. New
Brunswick: Transaction Books 1985.
116 S.
B 56991

Rabkin, R.P.: Cuban Socialism. A case
study of marxist theory in practice. Ann
Arbor, Mich.: Univ.Microfilms 1985.
294 S.
B 56083

L 494 f Wehrwesen

Judson, F.C.: Cuba and the revolutio-
nary myth. The political education of
the Cuban Rebel Army, 1953-1963.
Boulder, Colo.: Westview Press 1984.
IX,294 S.
B 55225

L 494 g Wirtschaft

Edquist, C.: Capitalism, socialism and
technology. A comparative study of
Cuba and Jamaica. London: Zed 1985.
XIII, 182 S.
B 57667

Pollitt, B.H.: Sugar, 'Dependency' and
the Cuban Revolution. Glasgow:
Inst.of Latin American Studies 1985.
35 S.
Bc 01739

Stubbs, J.: Tobacco on the periphery.
A case study in Cuban labour history,
1860-1958. Cambridge: Cambridge
Univ.Pr. 1985. XIII,203 S.
B 56677

L 494 k Geschichte

José Martí and the Cuban revolution
retraced. Proceedings of a conference.... Los Angeles: UCLA Latin
American Center Publ. 1986. 76 S.
Bc 6551

Muller, A.: Cuba. Entre dos extremos.
Miami, Fl.: Ed.Universal 1984. 157 S.
Bc 6241

Operation Zapata. The "ultrasensitive"
report and testimony of the Board of
Inquiry on the Bay of Pigs. 2nd ed..
Frederick, Md.: Univ.Publ. of America
1984. XV,367 S.
B 55814

Pade, W.: Kuba. Volksbefreiungskrieg
und Verteidigung einer Revolution.
Berlin: Militärverlag der DDR 1986.
111 S.
Bc 6308

L 499 Kleine Antillen

L 499.23 Grenada

MacIntire, A.H.: Revolution and intervention in Grenada: strategic and geopolitical implications. Ann Arbor,
Mich.: UMI 1985. X,349 S.
B 57216

*Nitoburg, E.L.; Fetisov, A.S.; Jakovlev,
P.P.:* Tragedijja Grenady. Moskva: Mysl'
1984. 152 S.
Bc 6086

O'Shaughnessy, H.: Grenada: revolu-
tion, invasion and aftermath. London:
Hamilton 1984. 258 S.
B 55602

Thorndike, T.: Grenada. Politics,
economics and society. London: Pinter
1985. XV,206 S.
B 56062

L 499.30 Martinique

Miles, W.F.S.: Mitterrand in the Caribbean: Socialism (?) comes to Martinique. In: Journal of Interamerican studies and world affairs. Vol.27, 1985. No.3. S.63-79.
BZ 4608:27

L 500 Australien und Ozeanien

L 510 Australien

L 510 e Staat und Politik

Bean, C.: Electoral law, electoral behaviour and electoral outcomes: Australia and New Zeeland compared. In: The journal of Commonwealth & comparative politics. Vol.24, 1986. No.1. S.57-73.
BZ 4408:24

Leng, H.S.; Silwood, S.: Australia and the Kampuchean crisis. In: Australian outlook. Vol.40, 1986. No.2. S.100-106.
BZ 05446:40

Suter, K.D.: Australia's policy toward Israel. In: The Jerusalem journal of international relations. Vol.8, 1986. Nos.4. S.39-67.
BZ 4756:8

Warhurst, J.: The future of Australia's political relationship to Britain. In: The journal of Commonwealth & comparative politics. Vol.24, 1986. No.1. S.35-46.
BZ 4408:24

L 510 f Wehrwesen

Acharya, A.; Mulhall, D.: Australische Verteidigungsstrategie im Wandel. In: Internationale Wehrrevue. Jg.20, 1987. Nr.7. S.877-883.
BZ 05263:20

Australia. Defence White Paper. In: Pacific defence reporter. Vol.13, 1987. No.10. S.19-23.
BZ 05133:13

Hinge, A.: The Australian Department of Defence. A view from the bottom. In: Defence force journal. 1986. No.58. S.5-21.
BZ 4438:1986

Mack, A.: Defence versus offence: the Dibb report and its critics. In: Australian outlook. Vol.41, 1987. No.1. S.3-9.
BZ 05446:41

Samuel, P.: The DIBB report and Australia's defense vagaries. In: Strategic review. Vol.14, 1986. No.4. S.47-53.
BZ 05071:14

Speed, F.W.: Revising Australia's defence. In: The army quarterly and defence journal. Vol.116, 1986. No.4. S.461-464.
BZ 4770:116

Taylor, M.J.: The Royal Australian Navy - 75 years of achievement. In: Naval forces. Vol.7, 1986. No.6. S.69-95.
BZ 05382:7

Ward, M.B.: The regional concentration of defence spending: issues, implications and policies concerning defence infrastructure development in Australia. Canberra: Strategic Defence Studies Centre 1986. 131 S.
Bc 6247

Young, P.L.: Australia's coastal and EEZ patrol dilemma. In: Navy international. Vol.91, 1986. No.11. S.662-664.
BZ 05105:91

Young, T.D.: Royal Australian Navy e Royal New Zealand Navy: il punto della situazione. In: Rivista italiana difesa. A.6, 1987. No.1. S.40-47.
BZ 05505:6

L 510 g Wirtschaft

Dassé, M.: Les échanges commerciaux Australie-Asie. In: Défense nationale. A.43, 1987. No.2. S.105-117.
BZ 4460:43

Herr, R.A.; Davis, B.W.: The impact of UNCLOS II on Australian federalism. In: International journal. Vol.41, 1986. No.3. S.674-693.
BZ 4458:41

L 510 h Gesellschaft

Blakeney, M.: Australia and the Jewish refugees, 1933-1948. London: Croom Helm 1985. 335 S.
B 57306

L 520 Neuseeland

Hanson, A.F.: Trouble in the family: New Zealand's antinuclear policy. In: SAIS review. Vol.7, 1987. No.1. S.139-155.
BZ 05503:7

Young, T.-D.: New Zealand Defence Policy Under Labour. In: Naval War College review. Vol.39, 1986. No.3. S.22-34.
BZ 4634:39

L 531 Indonesien

Boisseau du Rocher, S.: Jeunes Musulmans intégristes en Malaisie et en Indonésie. In: L'Afrique et l'Asie modernes. 1986. No.150. S.94-104.
BZ 4689:1986

Budiardjo, C.: Militarism and repression in Indonesia. In: Third world quarterly. Vol.8, 1986. No.4. S.1219-1238.
BZ 4843:8

Dürste, H.; Fenner, M.: Zwanzig Jahre 'Neue Ordnung' in Indonesien. In: Internationales Asienforum. Jg.17, 1986. H.3/4. S.273-299.
BZ 4583:17

Haseman, J.B.: The Dynamics of Change. Regeneration of the Indonesian Army. In: Asian survey. Vol.26, 1986. No.8. S.883-896.
BZ 4437:26

King, D.Y.: Human rights, social structure and Indonesia's new order. In: Journal of contemporary Asia. Vol.16, 1986. No.3. S.342-350.
BZ 4671:16

Liddle, W.R.: Indonesia in 1986. Contending with scarcity. In: Asian survey. Vol.27, 1987. No.2. S.206-218.
BZ 4437:27

Rhades, J.: Die Marine Indonesiens. In: Marine-Rundschau. Jg.83, 1986. Nr.3. S.167-170.
BZ 05138:83

L 531.2 Brunei

Kalimuthu, R.: The Sabah State Elections of April 1985. In: Asian survey. Vol.26, 1986. No.7. S.815-837.
BZ 4437:26

L 532 Philippinen

Bacho, P.: Hearts and minds in the Philippines. In: SAIS review. Vol.6, 1986. No.1. S.61-74.
BZ 05503:6

Burton, S.: Aquino's Philippines: the center holds. In: Foreign affairs. Vol.65, 1987. No.3. S.524-537.
BZ 05149:65

Cornelli, A.: Le Filippine nel contesto Asia-Pacifico. In: Rivista marittima. A.119, 1986. No.12. S.9-16.
BZ 4453:119

Góralski, W.: Międzynarodowe implikacje kryzysu na Filipinach. In: Sprawy Międzynarodowe. R.40, 1987. No.3(402). S.21-38.
BZ 4497:40

Gregor, J.: Succession in the Philippines: the prevailing alternatives and American interests. In: Atlantic community quarterly. Vol.24, 1986. No.1. S.19-27.
BZ 05136:24

Hanisch, R.: Der Machtwechsel auf den Philippinen. In: Aus Politik und Zeitgeschichte. 1986. B.45. S.3-17.
BZ 05159:1986

Kroef, J.M.van der: Aquino and beyond: Philippine communist strategies. In: Internationales Asienforum. Jg.17, 1986. H.3/4. S.215-233.
BZ 4583:17

Kroef, J.M.van der: The Philippines of Aquino: The long morning after. In: World affairs. Vol.148, 1985/86. No.3. S.139-150.
BZ 05509:148

Landé, C.H.; Holley, R.: Aquino takes charge. In: Foreign affairs. Vol.64, 1986. No.5. S.1087-1107.
BZ 05149:64

Overholt, W.H.: The rise and fall of Ferdinand Marcos. In: Asian survey. Vol.26, 1986. No.11. S.1137-1163.
BZ 4437:26

The Philippines after Marcos. Ed.by R.J.May. London: Croom Helm 1985. 239 S.
B 56422

Richardson, M.: Successes for Aquino, but old problems remain and new ones pile up. In: Pacific defence reporter. Vol.13, 1987. No.10. S.9-16.
BZ 05133:13

Rosenberg, D.A.: The Philippines: Aquino's first year. In: Current history. Vol.86, 1987. No.519. S.160-163; 184-186.
BZ 05166:86

Villegas, B.M.: The Philippines in 1986. Democratic reconstruction in the Post-Marcos era. In: Asian survey. Vol.27, 1987. No.2. S.194-205.
BZ 4437:27

L 533 Melanesien

Kiste, R.C.; Herr, R.A.: The potential for Soviet penetration of the South Pacific Islands: An assessment. In: Bulletin of concerned Asian scholars. Vol.18, 1986. No.2. S.42-60.
BZ 05386:18

L 533.3 Papua Neuguinea

Premdas, R.R.: Papua New Guinea's border relations with Indonesia. In: The round table. 1986. No.299. S.241-251.
BZ 4796:1986

Saffu, Y.: Papua New Guinea in 1986. Preelection mobilization and some nationalism. In: Asian survey. Vol.27, 1987. No.2. S.264-273.
BZ 4437:27

L 533.5 Neukaledonien

Connell, J.: New Caledonia: the transformation of Kanaky nationalism. In: Australian outlook. Vol.41, 1987. No.1. S.37-44.
BZ 05446:41

Guillerez, B.: La Nouvelle-Calédonie, enjeu stratégique. In: Défense nationale. A.43, 1987. No.7. S.153-158.
BZ 4460:43

Pophillat, F.: Patrice ou le devenir calédonien. 1. L'Année cruciale. 2. La route du developpement.. Noumea: Les Ed.du Devenir calédonien 1982-84. 154; 270 S.
010017

L 600 Polargebiete

Besnault, R.: Souverainetés et Stratégies dans l'Arctique. In: Stratégique. 1986. No.1. S.35-80.
BZ 4694:1986

Crickard, F.W.: An anti-submarine warfare. Capability in the Arctic, a national requierement. In: Canadian defence quarterly. Vol.16, 1987. No.4. S.24-30.
BZ 05001:16

Myhre, J.D.: The Antarctic treaty system: politics, law, and diplomacy. Boulder, Colo.: Westview Press 1986. IX,162 S.
Bc 6607

Nawaz, S.: Antarctica and India's interests. In: Regional studies. Vol.4, 1986. No.4. S.65-78.
BZ 4890:4

Prystrom, A.: Problemy aktualnego statusu prawnomiędzynarodowego Antarktyki. In: Sprawy Międzynarodowe. R.39, 1986. No.4. S.103-118.
BZ 4497:39

Serig, H.W.: Deep Freeze. In: United States Naval Institute. Proceedings. Jg.112, 1986. No.1002. S.79-81.
BZ 05163:112

L 700 Weltmeere und Inseln

L 712 Ostsee

Frank, H.: Die Bedeutung der Ostseezugänge und Möglichkeiten zu ihrer Verteidigung. In: Marine-Rundschau. Jg.83, 1986. H.5. S.267-272.
BZ 05138:83

L 713 Nordsee/Inseln

Szezinowski, H.: Friedenskampf um Helgoland. Eine dokumentarische Erzählung. Frankfurt: Verlag Marxistische Blätter 1985. 165 S.
B 56947

L 714 Ärmelkanal/Kanalinseln

Hunt, N.: Der Ärmelkanal: nicht Barriere, sondern Bindeglied zwischen den NATO-Kontinenten. In: Europäische Wehrkunde. Jg.36, 1987. Nr.4. S.190-194.
BZ 05144:36

L 720 Mittelmeer

Abdallah, S.E.: La Méditerranée: noeud gordien stratégique. In: Défense nationale. A.43, 1987. No.3. S.117-132.
BZ 4460:43

Buracchia, M.: Le motomissilistiche in Mediterraneo. Attuali tendenze nella loro costruzione e nel loro impiego. In: Rivista marittima. A.120, 1987. No.2. S.53-68.
BZ 4453:120

Kriegel, A.: Les communistes et la Méditerranée. In: Commentaire. A.9, 1986/87. No.36. S.613-621.
BZ 05436:9

Kürsener, J.: Die maritime Präsenz der USA und der Sowjetunion im Mittelmeer. In: Allgemeine Schweizerische Militärzeitschrift. Jg.153, 1987. Nr.1. S.21-24.
BZ 05139:153

Tornetta, V.: L'Alleanza Atlantica ed il Mediterraneo. In: Rivista di studi politici internazionali. A.53, 1987. No.3. S.371-382.
BZ 4451:53

L 729 Inseln im Mittelmeer

L 729.5 Malta

Sola, R.: Malte dans le triangle Moscou - Pékin - Pyongyang. In: Défense nationale. A.43, 1987. No.4. S.87-104.
BZ 4460:1987

Tacitus: How the West is losing Malta. In: Atlantic community quarterly. Vol.24, 1986. No.2. S.145-156.
BZ 05136:24

Vicario, M.C.: Le garanzie incrociate della difficile neutralità di Malta. In: Politica internazionale. A.15, 1987. No.1. S.13-18.
BZ 4828:15

L 730 Atlantik

Garrett, J.L.: The Beagle Channel dispute: confrontation and negotiation in the Southern cone. In: Journal of interamerican studies and world affairs. Vol.27, 1985. No.3. S.81-109.
BZ 4608:27

Hache, J.-D.: Les communautés insulaires du Nord de l'Atlantique et la militarisation des Océans. In: Stratégique. 1986. No.1. S.95-131.
BZ 4694:1986

Hülsemann, D.: Seeverbindungen über den Atlantik. Lebensnerven unseres Landes. In: Europäische Wehrkunde. Jg.36, 1987. Nr.7. S.372-374.
BZ 05144:36

L 739 Inseln im Atlantik

L 739.14 Azoren

Hallerbach, R.: Portugals Azoren: Vorposten Europas. In: Europäische Wehrkunde. Jg.36, 1987. Nr.6. S.323-326.
BZ 05144:36

L 739.22 Falkland-Inseln

Hoffmann, F.L.; Hoffmann, O.M.: Sovereignty in dispute: the Falklands/ Malvinas, 1493--1982. Boulder, Colo.: Westview Press 1984. XIV, 194 S.
B 56383

L 740 Indischer Ozean

Banerjee, B.N.: Indian Ocean: a whirlpool of unrest. New Delhi: Paribus 1984. XV,295 S.
B 56581

Bléjean; Damlaincourt: Océan Indien: Perspectives géopolitiques et géostratégiques. (Part. II). In: Défense nationale. A.43, 1987. No.6. S.105-116.
BZ 4460:43

Bléjean; Damlaincourt: Océan Indien: Perspectives géopolitiques et géostraté-giques. In: Défense nationale. A.43, 1987. Mai. S.103-115.
BZ 4460:43

Ferrero, J.A.: Geostrategia del Oceano Indico (Part I). In: Revista general de marina. T.212, 1987. No.6. S.797-813.
BZ 4619:212

Góralski, W.: Propozycja ustanowienia strefy pokoju na Oceanie Indyjskim. In: Sprawy Międzynarodowe. R.39, 1986. No.2. S.47-58.
BZ 4497:39

Mallon, B.: Indik - Friedenszone oder Spannungsherd. Berlin: Dietz 1986. 79 S.
Bc 6305

L 741 Rotes Meer

Aliboni, R.: The Red Sea Region. Local actors and the superpowers. London: Croom Helm 1985. XIV,143 S.
B 56069

L 743 Persischer Golf

The Arab Gulf and the West. Ed.by B.R.Pridham. London: Croom Helm 1985. XIII,251 S.
B 56451

Fredericks, B.E.: The military implicati-ons of the Gulf cooperation council. In: Military review. Vol.67, 1987. No.1. S.70-77.
BZ 4468:67

Die Golfstaaten. Wirtschaftsmacht im Krisenherd. Hrsg.: F.Scholz. Braun-schweig: Westermann 1985. 286 S.
B 55652
Gulf security into the 1980s. Perceptual and strategic dimensions. Ed.by

R.G.Darius. Stanford, Cal.: Hoover Institut 1984. XII,134 S.
B 56117

Hunter, S.T.: The Gulf economics crisis and its social and political consequen-ces. In: The Middle East journal. Vol.40, 1986. No.4. S.593-613.
BZ 4463:40

Hyman, A.: Security constraints in the Gulf States. London: Institute for the Study of Conflict 1986. 23 S.
Bc 6165

Muttam, J.: Arms and insecurity in the Persian Gulf. New Delhi: Radiant Publ. 1984. XII,227 S.
B 56597

Nelson, W.H.: Peacekeepers at risk. In: United States Naval Institute. Procee-dings. Jg.113, 1987. No.1013. S.90-97.
BZ 05163:113

Page, S.: The Soviet Union and the GCC states: A search for openings. In: American Arab affairs. 1987. No.20. S.38-56.
BZ 05520:1987

Peterson, J.E.: The GCC and regional security. In: American Arab affairs. 1987. No.20. S.62-90.
BZ 05520:1987

Seccombe, I.J.; Lawless, R.I.: Duty shaikhs, subcontractors and recruiting agents: the impact of the international oil industry on recruitment and employ-ment in the Persian/Arabian Golf, 1900-1950. In: Orient. Jg.27, 1986. H.2. S.252-270.
BZ 4663:27

Taha, A.: Naval developments in the Persian Gulf 1984-1986. In: Naval for-ces. Vol.7, 1986. No.5. S.48-63.
BZ 05382:7

Zorgbibe, C.: Nuages de guerre sur les émirats du Golfe. Paris: Publ.de la Sor-bonne 1984. 182 S.
B 55682

L 749 Inseln im Indischen Ozean

Deena Oodiah, M.: Le développement du mouvement syndical à l'île Maurice. In: Afrika-Spektrum. Jg.21, 1986. Nr.1. S.77-100.
BZ 4614:21

L 750 Pazifischer Ozean

Allen, S.: The South Pacific: setting priorities. In: United States Naval Institute. Proceedings. Jg.113, 1987. No.1013. S.50-56.
BZ 05163:113

The emerging Pacific Community. A regional perspective. Ed.by R.L.Downen. Boulder, Colo.: Westview Press 1984. XVII,245 S.
B 55781

Gray, C.S.: Maritime strategy and the Pacific: the implications for NATO. In: Naval War College review. Vol.40, 1987. No.1. S.8-19.
BZ 4634:40

Gray, C.S.: Western security and the Pacific - a geographical perspective. In: NATO's sixteen nations. Vol.32, 1987. No.2. S.42-47.
BZ 05457:32

Imman, B.R.: Competition in the Pacific Basin. In: Naval War College review. Vol.40, 1987. No.1. S.28-35.
BZ 4634:40

Lehman, J.: Seccessful naval strategy in the Pacific: how we are achieving it. How we can afford it. In: Naval War College review. Vol.40, 1987. No.1. S.20-27.
BZ 4634:40

Lyons, J.A.: A peacetime strategy for the Pacific. In: Naval War College review. Vol.40, 1987. No.1. S.44-52.
BZ 4634:40

Merino, J.T.: Trouble in the Southern Pacific. In: United States Naval Institute. Proceedings. Jg.112, 1986. No.12. S.77-82.
BZ 05163:112

Meuron, L.de: Le Pacifique Sud. In: Revue militaire suisse. A.132, 1987. No.6. S.267-272.
BZ 4528:132

Østreng, W.: The politics of continental shelves: the South China Sea in a comparative perspective. In: Cooperation and conflict. Nordic journal of international politics. Vol.20, 1985. No.4. S.253-277.
BZ 4605:20

Paul, T.V.: Nuclear-Free-Zone in the South Pacific. Rhetoric or Reality?. In: The round table. 1986. No.299. S.252-262.
BZ 4796:1986

Rolfe, J.: Strategic changes in the South West Pacific. In: RUSI. Vol.131, 1986. Nr.4. S.41-50.
BZ 05161:131

Smart, J.E.: Sorting out the Western Pacific Islands. In: United States Naval Institute. Proceedings. Jg.113, 1987. No.1013. S.62-66.
BZ 05163:113

Solomon, R.H.: The Pacific Basin: dilemmas and choices for American security. In: Naval War College review. Vol.40, 1987. No.1. S.36-43.
BZ 4634:40

Speed, F.W.: Defence in the South West Pacific. In: The army quarterly and defence journal. Vol.116, 1986. No.3. S.305-312.
BZ 4770:116

Stavridis, J.: An alliance for the Pacific. In: United States Naval Institute. Proceedings. Jg.113, 1987. No.1013. S.77-82.
BZ 05163:113

II
FORSCHUNGS-
UND LITERATURBERICHTE

Das „National Institute for Defense Studies" und sein „Military History Department" in Tokyo

von Ichirō Tsuchiya [1]

Vorwort

Die Vorläufer des "National Institute for Defense Studies" (NIDS) und das "Military History Department" wurden zugleich mit der Gründung der "National Police Reserve" 1950 errichtet und entwickelten sich seither parallel dazu.

Für die "National Police Reserve" war zunächst nur vorgesehen, die öffentliche Ruhe und Ordnung aufrechtzuhalten. Sie wurde später zur "National Safety Force" reorganisiert, die gegenüber der Vorgängerorganisation erweitert wurde, um zur Verteidigung der Nation beizutragen. Schließlich wurde sie durch die zur Zeit bestehenden "Self-Defense Forces" abgelöst, die seither verstärkt und sorgfältig ausgebaut wurden.

In dem folgenden Beitrag soll zunächst ein Überblick über das NIDS und seinen historischen Hintergrund und über das "Military History Department" gegeben werden, wobei vor allem dessen Forschungsaktivitäten geschildert und besonders die "Serie der offiziellen Geschichte des Groß-Ostasien-Krieges", die nun in 102 Bänden vorhanden ist, vorgestellt werden sollen.

A. Das "National Institute for Defense Studies"

1. Geschichte

Das NIDS wurde zunächst als "National Safety College" am 1. August 1952 gegründet, gleichzeitig mit dem Gesetz, das die "National Safety Agency" etablierte. Es wurde in "National Defense College" umbenannt, als das "Defense Agency Establishment Act" am 1. Juli 1954 in Kraft trat. In mehr als drei Jahrzehnten erwarb und festigte das College seinen Ruf als die höchste Einrichtung für die Forschung und Lehre auf dem Gebiet der nationalen Verteidigung und Strategie innerhalb der "Defense Agency" und trug in erheblichem Maße zu den japanischen Bemühungen um die Erhaltung der nationalen Sicherheit bei.

In der letzten Dekade gewannen der erzieherische Aspekt und die Forschungsaktivitäten des College zusätzliches Gewicht, um den Anforderungen der internationalen Politik, die nun an Japan gestellt werden, gerecht zu werden. Dieser neue Trend fand seinen Niederschlag in einer Serie von Reorganisationen und strukturellen Ausweitungen des Colleges. Als Teil dieser Anstrengungen – vor allem auf dem Forschungsgebiet – wurde das College in "National Institute for Defense Studies" umbenannt.

Im folgenden wird eine kurze chronologische Zusammenfassung der Geschichte des Instituts gegeben:

August 1952 Gründung des "National Safety College"

Juli 1954 Änderung des Namens in "National Defense College"

Mai 1956 Zusammenlegung des "Office of War History" mit dem College

April 1973 Einrichtung der Forschungs- und Erziehungsabteilungen

Mai 1976 Reorganisation des "Office of War History" in das "Military History Department"

April 1980 Einrichtung der Bibliothek als einer separaten Organisation

Juli 1984 Teilung der Forschungsabteilung in die erste und zweite Forschungsabteilung.

April 1985 Änderung des Namens in "National Institute for Defense Studies"

2. Aufgaben

Die Hauptaufgaben des NIDS als Japans oberster Institution für Forschung und Lehre auf dem Gebiet der nationalen Verteidigungsstrategie liegen auf folgenden Gebieten:
Durchführung von Forschungsarbeiten auf dem Gebiet der strategischen Probleme der nationalen Verteidigung und der damit zusammenhängenden politischen, wirtschaftlichen und sozialen Aspekte sowohl im internationalen als auch im nationalen Bereich.

Bereitstellung von Gelegenheiten zum Studium der Probleme der nationalen Verteidigung für eine ausgewählte Zahl von höheren Offizieren der "Self-Defense Forces" und höheren zivilen Beamten.

Durchführung von Forschungsarbeiten auf dem Gebiet der Militärgeschichte und die Veröffentlichung von deren Ergebnissen.

3. Organisation

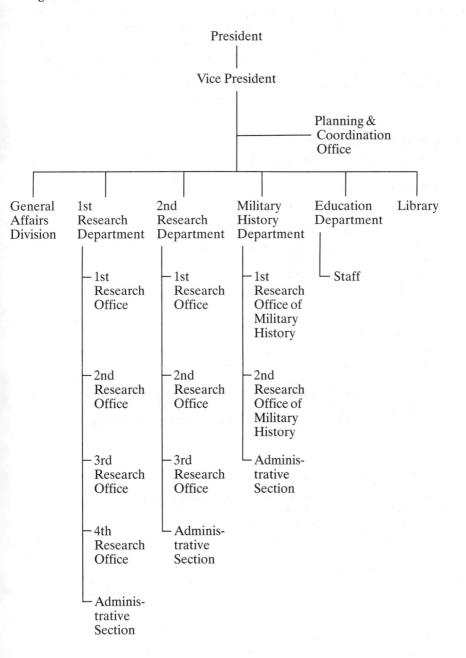

4. Forschung

Die Untersuchung und Forschung über die strategischen Aspekte der nationalen Sicherheits- und der Militärgeschichte werden in der ersten und zweiten Forschungsabteilung und dem "Military History Department" durchgeführt. Die Forschungsergebnisse tragen zur Formulierung der nationalen Verteidigungspolitik bei und werden durch Seminare, Vorlesungen, Konferenzen, Beiträge in Zeitschriften, Monographien und Bücher verbreitet. Die Ergebnisse werden auch von den "Self- Defense Forces" für die Ausbildung und Lehre benutzt.

(1) 1st Research Department

Die Erste Forschungsabteilung ist in 4 Forschungsbüros mit folgenden Spezialaufgaben eingeteilt:
Erstes Research Office: Theorien der nationalen Sicherheit und der nationalen Sicherheitspolitik
Zweites Research Office: politische, soziale und ideologische Fragen im Zusammenhang mit der nationalen Verteidigung
Drittes Research Office: wirtschaftliche und industrielle Fragen im Zusammenhang mit der nationalen Verteidigung
Viertes Research Office: Verteidigungsstrategien und deren Organisation, Aufbau der Verteidigung

(2) 2nd Research Department

Das Zweite Research Department hat drei Forschungsbüros:
Erstes Research Office: Grundlagen der internationalen Beziehungen mit den Vereinigten Staaten und West-Europa
Zweites Research Office: Grundlagen der internationalen Beziehungen mit der UdSSR und ganz Europa
Drittes Research Office: Grundlagen der internationalen Beziehungen mit der Volksrepublik China und der Halbinsel Korea, den ASEAN-Staaten und anderen

(3) Das "Military History Department"

Die zwei Forschungsbüros des "Military History Department" untersuchen die Militärgeschichte Japans und die fremder Staaten:
Erstes Research Office of Military History:
Geschichte der nationalen Sicherheitspolitik, der Kriegführung und der militärischen Institutionen
Zweites Research Office of Military History:
Geschichte der taktischen Doktrinen, der Kampfoperationen, der Militärwissenschaft und der Technologie

1966 begann das "Military History Department" mit der Publikation der "Geschichte des Zweiten Weltkrieges in Asien und im Pazifik", die mit Band 102 im Jahr 1980 abgeschlossen wurde.

5. Lehre

Das "Education Department" ist für die Planung und Durchführung von drei Kursen für Lehrgangsteilnehmer verantwortlich. Es handelt sich um den regulären, den Spezial- und den Juniorkurs.

1) Der reguläre Kurs dauert jeweils 10 Monate von September bis zum Juli nächsten Jahres. Von den Lehrgangsteilnehmern wird erwartet, daß sie eine breit angelegte gründliche Kenntnis der Fragen der nationalen Verteidigung erwerben und den analytischen Geist und ihr Urteilsvermögen schulen, um jeweils bereit zu sein, sich mit dem breiten Spektrum von Verteidigungsfragen auseinanderzusetzen. Normalerweise besteht der Lehrgang aus Offizieren im Rang eines Obersten oder Kapt.z.S. der "Ground, Maritime und Air-Self Defense Forces" und zivilen Beamten entsprechenden Ranges, nicht nur von der "Defense Agency", sondern auch von verschiedenen anderen Ministerien und Behörden der Regierung. Seit 1981 nimmt das Institut auch Offiziere und zivile Beamte fremder Länder auf.

(2) Der Spezial Kurs ist für Generale, Admirale sowie gleichrangige zivile Beamte der "Defense Agency" und anderer Regierungseinrichtungen vorgesehen. Der Hauptzweck der zweiwöchigen Kurse ist es, die Lehrgangsteilnehmer mit einer "up-to-date" Kenntnis der aktuellen Fragen der nationalen Verteidigung zu versehen.

(3) Der Junior-Kurs ist darauf ausgerichtet, den Bedürfnissen jüngerer Offiziere und Beamten zu dienen, die für etwa drei Jahre an der "Defense Agency" tätig waren. Sie sollen während der zweieinhalb-monatlichen Kurse am Institut grundlegende Kenntnisse über die Fragen der nationalen Verteidigung erhalten.

6. Bibliothek

Die Bibliothek besteht aus zwei separaten Sammlungen: der Literatursammlung zur nationalen Verteidigung und zum Militärwesen und dem militärgeschichtlichen Archiv. Die erstgenannte Bibliothek besitzt etwa 102 000 Bände und über 320 laufend gehaltene wissenschaftliche in- und ausländische Zeitschriften.

Das militärgeschichtliche Archiv besitzt 146 000 Dokumente und 48 000 Karten, dazu die Spezialsammlungen von 25 000 Bänden zur Militärgeschichte. Zu seinen Beständen gehören auch die offiziellen Dokumente der kaiserlich-japanischen Armee und Marine von der Zeit der Gründung der modernen japanischen Streitkräfte 1869 bis zum Ende des Zweiten Weltkrieges.

Die Dokumente aus dem Bereich der Armee umfassen 83 000 Stücke und bestehen im wesentlichen aus den offiziellen Akten der Kaiserlichen Hauptquartiers - Heeresabteilung, des Kriegsministeriums und des Heeres-Generalstabes. Die Marine-Sammlung besteht aus 33 000 Stücken, die zum Kaiserlichen Hauptquartier - Marine-Abteilung, zum Marineministerium und zum Admiralstab gehören. Der größte Teil dieser Materialien ist an keiner anderen Stelle vorhanden. Seit den letzten Jahren kommen nicht nur Wissenschaftler aus ganz Japan, sondern aus der ganzen Welt, um diese außergewöhnlichen Bestände zu benutzen.

B. Das "Military History Department"

1. Geschichte

Unmittelbar nach dem Ende des Zweiten Weltkrieges wurde schnell von vielen interessierten Seiten der Ruf nach einer Sammlung von Materialien zur Geschichte des letzten Krieges laut. In der Zwischenzeit war die "National Police Reserve" 1950 gegründet worden und wurde kurz darauf als "National Safety Force" reorganisiert.

1954 setzte das "National Safety College" den früheren Oberst der japanischen Armee Susumu Nishiura und den Kapitän z.S. Ryūji Terasaki als Forscher ein und wies sie an, die Grundlagen für ein militärgeschichtliches Büro aufzubauen. Im gleichen Jahr wurde die "National Safety Agency" zur "National Defense Agency" erweitert, und die "Ground, Maritime und Air Self-Defense Forces" wurden ins Leben gerufen.

1955 wurde das "Office of War History" eingerichtet und fand seinen Platz bei dem "Ground Self-Defense Forces Staff College" in Kodairamachi, Tama-gun, Tokyo, und Susumu Nishiura wurde sein erster Chef. Die Hauptverantwortung dieses Büros war die Errichtung einer Sammlung historischer Materialien zum Pazifischen oder Groß-Ostasien-Krieg und die Vorbereitung einer Geschichte dieses Krieges. Im folgenden Jahr wurde das Büro formell in das "National Defense College" integriert.

Mit der Rückgabe der militärischen Einrichtungen durch die US-Army in Japan wurde das Büro von Kodaira nach Shibaura, Minato-ku und 1960 nach Ichigaya Heights verlegt. Das Gebäude des Büros auf den Ichigaya Höhen wurde früher als Offiziersclub der kaiserlich-japanischen Armee benutzt. Das Hauptgebäude dieser neuen Einrichtung lag da, wo das kaiserliche Hauptquartier stand. Nach der Niederlage Japans wurde das Gebäude als Platz für das internationale Kriegsverbrecher-Tribunal der alliierten Mächte benutzt.

In der Zwischenzeit machte die Arbeit an der Sammlung militärischer Dokumente und entsprechender Materialien sowie die Vorbereitung einer militärischen Geschichte große Fortschritte. Ein neues militärgeschichtliches Archiv wurde gegründet und das Büro nach und nach organisatorisch vervollkommnet.

1976, als das Ende der Zusammenstellung der "Official War Histories Series" in Sicht kam, wurde das "Office of War History" in das "Military History Department" umgewandelt.

Der größte Unterschied nach dieser strukturellen Reform war, daß die Vorgängerorganisation vor allem auf die Geschichtsschreibung zur "Official War History Series" konzentriert war, während man von der neuen Organisation erwartete, nicht nur die japanischen, sondern auch die Kriege anderer Mächte zu studieren. Das alte Gebäude wurde abgebrochen und durch ein neues Gebäude ersetzt.

1979 verlegte das "Department" endgültig seinen Sitz von Ichigaya zu seinem gegenwärtigen Standort in Naka-meguro, Migoru-ku.

2. Forschungsaktivitäten

(1) Die Bearbeitung und Publikation der "Official War History Series"

Als das "Office of War History" mit dem Studium des kurz zuvor beendeten Krieges begann, waren die meisten Akten und Dokumente der japanischen Armee und Marine zur Zeit der japanischen Kapitulation verbrannt worden. Der Rest war verstreut oder verloren oder durch die U.S.-Besatzungs-Streitkräfte beschlagnahmt worden.

Trotzdem gelang es dem "Office", im Anfangsstadium der Untersuchungen etwa 10000 Stücke der verschiedensten Dokumente von dem "Repatriation Relief Bureau of the Welfare Ministry" zurückzuerhalten. Das "Office" war dann bemüht, die in der Hand von Einzelpersonen oder Gruppen verteilt über das ganze Land verstreuten erhalten gebliebenen Materialien aufzufinden und zu sammeln. Zur gleichen Zeit begann es, eine große Anzahl von Interviews mit früheren Soldaten und Seeleuten zu führen. Auch war man bemüht, die Regierung der U.S.A. um eine Rückgabe der beschlagnahmten Materialien anzugehen.

Mit der Rückgabe von 41 000 Stücken aus den Vereinigten Staaten begann 1958 die Aufgabe der Sammlung und der Ordnung der historischen Materialien großes Gewicht zu bekommen, und das "Office" war nun bereit für die Einrichtung eines echten Militärarchivs.

Der Chef des "Office of War History" setzte frühere auf die Wissenschaft ausgerichtete Heeres- und Marine-Offiziere sowie zusätzlich junge, viel versprechende Offiziere der "Self-Defense Forces" für die Aufgabe ein. Das "Office" begann die gewaltige Aufgabe der Zusammenstellung der "History of World War II in Asia and the Pacific" mit einem 25 Mann starken Team. Zu der Zeit war das "Office" in drei Sektionen geteilt, die sich an die Bereiche des Heeres, der Marine und der Luftwaffe anlehnten. 1965 wurde folgender Zehnjahres-Veröffentlichungsplan aufgestellt:

1.Serie: Kaiserliches Hauptquartier (31 Bände):

Diese Serie befaßte sich mit der obersten Leitung der Kriegführung beider Teilstreitkräfte, der Militärverwaltung in den besetzten Gebieten, der Strategie und Taktik und Kriegsvorbereitungen.

2.Serie: Heeresoperationen (31 Bände):

Diese Serie umfaßte die Landoperationen, beginnend mit den Operationen auf der Malayischen Halbinsel bis zu den entscheidenden Kämpfen auf Okinawa. Es schloß auch eine operative Geschichte der Kämpfe auf dem chinesischen Festland und die Verteidigungsplanung der japanischen Armee im Heimatgebiet ein.

3.Serie: Marine-Operationen (20 Bände):

Diese Serie behandelte die Marine-Operationen und Seeschlachten von der Hawaii-Operation bis zu den Schlachten von Okinawa und Taiwan. Dazu kamen auch die Marine-Einsätze auf dem chinesischen Kriegsschauplatz und die Vorbereitungen für die Operationen zur Verteidigung des Heimatlandes.

4.Serie: Luft-Operationen (9 Bände):

Unter diesem Titel behandelte die Serie Luft-Operationen von Heeres- und Marine-Fliegerverbänden, vom Vormarsch nach Südost-Asien sowie in der Pazifischen Region bis einschließlich der Luft-Operationen in der Mandschurei und im Heimatland.

Ursprünglich war die Zahl der Bände dieser offiziellen Publikationen auf 91 festgesetzt. Doch im Jahr 1973 wurde die Reihe auf 96 Bände erweitert, um die Heeres-Operationen während des chinesisch-japanischen Krieges einzubeziehen. In der Zwischenzeit jedoch, um die Forderungen nach einer Einbeziehung von Extrabänden über Sonderoperationen, die U-Boot-Kriegführung und die Vorgeschichte des Krieges zu berücksichtigen, wurde die endgültige Entscheidung getroffen, die Serie auf 102 Bände zu erweitern.

Im Sommer 1976 waren 96 Bände ausgeliefert, und die zusätzlichen 6 Bände kamen bis 1980 heraus. Eine vollständige Liste ist am Schluß dieses Beitrages angefügt. Später begann das "Military History Department" ein neues Projekt, um historische Quellen zusammenzustellen, und gegenwärtig sind bereits die Serien "Nanpō nō gunsei" (die Militärverwaltung in Südost-Asien) und dann "Teikoku kaigun nendō sakusen keikaku" (die jährlichen Operationspläne der japanischen Marine) verfügbar.

3. Neue Trends und Perspektiven

Von der Gründung des "Office of War History" 1955 bis zur Bildung des "Military History Department" 1976 lag die Hauptverantwortung bei der Zusammenstellung der offiziellen kriegsgeschichtlichen Serie. Parallel dazu lief jedoch eine intensive Bemühung, weitere historische Materialien zu sammeln und die Militärgeschichte in weiteren Bereichen zu untersuchen. Als die Publikation sich schließlich ihrem Endstadium näherte, begannen die Forscher des Office Monographien über verschiedene unabhängige Themen zu bearbeiten und zu publizieren, von denen einige in der Folge angeführt werden sollen:

1. Die Geschichte der nationalen Verteidigung:
Studien über die industrielle Mobilisation;
die Herstellung der Kriegs-Bereitschaft.

2. Geschichte der obersten Führung:
Die operative Führung der alliierten Mächte gegenüber dem japanischen Kaiserreich;
einige Gedanken zur Kriegführung.

3. Geschichte der militärischen Einrichtungen:
Erziehungssystem und seine Einrichtungen in der japanischen Marine;
das Reserve-System.

4. Geschichte der Militärwissenschaft und Technologie:
Studien über die Entwicklung von Flugzeugen.

5. Geschichte der Kampfoperationen:
Studie über die Imphal-Operation;
Studie zur Guadalcanal-Operation;
Geschichte der Landungsoperationen.

6. Sammlung von historischen Quellen:
Die Organisation der Kaiserlich-japanischen Armee.

Von 1967 an begann das "Military History Department" mit weitreichenden Untersuchungen sowohl zur Geschichte der japanischen Verteidigungspolitik als auch der Verteidigungspolitik fremder Mächte, der Geschichte der höheren Kriegführung, der Geschichte von Operationen und taktischen Kampfhandlungen und der Geschichte von militärischen Institutionen. Die folgenden Titel einiger Monographien sollen diese Forschungsaktivitäten umschreiben.

1. Geschichte der nationalen Verteidigung
ein historischer Überblick über die Rüstungsbegrenzung seit dem Ersten Weltkrieg;
eine Geschichte der nationalen Verteidigung vom Gesichtspunkt der Militärbündnisse;
eine historische Untersuchung über die strategischen Verhandlungen zwischen den Vereinigten Staaten und der Sowjetunion;,
Geschichte der chinesischen Verteidigung.

2. Geschichte der Kriegführung:
Studien über die Shantung-Expedition;
Geschichte des Oberkommandos;.
Geschichte der Kriegführung der alliierten Mächte während des Zweiten Weltkrieges.

3. Geschichte der militärischen Einrichtungen:
die Auflösung der Kaiserlich-japanischen Marine; das System der Personalführung bei der kaiserlich- japanischen Armee.

4. Militärisches Denken und Doktrinen:
ein historischer Überblick über die sowjetische Luftwaffe während der Nachkriegsperiode.

5. Geschichte von Kampfoperationen;
Studien über den Changkufeng Zwischenfall;
der Nomonhan-Zwischenfall;
Flotten-Operationen zum Schutz der Seeverbindungen;
der Chinesische Bürgerkrieg;
der Koreanische Krieg;
der Vietnam-Krieg;
die arabisch-israelischen Kriege.

Wie man aus dieser Zusammenstellung entnehmen kann, hat das "Military History
Department" in den letzten Jahren seine Untersuchungen auf die auswärtigen
Mächte und die Kriege der Gegenwart ausgedehnt.

4. Die historischen Materialien

Ein ambitiöses Programm für die Erwerbung und Sammlung von dokumentari-
schem Material hat während dreier Jahrzehnte seit den Tagen des "War History
Office" bis heute eine große Zahl neuer Sammlungen zum "Military History
Archives" gebracht. Diese Sammlungen werden innerhalb der Bibliothek des
NIDS sorgfältig aufgearbeitet und erschlossen und sind für die Öffentlichkeit
zugänglich.

5. Öffentlichkeitsarbeit

1)Militärgeschichtliches Forum
Das "Military History Department" hält im Juli jedes Jahres eine zweitägige
Konferenz unter dem Titel "Military History Forum" ab, um die Forschungsergebnisse seiner Mitarbeiter nicht nur der akademischen Welt, sondern der Öffentlichkeit vorzustellen. Die Teilnehmerzahl von außerhalb überschreitet oft 300 Personen.

2) Teilnahme an wissenschaftlichen Konferenzen und Seminaren
Die Mitarbeiter des "Military History Department" sind aktiv an vielen Arten von
wissenschaftlichen Austauschprogrammen oder Vorträgen von zivil-wissenschaft-
lichen und erzieherischen Organisationen sowie an wissenschaftlichen Konferenzen und Seminaren beteiligt. So zum Beispiel bei der "Japan Association of International Relations", der "Military History Society" und der "National Defense
Society", um einige zu nennen.
Das "Military History Department" unterstützt den wissenschaftlichen Austausch,
insbesondere mit der "Internationalen Kommission für Militärgeschichte" durch
die japanische Kommission für Militärgeschichte. So nahmen Mitarbeiter bereits
1975 an dem Kolloquium der "Internationalen Kommission für Militärgeschichte"
in Washington, 1978 in Ottawa und 1985 in Stuttgart sowie 1986 in Seoul mit Vorträgen teil. In den vergangenen Jahren entsandte das Department Mitarbeiter in
die Volksrepublik China und die Vereinigten Staaten, um bei wissenschaftlichen

Konferenzen Referate vorzutragen. Im Oktober 1987 nahmen zwei Mitarbeiter an einem Austausch-Programm zwischen Japan und den USA beim U.S.-Army War College in Carlisle, Pennsylvania, teil. Auch 1988/89 werden weitere Mitglieder des Departments in die USA zum Studium entsandt.

3) Ausländische Besuche
Zahlreiche Forscher auf dem Gebiet der Militärgeschichte aus dem Ausland besuchten das "Military History Department", um die Bestände der Archive und der Bibliothek sowie die Arbeitsweise des Departments kennenzulernen und vor den Mitarbeitern Referate über die Arbeit in den Partnerländern zu halten. In den letzten Jahren kamen unter anderem Wissenschaftler aus den Vereinigten Staaten, von Südkorea, von Finnland, der Bundesrepublik Deutschland, Israel und der VR.China.

4) Zukunftsperspektiven
Das Military History Department" wird seine Anstrengungen in Hinblick auf die Untersuchung der Militärgeschichte fremder Staaten erweitern und will sich zur gleichen Zeit bemühen, die Sammlung historischer Materialien und Dokumente zu intensivieren und insbesondere die Forschungsergebnisse in den Vereinigten Staaten, in den europäischen Ländern, im Mittleren Osten und den anderen Weltgegenden für die japanische Forschung nutzbar machen. Es gibt außerdem die Hoffnung, daß der wissenschaftliche Austausch mit der "Internationalen Kommission für Militärgeschichte" und ähnlichen Organisationen auf dem Gebiet der Militärgeschichte sich weiter intensivieren wird.

[1]Generalleutnant a.D. Ichirō Tsuchiya ist zur Zeit der Direktor des "Military History Department"

Bibliographie

Ichirō Tsuchiya

Senshi-sōsho.
(Kriegsgeschichts-Serie. Geschichte des Zweiten Weltkrieges in Asien
und im Pazifik.)
Herausgegeben vom Bōeichō Bōeikenshūjo Senshishitsu ("Military
History Department" des "National Institute for Defense Studies".)
Tokyo: Asagumo Shinbun-sha 1965-1980. 102 Bände.   F 1520

1. Serie: Kriegsursachen

1.1   Daihon'ei rikugun-bu Daitōa sensō kaisen keii.
      (Der Hintergrund des Groß-Ostasien-Krieges aus der Sicht der
      Heeres-Abteilung des Kaiserlichen Hauptquartiers.)

      Bd.65: *Hara, Shirō:* T.1. 525 S., 1973.   F 1520:65
      Bd.68: *Hara, Shirō:* T.2. 567 S., 1973.   F 1520:68
      Bd.69: *Hara, Shirō:* T.3. 667 S., 1973.   F 1520:69
      Bd.70: *Hara, Shirō:* T.4. 593 S., 1974.   F 1520:70
      Bd.76: *Hara, Shirō:* T.5. 635 S., 1974.   F 1520:76

1.2   Daihon'ei kaigun-bu Daitōa sensō kaisen keii.
      (Der Hintergrund des Groß-Ostasien-Krieges aus der Sicht der
      Marine-Abteilung des Kaiserlichen Hauptquartiers.)
      Bd.100: T.1,410 S., 1979   F 1520:100
      Bd.101: T.2,582 S., 1979   F 1520:101

2.Serie: Kaiserliches Hauptquartier, Heeres- Abteilung

2.1   Daihon'ei rikugun-bu
      (Kaiserliches Hauptquartier, Heeres-Abteilung.)
      Bd. 8: *Shimanuki, Takeharu:* Shōwa 15-nen 5-gatsu made
              (Bis Mai 1940.) 641 S. 1967   F 1520: 8
      Bd.20: *Shimanuki, Takeharu:* Shōwa 16-nen 12-gatsu made.
              (Bis Dezember 1941.) 693 S.,1968.   F 1520:20
      Bd.35: *Shimanuki, Takeharu:* Shōwa 17-nen 4-gatsu made
              (Bis April 1942.) 676 S.,1970.   F 1520:35
      Bd.59: *Shimanuki, Takeharu:* Shōwa 17-nen 8-gatsu made.
              (Bis August 1942.) 675 S.,1972.   F 1520:59
      Bd.63: *Shimanuki, Takeharu* und *Hukushige, Hiroshi:* Shōwa 17-nen
              12-gatsu made. (Bis Dezember 1942.) 608 S., 1973.   F 1520:63
      Bd.66: *Yamashita, Yoshisuki:* Shōwa 18-nen 6-gatsu made.
              (bis Juni 1943).664 S., 1973.   F 1520:66
      Bd.67: *Fuwa, Hiroshi:* Shōwa 18-nen 12-gatsu made.
              (Bis Dezember 1943.) 615 S.,1973.   F 1520:67
      Bd.75: *Yabe, Sadaji:* Shōwa 19-nen 7-gatsu made.
              (Bis Juli 1944.),552 S.,1974.   F 1520:75
      Bd.81: *Takasaki, Masao:* Shōwa 20-nen 1-gatsu made.
              (Bis Januar 1945),579 S.,1975.   F 1520:81
      Bd.82: *Kondo, Shinji:* Shōwa 20-nen 8-gatsu made.
              (Bis August 1945.),537 S.,1975.   F 1520:82

3.Serie: Kaiserliches Hauptquartier, Marine-Abteilung

3.1 Daihon'ei kaigun-bu. reggo kantai.
(Kaiserliches Hauptquartier, Marine-Abteilung und Vereinigte Flotte.)
Bd.91: *Tahira, Nagayoshi:* T.1, Kaisen made.
(Bis Kriegsanfang.),571 S.,1975.   F 1520:91
Bd.80: *Tsunoda, Kyuzi:* T.2, Shōwa 17-nen 6-gatsu made.
(Bis Juni 1942.) 499 S.,1975.   F 1520:80
Bd.77: *Sakamoto, Kanami:* T.3, Shōwa 18-nen 2-gatsu made.
(Bis Februar 1943.),538 S.,1974.   F 1520:77
Bd.39: *Yoshimatsu, Yoshihiko:* T.4, Dai Sandan sakusen zenki.
(Der erste Teil der Operationen der 3.Stufe.) 563 S.,1970.   F 1520:39
Bd.71: *Yamamoto, Chikao:* T.5, Dai Sandan sakusen chyūki.
(Der mittlere Teil der Operationen der 3.Stufe.) 594 S.,1974.
                                                     F 1520:71
Bd.45: *Nomura, Minoru:* T.6, Dai Sandan sakusen koki.
(Der letzte Teil der Operationen der 3.Stufe.) 601 S.,1971. F 1520:45
Bd.93: ... T.7, Sensō saishūki. (Das Ende des Krieges.),
487 S.,1976.   F 1520:93

4. Serie: Rüstungen und Kriegsvorbereitungen

4.1 Rikugun kōkū no gunbi to unyō.
(Rüstungen und Einsätze der Heeres-Luftwaffe.)
Bd.52: ...,T.1. Shōwa 13-nen shoki made.
(Bis zum Anfang des Jahres 1938.) 662 S.,1971.   F 1520:52
Bd.78: *Ikuta, Jun:* Shōwa 17-nen zenki made.
(Bis zum Anfang des Jahres 1942.),566 S.,1974.   F 1520:78
Bd.94: ...,T.3, Daitōa sensō shūsen made.
(Einsätze bis zum Ende des Zweiten Weltkrieges.),
515 S.,1976.   F1520:94

4.2 Rikugun gunju dōin.
(Mobilisierung der Rüstungsproduktion für das Heer.)
Bd. 9: *Takasagi, Masao:* T 1, Kaeikaku-hen.
(Planung) 762 S.,1967.   F 1520: 9
Bd.33: *Takasagi, Masao:* T 2, Jisshi-hen.
(Durchführung.),844 S.,1970.   F 1520:33

4.3 Rikugun gunsenbi.
(Rüstungsvorbereitungen des Heeres.)
Bd.99: ... : Rikugun gunsenbi.
(Rüstungsvorbereitungen des Heeres.),519 S.1979.   F 1520:99

4.4 Bd.87: *Takano, Shōhei:* Rikugun kōkūheiki no kaihatu seisan, hokyo.
(Entwicklung, Produktion und Nachschub von Waffen
der Heeres-Luftwaffe.),633 S.,1975.   F 1520:87

4.5 Bd.97: Rikugun kōkūsakusen kiban kensetsu unyō.
(Bau und Benutzung von Basen für die Operationen
der Heeres-Luftwaffe.),469 S.,1979.   F 1520:97

4.6 Kaigun gunsenbi.
(Kriegsvorbereitungen der Marine.)
Bd.31: *Suekuni, Masao* und *Nishimura, Kunigoro:* T. 1, Shōwa
16-nen 11-gatsu made. (Bis Dezember 1941.),876 S.,1969.   F 1520:31
Bd 88: *Akasaka, Sachiharu:* T. 2, Kaisen Igo.
(Nach Kriegsbeginn),469 S.,1975.   F 1520:88

4.7 Bd.95: Kaigun kōkū gaishi.
(Geschichte der Marine-Luftwaffe.),17,476 S.,1976.   F 1520:95

4.8 Bd.46: *Kishino, Hiromitsu:* Kaijō goeisen.
(Marine-Konvoi-Operationen.),644 S.,1971.   F 1520:46

4.9 Bd.98: … . Sensuikan shi.
(Geschichte der U-Bootkriegführung.),491 S.,1979.   F 1520:98

5. Serie: Angriffs-Operationen

5.1 Bd. 1: *Fuwa, Hiroshi:* Marē shinkō sakusen.
(Die Angriffsoperation gegen Malaya.),650 S.,1966.   F 1520:1

5.2 Bd. 2: *Shimanuki, Takeharu* und *Takayama, Minoru:* Hitō kōryaku sakusen.
(Die Angriffsoperation gegen die Philippinen.),
572 S.,1966.   F 1520: 2

5.3 Bd. 3: …. ,: Ran'in kōryaku sakusen.
(Die Angriffsoperation gegen Niederländisch-Indien.)
o.S.1967.   F 1520: 3

5.4 Bd. 5: *Fuwa, Hiroshi:* Biruma kōryaku sakusen.
(Der Feldzug in Burma.),638 S.,1967.   F 1520: 5

5.5 Bd.34: *Okamoto, Takeyoshi* und *Horikawa, Tatsumi:* Nanpo
shinkō rikugun kōkū sakusen.
(Die Operationen der Heeres-Luftwaffe in Südostasien.),
762 S.,1970.   F 1520:34

5.6 Bd.10: *Tsunoda, Hitoshi:* Hawai sakusen.
(Die Hawaii-Operation.),685 S.,1967.   F 1520:10

5.7 Bd.24: *Nagoya, Ariyuki* und *Tsunoda, Hitoshi:* Hitō, Marē hōmen
kaigun shinkō sakusen.
(Die Angriffsoperationen der Marine in den Gewässern
der Philippinen und Malayas.),658 S.,1969.   F 1520:24

5.8 Bd.26: *Sasaki, Masao:* Ran'in, Bengaruwan hōmen kaigun shikkō sakusen.
(Die Angriffsoperationen der Marine in den Gewässern Niederländisch-Indiens und im Bengalischen Meer.),696 S.,1969.   F 1520:26

5.9 Bd.43: *Tsunoda, Hitoshi:* Middouē kaisen.
(Die Schlacht von Midway.),657 S.,1971.   F 1520:43

6. Serie: Operationen auf den Kriegsschauplätzen Salomonen und Neu-Guinea.

6.1 Minami-Taiheiyō rikugun sakusen. (Heeres-Operationen im Südpazifik.)
Bd:14: *Kondo, Shinji:* Poto Moresbi Ga-to shōki sakusen
(Port Moresby und einleitende Kämpfe auf Guadalcanal.),
586 S.,1968.   F 1520:14

Bd.28: *Kondo, Shinji:* T.2, Gadarukanaru Buna sakusen.
(Die Guadalcanal- und Buna-Operationen.), 638 S.,1969.   F 1520:28
Bd.40: *Kondo, Shinji:* T.3, Munda, Saramoa.
(Die Operationen auf Munda und den Zentralsalomonen.),
593 S.,1970.   F 1520:40
Bd.58: *Kondo, Shinji:* T.4, Finshihahen, Tsurubu, Tarokina.
(Die Operationen bei Finschhafen, Cape Gloucester
und Torokina.), 594 S.,1972.   F 1520:58
Bd.84: *Kuwahara, Shigeki:* T.5, Aitape, Puriaka, Rabauru.
(Die Operationen um Aitape, Hollandia und Rabaul.),
482 S.,1975.
   F 1520:84

6.2   Nantō hōmen kaigun sakusen.
(Marine-Operationen im Süd-Ostpazifik.)
Bd.49: *Takeshita, Takami:* T.1, Gadarukanaru-to Dakkaisakusen kaishi made.
(Bis zum Beginn des Kampfes um die
Wiedereroberung von Guadalcanal.),650 S.,1971.   F 1520:49
Bd 83: *Nawada, Yu:* T.2.Gatō Tessyū made.
(Bis zum Abzug von Guadalcanal.),579 S.,1975.   F 1520:83
Bd.96: …,: Gato tesshu go.
(Nach dem Rückzug von Guadalcanal.),528 S.,1976.   F 1520:96

6.3   Bd. 7:   *Matsuda, Masao:* Tōbu-Nyūginia hōmen rigugun kōkū sakusen.
(Operationen der Heeres-Luftwaffe in Ost-Neugeuinea.),
688 S.,1967.   F 1520: 7

6.4   Bd.22:   *Matsuda, Masao:* Seibu-Nyūginia rikugun kōkū sakusen.
(Operationen der Heeres-Luftwaffe in West-Neuguinea.),
695 S.,1969.   F 1520:22

7.Serie: Operationen auf dem Kriegsschauplatz Zentral-Pazifik

7.1   Chūbu-Taiheiyō rikugun sakusen.
(Heeres-Operationen im Zentral-Pazifik.)
Bd. 6:   *Fukushige, Hiroshi:* Mariana gyokusai made.
(Bis zum Verlust der Marianen.),664 S.1967.   F 1520: 6
Bd.13:   *Fukushige, Hiroshi* und *Hayashi, Koreichi:*
Periryu, Angauru, Iōtō. (Peleliu, Angaur und Iwojima.),
624 S.,1968.   F 1520:13

7.2   Bd.12:   *Sakamoto, Kanemi:* Mariana-oki-kaisen.
(Die Schlacht in der Philippinen-See.), 638 S.,1968.   F 1520:12

7.3   Chūbu-Taiheiyō hōmen kaigun sakusen.
(Marine-Operationen im Zentral-Pazifik.)
Bd.38: *Sato, Hyakutaro:* T.1, Shōwa 17-nen 5-gatsu made.
(Bis Mai 1942.),622 S.,1970.   F 1520:38
Bd.62: *Sato, Hyakutaru:* T.2, Shōwa 17-nen 6-gatsu iku.
(Seit Juni 1942.),657 S.,1973.   F 1520:62

8.Serie: Verteidigungs-Operationen auf dem südwestlichen Kriegsschauplatz

8.1 Bd.23: *Matsumoto, Hidemitsu:* Gōhoku hōmen rikugun sakusen.
(Heeres-Operationen in der Banda-See und auf
West-Neuguinea.),675 S.,1969. F 1520:23

8.2 Bd.92: Nansei hōmen rikugun sakusen.
(Heeres-Operationen zur Verteidigung Malayas und
Niederländisch-Indiens.),20,485 S.,1976. F 1520:92

8.3 Bd.54: *Sasaki, Masao:* Nansei hōmen kaigun sakusen.
(Marine-Operationen im Südwestpazifik.), 699 S.,1972. F 1520:54

9.Serie: Operationen in Burma

9.1 Bd.61: *Okamoto, Yutaka:* Biruma, Ran'in hōmen daisan kōkūgen no sakusen.
(Operationen der 3.Luft-Armee in Burma und
Niederländisch-Indien.),712 S.,1973. F 1520:61

9.2 Bd.15: *Fuwa, Hiroshi:* Inpāru sakusen.
(Die Imphal Operation.),689 S.,1968. F 1520:15

9.3 Bd.25: *Fuwa, Hiroshi:* Irawaji kaisen.
(Die Irrawaddy-Schlacht.),658 S.,1969. F 1520:25

9.4 Bd.32: *Fuwa, Hiroshi und* Kurita, Masatada: Shittan, Meigō sakusen.
(Der Zusammenbruch der Burma-Front und die
Verteidigung der Indochina-Halbinsel.), 711 S.,1969. F 1520:32

10.Serie: Operationen im Nordost-Pazifik.

10.1 Hokutō hōmen rikugun sakusen
(Heeres-Operationen im Nordost-Pazifik.)
Bd.21: *Sachimara, Kenichiro:* T.1, Attsu no Gyokusai.
(Der Verlust der Insel Attu.),571 S.,1968. F 1520:21
Bd.44: *Kawada, Kyushiro:* T.2, Chishima, Karahuto Hokkaidō no Boei.
(Die Verteidigung der Kurilen, von Sachalin und Hokkaido.)
621 S.,1971. F 1520:44

10.2 Bd.29: *Sakamoto, Kanemi:* Hokutō-hōmen kaigun sakusen.
(Marine-Operationen im Nordostpazifik.),683 S.,1969. F 1520:29

11. Serie: Entscheidungsschlachten auf den Philippinen-Inseln

11.1 Kaigun Shōgō sakusen.
(Die Flotten-Operationen in der Operation "Shōgō.")
Bd.37: *Yoshimatsu, Masahiro:* T.1. Taiwan-oki kōkū sakusen made.
(Bis zur Luftschlacht von Formosa.), 751 S.,1970. F 1520:37
Bd.56: *Yoshimatsu, Masahiro:* T.2, Filipin-oki kaisen.
(Die Luftschlacht auf der Höhe der Philippinen.),
615 S.,1972. F 1520:56

11.2 Shōgō rikugun sakusen.
(Heeres-Operationen in der Operation "Shōgō".)
Bd.41: *Matsuki, Hidemitsu:* T.1, Reite kessen.
(Der Entscheidungskampf auf Leyte.),650 S.,1970.   F 1520:41
Bd.60: *Matsuki, Hidemitsu:* T.2,Ruson kessen.
(Der Entscheidungskampf auf Luzon.) 690 S.,1972.   F 1520:60

11.3 Bd.48: *Harunari (Harushige), Kanemasa:* Hitō Shōgō rikugun kōkū
(Operationen der Heeres-Luftwaffe während der
"Shō-gō"-Operation auf den Philippinen.), 663 S.,1971.   F 1520:48

12. Serie: Entscheidungsschlachten auf Okinawa

12.1 Bd.11: *Itō, Tsuneo:* Okinawa-homen rikugun sakusen.
(Heeres-Operationen auf Okinawa.),655 S.,1968.   F 1520:11

12.2 Bd.36: *Miura, Masaharu (Shoji):* Okinawa Taiwan Iō-tō hōmen
rikugun kōkū sakusen.
(Operationen der Heeres-Luftwaffe um Okinawa,
Formosa und die Io-to-Inselgruppe.), 639 S.,1970.   F 1520:36

12.3 Bd.17: *Kawahara, Toshihisa:* Okinawa hōmen kaigun sakusen.
(Flotten-Operationen um Okinawa.),796,+12 S.,1968.   F 1520:17

13.Serie: Operationen um die japanischen Hauptinseln

13.1 Hondo kessen jyunbi.
(Planung und Vorbereitung der Verteidigung der japanischen Hauptinseln.)
Bd.51: *Itō, Tsuneo:* T.1, Kantō no bōei.
(Die Verteidigung des Kantō-Gebietes.), 627 S., 1971.   F 1520:51
Bd.57: *Tahira, Nagayoshi:* Kyūshū no bōei.
(Die Verteidigung von Kyushu.),613 S.,1972.   F 1520:57

13.2 Bd.19: *Tsuji, Hideo* und *Kurita, Masatada:* Hondo bōkū sakusen.
(Die Luftabwehr-Operationen auf der Insel Hondo.),
685 S.,1968.   F 1520:19

13.3 Bd.85: *Morimatsu, Toshio:* Hondo-hōmen kaigun sakusen.
(Marine-Operationen in den Seegebieten Hondos.),1975.   F 1520:85

14.Serie: Die Operationen in der Mandschurei

14.1 Kantō-gun. (Die Kwantung-Armee.)
Bd.27: *Nishihara, Masao:* T.1, Taiso sen junbi, Nomonhan jiken.
(Kriegsvorbereitungen gegen Rußland.
Die Nomonhan- Affäre.), 751 S.,1969.   F 1520:27
Bd.73: *Hata, Hikosaburō:* T.2, Kanto kuen. Syūsenji no Taiso sen.
(Manöver der Garnisonsarmee 1941. Die Schlachten gegen
Rußland am Ende des Zweiten Weltkrieges.),516 S.,1974.   F 1520:73

14.2 Bd.53: *Ikuta, Atsushi:* Manshū hōmen rikugun kōkū sakusen.
(Operationen der Heeres-Luftwaffe in der Mandschurei.),
646 S.,1972.   F 1520:53

15.Serie: Die Operationen auf dem chinesischen Festland

15.1 Bd.47: *Akasaka, Yukiharu:* Honkon Chōsa sakusen.
(Operationen um Honkong und Chosa.),671 S.,1971. F 1520:47

15.2 Bd.55: *Takayama, Minoru:* Shōwa 17,18,no Shina hakengun.
(Die China-Expeditionsarmee von 1942 bis 1943.),
547 S.,1972. F 1520:55

15.3 Shōwa 20 no Shina hakengun.
(Die China-Expeditionsarmee 1945.)
Bd.42: *Nagao, Masao:* T.1, 3 gatsu made.
(Bis März 1945).640 S.,1971. F 1520:42
Bd.64: *Nagao, Masao:* T.2, Shusen made.
(Bis zum Kriegsende.),593 S.,1973. F 1520:64

15.4 Ichigō sakusen. (Die Operation "Ichigō Nr.1")
Bd. 4: *Nagao, Masao:* T.1, Kanan no kaisen.
(Die Schlacht in der Provinz Honan.),628 S.,1967. F 1520: 4
Bd.16: *Nagao, Masao:* T.2, Kanan no kaisen.
(Die Schlacht in der Provinz Honan.),564 S.,1968. F 1520:16
Bd.30: *Nagao, Masao:* T.3, Kansei kaisen.
(Die Schlacht in der Provinz Kwangsi.), 708 S., 1969. F 1520:30

15.5 Hokushi no chiansen.
(Befriedungs-Vorstöße gegen die chinesischen Kommunisten in Nord-China.)
Bd.18: *Morimatsu, Toshio,* T.1,610 S.,1968. F 1520:18
Bd.50: *Morimatsu, Toshio,* T.2,619 S.,1971. F 1520:50

15.6 Shina jihen rikugun sakusen.
(Heeres- Operationen während des China-Zwischenfalls.)
Bd.86: *Takeshita, Takami:* T.1, Shōwa 13-nen 1-gatsu made.
(Bis zum Januar 1938.),510 S.,1975. F 1520:86
Bd.89: *Takeshita, Takami:* T.2, Shōwa 14-nen 9-gatsu made.
(Bis zum September 1939.),466 S.,1976. F 1520:89
Bd.90: *Tahira, Nagayoshi:* T.3, Shōwa 16-nen 12-gatsu made.
(Bis zum Dezember 1941.),537 S.,1975. F 1520:90

15.7 Bd.74: *Hashimoto, Hidenobu:* Chūgoku hōmen rikugun kōkū sakusen.
(Die Operationen der Heeres-Luftwaffe auf
dem chinesischen Kriegsschauplatz.), 600 S.,1974. F 1520:74

15.8 Chūgoku hōmen kaigun sakusen. (Marine-Operationen
auf dem chinesischen Kriegsschauplatz.)
Bd.72: *Koshba, Naotada:* T.1, Showa 13-nen 3-gatsu made.
(Bis zum März 1938.),544 S.,1974. F 1520:72
Bd.79: *Gotō, Shinpachiro:* Shōwa 13-nen 4-gatsu iko.
(Nach dem April 1938.),501 S.,1975. F 1520:79

16.Serie: Chronologie

16.1 Bd.102: Riku-kaigun-nenpyō.
(Chronologische Tabelle für Heer und Marine.),
534 S.,1980. F 1520:102

„La Violencia" in Kolumbien

(Der Bürgerkrieg in Kolumbien 1948-1958)

Entwurf einer Bibliographie

von Ilse Valerie Cohnen

I. Einleitung:

„LA VIOLENCIA" IN KOLUMBIEN.

Im 19. Jahrhundert wurde die 1819 gegründete Republik Kolumbien – sie umfaßte zu jenem Zeitpunkt auch Venezuela, Ekuador und ab 1822 Panama – von chronischer politischer und wirtschaftlicher Instabilität und von Bürgerkriegen in allen Regionen erschüttert. Hauptursachen für Unstimmigkeiten und Zerwürfnisse jeder Art unter den in den 1840er Jahren entstandenen großen politischen Kräften, der – historischen – Konservativen und der Liberalen Partei, waren das Verhältnis von Kirche und Staat und die Problematik von Zentralismus versus Föderalismus. Die religiöse Frage spaltete nicht nur die Oberschicht. Das deutliche Hervortreten von Gegensätzen zeigte sich auch in den Ansichten und Meinungen der gesamten Bevölkerung. Es bewirkte eine die kolumbianische Politik bis in die Mitte des 20.Jahrhunderts prägende Einstellung, den politischen Gegner als Feind anzusehen.

Die Auseinandersetzung ging in einer Dimension und Heftigkeit vor sich, wie sie ohnegleichen in den übrigen lateinamerikanischen Republiken geblieben ist. Während der Jahre 1899-1902 fanden in Kolumbien Bürgerkriege statt, die zu den langwierigsten und kostspieligsten Kämpfen des Landes zählten, eine Zeitspanne, die als "La Guerra de los mil dias" (Der Krieg der tausend Tage) in die Geschichte eingegangen ist.[1] Dennoch fanden diese bewaffneten Auseinandersetzungen mit einem ausgehandelten Frieden und mit einem Sieg der Konservativen ihr Ende. Sie leiteten den Beginn einer ungefähr fünfundvierzig Jahre anhaltenden relativ entspannten Epoche ein. Zwar flammte bisweilen eine kurze lokalbedingte "Violencia" auf – hervorgerufen während einer Wahlkampagne oder aus dem einen oder anderen "mißlungenen" Militärputsch, doch blieben sie ohne Konsequenzen für das ganze Land. Bei der Übernahme der Macht aus der Hand der Konservativen durch die Liberalen im Jahre 1930 wurde deutlich, daß die Vorherrschaft der Konservativen für die Zukunft kein unbedingtes Erfordernis mehr darstellte. Denoch brach im selben Jahr im Osten des Landes eine sich über weite Landesteile erstreckende "Violencia" aus, bei der es ausschließlich zu unbedeutenderen Gewaltakten kam, ohne daß in deren Verlauf die Regierung gestürzt wurde. Liberale Intellektuelle ebenso wie die breite Masse des Volkes erwarteten von dem Machtwechsel wenn auch keine soziale Revolution, doch zumindest einen notwendigen Neubeginn in gesellschaftlicher und wirtschaftlicher Hinsicht.

Zahlreiche lateinamerikanische Länder, Nachbarstaaten Kolumbiens, waren um jene Zeit von Militärdiktaturen beherrscht. Die verhältnismäßig friedliche Übertragung der Regierungsgeschäfte von den Konservativen auf die Liberalen im Jahre 1930 machte in Kolumbien keine militärische Einmischung erforderlich. Damit bildete Kolumbien eine Ausnahme gegenüber den anderen lateinamerikanischen Republiken. Der damalige Präsident Alfonso Lopez Pumarejo, an großstädtische Verhältnissen auch des Auslandes orientiert, war gewillt, sein Land zu modernisieren. Er proklamierte Sozialreformen und sein Wahlspruch lautete : "La Revolución en marcha" (Die Revolution ist auf dem Wege), mit der er lange anstehende liberale Forderungen erfüllen wollte, beispielsweise Krankengeld für die Arbeiter, bezahlten Urlaub, den 8-Stunden-Arbeitstag und Steuersenkungen. Im privaten Grundbesitz sah er kein Vorrecht für die Oligarchie – und schaffte ihn ab. Dieser angekündigte Umgestaltungsprozeß ließ indes in der Realisierung recht lange auf sich warten. López' Modernisierungsbestrebungen, Kolumbien aus seiner Rückständigkeit herauszuführen und es von fremden, nicht unter eigenstaatlichen Einflüssen stehenden Kontrollen zu befreien, Unredlichkeit zu beseitigen und die Demokratie auf sicheren Grund zu stellen, wurden von der beginnenden Unruhe unter der Elite durchkreuzt, die ihre Privilegien und die bürgerliche Ordnung wanken sah. Diese Unruhe griff auf die Landwirtschaft sowie auch auf breite Schichten der Arbeitnehmerschaft über, so daß sich die Regierung in zunehmendem Maße in der Rolle des Verteidigers von Großgrundbesitzern und ausländischen Wirtschaftsunternehmen befand. Der sich abzeichnende innenpolitische Aufruhr hätte die liberale Regierung zu der dringenden In-Angriff-Nahme zwar versprochener, jedoch unerfüllt gebliebener Reformen anregen müssen. Es traten aber keinerlei Verbesserungen an die Stelle bisheriger Mißstände, und die "Revolución en marcha" blieb auf ihrem Wege stecken. Kontroversen über den Umfang der angekündigten Reformen spalteten in den 1940er Jahren die regierende Liberale Partei und führten ihre Niederlage bei den Präsidentschaftswahlen des Jahres 1946 herbei.

Der Machtwechsel verdeutlichte in aller Schärfe, daß die Zeit für einen politischen Wandel reif war. Die Auseinandersetzungen eskalierten 1948 zum Bürgerkrieg, der heute mit "La Violencia en Columbia" bezeichnet wird, und dessen Wurzeln im 19. Jahrhundert liegen. Die "Violencia" " forderte in ihrem zehnjährigen Verlauf das Leben von etwa 200 000 bis 300 000 Personen, eine Zahl, die allerdings vielfach angezweifelt wird. Plünderung, Raub, Brandstiftung, Anschläge und Ausschreitungen aller Art sowohl im urbanen als auch im ländlichen Bereich, Rückkehr der Gewalt der Straße in die Politik und Denunziantentum führten zu einem vollständigem Zusammenbruch von Recht und Ordnung.

Das Zentrum der politischen Auseinandersetzungen war Bogotá, die Hauptstadt Kolumbiens. Ihre Bevölkerung hatte sich seit Ende des Zweiten Weltkrieges zum Teil durch den Zuzug früherer Landbewohner stark vermehrt. Die meisten hatte der Hunger aus den Dörfern und ihren kargen Feldern in die Stadt oder an den Rand der Stadt getrieben. Sie hofften günstigere Lebensbedingungen anzutreffen. Ihre Erwartungen wurden enttäuscht. Ihre Forderungen nach höherer politischer Moral, einer Politik sozialer Gerechtigkeit für Arbeitnehmer und Bauern (campesinos) für die Bewohner der großstädtischen Elendsviertel und nicht zuletzt für die Belange der Indios wurden vergessen. Die hervortretenden Strukturschwächen bedrohten zunehmend das Leben im ganzen Land. Die Durchführung des von der Regierung versprochenen Programms verbesserter Steuer-, Arbeits- und Sozialgesetze, die der Masse der Bevölkerung erweiterte Rechte einräumen sollten, verschärfte die Gegensätze zwischen Liberalen und Konservativen. Die Meinungsverschiedenheiten mündeten in zunehmend schwerere Konflikte, die 1948 in offene Gewalt umschlugen.

In dieser prekären Situation fand sich in der Persönlichkeit Jorge Eliécer Gaitáns (1903-1948)[2] ein Politiker mit charismatischer Ausstrahlung, der sein Bemühen um innere Befriedung der Verhältnisse mit seinem Leben bezahlen musste. Am 9. April 1948, in den Tagen der Neunten Interamerikanischen Konferenz in Bogotá, auf der die Charta der "Organización de los Estados Americanos" (OEA) "Organization of American States" (OAS) festgelegt wurde, ist Jorge Eliécer Gaitán ermordet worden – eine Tat, die sich als Trauma in dem Bewußtsein der diesen Tag miterlebenden Kolumbianer unauslöschlich eingeprägt hat. Die Aufklärung dieses Mordes ist verhindert worden. Seine geistigen Urheber werden je nach politischer Einstellung in den führenden konservativen Kreisen Kolumbiens, im Kreml oder in La Habana vermutet. Die Ermordung Gaitáns löste eine Welle von Grausamkeiten und Gewalttätigkeiten aus. Weite Bezirke der Stadt fielen der Zerstörung anheim, und gingen in Flammen auf. Der Tag forderte 1200 Opfer. Das Verbrechen an Gaitán wird, weil es in Bogotá geschah, im Volksmund "el bogotazo" genannt. Diese Bezeichnung ist im Gefolge der damit verbundenen Wandlung allen politischen Denkens in die kolumbianische Literatur eingegangen.

Jorge Eliécer Gaitán – ein Volkstribun und Populist – galt 1948 als der eigentliche Führer der Liberalen. Er war 1946 bei seinem Versuch einer Umgestaltung der bestehenden Verhältnisse gescheitert. Seine besondere Ausstrahlungskraft, das ihm zu Gebote stehende Wort befähigten ihn, Menschen – ja, die Masse des Volkes – von sich zu überzeugen, sie für seine Ansichten zu gewinnen. Gaitáns politischer Weg war aussergewöhnlich. Er entstammte weder der Landaristokratie noch dem Geldadel, war vielmehr von bescheidener Herkunft. Er hatte eine akademische Ausbildung genossen und galt als angesehener Anwalt. Seine Position, sein Auftreten sowie sein Äußeres ließen ihn jedoch als Eindringling in die höheren Sphären der Gesellschaft erscheinen. Das Eigenartige und Bedeutsame an seinem Aufstieg war, daß er als einziger aus einfachen Kreisen hervorgegangener Kolumbianer einen hohen politischen Rang erreichte, der ihn in den Stand setzte, der Elite, die sich nach seiner Ansicht sowohl aus Liberalen als auch Konservativen zusammensetzte, entgegenzutreten und sich auf die Seite der Masse des kolumbianischen Volkes zu stellen.

Jorge Eliécer Gaitán strebte keine Revolution an. In den Jahren 1946 bis 1948 befand sich Kolumbien in einer vorrevolutionären Konstellation. Die kolumbianische Linke verlor mit Gaitán ihren Hauptführer. Gaitáns früher Tod machte es unmöglich vorauszusehen, ob er bei der nächsten Wahl 1950 sich hätte durchsetzen können. Ebenso zweifelhaft ist, ob es ihm gelungen wäre, seine Führerschaft der liberalen Partei mit derjenigen der kolumbianischen Volksmassen in Einklang zu bringen, wäre ihm ein längeres Leben beschieden gewesen. Gaitáns politische Überzeugung trat nicht klar zu Tage. In Mussolinis Italien indoktriniert, hatte seine Politik faschistische Züge. Es war nicht ganz leicht festzustellen, wo seine Sympathie für den Duce endete, wo der liberale Parteiführer seinen Anfang nahm und wo der zum anderen nach links ausgerichtete Leader seinen Ausgangspunkt hatte. Gaitáns politisches Hin- und Herschwanken zwischen Kooperation mit der liberalen Regierung und ihrer offiziellen Parteiorganisation einerseits und der Opposition ihr gegenüber andererseits, die sich über Jahre erstreckte, wurde ihm als Opportunismus ausgelegt.

Seine Hinterlassenschaft nach dem an ihm verübten Mord liegt darin, die Idee sozialer Gewissenhaftigkeit aufrecht erhalten zu haben. Instinkt – aber auch Vernunft – sagten ihm, daß die Zeit gekommen war, anstelle der beiden politischen Traditionsparteien und der Eliten, die sie beherrschten, einer neuen Staatskunst Platz zu schaffen, Umschwung und Wandel herbeizuführen. "Populist" ist am Ende die für sein politisches Wirken angemessene Bezeichnung. Er verlangte des weiteren zum ersten Male im Leben des Landes Mitspracherecht für das Volk – einbegriffen die alteingesessenen Indios (Autochtonen). In der Berücksichtigung ihrer Probleme, mehr als in bestimmten detaillierten Vorschlägen zu Reformen, lag für Kolumbien die einmalige politische Response, das Vermächtnis Gaitáns .

Es war ihm gelungen, die Masse des Volkes zu mobilisieren, jedoch ohne ihr einen Weg zur Lösung ihrer "emotions" zu zeigen, die er beschleunigt heraufbeschworen hatte. So entstand bei seiner Ermordung aus anfänglich dumpfem Protest der Beschäftigungslosen und Armen in Stadt und Land ein unmittelbarer Anlaß für Empörung und Aufstand, eine steigende Bereitschaft zu der die öffentliche Sicherheit bedrohenden Gewaltanwendung. Dieser Erhebung folgte eine fast 10-jährige Phase bewaffneter Auseinandersetzungen von solcher Grausamkeit, die Kolumbien an den Rand seiner Existenz brachte. Unter dem Namen "La Violencia en Columbia" ist jene Epoche weltweit bekannt geworden. Es wird nicht selten angenommen, daß erst Gaitáns Ermordung den "Bogotazo" und die "Violencia" auf den Plan gebracht hätten, doch diese Hypothese bedarf noch ihres Beweises, denn bei seinem Tode war die "Violencia" bereits entfesselt[3].

In ihrem Beginn auf Bogotá beschränkt, hat die "Violencia" allmählich auf ländliche Gebiete übergegriffen – zum Beispiel auf das Departamento Tolima – wo noch andere Motive die Dynamik dieser Bewegung erhöhten. Deren Wurzeln lagen im kulturellen und wirtschaftlichen Bereich sowie in mangelnder Verwaltungsorganisation in den Dörfern. Partisanenhaß brach aus, persönliches und regionales Bandenunwesen verursachte unterschiedslose Massaker gegen ganze Familien, "campesino gegen "hacendado", und dieser "guerrilla" – Name und Taktik wurden aus Spanien nach Südamerika übernommen – bot auch die Anwesenheit der Frauen und Kinder keinen Einhalt. Sie kämpfte zunächst mehr aus privaten Gründen, später gegen Militär und Polizei. Welches auch immer die Triebkräfte dieser Gegensätzlichkeiten und der Verbitterung gewesen sein mögen, – Klassenkampf war nicht ihr beherrschendes Element.

Die "Violencia", soweit sie von der Regierung angeordnet war, ging auf Seitenpfaden auf dem Lande vor sich, das über weite Strecken unbewohnt oder entvölkert war. Die Bauern lebten isoliert, und ihre Behausungen lagen weit voneinander entfernt. Nachrichten drangen nur spärlich und schleppend in die hochgelegenen Ortschaften. Da des Nachmittags auf den Feldern keine Arbeit verrichtet wurde und sich die Bauern im Dorfe befanden, hatten Militär und Polizei – auf Anordnung der Regierung und nicht aus eigener Initiative – leichtes Spiel, sich der Häuser der liberalen campesinos zu bemächtigen.

Zwischen 1902 und 1948, in relativem Frieden Kolumbiens, war beobachtet worden, daß es auf dem Lande gärte und – sporadisch – subversive Gruppen sich unrechtmäßige Übergriffe an Personen und deren Besitz erlaubten. Sie verübten gewalttätige Handlungen in der tödlichen Illusion, mit Gewalt mehr Gerechtigkeit erwirken zu können. Diese heraufgekommenen Elemente, nach und nach zahlreicher und aktiver geworden, von marxistischer Tendenz geprägt, treiben bis zum heutigen Tage ihr Unwesen in Kolumbien und sind unter dem Kennwort "Guerilla" ein internationaler Ausdruck für illegale, mit Todesopfern verbundene Aktionen. In Ihrem Beginn in den kleinen Staaten Kolumbiens "arbeitend" – zumal in den Kaffee anbauenden departamentos Caldas, Tolima und Valle – mied die Guerrilla die Städte, insbesondere die Metropole, weil sie sich bewußt war, daß im Falle ihrer Agitation dort Widerstand organisiert werden würde, der die öffentliche Ordnung in Gefahr brächte.

Städtische Guerrilla-Taktik entwickelte sich erst geraume Zeit später. Trotz ihrer Anstrengungen ist es der Guerrilla aber niemals gelungen, eine koordinierte revolutionäre Bewegung zu gründen. Ihre Organisation bestand aus kleinen "Einheiten", "Trupps", "Divisionen". Sie waren gehemmt durch das Fehlen einer geschickten einheitlichen Führung und durch die fortbestehende Bindung an die Hierarchie der Liberalen Partei. Strenge Regeln innerhalb der eigenen Reihen banden die kleinen Gruppen. Der vorherrschende Mangel klar umrissener Grundvorstellungen zur Erreichung politischer und wirtschaftlicher Ziele, abgesehen von einem unbestimmten Verlangen nach Rache, und zudem das Angehen gegen den Caudillismus (caciquismo) verhinderten einen gemeinsamen eventuellen Erfolg. Es bleibt die Frage, ob sich die Mitglieder der Guerrilla-Banden, deren Alter vom 15. bis 35. Lebensjahr reichte[4)] und zu denen im Laufe der Jahre eine stetig sich vermehrende Anzahl Jugendlicher, selbst Kinder gehörten, die oftmals von ihren Eltern dazu angehalten wurden, sich bewußt gewesen sind, wie unmoralisch sich die "Violencia" mit der Wildheit ihres Vorgehens ausnahm, gemessen am Standard der traditionellen Gesellschaft Kolumbiens. Die "Violencia" wird noch weiter fortgesetzt, und es will sich keine auf ethischer – oder religiöser – Grundlage beruhende Veränderung, unverzichtbare Voraussetzung für eine Erneuerung, zeigen. Ein klares historisches Urteil über den Ablauf der Geschehnisse in Kolumbien in den Jahren von 1948 bis 1965 wird die Zukunft erbringen müssen.

II. BIBLIOGRAPHIE:
VORWORT

Die Zusammenstellung des bibliographischen Materials aus einer räumlich fernen und zugleich spannungsreichen Zeit bereitete erhebliche Mühe, weil die Mehrzahl der Titel notiert wurde ohne die Gelegenheit zur Einsichtnahme in die Bücher selbst. Das Verzeichnis erhebt daher keinen Anspruch auf Vollständigkeit. Aus den Titeln der Bücher ließ sich oft nur unzulänglich auf den Inhalt schließen. Aus diesem Grunde konnte nur eine Gliederung in politische und belletristische Literatur vorgenommen werden. Die Seltenheit der Werke über dieses Spezialgebiet in Europa hat mannigfaltige Ursachen: Es lag im Interesse der Regierung von Kolumbien, die ohnehin geringe ernsthafte Beschäftigung mit dem Thema der "Violencia" als eines umwälzenden Ereignisses zurückzuhalten. In ihrer Sorge, den Frieden im Lande wiederherzustellen, wollte sie jegliche kritische Beurteilung der Zustände – und sei es nur in literarischer Form – in Zeitschriften und Büchern unterbinden. Aus heutiger Sicht und in weiterem Abstand von den Geschehnissen mag dies eine verfehlte, zu unrecht gefällte Entscheidung gewesen sein, insbesondere, weil weder Kinder noch Enkel in die Hintergründe eingeweiht werden konnten, aus denen Vater, Bruder oder Großvater, in die Kämpfe verwickelt, starben. Sie erfuhren lediglich: aus politischen Motiven. Weitere Details fanden kein Interesse – eine nachgerade "mystische" Unterlassung des Tradierens von Ideen und Verhältnissen, die zahllose Familien dezimierten.

Ein weiteres Hindernis bei der Beschaffung oder selbst der nur leihweisen Einsichtnahme sind die kleinen, daher rasch vergriffenen Auflagen lateinamerikanischer Sachbücher und die über unzählige Zeitschriften verstreuten Kurzgeschichten und Aufsätze. Die aus der Entfernung resultierenden Schwierigkeiten, über den internationalen Leihverkehr aus den reichhaltigen Bibliotheken der Vereinigten Staaten, Literatur einsehen können, ließen nur den Weg offen, über die Kataloge der Kongreßbibliothek in Washington Titel zu dem hochspezialisierten Thema der "Violencia en Colombia" zu finden. Es verblieben als 'Quelle' für die Zusammenstellung der Bibliographie ferner nur das "Handbook of Latin American Studies", das englisch- und spanisch-sprachige Werke verzeichnet, die von nordamerikanischen Hispanisten auf zahlreichen Gebieten für die Aufnahme in das "Handbook..." vorgeschlagen werden. Im Inhaltsverzeichnis des "Handbook..." fand sich das Stichwort "Violencia" unter der Hauptüberschrift "Government and Politics" und "History: Colombia". Verweisungen auf die Begriffe "Terrorism", "Guerrilla", "Guerrilla warfare" waren im Zusammenhang mit Kolumbien ebenfalls zu konsultieren. Seit 1984, Band 46 des "Handbook...", ist das Schlagwort "Violencia" allein auf Kolumbien bezogen und ab Band 47 in der englischen Form "Violence" nur noch für verschiedene lateinamerikanische Staaten ohne Kolumbien verzeichnet. Eine zuverlässige wissenschaftliche Ergänzung zum "Handbook...", wenngleich mit schmalem Ergebnis, boten die in Washington erscheinende "Revista Interamericana de Bibliografía" (Interamerican Review of Bibliography) sowie die in Albuquerque/New Mexico publizierte Zeitschrift "Latin American Research Review", wie auch der amerikanische "National Union Katalog"(NUC). Im Rahmen seiner Sammelgebiete erwies sich das Iberoamerikanische Institut in Berlin hilfreich bei der Ausleihe gesuchter Werke.

Die Wende und der intellektuelle Umbruch im Leben Kolumbiens im Anschluß an den tragischen 9. April 1948 sind auch an den kolumbianischen Schriftstellern, Dichtern, Erzählern und bildenden Künstlern sowie an den Filmschaffenden nicht spurlos vorübergegangen. Unter dem Eindruck des mit Leidenschaftlichkeit ausgetragenen Kampfes lieferte ihnen der inzwischen historische epochale Vorgang über Jahrzehnte hinweg Stoff und sozialen Hintergrund für Romane, Novellen, Reportagen und Szenarios. Die besten Werke zu diesem Thema wurden in den Jahren 1950 bis 1960 geschrieben. In ihrer künstlerischen Entwicklung stellten sie einen Höhepunkt dar. Oftmals in satirischer Form gegen Diktatur und Korruption gerichtet, brutales Vorgehen und jede Art der Tyrannei geißelnd, gibt diese Literatur, bisweilen von hoher dichterischer Sensibilität und reich an Bildern, das Geschehen wieder. Miterlebtes bildete anhaltende Faszination, regte die besten geistigen Kräfte zu einer Auseinandersetzung mit dem Geschehen an. Es entstanden Werke über eine Fülle von Aspekten der "Violencia", teilweise von der Kritik als Höchstleistungen literarischen Schaffens anerkannt. Viele junge Talente haben sich versucht, ihrer Auflehnung wider den Ungeist einer Epoche in bewegenden, fesselnden Schilderungen von poetischer Imagination Ausdruck zu verleihen. Auffallend ist, daß sich in Kolumbien kaum eine Frau dieses Themas in Roman- oder Novellenform angenommen hat. Lediglich einige sachliche Aufsätze von weiblicher Hand erschienen in nordamerikanischen Zeitschriften. Nicht selten verlangten diese Texte nach einer Publikation im Ausland: Erstausgaben solcher Bücher tragen als Erscheinungsort einen Verlag in Barcelona, Madrid, Mexiko City oder Buenos Aires. Vom Tode Gaitáns und den Umtrieben der Guerrilla-Bewegung erschüttert, aktivierten jene Vorkommnisse Autoren zu politischem "Engagement". Sie sahen ihre Aufgabe darin, über die Fiktion geschichtlich gewordene Realität erstehen zu lassen, auf die Nation einzuwirken durch Öffnung weiterer Perspektiven auf eine versöhnliche und ausgeglichene Zukunft. Unter die repräsentativen kolumbianischen Begabungen für die Darstellung jener schmerzlichen Erfahrungen gehören ohne Zweifel Gustavo Elvarez Gardeazábal, der geborene Erzähler, der selbst seine Dissertation dem Thema der "Violencia" widmete. Ebenso hat Eduardo Caballero Calderón diesem Gegenstand in seinem Romanwerk beredte Mahnung verliehen. Er vertritt den Standpunkt, daß von 44 Romanen, die er in seiner Doktorarbeit untersuchte, nur 18 mit einem Fortwirken jener Ereignisse in der Literatur rechnen. 10 Romanwerke spielen in Bogotá, weil sich der "bogotazo", der 9. April 1948, dort zutrug; er war mit der Ermordung Gaitáns der einzige "Violencia"-Vorfall in der Landeshauptstadt.

Filme über das Thema der "Violancia", in denen das verlassene und vernachlässigte Kind, das in den verschiedenen Zeitspannen seines jungen Lebens zwischen 5 und 12 Jahren, unter den damaligen Ereignissen litt, ergaben eine für die Deutung jener Epoche mindestens so ernst zu nehmende Dokumentation wie Roman oder Novelle. Die Erlebniswelt des Kindes, des "gamín",[Gassenjungen] war die Straße, wo es sich mit Gleichaltrigen in "galladas" [Banden] zusammenrottete [5].
Es gibt nur wenige Bildstreifen dieser Art; sie sind aufwühlend, mitleiderregend, aber auch von erschreckender Kaltblütigkeit.

Die Bibliographie wurde im Sommer 1987 abgeschlossen.

Anmerkungen

[1] *Villegas, J./ Yunis, J.:* La Guerra de los mil días. Bogotá: Carlos Valencia Editores 1978. 323 S.

[2] *Dix, R.H.:* Colombia. The political dimensions of change.
Chapter V.: "La Violencia en Colombia". Newhaven & London" Yale Univ.Pr.(1967), 2.Aufl.1969. S.99ff.

[3] *Morales Benítez, O.:* Schreiben an die Verfasserin vom 26.Februar 1980. S.3, Nr.11.

[4] *Dix, R.H.:* a.a.O.,S.374.

[5] Nummer 144

Bibliographie

1. Politik

1.1 Bibliographien

1 *Herrera, Noe:* Bibliografía sobre la violencia en Colombia. Bogotá: 1969. Vervielfältigt.

2 *Ramsey, Russell Wilcox::* Critical Bibliography on "La violencia in Colombia". Chapel Hill/North Carolina, 1978. 250 Titel.

3 *Ramsey, Russell Wilcox::* Survey and Bibliography of "La violencia in Colombia". Gainesville, Univ.of Florida Libraries 1974. (Bibliographical Series, No.8.) 46 S..

4 *Agudelo Ramirez, Luis E.; Montoya, Rafael:* Los guerrilleros intelectuales. Cartas, documentos e informaciones que prohibió la censura. Medellín: Agumont 1957. 353 S.Ill..

1.2 Monographien

5 *Amaya Sierra, Hernando et al:* La violencia en Tolima. Ibagué: 1958.

6 *Ardila, Alfredo (et.al):* Psicología y problemas sociales en Colombia. 1a ed. Tunja: Univ.Pedagógica y Tecnológia de Colombia, Fondo Especial de Publicaciones y Ayudas Educativas,1971. 155 S.Ill. (Ediciones "La Rana y el Aguila").

7 *Bernal Jiménez, Rafael:* Dinámica del cambio social. Bd.1. Boyacá/ Colombia: Imprenta Departamental 1972.

8 *Betancur Cuartas, Belisario:* Colombia, cara a cara. Bogotá: Ediciones Tercer Mondo. 2.Aufl.1961. 214 S.Ill..

9 *Bigeard, Jean-Marie:* La violence. Paris: Librairie Larousse (1974). 127 S.(Collection Idéologies et Societés).

10 *Buitrago Salazar, Evelio:* "Zarpazo". Otra cara de la violencia. Memorias de un suboficial del Ejército de Colombia. Bogotá: Imprenta de las Fuerzas Militares. o.J.(1967?). 183 S.

11 *Campo, Urbano:* Urbanización y violencia en el Valle. Bogotá: Ediciones Armadillo 1980. 140 S. 1 Bl.Abb.Bibliographie.Karte.

12 *Canal Ramirez, Gonzalo:* Estampas y testimonios de violencia. Bogotá: Canal Ramírez, Imprenta y Rotograbado 1966. 119 S.

13 *Castro Caycedo, Germán:* Colombia amarga. Bogotá: Carlos Valencia Editores 1976. 199 S.

14 Centro Intercultural de Documentación (CIDOC): Camilo Torres por el Padre Camilo Torres Restrepo (1956-1966). Cuernavaca/Mexico: CIDOC (Sondeos Nr.5) Colombia: Camilo Torres, un símbolo controvertido, 1962-1967, Dossier 12.

15 Colombia: Ministerio de Guerra, Estado Mayor General: Ejército. Da la violencia a la paz. Experiencias de la 8a Brigada en la lucha contra guerrilleros. Mmanizales: Imprenta Departamental de Caldas, 1945. 291 S. Bibliogr.,Ill.,Karten.

15a *Córboda, José Mara:* Jorge Eliécer Gaitán: Tribuno popular de Colombia. Bogotá 196(?).

16 *Correa Bernal, Alfonso:* Estudio sobre la violencia en el occidente colombiano. Medellín: 1961. 18 Bl.Folio.[Xeroxkopie]..

17 *Cuéllar Vargas, Enrique:* 13 años de violencia: Asesinos intelectuales de Gaitán, dictaduras - militarismo - alternación. 2a ed. Bogotá: Ed."Cultura Social Colombiana" 1960. 206 S..

18 *Dix, Robert H.:* Colombia: The political dimensions of change. New Haven/London: Yale Univ.Press (1969).452 S. Teil III, Kap.5: Reform, Reaction, and military rule: Jorge Eliécer Gaitán: Charismatic Reformer. S.99-105; S.105-107: The Legacy of Gaitán. Teil IV, Kap.13: "La Violencia".S.360-386.

19 *Estrada Monsalve, Joaquín:* Así fue la revolución: del 9 de abril al 27 de noviembre. Bogotá: Ed.Iqueima 1950. 246 S.

20 *Estrada Monsalve, Joaquín:* El 9 de abril en Palacio. Horario de un golpe de estado. 3.Aufl. Bogotá: Ed.ABC 1948. 94 S. Ill..

21 *Fals Borda, Orlando:* Subversion and social change in Colombia. New York: Columbia Univ.Press 1979. XIV,238 S. Bibliogr.(Übersetzung von "La subversión en Colombia").

22 *Fals Borda, Orlando:* Violence and the break-up of tradition in Colombia. In: Claudio Veliz (ed.) "Obstacles to change in Latin America". London: Royal Inst.of International Affairs 1969. (New York: Oxford Univ.Press 1970).

23 *Francis, Albert S.:* Structural and anticipatory dimensions of violent social conflict. An analytical study of "La violencia en Colombia". Univ.of Pittsburgh/Pennsylvania 1967. 782 S. Diss.Ph.D..

24 *Franco Isaza, Eduardo:* Las guerrillas del Llano. Testimonio de cuatro años de lucha por la libertad. Caracas: Ed.Universo 1955. 337 S. Karte.

25 *Gaitán, Gloria:* Colombia. La lucha por la tierra en la década del treinta. Génesis de la organización sindical campesina. Bogotá: Ed.Tercer Mundo 1976. 102 S. Tab..

26 *Gaitán,Jorge Eliécer:* (1898-1948):
Los mejores discursos de Jorge
Eliécer Gaitán, 1918-1948.. 2a Aufl.
Prologo por Jorge Villaveces.
Bogotá Ed.Jorvi 1968. 544 S. Ill.,-
Port..

27 *Gaitán, Miguel Angel:* El porqué de
un asesinato y sus antecedentes.
Bogotá: Ed.Minerva 1949. 143 S.

28 *Gomez Dávila, J.:* Viernes 9. Méjico,
D.F.: Impresiones Modernas
(Distribuidores para Colombia:
Club del Libro del Mes, 1953)
227 S..

29 *Gonzalez Ochoa, Gustavo:* Frente a
la violencia. Medellín: Ed.Bedout
1960. 406 S.

30 *Gutierrez, José:* La No-Violencia en
la transformación colombiana. 1a
ed. Bogotá: Ed.Tercer Mundo
1964. 79 S. (Colección Roca y
Cincel, 4).

31 *Gutierrez Anzola, Aristizábal:* Violencia y Justicia. Bogotá: Ed.Tercer
Mundo 1962. 1a ed. 278 S.(Colección "La Tierra").

32 *Guzmán Campos, Germán:* Camilo
Torres. New York: Sheed & Ward
1969. 310 S. Título original:
Camilo, presencia y destino.
Bogotá: 1967.

33 *Guzmán Campos, Germán:* Camilo
Torres. 1a ed. Méjico, D.F.: Siglo
Veintiuno Ed.1968. VIII,321 S. Ill.,-
Port..

34 *Guzmán Campos, Germán:* La violencia en Colombia, parte descrip-
tiva. 1a ed. Cali/Colombia: Ed.Pro-
greso 1968. 509 S. Ill.,Port.,Bibli-
ogr. (En colaboración con Orlando
Fals Borda).

35 *Guzmán Campos, Germán; Fals
Borda, Orlando; Umaña Luna, Edu-
ardo:* La violencia en Colombia.
Estudio de un proceso social.
Bogotá: Univ.Nacional 1962. Vol.1
y Bogotá: Ed.Iqueima (Monograf-
ías Sociológicas, Faculdad de
Sociología, núm.12).

36 *Henderson, James David:* Origins of
the "Violencia en Colombia". Texas
Christian Univ.,Faculty of the Gra-
duate School 1972. Diss.Ph.D..

37 *Henderson, James David:* When
Colombia bled: a history of the Vio-
lencia en Tolima. Univ.of Alabama
Press, USA, 1985. IX,342 S. Tab.,
Ill., Anm., Reg.. Distribution:
"Eurospan", London.

38 *Laguado, Arturo:* Danza para ratas.
Bogotá: Antares 1954. V,182 S. Ill…

39 *Landazábal Reyes, Fernando:* Facto-
res de violencia. 1a ed. Bogotá:
Ed.Tercer Mundo (1975).134 S.
Ill..(Colección "Tribuna Libre").

40 *Lannoy, Juan Luis de (et al.):* Estruc-
turas demográficas y sociales de
Colombia. Bogotá: Oficina Internacional de Investigaciones Sociales de FERES 1961. 199 S. Ill.,
(Serie socio-económica, 1-i.e.3).

41 *Laserna, Mario:* La Revolución para
qué?. y otros ensayos. Bogotá:
Ed.Revista Colombiana 1966.
104 S. (Colección Populibro, 8).

42 *Lleras Restrepo, Carlos:* De la repú-
lica a la dictadura, testimonio sobre
la política colombiana. Bogotá:
Ed.Argra 1955. 511 S.[Studien zu
kolumbianischer Politik im Zusammenhang mit "violencia"].

43 *Maldonado-Denis, Manuel:* La violencia en la obra de García Márquez. Bogotá: Ed.Suramérica 1977.
41 S. Bibliogr.(Colección Armadillo popular, 4).

44 *Manrique, Ramón:* A sangre y fuego. En la ruta de un drama que conmovió el mundo: El 9 de abril en Colombia. Barranquilla: Librería Nacional 1948. 232 S..

45 *Martínez Nates, Miseno:* La educación terapeútica contra el crimen y la violencia.. Pasto/Colombia: Tip.-Cabreara 1964. 35 S..

46 *Menkes, J.:* On the politics of violence:. Part 1. Arlington/Virginia: Inst.for Defense Analysis, Science and Technology Division, 1968. (Research Paper P - 439). 32 S. Modell-Studie, Exemplar Nr.89.

47 *Meunier, Jacques:* Les gamins de Bogotá:. Paris: Ed.Jean-Claude Lattès 1977. 216 S.

48 *Molano, Alfredo:* Amnistía y violencia. Bogotá: CINEP= Centro de Investigación y Educación Popular 1980. 178 S.

49 *Moncada Abelló, Alonso:* Un aspecto de la violencia. Bogotá: 1963. 474 S. Ill.,Facs.,Port..

50 *Morales Benítez, Otto:* Aguja de marear. Notas críticas. 2a ed. Bogotá: Biblioteca Banco Popular 1979. 476 S.

51 *Morales Benítez, Otto:* Origen de la inmoralidad en Colombia. Lactura en la Conferencia Rotaria, en Medellín el 21 de abril de 1978.

52 *Morales Benítez, Otto:* Reflexiones políticas. Con un estudio preliminar del Prof. Javier Campo López. Cap.2: De la violencia parten casi todos los males. Bogotá: Ed.Carrera 7,1981. 146 S.

53 *Oquist, Paul:* Violence, conflict, and politics in Colombia. New York: Academic Press, Inc.,USA, UK : London NW 1,24-28, Oval Road.

1980. XVI,272 S. Tab.,Bibliogr.,-Reg..(Studies in Social Discontinuity Series).

54 *Osorio Lizarazo, José Antonio; Gaitán::* Vida, Muerte y permanente presencia. Buenos Aires: López Negri 1952. 1a ed. 321 S. (Colección Meridiano de América, 1).

55 *Perez Sanin, Enrique (Hrsg.):* Parámetros demográficos, 1951-1964, proyecciones de población, 1965-1985. Bogotá: Centro de Estudios sobre Desarrollo Económico (CEDE). Bogotá: Ed.de la Universidad de los Andes 1970. 1a ed. 280 S. (Collección CEDE sobre demografía. Compendium de relaciones entre violencia y desarrollo demográfico).

56 *Pineda Giraldo, Roberto:* El impacto de la violencia en EL Tolima. El caso de El Líbano. Bogotá: Universidad Nacional de Colombia 1960, Departamento de Sociología. 46 S. (Monografías sociológicas, 6. Serie de Sociedad rural).

57 *Pollock, John C.:* Violence, Politics, and Elite Performance. The political sociology of "La Violencia en Colombia". St.Louis/ Washington Univ., Summer 1975. (Studies in Comparative International Development, Vol.10. Distribution: London: Sage Publ.Ltd.).

58 *Posada Zárate, Francisco:* Colombia: Violencia y subdesarrollo. Bogotá: Univ.Nacional de Colombia, Dirección de Divulgación Cultural 1969. 168 S. Tab..

59 *Ramsey, Russell Wilcox:* The Bogotazo, tentatively a history. Period from 1946 to Bogotazo, Phase I. Univ.of Gainesville, Florida. 1969.

60 *Ramsey, Russell Wilcox:* The modern violencia in Colombia, 1946-1965. Diss.Gainesville: The Univ.of Florida 1970. XV,487 Bl.Ill. Florida. 1969.

61 *Ramsey, Russell Wilcox:* The modern violencia in Colombia, 1949-1953. Phase II.unpubl.M.A.- Diss.1963.Hattiesburg/ USA..

62 *Rojas Pinilla, Gustavo:* Rojas Pinilla ante el Senado: el Gobierno militar ante la historia. Bogotá: Ed.Excelsior 1959. 905 S.Ill..

63 *Santamaría Dávila, Miguel:* Paz o violencia en el campo. Prólogo de Gilberto Arango Londoñ. Bogotá: Ed.Revista Colombiana 1970. 107 S. (Coleccion Populibro, 34).

64 *Saravia, José Manuel:* Reflexiones sobre la violencia. Buenos Aires: Distribuidor: Abelardo-Perrot (1972?).43 S. (Biblioteca de la Academia Nacional de Derecho y Ciencias Sociales, Serie 1, Anuarios No.11).

65 *Sevillano Quiñones, Lino Antonio:* El hombre frente a la violencia. Bogotá: Ed.Aplicación Publ.1965. 196 S..

66 *Sharpless, Richard E.:* Gaitán of Colombia: A political biography. Pittsburg: Univ.of Pittsburgh Press 1978. VII,229 S. (Pitt Latin American Series).

67 *Sharpless, Richard E.:* Jorge Eliécer Gaitán: Colombian Populist. Diss.,Ph.D. New Brunswick/ New Jersey, Rutgers Univ.1975. 415 S. [Microfilm].

68 *Tirado Mejía, Alvaro:* Aspectos sociales de las guerras civiles en Colombia. Bogotá: Subdirección de Comunicaciones Culturales, Inst.-

Colombiano de Cultura (COLCULTURA) 1976. 493 S. (Biblioteca básica colombiana).

69 *Torres Restrepo, Camilo:* La violencia y los cambios socio-culturales en los áreas rurales colombianos.. Bogotá: Memoria del primer Congreso Nacional de Sociología, 1963. S.95-152.

70 *Trujillo, Francisco; Gloria Gaitán; Luis Emiro Valencia:* Jorge Eliécer Gaitán. Con un ensayo de su hija. Montevideo: Biblioteca de Marcha 1972. 149 S.

71 *Umaña Luna, Eduardo:* El ambiente penal de la violencia: factores socio-jurídicos de la impunidad. 2.Aufl. Bogotá: Ed.Tercer Mundo 1962. 143 S. (Coll.Roca y Cincel 1).

72 Urbano Campo (Pseud.): Urbanización y violencia en el Valle. Bogotá: Ed.Armadillo 1980. 140 S.

73 *Urrutia Montoya, Miguel; Arrubla, Mario:* Comendio de estadísticas históricas de Colombia. Bogotá: Univ.Nacional, Dirección de Divulgación Cultural 1970. 312 S. Mención especial sobre la violencia.

74 *Valencia, Luis Emiro (Hrsg.):* Gaitán: Antología de su pensamiento social y económico. Bogotá: Ed.Suramérica 1968.

75 Violencia y Política: Ensayos. Recopilación y prefacio de Guillermo Yepes Boscán. Varios autores. Caracas: Monte Avila Ed.(1972).285 S..

76 *Walton, John:* Reluctant rebels: comparative studies of revolution and underdevelopment. New York: Columbia Univ.Press 1984. XII,230 S. Kart.,Anm.,Reg.(With special emphasis on "violence").

1.3 Aufsätze

77 *Aguilera Peña, Mario:* La "Violencia en Colombia": Il Seminario sobre Movimientos Sociales y el I Simposio Internacional sobre Violencia en Colombia, realizados en junio de 1984 en el Departamento de Historia de la Univ.Nacional y el Centro Jorge Eliécer Gaitán, auditorio León de Greiff de la Univ.Nacional.. Informe publicado en Boletín Cultural y Bibliográfico, Publ.por el Banco de la República, Bogotá.

78 *Arblaster, Anthony:* Qué es violencia?. In: Trimestre Político, 1. Jg.Nr.3, Jan.-März 1976. Mexiko. S.148-171.

79 *Arango F., Octavio:* La violencia en Colombia. In: Istmo, Mexiko, No.24/1963, S.49-52.

80 *Booth, John A.:* La violencia rural en Colombia: 1948-1963. In: América Latina. 15.Jg.,Nr.1/4,1972. Rio de Janeiro. S.58 ff.

81 *Arblaster, Anthony:* Rural violence in Colombia: 1948-1963. In: The Western Political Quarterly, Salt Lake City, Univ. of Utha, Bd.XXVII, Nr.4/Dez.1974. S.657-679.

82 *Echevarría, E.:* Resurgen guerrillas en Colombia. In: Excélsior, Méjico, D.F.,5 de octubre 1977, y dado a conocer par E.Echevarría en "Hispania, Holy Cross College, Worcester, Mass./USA, Bd.61, Nr.2, Mai 1978. S.252-253.

83 *Feder, E.:* Sobre la impotencia política de los campesinos. In: Revista mejicana de Sociología, Bd.31 (2),April-Juni 1969, S.323-386.

84 *Fercsey, Juna:* El terrorismo y el medio informativo. In: El Colombiano, Medellín, Domingo (Sonntag) 4.März 1979. S.15.

85 *Gilhodès, Pierre:* La violence en Colombie, banditisme et guerre sociale. In: Cahiers du Monde Hispanique et Luso-Brésilien "Caravelle", Nr.26/1976. Univ.de Toulouse, S.69-81. Tab..

86 *Conzáles-Rodas, Públio:* Lexico de la violencia en Colombia. In: Hispania, Appleton/ Wisc.,Bd.LI, Nr.2. Mai 1968. S.302-309.

87 *Conzáles-Rodas, Públio:* Más sobre el Lexico de la violencia en Colombia. In: Hispania, Bd.LII, Nr.2, Mai 1969. S.243-244.

88 *Juan, Adelaida de:* La violencia. In: Casa de las Américas, La Habana, Bd.6, Nr.39, Nov.-Dez.1966. S.139-141.

89 *López, Alfonso:* La carta política de López a Ospina Pérez. In: El Diario, Medellín, 1.Sept.1952. Zeitspanne des 1.Guerrillakrieges, II.Phase 1948-1953.

90 *Monteforte Toledo, Mario:* Entre inflación elección: Colombia hoy. In: Siempre, Wochenzeitung, Mexiko-Stadt Nr.1234, 16.Febr.1977. S.43.

91 *Morales Benítez, Otto:* La dignidad estética. In: El Espactador, Magazine Dominical (Sonntagsbeilage), 30.Mai 1965.

92 *Neissa de Mantilla, Ana Carmen:* El gamín, problema social de la cultura urbana. In: Revista Javeriana, Bogotá, Bd.XCIV, Nr.470, Dez.1980, S.457-464. Anm..

93 *Ortega, José Ignacio:* Tiempo de violencia. In: Occidente, Cali/Kolumbien, 12.Nov.1978.

94 "Pangloss": Temas de nuestro tiempo: un tema eterno: el niño. In: El Espactador, Bogotá, 23.Febr.1979.

95 *Pecaut, Daniel:* Quelques réflexions sur le phénomène de "La violence" dans les années 1945-1953. In: Cahiers du Monde Hispanique et Luso-Brésilien "Caravelle", Nr.26/1976, Univ.de Toulouse, S.55-67.

96 *Perón, Juan Domingo:* El "Bogotazo", conjura política. In: Excelsior, Mexiko-Stadt, 20.Jan.1977. (Memorias de un personaje: Juan D.Perón).

97 P.S.: Los sucesos del 9 de abril de 1948 en Colombia. In: Cuadernos Hispanoamericanos, Madrid,1948, Nr.3, S.463-477.

98 *Reyes Cabrera, Jorge:* Tras leer "Les gamins de Bogotá" de Jacques Meunier. In: El Especial, Cali/Kolumbien, Sonntagsbeilage, 25.Febr.1979, S.5.

99 *Ritter, Ricardo:* Estigma social: Radiografía de los gamines. In: El Espectador, Sonntagsausgabe, Bogotá, 21.Sept.1975. S.5-B.

100 *Rivera, Deodato:* Violencia política. In: Revista Latinoamericana de Ciencia política. Jg.1(1970), S.359-365.

101 *Serna Gomez, Fabrio:* Consideraciones sobre la "violencia política" en Colombia. In: Arce, Bogotá, 1965, Nr.61, S.745-752.

102 *Silva Cabrera, Fabio:* Estampas de violencia. In: Revista de la Policía Nacional, Nr.125/1967, S.87-88.

103 *Squier, Ted.(Pseud.):* Los niños salvajes. In: The Atlantic Monthly, Okt.1978. Übers.a.d.Span. In: El Espectador, Bogotá, 22.Okt.1978, S.7-A bis 12-A.

104 *Talón Ortiz, Vicenta:* Una consecuencia de la injusticia social: Colombia bajo el signo de la violencia. In: Jornal Nr.91/1961, Madrid.

105 *Tribín Piedrahita, Guillermo:* Violencia política en Colombia. In: Diario de las Américas, Miami/USA, 25.März 1977. S.17.

1.4 Rezensionen

106 *Gonzalez, Miguel Angel (S.J.):* La violencia en Colombia. Análisis de un libro. Comentario sobre "La violencia en Colombia" por Germán Guzmán, Orlando Fals Borda, Eduardo Umaña Luna. In: Revista Javeriana, Bd.LVIII, Nr.288, Sept.1962. S.296-319.

107 *González Quintana, Guillermo:* Violencia y Revolución en la sociedad contemporánea. Reseña del artículo "Violence et révolution dans le monde contemporain" por René Coste. La crítica apareció en la Revista Javeriana, Bogotá, Nr.358, Sept.1969. S.269-279.

108 *Safford, Frank:* Rezension zu Richard E. Sharpless "Gaitán of Colombia". A political biography. In: The American Historical Review, Washington, Bd.84/2, April 1979. S.599-600. (vgl.hierzu Nr.66).

2. Literatur

2.1 Bibliographien

109 *Mena, Lucila Inés:* Bibliografía anotada sobre el ciclo de la violencia en la literatura colombiana. In: Latin American Research Review, Bd.VIII,3/1978, S.95-106.

2.2 Monographien

110 *Acosta Borrero, Pedro:* El cadáver del Cid. Roman. Bogotá: Ed.Voces Libres 1965. 177 S. Ill..

111 *Airo, Clemente:* El campo y el fuego. Erzählung. 1a ed. Bogotá: Ed.Tercer Mundo 1972. 88 S. Ill.(Coll.literaria).

112 *Airo, Clemente:* La ciudad y el viento. Roman. Bogotá: Ed."Espiral"/Colombia 1961. 349 S..

113 *Alape, Arturo:* Las muertes de Tirofijo. Roman. Bogotá: Ed.Abejón Mono, 1972.

114 *Élvarez Gardeazábal, Gustavo:* La boba y el Buda. Kurzgeschichten. Barcelona: Ed.Destino 1975. 156 S. (Coll.Ancora y Delfín, 434).

115 *Élvarez Gardeazábal, Gustavo:* Cóndores no entierran todos los días. Roman. Barcelona: Ed.Destino.146 S. (Coll.Ancora y Delfín,397.).

116 *Élvarez Gardeazábal, Gustavo:* Cóndores no entierran todos los días. Película basada en la novela de Gustavo Élvarez Gardeazábal, realizada bajo la dirección de Francisco Norden, producción Procinor Ltda.,Bogotá. Selección Oficial Festival de Cannes 1984. [Film].

117 *Élvarez Gardeazábal, Gustavo:* Dabeiba. Roman. Barcelona: Ed.Destino 1972. 238 S.(Coll. Ancora y Delfín, 376).

118 *Élvarez Gardeazábal, Gustavo:* La novelística de la violencia en Colombia. Cal./Kolumbien, Univ.-del Valle 1970. Diss..

119 La tara del papa. Roman. Buenos Aires: Compañía General Fabril Ed.1972. 169 S. (Narrativa Latinoamericana).

120 *Élvarez Gardeazábal, Gustavo:* El titiritero. Bogotá: Plaza y Janés 1977. 268 S..

121 *Angel, Augusto::* La sombra del Sayón. Roman. Bogotá: Ed.Kelly 1964. 320 S.

122 *Arias Ramírez, Fernando:* Sangre campesina. Manizales/Caldas: Imprenta Departamental de Caldas 1965. 218 S. (Serie Biblioteca de autores caldenses, Bd.24).

123 *Bayer, Tulio:* Carretera al mar. Bogotá: Ed.Iqueima 1960. 428 S.

124 *Bronx, Humberto (Rev.Pater):* Veinte años de novela colombiana. Medellín: Ed.Granamérica 1966. 113 S. (Coll.Academia Antiqueña de Historia, 4).

125 *Brown, James D.:* Violence as mythic structure in Gustavo Alvarez Gardeazábal's novels. Diss. Madison: Univ.of Wisconsin 1979.

126 *Caballero Calderón, Eduardo:* El Cristo de Espaldas. Roman. 1a y 2a ed. Buenos Aires: Losada 1952. 167 S. (Novelistas de España y América).

127 *Caballero Calderón, Eduardo:* Manuel Pacho. Erzählung. Medellín: Ed.Bedout 1964(?). 168 S. (Bolsilibros Bedout, 2).

128 *Caballero Calderón, Eduardo:* Manuel Pacho. Ed.de Myron Lichtblau. Bogotá: Ed.Kelly 1980. 244 S. (neu aufgelegt).

129 *Caballero Calderón, Eduardo:* Siervo sin tierra. Roman. Bogotá: Ed.Bedout 1955.186 S. (Bolsilibros Bedout, 14).

130 *Caicedo, Daniel:* Viento seco
Novela. 2a ed. Bogotá: Coopera-
tiva Nacional de Artes Gráficas
1954. Prologo 1953: 3 Bl. 9-182 S.
Dasselbe: Prologo por Antonio
García, 3a ed. Buenos Aires:
Ed.Nuestra América 1954, 184 S.

131 *Canal Ramírez, Gonzalo:* Nicode-
mus. Novela. Bogotá: C.Ramírez,
Imprenta y Rotograbado 1968.
379 S..

132 *Canal Ramírez, Gonzalo:* Nueve de
abril 1948. Relatos. Bogotá: Lito-
grafía y Ed."Cahur". 1a ed. 1948.
87 S.

133 *Cartagena, Donardo:* Una semana de
miedo. Relato. 1a ed. Bogotá:
Ed."El Libertador" 1960. 267 S..

134 *Castaño, Alberto:* El Monstruo.
Novela. Medellín: Ed."El Mundo"
1957. 170 S.

135 *Cepeda Samudio, Élvaro:* La casa
grande. Novela. 1a ed. Bogotá:
Ed.Mito 1962. 220 S. Ill..

136 *Conte, Rafael:* Lenguaje y violencia.
Introducción a la novela hispano-
americana. Madrid: Al-Borak
(1972). 318 S.

137 *Corraleja, La:* Subtítulo. Ron y sangre. Documental cinematográfico,
realizado el 20 de enero de 1974.
Por Ciro Durán y Mario Mitrotti.
Bogotá: Estudios Uno. Obra autó-
noma. Película. [Film].

138 Crónica Imaginaria de la Violencia
Colombiana: Cuentos. Antología.
(Anthologie). Varios autores.
Selección y notas por Roberto Ruiz
Rojas y César Valencia Solanilla.
Bogotá: Publ.de la Federación de
Loterías de Colombia
(FEDELCO). 1977. 239 S.

139 *Echeverri Mejía, Arturo:* El hombre
de Talara, y Bajo Cauca. 2 cuentos
(Kurzgeschichten). Medellín:
Aguirre 1964. 172 S.

140 *Echeverri Mejía, Arturo:* Marea de
ratas. Novela. Medellín: Creacio-
nes Gráficas 1960. 171 S.

141 *Ferreira, Ernesto León:* Cristianismo
sin alma. Novela. Bogotá: Ed.ABC
1956. 284 S..

142 Los flagelantes de Santo Tomás.
Subtítulo: "El Poder de Dios".
Bogotá: Estudios Uno (1975?).
Película. [Film].

143 *Franco Isaza, Eduardo:* Las guerrillas
del Llano. Novela. Bogotá:
Librería Mundial 1959. 349 S.

144 *Gamines, Los:* Película social sobre
el niño abanndonado y descuidado
en diversas etapas de su vida, entre
los 5 y 7 años, y de 8 a 12, etc..
Bogotá: Estudios Uno 1974. [Film].

145 *Gomez Correa, Pedro:* El 9 de abril.
Novela. Bogotá: Ed.Iqueima 1951.

146 *Gómez Valderrama, Francisco:* Cade-
nas de violencia:. 1a ed. Cali:
Ed.Pacífico 1958. 165 S.

147 *Gonzalez Ochoa, Gustavo:* Frente a
la violencia. Medellín: Editorial
Bedout 1960. 406 S. Roman.

148 *Gonzalez-Rodas, Públio:* La novela
de la violencia en Colombia. Diss.
Pittsburgh: Univ.of Pittsburgh/
Pennsylvania. 1966.

149 *Herrera, Ernesto, León:* (d.i.Blandón
Berrío): Lo que el cielo no per-
dona. Bogotá: Ed.Argra 1954.
334 S.

150 *Hilarión Sánchez, Alfonso:* Balas de
la ley. Novela. Bogotá: Ed.Santa Fe
1953. 510 S.

151 *Hurtado García, Andrés:* Narrativa de la violencia en Gustavo Élvarez Gardeazábal. Tesis doctoral presentada a la Univ.Complutense de Madrid para optar del título de Doctor en Literatura. Dezember 1976. 1100 S. Diese Diss.besteht aus 4 Teilen:
1. La violencia y la novelística de la "violencia en Colombia"
2. "Cóndores no entierran todos los días"
3. Las restantes novelas de la violencia
4. Los cuentos de la violencia.

152 *Jaramillo Arango, Euclides:* (d.i.José Dolores Bedoya): Un campesino sin regreso. Novela. 1a ed. Medellín: Ed.Bedout 1959. 279 S.1.

153 *Jerez, Padre Hipólito, S.J.:* Monjas y bandoleros. Bogotá: Ed.Pax 1955. 170 S.

154 *Juncal, Soraya:* Jacinta y la violencia. Novela. Medellín: Ed.Élvarez 1967. 227 S. Port..

155 *Lara Santos, Alberto:* Los olvidados. Novela. Bogotá: Ed.Santafé 1949.

156 *López Tamés, Román:* La narrativa actual de la Colombia y su contexto social. Diss. Valladolid: Univ.de Valladolid, Departamento de Lengua y Literatura 1973. In Buchform ebenda 1975, 230 S. (Coll.Castilla, núm.3).

157 *Manrique, Ramón:* Los días de terror. Novela. Bogotá: Ed.ABC 1955.

158 *Mejía Vallejo, Manuel:* El día señalado. Novela. Barcelona: Ed.Destino 1964. 259 S. (Col.Ancora y Delfín, 251). Premio Nadal 1964. Der Romanteil "Miedo" ist dem folg.Werk "Tiempo de sequía" entnommen.

159 *Mejía Vallejo, Manuel:* Tiempo de sequía. Cuentos. Medellín: 1957. [Die Erzählungen wurden verfilmt].

160 *Muñoz Jiménez, Fernán:* Horizontes cerrados. Novela. Manizales: Tipografía Arbeláez 1954. 124 S.

161 *Ojeda Z., Aristides:* El exilado. Noela. Bogotá: Ed.Argra 1954. 214 S.

162 *Ortiz Márquez, Julio:* Tierra sin Dios. Novela. Méjico, D.F.: Edimex 1954. 125 S.

163 *Osorio Lizarazo, José Antonio:* El día del odio. Novela. Buenos Aires: Ed.López Negri (1952).286 S. (Col."Oro de Indios", Vol.1).

164 *Pareja, Carlos Enrique:* El monstruo. Novela. Buenos Aires: Ed.Nuestra América 1955. 216 S. (Col.Novelistas de nuestra América).

165 *Pedersen, Carl Erol:* Main trends in the contemporary Colombian novel, 1953-1967. Diss. Univ.of Southern California, Los Angeles 1971.

166 *Ponce de León Paris, Fernando:* Cara o sello. Novela. 1a ed. Bogotá: Ed.Tercer Mundo 1966. 184 S. (Col.Narrativa colombiana contemporánea).

167 *Ponce de León Paris, Fernando:* La castaña. Novela. 2a ed. Bogotá: Ed.Espiral 1964. 196 S. (Serie "Difusión de Espiral",5).

168 *Ponce de León Paris, Fernando:* Tierra asolada. Novela. 2a ed. Bogotá: Ed.Iqueima 1954. 237 S..

169 *Posada, Enrique:* Las bestias de agosto. Novela. Bogotá: Ed.Espiral. 1a ed.1964. 154 S. (Serie "Difusión de Espiral,"1). 2a ed.: Bogotá: Ed.Iqueima 1964. 154 S.

170 *Sanin Echeverri, Jaime:* Quién dijo miedo?. Novela. Medellín: Aguirre 1960. 229 S.

171 *Santa, Eduardo:* Sin tierra para morir. Novela. Bogotá: Ed.Iqueima 1954. 147 S.

172 *Soto Aparicio, Fernando:* Después empezará la madrugada. 1a ed. Barcelona: Ed.Marte 1970. 401 S. (Novela y Documento).

173 *Soto Aparicio, Fernando:* La rebellión de las ratas. Novela. Buenos Aires/ Barcelona: Plaza y Janés 1962. 342 S. (Sel.Lengua española).

174 *Soto Aparicio, Fernando:* Solamenta la vida. Cuentos. 1961. 125 S. o.O.(Col.Narradores colombianos de hoy).

175 *Stevenson, José:* Visperas de confusión. Caracas: Monte Avila Ed.1968. Bogotá: 1976 en Antología: "Nuevos marradores colombianos" bajo el tidulo "Los hombres de voz dura".

176 *Suarez Rondón, Gerardo:* La novela sobre la violencia en Colombia. Tesis de grado para optar el título de Dr.en Filosofía y Letras, abril de 1966. Bogotá: República de Colombia: Pontificia Univ.Católica Javeriana, Fac.de Filosofía y Letras. 153 S. Bibliogr..

177 *Valencia Tovar, Élvaro:* Uísheda. Violencia en el Llano. Novela. 1a ed. México, D.F.: Ed.Diana 1970. 414 S. Bogotá: Canal Ramirez 1969. 479 S..

178 *Varón, Policarpo:* El festín. Medellín: Ed.Oveja Negra. 1973. (Vgl.auch "Das Duell" und andere kolumbianische Erzählungen in der von Peter Schultze-Kraft hrsg.Anthologie, Tübingen 1969).

179 *Vásquez Santos, Jorge:* Guerrilleros buenos días. Novela. Bogotá: Ed.Argra 1954. 199 S.

180 *Velasquez M., Rogerio:* Las memorias del odio. Bogotá: Ed.Iqueima 1953.

181 *Velásquez Valencia, Galo:* Pogrom. Bogotá: Ed.Iqueima 1954. 111 S.

182 *Velez, Federico:* A la orilla de la sangre. Novela. Madrid: Ed.Coculsa 1955. 249 S.

183 *Williams, Raymond, L. (Hrsg.):* Aproximaciones a Élvarez Gardeazábal. Bogotá: Plaza y Janés, Ed.1977. 244 S. Bibliogr. (Manantial, 65).

184 *Zapata Olivella, Manuel:* Detrás el rostro. Novela. Madrid: Aguilar 1963. 159 S. "Premio Literario Esso" 1962.

2.3 Aufsätze

185 *Élvarez Gardeazábal, Gustavo:* Las novelas de violencia. In: El Colombiano", Medellín, 9.Jan.1983.

186 *Bolaños, Alvaro Felix; Thompson, Jeanne:* Entrevista con Gustavo Élvarez Gardeazábal, 21 a 23 de abril de 1983, en la Univ.de Kentucky, Departamento de Español.. In: Hispania, Bd.67, Sept.1984. S.441.

187 *Camacho Guizado, Eduardo:* Novela colombiana, panorama contemporáneo. In: Letras Nacionales. Bogotá: Nr.9/Juli-Aug.1966. S.19-37.

188 *Madrid-Malo, Néstor:* Estado actual de la novela en Colombia. In: Revista Interamericana de Bibliografía, Washington, Bd.XVII, Jan.-März 1967, S.68-82.

189 *Mosé, K.E.:* Gustavo Élvarez Gardeazábal: La búsqueda de la identidad literaria. In: Atenea, Concepción/Chile, Nr.432/1975.

190 *Pastrana, Andrés:* "Los Gamines". [Film.] Mit seiner Reportage üb.d.- Film wurde A.P. mit dem span."- Premio de Televisión" am 4.Dez.1985 ausgezeichnet, den der König von Spanien ihm überreichte. In: ABC, Madrid, 5,XII,1985. S.51.

191 *Restrepo, Laura:* Niveles de realidad en la literatura de la "Violencia Colombiane". In: Ideología y Sociedad, Bogotá: Nr.17-18/April-Sept.1976. S.7-35.

192 *Ruiz Camacho, Rubén:* "Detrás del rostro", una novela ejemplar. In: Boletín Cultural y Bibliográfico 8/1965, S.105-106. (Vgl.Nr.184: Zapata Olivella, Detrás del rostro).

193 *Saladrigas, Roberto:* Monólogo con Gustavo Élvarez Gardeazábal. In: Destino, Barcelona 1974, Nr.1920, S.30-31.

194 *Zuluaga Ospina, Alberto:* Notas sobre la novelística de la violencia en Colombia. Conferencia dictada el 18 de mayo de 1967 en el Colegio Mayor de Nuestra Señora de Guadalupe, Madrid. In: Cuadernos Hispanoamericanos, Madrid, Dez.1967, Nr.216, S.597-608.

2.4 Rezensionen

195 *Élvarez Gardeazábal, Gustavo:* Méjico y Colombia: La violencia en la novela. In: Mundo Nuevo, Paris, Nr.57/58, März-April 1971. S.77-82.

196 *Élvarez Gardeazábal, Gustavo:* Las novelas de la violencia. Medellín: El Colombiano, 9.Jan.1983.

197 *Anónimo (Anonym):* Violencia, problemática y estilo. In: Letras Nacionales, Bogotá: Juli-Aug.1965, Nr.3, S.66-89.

198 *Brown, James D.:* Rezension zu "Violence as mythic structure in Gustavo Élvarez Gardeazábal's novels. In: Hispania, Mai 1980, Bd.63, S.457.

199 *Deuel, Pauline:* Sound and rhytm in "El día señalado. In: Hispania, 1969, Nr.52, S.198-202. (Vgl.Mejía Vallejo; Manuel, Nr.158).

200 *Kirsner, Robert:* Four Colombian novels of "La Violencia". In: Hispania, 1966, Bd.49, S.70-74.

201 *Kooreman, Thomas, E.:* Two novelistic views of the Bogotazo. In: Latin American Literary Review, Bd.3, Nr.5, Herbst-Winter 1974. S.131-135.

202 *Lyday, Leon F.:* Caballero Calderón, Eduardo: El Cristo de Espaldas. Ed.by Roberto Esquenazi-Mayo. New York: The Macmillan Company 1967. 153 S. Rezension in: Hispania, Appleton/Wisconsin, März 1968, Bd.L,1. S.212-213.

203 *Maldonado-Denis, Manuel:* La violencia del subdesarrollo y el subdesarrollo de la violencia: Un análisis de "El otoño del patriarca de Gabriel García Márquez. In: Casa de las Américas, La Habana/Cuba, XVI. Jg.Nr.98, Sept.-Dez.1976, S.24-35.

204 *Morales Benítez, Otto:* La literatura de la violencia: Élvarez Gardeazábal, un lúcido narrador. In: "Caminos del hombre en la literatura". Bogotá 1974. 7 Bl..

205 *Morales Benítez, Otto:* Aguja de marear. Notas críticas. (Sobre la novela de Gustavo Élvarez Gardeazábal "Cóndores no entierran todos los días). Bogotá: Biblioteca Banco Popular 1979, 476 S..

206 *Morales Benítez, Otto:* La literatura de la violencia: El Cristo de Espaldas" y la dignidad del hombre. (Por Eduardo Caballero Calderón. In: "Caminos del hombre en la literatura". Bogotá, 1974. 12 S..

207 *Mejía Gutierrez, Carlos:* Tema libre: "Uisheda". In: El Espectador, Cali/ Kolumbien 1979.

208 *Santa, Eduardo:* Jorge Zalamea o La autenticidad literaria. In: Letras Nacionales, Nr.2, Bogotá, Mai-Juni 1965. S.29-33.

209 *Schultze-Kraft, Peter:* El cuento colombiano. In: Eco, Bogotá, Nr.128, Juni 1971, S.151-167.

210 *Torres, Otto Ricardo:* Apuntes sobre la novelística colombiana actual. In: Letras Nacionales, Bogotá, Nr.9, Juli-Aug.1966. S.49-56.

211 *Williams, Raymond L.(Hrsg.):* García Márquez y Gardeazábal ante "Cien años de soledad": un desafío a la interpretación crítica. In: Revista Iberoamericana, Pittsburgh/Pa.,Juli-Dez.1981, Nr.116-117, S.165-174.

3. "VIOLENCIA" in Lateinamerika

a) Allgemein

3.1 Monographien

212 *Barreiro, Julio:* Violencia y política en América Latina. Méjico, D.F. Siglo XXI Editorial, S.A.(1971). 205 S. (Col.Mínima,42).

213 *Batista, Laureano:* Aportes de la ciencia política al análisis de la violencia. Caracas: CIDAL, s.a.(1970).35 Bl. (Documentos, Centro de Información, Documentación y Análisis Latinoamericano, entrega. Lief. 19.).

214 *Bychowsky, Gustavo:* Odio y violencia en la vida contemporánea. Buenos Aires: Paidós (1971),165 S. (Biblioteca Mundo Moderno,56).

215 *Davis, Jack:* Political Violence in Latin America. London: The International Inst.for Strategic Studies (1972).35 S. (Adelphi Papers Nr.85, London).

216 *Dorfman, Ariel:* Imaginación y violencia en América Latina. Santiago de Chile 1970, 1a ed. Barcelona: Ed.Anagrama (1972) 248 S.(Ed.del Bolsillo, 215).

217 *Drury, Allen:* América violenta. Um romance político. Rio de Janeiro: Nova Frontera 1968. 457 S.

218 *Duff, Ernest, A.; McCamant, John; Waltraud Q. Morales:* Violence and repression in Latin America: a quantitative and historical analysis. New York: Free Press 1976. XII,322 S. Bibliogr.Tab. (The Free Press ist eine Tochtergesell.d.Macmillan Publ.Co.,Inc.).

219 *Galeano, Eduardo:* Violencia y enajenación. Méjico, D.F., Ed.Nuestro Tiempo, S.A.(1971).205 S. 1a ed. (Col.Latinoamérica Hoy).

220 *Herrera Campins, Luis; Barbeito José y otros:* Violencia y política. Recopilación y prefacio de Guillermo Yepes Boscán. Caracas: Monte Avila Editores 1972.288 S. (Col.Estudios Especial, Nr.363).

221 *Ianni, Octavio:* Imperialismo y cultura de la violencia en América Latina. Méjico, D.F. Siglo XXI Ed.1970. 126 S. (El Mundo del Hombre: Sociología y Política).

222 *Landazábal Reyes, Fernando:* Estrategia de la subversión y su desarrollo en la América Latina. Bogotá: Ed.Pax 1969. 287 S.

223 *Massuh, Victor:* La libertad y la violencia. Buenos Aires: Ed.Sudamericana (1968). 347 S. (Col.Perspectivas).

224 *McCamant, John F.:* Violence and Repression in Latin America. A quantitative and historical analysis. New York: The Free Press 1976. 322 S. (a Division of Macmillan Publ.-Co.,Inc.).

225 *Moreno, Francisco José; Mitrani, Barbara (Hrsg.):* Conflict and Violence in Latin America. A book of readings, ed.by Fr.J. Moreno and Barbara Mitrani. New York: Thomas Y. Crowell Co.1971. 452 S.

226 *Silva Michelena, José A.:* La violencia rural como forma de participación social. Genève: International Labor Office (ILO).1969. 18 S. (Simposio sobre la participación social de América Latina, Méjico, D.F.,14-16 de octubre de 1969.).

227 *West, Gerald Thomas:* The dimensions of political violence in Latin America, 1949-1964: an empirical study. Philadelphia 1973, Univ.of Pennsylvania. Diss. 404 S.

3.2 Aufsätze

228 *Gerassi, John:* Violencia, revolución y cambio estructural en América Latina. In: Revista Mexicana de Sociología, Bd.XXXIX,Nr.3, Juli-Sept.1967, S.417 ff. (Übers.aus "Les Temps modernes", Paris) Sept.1967. Nr.256, S.495-518:"La Violence, révolutions et modification de structure en Amérique Latine".

229 *González Casanova, Pablo:* La violence latinoaméricaine dans les enquêtes empiriques nordaméricaines. In: Homme et Société, Paris, Nr.15/Jan.-März 1970. S.159-181.

230 *Arroyo, Gonzalo:* Violencia institucionalizada en América Latina. In: Revista "Mensaje" Nr.174, Santiago de Chile 1968. S.535 ff.

231 *Bourricaud, Francois:* Realidad y teorías sobre la "violencia en América Latina. In: Revista paraguaya de Sociología, Asunción, Bd.6 (16), Sept.-Okt.1969. S.105-115.

232 *Câmara Pessoa, Helder:* A violéncia - unica opção?. Conferencia pronunciada en la Sala de "La Mutualité" en Paris, 25 de abril de 1968. Texto publ.por "Paz e Terra" Nr.7, Rio de Janeiro, abril 1968.

233 *Lara Saenz, Leoncio:* La violencia en América Latina: Alternativa o imperativo?. In: Mundo Nuevo, Paris, Nov.1969. Nr.41, S.17-23.

233 *Stockes, William S.:* Violence as a power factor in Latin American politics. In: Western Political Quarterly, Salt Lake City,Bd.V,-Sept.1952, S.445-468.

235 *Vazquez, Liliana:* El peso de la violencia desmorona a Iberoamérica. In: Excélsior, Méjico, D.F.,21 Februaro 1978. S.18-A. Der Artikel wurde aus Anlaß des III. Erzbischöflichen latinamerikanischen Kongresses (CELAM) in Puebla (Mexico), Okt.1978, geschrieben.

3.3 Rezensionen

236 *Avellaneda, Andrés O.:* Reseña:
Ariel Dorfman, Imaginación y vio-
lencia en América. In: Revista Ibe-
roamericana, Pittsburgh/Pa.
Bd.37,Nr.75, Abril-Juni 1971,
S.459-461. (Vgl. Nr.216).

237 *López, David E.:* Rezension zu
Duff, Ernest und John McCamant,
"Violence and repression in Latin
America". (New York, The Free
Press 1976). In: Sociology and
Social Research, Los Angeles, Bd
61/2, S.258-259. (vgl.Nr.218).

b) in einzelnen Ländern

Argentinien

238 *González Trejo, Horacio:* Argentina:
Tiempo de violencia. Buenos Aires:
C.Pérez Ed.(1969).126 S. Ill..

Bolivien

239 *Gumucio, Mariano Baptista (Ed.):* La
violencia en Bolivia. Varios autores. La Paz/Cochabamba: Ed.Los
Amigos del Libro 1976.

Brasilien

240 *Alarcon, Rodrigo:* Brasil: Represión
y tortura. Santiago de Chile, Ed.Or
(1971).180 S. Ill..

241 *Franco, Maria Sylvia de Carvalho:* O
codigo do Sertão: um estudo sobre
violência no meio rural. Dados,
publicação semestral do Instituto
Univ.de Pesquisas do Rio de Janei-
ro/Brazil. Rio de Janeiro: Nr.5/
1968.

242 *Lima, Alceu Amoroso:* Violencia ou
não?. Petrópolis/Brazil, Ed.Vozes
1969. 247 S. (Col.Sinais do tempo,
Nr.6).

243 *Padilha, Tarcísio Meirelles:* A viol
ncia. Curitiba/ Brazil: Associação
dos Diplomados da Escola Supe-
rior de Guerra, Delegação do
Paraná 1970. 32 S. (Ciclo de estu-
dos em Curitiba… reservado en
participantes. Dass.Rio de Janeiro
1970. 42 S.

244 Violencia Militar, Brasil: La violencia militar en el Brasil. Coapéndi-
ces documentales. Notas y versión
directa del portugués por J. Flavio
Tavares. Méjico, D.F., Siglo XXI
Editora (1972).251 S.

Ecuador

245 Violencia en Ecuador: La violencia
en Ecuador. Prólogo y selección de
Miguel Donoso Pareja. Méjico,
D.F., Ed.Diógenes, S.A. 400 S.

Guatemala

246 *Aguilera Peralta, Gabriel Edgardo:* La
violencia en Guatemala, como
fenómeno político. Presentación de
Carlos López. Cuernavaca: (Centro Intercultural de Documentación
(CIDOC)1971, Cuaderno 61) 169 S.
Bibliogr..

247 *Fuentes Mohr, Alberto:* Secuestro y
Prisión: dos caras de la violencia en
Guatemala. San José de Costa
Rica: Ed.Univ.Centroamericana
(EDUCA) 1971. 216 S..

248 Guatemala: Violencia. Comité
Guatemalteco de Defensa de s los
Derecho Humanos: La violencia en
Guatemala. Dramática y documen-
tada denuncia sobre el tercer
gobierno de la revolución, la
democracia de Méndez Montenegro. Méjico, D.F.: F.C.Popular
1969. 215 S.

249 Violencia - Opinión Pública: La opinión pública condena la violencia. Guatemala: Publ.de la Secretaría de Relaciones Publ.de la Presidencia 1967. 183 S.

250 *La Charité, Norman A.:* Political violence in Guatemala, 1936-1967; its social, economic, political, and historical origins, and its pattern and sequences. The American Univ., Diss.235 S. [Microfilm].

Mexiko

251 *Hasperué Becerra, Oscar:* Cultura y violencia: Méjico. Acapulco: Ed.Americana 1971. 65 S. (Textos de Cultura Americana, núm.15).

252 *Ortiz, Orlando (Ed.):* La violencia en Méjico. Prólogo y selección de Orlando Ortiz. 1a ed. Méjico, D.F.: Ed.Diógenes 1971. 411 S. (Antologías temáticas, 6).

253 *Tenorio Adame, Antonio:* Juventud y violencia. 1a ed. Méjico, D.F. Fondo de Cultura Económica 1974. 121 S. (Archivo del Fondo, 14).

Peru

254 *Bejar Rivera, Héctor:* Perú 1965. Apuntes sobre una experiencia guerrillera. Lima: Campodonico Ed.1969. 139 S. Ill. Dt.Übersetzung: Aufzeichnung e.Guerrillaaufstandes. A.d.Span.übers.v.Anneliese Botond. Frankfurt/M.Suhrkamp 1970.

Venezuela

255 *Araujo, Orlando:* Venezuela violenta. Ensayo (Essay). Caracas: Distribución: Ed.Espérides 1968. 186 S.

256 *Del Corro, Alejandro (Compilador):* Venezuela: La Violencia. In: I.El Nacional. Bibliografía. 370 S. II. Disturbios y respresión de mayor transcendencia. 1968. 302 S. III.Impresos clandestinos, prensa suprimida y marginal. 1968. 454 S. IV. MIR. Impresos clandestinos de tirajes reducidos, prensa suprimida y marginal 1968. 228 S. Bibliogr. V. Registro alfabético para los recortes de periódicos. 270 S..

257 *Múnoz C., Carlos:* Televisión, violencia y agresión. Caracas/Venezuela: Univ.Central de Venezuela, Faculdad de Ciencias Económicas y Sociales, División de Publ.1974. 103 S. (Col.Esquema). (Bibliogr.S.69-102).

369

Winfried Mönch

Fotografische Kriegs-Erinnerungs-Bildbände deutscher Einheiten aus dem Ersten Weltkrieg

Der Erste Weltkrieg stellt für die Geschichte der Kriegsfotografie (1,2) 1) einen ebenso großen Einschnitt dar, wie für alle anderen Bereiche der Historiographie. Es zeigt sich auch hier das Phänomen, daß zuvor schon im Frieden bekannte Techniken derartig massenhaft eingesetzt wurden, daß allein dadurch schon eine ganz neue Qualität entstanden ist. Bilder vom Krieg waren bis dahin in der Hauptsache das Privileg professioneller Fotografen, die als Journalisten und Kriegsberichterstatter mit den beteiligten Armeen ins Feld zogen. (3) Die Geschichte des Mediums läßt sich hier anhand einer Reihe berühmter Namen nachzeichnen, deren Produkte dann später immer wieder als Illustrationen in den schriftlichen Darstellungen eines Krieges verwendet wurden, so daß sie quasi zu einer visuellen Signatur des betreffenden Konflikts geworden sind. Es beginnt mit Roger Fenton und dem Krimkrieg (1853-56) und läßt sich bis zu den Balkankriegen (1912-1913) verfolgen.

Die neunziger Jahre des 19. Jahrhunderts markieren den Beginn dreier technischer Entwicklungen, die für die visuelle Überlieferung des Ersten Weltkrieges von Bedeutung werden sollten. Zunächst die Erfindung von Filmkameras, dann der Durchbruch der Amateurfotografie und schließlich die Möglichkeit, Fotos drucktechnisch in grossen Auflagen zu vervielfältigen, was den modernen Fotojournalismus überhaupt erst ermöglichte. (4)

Vorher dienten Fotos höchstens als Vorlage für Holzstiche, die dann jedoch in den Presse-Redaktionen, um des dramatischeren Effekts willen, häufig verändert wurden. Es lag daher sowieso nahe, gleich Zeichner und Maler zu beauftragen. Diese "War-Illustrators" gehörten dann bis um 1900 zu den typischen Begleitern der vielen kleinen Kolonialkriege, die fast überall in der Welt an den Rändern der großen Imperien geführt wurden. (5)

Da sich die Fotografie in den Veröffentlichungen schon vor dem Ersten Weltkrieg durchgesetzt hatte, gab es in diesem Bereich einen Funktionswandel weg von der Forderung nach dem "nur" darstellenden hin zu einer künstlerischen Sicht auf das Geschehen. Für diesen Aspekt der "Gebrauchsbilder" beginnt man sich neuerdings zu interessieren. (6)

Die Frage nach dem dokumentarischen Wert solcher Werke beantwortet der Leiter des bayerischen Armeemuseums, E.Eichner, damit, daß diese für den Ersten Weltkrieg eine "Primärquelle von höchstem Rang" sein könnten: "Denn die Fotografen mit ihren technisch unzureichenden Apparaten waren noch keine allzu starke Konkurrenz, auch wenn sie eine Menge technischer Details festgehalten haben: Man kann davon ausgehen, daß die meisten Fotos - ganz besonders die Kampfszenen - gestellt waren." (7)

Wie dem auch sei, den Gemälden, Zeichnungen, Graphiken etc. steht eine unübersehbare Menge an Fotos gegenüber, die auf deutscher Seite hauptsächlich von Amateuren geschaffen wurden und deren Interpretation ein lohnendes Feld der Forschung bietet. In der ersten Hälfte des Krieges war in den britischen Streitkräften der Besitz von Fotoapparaten in der Frontzone Frankreichs weithin streng verboten, und Aufnahmen durften nur durch speziell ausgewählte Personen gemacht werden. (8)

Im Gegensatz hierzu waren die Bestimmungen in der deutschen Armee bei allen Auflagen wesentlich liberaler, und schon am 20.10.1916 ließ der kommandierende General des XIII. Armee-Korps Frhr. Th. v. Watter in einem Korps-Tagesbefehl verlauten: "Es ist [...] im allgemeinen darauf hinzuwirken, daß die Sucht zu fotografieren möglichst eingeschränkt wird und die darauf verwandte Zeit mehr dem Ernst des Krieges zugute kommt." (9)

Das seltsame zu Beginn des Ersten Weltkrieges war nun, daß sich sogar die Grenzen zwischen professioneller und Amateurfotografie an der Front auflösten. (10)

Selbst nach Gründung des "Bild- und Filmamtes" 1916, das eine Zentralisierung und Professionalisierung der Propaganda im Deutschen Reich bewirken sollte, sind in vielen Fällen eindeutige Zuordnungen der verwendeten Bilder schwer möglich, d.h. es ist kein Rückschluß darauf möglich, ob ein Bild von vornherein als Dokumentarfoto für eine breitere Öffentlichkeit bestimmt war, oder ob es erst später auf Umwegen zur Veröffentlichung gelangte. (11,12)

Es ist hier der seltene Fall gegeben, daß die Werke von berufsmäßigen Fotografen von denen der Hobby-Fotografen ("Knipser") praktisch nicht mehr zu unterscheiden waren. Die Massenhaftigkeit des Krieges spiegelt sich auch in seiner eigenen Dokumentation wider, die nur noch selten die Autoren bestimmter Fotos namhaft machen kann.

Der einzige Bereich, in dem Amateure noch keine Rolle spielten, war das Filmwesen. Bei der Unhandlichkeit der Geräte und den Kosten für die Ausstattung waren einfache Soldaten als Operateure, wie man die Kameraleute damals noch nannte, undenkbar. (13,14) Es wird nun die These vertreten, daß mit dem Begin der Film-Kriegs-Berichterstattung eine ganz neue Wahrnehmungsstruktur einherging. (15)

Die in der Bibliographie aufgeführten Bilderbände gehören sicherlich zu den eigentümlichsten Literaturgattungen des Ersten Weltkrieges. Zum Vergleich sei auf eine Fotodokumentation eines Kaiser-Manövers von 1913 verwiesen, die zeigt, wie man sich den Krieg vorstellte und in dem bestimmte Muster wie z.B. "Soldat nach Dienstschluß im Umgang mit Zivilbevölkerung" schon vorweggenommen wurden. (16)

Die Bände erschienen während des Krieges und noch einige Zeit danach. Sie sind bewußt als Erinnerungswerke konzipiert worden. Sie gehen über das persönliche Album eines einzelnen Soldaten oder den Kriegsakten einer Einheit insofern hinaus, als sie quasi ein kollektives fotografisches Erinnerungsbild einer bestimmten Truppe dastellen sollen. Im Vorwort zum Werk der 47.Res.Div. heißt es: "Doch keine Kriegsgeschichte will dieses Buch bringen. Besser als das geschriebene Wort wird das Bild den Kameraden die Erinnerung zurückzurufen...".

Ihr Umfang reicht von einigen Blättern bis hin zu richtigen Büchern. Allen gemeinsam ist, daß kein Text beigegeben ist, der die Abbildungen erklären könnte, sondern nur eine summarische Untertitelung, die bisweilen sogar weggelassen oder aus "militärisch Gründen" diffus gehalten wurde. In "Anno dazumal in der Champagne" heißt es: "Kenner der betr. Ansichten vermögen" die vorgesehenen Erklärungen "leicht zu ergänzen".

Wie man sich die Vorläufer zu denken hat, zeigt das Werk des Res.Inf.Reg. 236. Hier liegt ein Fotoalbum vor, in das Anmerkungen gedruckt und Originalabzüge eingeklebt wurden.

Wiedergegeben werden hauptsächlich Bilder von Quartieren, Stellungen, Landschaften, Zerstörungen, Gräbern, Porträtaufnahmen von Offizieren und ihren Stäben und Gruppenbilder von Soldaten. Man legte Wert darauf, daß sie von Angehörigen der jeweiligen Einheit stammten. Bei der 52. Inf.Div. gab es sogar einen "Ausschuß für das Divisions-Album".

Es handelt sich also in der Regel um eine Auswahl von Bildern, die von Amateuren stammten und durch Amateure bewertet und für diesen Zweck für gut befunden wurden. Sie stellen den kleinsten gemeinsamen Nenner dessen war, was man für jeden in der Truppe im Rahmen der Zensurverfügungen als erinnerungs- und mitteilungswürdig betrachtete. Das Wesentliche dabei ist, daß man von einer persönlichen Beziehung der Zielgruppe, d.h. der eigenen Einheit, für die man das Werk geschaffen hatte, zu den abgebildeten Personen und Dingen ausging. Sie sollten den Kristallisationskern der Erinnerung bilden. Da diese Alben jedoch auch häufig im Buchhandel vertrieben wurden, ging man wohl nicht zu Unrecht davon aus, daß sie gerade dadurch von allgemeinem Interesse sein könnten. Sie stellen so ein Zwischending dar zwischen amtlicher und privater Fotografie und sind somit ein typisches Produkt der Zeit.

Doch schon Mitte der zwanziger Jahre genügte dies nicht mehr. Die Funktion als Erinnerungsträger übernahmen nun die Regimentsgeschichten, bei denen die Fotos in den fortlaufenden Text integriert wurden. Nur noch in Einzelfällen wird die Präsentation in Albumform vorgenommen, wobei man darauf hinwies, dies sei als Anlage zur Darstellung zu verstehen.

Die großen Bilderwerke, die in der Weimarer Republik erschienen, seien sie nun pazifistisch (17,18) eingestellt oder "nur" dokumentarisch, (19,20,21,22,23) unterstellen einen echteren, wahreren Blick auf den Krieg. Fotos von der Etappe, von

Stäben, Offizieren hätten hier keinen Platz. (24) Gerade dies war aber hauptsächlich der Inhalt der in der Bibliographie aufgeführten Werke.

Häufig verwies man dann noch darauf, aus welcher riesigen Menge von Fotos man die aussagekräftigsten ausgewählt habe. Hier tat sich also wieder die Schere auf zwischen dem nur Erinnerungs- und dem Dokumentarfoto, das sozusagen in einem Bild die ganze Geschichte des Grauens erzählen soll. Eine Sache also, die von Amateuren nur in Ausnahmefällen und wohl eher zufällig geleistet werden konnte. Es ist nur bezeichnend, daß eine solche "action" orientierte Kriegs-BildBerichterstattung in den dreißiger Jahren ihren Anfang nahm. (25) R. Capas Bild des Soldaten, der getroffen die Arme in die Luft wirft, ist zum Inbegriff dessen geworden, was seitdem als "authentisch" zu gelten hat: "[...] dieser Augenblick, sein Tod [...]"(26) läßt natürlich alles andere in den Hintergrund treten, vor allem aber Bilder von "Schützengräben und Lazaretten, Siegerposen und Gräber [...]".(27)

Besonders sinnfällig wird dies in einem Werk aus den fünfziger Jahren, das sich bewußt an die Tradition aus dem Ersten Weltkrieg anlehnt und einen persönlichen Erinnerungswert behauptet, obwohl doch nur die professionelle Sicht des Zweiten Weltkrieges geboten wird, wie es die Propaganda-Kompanien lieferten; d.h. die Erinnerung an das Geschehen wird durch die Erinnerung an das Bild vom Geschehen ersetzt, wie sie in den Veröffentlichungen der Zeit üblich waren. (28)

Die Erforschung und Interpretation der Bildersprache des Ersten Weltkrieges begann Ende der siebziger Jahre. Es liegen inzwischen Arbeiten zu verschiedenen Aspekten der amerikanischen (29), englischen (30, kanadischen (31) und italienischen (32) Fotogeschichte dieser Zeit vor. Neben einer knappen Skizze über den "Ersten Weltkrieg im Familienalbum" (33) bezeichnet der Inventarkatalog des Historischen Museums in Frankfurt (34), der unter Federführung von D. Hoffmann entstanden ist, für die Bundesrepublik Deutschland den Anfang einer intensiveren wissenschaftlichen Auseinandersetzung mit diesem Thema.

Seitdem sind eine Reihe von Aufsätzen erschienen, die verschiedene Facetten beleuchten. (35,36,37,38)
Es scheint aber, daß es noch einiger theoretischer Anstrengungen bedarf, wie man den Worten des Protokollanten einer Arbeitsgruppe von Fotohistorikern entnehmen kann, die im Rahmen der "1. Frankfurter Fotogespräche. Fotografie und Wirklichkeit" über das Thema "Die zwei Gesichter des Krieges, Offizielle und private Fotografie im 1. Weltkrieg" diskutieren.

Sie sahen ein Problem in der "eigenen Beziehung zum Untersuchungsgegenstand" und die Gefahr der Gewöhnung an Kriegsbilder durch die analysierende und interpretierende Distanz"! (39)

1) Die in Klammern gesetzten Ziffern im folgenden Text beziehen sich auf die lfd. Nummern der anschließenden Bibliographie.

1 ANMERKUNGEN

1 *Lewinski, J.:* The Camera at War. A History of War Photography from 1848 to the present day. London: Allen 1978. 240 S..
08013

2 Bilder vom Krieg. 130 Jahre Kriegs fotografie. Eine Anklage. Hrsg.v.R.Gillhausen, R.Fabian (Text) u.H.C.Adam. Hamburg: Gruner u.Jahr 1983. 339 S..
08948

3 *Hodgson, P.:* Early War Photographs. Reading Berkshire: Osprey 1974. 159 S.
06911

4 *Barret, A.:* Die ersten Photoreporter. 1848-1914. Frankfurt: Krüger 1978. 213 S.
WLB: 28/3420

5 *Hodgson, P.:* The War Illustrators. New York: Macmillan Publ.1977. 191 S.
07594

6 *Hogarth, P.:* The Artist as Reporter. London: G.Fraser 1986. 189 S.
WLB: 37a/2195

7 Sonderausstellung. Der Erste Weltkrieg. Zeitgen. Gemälde u. Graphik. Ingolstadt: Verl.Donau Kurier 1980. 84 S. (Veröffentl.d.-Bayer.Armeemuseums 1) S.7.
Bc 2722

8 The Official History of Australia in the War of 1914-1918. Vol.12. Photographic Record of the War. Reprod.of Pictures taken by the Australian Official Photographers. Annotated by C.E.W.Bean & H.S.Gullett. Sydney: Angus & Robertson 1923 o.Pag. 753 Photos.
F 1418-12

9 Hauptstaatsarchiv Stuttgart. Abt. Militärarchiv: M 33/2 Bü. 26.Generalkommando XIII. A.K.Feldzug 1914-18. General-Akten betr.Fotografieren.

10 *Hoffmann, D.:* Die zwei Gesichter des Krieges. Offizielle und private Fotografie im 1.Weltkrieg. In: Fotogeschichte. 2.Jg.,1982. H.5. S.21-28.
WLB: Za 7496-1,2

11 *Brennert, H. [Text]:* Bei unseren Helden an der Somme. Amtl.Aufnahmen aus d.Somme-Schlacht. Berlin: Eysler 1917. 16 Bl..
10216

12 Bilder unserer Offensive im Westen 1918. Berlin: Francken u.Lang [1918]. 18 gez.Bl..
17277

13 *Terveen, F.:* Die Anfänge der deutschen Film-Kriegsberichterstattung in den Jahren 1914-16. In: Wehrwissenschaftliche Rundschau. 6.Jg.1956. H.6. S.318-329.
BZ 3044-6

14 *Barkhausen, H.:* Filmpropaganda für Deutschland im 1.und 2.Weltkrieg. Hildesheim: Olms 1982. 290 S.
B 48123

15 *Virilio, P.:* Krieg und Kino. Logistik der Wahrnehmung. München: Hanser 1986.192 S.
WLB: 36/13689

16 *Hoppenstedt, J. (Hrsg.):* Das Volk in Waffen. Bd.1. Das Heer. Mit rund 150 photogr.Aufnahmen. Dachau: Der Gelbe Verl.Mundt & Blumentritt 1913. 45 S. [Text] u.88 S.Abb.
0236-1

17 *Friedrich, E.:* Krieg dem Kriege. Guerre á la guerre. War against War! Berlin: Verl."Freie Jugend" 1926. 2 Bde. 248 u.244 S.
47896

17 *Friedrich, E.:* [teilw.Repr.]. Frankfurt: zweitausendeins 1981. 252 S.
B 44084

18 Wehrlos hinter der Front. Leiden der Völker im Krieg. 144 Bilddokumente. Frankfurt: Societäts-Verl.1931.144 S.

19 Der Weltkrieg im Bild. Originalaufnahmen des Kriegs-Bild- und Filmamtes der modernen Materialschlacht. (Gelw.: G.Soldan). Berlin: "Der Weltkrieg im Bild" 1926. 350 S.
0250

20 Der Weltkrieg im Bild. Frontaufnahmen aus den Archiven der Entente. (Vorw.: W.Beumelburg). München: Vertriebsstelle amtl.-Schriften d.Reichsarchives [1929] 352 S..
0249

21 Der Weltkrieg 1914-18. Bildermappe. [Hrsg.v.Reichsarchiv]. Berlin: Mittler o.J. 35 Bl..
68821

22 Der Weltkrieg in seiner rauhen Wirklichkeit. Kriegsbilder-Album in drei Teilen nach Org.Aufn.d.Kriegsphotographen H.Rex u.Erg.-d.offiz.Aufn.der Kriegs-Bild- und Filmamtes und Aufnahmen treuer Kameraden. Oberammergau: H.Rutz 1926. 503 S.
46355

23 *Schauwecker, F.:* So war der Krieg. 230 Kampfaufnahmen aus der Front. Berlin: Frundsberg-Verl. (7)1929.152 S.
03103

24 Kamerad im Westen. Ein Bericht in 221 Bildern. Frankfurt: Societäts-Verl.1930. o.Pag..
51638

25 Life im Krieg. [aus d.amerik.] Amsterdam: Time Life Books 1980. 306 S.
08387

26 *Härtling, P.:* Der spanische Soldat oder Finden und Erfinden. Frankfurter Poetik-Vorlesungen. Darmstadt: Luchterhand 1984. 95 S. (SL 600). S.61.
WLB: 34/7440

27 *Kordon, K.:* Immer feste druff!. Ein Postkartenbuch. Stuttgart: Spectrum-Verl.1983.122 S.
WLB: 33/1813

28 Der Weltkrieg 1939-1945 in seiner rauhen Wirklichkeit. "Das Frontkämpfer-Bildwerk". Rund 800 Originalaufnahmen in schw.-w.u.12 Farbphotos fast ausnahmslos von im Einsatz gestandenen Kriegsbild-Berichterstattern sowie Erinnerungsblatt. München: J.Moser o.J. [um 1956]. 624 S.
78605

29 *Mould, D.:* Donald Thompson. Photographer at War. In: Kansas History. Autumn, 1982. S.154-167.

30 *Taylor, J.':* Pictorial Photography in the First World War. In: History of Photography. Vol.6,1982. No.2. S.119-141.
WLB: Za 6777-6

31 *Robertson, P.:* Canadian Photojournalism during the First World War. In: History of Photography. Vol.2,1978. No.1. S.37-52.
WLB: Za 6777-2

32 La Guerra Rappresentata. In: Rivista di storia e critica della fotografia. Anno 1,1980. No.1.(Ottobre). S.1-75.

33 Das Photoalbum 1858-1918. Eine Dokumentation zur Kultur- und Sozialgeschichte. (Bearb.: E.Maas). München: Münchener Stadtmuseum 1975. 146 S. (Ausstellungskatalog).

34 Ein Krieg wird ausgestellt. Die Weltkriegssammlung des Historischen Museums (1914-1918). Themen einer Ausstellung. Inventarkatalog. Frankfurt: Brönners Druck 1976. 569 S. (Kl.Schriften d.Historischen Museums 8).
B 26949

35 *Adam, H.Chr.:* Totensuche. Ill.Verlustlisten aus dem 1.Weltkrieg. In: Fotogeschichte. 5.Jg.,1985. H.16. S.37-44.
WLB: Za 7496-5

36 *Dewitz, B.v.; D.Hoffmann:* Christus in aktualisierter Gestalt. Über ein Motiv der Kriegsfotografie von 1914 bis 1954. In: Fotogeschichte. 1.Jg.1981. H.2. S.45-58 u.Nachtrag H.3, S.63 f..
WLB: Za 7496-1,2

37 *Kühnel, P.:* Des Kaisers bunter Rock in der frühen Fotografie. In: Fotogeschichte. 2.Jg.1982. H.3. S.23-34.
WLB: Za 7496-1,2

38 *Riha, K.:* Den Krieg photographieren. In: Vondung, K.(Hrsg.): Kriegserlebnis. Der Erste Weltkrieg in der literarischen Gestaltung und symbolischen Deutung der Nationen. Göttingen: Vandenhoeck u.Reprecht 1980. S.146-161.
WLB: 30/4673

39 *Dewitz, B.v.:* Diskussionsprotokoll. In: Fotogeschichte. 2.Jg.1982. H.5. S.35 f.
WLB: Za 7496-1,2

2 BIBLIOGRAPHIE

Anno dazumal in der Champagne.
Erinnerungs-Blätter des Champagne-
Soldaten. [Bd.1]. 1914-1916; Bd.2.
1914-17. Hrsg.v."Champagne-Kame-
rad", Feldzeitung der 3.Armee.
o.O.,o.J. je 80 S. Abb..
10344

Das VII. Armeekorps im Felde. Eine
Bilderreihe aus d.Kampf- u.Stellungs-
gebieten des Korps im Weltkriege 1914-
16. (Den tapferen Soldaten d.VII.AK
gewidmet.) Oldenburg: Stalling o.J.
[1917] 67 S.
10339

Zwischen Arras und Péronne.
Hrsg.v.einem [14.] dt.Reservekorps.
311 Lichtbilder zur Erinnrung an die
Zeit des Stellungskampfes und der
Abwehr der engl.Offensive. Bapaume:
Korps-Verlagsbuchhandlung;
München: Piper 1916. 184 S.
35705

Aufnahmen aus dem Unterkunftsge-
biete des XVIII. Armeekorps 1914/15.
[Umschlagt.:] 134 phot.Aufnahmen
v.St.Quentin und Umgebung. Mainz:
Theyer [1915] 34 Bl..
0521

Bilder von der Arbeit des Düsseldorfer
Lazaretts für Kriegsverletzte. (Abt.des
kgl.Reservelazaretts I) Düsseldorf: A.
Bagel o.J.[um 1917]. 12 gez.Bl..
51265

Bilder aus der Champagne [...]. Folge
[1], 2 hrsg.v.d.Champagne-Kriegs-
Ztg.d.VIII.Res.Korps. [1] Bilder aus
der Champagne. 1914/16. 5.Aufl. 2. Bilder aus der Champagne und von der
Aisne. 1916. 80 S.
0843

Hrsg.v.d.Champagne Kriegszeitung.
Von Aubérive bis Brimont. Bilder aus
der Champagne. Gedr.im Felde 1918.
143 S. Köln: DuMont Schauberg [u.a.].

Bilder zur Geschichte der württembergischen Gebirgsschützen. Der Regi-
mentsgeschichte 2.Teil. 432 Bilder.
Hrsg: Verein Württ.Gebirgsschützen
e.V. Stuttgart: Selbstverl.1928. 224 S.
48518

Bilder aus dem Kriegsleben der
13.Infanterie-Div.. 1914-1917.
Hrsg.v.Divisionsstabe. Oldenburg:
Stalling 1918. 76 S..
40222

Bilder von der Westfront. Württember-
gisches Reserve-Infanterie-Rgt.247.
Tübingen: Gebr. Metz 1917. 64 S.
40233

Eine Bilderreihe aus den Kampfgebie-
ten der 25.Res.Div.1914-1916. Zsgest.-
von Offizieren und Mannschaften der
Div. Stuttgart: Stähle u.Friedel. o.J.
255 S. Abb..
49956

Brigade von Rosenberg. o.O. u.o.J.
ca.50 Bl.Abb..
40216

Von der Eifel bis zum Aisnetal. Orig.
Aufnahmen aus den Ruhmestagen
sächsischer [u.a. Inf.Reg.102] Regi-
menter. Zöblitz: Tanneberger [1918].
2 Bde. je 30 Bl. Abb..
39013

Erinnerungen an die Fahrten des
Württ.Vereins-Lazarettzuges H nach
dem Westen. Aug. 1914- Sept.1916.
(Nach phot.Aufn.d.G.Brand) Stuttgart: Ebner 1917. 28 Bl..
01620

Erinnerungs-Album d.IX.Reserve-Korps. Den tapferen Soldaten des IX.Res.-Korps gewidmet. Kommandierender General des IX.Res.-Korps Exzellenz v.Boehn. Hamburg: Broschek [1917]. 142 S.

Erinnerungs-Bilderheft für die tapferen Truppen der Armee-Abteilung Scheffer. Oldenburg: Stalling 1918. 84 S..
46098

Gedenkblätter der 58. Infanterie-Division. 2.Teil. Hrsg.v.Dr.Portius. Dresden: Selbstverl. o.J.; Straßburg: J.Manias o.J. [um 1918]. ca.80 Bl..
93509

Habbig, E. (Hrsg.): Eine [54.Inf.Div.] dt.Division zwei Jahre im Weltkrieg. Erinnerungsblätter aus Ost und West. Bremen: F.Leuwer 1917. 160 S.

Die 26.Infanterie-Division (1.kgl.Württ.) im Krieg 1914-18. Zsgest.im Divisionsstab. Stuttgart: Stähle u.Friedel o.J. 313 S.
48027

Zwei Jahre an der Westfront. 323 Bilder aus Artois, Pikardie und französisch Lothringen. Hrsg.v.einer selbständigen Infanterie-Division. München: Piper 1917. 212 S.
10345

Knorr, H.: Einser-Bilderbuch. 200 Aufnahmen aus d.Gesch.d. K.B. 1.Inf.-Reg. König im Weltkrieg. München: Verl.Bay.Kriegsarchiv 1926. (Erinnerungsbl.dt.Regimenter. Bayr.Armee. Heft 8a).
F 388 Bayr.8a

Kriegs-Album von Gent. Hrsg.v.der Photographischen Abt.Kommandatur Gent, 1916. Barmen: Luhn [1916]. XXX S. Text u.249 S.Abb..
3593

Kriegs-Album des Marinekorps Flandern. 1914-1917. Hrsg.v.d.beiden Ersten Pfarrern d.Marinekorps Koene u.Dr.Frins. [Berlin]: Selbstverl.d.Marine-Bücherei d.Marinekorps [1917]. 192 S.Abb..
0776

Kriegsalbum Ost des bayerischen Landw.-Inf.-Regt.10. Kaufbeuren: Vereinigte Kunstanstalten o.J. o.Pag. ca.24 Bl. Abb..
46126

Kriegsgeschichte des Bataillons in Bildern. [Umgschlagt.:] Kriegsalbum des Landwehr-Inf.-Bat.Nr.89 (III.L.-I.-R.84) 1914-18. Leipzig: Stötteritz: Trenkler 1918. o.Pag. ca.45 Bl.Abb..
B 12015

Kriegs-Tagebuch des Württ.Feldlazaretts Nr.7. [Text: H.v.Pezold] Esslingen: F.u.W.Mayer 1919. 16 gez.Bl..
WLB:W.G.oct.K.22

Das Magdeburger Korps im Felde. Ein Erinnerungswerk gewidmet vom Generalkommando IV.Armeekorps seinen tapferen Divisionen. 1914/19. Gräfenhainichen: C.Schulze 1919. 320 S.
86117

Mit der Kronprinzen-Armee vor Verdun. Bilder nach photogr.Aufnahmen v.Paul Joh.Haack. Div.-Pfarrer e.Res.-Divl u.kgl. Kadettenhauspfarrer in Wahlstatt. Breslau: Evang.Buchh. G.Kauffmann 1916. 48 S.Abb..
38808

164 Lichtbilder aus der Winterschlacht in Masuren von Kalwarja, Kowno, Wilna Myssa und dem Narotschsee. 1. Teil. [Umschlagt.:] Mit dem Res.Inf.-Reg.266 im Felde] Hamburg: Hartung o.J. [um 1917?] 70 S.
46097

Lilienfein, H. (Hrsg.): Drei Jahre Westfront. Gedenkblätter aus dem Weltkrieg. Im Auftrag einer [27.Inf.Div.] württ.Division. Stuttgart: Greiner u.Pfeiffer o.J. [1917]. 160 S.
40570

Zwischen Maas und Mosel. Armee-Abt. von Strantz. Über 330 Bilder. Hrsg.v.d. Oberkommando der Armee-Abt. von Strantz. Siegburg: Dt.Photogravur A.G. o.J. [1916] 60 gez.Bl..
02097

Der Mineur in Flandern. Den Mineuren der 4.Armee gewidmet. (Ein Kriegsbilderbuch für die Feldgrauen mit Schlägel und Eisen). Oldenburg: Stalling 1918. 72 S.
01959

In Ost und West. Kriegsbilder aus der Geschichte der 47.Res.Div. Hrsg.v.d.47.Res.Div. 1916/17. München: Bruckmann o.J. [1917]. 223 S.
05515

Die 5.Reserve-Division im Weltkrieg. 300 Bilder aus Belgien, Polen, Litauen und Frankreich. Hrsg.im Auftrag der Div.v.Major v.Behr. München: Piper 1918. 160 S.
39954

Mit der königlich sächsischen 23.Res.-Div. in der Champagne und Pikardie, an der Somme und im Artois. 303 Bilder nach Aufnahmen von Angehörigen der Div.u.a. München: Piper 1918. 172 S.

Die 24.(kgl.Sächs.) Reserve-Division im Weltkrieg. 1914/17. Mit e.Geleitwort v.Div.-Kom.Gen.Maj.Morgenstern-Döring im Auftrag d.Div.hrsg.v.Lt.d.R. Schroeder. Leipzig: Kunstverl.Bild u.Karte [1917]. 126 S.
558

Die 26.Res.Div.im Weltkrieg 1914-18. Album zsgest.u.hrsg.vom ehemaligen Stabe. Stuttgart: Stähle u.Friedel 1920. 245 S.
48026

Mit der 75.Reserve-Division vom Heuberg zum Naroczsee. Mit 300 Bildern. München: Piper 1918. 160 S.
35774

1914/15. Reserve-Infanterie-Regiment 236. Leipzig: Graph. Kunstanstalten J.J.Weber [um 1915] o.Pag. ca.55 Bl.Abb..
03201

Das 25.Res.Korps im Felde. Eine Bilderreihe aus den Kampf- und Stellungsgebieten d.Korps im Felde. 1914-16. Oldenburg: Stalling 1917. 74 S.Abb..

Das 41.Reserve-Korps v.d.Somme z.Pripjat. Mit 438 Bildern. München: Piper 1918. IV u.230 S.

In den Rokitno-Sümpfen pp.1. Bat.Ldst.-Inf.-Reg.13. [Bei Armeegruppe Gronau] [Bd.1] 1915/16. München, 1916. ca.50 Bl. [Bd.2] 1916/17. Leipzig, 1917. ca.60 Bl. Bd.4 [u.d.T.] Aus den russischen Sümpfen, 1917. (Einige Bilder von 1916). Leipzig, 1917. ca.40 Bl..
41421

Die Schlacht bei Arras. Hrsg.v.mehreren Inf.Reg.350 Lichtbilder aus dem Bereich Lens-Vimy-Arras- Bullecourt-Havrincourt- Cambrai-Douai. München: Piper 1918. 186 S.
17246

Die Schlacht in Flandern. Hrsg.von einem [163.] Infanterie-Regiment. 307 Bilder aus dem Bereich Diksmuide, Houthulst, Poelkappelle, Langemark, Roselare, Thielt, Meesen, Hollebeke, Meenen, Kortrik. München: Piper 1918. 160 S.
24042

Mit Schleswig-Holsteinern an der West-Front. 104 Lichtbilder aus dem Bereich von Ypern, Hulluch, der Lorettohöhe, Noyon, Roye, Soissons. München: Piper 1917. 71 S.
10291

Schmidt, K.: In Kampf und Ruhe 1914-1918. Bilder vom Res.-Inf.Regt.261. Berlin: Falken-Verl. o.J. [1925] 96 S.
46498

An der Somme. Mit 321 Bildern. Hrsg.von einem [14.] dt.Reserve-Korps. 321 Lichtbilder zur Erinnerung an die Zeit des Stellungskampfes und der Abwehr der englischen Offensive. Neue Folge von "Zwischen Arras und Péronne". Bapaume: Korps-Verlags-buchhandlung; München: Piper 1917. 189 S.
6428

An der Somme. Erinnerungen der 12.Infanterie-Division an die Stellungs-kämpfe u.Schlacht an der Somme. Okt.1915 - Nov.1916. Berlin: F.Dümm-lers Verlagsbuchhandlung 1918. ca.70 Bl. Abb..
17245

Zwischen Styr und Bug. Bunte Blätter aus Wolhynien. [o.O.] Verl.d.Zentral-stelle d.Feldbuchhandlungen; Berlin: Meisenbach Riffarth o.J. [um 1917]. 28 gez.Bl..
01538

Vom westlichsten Teil der Westfront. 346 Wirklichkeitsaufnahmen hrsg.von d.52.Inf.-Div. Herborn: Oranien-Verl.1917. 128 S.
03074

Weltkrieg 1914/16. Bilder aus dem Kriegsgefangenenlager "Gänsewiese" in Ulm an der Donau. Ulm: Ulmer Photohaus [um 1916] o.Pag. ca.24 Bl.Abb..
46094

Die Sammlung Barilli in der Bibliothek für Zeitgeschichte

von Jürgen Rohwer (Text) und Angelika Treiber (Bibliographie)

In den vergangenen 30 Jahren konnte die Bibliothek für Zeitgeschichte (BfZ) eine der umfassendsten Sammlungen zur maritimen Geschichte von 1850 bis zur Gegenwart, insbesondere zum Bau und zur Verwendung von Kriegs- und Handelsschiffen in dieser Zeit, aufbauen. Sie besteht einerseits aus Monographien, Jahrbüchern und Serienwerken sowie vielen Zeitschriften-Jahrgängen in verschiedenen Sprachen, andererseits aus einer sehr großen Zahl von Fotos und unterschiedlichen Archivalien aus vielen Ländern.

Die zuerst erwähnten Druckschriften wurden von der Bibliothek seit ihrer Gründung im Jahre 1915 bis 1944 und dann verstärkt ab 1958 im Rahmen der normalen Erwerbungspolitik beschafft. Dabei standen anfangs die Titel in deutscher und englischer Sprache im Vordergrund, während in den letzten Jahrzehnten zunehmend die in romanischen, slawischen und skandinavischen, ja auch in japanisch und anderen orientalischen Sprachen erschienene Literatur Berücksichtigung fand. Der Grundstock der Fotosammlung stammte aus den Foto-Beständen zum Ersten und Zweiten Weltkrieg. Sie wurde seit 1958 im Rahmen der im Hause der BfZ abgewickelten Redaktionsarbeiten an der deutschen Marine-Zeitschrift "Marine Rundschau" systematisch ausgebaut und auf den jeweils aktuellen Stand gebracht. Wesentliche Erweiterungen erfuhr dieser Teil des Foto-Archivs der BfZ dann durch den Erwerb verschiedener kleinerer und größerer Sammlungen.

Die sonstigen maritimen Archivalien stammen überwiegend aus den der BfZ im Wege der Schenkung oder des testamentarischen Vermächtnisses überlassenen Dokumenten, Kopien, Mikrofilmen oder Schriftstücken von Persönlichkeiten der Zeitgeschichte oder Historikern und Journalisten, die sich mit Themen der maritimen Geschichte beschäftigt hatten.

Zu den auf diesem Gebiet von der BfZ erworbenen Beständen an Büchern, Fotos und Archivalien gehören in der Reihenfolge ihres Zuganges die Sammlungen oder die Teile von Sammlungen von Hans Engelin (Berlin), Jürgen Rohwer/"Marine-Rundschau" (Stuttgart), Grandberg (Stockholm), Erich Gröner (Berlin), des britischen Transportministeriums (London), von Hans Dressler (Berlin), Erich Bille (Bad Rappenau), Jürg Meister (Zürich/Bonny Hills-Australien), Georg Rehwald (Frankfurt/Main), Christer Sahlin (Stockholm), Karl Dönitz (Aumühle), John Costello (London), Samuel L.Morison (Washington), John S.Rowe (Washington), Arrigo Barilli (Bologna), Hans-Rudolf Lochner (Hamburg), Raul Maya (Montevideo), sowie verschiedene kleinere Teile.

Die mit diesen Sammlungen erworbenen Buchbestände ersetzten zum einen Teil die während des Krieges entstandenen Verluste der Erwerbungsjahre 1933-1944 und schlossen zum anderen die im eigenen Bestand vorhandenen Lücken. Die anfallenden Dubletten wurden, soweit nicht in den Kauf- bzw. Schenkungsverträgen oder den testamentarischen Verfügungen anderes bestimmt worden war, für

Tauschzwecke eingesetzt. Von besonderer Bedeutung unter den Buchbeständen waren die Bibliotheken des deutschen Schiffstypenkunde-Experten Erich Gröner und des italienischen Foto-Sammlers Arrigo Barilli, welche die Bestände an internationalen Flottenhand- und Jahrbüchern hervorragend vervollständigten, die bei der Auflösung des britischen Transportministeriums erworbene Serie des "Lloyds Register of Shipping" von 1914-1967 sowie die Bibliothek russischer Militärliteratur des Flügeladjutanten des letzten russischen Zaren von Grandberg. (1)

Die Fotosammlung zum Kriegsschiffbau war mit dem aus den eigenen Erwerbungen und den aus den Sammlungen stammenden Materialien Ende des Jahres 1980 auf 140 200 Fotos, 16 500 Negative, 4 000 Skizzen und 3 000 Dias angewachsen.

Die Foto-Sammlung Barilli

Seit 1977 stand die BfZ bereits in Verhandlungen mit dem Besitzer einer der größten privaten Kriegsschiffsfoto-Sammlungen der Welt, dem italienischen Rechtsanwalt Arrigo Barilli in Bologna. Er wollte seine in mehr als 60 Jahren zusammengetragene Sammlung, in die er einen großen Teil seines Vermögens, aber auch seiner Arbeitszeit investiert hatte, für die Zukunft geschlossen erhalten wissen und dafür Sorge tragen, daß sie in der von ihm konzipierten Form weitergeführt wurde. Bei einem ersten Gespräch in Bologna 1977 hatte es sich bereits herausgestellt, daß die Sammlungen Barilli und die der BfZ zur Geschichte des Kriegsschiffbaus von 1850 bis zur Gegenwart nach den gleichen Ordnungsprinzipien aufgebaut und erschlossen waren. 1979 entschloß sich Arrigo Barilli deshalb, mit der BfZ einen Vertrag abzuschließen, nach dem die Sammlung bis 1982 von der BfZ erworben werden sollte. Auf diese Weise wollte er der BfZ die Möglichkeit verschaffen, die für die Anschaffung benötigten Mittel bereitzustellen. Ein Teil der Sammlung sollte, entsprechend den verfügbaren Mitteln, bereits im Laufe der Jahre 1979 bis 1982 übergeben werden. Der Rest der Sammlung war nach dem Vertrag Ende 1982 nach Stuttgart zu überführen. Tatsächlich lief die Übernahme der großformatigen Fotos bereits im Jahr 1979 an und war in vollem Gange, als Arrigo Barilli am 30.Juli 1980 plötzlich starb.
Da die Erben an einer möglichst schnellen Abwicklung des gesamten Vertrages interessiert waren, wurden bei einem dritten Besuch im November 1980 die Modalitäten der Gesamtübernahme geklärt und der gesamte Bestand gemeinsam festgestellt. Dabei ergab sich, daß die Sammlung zusätzlich zu den bereits gelieferten 2327 großformatigen Fotos aus weiteren 5 804 großformatigen Fotos sowie 180 391 Fotos im Weltpostkartenformat bestand. Dazu kamen eine Zeitungsausschnittsammlung, Ordner mit der Korrespondenz sowie eine Bibliothek von 1 302 Bänden.

Der Hauptbestand der Fotosammlung war nach Ländern, innerhalb der Länder nach Schiffstypen, innerhalb der Schiffstypen chronologisch nach Schiffen geordnet. Jedes Foto war auf der Rückseite präzise identifiziert und mit wichtigen Angaben (Name, Nationalität, Baudaten, Größe, evtl. Besitzwechsel sowie Herkunft der Fotos) versehen. Die einzelnen Fotos waren in Päckchen von 100 bis 200 Fotos systematisch geordnet.

Die Prüfung ergab, daß die Sammlung, insbesondere für die zweite Hälfte des 19.Jahrhunderts und die erste Hälfte des 20. Jahrhunderts, bei allen Marinen, einschließlich der kleinen - auch hinunter bis zu den kleineren Schiffen und Hilfsfahrzeugen - eine erstaunliche Vollständigkeit erreichte. Selbst bei den sehr alten Schiffsklassen gab es nur wenige Lücken, und auch von den Schiffen mit einer nur kurzen Lebensspanne fanden sich durchweg einzelne Abbildungen. Dieser Grad an Vollständigkeit und Sorgfalt der Erschließung war die Frucht einer sich über 60 Jahre erstreckenden intensiven Sammeltätigkeit und eines bis in die Gegenwart laufenden intensiven Kontaktes und Austausches mit einschlägigen Fotografen und Sammlern in aller Welt.

Der Umfang der einzelnen Ländersammlungen geht aus den folgenden Zahlen hervor:

Großbritannien:	40 000 Fotos
Vereinigte Staaten:	31 000 Fotos
Italien:	24 000 Fotos
Frankreich:	22 000 Fotos
Deutschland:	19 000 Fotos
Rußland und Sowjetunion:	8 000 Fotos
Japan:	7 500 Fotos
Österreich-Ungarn:	3 700 Fotos
Sonstige europäische Seemächte:	20 000 Fotos
Lateinamerikanische Marinen:	4 500 Fotos
Commonwealth-Staaten:	4 000 Fotos
Sonstige asiatische Staaten:	3 800 Fotos
Afrika:	1 000 Fotos

Nachdem die finanzielle Seite des Erwerbs zunächst durch eine ca.188 500 DM umfassende Bürgschaft des Bankhauses Trinkhaus & Burkhardt gewährleistet war, konnte die Überführung der Fotosammlung im Januar 1981, die der Bibliothek im Juni des gleichen Jahres erfolgen. Die für den Kauf erforderlichen Mittel konnten zu etwa je einem Drittel aus Eigenmitteln der BfZ, im Rahmen der vom Ministerium für Wissenschaft und Kunst des Landes Baden-Württemberg, und der Firmen Unifrank (Ludwigsburg), Daimler-Benz (Stuttgart) und Bosch (Stuttgart), bereitgestellten Haushaltsansätze und Zuwendungen der Deutschen Forschungsgemeinschaft sowie zweckgebundene Spenden von den Verlagen Bernard & Graefe, (Bonn-Koblenz), Ullstein (Berlin), E.S.Mittler & Sohn (Herford), Fackel (Stuttgart) und Springer (Berlin), sowie der Deutschen Gesellschaft für Schiffahrts- und Marinegeschichte (Düsseldorf), aufgebracht werden.

Mit der Einordnung der Fotosammlung in den Bestand der BfZ wurde sofort nach ihrem Eingang begonnen. Die Postkarten-Fotosammlung wurde in Form einer Kartei in zu diesem Zweck beschaffte Stahlarchivschränke eingeordnet. Die Fotos sind hier jeweils nach Ländern - zuerst die großen Seemächte Deutschland, England, Frankreich, Italien, Japan, Österreich-Ungarn, Rußland/Sowjetunion, USA und dann folgend die kleineren Marinen in alphabetischer Folge geordnet. Um die Benutzung der geordneten Sammlung zu erleichtern und für den auch mit der

Materie nicht im Detail vertrauten Archivar zu ermöglichen, wurden Leitkarten hergestellt, die den sicheren Zugriff erlauben. Diese Leitkarten sind nach Ländern (rot), Schiffskategorien (grün) und nach Schiffsklassen (weiß) unterteilt. Auf jeder Karte für eine Schiffsklasse sind aus den von dem englischen Verlag Conway (London) zur Verfügung gestellten Rohbogenexemplaren der Werke "Conways all the World Fighting Ships" von 1860-1905, 1906-1922, 1922-1947 und 1947-1980 die technischen Daten sowie die Baudaten der einzelnen Schiffe ausgeschnitten und aufgeklebt worden. Darüberhinaus besitzt jedes einzelne Schiff eine Namens-Leitkarte, welche neben den taktischen Kennzeichen (sofern vorhanden) und dem Namen auch Beginn und Ende der Dienstzeit in der betreffenden Marine sowie evtl. Angaben über Vorbesitzer oder spätere Käufer enthält, so daß damit auch Querverweisungen auf die anderen Marinen hergestellt sind und der Lebensweg eines einzelnen Schiffes verfolgt werden kann.

Die großformatigen Fotos wurden in den Bestand der BfZ, der nach den gleichen Ordnungsprinzipien in Hängemappen untergebracht ist, eingeordnet, so daß der gesamte Bestand bereits nach kurzer Zeit benutzbar war.

Die Erwerbungen der Foto-Sammlung seit 1981

Der Vollständigkeit halber sei erwähnt, daß der Ausbau der Fotosammlung auch in den Jahren seit 1981 fortgesetzt wurde. (2) Aus Lieferungen von Marinedienststellen und Werften in vielen Ländern, die systematisch angeschrieben werden, und Sendungen von Marinephotographen in aller Welt gingen von 1981-1987 mehr als 25 000 Fotos ein. Dazu gehören u.a.Lieferungen der Experten und Fotografen L.u.L.van Ginderen, G.Gyssels, C.u.S.Taylor, A.Fraccaroli, P.Voss, E.Emre, W.Schiefer, D.Wolf, Behling u.a. Dazu kam ein größerer Bestand von 6 393 Fotos aus der Sammlung von J.S.Rowe, Washington.

Mit Hilfe der DFG und des Stifterverbandes für die deutsche Wissenschaft wurde im Jahre 1985 die Sammlung des in Modellbauer-Kreisen bekannten Herausgebers des "Hamburger Rundbriefes", Hans Rudolf Lochner, mit 19 332 Fotos von Kriegs- und Handelsschiffen erworben. Die Einordnung dieser einheitlich auf Karteikarten im Format Din A 5 aufgeklebten Fotos, die in Karteikästen geordnet waren, ist zur Zeit noch in Gang und wird 1989 abgeschlossen sein.

Ende 1987 schloß die BfZ mit der Erbin des uruguayischen Architekten Raul Maya in Montevideo einen Vertrag über den Erwerb der nachgelassenen, in 60 Jahren aufgebauten Sammlung Maya ab. Die Sammlung enthält 44 527 Fotos und 16 604 Negative von Handelsschiffen aus der Zeit von 1850 bis zum Beginn der 80er Jahre mit den Schwerpunkten Erster und Zweiter Weltkrieg. Die Fotos sind auf 45 x 34 cm großen Kartons aufgeklebt und detailliert identifiziert und beschrieben. Die einzelnen Kartons enthalten bis zu acht Fotos einer Reederei, die im einzelnen durch 37 400 Karteikarten erschlossen sind, in denen die Schicksale der einzelnen Schiffe mit Verweisungen auf die in der Sammlung enthaltenen Fotos verzeichnet sind. Bei den Negativen handelt es sich um von Raul Maya selbst auf seinen vielfältigen Reisen aufgenommene Kleinbildnegative. Ein wesentlicher Bestandteil dieser Sammlung sind die für die Identifizierung wichtigen etwa 50 Bände "Lloyd's Register" sowie 400 Einzelhefte der Handelsmarinezeitschrift "Marine News" und 425 Nummern der Zeitschrift "Sea Breezes" sowie 54 Monographien, die in den Bestand der BfZ aufgenommen werden. Die Sammlung der "Lloyd's Register" Bände ergänzt den in der BfZ vorhandenen Bestand in hervorragender Weise. Wie erwähnt, konnte die BfZ im Jahre 1962 aus der aufgelösten Bibliothek des britischen Transportministeriums 80 Bände des "Lloyd's Register" von 1914-1969 erwerben, darunter auch die sonst kaum irgendwo vorhandenen geheimen Bände der Kriegsjahre 1914-1918 und 1939-1945, die mit handschriftlichen Nachträgen auf dem laufenden gehalten wurden. Die Bände aus der Sammlung Maya ergänzen diesen Bestand nach vorwärts und rückwärts (s.Bibliographie).

Für die Finanzierung des Erwerbs dieser Sammlung Maya ist erneut der Deutschen Forschungsgemeinschaft und dem Stifterverband für die deutsche Wissenschaft zu danken. Weitere großzügige Hilfe leistete die Deutsche Botschaft in Montevideo sowie die Hamburg-Südamerikanische Dampfschifffahrtsgesellschaft.

Mit dem Eingang dieser Sammlung im März 1988 wird die BfZ mit einem Bestand von rd.465 000 Fotos, Negativen, Skizzen und Diapositiven über eine der größten derartigen Sammlungen zur Geschichte des Kriegs- und Handelsschiffbaus von 1850 bis zur Gegenwart verfügen.

Die Bibliothek der Sammlung Barilli

Während seiner sich über 60 Jahre hinweg erstreckenden Sammeltätigkeit erwarb Arrigo Barilli eine umfangreiche Bibliothek, die ihm vor allem zur Erschließung seiner Fotosammlung und zur Bestimmung der einzelnen Schiffstypen und ihrer Geschichte diente. Der Zweck der Sammlung spiegelt sich auch in der Zusammenstellung und dem Inhalt der Bibliothek. Als Italiener legte Barilli naturgemäß besonderen Wert auf die in italienischer Sprache sowie in den anderen romanischen Sprachen, Französisch und Spanisch, erschienen Werke, die bisher in der BfZ in weniger großer Vollständigkeit gesammelt worden waren, so daß die Bestände der Barilli-Sammlung hier eine äußerst wertvolle Ergänzung der Bestände der BfZ darstellen.

Die 1 302 Bände der Sammlung verteilen sich auf 851 bibliographisch erfaßte Titel, bei denen jedoch Titeländerungen in Fortsetzungswerken zusammengefaßt worden sind, um die fortlaufenden Reihen besser zu kennzeichnen. Die große Differenz in diesen beiden Zahlen ist darauf zurückzuführen, daß die Sammlung in erheblichem Umfange Flottenhandbücher enthält, die über lange Zeiträume alljährlich erschienen sind, so z.B. die Sammlung "Jane's Fighting Ships", von der Barilli eine bis auf zwei Bände vom Jahrgang 1-82 vollständige Sammlung besaß. Da die fehlenden Bände bereits in der BfZ vorhanden waren und die seither erschienenen Bände vom Jahrgang 83 ab laufend erworben wurden, ist nun eine vollständige Sammlung vorhanden. Ebenso gelang es, bei einigen anderen dieser Jahrbücher vollständige Reihen herzustellen.

Während in der Bibliographie bei den Monographien nur die zur Sammlung Barilli gehörigen Werke ohne Rücksicht auf den darüber hinaus zu den jeweiligen Themen in der BfZ vorhandenen Bestand verzeichnet sind, wurde bei den Flottenjahrbüchern eine Ausnahme gemacht. Hier sind die jeweiligen Titel an den Anfang gestellt, darunter befinden sich Auflistungen der Jahrgänge der Serien mit den Signaturen der aus der Sammlung Barilli stammenden Bände sowie in dem bisherigen Bestand der BfZ bereits vorhandenen Bände, so daß der Benutzer die vollständige Sammlung dieser Serien überblicken kann.

Da die BfZ auf diesem Gebiet bereits seit langem auch mit anderen Sammlungen umfangreiche Bestände erworben hatte, sind in diesem Bereich in größerem Umfange auch Dubletten zu verzeichnen, die jedoch insofern für die BfZ ein großer Gewinn sind, als nun jeweils ein Exemplar für die Ausleihe zur Verfügung steht, während ein zweites Exemplar für den Auskunftsdienst und die Betreuung der Fotosammlung im Hause bleibt.

Ein zweiter besonders wichtiger Bestand sind die allgemeinen Werke zur Schiffstypenkunde (46 Bände) sowie die Bände mit historischen Darstellungen zur Marine- und Schiffbaupolitik der einzelnen Marinen sowie der technologischen Entwicklung des Kriegsschiffbaus in verschiedenen Ländern (234 Bände). Da Arigo Barilli besonderen Wert darauf legte, das Schicksal der Schiffe auf den Fotos zu vermerken, hat er in erheblichem Umfange Werke zur Marine- und Seekriegsgeschichte erworben. Unter den 410 Bänden sind 30 allgemeine Werke, 9 befassen sich mit der Zeit bis zu den napoleonischen Kriegen, 57 mit der Zeit bis zum Ersten Weltkieg, 172 mit dem Ersten Weltkrieg, 142 mit der Zeit zwischen den beiden Weltkriegen und dem Zweiten Weltkrieg sowie der Zeit danach.

Bei diesen Werken zur Schiffstypenkunde, zur Geschichte der Marinen und zur Seekriegsgeschichte ist hervorzuheben, daß ein erheblicher Teil der in italienischer, französischer und spanischer Sprache abgefaßten Bände bisher in der BfZ nicht vorhanden war und daß darüberhinaus ein Teil der in deutschen oder englischen Originalausgaben vorhandenen Werke nun auch in italienischen Übersetzungen vorliegt.

Bei der Angabe der Signaturen beginnen die zur Sammlung Barilli gehörenden Bände jeweils mit einer 9, z.B. B 90 001 folgende oder BZ 9 001 folgende. Die bei den Titeln verzeichneten zweiten Signaturen mit anderen Zifferngruppen geben an, daß die Werke im Bestand der BfZ mit einem weiteren Exemplar vorhanden sind. Doch sei der Klarheit halber nochmals erwähnt, daß in dieser Weise nur die Dubletten zur Barilli-Sammlung aufgeführt sind, nicht jedoch sonst in der BfZ vorhandene Werke zum Thema. Um solche Titel zu ermitteln und nachzuweisen, müßten der systematische Katalog der BfZ oder die Jahrgänge der "Jahresbibliographie" zu Rate gezogen werden.

Zum Schluß sei nochmals der Deutschen Forschungsgemeinschaft gedankt, die mit einer Sonderzuwendung die Erschließung der Bibliothek der Sammlung Barilli ermöglichte.

Anmerkungen

1.) Gunzenhäuser, Max: Sammlung
älterer russischer Literatur zur
Geschichte und Kriegsgeschichte
(Erwerbung der BfZ 1964). In: Jah-
resbibliographie der Bibliothek für
Zeitgeschichte 36,1964. S.426-469.

2.) Jürgen: Das Foto-Archiv der
Bibliothek für Zeitgeschichte. In:
Jahresbibliographie der Bibliothek
für Zeitgeschichte 52,1980.
S.445-454.

Bibliographie

1.1 Bibliographien

Durasssier, E.: Aide-Mémoire de l'offi-
cier de marine par.... Paris, Baudoin.
VII,511 S. 1888.
B 90820

1.2 Lexika, Wörterbücher

Bertùccioli, A.: Petit Dictionnaire de
Marine. Italien-Français et Français-
Italien. 3.éd.. Livorno, Giusti. 276 S.
1939.
B 90021

1.3 Archive, Bibliotheken, Museen

Albo d'oro della R.Accademia Navale.
MCMXIX. Milano, Alfieri e Lacroix.
264 S. 1920.
B 90576
72122

Catálogo guía del Museo Naval de
Madrid. 9.ed.. Madrid, 248 S. 1945.
B 31167
B 90783

Frabetti, P.: La Collezione delle antiche
carte geografiche. Il Museo della navi.
A cura di A.Rizzi. Bologna, Tip.Com-
positori. 183 S. 1959.
B 90329

La Marine à l'exposition universelle de
1878. T.1.2.. Paris, Gauthier-Villars.
1879.
B 90434

Warship photographs. (The Richard
Perkins Collection.). National Mari-
time Museum. London, Her Majesty's
Stationery Off.. 257 S. 1970.
B 90629

1.4 Seehandbücher, Navigation

Graffagni, L.: Tre Anni a bordo alla
Vettor Pisani (1874-77). 2.ed. Milano,
Alpes. 349 S. 1928.
B 90151

Jurien de la Gravière: Les Anglais e les
Hollandais dans les Mers Polaires et
dans la Mer des Indes. T.1.2. Paris,
Plon, Nourrit. 1890.
B 90149

Marguet, F.: Histoire générale de la
navigation du XVe au XXE siècle.
Paris, Ed.géographiques, maritimes et
coloniales. 306 S. 1931.
B 90552

Raineri, S.: Storia tecnica e aneddotica
navigazione a vapore. Narrata da...
Epoca prima. Roma, Bontempelli.
354 S.
1888.
B 90343

*Vecchi, A.V.; Jack La Bolina [d.i.Augusto
Vittorio Vecchi]:* Il Grembo al mare.
(Ozeanografia popolare). Bologna,
Zanichelli. 237 S. 1912.
B 90052

1.5 Seeromane

Boverat, F.: La Bataille de l'océan.
Paris, Brunoff. 187 S. 1940.
B 90046

Forester, C.S.: L'Incrociatore. Milano,
Mondadori. 270 S. 1947.
B 90202

Pagano di Melito, G.: Mine e spie.
Roma, Ardita. 240 S. 1934.
B 90511

Pagano di Melito, G.: La Nave pirata.
Seconda ed.. Roma, Ardita. 252 S.
1933.
B 90512

Plievier, T.: I Galeotti del Kaiser. Episodi e scene del crollo della marina
tedesca da guerra. Firenze, Bemporad.
290 S. 1932.
B 90303

Turci, E.: Gli Arditi del mare. Ricordi di
un marinaio motorista. Roma, Ardita.
211 S. 1934.
B 90461

2 Biographien, Memoiren

Edwards, K.: Seven Sailors. London,
Collins. 255 S. 1945.
B 90104
35509

Le Masson, H.: Propos maritimes.
Paris, Ed.Maritimes et d'Outre-Mer.
286 S. 1970.
B 4531
B 90213

Minnigerode, M.: Hommes de mer
français. Übers.a.d.Engl.. Paris, Payot.
276 S. 1931.
B 90274

– Ballin, Albert –
Huldermann, B.: La Vie de Albert Ballin
d'après ses notes et sa correspondance.
Paris, Payot. 311 S. 1923.
B 90341

– Boselli, Paolo –
Rossi, M.; De Marchi, G.: Paolo Boselli
e la marina mercantile Italiana. Torino,
Lattes. 218 S. 1933.
B 90169

– Cagni, Umberto –
Pini, G.: Vita di Umberto Cagni.
Milano, Mondadori. 503 S. 1937.
B 90297

– Cappellini, Alfredo –
Guerri, F.: Alfredo Cappellini. Livorno,
Belforte. 41 S. 1929.
B 90643

– Churchill, Winston Spencer –
Churchill, Winston Spencer: La Crise
mondiale. T.1. Paris, Payot. 447 S.
1925.
B 90128

– Coligny, Gaspard de –
Tessier, J.: L'amiral Coligny. Etude historique. Paris, Sandoz et Fischbacher.
250 S. 1872.
B 90570

– Colombo, Christoforo –
Revelli, P.: Cristoforo Colombo. Torino,
Torinese. 279 S. 1941.
B 90367

– Cosa, Leopoldo de –
Processo del Capitano di vascello
Barone Cav.Leopoldo de Cosa, Com-
mandante la Terribile a Lissa, davanti il
Consiglio di guerra marittimo in
Venezia. Udienza del 22 Luglio 1867.
Venezia, Naratovich. 32 S. 1867.
B 90589

– Courbet, A. –
Lonlay, D.de: L'Amiral Courbet et la
"Bayard". Récits, souvenirs histoir-
ques. Paris, Garnier. 163 S. 1887.
B 90224

– Cunningham of Hyndhope, Andrew Browne –
Cunningham of Hyndhope, A.Browne: L'Odissea di un marinaio. Milano, Garzanti. 491 S. 1952.
B 90070

– Dias, Marcilio –
Costa, D.I.A.da: Marcílio Dias, imperial-marinheiro. 2.ed. Rio de Janeiro, Servicio de documentãco da marinha. 141 S. 1947.
B 90091

– Dönitz, Karl –
Dönitz, K.: Dieci Anni e venti giorni. Milano, Garzanti. 463 S. 1960.
B 90116
76862

– Doria, Andrea –
Guerrazzi, F.D.: Vita di Andrea Doria. Vol.1.2. Milano, Guigoni. 1864.
B 90539

– DuChaffault, Louis-Charles de Besuné –
Chack, P.: L'Homme d'Ouessant Duchaffault. Paris, Redier. 307 S. 1931.
B 90393

– Dumont d'Urville, Jules Sébastien César –
Vergniol, C.: Dumont d'Urville. 8.éd. Paris, La renaissance du livre. 308 S. o.J..
B 90488

– Emo, Angelo –
Pesenti, E.: Angelo Emo e la marina veneta del suo tempo. Vol.1. Venezia, Naratovich Scarabellin. 179 S. 1899.
B 90704

– Fisher, John A.Lord of Kilverstone –
Bacon, Sir R.H.S.: Lord Fisher, Amiral de la flotte. Paris, Payot. 506 S. 1931.
B 90032
62816

– Forbin, Claude Comte de –
Forbin, C.de: Mémoires du Comte de Forbin. Chef D'Escadre (1656-1710). Publ.par J.Boulenger. Paris, Plon. 1934
B 90201

– Garibaldi, Giuseppe –
Cuesta, U.: Garibaldi sul mare. Milano, Avio Navale. 213 S. 1932.
B 90069

– Gravina, F. –
Sborni, V.: L'ammiraglio Federico Gravina (1756-1806). Roma, Ardita. 149 S. 1935.
B 90410

– Hopman, Albert –
Hopman, A.: Il Diario di guerra di un ufficiale di marina germanico. Firenze, Carpigiani u.Zipoli. 380 S. 1927.
B 90183

– Keyes, Sir Roger –
Keyes, Sir R.: Des Bancs des Flandre aux Dardanelles 1910-1915. Übers.a. d.Engl.. Paris, Nouvelle Revue Critique. 359 S. 1936.
B 90192

– Kolčak, A.V. –
Rouquerol, J.J.: L'Aventure de l'amiral Koltchak. Paris, Payot. 187 S. 1929.
38264
B 90359

– Lauterbach, Julius –
Thomas, L.: Il capitano Lauterbach dei mari della Cina. Firenze, Salani. 356 S. 1932.
B 90471

– Luckner, Graf Felix von –
Torres, von: Luckner. Il diavolo del mare. Milano, Pfüttzer. 198 S. 1935.
B 90222

– Malocello, Lanzerotto –
Gozzano, U.: Lanzerotto Malocello. Milano, Zucchi. 171 S. 1943.
B 90672

– **Monturiol, Narciso** –

Estrany, D.J.: Narciso Monturiol y la navegacíon submarina. Juicios críticos. Barcelona, Gili. 152 S. 1915.
B 90811

– **Mosto, Alvise Cà da** –

Squadrilli, E.: Alvise [Cà] da Mosto. Milano, Zucchi. 151 S. 1943.
B 90671

– **Nelson, Lord Horatio** –

Fitchett, W.H.: Nelson and his Captains: sketches of famous seamen. 4th impr.. London, Smith, Elder. 322 S. 1911.
B 90120

Fugassa, A.: Nelson. Milano, Corbaccio. 392 S. 1931.
B 90216

Schumacher, H.V.: Nelson's last Love. London, Hutchinson. 355 S. 1913.
B 90374

Vigo, P.: Nelson a Livorno. Episodio della guerra tra Francia ed Inghilterra sul finire del secolo XVIII. Siena, Selbstverlag. 265 S. 1903.
B 90493

– **Noli, Antonio da** –

Descalzo, G.: Antonio da Noli. Milano, Zucchi. 125 S. 1943.
B 90674

– **Noronha, Júlio César de** –

Costa, D.I.A.da: Noronha, almirante Júlio César de Noronha. Rio de Janeiro, Servicio de documentação da marinha. VIII,420 S. 1944.
B 90095

– **Pancaldo, Leon** –

Bravetta, V.E.: Leon Pancaldo. Milano, Zucchi. 181 S. 1942.
B 90668

– **Perrotta, Domenico** –

Perrotta, D.: Memorie di trent'anni di vita militare in marina (1892-1922). Napoli, Giannini. 919 S. 1925.
B 90311

– **Persano, Carlo di** –

Il Processo dell'ammiraglio di Persano con una prefazione ed un'appendice di documenti inediti sulla campagna navale di Lissa... A cura di A.Lumbroso. Roma, Bocca. 378,346 S. 1905.
B 90770

Persano, C.di: L'ammiraglio C.di Persano nella campagna navale dell'anno 1866. Confutazione, schiarimenti e documenti. Torino, Monitore delle Strade Ferrate. 206 S. 1873.
B 90328

Persano, C.di: Campagna navale degli anni 1860 e 1861. Diario privato - politico - militare dell'ammiraglio.... 4.ed.accuratamente reveduta. Torino, Roux e Favale. 470 S. 1880.
B 90313

Persano, C.di: Diario privato - politico - militare dell'ammiraglio... nella campagna navale degli anni 1860 e 1861. 1. 1869.102 S.; 2.1870. 139 S.; 3. 1870. 103 S.; 4. 1871. 131 S. Pt.1-4. Torino, Arnaldi. 1869-1871.
B 90593

Persano, C.di: I Fatti di Lissa per.... Torino, Unione tip.-ed.. 35 S. 1866.
B 90585

Processo segreto dell'ammiraglio Persano. Raccolto da un cameriere di corte. Firenze, Nazionale. 60 S. 1867.
B 90588

– **Provana, Andrea** –

Sticca, G.: Andrea Provana. Torino, Paravia. 207 S. 1937.
B 90383

– Ramsay, Sir Bertram –
Woodward, D.: Ramsay at war. The fighting life of admiral Sir Bertram Ramsay.
London, Kimber. 204 S. 1957.
B 90437
74512

– Recco, Niccoloso da –
Scaligero, M.: Niccoloso da Recco.
Esploratore atlantico. Milano, Zucchi.
152 S. 1942.
B 90670

– Rubattino, Rafaele –
Codignola, A.: Rubattino. Bologna,
Cappelli. 557 S. 1938.
B 90524

– Ruyter, Michiel Adriaanszoon de –
Grinnell-Milne, G.: Life of Lieut.-Admiral de Ruyter. London, Kegan Paul,
Trench, Trübner. 258 S. 1896.
B 90474

– Saint Bon, Simone de –
Prasca, E.: L'ammiraglio Simone de
Saint Bon. Roma, Roux e Viarengo.
219 S. 1906.
B 90338

– Saldanha da Gama, Luiz Filipe –
Centenário do almirante Saldanha
1846-1946 (7 de Abril). Rio de Janeiro,
Impr.naval. IX,410 S. 1947.
B 90784

Costa, D.I.A.da: Saldanha. Almirante
Luiz Filipe de Saldanha da Gama. Rio
de Janeiro, Servicio de documentação
da marinha. 484 S. 1944.
B 90129

Saldanha da Gama, Luiz Filipe: Notas de
viagem. Tomadas ao correr da penna.
4.ed. Rio de Janeiro, Impr.naval.
186 S. 1936.
B 90601

– Savoia, Luigi di –
Savoia, L.di: Luigi di Savoia Duca degli
Abruzzi. Roma, Tip.-dell'Uff.del Capo
di Stato Maggiore. 173 S. 1934.
B 90568

– Sterneck, Max Freiherr von –
Sterneck, M.Frhr.von: Erinnerungen aus
den Jahren 1847-1897. Hrsg.von seiner
Witwe. Wien, Hartleben. 336 S. 1901.
B 90381
39886

– Surcouf, Robert –
Surcouf, R.: D'après les livres de bord
de ses bâtiments, les archives de sa
famille..... Nouvelle éd. Paris, Plon.
IV,280 S. 1925.
B 90383

– Tarigo, Luca –
Senesi, I.: Luca Tarigo. A voga arrancata, a spada tratta. Milano, Zucchi.
145 S. 1943.
B 90673

– Tirpitz, Alfred von –
Tirpitz, A.von: Deutsche Ohnmachtspolitik im Weltkriege. Hamburg,
Hanseatische Verlagsanstalt.
XXVIII, 676 S. 1926.
46351

Tirpitz, A.von: Mémoires du grandamiral von Tirpitz. Paris, Payot. 609 S.
1922.
B 90463

Tirpitz, A.von: Memorie. La marina
tedesca in guerra 1914-1918. Milano,
Marangoni. 515 S. 1932.
B 90464

Tirpitz, A.von: Memorie. La marina
prussiana dal 1866 al 1914. Milano,
Marangoni. 290 S. 1932.
B 90465

Tirpitz, A.von: La Politica tedesca dell'impotenza nella guerra mondiale. Pt.1.2.. Roma, Accademia Navale. XXXIII,293,413 S. 1929.
B 90638

– Togo, Heihachiro –

Nakamura, K.: Admiral Togo. A Memoir. Tokyo, Togo Gensui Publ.-Soc.. 347 S. 1937.
B 90763

– Usodimare, Antoniotto –

Salvadori, R.: Antoniotto Usodimare. Milano, Zucchi. 148 S. 1942.
B 90666

– Vecchi, Augusto Vittorio –

Vecchi, A.V.: Dal bordo del "Principe di Carignano" al processo per alto tradimento (1867-1885). Roma, Ed.Rivista di Roma. 160 S. 1911.
B 90497

Vecchi, A.V.: Al Servizio del mare italiano. Torino, Paravia. XXXI,525 S. 1928.
B 90054

Vecchi, A.V.: L'Uomo sulla nave attraverso i secoli. Torino, Paravia. 200 S. 1932.
B 90513

Vecchi, A.V.: Memoria di un luogotenente di vascello. 2.ed. Roma, Voghera. 373 S. 1896.
B 90483

– Verrazzano, Giovanni da –

Gozzano, U.: Giovanni da Verrazzano. Romanzo biografico. Milano, Zucchi. 235 S. 1942.
B 90667

– Zara, Alberto da –

Zara, A.da: Pelle d'ammiraglio. Milano, Mondadori. 449 S. 1949.
B 15359
B 90476

– Zeno, Antonio –
– Zeno, Nicolò –

Grazzini, E.: Il Viaggio in settentrione di Nicolò e Antonio Zeno con cenni biografici dei navigatori… Milano, Zucchi. 94 S. 1943.
B 90675

3 Marinepolitik

Battaglieri, M.: La Politica navale del Conte di Cavour. 2.ed.. Livorno, Ed.Tirrena. 155 S. 1942.
B 90041

Bonamico, D.: Il Problema marittimo dell'Italia. Spezia, Tipografia della Lega Navale. 152 S. 1899.
B 90042

Bonamico, D.: Il Problema marittimo dell'Italia. Il potere marittimo. Roma, Ed.Roma. 266 S. 1936.
B 90043

Bywater, H.C.: Les Marines de guerre et la politique navale des nations depuis la guerre. Paris, Payot. XV,287 S. 1930.
B 90109

Grautoff, F.: 1906. Der Zusammenbruch der alten Welt. 9.Aufl.. Leipzig, Dieterich. IV,203 S. 1907.
B 90370

Vecchi, A.V.: L'Italia marinara e il lido della patria….. Genova, Maragliano. 336 S. 1933.
B 90053

3.1 Internationale Konferenzen

Armamenti navali e conferenza di Londra 1935. Milano, Ist.per gli studi di politica internazionale. 161 S. 1935.
B 90317

Giannini, A.: Gli Accordi di Washington. Roma, Ist.Romano Editoriale. 112 S. 1924.
B 90142

Vitetti, L.: La Conferenza di Washington. Roma, Soc.ed.politica. 112 S. 1922
B 90571

Seekriegsrecht

Sandiford, R.: Diritto marittimo di guerra. 6.ed.. Roma, Ministero della marina. X,372 S. 1940.
B 90615
72123

3.3 Marine-Organisation

Fioravanzo, G.: Comandi navali. Milano, Ed.I.S.P.I.. 279 S. 1938.
B 90134

Manfrin, P.: Chi deve essere ministro per la marineria. Studio di.... Roma, Loescher. 155 S. 1880.
B 90284

3.4 Strategie, Taktik

Bravetta, E.: Alcune Manifestazioni del potere marittimo. Milano, Treves. 98 S. 1915.
B 90048

Brodie, B.: La Stratégie navale et son application dans la guerre de 1939-1945. Paris, Payot. 228 S. 1947.
B 15401
B 90045

Bucci di Santafiora, E.: Le Flotte moderne (1896-1900). Complemento al manuale del marino di Carlo de Amezaga. Milano, Hoepli. 202 S. 1900.
B 90690

Bywater, H.C.: La grande Guerra del Pacifico 1931-33. Firenze, Carpigiani e Zipoli. XI,266 S. 1926.
B 90427
B 90427a

Bywater, H.C.: Il Potere marittimo nel Pacifico. Studio del problema marittima americano-giapponese. Firenze, Carpigiani. 254 S. 1922.
B 90578

Franzero, C.M.: Storia e tecnica del blocco navale. Torino, Einaudi. 156 S. 1940.
B 90204

Giamberardino, O.di: A Arte da guerra no mar. Rio de Janeiro, Impr.naval. 382 S. 1939.
B 90749

Giamberardino, O.di: L'Arte della guerra in mare. 2.ed.. Roma, Ministero della Marina. II,444 S. 1938.
B 90467
72120

Guichard, L.: Histoire du blocus naval (1914-1918). Paris, Payot. 239 S. 1929.
B 90330

Makarov, S.O.: Questioni di tattica navale. Torino, Casanova. VIII,373 S. 1900.
B 90225

Richmond, H.W.: Statesman and seapower.. ...Based on the Ford lectures delivered in the University of Oxford... Oxford, Clarendon Pr.. 369 S. 1947.
B 90349

Rocco, G.: Riflessioni sul potere marittimo. Roma, Lega Navale. XIX,207 S. 1911.
B 90491

3.5 Manöver

Amezaga, C.de: Studi sulle grandi manovre navali italiane del 1896 ed alcune considerazioni d'indole navale intorno alla recente guerra ispano-americana. Genova, Martini. 184 S. 1898.
B 90006

Imperato, F.: Arte navale. 2. Manovra delle navi. Segnalazioni marittime.7.ed. XV,678 S 1.2.. Milano, Hoepli. 1924.
B 90786

O'Conor, R.: I"dieci Comandamenti"-per governare una grande nave. Roma, Ministero della Marina. 271 S. 1938.
B 90444
72124

3.6 Basen, Festungen, Logistik

Fioravanzo, G.: Basi navali nel mondo. Milano, Ed.I.S.P.I.. 226 S. 1936.
B 90133

Guglielmotti, A.: Storia delle fortificazioni nella spiaggia romana. Risarcite ed.accresciute dal 1500 al 1570. Roma, Monaldi. 530 S. 1880.
B 90162

3.7 Marinewesen, Orden

Castagna, L.: Le Medaglie d'oro della R.Marina al valor militare. Roma, Provveditorato dello Stato. VIII,273 S. 1926.
B 90577
72121

Guérard, M.A.: Etudes sur la marine. Paris, Dumaine. 219 S. 1862.
B 90156

La Landelle, G.de: Le Tableau de la mer. La vie navale. Paris, Hachette. 449 S. 1862.
B 90208

Marine et marins. Houilles, Impr.de la Marine. 152 S. 1960.
B 90551

Rossi, V.G.: La Guerra dei Marinai. Milano, Bompiani. 158 S. 1941.
B 90358

Sucato, G.: Istituzioni di diritto penale militare marittimo. Manuale particolarmente curato ad uso dei comandi navali,.... Livorno, Accademia Navale. XV,442 S. 1929.
B 90747

Vingiano, G.: A che servono questi galloni?. Genova, Siglaeffe. 162 S. 1958.
B 90462

3.8 Feldpost

Cecchi, A.: L'Organizzazione della posta militare italiana in Russia (1941-1943). Prato, Ist.di studi storici postali. 67 S. 1982.
Bc 6129

4 Schiffstypenkunde

4.1 Allgemeines

Album delle navi da guerra estere. Vol.1. Roma, Rivista Marittima. o.Pag.. 1880.
B 90697

Dislère, P.: La Guerre d'escadre et la guerre de côtes. (Les nouveaux navires de combat.). Paris, Gauthier-Villars. VII,198 S. 1876.
B 90527

Dupré, M.P.: Dictionnaire des marines étrangères. (Cuirassés, croiseurs, avisos rapides.). Paris, Berger-Levrault. IV,336 S. 1882.
B 90619

Fraccaroli, A.: Dalla piroga alla portaerei. Storia della nave. Milano, Signorelli. 232 S. 1950.
B 90026

Grantham, J.: On Iron Ship Building with practical examples and details in forty plates. Together with...description, explanations, and general remarks,.... 5th ed.. London, Lockwood. o.Pag.. 1868.
B 90774

Renard, L.: L'Art naval. 3ème éd,. Paris, Hachette. 294 S. 1873.
B 90347

Smits, J.W.: Scheepstypen, wapens en overzichte der oorlogsschepen.... Amsterdam, De Kern. 51 S.. 1952.
B 90746

Testu de Balincourt, M.C.M.R.: Album illustré des flottes de combat. Paris, Berger-Levrault. VI,354 S. 1907.
B 90691

Vecchi, A.V.; Adda, L.d': La Marina contemporanea. Torino, Bocca. 429 S. 1899.
B 90485

Vecchi, A.V.: La Marina militare. Milano, Vallardi. 185 S. 1894.
B 90484

Vingiano, G.: Storia della nave.
1. Periodo remico e velico Roma,
Convivium. 223 S. 1955.
B 90473
72361

4.2 Segelschiffe

Gropallo, T.: Ultima Vela. The last Sail.
La storia dei grandi velieri dell'evo
moderno. Genova, Bogliasco. 162 S.
1969.
B 90769

Rondeleux, M.: Les dernièrs Jours de la
marine à voiles. Paris, Plon. 304 S.
1929.
B 90354

4.3 Flugzeugträger

Accorsi, L.: La Nave portaerei. Roma,
Associazione culturale aeronautica.
112 S. 1948.
B 90001
81011

Le Masson, H.: Porte-avions, sous-
marins, escorteurs. Paris, Ed.Horizons
de France. 163 S. 1951.
B 90395
78203

4.4 Schlachtschiffe

Baxter, J.P.: The Introduction of the
ironclad warship. Cambridge, Mass.,
Harvard Univ.Pr.. 398 S. 1933.
B 90518

Baxter, J.P.: Naissance du cuirassé.
Paris, Ed.de la nouvelle Revue criti-
que. 314 S. 1935.
B 90015

Dislère, P.: La Marine cuirassée par....
Paris, Gauthier-Villars. VIII,237 S.
1873.
B 90528

Le Fleming, H.M.: Battleships (British
and German battleships and battle cruisers). Rev.ed.. London, Ian Allan.
64 S. 1961.
B 90237
F 1650:1

Frigieri, A.: La Corazza di sicurezza
delle navi da guerra e dei convogli
ferroviarii. o.O., Ed.Acireale. 244 S.
1880.
B 90121

Scurrell, C.E.: Battleships of other
nations. London, Ian Allan. 64 S. 1963.
B 90242
F 1650:6

4.5 Kreuzer

Dollé, G.: Frégates et croiseurs. Paris,
Ed.Horizons de France. 61 S. 1947.
B 90335

Le Fleming, H.M.: Cruisers (British and
German). London, Ian Allan. 71 S.
1961.
B 90238
F 1650:2

4.6 Zerstörer/U-Boote

Le Fleming, H.M.: Destroyers (British
and German). London, Ian Allan. 80 S.
1961.
B 90239
F 1650:3

4.7 Geleitfahrzeuge

4.8 Landungsfahrzeuge

Lenton, H.T.; Colledge, J.J.: Landing
Craft, landing ships and landing barges.
London, Ian Allan. 80 S. 1963.
B 90236

4.9 Minenleger und Minenabwehr

Hampshire, A.C.: Lilliput Fleet. The
story of the Royal Naval Patrol Service.
London, Kimber. 204 S. 1957.
B 90171

4.10 U-Boote

Bagnasco, E.: I Sommergibili della
seconda guerra mondiale. Parma,
Albertelli. 335 S. 1973.
B 90757

Bauer, W.: Il Sommergibile. Sua importanza quale elemento costitutivo di una flotta. Roma, Sansaini. XV,117 S. 1932.
B 90649

Botting, D.: The U-Boats. Amsterdam, Time-Life Books. 176 S. 1979.
B 90741

Bravetta, E.: Sottomarini, sommergibili e torpedini. Milano, Treves. VIII,230 S. 1915.
B 90519
5398

Dönitz, K.: Die U-Bootswaffe. Berlin, Mittler. 65 S. 1939.
B 24586
B 90336

Fife, C.W.D.: Submarines of the world's navies. London, Griffith. 150 S. 1910.
B 90529

Le Fleming, H.M.: Submarines (British and German). London, Ian Allan. 80 S. 1961.
B 90241
1650:5

Guglielmotti, L.: La Nave sommergibile. Come costruita - come funziona - come opera. Milano, Albrighi, Segati. IX,297 S. 1931.
B 90168

Laubeuf, M.: Sous-marins et submersibles. Leur développement, leur rôle dans la guerre…. Paris, Delagrave. 100 S. 1915.
B 90548
3433

Pesce, G.L.: La Navigation sous-marine. Paris, Vuibert et Nony. 498 S. 1906.
B 90762

4.11 Hilfsfahrzeuge

Bevilacqua, D.: G-UK-C. La lotta segreta delle navi cisterna. Roma, Pinciana. 149 S. 1936.
B 90062

Charles, R.W.: Troopships of World War II. Washington, Army Transportation Ass.. IX,374 S. 1947.
B 90406

Le Fleming, H.M.: Miscellaneous Warships (British and German). London, Ian Allan. 71 S. 1961.
B 90240

4.12 Handelsschiffe

Boeer, F.: Das Schiffbuch. Von Binnenschiffahrt u.Seeschiffahrt, von Häfen,…. 5.unveränd.Aufl.. Berlin, Weidmann. 168 S. 1941.
B 90417

Chatterton, E.K.: Steamships and their story. London, Cassel. XX,340 S. 1910.
B 90499

Lisbonne, E.: La Navigation maritime. Marines de guerre et de commerce. Navigations de plaisance. Paris, Quantin. 328 S. 1890.
B 90214

Paturzo, M.: La Marina mercantile e il suo contributo alla conquista dell'impero. Roma, Cremonese. 270 S. 1937.
B 90305

Raicevich, E.: Marina mercantile e convenzioni marittime. Milano, Hoepli. VIII,172 S. 1910.
B 90564

Ships of the Esso fleet in World War II. 2nd print. Flemington, N.J., Standard Oil. 530 S.. 1946.
B 90713

Usigli, A.: La Navigazione interna italiana. La sua lente evolutione. I suoi promettenti sviluppi. Venezia, Giornale Economico. 47 S. 1957.
B 90600

5 Jahrbücher

Navy Yearbook. Ed.by P.Andrews and L.Engel. New York, Duell, Sloan a. Pearce. 376 S. 1944.
B 90781
F 075

6 Waffen

6.1 Allgemeines

Molli, G.: La Politica industriale e gli armamenti navali. Milano, Sperling e Kupfer. 91 S. 1913.
B 90276

6.2 Artillerie

Halsted, E.P.: Text book to the turret and tripod systems of Captain Cowper P.Coles,... as designed for future turret navies. Paris, o.V.. 42 S. 1867.
B 90777

6.3 Torpedos

Bravetta, E.: Macchine infernali. Siluri e lanciasiluri. Con un'app. su gli esplisivi da guerra.... Milano, Treves. 240 S. 1917.
B 90520
15837

Brillié, H.: Torpilles et Torpilleurs. Paris, Gauthier-Villars. 204 S. 1898.
B 90066

Hennebert: Les Torpilles. 2.éd.. Paris, Hachette. 324 S. 1888.
B 90177

Mazzinghi, R.: Note e appunti sul siluro. Roma, Poligrafica romana. XIII,234 S. 1902.
B 90618

6.4 Flugzeuge

Kenworthy, J.M.: Nuove Guerre - nuove armi. (L'aviazione sostituisce le forze armate terrestri e le grandi navi de battaglia.). Milano, Ed.La Prora. 254 S. 1931.
B 90191

Velivoli contro navi. Roma, Ministero della guerra. 57 S. 1922.
B 90454

6.5 Fernmeldewesen

Simion, E.: Il Contributo dato dalla R.Marina allo sviluppo della radiotelegrafia. Roma, Ufficio storico della R.Marina. 105 S. 1927.
B 90699
72004:1

6.6 Küstenverteidigung

Bollati di Saint-Pierre, E.: Navi da guerra e difese costire con prefazione del... Domenico Bonamico. Torino, Casanova. XVI,302 S. 1903.
B 90547

6.7 Werften, Zulieferindustrie

Bethlehem Shipbuilding Corporation. Bethlehem, Selbstverlag. 126 S. 1920.
B 90584

Cantieri riuniti dell'Adriatico. Trieste. List of ships. Milano, Besozzi. 104 S. 1936.
B 90694

Gazzo, E.: I cento Anni dell'Ansaldo 1853-1953. Prefazione di F.Chessa. Genova, Ansaldo soc.. XV,610 S. 1953.
B 90765

Gerolami, G.: Cantieri riuniti dell'Adriatico. Origini e sviluppo 1857-1907-1957. Trieste, C.r.d.À.,Ufficio Stampa. 103 S. 1957.
B 90766
B 90767
03820

Nani Mocenigo, M.: L'Arsenale di Venezia. Roma, Pinnarò. 90 S. 1927.
B 90425

Naval Vessels. 1887-1945. Mitsubishi Zosen built. Tokyo, Nippon Kobo. 84 S. 1956.
B 90498
05419

Peck, T.: Round-shot to rockets. A history of the Washington Navy Yard and U.S.Naval Gun Factory. Annapolis, Md., U.S.Naval Inst.. XX,267 S. 1949.
0995
B 90558

William Denny [and] Brothers. Shipbuilders, 1844. Denny [and] Company, engineers, 1851. Dumbarton, Selbstverl.. 155 S. 1908.
B 90702

7 Einzelne Marinen

7.1 International

Adda, L.d': Le Marine da guerra del mondo al 1897. Milano, Hoepli. 320 S. 1897.
B 90344

Buchard, H.: Marines étrangères. Situation, budget, organisation,...marine marchande. Paris, Berger-Levrault. IXX,628 S. 1891.
B 90061

Busk, H.: The Navies of the world. Their present state and future capabilities. London, Routledge, Warnes and Routledge. XV,312,127 S. 1859.
B 90044

Conway's all the world's fighting Ships. 1860-1905. Ed.R.Gardiner. London, Conway. 440 S. 1979.
08202
B 90776

Degli Uberti, U.: La Marina da guerra. Firenze, Salani. 220 S. 1940.
B 90469

Kafka, R.; Pepperburg, R.L.: Warships of the world. New York, Cornell maritime pr.. X,1167 S. 1946.
B 90572

King, J.W.: The Warships and navies of the world. Boston, Williams. 623 S. 1880.
B 90500

Raymond, X.: Les Marines de la France et de l'Angleterre. Paris, Hachette. 474 S. 1863.
B 90365

Spartali, J.: Amérique et Japon. Paris, Librairie nautique du journal de la marine "Le Yacht". 318 S. 1908.
B 90740

Talbot-Booth, E.C.: Ships of the world's battlefleets. London, Low, Marston. 96 S. 1936.
B 90441

Veritas: Statistica e marina. Napoli, Detken e Rocholl. 56 S. 1908.
B 90326

7.2 Argentinien

Cabral, L.D.: Anales de la marina de guerra de Republica Argentina.
1. Sumario: Guardia nacional - Pavón... Buenos Aires, Alsina. XXIII,634 S. 1904.
B 90521

Caillet-Bois, T.: Historia naval argentina. Buenos Aires, Emecé ed.. 552 S. 1944.
B 90412

Rouquié, A.: L'Argentine. Paris, Presses Univ.de France. 126 S. 1984.
Bc 5509

7.3 Belgien

Daye, P.: La Belgique maritime. Paris, Desclée de Brouwer. 111 S. 1930.
B 90526

7.4 Brasilien

Ministério de marinha.. Subsídios para a história marítima do Brasil.
6.1948. XI,447 S.; 11.2a ed.1956. 419 S.; 12.1953. 325 S.;13. 2a ed.1957. 176 S.; 14.1955. 18. 1959/60.337 S.; 19.1961/62.260 S. 20.1963/64. 312 S.; 21. Comemorativo do centenário da batalha naval do Riacuelo.1965. 258 S.; 22.1966. 270 S.; 23.1967. 262 S. Rio de Janeiro, Impr.naval. 1948-67.
B 90812

Thompson, A.: Guerra civil do Brasil de 1893-1895. Vida e morte do Almirante Saldanha da Gama. 3.ed.(correta e aumentada). Rio de Janeiro, Ed.Caricca. 385 S. 1959.
B 90494

Vasconcelos, A.: Efemérides navais brasileiras. Rio de Janeiro, Serviço de doc.-geral da marinha. 382 S. 1961.
B 90486
B 90486a

Villar, F.: A Missão do cruzador "José Bonifácio". Os Pescadores na defeza nacional. Rio de Janeiro, Laemmert. 235 S. 1945.
B 90339

7.5 Chile

Garcia Castelblanco, A.: Estudio critico de las operaciones navales de Chile. Santiago de Chile, Impr.de la Armada. XXIV,259 S. 1929.
B 90563

Novoa de la Fuente, L.: Historia naval de Chile con un compendio de la historia de Chile.... 2.ed.revisada.... Valparaiso, Impr.de la Armada. XIV,304 S. 1944.
B 90562

Uribe Orrego, L.: Nuestra Marina militar desde la liberación de Chiloé (1826) hasta la guerra con España (1865), por.... Valparaiso, Impr.de la armada. 327 S. 1913.
B 90639

7.6 Dänemark

Steensen, R.S.: Flaadens Skibe 1950. København, Schénbergske Forlag. 11 S. 1950.
B 90701
78050

Steensen, R.S.: Vore Krydsere. København, Strubes Forl.. 197 S. 1971.
Bc 1057
B 90738

Steensen, R.S.: Vore Panserskibe 1863-1943. København, Strubes Forlag. 492 S. 1968.
B 321
B 90735

Steensen, R.S.: Vore Torpedobaade gennem 75 aar. København, Munksgaard. 98 S. 1953.
B 90733
78104

Steensen, R.S.: Vore Undervandsbaade gennem 50 aar, 1909-1959. København, Munksgaard. 309 S. 1960.
B 90734
78106

7.7 Deutschland

Bourelly: La Marine de guerre de l'Allemagne 1848-1899. Paris, Challamel. 110 S. 1899.
B 90651

Busch, F.O.: Un Croiseur dans la révolution août 1918-juin 1919. Paris, Payot. 182 S. 1932.
B 90405

Busch, F.O.: Un Incrociatore nella rivolutione (Agosto 1918 - giugno 1919). Milano, Marangoni. 270 S. 1932.
B 15422
B 90090

Gröner, E.: Die deutschen Kriegsschiffe 1815-1936. Unter Benutzung amtlicher Quellen.... München, Lehmann. 153 S. 1937.
B 90154
58299

Gröner, E.: Die deutschen Kriegsschiffe 1815-1945. Bd. 1.2.. München, Lehmann. 870 S. 1966-68.
B 90153
93140

Herzog, B.: Die deutschen U-Boote 1906 bis 1945. Mit 111 Abb.. München, Lehmann. 234 S. 1959.
B 90179
73888

Jouan, R.: La Marine allemande dans la Seconde Guerre Mondiale (d'après les conférences navales du Führer). Paris, Payot. 304 S. 1949.
B 90545
72776

Kopp, G.: A Bord du "Goeben". Paris, Payot. 253 S. 1931.
B 90194

Kopp, G.: La Nave indiavolata e la sua sorellina. Firenze, Salani. 345 S. 1932.
B 90195

Kraus, T.: Il "Goeben". Milano, Mediolanum. 195 S. 1935.
B 90196

Lenton, H.T.: German Surface warships. (Navies of the Second World War.). 3.ed.(Frühere Ausg.unt.d.Titel: German surface vessels.). London, Macdonald. 160 S. 1970.
B 90680
95903

Mantey, E.von: Histoire de la marine allemande. Paris, Payot. 314 S. 1930.
B 90259

Reuter, L.von: Scapa Flow. Le tombeau de la flotte allemande. Paris, Payot. 158 S. 1928.
B 90348

Taylor, J.C.: German Warships of World War I. London, Ian Allan. 224 S. 1969.
B 16986
B 90432

Taylor, J.C.: German Warships of World War II. London, Ian Allan. 168 S. 1966.
B 90433
97921

Thomazi, A.: Le tragique Destin des cuirassés allemands. Paris, Pon. 120 S. 1946.
B 90517
95422:1

Tirpitz, A.von: Der Aufbau der deutschen Weltmacht. Stuttgart, Cotta. VIII,460 S. 1924.
43533

Die versunkene Flotte. Deutsche Schlachtschiffe und Kreuzer 1925-1945. Hrsg.C.Bekker. Oldenburg, Stalling. 80 S. 1961.
B 90531

7.8 Frankreich

Candace, G.: La Marine de la France. Marine militaire - marine marchande. Paris, Payot. 190 S. 1938.
B 90073

Charmes, G.: La Réforme de la marine. Paris, Lévy. 459 S. 1886.
B 90082

Clerc-Rampal, G.: La Marine française pendant la Grande Guerre (août 1914 - novembre 1918). Paris, Larousse. 221 S. 1919.
B 90612
29824

Le Conte, P.: Répertoire des navires de guerre français. Ouvrage honoré d'une souscription du Ministère de la Marine. Cherbourg, 190 S. 1932.
B 90198

Essais sur la Marine Française 1839-1852. L'escadre de la Méditerranée. Paris, Amyot. 254 S. 1853.
B 90137

Guérin, L.: Histoire maritime de France. Vol.1.2. Paris, Ledoux. 1843.
B 90633

Jouan, R.: Histoire de la Marine Française. Des origines jusqu'à la révolution. Paris, Payot. 298 S. 1932.
B 90255

Labayle Couhat, J.: French Warships of World War II. London, Allan. 176 S. 1971.
B 6662
B 90207

Lockroy, E.: La Défense navale. Paris, Berger-Levrault. 550 S. 1900.
B 90215

Le Masson, H.: The French Navy. 1.2..
London, Macdonald. 174,176 S. 1969.
B 16384
B 90679

Le Masson, H.: Histoire du torpilleur en
France. Paris, Académie de Marine.
XXXV,377 S. 1965.
B 90637
05593

Le Masson, H.: Les Lévriers de la mer.
Torpilleurs et destroyers. Paris,
Ed.Horizons de France. 63 S. 1948.
B 15437
B 90334

Palma, F.di: La Francia navale ed il
convegno di Tolone. Napoli, Tip.Trani.
VIII,287 S. 1901.
B 90620

La Roncière, C.G.M.B.de: Histoire de la
marine française. 3. Les guerres d'Italie. Liberté des mers. 3.éd. Paris, Plon.
612 S. 1914-23.
B 90726

*La Roncière, C.G.M.B.de; Clerc-Rampal,
G.:* Historie de la marine française illu-
strée. Paris, Larousse. VI,408 S. 1934.
B 90764

Thomazi, A.A.: Marins batisseurs
d'Empire. 1. Asie-Océanie Paris,
Ed.Horizons de France. 61 S. 1946.
B 90503

Thomazi, A.: Les Marins à terre. Paris,
Payot. 234 S. 1933.
B 90508

Tranin, E.: Les Rouliers de la mer.
Paris, Payot. 223 S. 1928.
B 90322

Truffert, A.: Aux Postes de combat.
Aquarelles de C.Le Baube. Paris,
Ed.G.P.. 109 S. 1945.
B 90761
09622

Vichot, J.: Répertoire des navires de
guerre français par.... Paris, Ass.des
amis des musées de la marine. 148 S.
1967.
B 90707

7.9 Großbritannien

Britain's glorious Navy. Ed.by Admiral
Sir R.H.S. Bacon. London, Oldham
Pr.. 320 S. 1943.
B 90286

Clarke, G.S.; Thursfield, J.R.: The Navy
and the nation or naval warfare and
imperial defence. London, Murray.
344 S. 1897.
B 90085

Clowes, W.L.: The Royal Navy. A
history from the earliest times to the
present by.... 1. 1897. XXIV,698 S.;
2.1897. XIV,593 S.; 3. 1898. XIX,609 S.
4. 1899. XIV,624 S.; 5. 1900. XIX,
623 S.; 6.1901. XVI,592 S.; 7.1903.
XVI,627 S. Vol.1-7. London, Low,
Marston. 1897/1903.
B 90721

Colledge, J.J.: British Sailing Warships.
London, Ian Allan. 63 S. 1960.
B 10017
B 90228

Colledge, J.J.: Ships of the Royal Navy:
an historical index. Vol.1.2.. Newton
Abbot, David a.Charles. 624,400 S.
1969.
B 4417
B 90115

Dixon, W.M.: La Marine Britannique en
guerre. Paris, Nelson. 103 S. 1917.
B 90118
7247

James, W.M.: Les Marines britanniques
dans la seconde guerre mondiale. Paris,
Payot. 222 S. 1949.
B 90509

Kemp, P.K.: Fleet Air Arm. London,
Jenkins. 232 S. 1954.
B 90190
74472

Kemp, P.K.: H.M.Destroyers. London,
Jenkins. 237 S. 1956.
B 90188
73656

Kemp, P.K.: H.M.Submarines. 2.ed..
London, Jenkins. IX,224 S. 1953.
B 15073
B 90189

Lenton, H.T.: British Battleships and
aircraft carriers. London, Macdonald.
160 S. 1972.
B 18629
B 90683

Lenton, H.T.: British escort ships.
London, Macdonald a.Jane's. 64 S.
1974.
B 90645
06888

Lenton, H.T.: British fleet and escort
destroyers. 1.2.. London, Macdonald.
136,136 S. 1970.
B 90685

Lenton, H.T.: British Submarines.
London, Macdonald. 160 S. 1972.
B 9729
B 90686

Lenton, H.T.; Colledge, J.J.: Capital
ships, cruisers and aircraft carriers of
the Royal and Dominion Navies.
London, Ian Allan. 72 S. 1962.
B 90229

Lenton, H.T.; Colledge, J.J.: Coastal
forces, motor minesweepers, and
motor fishing vessels. London, Ian
Allan. 72 S. 1963.
B 90235

Lenton, H.T.; Colledge, J.J.: Miscellaneous and auxiliary vessels engaged in
trade protection. London, Ian Allan.
81 S. 1962.
B 90232

Lenton, H.T.; Colledge, J.J.: Miscellaneous vessels engaged in harbour, towing
and salvage vessels duties. London, Ian
Allan. 71 S. 1962.
B 90233

Lenton, H.T.; Colledge, J.J.: Sloops of
the Royal and Dominion Navies.
London, Ian Allan. 96 S. 1962.
B 90231

Lenton, H.T.; Colledge, J.J.: Trawlers,
Drifters and Whalers. London, Ian
Allan. 81 S. 1963.
B 90234

Manning, T.D.: The British Destroyer.
London, Putnam. 148 S. 1961.
B 90550
03529

Manning, T.D.; Walker, C.F.: British war
ship names (Dictionary). London,
Putnam. 498 S. 1959.
B 90250
76768

Natoli, R.: Home Fleet 1565-1941.
Milano, Ed.Alpe. 237 S. 1941.
B 90295

The Navy list. Corrected to the 20th
March, 1836. London, Murray. 176 S.
1836.
B 90340

Parkes, O.: British Battleships.
"Warrior" 1860 to "Vanguard" 1950. A
history of design, construction and
armament. London, Seeley. XV,701 S.
1957.
B 90717
03310

Parkes, O.: Ships of the Royal Navies
(British Commonwealth of nations).
London, Sampson Low, Marston.
220 S. 1937.
B 90309

Pears, R.: British Battleships 1892-1957.
The great days of the fleets. London,
Putnam. XIII,201 S. 1957.
B 90557
03420

Sabattier; Fréminville: Notes sur les navires cuirassés et quelques paquebots à
vapeur de la marine anglaise. Paris,
Bertrand. 46 S. 1863.
B 90602

Thursfield, H.G.: "Action stations!" The
Royal Navy at war. London, Black.
78 S. 1941.
B 90621

Trotter, W.P.: The Royal Navy in old photographs. London, Dent. o.Pag.. 1975.
B 90443

Williams, H.: Britain's naval Power. A short history of the growth of the British navy. Pt.1.2. London, Macmillan. VIII,265 S. XIV,221 S. 1898.
B 90448

7.10 Italien

Andò, E.; Gay, F.: Incrociatori pesanti classe "Zara". Pt.1.2. Roma, Bizzarri. 73,82 S. 1977.
Bc 643
B 90795

Annunzio, G.d': L'Armata d'Italia. Lanciano, Carabba. 143 S. 1915.
B 90108

Araldi, V.; Magosso, S.: Marinai d'Italia sulle vie della gloria. Bologna, Cantelli. 1942.
B 90010

Bagnasco, E.: Le Armi delle navi italiane nella seconda guerra mondiale. Parma, Albertelli. 198 S. 1978.
B 90020
B 57753

Bagnasco, E.; Tognelli, V.E.: I MAS e le motosiluranti italiane 1906-1966. Roma, Ufficio storico della marina militare. XVI,659 S. 1967.
05784
B 90755

Bargoni, F.; Gay, F.: Corazzate classe "Caio Duilio". Roma, Bizzarri. 78 S. 1972.
B 10663
B 90791

Bargoni, F.; Gay, F.: Corazzate classe "Conte di Cavour". Roma, Bizzarri. 72 S. 1972.
B 90790

Bargoni, F.; Gay, F.: Corazzate classe "Vittorio Veneto". Pt.1.2. Roma, Bizzarri. 74,84 S. 1973.
B 90792

Bargoni, F.: Corazzate classe "Vittorio Veneto". Roma, Bizzarri. o.Pag.. 1974.
B 90798

Bargoni, F.: Corazzate classi "Conte di Cavour" e "Duilio". Roma, Bizzarri. o.Pag.. 1974.
B 90797

Bargoni, F.: Corazzate italiane classi Duilio-Italia - Ruggiero di Lauria (entrate in servizio fra il 1880 e il 1892). Roma, Bizzarri. 79 S. 1977.
B 90806
B 90807

Bargoni, F.: Corazzate italiane classi Re Umberto - Ammiraglio de Saint Bon (entrate in servizio fra il 1893 e il 1901). Roma, Bizzarri. 64 S. 1978.
B 90808

Bargoni, F.: Corazzate italiane classi Regina Margherita - Regina Elena (entrate in servizio fra il 1901 e il 1908). Roma, Bizzarri. 80 S. 1979.
B 90809

Bargoni, F.: Esploratori, fregate, corvette ed avvisi italiani 1861-1968. Roma, Ufficio storico della marina militare. XIX,692 S. 1969.
B 90760

Bargoni, F.: Incrociatore pesanti classe "Trieste". Roma, Bizzarri. o.Pag.. 1977.
B 90799

Bargoni, F.: Incrociatore pesanti classe "Zara". Roma, Bizzarri. 80 S. 1977.
B 90800
B 90801

Bargoni, F.: Incrociatori leggeri classe "Condottieri". Roma, Bizzarri. 80 S. 1978.
B 90802

Bargoni, F.: Incrociatori leggeri classi "Raimondo Montecuccoli" [e] "Emanuele Filiberto Duca d'Aosta". Roma, Bizzarri. 160 S. 1980.
B 90803

Bargoni, F.: Le prime Navi di linea della marina italiana (1861-1880). Roma, Bizzarri. o.Pag. 1976.
B 90804
B 90805

Bonamico, D.: La Difesa marittima dell'Italia. Roma, Barbèra. 235 S. 1881.
B 90712

Brin, B.: La nostra Marina militare. Roma, Bocca. 213 S. 1881.
B 90404
B 90736

Carnevale, C.; Branchi, C.E.: La nostra Marina alla portata di tutti. Venezia, Lega Navale Italiana. 155 S. 1911.
B 90077

Ceci, U.: I Nomi delle nostre navi da guerra. Roma, Ist.poligrafico dello stato. 1418 S. 1929.
B 90626

Colantuoni, R.: La Marina militare italiana nel 1915. Milano, Sonzogno. 63 S. 1915.
B 90089

Corridore, F.: Storia documentata della Marina sarda dal dominio spagnuolo al savoino, 1479-1720. Bologna, Zanichelli. 221 S. 1900.
B 90625

Costa, G.: La nostra Flotta militare. Torino, Lattes. 172 S. 1912.
B 90092

Le Cronache navali dell'anno 1859. Roma, Ufficio storico della marina militare. 81 S. 1931.
B 90816

Curcio, C.: Ideali mediterranei nel Risorgimento. Roma, Ed.Urbinati. 91 S. 1941.
B 90587

Ferrando, L.: L'Opera della R.Marina in Cina. Dall'assedio delle Legazioni nel 1900 al 1930. Firenze, Vallecchi. 582 S. 1935.
B 90447
97360

Ferrari, G.: La prima Operazione della R.marina sarda dopo la restaurazione (1815). Città di Castello, Unione arti grafiche. 71 S. 1914.
B 90654

Le Forze militari della Repubblica Veneta. Da una pubblicazione ufficiale. Venezia, S.82-281. 1847.
B 90709

Fraccaroli, A.: Italian Warships of World War I. London, Ian Allan. 304 S. 1970.
B 3400
B 90113

Fraccaroli, A.: Italian Warships of World War II. London, Ian Allan. 204 S. 1968.
B 90012

Fraccaroli, A.: Marina militare italiana 1946. Milano, Hoepli. 203 S. 1946.
B 90692

Frignani, A.: La Marina traverso i secoli. Compendio di storia navale…. Padova, Selbstverlag. 162 S. 1908.
B 90532
B 90727

Gallizioli, A.: Cronistoria del naviglio nazionale da guerra (1860-1906). Roma, Officina Poligrafica Italiana. VI,614 S. 1907.
B 90536

Gay, F.: Incrociatore corazzato "San Giorgio". Roma, Ateneo e Bizzarri. 1977.
B 90794

Gay, F.: Incrociatore leggeri classe "Di Giussano". Pt.1.2.. Roma, Navi italiane nella seconda guerra mondiale. 74,84 S. 1979.
B 90796

Gay, F.: Incrociatore pesanti classe "Trento". Pt.1.2. Roma, Bizzarri. 70,67 S. 1975.
B 90793

Gay, F.: Le Navi della marina militare italiana. Roma, Salomone. 136 S. 1978.
B 90770

Giorgerini, G.; Nani, A.: Gli Incrociatori italiani 1861-1964. Roma, Ufficio storico della marina militare. XV,699 S. 1964.
B 90756
05191

Giorgerini, G.; Nani, A.: Le Navi di linea italiane 1861-1961. Roma, Ufficio storico della marina militare. XI,278 S. 1962.
B 90758
03694

Le Glorie della marina. Raccolta di inserti dalla Rivista "Oggi".... o.O., Ufficio documentazione di Marisegrege. o.Pag.. 1963.
B 90750

Gonni, G.: Fatti e documenti della marina italiana. Firenze, Ed.Quattrini. 221 S. 1917.
B 90516

Gonni, G.: La Psicologia della marina napoletana nel 1860. Estratto dalla Rassegna Nazionale.... Firenze, "Rassegna Nazionale". 11 S. 1914.
B 90598

Gropallo, T.: Navi e vapore ed armamenti italiani dal 1818 ai giorni nostri. Borgo S.Dalmazzo, Bertello. 392 S. 1958.
B 15106
B 90622

Guglielmotti, U.: Storia della marina italiana. Napoli, Bianco. 217 S. 1959.
B 90715
03340

I Cacciatorpediniere italiani 1900-1966. Comp.: G.Fioravanzo [u.a.]. Roma, Ufficio storico della marina militare. XIII,360 S. 1966.
B 90752
05701

Manfroni, C.: Storia della marina italiana. 1. Dalle invasioni barbariche al trattato di Ninfeo (anni di C.400-1261). 1899. XV,513 S. 2. Dal trattato di Ninfeo alla caduta di Constantinopoli (1261-1453).Pt.1. Dal trattato di Nonfeo alle nuove crociate.1902. VI,262 S. 3. Dalla caduta di Constantinopoli alla battaglia di Lepanto. Roma: Forzani 1897. XVII,534 S. Livorno, Accademia Navale. 1897-1902.
B 90423

Maraghini, G.: Il Sommergibile "Atropo". Roma, Ed.Ardita. 219 S. 1934.
B 90279

Maresca, B.: La Marina napoletana nel secolo XVIII. Napoli, Pierro. 261 S. 1902.
B 90261

La Marina militare nel suo primo secolo di vita 1861-1961. Roma, Ufficio storico della marina militare. IX,197 S. 1961.
B 90759
03474

Martienssen, A.: Hitler e i suoi ammiragli. Milano, Garzanti. 1950.
B 90264

Menini, G.: Passione adriatica. Ricordi di Dalmazia 1918-1920. Bologna, Zanichelli. VII,237 S. 1925.
B 90265

Menini, G.: Storia della nostra marina militare. Narrata alla gioventù d'Italia. Venezia, Ed."La nuova Italia". 287 S. 1928.
B 90553

Michelini, A.: Storia della marina militare del cessato Regno di Sardegna dal 1814 sino alla metà del mese di marzo del 1861.... Vol.1. Torino, Botta. 213 S. 1863.
B 90748

Molli, G.: L'Italia in mare. Roma, Verdesi. 214 S. 1888.
B 90277

Morabito, N.: La Marina italiana in guerra 1915-1918. Milano, Marangoni. 1933.
B 90269

Morchio, D.: Il Marinaio italiano. Genova, Pellas. 499 S. 1879.
B 90281

Nani Mocenigo, M.: Storia della marina veneziana da Lepanto alla caduta della repubblica. Roma, Ministero della marina. III,384, XXXIII S. 1935.
B 90435

Paturzo, M.: La Nave misteriosa "San Giorgio". Seguita da: A.Ferrarin. Roma, Tip.Novissima. 80 S. 1943.
B 90656

Pennino, G.: Marina militare. Palermo, Reber. 131 S. 1895.
B 90298

Peruzzi, M.: Le Missioni avventurose d'una squadra di navi bianche. Roma, Ufficio storico della marina militare. 311 S. 1952.
B 5104
B 90789

Pollina, P.M.; Cocchia, A.: I Sommergibili italiani 1895-1962. Roma, Ufficio storico della marina militare. XII,300 S. 1963.
B 90754
05360

Pollina, P.M.: Le Torpediniere italiane 1881-1964. Roma, Ufficio storico della marina militare. XII,320 S. 1964.
B 90753
05219

Quistione vitale o cenni sulla marina italiana. Dedicati al parlamento nazionale. o.O., 68 S. 1863.
B 90603

Randaccio, C.: Storia delle marine militari italiane dal 1750 al 1860 e della marina militare italiana dal 1860 al 1870 scritta da.... Vol.1.2. Roma, Forzani. 342,312 S. 1886.
B 90424

Rook, T.A.: In Armi sul mare. Vicende di uomini e di navi durante la guerra. Livorno, Tirrena. 237 S. 1955.
B 90355

Saint-Bon, S.de: La Quistione delle navi. Torino, Loescher. 93 S. 1881.
B 90665

Sigismondi, I.: La Marina dello stato. Studio di... Torino, Roux e Viarengo. 120 S. 1902.
B 90744

Squadrilli, E.: Politica marinara e impero fascista. 2.ed.. Roma, Tip.del genio civile. 208 S. 1937.
B 90409

Storia marittima dell'Italia dall'evo antico ai nostri giorni di Rinaldo Caddeo [u.a.]. Vol.1. Milano, Garzanti. XVI,890 S. 1942.
B 90723

7.11 Japan

Fukui, S.: Nihon-no gun-kan waga zokan gijutsu-no hattatsu-to kantei-no hensen. Tokyo, Shuppan Kyōdōsha. 292 S. 1957.
B 90821

Fukui, S.: Shūsen to telkoku kantel. [Japanese naval vessels survived. Their post-war activities and final disosition.]. Tokyo, Shuppan Kyōdōsha. 224 S. 1961.
B 90711
03697

Hori, M.: Gendai-no gunkandai ni-gi taisen igo-ni okeru kantei-no shimpo. Tokyo, Shuppan Kyōdōsha. 275 S. 1957.
86361
B 90822

Jane, F.T.: The imperial Japanese Navy. London, Thacker. XIII,410 S. 1904.
B 90543

Japanese Aircraft carriers and destroyers. London, Macdonald. 160 S. 1964.
Bc 2429
B 90689

Japanese naval Vessels illustrated,
1869-1945. 1. Battleships [and] battle-
cruisers. Jap.Text. Vol.1. Tokyo, Besu-
tozeraazu.
431 S. 1974.
B 90743

Nakamura, K.: Zōkan kairō. Tokyo,
Shuppan Kyōdōsha. 246 S. 1958.
B 90710

Nihon-no gun-kan. Arishihi-no waga
kaigun kantei fukui shiso. Tokyo, Besu-
tozeraazu. 327 S. 1970.
B 90742
06093

Watts, A.J.: Japanese Warships of World
War II. London, Ian Allen. 400 S. 1966.
B 90431

7.12 Kolumbien

Ortega, R.E.: Bloqueo, rendición y ocu-
pación de Maracaibo por la armada
colombiana al mando del almirante
D.José Padilla. Bogota, Seccion de
Impr.y Publ.. VI,191 S. 1947.
B 90123

7.13 Malta

Gauci, G.: Il grande Assedio di Malta.
Vol.1. Malta, Tipografia del "Malta".
266 S. 1891.
B 90140

7.14 Niederlande

Backer Dirks, J.J.: De Nederlandsche
Zeemacht in hare verschillende tijdper-
ken geschetst. Deel 1.2. 2.,vermeer-
derde en verb.druk. s'Gravenhage, van
Cleef. 832,752 S. 1890.
B 90743

Hokke, C.: Opkomst en ondergang van
onze Gouvernements Marine "Seten-
gah Kompenie". Leiden, Leidsche
Uitg.. 168 S. 1950.
B 90182
70713

Lenton, H.T.: Royal Netherlands Navy.
London, Macdonald. 160 S. 1968.
B 90687
B 98085

Vermeulen, A.J.: De Schepen van de
Koniklijke Marine en die der governe-
mentsmarine. 1814-1962. Amsterdam,
VI,411 Bl.. 1962.
B 90716

7.15 Österreich-Ungarn

Gogg, K.: Österreichische Kriegsmarine. 1. 1440-1848. Mit 70 Fotos. 2.
1848-1918. Mit 264 Schiffsfotos Bd.1.2..
Salzburg, Stuttgart, Verl."Das Berg-
land Buch". 185; 168 S. 1867-72.
B 90147
96903:1,2

Greger, R.: Austro-Hungarian Warships
of World War I. London, Ian Allan. 192
S. 1976.
B 28200
B 90150

Schmedes, K.von: Zur Geschichte der
Donauflottille. Laibach, Kleinmayr
u.Bamberg. 188 S. 1914.
B 90617

7.16 Rußland/Sowjetunion

Breyer, S.: Die Seerüstung der Sowjetunion. München, Lehmanns. XII,269 S.
1964.
88389
B 90102

Greger, R.: Die russische Flotte im
Ersten Weltkrieg. 1914-1917. München,
Lehmanns. 176 S. 1970.
B 90579
06059

Gréger, R.: Vládcové oceánu. Válecné
lode 20. stoleti. Praha, Nase Vojsko.
203 S. 1968.
B 2254

Guichard, L.; Novik, D.: Sous la Croix
de Saint-André. 7.éd.. Paris, Tallan-
dier. 357 S. 1929.
B 90159

Hampel, F.: El acorazado "Potemkin". Historia de la sublevación de la escuadra rusa a la vista de Odesa en el ano 1905. Madrid, Ed.Cenit. 153 S. 1930.
B 90314

Jane, F.T.: The imperial Russian Navy. Its past, present, and future. London, Thacker. 755 S. 1899.
B 90542

Meister, J.: The Soviet Navy. 1.2.. London, Macdonald. 150,152 S. 1972.
B 16385
B 90688

Mitchell, M.: Histoire maritime de la Russie. Paris, Ed.Deux Rives. 431 S. 1952.
B 90292

Monasterev, N.; Terestchenko, S.: Histoire de la Marine Russe. Paris, Payot. 349 S. 1932.
B 90267

Monasterev, N.: La Marina Russa durante la guerra mondiale 1914-1917. Firenze, Vallecchi. 353 S. 1934.
B 90273

Tomitch, V.M.: Warships of the imperial Russian navy. Vol.1. San Francisco, BT.Publ.. 102 S. 1968.
06025
B 90696

7.17 Schweden

Royal Swedish Navy. Ed.: N.Skaar. Stockholm, Hörsta Förlag. 62 S. 1957.
B 90561

7.18 Spanien

Aguilera, A.: Buques de guerra espanoles. Cronicas y datos. 1885-1971. 2.ed. Madrid, Ed.San Martin. 147 S. 1972.
06453
B 90636

Aguilera, A.: Buques de la Armada Espanola. Cronicas y datos del 1885 al presente. Madrid, Ed.Naval. 241 S. 1968.
B 1124
B 90003

Arranz Velarde, F.: Compendio de historia marítima de España por.... Santander, Talleres Tip.J.Martínez. 312 S. 1940.
B 90492

Condeminas Mascaró: La Marina militar espanola (compendio-histórico). Barcelona, Serra y Russell. 342 S. 1930.
B 90737

Ibáñez de Ibero, C.: Historia de la marina de guerra espanola. Desde el siglo XIII hasta nuestros dias. Madrid, Espasa-Calpe. 285 S. 1939.
B 66137
B 90256
B 90256a

Tormo, M.: La Armada en el Reinado de los Borbones. Barcelona, Argos. 55 S. 1949.
B 90470

7.19 U.S.A.

Beach, E.L.: Submarine. Paris, Les Presses de la Cité. 313 S. 1953.
B 90027

Beach, E.L.: Submarine. 4.Aufl.. New York, The New American Library. 256 S. 1960.
B 90063

Bennett, F.M.: The Steam Navy of the United States. A history of the growth of the steam vessel of war.... Pittsburgh, Pa., Warren. XV,953 S. 1896.
B 90403

Cooper, J.F.: History of the navy of the United States of America. Vol.1.2. 2nd ed.. Philadelphia, Lea a. Blanchard. 1840.
B 90107

Dictionary of American naval fighting ships. 1. A-B. 1959. XVIII,349 S.; 2. C-F.1963. XXIII,591 S.; 3. G-K.1968. XXVI,876 S.; 4. L-M. 1969. XXVI, 745 S.; 5. Historical sketches - letters N through Q. 1970. XXIV,639 S.; 6. Historical sketches - letters R through S. 1976. XXIII,751 S. Washington, Naval history division.
F 032
B 90722

Evans, S.H.: The United States Coast Guard 1790-1915. A definitive history. (With a postscript: 1915-1949). Annapolis, US Naval Inst.. XIII,228 S. 1949.
B 15082
B 90106

Fahey, J.C.: The Ships and aircraft of the U.S.Fleet 1939. New York, Gremsco. 47 S. 1939.
B 90823

Fahey, J.C.: The Ships and aircraft of the United States Fleet. Two-Ocean Fleet edition. New York, Gremsco. 48 S. 1941.
B 90824

Fahey, J.C.: The Ships and aircraft of the United States Fleet. War edition. New York, Gremsco. 64 S. 1941.
B 90825

Fahey, J.C.: The Ships and aircraft of the United States Fleet. Second war edition. New York, Gremsco. 80 S. 1944.
B 90826

Fahey, J.C.: The Ships and aircraft of the United States Fleet. Victory edition. New York, Ships and aircraft publ.. 96 S. 1945.
B 90827

Fahey, J.C.: The Ships and aircraft of the United States Fleet. 6th ed.. New York, Ships and aircraft publ.. 48 S. 1950.
B 90828

Fahay, J.C.: The Ships and aircraft of the United States Fleet. 7th ed.. New York, Ships and aircraft publ.. 64 S. 1958.
B 90829
72037:9

Fahey, J.C.: The Ships and aircraft of the United States Fleet. 8th ed.. Annapolis, U.S.Naval Inst.. 64 S. 1965.
B 90830
82592

Histoire de la marine des Etats-Unis. Par G.R.Clark [u.a.]. Übers.a.d.Engl.. Paris, Payot. 519 S. 1930.
B 90084

Lenton, H.T.: American Battleships, carriers and cruisers. London, Macdonald. 160 S. 1968.
B 90676
98086

Lenton, H.T.: American Fleet and escort destroyers. 1.2.. London, Macdonald. 160,160 S. 1971.
B 9726
B 90677

Lenton, H.T.: American Gunboats and minesweepers. London, Macdonald. 64 S. 1974.
B 90644
06889

Lenton, H.T.: American Submarines. London, Macdonald. 128 S. 1973.
9727
B 90678

MacBride, R.: Civil War ironclads. The dawn of naval armor. Philadelphia, Chilton. XI,185 S. 1962.
B 90549
88340

Polmar, N.: The Ships and aircraft of the U.S.fleet. 11.ed.. London, Brassey's. 350 S. 1978.
07877

Polmar, N.: The Ships and aircraft of the U.S. fleet. 12.ed.. Annapolis, U.S.Naval Inst.. 420 S. 1981.
B 45553

Pratt, F.: The Navy. A history. The story of a service in action. Garden City, N.Y., Garden City Publ.. 496 S. 1941.
B 90438

Reynolds, F.J.: The United States Navy from the revolution to date. New York, Collier. 144 S. 1917.
B 90775

Roscoe, T.; Freeman, F.: Picture history of the U.S.Navy. New York, Scribner's. o.Pag. 1956.
03842
B 90718
B 90718a

Rowe, J.A.; Morison, S.L.: The Ships and aircraft of the U.S.Fleet. Comp. 9th ed.. Annapolis, U.S.Naval Inst.Pr.. IV,283 S. 1972.
B 2214
B 90624

Rowe, J.S.: The Ships and aircraft of the U.S.Fleet. 10.ed.. Annapolis, U.S.Naval Inst.Pr.. 294 S. 1975.
B 90396

Silverstone, P.H.: U[united] S[tates] Warships of World War I. London, Ian Allan. 304 S. 1970.
B 3401
B 90375

Silverstone, P.H.: U[united] S[tates] Warships of World War II. 4.impr.. London, Ian Allan. 444 S. 1971.
B 90376

Terzibaschitsch, S.: Die Schlachtschiffe der U.S.-Navy im 2.Weltkrieg. Mit 115 Seitenrissen,..v.S.Breyer. München, Lehmanns. 205 S. 1976.
B 90580
07258

This is the Navy. An Anthology. Ed.by G.Cant. Washington, Penguin Books. 220 S. 1944.
B 90074

7.20 Vatikan

Guglielmotti, A.: Gli ultimi Fatti della squadra romana da Corfù all'Egitto. Roma, Voghera Carlo. 461 S. 1884.
B 90161

Guglielmotti, A.: La Guerra dei pirati e la marina pontificia dal 1500 al 1560. Vol.1.2.. Firenze, Le Monnier. 447,451 S. 1876.
B 90166

Guglielmotti, A.: La Squadra ausiliaria della marina romana. Roma, Voghera Carlo. 528 S. 1883.
B 90165

Guglielmotti, A.: La Squadra permanente della marina romana. Roma, Voghera Carlo. 468 S. 1882.
B 90164

Guglielmotti, A.: Storia della marine pontificia nel medio evo dal 728 als 1499. Vol.1.2. Firenze, Le Monnier. 494,553 S. 1871.
B 90167

Rossi, E.: Storia della marina dell'ordine di S.Giovanni di Gerusalemme di Rodi ei di Malta. Roma, Soc.ed.d'arte ill.. XI,156 S. 1926.
B 90567

8. Marinegeschichte

8.1 Maritime Geschichte, allgemein

Arnáu Artigas, A.: Rudimentos de cultura marítima por....
1. El mar, el buque y la navegacíon Vol.1. Madrid, Calpe. 345 S. 1912.
B 90606

Bandini, G.A.: Il Libro del mare. Prose e poesie marinaresche. Milano, Trevisini. 712 S. 1954.
B 90064

Bienstock, G.: La Lotta per il Pacifico. Milano, Bompiani. XV,319 S. 1939.
B 90035

Bollati di Saint-Piere, E.: Nauticae res. Roma, Mundus. 98 S. 1910.
B 90650

8.2 Seekriegsgeschichte

Chabaud-Arnault, C.: Histoire des flottes militaires. Paris, Berger-Levrault. 513 S. 1889.
B 90316

Corbett, J.S.; Newbolt, H.: Naval Operations. 1. 1920.; 2. 1921.; 3. 1923.; 4. 1928.; 5. 1931. Vol.1-5. London, Longmans, Green. 488; 448; 470; 412; 452 S. 1920-1931.
B 60414

Corbett, J.S.; Newbolt, H.: Le Operazioni navali. 2. 1923. X,458 S.; 3. 1925. XIII,482 S.; 4. 1932. X,378 S.; 5. 1934. XXII,452 S. Vol.1-5. Livorno, Accademia Navale. 1923-34.
B 90706

Ferrigni, P.C.: La Lepanto. Ricordi, Notizie, Ghiribizzi. Firenze, Ed.del Fieramosca. 142 S. 1883.
B 90477

Guglielmotti, A.: Marcantonio Colonna alla battaglia di Lepanto. Roma, Le Monnier. 447 S. 1862.
B 90163

Jurien de la Gravière: Les Marins du XVe et du XVI e siècle. Paris, Plon. 1879.
B 90514

Molli, G.: La Marina antica e moderna.... Genova, Donath. CXXX,608 S. 1906.
B 90554
B 90554a

La Puissance navale dans l'histoire. 1. Nicolas, L.: Du Moyen Age à 1815. 2. Reussner, A.: Nicolas, L.: De 1815 à 1914. 3. Bélot, R.de, Reussner, A.: De 1914 à 1959. Paris, Ed.Maritimes et Coloniales. 1958-63.
B 15089
B 90414

Quarti, G.A.: La Guerra contro la Turco a Cipro e a Lepanto. MDLXX-MDLXXI. Storia documentata. Venezia, Bellini. 775 S. 1935.
B 90616

Randaccio, C.: Storia navale universale. Antica e moderna. Roma, Forzani. 408 S. 1891.
B 90345

Ratto, H.R.: Acotaciónes nauticas. Correspondientes a la primera decada descubridora. Buenos Aires, Libería "Cervantes". o.Pag.. 1931.
B 90565

Ratto, H.R.: Los Comodoros britanicos de estacion en el plata (1810-1852). Buenos Aires, Ed.Argentina. 231 S. 1945.
B 90361

Rawson, E.K.: Salamis to Santiago. New York, Crowell. XXX,730 S. 1899.
B 90364

Romat, E.: Batailles partout. Paris, Hachette. 252 S. 1947.
B 90368

Silva, P.: Il Mediterraneo dall'unità di Roma all'imperio italiano. Milano, Ist. per gli studi di politica internazionale. 498 S. 1937.
B 90371

Vecchi, A.V.: La guerra sul mare. Definizioni, marine in attuale conflitto. Firenze, Beltrami. 147 S. 1914.
B 90482

8.3 Chronologien

Il Traffico marittimo. Hrsg.: M.di Losa. Vol.1.2. Roma, Tip.dell'Ufficio del Capo di Stato Maggiore. 146,322 S. 1932.
0875
B 90729

Chronology of the Second World War. Hrsg.: N.Hall [u.a.]. London, Royal Inst.of intern.affairs. 374 S. 1947.
B 90522
68149

Civil War naval Chronology 1861-1865.
1. 1861.41 S.; 2. 1862.117 S.; 3. 1863.
169 S.; 4. 1864.151 S.; 5. 1865.149 S.
6. Special studies and cumulative
index. Washington, U.S.governm.
print.off.. 1961-66.
05210
B 90703

Le Cronache navali dell'anno 1870.
Comp.: G.Gonni. Roma, Ufficio sto-
rico della marina militare. 87 S. 1932.
B 90817

Delage, E.: Chroniques de la mer. 2.éd..
Paris, Grasset. 312 S. 1936.
B 90013

Rohwer, J.; Hümmelchen, G.: Chrono-
logy of the war at sea. 1939-1945.
1. 1939-1942. 2. 1943-1945 London, Ian
Allan. XV,650 S. 1972/74.
B 20040
B 90351

8.4 Verlustlisten

Castagna, L.: Navi perdute. Navi
mercantili. Roma, Ufficio storico della
marina militare. 357 S. 1952.
B 90788:3
F 994:3

Castagna, L.: Navi perdute. Navi militari. Roma, Ufficio storico della marina
militare. 213 S. 1951.
F 994:2
B 90788:2

Ceci, U.: Cronistoria del naviglio da
guerra italiano. 1. Naviglio disuperficie
radiato dal 1900 al 1915. Roma, Ufficio
storico della marina militare. XIII,
XIII,2309 S. 1940.
0867
B 90724

Klepsch, P.: Die fremden Flotten im
2.Weltkrieg und ihr Schicksal. Zeichn.:
S.Breyer. Mit 163 Schiffsskizzen
u.Decksplänen. München, Lehmanns.
284 S. 1968.
96775
B 90193

United States submarine losses: World
War II. Reissued with an app.of axis
submarine losses,... 5th print. Washington, Naval hist.div.: US governm.print
off.. VI,224 S. 1963.
B 90581
06507

8.5 Bildbände

Hailey, F.; Lancelot, M.: The photographic story of modern naval combat
1898-1964. Clear for action. New York,
Duell, Sloan and Pearce. 320 S. 1964.
B 90751
05213

8.6. Zeitraum bis 1805

8.6.1 Allgemeines

Chack, P.: La Bataille de Lépante.
Trafalgar. Paris, Ed.de France. 120,122
S. 1938.
B 90081

Lumbroso, A.: Napoleone e il Mediter-
raneo. Vent'anni di guerra oceanica fra
Gran Bretagna e Francia. Genova, de
Fornari. 339 S. 1934.
B 90442

Naval Operations. From august 1799 to
december 1799. Publ.und.direction
of...C.A.Swanson. Washington,
U.S.Government print.off.. VII,676 S.
1936.
B 90452

Orsini, G.: Il Poema di Lepanto.
Milano, Ed."L'Eroica". 120 S. 1928.
B 90555

Parrilli, G.: Le più celebri Battaglie
navali combattute dal 1797 al 1827.
Memorie istorice del.... Napoli, Andro-
sio. 229 S. 1860.
B 90308

8.6.2 U.S.Unabhänigkeitskrieg

Botta, C.: Storia della guerra dell'inde-
pendenza degli Stati Uniti d'America.
Vol.1. Milano, Bravetta. 1841.
B 90413

8.6.3 Napoleonische Kriege

Amato, A.: Abukir. Napoleone e l'Inghilterra in lotta nella spedizione d'Africa. Milano, "La Prora". 253 S. 1936.
B 90005

Thomazi, A.: Trafalgar. Paris, Payot. 199 S. 1932.
B 90502

8.7 Zeitraum von 1805 bis 1914

8.7.1 Allgemeines

Garofalo, F.: Da Nelson a Togo. Un secolo di storia militare marittima. Milano, Ed."La Prora". 228 S. 1939.
B 90537

Montéchant, Z.; Montéchant, H.: Les Guerres navales de demain. Paris, Berger-Levrault. 282 S. 1891.
B 90342

Po, G.: La Guerra sui mari (sec.XIX-XX). Bologna, Zanichelli. 377 S. 1940.
B 90428

Preston, A.; Major, J.: Send a gunboat!. A study of the gunboat and its role in British policy, 1854-1904. London, Longmans. XI,266 S. 1967.
B 90310

Reussner, A.; Nicolas, L.: De 1815 à 1914. Paris, Ed.Maritimes et Coloniales. 259 S. 1963.
B 90414

Simion, E.; Nani Mocenigo, M.: La Campagna navale di Siria del 1840. Roma, Ufficio del Capo di Stato Maggiore. 108 S. 1933.
B 90525
72004(13)

Wilson, H.W.: Les Flottes de guerre au combat. Traduit de l'anglais.... T.1.2. Paris, Payot. 1928-29.
B 90436

Wilson, H.W.: Ironclads in Action. A scetch of naval warfare from 1855 to 1895. With some account of the development of the battleship in England. Vol.1.2. 2nd ed.. London, Low, Marston. XXXVI,357, XVI, 374 S. 1896.
B 90501

8.7.2 Griechischer Unabhängigkeits-krieg 1827

Memoria intorno alla battaglia di Navarino. Seguita il di 20 Ottobre 1827. Napoli, Tip.della guerra. 56 S. 1833.
B 90604

8.7.3 U.S.Bürgerkrieg 1862-65

Ammen, D.: The Atlantic Coast. 2. The Navy in the Civil War. New York, Scribner's. 273 S. 1883.
B 90008

Lepotier, A.A.M.: Mer contre terre. Paris, Mirambeau. 357 S. 1945.
B 90546

White, W.C.; White, R.: Tin can on a shingle. New York, Dutton. 176 S. 1957.
B 90453

8.7.4 Paraguay-Krieg 1865-70

Costa, D.I.A.da: Riachuelo. 6.ed.. Rio de Janeiro, Servicio de documentação de marinha. 38 S. 1949.
B 90094

Scavarda, L.: Greenhalgh. No Centenário da batalha naval do Riachuelo. Rio de Janeiro, Serviço de documentação da marinha. 37 S. 1965.
B 90745

8.7.5 Italienisch-Österreichischer Krieg 1866

Amico, G.: I Fatti di Lissa. Narrazione storica. Compilata in base.... Milano, Barbini. 172 S. 1868.
B 90594

Amicucci, E.: Pier Carlo Boggio caduto nella battaglia di Lissa. Torino, Società Editrice Torinese. 200 S. 1937.
B 90007

Attlmayr, F.: Der Krieg Österreichs in der Adria im Jahre 1866. Seekriegs-geschichtliche Studie. Pola, Gerold. 206 S. 1896.
B 32124
B 90388
B 90388a

Gabriele, M.: La Politica navale italiana dall'unità alla vigilia di Lissa. Roma, Giuffrè. 505 S. 1958.
B 90534
B 90534a
73594

Guerrini, D.: Lissa (1866).Vol.1. 1. Come ci avviammo a Lissa. Torino, Casanova. 461 S. 1907.
B 90157

Lumbroso, A.: La Battaglia di Lissa nella storia e nella leggenda. Roma, Ed."Rivista di Roma". 307 S. 1910.
B 90220

Maccia, R.: L'ammiraglio Persano ossia confutazione di alcuni appunt sulla battaglia navale di Lissa. 3.ed.. Torino, Tip.Torinese. IX,43 S. 1866.
B 90586

Majo, G.de: La Crociera borbonica dinanzi a Marsala. Città di Castello, Unione arti grafiche. 169 S. 1913.
B 90653

Martinelli, S.: Storia della marina italiana nell'età del risorgimento. Milano, Vallardi. 207 S. 1943.
B 90280

Memorie sulla battaglia di Lissa ed il processo Persano. Trieste, Pecenco. 197 S. 1907.
B 90591

Moneta, E.T.: Custoza e Lissa. Milano, Società internazionale per la pace. 353 S. 1910.
B 90285

Parodi, D.: L'Attacco e la battaglia di Lissa nel 1866. Studio critico-apologe-tice con numerose figure. Genova, Fassicomo e Scotti. 123 S. 1898.
B 90595

Parodi, D.: L'Attacco e la battaglia di Lissa nel 1866. 2.ed.. S.Pier d'Arena, Salesiana. 140 S.. 1899.
B 90590

Redaelli, A.: Il Persano a Lissa. Docu-menti inediti. Siena, Tip.Nuova. 107 S. 1909.
B 90366

Regensberg, F.: Lissa. Mit Ill.v.M.Z.Die-mer u.einer Kt.. Stuttgart, Franckh. 80 S. 1907.
B 90346

Romiti, S.: Le Marine militari italiane nel Risorgimento (1748-1861). Roma, Italgraf. 354 S. 1950.
B 90566
72118

Romualdi, N.: Il processo Persano. Milano, Ed.Corbaccio. 349 S. 1938.
B 90369

Die Seeschlacht bei Lissa nach den Berichten und Urtheilen der englischen Presse. Wien, Hilberg. XVIII,240 S. 1867.
B 32018
B 90623

8.7.6 Russisch-Türkischer Krieg 1877-78

Ravenni, A.: La Guerra russo-turca (1877-1878). Roma, Ed.Tiber. 231 S. 1929.
B 90363

8.7.7 Pazifischer Krieg 1879

Caivano, T.: Storia della guerra d'Ame-rica fra il Chili, il Perù, la Bolivia. Torino, Loescher. 562 S. 1882.
B 90391

8.7.8 Japanisch-Chinesischer Krieg 1894-95

Quaratesi, A.: La Guerra chino-giappo-nese. Considerazioni politico-militare di.... Roma, Voghera. 132 S. 1895.
B 90693

8.7.9 Spanisch-Amerikanischer Krieg 1898

Bride, C.: La Guerre Hispano-Americaine de 1898. 2.ed.. Paris, Chapelot. 275 S. 1899.
B 90135

Feliciangeli, A.: La Guerra ispano-americana. (1898). Roma, Voghera. 94 S. 1898.
B 90657

Mueller y Tejeiro, J.: Battles and capitulation of Santiago de Cuba. Washington, Gov.Pr.Off.. 165 S. 1899.
39780:1

Mueller y Teyeiro, J.: Combates y capitulación de Santiago de Cuba por.... Madrid, Marqués. 280 S. 1898.
B 90490

8.7.10 Russisch-Japanischer Krieg 1904-05

Barbarich, E.; Feliciangeli, A.: Attorno Vei-Hai-Vei. Operazioni della III armata e della flotta giapponese nella penisola di Santung. Roma, Voghera. 79 S. 1896.
B 90648

Before Port Arthur in a destroyer. The personal diary of a Japanese naval officer. London, Murray. 243 S. 1907.
B 90282

Daveluy, R.: La Lutte pour l'empire de la mer. Exposé et critique. Paris, Challamel. 229 S. 1906.
B 90324

Degli Uberti, U.: Nei Mari dell'Estremo Oriente. La guerra russo-giapponese 1904-1905. Milano, Ed.Corbaccio. 324 S. 1933.
B 90457

Essen, N.O.von: Les derniers Jours du "Sébastopol" à Port Arthur. Notes de...N.O.v.Essen. Paris, Challamel. 147 S. 1914.
B 90039

Novikov-Priboj, A.S.: La Tragédie de Tsoushima. Paris, Payot. 329 S. 1934.
B 90325

Semenov, V.I.: L'Agonie d'un cuirassé. Ed.de Balincourt. 9.éd.. Paris, Challamel. 187 S. 1919.
B 90038

Semenov, V.I.: Le Prix du sang. Fin du carnet de notes... Ed.: de Balincourt. 6.ed.. Paris, Challamel. 308 S. 1921.
B 90036

Semenov, V.I.: Rasplata. L'expiation. 1. L'escadre de Port-Arthur.1919. 396 S. 2. Sur le chemin du sacrifice. 1917. 377 S. [1.2.] 7.éd.. Paris, Challamel.
B 90037

Semenov, V.I.: Rasplata (l'espiazione). La squadra di Porto-Artur. Roma, Armani e Stein. 253 S. 1910.
B 90415

Steer, A.P.: Le Novik.. Journal posthume du...A.P.Steer. Ed.de Balincourt. 2.éd.. Paris, Challamel. 176 S. 1913.
B 90040

Terestchenko, S.: La Guerre navale russo-japonaise. Paris, Payot. 520 S. 1931.
B 90450

Thiess, F.: Tsushima. Il romanzo di una guerra navale. 4.ed.. Torino, Einaudi. 599 S. 1942.
B 90446

8.7.11 Italienisch-Türkischer Krieg 1912

Manfroni, C.: L'Italia nelle vicende marinare della Tripolitania. o.O., Airoldi. 115 S. 1935.
B 90244

Manfroni, C.: Tripoli nella storia marinara d'Italia. A parziale beneficio del fondo dei feriti d'Africa. Padova, Drucker. 80 S. 1912.
B 90592

Ministero della Marina.... L'Attività della R.Marina dalla guerra libica a quella italo-austriaca. Roma, Tip.-dell'Ufficio del Capo di Stato Maggiore. 242 S. 1931.
B 90730
0872

Roncagli, G.; Manfroni, C.: Guerra italo-turca (1911-1912). Cronistoria delle operazioni navali.
1. Dalle origini al decreto di sovranità su la Libia.1918.XIX,436 S.
2. Dal decreto di sovranità sulla Libia alla conclusione della pace.1926. 274 S. Vol.1.2.. Milano, Hoepli. 1918.
B 39122
B 90610

8.8 Zeitraum 1914-1918

8.8.1 Allgemeines

Bargone, C.; Chack, P.: Deux Combats navals -1914-. Paris, Flammarion. 125 S. 1925.
B 90136

Bernotti, R.: La Guerra marittima. Studio critico sull'impiego dei mezzi nella guerra mondiale. Vol.1. Firenze, Carpigiani. X,339 S. 1923.
B 90060

Bravetta, E.: La grande Guerra sul mare. Fatti, insegnamenti, previsioni. Vol.1.2.. Milano, Mondadori. 330,334 S. 1925.
B 90110

Chack, P.: On se bat sur mer. Paris, Ed.de France. 322 S. 1926.
48895

Chack, P.: Si combatte sul mare. Perugia, Ed."La Nouva Italia". 278 S. 1930.
B 90080

Creswell, J.: La Guerra marittima. Roma, Ministero della marina. 242 S. 1938.
B 90389

Freiwald, L.: La Tragédie de la Flotte Allemande. Paris, Payot. 291 S. 1932.
B 90320

Frothingham, T.G.: The naval History of the World War.
1. Offensive operations 1914-15. X,349 S.; 2.The stress of sea power 1915-16. X,342 S. 3. The United States in the war 1917-18. X,310 S. Vol.1-3. Cambridge, Mass., Harvard Univ.Pr.. 1924/26.
45999
B 90698

Ginocchietti, A.: La Guerra sul mare. Roma, Libreria del Littorio. 349 S. 1930.
B 90144

Ginocchietti, A.; Garofalo, F.: Nozioni di storia navale. Vol.1-3. Bologna, Cappelli. 260; 218; 356 S. 1934-35.
72115
B 90101

8.10 Zeitraum 1939-1945

8.10.1 Allgemeines

Bernotti, R.: La Guerra sui mari nel conflitto mondiale. Vol.1-3. Livorno, Ed.Tirrena. 459,508,635 S. 1947-50.
B 90100

Minoletti, B.: La Marina mercantile e la seconda guerra mondiale. Torino, Einaudi. 225 S. 1940.
B 90289

Operazioni combinate. Londra, Presso la stamperia reale. 152 S. 1945.
B 90475

Romat, E.: Combat héroiques. Paris, Hachette. 264 S. 1948.
B 90782

Roscoe, T.: United States destroyer operations in World War II. Annapolis, U.S.Naval Inst.. XVIII,581 S. 1953.
B 90719

Roskill, S.W.: The War at sea 1939-1945.
1. The defensive. 2. The period of balance. 3. The offensive. Vol.1-3. London, H.M.Stationary Off.. 1954/61.
F 156:14
F 156a:14
B 90630

Ruge, F.: Sea Warfare. A German viewpoint. London, Cassell. XIV,337 S. 1957.
B 90360

8.10.2 Amtliche Seekriegs-Werke

La Marina italiana nella seconda guerra mondiale.

1. Dati statistici. Compil.: P.Maroni [u.a.].1950. 355 S. 2a ed. Compl.: G.Fioravanzo. 1972.374 S.;

2. Castagna, L.: Navi perdute. Navi militari. 1951. 213 S.

3. Castagna, L.: Navi perdute. Navi mercantili. 1952.357 S.

4. Fioravanzo, G.: La guerra nel Mediterraneo. Le azioni navali. Dal 1 giugno 1940 al 31 marzo 1941. 1959. VIII,519 S.

5. Fioravanzo, G.: La guerra nel Mediterraneo. Le azioni navali. Dal 1 aprile 1941 all' 8 settembre 1943. 1960. VIII,466 S.

6. Cocchia, A.: La Guerra nel Mediterraneo. La Difesa del traffico coll'Africa settentrionale dal 10 giugno al 30 settembre 1941. 1958. XIV,499 S.

7. Cocchia, A.: La Difesa del traffico con l'Africa settentrionale dal 1. ottobre 1941 al 30 settembre 1942. 1962. XXII,557 S.

8. Fioravanzo, G.: La Difesa del traffico con l'Africa settentrionale dal 1.ottobre 1942 alla caduta della Tunisia. 1964. XII,459 S.

9. Lupinacci, P.F.:La Difesa del traffico con l'Albania, la Grecia e l'Egeo. 1965.542 S.

10. Lupinacci, P.F.: Le Operazioni in Africa Orientale.1961. VIII,261 S.

11. Lupinacci, P.F.: Attività della marina in Mar Nero e sul Lago Ladoga. 2a ed. 1965. VIII,174 S.

12. Mori Ubaldini, U.: I Sommergibili negli oceani. 1963. XV,390 S. 2a ed.1966.XV,390 S.

13. Bertini, M.: I Sommergibili in Mediterraneo. T.1.2. 1. Dal 1 giugno 1940 al 31 dicembre 1941.1967. VI,245 S. 2. Dal 1 gennaio 1942 all'8 settembre 1943. 1968. VI,231 S.

14. Risio, C.de: I Mezzi d'assalto. 1964. XI,327 S.

15. Fioravanzo, G.: La Marina dall'8 settembre 1943 alla fine del conflitto. 1962. XIV,413 S.

16. Levi, A.: Attività dopo l'amistizio. Avvenimenti in Egio. 1957. XXXI,656 S.

17.Risio, C.de: I Violatori di blocco. 1963. XI,254 S.

18. Franti. M. Il Dragaggio. 1969. XVI,262 S.

19. Fioravanzo, G.: L'Organizzazione della marina durante il conflitto. T.1. Efficienza all'apertura delle ostilità.1972. VIII,365 S; 2. Evoluzione organica dall 10-6-1940 all'8-9-1943. 1975. VIII,393 S.; 3. I problemi organici durante il periodo armistiziale.1978. 294 S.

20. Rauber, V.: La Lotta antisommergibile. 1978. XVII,360 S. Vol.1-22. Roma, Ufficio storico della marina militare. 1950-78.
F 994:1-22
B 90788:1-19

Unità' della marina militare perdute nella seconda guerra mondiale. Roma, Ist.poligrafico dello Stato. 93 S. 1948. 84977
B 90814

8.10.3 Nordsee/Norwegen

La Conquista de los Fiords Noruegos. Narraciones recopiladas por..G.v.Hase. Madrid, Ed.Naval. 282 S. 1942.
B 90175

Doltra Oliveras, E.; Tarin-Iglesias, J.: - Narvik. Una pagina per la storia di questa guerra. Milano, Sperling e Kupfer. 138 S. 1943.
B 90611

Raineri-Biscia, G.: Aspetti delle operazioni sul mare nel conflitto anglo-franco-tedesco (3 settembre 1939 - 29 febbraio 1940). Milano, Ist.per gli studi di politica internazionale. 193 S. 1940.
B 90495

8.10.4 Atlantik

Bélot, R.de: La Guerre aéronavale dans l'Atlantique (1939-1945). Paris, Payot. 198 S. 1950.
B 90067
72873

Busch, F.O.; Brennecke, H.J.: La Tragédie des cuirassés allemands. Le mystère du Bismarck.... Paris, Payot. 259 S. 1950.
B 90057

Forester, C.S.: Affondate la Bismarck. Milano, Mondadori. 137 S. 1960.
B 90217

Monaco, R.: La Guerra al commercio marittimo nemico. Varese, Ist.per gli studi di politica internazionale. 378 S. 1942.
B 90278

Mordal, J.: La Bataille de Dakar. Paris, Ed.Ozanne. 317 S. 1956.
B 90291
72704

Morison, S.E.: The Atlantic Battle won. May 1943 - May 1945. Boston, Little, Brown. XXXII,399 S. 1956.
71230:10
B 90243:10

Morison, S.E.: The Battle of the Atlantic. September 1939 - May 1943. Boston, Little, Brown. LXII,434 S. 1954.
B 90243:1

Morison, S.E.: Operations in North African waters. October 1942- Juni 1943. Repr.. Boston, Little, Brown. XXI,297 S. 1954.
B 90243:2

8.10.5 Kanal

Edwards, K.: L'Invasione dell'Europa. (Lo sbarco in Normandia). Milano, Mondadori. 386 S. 1946.
B 90131

Edwards, K.: Operation Neptune. London, Collins. 319 S. 1946.
B 90130

Morison, S.E.: The Invasion of France and Germany, 1944-1945. Boston, Little, Brown. XXVIII,360 S. 1957.
B 90243:11

8.10.6 Nordmeer

Campbell, I.; Macintyre, D.: Destinazione Cola. L'epopea dei convogli artici. Milano, Baldini e Castoldi. 333 S. 1960.
B 90103

8.10.7 Osteuropäische Gewässer

Lupinaci, P.F.: Attività della marina in Mar Nero e sul Lago Ladoga. Roma, Ufficio storico della marina militare. VIII,174 S. 1962.
F 944:11

8.10.8 Mittelmeer

Andò, E.; Bagnasco, E.: La Guerra navale in Mediterraneo.
1. Dal 10 giugno 1940 al 30 giugno 1942. Vol.1. Milano, Intergest. 249 S.. 1976.
B 30838:1
B 90019:1

Bélot, R.de: La Guerre aéronavale en Méditerranée (1939-1945). Paris, Payot. 223 S. 1949.
73394
B 90022

Borghese, J.V.: Decima Flottiglia MAS. Dalle origini all'armistizio. 4.ed.. Milano, Garzanti. 365 S. 1950.
B 90018

Bragadin, M.A.: Che ha fatto la marina? (1940-1945). Milano, Garzanti. 611 S. 1949.
B 90068

Bragadin, M.A.: Il Dramma della marina italiana, 1940-1945. Milano, Mondadori. 446 S. 1968.
99170

Bragadin, M.A.: Il Dramma della marina italiana, 1940-1945. 2.ed.. Milano, Mondadori. 446 S. 1968.
B 90058

Cantel, R.; L'Attentat de Mers-el-Kébir:
Récit d'un témoin. Paris, La Technique
du livre. 91 S. 1941.
65300(6)
B 90075

Cappellini, A.: Prima di andare a Malta.
Milano, Ed.Europa. 270 S. 1947.
B 15420
B 90123

Cappellini, A.: Torpedini umane contro
la Flotta Inglese. 2.ed.. Milano,
Ed.Europee. 174 S. 1947.
B 15419
B 90125

Cocchia, A.: Convogli.. 3.ed.riv.e.
ampl.. Napoli, Pellerano-Del Gaudio.
214 S. 1956.
72197
B 90087

Frezzan, F.: I Mastini del mare. Seguîta
da: L'avventura del "Vivaldi".... Roma,
Tip.Novissima. 80 S. 1942.
B 90655

Gabriele, M.: Da Marsala allo Stretto.
Aspetti navali della campagna di Sici-
lia. Milano, Giuffrè. XI,305 S. 1961.
B 90535

Garofalo, F.: Pennello nero. La marina
italiana dopo l'8 settembre. Roma,
Ed.della Bussola. 121 S. 1945.
B 90139

Giunchi, E.: Il Mondo della nave da
guerra. Roma, Lega navale italiana.
131 S. 1949.
B 90145

Iachino, A.: Le due Sirti. Guerra ai
convogli in Mediterraneo. Milano,
Mondadori. 332 S. 1953.
B 90254
70360

Iachino, A.: Gaudo e Matapan. Storia di
un'operazione della guerra navale nel
Mediterraneo. (27-28-29 marzo 1941).
Milano, Mondadori. 321 S. 1946.
B 90253
70366

Iachino, A.: Operazione Mezzo Giugno.
Episodi dell' ultima guerra sul mare.
Milano, Mondadori. 347 S. 1955.
72222
B 90252

Iachino, A.: Tramonto di una grande
marina. Milano, Mondadori. 336 S.
1959.
B 90251

Marcon, T.: Augusta 1940-43. Cronache
della piazzaforte. Augusta, Mendola.
208 S. 1976.
B 39416
B 90260

Morison, S.E.: Sicily - Salerno - Anzio.
January 1943- June 1944. Boston,
Little, Brown. XXIX,413 S. 1954.
71230:9
B 90243:9

Seth, R.: Capo Matapan - due flotte sor-
prese. Milano, Garzanti. 268 S. 1962.
86286
B 90421

Shankland, P.; Hunter, A.: Durchbruch
nach Malta. München, Lehmanns.
180 S. 1963.
87923
B 90386

Spigai, V.: Cento Uomini contre due
flotte. Livorno, Soc.ed.Tirrena. 535 S.
1954.
71373
B 90411

Stitt, G.: La Campagne de Méditerranée
1940-43. Sous le commandement de.
l'amiral Cunningham. Paris, Payot.
221 S. 1946.
B 90400
72783

Trizzino, A.: Navi e poltrone. Milano,
Longanesi. 258 S. 1952.
B 90440

Trizzino, A.: Navi e poltrone. Seguito dalla sentenza di assoluzione della Corte d'Appeloo di Milano. Milano, Longanesi. 282 S. 1957.
72311

Trizzino, A.: Settembre nero. Milano, Longanesi. o.Pag.. 1956.
72318
B 90439

Tur, V.: Con i Marinai d'Italia da Bastia a Tolone. 11 novembre 1942 - 23 maggio 1943. Roma, L'Arnia. 286 S. 1948.
B 15346
B 90460

Varillon, P.: Mers-el-Kébir. Avec de nombreux documents inédits. Paris, Amiot Dumont. 230 S. 1949.
B 90631

8.10.9 Pazifik

Albas, A.d': Death of a navy. Japanese naval action in World War II. New York, Devin-Adair. XXII,362 S. 1957.
75674

Albas, A.d': Marine impériale. Les flottes du Mikado dans la IIe Guerre Mondiale. Paris, Amiot Dumont. 240 S. 1954.
B 90614

Belot, R.de: La Guerra aeronavale de Pacifique. Paris, Payot. 204 S. 1948.
69787
B 90023

Fernandez-Palacios y Fernandez de Bobadilla, P.: La Guerra naval en el Pacifico. T.1.2. Madrid, Ed.Naval. o.Pag. 1950.
B 90556

Franklin, A.; Franklin, G.: Le Drame du "Prince of Wales". Paris, Julliard. 151 S. 1953.
B 90030

Inoguchi, R.; Nakajima, T.: The divine Wind. Japan's Kamikaze Force in World War II. Annapolis, U.S.Naval Inst.. XXII,240 S. 1958.
74252
B 90416

Le Japon et ses morts. Ces Voix qui nous viennent de la mer.Lettres recueillies présentés par J.Lartéguy. 5.éd. Paris, Gallimard. 273 S. 1954.
B 90187

Lord, W.: Le due Ore di Pearl Harbor. Milano, Garzanti. o.Pag.. 1958.
B 90223

Marshall, G.C.; King, E.J.; Arnold, H.H.: Rapport du Haut Commandement Américain. New York, Overseas Ed.. 375 S. 1944.
B 29945
B 90263

Morison, S.E.: Aleutians, Gilberts and Marshalls. June 1942 - April 1944. Repr.. Boston, Little, Brown. XXXIX,369 S. 1955.
B 90243:7
71230:7

Morison, S.E.: Breaking the Bismarcks Barrier. 22 July 1942 - 1 May 1944. Repr.. Boston, Little, Brown. XXIX,463 S. 1954.
B 90243:6

Morison, S.E.: Les grandes Batailles navales du Pacifique 1941-1945. 1. Les Batailles autour de Guadalcanal. Paris, Payot. 270 S. 1952.
B 90288

Morison, S.E.: Leyte. June 1944 - January 1945. Boston, Little, Brown. XXV,445 S. 1958.
71230:12
B 90243:12

Morison, S.E.: The Liberation of the Philippines. Luzon, Mindanao, the Visayas. 1944-1945. Boston, Little, Brown. XXVII,338 S. 1959.
71230:13
B 90243:13

Morison, S.E.: New Guinea and the Marianas. March 1944 - August 1944. Repr. Boston, Little, Brown. XXIII,435 S. 1953.
71230:8
B 90243:8

Morison, S.E.: The rising Sun in the Pacific. 1931- April 1942. Repr.. Boston, Little, Brown. XXVIII, 411 S. 1954.
B 90243:3

Morison, S.E.: The Struggle for Guadalcanal. August 1942- February 1943. Repr.. Boston, Little, Brown. XXII,389 S. 1954.
71230:5
B 90243:5

Morison, S.E.: Supplement and general index. Boston, Little, Brown. XX,371 S. 1962.
71230:15
B 90243:15

Morison, S.E.: Victory in the Pacific. 1945. Boston, Little, Brown. XXV,407 S. 1960.
71230:14
B 90243:14

Pratt, F.: La Reconquête du Pacifique par les "marines" américains 1943-1945. Paris, Payot. 277 S. 1951.
B 90306

Relazioni ufficiali delle autorità' militari degli S.U.A. sull'attacco di Pearl Habor del 7 dicembre 1941. Roma, Ministero della marina militare. 227 S. 1946.
71233
B 90815

Theobald, R.A.: Le Secret de Pearl Harbor (7 décembre 1941). Paris, Payot. 158 S. 1955.
B 90458

Woodward, C.V.: La Bataille de Leyte. Paris, Ed."Les deux sirènes". 265 S. 1947.
B 90472

8.10.10 U-Bootkrieg

Bryant, B.: Submarine Commander. New York, Ballantine Books. 224 S. 1960.
B 90024

Cocchia, A.: Sommergibili all'attacco. 2.ed.. Milano, Rizzoli. 230 S. 1955.
B 90086

Degli Uberti, U.; Kiel, K.: I Sommergibili dell'asse terrore dell'Inghilterra. A cura die S.A.Barghini e di O.F.Schuette. Roma, Ed."La Verità". 111 S. 1941.
65950(24)
B 90337

Frank, W.: The Sea Wolves. New York, Ballantine Books. 220 S. 1955.
B 90025

Giacomo, A.de: Sommergibili italiani nell'atlantico. Roma, Ed.L'Arnia. 184 S. 1950.
B 90141

Guierre, M.: L'Epopée du "Surcouf" et le commandant Louis Blaison. Paris, Ed.Bellenand. 248 S. 1952.
B 90158

Hashimoto, M.: Igō 58 kitō serie [jap.]. Tokyo, o.Verl.. 199 S. 1954.
97231

Hashimoto, M.: Les Sous-marins du soleil levant 1941-1945. Paris, Presses de la cité. 296 S. 1955.
B 90170

Hashimoto, M.: Les Sous-marins du soleil levant 1941-1945. Paris, Presses pocket. 249 S. 1965.
90020

Hashimoto, M.: Sunk. The story of the Japanese submarine fleet 1941-45. London, Cassell. XI,218 S. 1954.
69639

Huan, C.: L'Enigme des sous-marins soviétiques. Paris, Ed.de France Empire. 297 S. 1959.
78101
B 90185

Maronari, A.: Un Sommergibile non è rientrato alla base.... Memorie della guerra atlantica del sommergibile Tazzoli. Milano, Milieri. 404 S. 1951.
B 90262

Mars, A.: Mon Sous-Marin l'"Unbroken". Paris, Corra. 287 S. 1953.
B 90245

Monsarrat, N.: Mare crudele. Milano, Bompiani. 486 S. 1952.
B 90268

Proposto, C.del: Bateaux sous-marins à grande vitesse sous l'eau... avec un projet de M.C.Laurenti. Paris, Challamel. 107 S. 1910.
B 90641

Romat, E.: La Guerre sous-marine en Atlantique. Paris, de Gidord. 141 S. 1946.
B 90352

Roscoe, T.: Pig Boats. The true story of the fighting submariners of World War II. 5th printing. New York, Bantam Books. XIII,449 S. 1958.
B 90356

Roscoe, T.: United States submarine operations in World War II. Illustr.by F.Freeman. 3rd print. Annapolis, U.S.Naval Inst.. XX,577 S.. 1950.
B 90720
0505

Schaeffer, H.: U-977. L'odyssée d'un sous marin allemand. Paris, Julliard. 240 S. 1952.
B 90372

Schaeffer, H.: U-Boat 977. 3rd printing. New York, Ballantine Books. 148 S. 1957.
B 90373

Sommergibili in guerra. Episodi in Mediterraneo. Roma, Ed."Rivista marittima" 215 S. 1956.
72142
B 90646
B 90647

Sterling, F.J.: Wake of the Wahoo. Philadelphia, Chilton. IX,210 S. 1960.
B 90380
77348

8.11 Zeitraum nach 1945

8.11.1 Korea-Krieg 1950-53

Kretschmer de Wilde, C.J.M.: Lichtflitsen onder de kim. Verrichtingen der Koninklijke Marine in de koreaanse wateren, 1950-53 door.... Utrecht, De Haan. 224 S. 1955.
B 90445

Jahrgang	Jahr	Signatur Barilli	Signatur BfZ

Almanacco navale. [Titeländerungen: Almanacco navale italiano: 1937−1938.]
Milano [usw.]: Rivista Marittima [usw.] 1937−

	Jahr	Signatur Barilli	Signatur BfZ
	1937	BZ 9005	
	1938	BZ 9005	
	1939	BZ 9005	
	1940	BZ 9005	
	1941	BZ 9005	
	1942	BZ 9005	F 549
	1941	BZ 9005	
	1942	BZ 9005	
	1943	BZ 9005	
	1962/63	BZ 9005	F 549
	1964/65	BZ 9005	F 549
	1966/67	BZ 9005	F 549
	1968/69	BZ 9005	
	1970/71	BZ 9005	F 549
	1972/73	BZ 9005	
	1975	BZ 9005	F 549
	1981/82	BZ 4808	
	1977	BZ 9005	F 549
	1983/84	BZ 4808	
	1986	BZ 4808	

Almanach für die k[aiserlich] und k[önigliche] Kriegsmarine.
Pola; Wien: Gerold [in Komm.]
Hauptsachtitel anfangs: Almanach für die k.k. Kriegs-Marine.

Jahrgang	Jahr	Signatur Barilli	Signatur BfZ
05	1885	BZ 9004	
10	1890	BZ 9004	
11	1891	BZ 9004	
12	1892	BZ 9004	F 1368
13	1893	BZ 9004	
15	1895	BZ 9004	F 1368
17	1897		F 1368
18	1898		F 1368
19	1889	BZ 9004	F 1368
20	1900	BZ 9004	F 1368
21	1901	BZ 9004	
25	1905	BZ 9004	F 1368
26	1906		F 1368
27	1907		F 1368
28	1908	BZ 9004	F 1368
29	1909	BZ 9004	F 1368
30	1910		F 1368
31	1911		F 1368
33	1913	BZ 9004	F 1368
34	1914	BZ 9004	F 1368

Jahrgang	Jahr	Signatur Barilli	Signatur BfZ
35	1915	BZ 9004	F 1368
		BZ 9004 a	
36	1916	BZ 9004	F 1368
37	1917		F 1368
38	1918	BZ 9004	F 1368

Annuario navale. Roma: Ed.Alfieri e Lacroix

	1910	BZ 9007
	1911	BZ 9007
	1912/13	BZ 9007
	1914	BZ 9007
	1915	BZ 9007
	1922	BZ 9007
	1923	BZ 9007

Combat fleets of the world. Their ships, aircraft, and armament.
London: Arms and Armour Pr. 1976–
Frz.Ausg.: Les Flottes de combat.

	1976/77	BZ 4404
	1978/79	BZ 4404
	1980/81	BZ 4404
	1982/83	BZ 4404
	1984/85	BZ 4404
	1986/87	BZ 05532

Jane's fighting Ships. [Titeländerungen: All the world's fighting Ships:
1,1889–7,1904; Fighting Ships: 8,1905/06–18, 1915.]
London: Sampson, Low, Marstone; Jane's Yearbooks 1898–

01	1898	BZ 9010	F 031
		BZ 9010 a	
02	1899	BZ 9010	F 031
03	1900	BZ 9010	F 031
04	1901	BZ 9010	F 031
05	1902	BZ 9010	
06	1903	BZ 9010	
07	1904	BZ 9010	F 031
08	1905/06	BZ 9010	F 031
09	1906/07	BZ 9010	F 031
10	1907	BZ 9010	
11	1908	BZ 9010	F 031
12	1909	BZ 9010	F 031
13	1910	BZ 9010	F 031
14	1911	BZ 9010	F 031
15	1912	BZ 9010	F 031

Jahrgang	Jahr	Signatur Barilli	Signatur BfZ
16	1913	BZ 9010	F 031
17	1914	BZ 9010	F 031
18	1915	BZ 9010	F 031
19	1916	BZ 9010	
20	1917	BZ 9010	F 031
21	1918	BZ 9010	F 031
22	1919	BZ 9010	F 031
			F 031 a
23	1920	BZ 9010	
24	1921	BZ 9010	
25	1922	BZ 9010	
26	1923	BZ 9010	
27	1924	BZ 9010	F 031
29	1925	BZ 9010	F 031
30	1926	BZ 9010	F 031
			F 031 a
31	1927	BZ 9010	
32	1928	BZ 9010	F 031
33	1929	BZ 9010	F 031
34	1930	BZ 9010	
35	1931	BZ 9010	F 031
			F 031 a
36	1932	BZ 9010	F 031
37	1933	BZ 9010	F 031
38	1934	BZ 9010	F 031
39	1935	BZ 9010	F 031
40	1936	BZ 9010	F 031
41	1937	BZ 9010	F 031
42	1938	BZ 9010	F 031
43	1939	BZ 9010	F 031
44	1940	BZ 9010	F 031
45	1941	BZ 9010	F 031
46	1942	BZ 9010	F 031
47	1943/44	BZ 9010	F 031
48	1944/45	BZ 9010	F 031
49	1946/47	BZ 9010	F 031
50	1947/48		F 031
51	1949/50	BZ 9010	F 031
52	1950/51	BZ 9010	F 031
53	1951/52	BZ 9010	F 031
54	1952/53	BZ 9010	F 031
55	1953/54	BZ 9010	F 031
56	1954/55	BZ 9010	F 031
57	1955/56	BZ 9010	F 031
58	1956/57	BZ 9010	F 031
60	1957/58	BZ 9010	F 031
61	1958/59	BZ 9010	F 031
62	1959/60	BZ 9010	F 031
63	1960/61	BZ 9010	F 031

Jahrgang	Jahr	Signatur Barilli	Signatur BfZ
64	1961/62	BZ 9010	F 031
65	1962/63	BZ 9010	F 031
66	1963/64	BZ 9010	F 031
67	1964/65	BZ 9010	F 031
68	1965/66	BZ 9010	F 031
69	1966/67	BZ 9010	F 031
70	1967/68	BZ 9010	F 031
71	1968/69	BZ 9010	F 031
72	1969/70	BZ 9010	F 031
73	1970/71	BZ 9010	F 031
74	1971/72	BZ 9010	F 031
75	1972/73	BZ 9010	F 031
76	1973/74	BZ 9010	F 031
77	1974/75	BZ 9010	F 031
78	1975/76	BZ 9010	F 031
79	1976/77	BZ 9010	F 031
80	1977/78	BZ 9010	F 031
81	1978/79	BZ 9010	F 031
82	1979/80	BZ 9010	F 031
83	1980/81		F 031
84	1981/82		F 031
85	1982/83		F 031
86	1983/84		F 031
87	1984/85		F 031
88	1985/86		F 031
89	1986/87		F 031
90	1987/88		F 031

Le Marine militari nel mondo. Le Vie del Mondo

	1960	B 90778	F 023

Lega navale. Roma: Lega Navale Italiana, LNI

11	1915	BZ 9012	
12	1916	BZ 9012	
13	1917	BZ 9012	
64	1964	BZ 9012	

Jahrgang	Jahr	Signatur Barilli	Signatur BfZ

Les Flottes de combat. [Titeländerungen: Les Flottes de combat étrangères: 1897 – 1903.] Paris: Berger-Levraut; Éd.maritimes et d'outre-mer [u.a.] 1887 –
Engl. Ausgabe.: Combat fleets of the world.

Jahrgang	Jahr	Signatur Barilli	Signatur BfZ
	1897	BZ 9001	
	1900	BZ 9001	
	1903	BZ 9001	
	1904	BZ 9001	
	1906	BZ 9001	
	1907	BZ 9001	F 998
	1908	BZ 9001	
	1909	BZ 9001	
	1910	BZ 9001	
	1911	BZ 9001	
	1912	BZ 9001	F 998
	1914	BZ 9001	F 998
	1915	BZ 9001	F 998
		BZ 9001 a	
	1917	BZ 9001	F 998
	1925	BZ 9001	F 998
	1927	BZ 9001	F 998
	1929		F 998
	1931	BZ 9001	F 998
	1933	BZ 9001	F 998
	1936	BZ 9001	F 998
	1938	BZ 9001	
	1940	BZ 9001	
		BZ 9001 a	
	1940/42	BZ 9001	F 998
	1944/45	BZ 9001	F 998
	1947	BZ 9001	
	1950	BZ 9001	F 998
	1952	BZ 9001	F 998
	1954	BZ 9001	F 998
	1956	BZ 9001	F 998
	1958	BZ 9001	F 998
	1960	BZ 9001	F 998
	1962	BZ 9001	F 998
	1964	BZ 9001	F 998
	1966	BZ 9001	F 998
	1968	BZ 9001	F 998
	1970	BZ 9001	F 998
	1972	BZ 9001	F 998
	1974	BZ 9001	F 998
	1976	BZ 9001	F 998
	1978		BZ 4912
	1980		BZ 4912
	1982		BZ 4912
	1984		BZ 4912
	1986		BZ 4912

Jahrgang	Jahr	Signatur Barilli	Signatur BfZ

Marinkalender. Uppsala: Almquist u. Wiksell 1938-

Jahrgang	Jahr	Signatur Barilli	Signatur BfZ
01	1938		F 1012
03	1940	BZ 9002	F 1012
04	1941	BZ 9002	F 1012
05	1942	BZ 9002	F 1012
06	1943	BZ 9002	F 1012
07	1944	BZ 9002	F 1012
08	1945	BZ 9002	F 1012
09	1946	BZ 9002	F 1012
10	1947	BZ 9002	F 1012
11	1948	BZ 9002	F 1012
12	1949	BZ 9002	F 1012
13	1950	BZ 9002	F 1012
14	1951	BZ 9002	F 1012
15	1952	BZ 9002	F 1012
16	1953	BZ 9002	F 1012
17	1954	BZ 9002	F 1012
18	1955	BZ 9002	F 1012
19	1956	BZ 9002	F 1012
20	1957	BZ 9002	F 1012
21	1958	BZ 9002	F 1012
22	1959	BZ 9002	F 1012
23	1960	BZ 9002	F 1012
24	1961	BZ 9002	F 1012
25	1962	BZ 9002	F 1012
26	1963	BZ 9002	F 1012
27	1964	BZ 9002	F 1012
28	1965	BZ 9002	F 1012
29	1966	BZ 9002	F 1012
30	1967	BZ 9002	F 1012
31	1968	BZ 9002	F 1012
32	1969	BZ 9002	F 1012
33	1970	BZ 9002	F 1012
34	1971	BZ 9002	F 1012
35	1972	BZ 9002	F 1012
36/37	1973/74	BZ 9002	F 1012
38/39	1975/76	BZ 9002	F 1012
40/41	1977/78	BZ 9002	BZ 4803
42/43	1979/80	BZ 9002	BZ 4803
44	1982		BZ 4803
45	1984		BZ 4803
46	1986		BZ 4803

Jahrgang	Jahr	Signatur Barilli	Signatur BfZ

Naval Review. Annapolis, Md.: U.S.Naval Inst.1962- Bis 1969
Spezialausgabe zu: Proceedings. Ab 1970 zugl. H. v. Proceedings.

Jahrgang	Jahr	Signatur Barilli	Signatur BfZ
	1962/63	BZ 9011	F 058
	1964		F 058
	1965		F 058
	1966		F 058
	1967		F 058
	1968		F 058
	1969		F 058
	1970		F 058
96	1970		BZ 3261
	1971		F 058
97	1971		BZ 3261
	1972		F 058
98	1972		BZ 3261
	1973		F 058
99	1973		BZ 3261
100	1974		BZ 3261
101	1975		BZ 3261
102	1976		BZ 3261
103	1977		BZ 3261
104	1978		BZ 3261
105	1979		BZ 05163
106	1980		BZ 05163
107	1981		BZ 05163
108	1982		BZ 05163
109	1983		BZ 05163
110	1984		BZ 05163
111	1985		BZ 05163

Navy Yearbook. New York: Duell, Sloan a.Pearce 1944.

Jahrgang	Jahr	Signatur Barilli	Signatur BfZ
	1944	B 90781	F 075

Nuevo Mundo. Madrid.

Jahrgang	Jahr	Signatur Barilli	Signatur BfZ
4/6	1897/1899	BZ 9014	

(unvollständig)

Revue Maritime. Paris: Librairie militaire R.Chapelot

Jahrgang	Jahr	Signatur Barilli	Signatur BfZ
154	1902	BZ 9009	

Jahrgang	Jahr	Signatur Barilli	Signatur BfZ

RUSI and Brassey's Defence Yearbook.[Titeländerungen: The Naval Annual: 1886–1919; Brassey's Naval and Shipping Annual: 1920–1935; Brassey's Naval Annual: 1936-1949; Brassey's Annual: 1950–1973.]
Portsmouth: Griffin; London: Clowes; New Year: Macmillan; Praeger Publ. 1886–
Nebentitel: Brassey's Defence Yearbook. Defence Yearbook.

Jahrgang	Jahr	Signatur Barilli	Signatur BfZ
01	1886	BZ 9008	
05	1891		F 1052
07	1893		F 1052
09	1895	BZ 9008	F 1052
10	1896		F 1052
11	1897		F 1052
12	1898		F 1052
13	1899		F 1052
15	1901		F 1052
18	1904		F 1052
21	1907		F 1052
22	1908		F 1052
23	1909		F 1052
24	1910		F 1052
25	1911		F 1052
27	1913		F 1052
28	1914		F 1052
32	1921		F 1052
33	1922		F 1052
34	1923		F 1052
35	1924		F 1052
36	1925		F 1052
37	1926		F 1052
40	1929		F 1052
41	1930		F 1052
42	1931		F 1052
43	1933		F 1052
44	1934		F 1052
45	1935		F 1052
48	1937		F 1052
49	1938		F 1052
50	1939	BZ 9008	F 1052
56	1945		F 1052
57	1946		F 1052
58	1947		F 1052
59	1948		F 1052
61	1950		F 149
62	1951		F 149
63	1952		F 149
64	1953		F 149
65	1954		F 149
66	1955		F 149
67	1956		F 149

Jahrgang	Jahr	Signatur Barilli	Signatur BfZ
68	1957		F 149
69	1958		F 149
70	1959		F 149
72	1961		F 149
73	1962		F 149
74	1963		F 149
75	1964		F 149
76	1965		F 149
77	1966		F 149
78	1967		F 149
79	1968		F 149
80	1969		F 149
81	1970		F 149
82	1971		F 149
83	1972		F 149
84	1973		F 149
85	1974		F 149
86	1975/76		F 149
87	1976/77		F 149
88	1977/78		F 149
89	1978/79		F 149
90	1980		F 149
91	1981		F 149
92	1982		F 149
93	1983		F 149
94	1984		F 149
95	1985		F 149
96	1986		F 149
97	1987		BZ 4896

Überall: Bildergeschichte Zeitschrift des Deutschen Flottenvereins.
Berlin. Mittler 1899–

01	1899	BZ 9013	

Var marin. Marinens Arsbok. Stockholm: Hörsta Forl.

	1956	BZ 9006	
	1957	BZ 9006	
	1958	BZ 9006	F 1964
	1959	BZ 9006	
	1960	BZ 9006	
	1961	BZ 9006	

Jahrgang	Jahr	Signatur Barilli	Signatur BfZ

Weyers Flottentaschenbuch. [Titeländerungen: Taschenbuch der deutschen
Kriegsflotte: 1,1900; Taschenbuch der deutschen und fremden Kriegsflotten:
2,1901−3,1902: Taschenbuch der Kriegsflotten: 4,1903-27,1933;
Weyers Taschenbuch der Kriegsflotten 28;1934-36, 1943/44.]
München: Lehmanns 1900−
Amerik.Ausg.: Weyer's warships of the world.

Jahrgang	Jahr	Signatur Barilli	Signatur BfZ
01	1900	BZ 9003	F 469
03	1902	BZ 9003	F 469
04	1903		F 469
05	1904	BZ 9003	F 469
06	1905	BZ 9003	F 469
07	1906	BZ 9003	F 469
08	1907	BZ 9003	F 469
09	1908	BZ 9003	F 469
10	1909	BZ 9003	F 469
11	1910	BZ 9003	F 469
12	1911	BZ 9003	F 469
13	1912	BZ 9003	F 469
14	1913	BZ 9003	F 469
15	1914	BZ 9003	F 469

Kriegsausgabe

| | 1914/15 | BZ 9003 | F 469 |

Kriegsausgabe, 2.,erw.Aufl.

| | 1914/15 | BZ 9003 | |

Kriegsausgabe. Nachtrag I.

| | 1914/15 | BZ 9003 | |

Kriegsausgabe. Nachtrag II.

16	1915	BZ 9003	F 469
			F 469 a
17	1916	BZ 9003	F 469
			F 469 a
17	1916 Nachdr.	F 469	
18	1917/18	BZ 9003	F 469
			F 469 a
19	1918	BZ 9003	F 469
20	1922	BZ 9003	F 469
			F 469 a
21	1923	BZ 9003	F 469
			F 469 a
22	1924/25	BZ 9003	F 469
23	1926	BZ 9003	F 469
24	1928	BZ 9003	F 469
			F 469 a

Jahrgang	Jahr	Signatur Barilli	Signatur BfZ
25	1929	BZ 9003	
26	1930	BZ 9003	F 469
27	1932	BZ 9003	F 469
28	1934	BZ 9003	F 469
29	1935	BZ 9003	F 469
			F 469 a
30	1936	BZ 9003	F 469
			F 469 a
31	1937	BZ 9003	F 469
32	1938	BZ 9003	F 469
33	1939	BZ 9003	F 469
			F 469 a
34	1940	BZ 9003	F 469
			F 469 a
35	1940/41	BZ 9003	F 469
36	1943/44	BZ 9003	F 469
37	1953	BZ 9003	BZ 4401
			F 469
38	1954/55	BZ 9003	BZ 4401
			F 469
39	1956/57	BZ 9003	BZ 4401
40	1958	BZ 9003	BZ 4401
41	1959	BZ 9003	BZ 4401
42	1960	BZ 9003	BZ 4401
43	1961	BZ 9003	BZ 4401
44	1962	BZ 9003	BZ 4401
45	1963	BZ 9003	BZ 4401
46	1964	BZ 9003	BZ 4401
47	1965	BZ 9003	BZ 4401
48	1966/67	BZ 9003	BZ 4401
49	1968	BZ 9003	BZ 4401
50	1969/70	BZ 9003	BZ 4401
51	1971/72	BZ 9003	BZ 4401
52	1973/74	BZ 9003	BZ 4401
53	1975/76	BZ 9003	BZ 4401
54	1977/78		BZ 4401
55	1979/81		BZ 4401
56			
57	1984/85		BZ 4401
58	1986/87		BZ 4401

Weyer's Warships of the world. Annapolis: U.S.Naval Inst. 1971 –
Dt.Ausg.: Weyers Flottentaschenbuch.

	1968		BZ 4402
	1971		BZ 4402
	1973		BZ 4402

III
ALPHABETISCHES
VERFASSER-REGISTER

450

Smart, J.E. 322
Smith, A. 81
Smith, A.-M. 277
Smith, C.B. 239
Smith, D.L. 218
Smith, D.O. 289
Smith, G. 184
Smith, M.J. 2
Smith, P.D. 20
Smith, P.H. 301
Smith, R.B. 99
Smith, R.K. 304
Smith, T.B. 237
Smith, W.R. 180
Smooha, S. 250
Snowden, F.M. 195
Sobczak, K. 83
Sofaer, A.D. 17
Soglian, F.di 218
Sola, R. 239, 243, 256, 262, 320
Solarz, S.J. 297
Solberg, C. 289
Solomon, R.H. 322
Solov'ev, O.F. 71
Sommer, H.-W. 146
Sommer, T. 114
Sondhi, M. 246
Sondhi, M.L. 246
Song, Y. 243
Sonnenhol, G.A. 128
Sonntag, P. 149
Soppelsa, J. 23
Sorensen, T.C. 297
Soria Galvarro, C. 122
Sorkin, G.Z. 15
Soufflet, J. 174
Souhaili, M. 267
Souvarine, B. 174
Sovetov, V.V. 267
Sowayegh, A.al 260
Sowińska-Krupka, A. 204
Soysal, O. 234
Spall, R.H.van 198
Spasowski, R. 202
Spechler, D.R. 216
Spector, L.S. 25
Spector, R.H. 307
Speed, F.W. 316, 322,
Speiser, W. 201
Spelten, H. 55

Spencer, J. 266
Spender, D. 188
Speratti, J. 286
Spick, M. 59
Spiegel, S.L. 300
Spieker, H. 148
Spies, G. 82
Spillmann, K.R. 41
Spörer, S. 273
Sreberny-Mohammadi, A. 249
St.Jorre, J.de 270
Staar, R.F. 214
Staden, A.van 197
Staden, B.von 97
Stadler, R. 149
Stadtmüller, G. 236
Stafford, D. 45
Stafford, E.P. 79
Stahel, A.A. 101
Stahl, F.-C. 128
Staiger, B. 241
Staritz, D. 141
Starr, D.H. 98
Starr, H. 297
Staudenmeier, W.O. 309
Stauffer, E. 75
Staveley, W. 36
Stavenhagen, L.G. 115
Stavridis, J. 322
Stecher, K. 165
Steel, D. 185
Steel, J.R. 73
Steele, J. 214
Stefanović, M. 195
Steffani, W. 176
Stegemann, B. 84
Stehle, H. 85, 191
Steigleder, H. 79
Steil, A. 139
Stein, J.G. 307
Stein, M.K. 172
Stein, P. 36
Steinbach, U. 68
Steinbaugh, E. 2
Steinberg, G.M. 252
Steinberg, J.B. 28
Steiner, H. 200
Steinert, J.-D. 2
Steinisch, I. 150
Stelmach, W. 205

Stenner, K.-H. 47
Stent, A.E. 213
Stephanson, A. 191
Stephens, H.W. 17
Stephenson, M. 4
Stern, L.M. 261
Sternberger, D. 128
Steury, D.P. 79
Stevens, G. 76
Stevenson, G.C. 84
Stevenson, R.W. 303
Stillwell, P. 310
Stingl, J. 159
Stirn, O. 174
Stock, C. 121
Stockdale, J.B. 290
Stockman, D. 312
Stockton, R.R. 7
Stoecker, S. 42
Stöckl, C. 200
Stößel, F.T. 169
Stohl, M. 295
Stojanović, S. 15
Stoler, M.A. 297
Stolz, K. 51
Stone, S. 198
Stoneman, C. 270
Story, J. 115
Stourzh, G. 201
Stout, J.A. 307
Stoves, R. 146
Stræde, T. 159
Straten, J.G.van 308
Strauber, I.L. 7, 17
Straubhaar, T. 305
Strauss, H.A. 7
Streetly, M. 251
Streich, J. 66
Strém, K. 198
Strempel, U. 283
Striegnitz, S. 225
Strode, R. 217
Strode, R.V. 213
Stubbs, B. 310
Stubbs, J. 315
Studnitz, H.G.von 128
Stueck, W. 297
Stürmer, M. 159
Stuhlpfarrer, K. 195
Stumpf, R.E. 267
Sturm, H. 189